D1692241

Monographien
Herausgegeben vom Deutschen Institut für Japanstudien
Band 42, 2008

Ralph Lützeler

Ungleichheit in der *global city* Tōkyō

Aktuelle sozialräumliche Entwicklungen im Spannungsfeld von Globalisierung und lokalen Sonderbedingungen

Monographien aus dem
Deutschen Institut für Japanstudien

Band 42
2008

Monographien Band 42
Herausgegeben vom Deutschen Institut für Japanstudien
der Stiftung Deutsche Geisteswissenschaftliche Institute im Ausland

Direktor: Prof. Dr. Florian Coulmas

Anschrift:
Jōchi Kioizaka Bldg. 2 F
7-1 Kioichō
Chiyoda-ku
Tōkyō 102-0094, Japan
Tel.: (03) 3222-5077
Fax: (03) 3222-5420
E-Mail: dijtokyo@dijtokyo.org
Homepage: http://www.dijtokyo.org

Umschlagfoto:
Tōkyō Midtown-Gebäudekomplex im Stadtviertel Akasaka-Roppongi
(Stadtbezirk Minato); Straßenszene in der „Korean Town" im Stadtviertel
Ōkubo (Stadtbezirk Shinjuku); Gebäude der präfektural verwalteten Sozial-
wohnsiedlung Kasumigaura (Stadtbezirk Shinjuku).
(© für sämtliche Fotos: Ralph Lützeler)

**Bibliografische Information
der Deutschen Nationalbibliothek**

Die Deutsche Nationalbibliothek verzeichnet diese Publikation in der Deutschen Nationalbibliografie; detaillierte bibliografische Daten sind im Internet
über http://dnb.d-nb.de abrufbar.

ISBN 978-3-89129-853-4

Inhaltsverzeichnis

Verzeichnis der Tabellen

VERZEICHNIS DER ABBILDUNGEN

12

13

Vorbemerkungen zum Umgang mit japanischen Termini

Japanische Personennamen werden im Haupttext dieser Arbeit in der in Japan üblichen Reihenfolge „Familienname – Vorname" wiedergegeben; im Literaturverzeichnis wurde hiervon jedoch aus Vereinheitlichungsgründen abgewichen und stattdessen die international übliche Reihenfolge „Vorname – Familienname" gewählt. Die Transkription japanischer Termini erfolgte nach dem modifizierten Hepburn-System (d. h. „n" immer „n", somit „shinbun" und nicht „shimbun"). Im Haupttext sind japanische Fachtermini grundsätzlich *kursiv* gesetzt und kleingeschrieben; dahinter folgende Übersetzungen in eckigen Klammern stammen von mir, wobei im Zweifelsfall sinngemäße Übersetzungen den Vorrang vor wortgetreuen Übertragungen erhielten. Japanische Eigennamen sind hingegen recte gesetzt und mit großen Anfangsbuchstaben versehen. Auf die Anfügung eines Glossars japanischer Begriffe am Ende der Arbeit habe ich verzichtet. Im Falle sprachwissenschaftlicher Arbeiten oder von solchen Untersuchungen, die sich auf die vormoderne Epoche beziehen, stellen Glossare sicher nach wie vor ein unverzichtbares Hilfsmittel dar. Bei Arbeiten über das moderne Japan sind sie jedoch meines Erachtens überflüssig geworden, da der interessierte Leser die entsprechenden Umschriften über moderne Textverarbeitungsprogramme oder das Internet mittlerweile mühelos selbst eruieren kann.

15

VORWORT

Bei der vorliegenden Arbeit handelt es sich um die leicht überarbeitete und aktualisierte Fassung meiner Habilitationsschrift, die im Juni 2005 an der Philosophischen Fakultät der Rheinischen Friedrich-Wilhelms-Universität Bonn für das Fach Japanologie unter dem Titel „Städtische Segregation in Japan – Aktuelle sozialräumliche Tendenzen in der *global city* Tōkyō im Lichte der neuen Debatte über eine zunehmende Polarisierung städtischer Gesellschaften" eingereicht und im Januar 2006 als Habilitationsleistung anerkannt wurde.

Als Diplom-Geograph und Japanwissenschaftler zugleich habe ich mich natürlicherweise stets für räumliche Unterschiede innerhalb Japans interessiert. Mein Interesse am Thema der vorliegenden Arbeit wurde konkret bei Gesprächen mit japanischen Geographen während der frühen 1990er Jahre geweckt, als man meine Fragen nach möglichen sozialräumlichen Unterschieden in japanischen Städten fast durchweg mit der lapidaren Antwort abtat, dass es in einer solch egalitären Gesellschaft wie der japanischen derartige Unterschiede praktisch nicht gebe. Solche Vorstellungen fanden sich auch in der westlichen Fachliteratur, prominent etwa in einem in dieser Arbeit noch näher vorgestellten Artikel von Fujita Kuniko und Richard Child Hill aus dem Jahr 1997 mit dem bezeichnenden Titel „Together and Equal".

So recht konnte mich diese Ansicht, die im Übrigen unter japanischen Stadt*soziologen* weit weniger verbreitet ist, jedoch nicht überzeugen, weil ich zum ersten der grundsätzlichen Auffassung bin, dass es in praktisch jeder Art von städtischer Gesellschaft mehr oder minder ausgeprägte sozialräumliche Disparitäten geben *muss*, wobei man zur Begründung noch nicht einmal auf das von amerikanischen Stadtsoziologen der 1920er Jahre verbreitete Argument eines menschlichen Grundbedürfnisses nach nachbarschaftlicher Homogenität zurückgreifen braucht. Allein die simple Tatsache, dass manche Menschen für die Realisierung ihrer Wohnvorstellungen mehr Geld zur Verfügung haben als andere, sollte im hinreichenden Maße bewirken, dass sich einzelne Wohnviertel von Städten hinsichtlich der sozioökonomischen Attribute ihrer Bewohner mehr oder minder deutlich voneinander unterscheiden. Da es sich bei Japan bei allen historisch-kulturellen Unterschieden zu den westlichen Nationen um eine Gesellschaft handelt, die ähnlich nach demokratisch-kapitalistischen Prinzipien funktioniert, ist mithin *a priori* davon auszugehen, dass es auch hier solche sozialräumlichen Unterschiede gibt.

Zum zweiten aber konnte die Auffassung der japanischen Kollegen auch durch eigene Beobachtungen recht schnell falsifiziert werden. Zwar ist es wahr, dass japanische Städte zum größeren Teil durch Viertel mit einem sehr kleinräumigen, mosaikhaften Nebeneinander unterschiedlichster Wohnhäuser und darin lebender Haushalte geprägt sind, was dann in aggregierter Form auf eine Charakterisierung als „Mittelschichtwohngebiet" hinauslaufen mag. Doch existieren zugleich mit den Enklaven der Tagelöhner sowie – namentlich in westjapanischen Großstädten – mit den Vierteln der diskriminierten Burakumin und denen der alteingesessenen koreanischen Minderheit stark segregierte Wohngebiete, wie man sie in dieser klaren Ausprägung in deutschen Städten (noch?) kaum antrifft. Weiteres Anschauungsmaterial ergab sich aus der Lage meiner ersten Wohnung in Tōkyō zu Beginn der 1990er Jahre im Stadtviertel Chidori (Stadtbezirk Ōta) genau an der Grenze zwischen dem dicht mit einer Mischung aus Kleingewerbe und Mietwohnhäusern überbauten alluvialen Küstenschwemmland und den von großzügig geschnittenen und durchgrünten Anwesen dominierten Terrassenflächen westlich davon.

Hatte ich somit auch bereits recht früh den Plan gefasst, einmal am Beispiel der mir mittlerweile gut bekannten Stadt Tōkyō mögliche sozialräumliche Unterschiede in japanischen Städten systematisch zu analysieren, so standen doch zumindest zwei Umstände einer Realisierung zunächst entgegen. Zum ersten waren die 1990er Jahre in Japan auch aus stadtgeographischer Sicht von einer seit Kriegsende kaum gekannten Stagnation geprägt: Es stand somit zu befürchten, dass auf Basis von Datenmaterial der mittleren 1990er Jahre kaum Erkenntnisse zu gewinnen gewesen wären, die über die bereits zu Beginn der 1980er Jahre von japanischen Stadtsoziologen im Rahmen der japanischen *inner city*-Debatte ermittelten Sachverhalte wesentlich hinausgegangen wären. Die sich ab 1997/98 wieder beschleunigende Bautätigkeit und der damit verbundene Wiederanstieg der Einwohnerzahlen in den zentralen Stadtbezirken von Tōkyō ließen dann jedoch auf die Möglichkeit der Herausarbeitung neuer Erkenntnisse hoffen. Ein zweites Problem bestand in der Beschaffung der Fülle an Datenmaterial und sonstigen, meist nur in den einzelnen Abteilungen von Behörden erhältlichen Unterlagen, die für die Durchführung einer solchen Untersuchung nötig sind. Hier sorgte die zunehmende Praxis japanischer Stellen, solche Unterlagen im Internet frei verfügbar zu machen, dafür, dass die Untersuchung zu großen Teilen auch von Deutschland aus konzipiert und durchgeführt werden konnte. Aktuelle, aber über das Internet nicht erhältliche Informationen konnten im Rahmen von zwei jeweils einmonatigen Japanaufenthalten im Jahr 2003 beschafft werden. Sekundärliteraturquellen sowie im Internet erhältliche Daten und Materialien wurden für die Habilitationsfassung bis zum Erscheinungsdatum April 2005 berücksichtigt. Für die vorliegende Buchfassung ist darüber hinaus insbesondere Kapitel 2 noch an mehreren Stellen aktualisiert worden, so dass wenigstens in Teilen die Ergebnisse der jüngsten japanischen Volkszählung von 2005 noch integriert werden konnten.

Mittlerweile hat sich die Eigensicht der japanischen Gesellschaft entscheidend geändert: Statt von einer homogenen Mittelschichtgesellschaft ist heute in ähnlicher Überspitzung von der Differenzgesellschaft (*kakusa shakai*) Japan die Rede. In diesem Sinne mag die vorliegende Arbeit auch als der Versuch verstanden werden, Existenz und Ausmaß dieser Differenzgesellschaft auf der räumlichen Ebene zu überprüfen. Doch unabhängig von der Frage, ob die krasse Kehrtwendung von der homogenen zur Differenzgesellschaft in der öffentlichen Wahrnehmung der momentanen gesellschaftlichen Realität entspricht oder nicht: für die Zukunft ist in jedem Fall mit einer zunehmenden Ungleichheit in japanischen Städten zu rechnen. Eine wesentliche Ursache werden die in einigen Bergbau- und Schwerindustriestädten bereits spürbaren demographischen Schrumpfungsprozesse bilden, die ab dem kommenden Jahrzehnt auch für funktional gemischte japanische Großstädte erwartet werden und von den 2020er Jahren an ebenso für die Hauptstadt Tōkyō. Bei einem dann zu erwartenden Überangebot an Wohnraum werden diejenigen, die die finanziellen Ressourcen dazu haben, aus weniger beliebten Stadtvierteln in attraktivere Quartiere umziehen. Eine wahrscheinliche Folge sinkender Einwohnerzahlen in den betreffenden Vierteln ist infrastruktureller Rückbau und damit ein weiterer Attraktivitätsverlust der Umgebung, wodurch dann gegebenenfalls ganze Stadtsektoren in Gefahr geraten, zum Wohngebiet einer finanzschwachen Reliktbevölkerung zu werden. Die Untersuchung sozialräumlicher Ungleichheit in Japan dürfte somit bis auf weiteres ein spannender Forschungszweig bleiben.

Zum Schluss möchte ich nicht versäumen, mich stellvertretend für viele zumindest bei einigen Personen zu bedanken, die mein Vorhaben entscheidend befördert haben. Hierzu gehört zuallererst mein langjähriger „Chef", Herr Prof. Josef Kreiner (Forschungsstelle Modernes Japan der Universität Bonn und Hōsei-Universität Tōkyō), der mein Habilitationsvorhaben stets wohlwollend begleitete und es auch als erster Gutachter in die Fakultät einbrachte. Des Weiteren möchte ich Herrn Prof. Hans Dieter Laux vom Geographischen Institut und Herrn Prof. Jörg Blasius vom Institut für Politische Wissenschaft und Soziologie der Universität Bonn hervorheben, deren zahlreiche, sich insbesondere auf die Methodik beziehende Anregungen weitgehend in die vorliegende Buchfassung eingeflossen sind. Mein Dank gebührt ferner Herrn Prof. Kazufumi Manabe vom Institut für Soziologie der Kwansei Gakuin-Universität in Nishino-miya, der wesentlich dazu beitrug, dass ich im Oktober 2003 mit einem Einmonatsstipendium der Japan Society for the Promotion of Science (JSPS) zu letzten Materialsammlungen nochmals nach Japan kommen konnte. Weitere Anregungen und Materialhinweise verdanke ich Herrn Prof. Satoshi Nakagawa (Bevölkerungs- und Stadtgeographie; Universität Kōbe) und Herrn Prof. Shigeaki Ōba (Sozialgeographie, insb. Geographie des Wohnens; Städtische Universität Ōsaka). Schließlich sei Herrn Prof. Florian Coulmas, Direktor am Deutschen Institut für Japanstudien, für die Zustimmung zur Publikation meiner Arbeit in der Monographienreihe des DIJ gedankt. Weitere Personen, die mir in Japan für Interviews hilfreich zur Verfügung standen, sind an den entsprechenden Stellen der Arbeit in Fußnoten erwähnt.

Erinnern möchte ich an dieser Stelle außerdem an meinen „Doktorvater", Herrn Prof. Gerhard Aymans (1931–1996), der überhaupt erst mein Interesse an der Geographie Japans weckte und mir bei der Knüpfung erster Kontakte zu japanischen Fachkollegen half, sowie an meine Mutter Ingrid Lützeler (1934–2007), deren Selbstlosigkeit mir erheblich dabei geholfen hat, bis zu meinem Promotionsabschluss insgesamt zwölf Jahre überwiegend verdienst- und sorgenfrei an der Universität verbringen zu können. Ihnen sei dieses Buch gewidmet.

Tōkyō, im Juli 2007 *Ralph Lützeler*

1 EINFÜHRUNG

1.1 PROBLEMSTELLUNG

Es ist mittlerweile nahezu ein Gemeinplatz, dass sich die gesellschaftliche Entwicklung der wichtigsten Industrienationen seit Ende des Zweiten Weltkriegs in mindestens zwei Phasen aufteilen lässt: in eine erste Phase zunehmender Homogenisierung während der 1950er und 1960er Jahre, was in Deutschland etwas überpointiert etwa von Helmut SCHELSKY (1965) mit dem berühmten Schlagwort der „nivellierten Mittelstandsgesellschaft" kommentiert wurde, und in eine zweite Phase seit den frühen 1970er Jahren, die von erneuten sozialen Differenzierungsprozessen gekennzeichnet ist. In Bezug auf diese letzte Phase sind eine ganze Reihe von Schlagworten verwendet worden, die sich z. T. mit den antizipierten Ursachen dieser Veränderungen mischen. So werden von denen, die sich vor allem auf Wertewandel und Lebensstile beziehen, die affirmativ besetzten Begriffe der „Pluralisierung" und „Individualisierung" bevorzugt, während mit Bezug auf den sozioökonomischen Strukturwandel eher von Spaltung, Polarisierung, Fragmentierung oder auch gesellschaftlicher Desintegration gesprochen wird. Dem deutschen Soziologen Peter WAGNER (1994) zufolge sind allerdings sowohl die ökonomischen als auch die lebensstilbezogenen Differenzierungsprozesse Teil *eines* säkularen Wandels innerhalb des fortdauernden Modernisierungsprozesses der Industriegesellschaften: des Übergangs von einer durch die Aktivitäten des Staates bestimmten, organisierten Moderne hin zu einer neuen, liberalen Form der Moderne, die dem Individuum mehr Raum bei der Gestaltung seines Lebens lässt. Ähnlich sehen Ulrich BECK, Anthony GIDDENS und Scott LASH (1996) den Anbruch einer Zeitenwende seit Beginn der 1970er Jahre und sprechen vom Beginn einer „zweiten" bzw. „reflexiven" Moderne, die unter anderem dem Einzelnen jenseits der beschützenden Hand des Staates mehr Risikobereitschaft abverlangt.

Die große Mehrheit der Bevölkerung in Industriestaaten lebt in Städten, und da Städte immer schon als Austragungsort gesellschaftlicher Konflikte wie auch der Integration von Bevölkerungsteilen angesehen wurden, ist es nicht verwunderlich, dass die angesprochenen Veränderungen besonders intensiv auf der Ebene von Städten untersucht worden sind (vgl. zur Diskussion seit den 1980er Jahren HARTH, SCHELLER und TESSIN 2000: 25–30). Bereits anhand vieler Buchtitel tritt dabei mehrheitlich ein Befund zutage, der eindeutig erscheint: Von einer „Krise der Städte" (HEITMEYER, DOLLASE und BACKES 1998) ist da die Rede, von „Divided

Cities" (FAINSTEIN, GORDON und HARLOE 1992) im Falle von New York und London, aber womöglich auch im Hinblick auf Berlin (HÄUSSERMANN und KAPPHAN 2000), oder auch von einer „überwachten" Stadt (WEHRHEIM 2002), in der statt einer auf Integration ausgerichteten Stadtpolitik sich die Interessen der Ober- und Mittelschichten gegen eine immer größer werdende Gruppe von marginalisierten, ausgegrenzten Menschen aus ethnischen Minderheiten und/oder arbeitsloser Bevölkerung gleichsam „revanchistisch" (SMITH, N. 1996) durchsetzen. Im Allgemeinen stellen diese Studien und Aufsatzsammlungen auch eine (Wieder-)Zunahme der Ungleichheit in der räumlichen Dimension fest, d. h. eine Verstärkung der residenziellen Segregation bestimmter Bevölkerungsgruppen innerhalb der Städte.

Japan ist spätestens mit der mittlerweile bereits als klassisch einzustufenden Studie von Saskia SASSEN über *The Global City: New York, London, Tokyo* (1991; 2. Auflage 2001) in die Debatte um eine zunehmende soziale Ungleichheit in den Metropolen der Industriegesellschaften einbezogen worden. Überraschenderweise sind aber seitdem in einer westlichen Sprache keine weiteren sich auf empirische Analysen stützende Monographien erschienen, die mögliche Polarisierungs- oder auch Pluralisierungsprozesse am Beispiel der japanischen Hauptstadt oder einer anderen japanischen Großstadt untersucht hätten. Des Weiteren hat der Fall Japan bislang auch nahezu keinen Eingang in die internationale vergleichende Stadtforschung gefunden. Innerhalb der zahlreichen Sammelbände der letzten Jahre, die Fallstudien zu neuen städtischen Entwicklungen aus aller Welt zusammengeführt haben, findet sich nur in einem Fall (in *Globalizing Cities. A New Spatial Order?*; hg. MARCUSE und VAN KEMPEN 2000) ein etwa dreißig Seiten langer Aufsatz zu Tōkyō (WALEY 2000), der sich zudem im Wesentlichen auf die Situation in den 1980er und frühen 1990er Jahren bezieht, als die sozio-ökonomische Situation in Japan noch eine weitgehend andere war als derzeit. Einzelne Beiträge finden sich in einschlägigen Fachperiodika wie etwa in der Zeitschrift *Urban Studies* (siehe u. a. die Ausgaben 12/ 2000 und z. T. 04/2003 zu Entwicklungen in asiatischen Städten), die jedoch nur übergreifende Aspekte wie die Anwendbarkeit des *global city*-Konzepts auf Tōkyō problematisieren.

Zu dieser Geringbeachtung Japans in der jüngeren internationalen Debatte über die Entwicklung der Städte wird zweifelsohne das Problem mangelnder Sprachbeherrschung nicht wenig beigetragen haben. Darüber hinaus vermittelt das wenige in einer westlichen Sprache verfasste Schrifttum in der Mehrheit das erstaunliche Bild einer von sozialer Ungleichheit und räumlicher Segregation nahezu freien japanischen Stadt, was zahlreiche Stadtforscher zu dem Schluss geführt haben mag, dass es nicht lohnend ist, Fragen zu Schichtaufbau, Ethnizität oder sozialer Ausschließung auf japanische Städte anzuwenden. Auch die Aufsätze in den oben erwähnten Ausgaben von *Urban Studies* vertreten mehrheitlich die Sichtweise einer weitgehend konfliktfreien japanischen Stadtgesellschaft, was mit der Existenz eines bürokratiegelenkten *developmental state*[1] begründet wird, der der Entfaltung eines ungehemmten Kapitalismus mit seinen sozialen Folgekosten entgegenstehe (so v. a. HILL und KIM 2000). CLAMMER (1995: 51–55) wiederum sieht eine mögliche Ursache in der bisherigen Dominanz einer kulturwissenschaftlichen Sichtweise auf die japanische Stadt,[2] die sich gerne kultureller Stereotype bediene wie etwa dem einer „einzigartig" homogenen und egalitären japanischen Gesellschaft (vgl. SUGIMOTO 1997: 2–5).[3] Nur eine Seite später relativiert er jedoch seine Aussage, indem er selbst einräumt, dass

> [...] even in the big [Japanese] cities there is a strong sense of neighbourhood [...] and relatively little spatial segregation of social groups or classes. This is partly because of homogeneity of culture, partly because of deliberate planning [...], and partly because of ethnic homogeneity (CLAMMER 1995: 56).

Gerade die 1990er Jahre waren nun aber in Japan gekennzeichnet von einer verstärkten Zuwanderung ausländischer Bevölkerungsgruppen vor allem nach Tōkyō und in die umliegenden Präfekturen, einem für japanische Verhältnisse enormen Anwachsen von Arbeitslosigkeit sowie einer deutlichen Pluralisierung von Lebensstilen, erkennbar etwa

---

[1] Diese Vorstellung, derzufolge Japan korporatistisch von einem „eisernen Dreieck" aus Politikern, Wirtschaftslenkern und Regierungsbürokraten unter Führung der Letzteren und unter Ausschluss aller anderen gesellschaftlichen Gruppen regiert wird, stammt in seiner pointiertesten Formulierung von Chalmers JOHNSON (1995). Vgl. hierzu die kritischen Anmerkungen von KEVENHÖRSTER (2002).

[2] Allein für den Raum Tōkyō sind mit den Arbeiten von DORE (1999²; 1. Auflage 1958), BESTOR (1989) und ROBERTSON (1991) drei umfangreiche englischsprachige Werke erschienen, die sich unter Anwendung ethnographischer Methodik mit den Sozialbeziehungen in einzelnen Stadtvierteln auseinandersetzen. Weiterhin sei in diesem Zusammenhang auf die mittlerweile ins Englische übertragene kulturhistorische Arbeit zu Tōkyō von JINNAI (1985) hingewiesen.

[3] Eine dritte Ursache sehe ich in der häufigen Kontrastierung japanischer Befunde mit der Situation ausschließlich in den USA (so z. B. in der Segregationsforschung bei FUJITA und HILL 1997). Angesichts der extremen sozialen Differenziertheit der US-amerikanischen Gesellschaft wäre es verwunderlich, wenn man dabei *nicht* zum Ergebnis eines hohen Homogenitätsgrades der japanischen Gesellschaft gelangte.

an der Herausbildung neuer Haushaltsformen und einem Bedeutungsverlust der Ehe bei einem Teil der Bevölkerung. Zeitgleich entbrannte eine heftige Debatte über zunehmende Einkommensungleichheit und abnehmende soziale Aufstiegsmöglichkeiten, die das homogene Gesellschaftsmodell deutlich erschütterten (vgl. CHIAVACCI 2002). Angesichts dieser Veränderungen erscheint es an der Zeit, eine kritische Überprüfung der Homogenitätsthese auch anhand der *städtischen* Gesellschaft in Japan vorzunehmen und damit gleichzeitig zu einer stärkeren Einbindung Japans in die internationale Debatte über die neue soziale Fragmentierung der Städte beizutragen. Letzteres ist schon deshalb wichtig, da umgekehrt auch die Validität der Fragmentierungsthese an neuen Beispielen ständig zu überprüfen ist. Japan als ursprünglich nicht-westliche Gesellschaft bietet hierfür einen nahezu idealen Testfall.

Die vorliegende Arbeit wird sich mit der Entwicklung der sozialen und sozialräumlichen Differenzierung japanischer Großstädte am Beispiel von Tōkyō befassen, wobei die Zeit seit den ausgehenden 1980er Jahren, dem vorläufigen Endpunkt des japanischen „Wirtschaftswunders", im Vordergrund stehen soll. Die Wahl von Tōkyō begründet sich zum einen mit meiner Ortskenntnis; ausschlaggebender noch war allerdings die Absicht, die Ergebnisse dieser Arbeit besser an die Resultate der *global city*-Diskussion anbinden zu können, innerhalb derer die japanische Hauptstadt seit der Arbeit von Sassen zumindest am Rande abgehandelt wird. Dass mit dieser Wahl der zuweilen beklagten „Tōkyō-Fixiertheit" vieler japanbezogener Forschungsarbeiten (vgl. HOHN 2000: 34) weiter Vorschub geleistet wird, habe ich dabei in Kauf genommen. Weiterhin steht vor allem die Frage nach der *räumlichen* Ausprägung sozialer Ungleichheit, d. h. das Phänomen der residenziellen Segregation bestimmter Bevölkerungsgruppen, im Vordergrund der Betrachtung, da hierzu bislang besonders wenige Ergebnisse vorliegen und auch in der westlichen Forschung der Zusammenhang zwischen diesem Phänomen und der allgemeingesellschaftlichen Verstärkung von Ungleichheit m. E. theoretisch noch keineswegs erschöpfend erörtert worden ist (vgl. hierzu auch Kap. 1.2.2). Ich hoffe, mit dieser Arbeit zu einem Japanverständnis in den Sozialwissenschaften beizutragen, welches dieses Land als eine mit „westlichen" Gesellschaften ohne Einschränkung vergleichbare moderne Gesellschaft anerkennt, deren gleichwohl andersartige historische und kulturelle Basis die besondere Möglichkeit eröffnet, „westliche" Theorien und Modelle auf universale Anwendbarkeit hin zu überprüfen und gegebenenfalls zu modifizieren.

1.2 Ansätze und Ergebnisse der Forschung über die wachsende soziale Polarisierung in den Städten

1.2.1 Veränderung der sozialen Zusammensetzung der Stadtbevölkerung

Die These, nach der eine Wiederverstärkung sozialer Gegensätze in den großen Städten zu beobachten sei, die den jahrzehntelangen Trend der Ausbildung einer nivellierten Mittelschichtgesellschaft umgekehrt habe, lässt sich in ihren Anfängen mindestens bis in die 1970er Jahre zurückverfolgen.[4] Ein wichtiges Datum ist etwa die Veröffentlichung des Weißbuchs *Policy for the Inner Cities* in Großbritannien im Jahr 1977, das auf die zunehmende bauliche und soziale Misere in den innerstädtischen Wohngebieten britischer Großstädte aufmerksam machte (vgl. ALDEN, HIROHARA und ABE 1994: 48–49). In den 1980er Jahren erschienen weitere Arbeiten, die die Entwicklung einer neuen urbanen *underclass* (WILSON 1987; s. näher Kap. 1.2.4) oder von dualen städtischen Arbeitsmärkten mit einem Wachstum prekärer auf Kosten regulärer Beschäftigungsverhältnisse zum Thema hatten (vgl. KRÄTKE 1995: 168). Zugleich wurde auf die Entstehung neuer urbaner Eliten wie der sogenannten Yuppies und eine dadurch erfolgende Aufwertung bestimmter innenstadtnaher Wohngebiete hingewiesen (SMITH, N. 1987). Es war jedoch vor allem die niederländisch-amerikanische Sozialwissenschaftlerin Saskia SASSEN, die mit ihrem epochalen Werk *The Global City* (1991) die hier angeführten Einzelphänomene in ein theoretisches Konzept zunehmender sozialer Polarisierung zusammenführte. Aufgrund dessen, aber auch wegen der ausführlichen Bezugnahme auf Tōkyō in ihrem Werk, sei im Folgenden auf ihre Thesen etwas genauer eingegangen.

Nach Sassen ist die zunehmende soziale Polarisierung der Stadtbevölkerungen ein Ergebnis wirtschaftlicher Globalisierung. Während die Produktions- und Vertriebsstätten des verarbeitenden Sektors aus Kostengründen zunehmend in Schwellen- oder bestimmte Entwicklungsländer verlagert würden, werde die Steuerung dieser weltumspannenden Wirtschaftsaktivitäten immer stärker von einigen wenigen Knotenpunkten aus organisiert. Solche Knotenpunkte, in der sich die Zentralen global operierender Unternehmen und wichtige Finanzdienstleistungen konzentrierten, werden von Sassen *global cities* genannt. *Global cities* seien auf vielfältige Weise im Wirtschaftskreislauf miteinander verbunden und

---

[4] MARCUSE (1989: 697–700) sieht Anfänge bereits in den 1960er Jahren und behauptet darüber hinaus, dass die Polarisierungsthese eine „schmuddelige" Metapher darstelle, die eher auf alten Stereotypen beruhe denn ein getreues Abbild der weit komplexeren Wirklichkeit sei (vgl. näher Abschnitt 1.2.2).

dadurch von der wirtschaftlichen Situation des „Mutterlandes" weitgehend abgekoppelt. Es existierten verschiedene Hierarchiestufen solcher *global cities*, wobei die oberste Stufe von New York (Amerika), London (Europa) und Tōkyō (Asien) gebildet werde.[5]

Die wirtschaftliche Struktur solcher *global cities* begünstige nun die soziale Polarisierung ihrer Bewohnerschaft. Erstens reduziere sich durch Rationalisierungen und Auslagerungen die Zahl der regulären Beschäftigungsverhältnisse im produzierenden Sektor, die infolge starker gewerkschaftlicher Organisiertheit durch relative Sicherheit und hohe Lohnnebenleistungen gekennzeichnet sind. Damit aber werde vor allem der (unteren) Mittelschicht der materielle Boden entzogen. Stattdessen wachse zweitens die Zahl von Arbeitsplätzen mit hohem Qualifikationsprofil. Zum einen seien dies Tätigkeiten im oberen Management der global operierenden Unternehmen selbst; wichtiger noch sei in diesem Zusammenhang aber die wachsende Bedeutung unternehmensorientierter Dienstleistungen (Forschung, Entwicklung, Marketing, Beratung, Finanzen) als Empfänger von Aufträgen der globalen Unternehmen (Sassen 2001a[2]: 201–204, 255–256). Drittens nehme aber auch die Zahl gering entlohnter Beschäftigungsverhältnisse – oft als Teilzeitarbeit angeboten – zu, und zwar sowohl in Form unternehmensorientierter Dienste mit geringen Qualifikationsanforderungen (z. B. Wach- und Reinigungsdienste) als auch persönlicher Dienste (z. B. private Haushaltsdienste oder Gastronomie) für die wachsende wohlhabende Schicht der *global cities*. Daneben gebe es weiterhin einen gewissen Bedarf für die Produktion bestimmter Güter (z. B. Designermöbel oder -bekleidung), wobei jedoch der spezialisierte Geschmack der Nachfrager eine standardisierte Großproduktion und damit die Herausbildung regulärer Beschäftigungsverhältnisse behindere (Sassen 2001a[2]: 284–288). Solche Arbeiten im unteren Lohnsegment würden insbesondere von Frauen und ethnischen Minoritäten ausgefüllt. Dabei ist es für Sassen wichtig zu betonen, dass nicht die Anwesenheit einer großen Minoritätenpopulation oder von Arbeit suchenden Frauen in den *global cities* als solche das Wachstum gering entlohnter, prekärer Arbeitsverhältnisse ausgelöst habe, sondern dass es

---

[5] Das *global city*-Konzept als solches ist von Sassen allerdings nicht völlig neu entwickelt worden, sondern hat Studien zum Vorbild, die z. T. bis in die 1970er Jahre zurückreichen. Insbesondere ist hier auf die *world city*-These von Friedmann und Wolff (1982) hinzuweisen. Im Unterschied zu diesen Arbeiten legt Sassen aber eine stärkere Betonung auf die Rolle von Finanzdiensten und anderen unternehmensorientierten Dienstleistungen. Zudem wird von ihr die These der sozialen Polarisierung weit stärker betont (vgl. Krätke 1995: 105–112; Matsubara 1995: 13–17).

umgekehrt wirtschaftsimmanente Gründe waren, die diese Arbeitsverhältnisse entstehen ließen und dazu geführt haben, dass Frauen zunehmend erwerbstätig werden und ausländische Arbeitskräfte selbst in Zeiten nationaler Rezession weiter in *global cities* einströmen (SASSEN 2001a[2]: 288, 321–323, 325).

Seit seinem Erscheinen hat das Werk von Sassen zahlreiche kritische wie auch zustimmende Würdigungen erfahren. Aus der Flut der Kommentare sollen an dieser Stelle nur einige Standpunkte herausgegriffen werden, die sich exemplarisch insbesondere auf die Polarisierungsthese beziehen. In Kapitel 1.3.2 geht es dann um die erst seit wenigen Jahren stärker diskutierte Frage der Anwendbarkeit der Sassenschen Thesen auf Tōkyō.

Weniger eine Kritik als vielmehr eine Ergänzung stellen zunächst Arbeiten dar, die neben den von Sassen ausführlich behandelten wirtschaftlichen Triebkräften auch der Wohnungspolitik und der kommunalen Stadtpolitik eine Verantwortung für zunehmende soziale Polarisierungserscheinungen zuweisen. Beobachtet wird

> [...] a switch in governmental emphasis – away from policies which attempted to compensate vulnerable sections of the population for the ‚diswelfares‘ of a market-dominated urban system to those which focused on supporting the further growth of the most advanced and dynamic sections of the urban economy, and to those sections of the population who worked and invested in these industries (FAINSTEIN und HARLOE 1992: 7).

Zum Teil ist diese Tendenz unmittelbar mit den von Sassen skizzierten ökonomischen Veränderungen verknüpft: Von übergeordneten Gebietskörperschaften verordnete Mittelkürzungen, wachsende fixe Sozialausgaben und sinkende Steuereinnahmen infolge von wirtschaftlichem Strukturwandel und Arbeitslosigkeit nähmen vielen Metropolen den finanziellen Handlungsspielraum für aktive Interventionen zugunsten ihrer benachteiligten Bevölkerung (HÄUSSERMANN 1998: 137). Stattdessen werde versucht, im Rahmen der Globalisierung mittels einer aktiven, angebotsorientierten Standortpolitik im Wettbewerb mit anderen Metropolen wachstumsstarke Unternehmen zur Ansiedlung zu bewegen und damit auch eine finanzkräftige Einwohnerschaft zu garantieren. Dabei spielten sogenannte weiche Standortfaktoren wie ein optimales Angebot an Kultur- und Freizeiteinrichtungen, aber auch die – oft erzwungene – Abwesenheit von Randgruppen an exponierten Plätzen eine besonders große Rolle (vgl. WEHRHEIM 2002). Über fiskalpolitische Sachzwänge hinaus werden aber von zahlreichen angelsächsischen Autoren auch gewandelte Grundüberzeugungen in Richtung einer „neoliberalen" bzw. „post-

Keynesianischen" Orientierung als Ursache veränderter Stadtpolitik angedeutet (z. B. für Großbritannien: GORDON und HARLOE 1991; für die USA: SMITH, N. 1996). Wie HACKWORTH und SMITH (2001: 469) betonen, ließe sich beispielsweise der in vielen westlichen Industriestaaten zu beobachtende Rückzug aus dem sozialen Wohnungsbau mit Finanznöten allein nicht erklären. Welche tieferen Ursachen aber auch immer bestimmend sein mögen: Eine solch markante Verlagerung öffentlicher Zuwendungen von ärmeren auf wohlhabende Bewohner dürfte unzweifelhaft die soziale Polarisierung städtischer Bevölkerungen verstärken.

Eine weit fundamentalere Kritik an der Sassenschen Polarisierungsthese ist durch den britischen Geographen Chris HAMNETT in mehreren Aufsätzen vorgetragen worden. Anhand des Wandels der beruflichen Zusammensetzung der Erwerbsbevölkerung in der Randstad Holland (1994) und in London (1996b) während der 1980er Jahre kommt er zu dem Ergebnis, dass zumindest in europäischen Metropolen keine simple Polarisierung im Sinne eines Wachstums von Beschäftigungen im Dienstleistungsbereich mit hohem und niedrigem Qualifikationsprofil auf Kosten von Tätigkeiten im produzierenden Sektor stattgefunden habe. Vielmehr habe es ein Wachstum nur bei höheren Verwaltungsberufen sowie bei Spezialistentätigkeiten gegeben, weshalb Hamnett anstatt von „Polarisierung" lieber von „Professionalisierung" sprechen möchte. In diesem Zusammenhang wirft HAMNETT Sassen eine „sklavische Abhängigkeit vom Paradigma New York" und damit Amerikazentrismus vor (1994: 407–409). Der relative Mangel an sozialstaatlicher Absicherung sowie der hohe Anteil benachteiligter Minoritäten begünstige in den USA zwar eine Polarisierung der Sozialstruktur, die in Europa infolge einer stärkeren Regulierung des Arbeitsmarktes, geringerer Minoritätenanteile und der Wirksamkeit sozialstaatlicher Systeme jedoch verhindert werde. Hamnett stellt daher an die städtische Ungleichheitsforschung die Forderung, stärker die modifizierend wirkenden institutionellen Eigentümlichkeiten in den einzelnen Nationalstaaten bei der Betrachtung zu berücksichtigen. Von besonderer Bedeutung erscheint ihm dabei die jeweilige Ausgestaltung des Systems sozialer Sicherheit, wobei er sich speziell auf die Arbeiten von ESPING-ANDERSEN (1990) zur vergleichenden Sozialstaattypologie stützt (HAMNETT 1996b: 1423–1427).

Während die These von der Bedeutung institutioneller Faktoren bei der Ausbildung sozialer Polarisierung insbesondere bei europäischen Stadtforschern auf breiten Widerhall gestoßen ist (vgl. z. B. die Aufsätze in MUSTERD und OSTENDORF 1998), trifft dies für die Professionalisierungsthese weniger zu. So kritisiert vor allem BURGERS (1996) am Beispiel niederländischer Städte, dass Hamnett bei der Betrachtung der Erwerbsbevölkerung die Arbeitslosen außer Acht gelassen habe. Füge man diese hinzu, ergebe sich durchaus eine Polarisierung, und zwar eine solche zwischen gut bezahlten und hochspezialisierten Erwerbspersonen auf der einen und infolge von Arbeitslosigkeit oder anderen Gründen nicht erwerbstätigen Personen im erwerbsfähigen Alter auf der anderen Seite. Als Ursache sieht Burgers in Anlehnung an WILSON (1987) und anderen Autoren ein zunehmendes Missverhältnis zwischen nachgefragten und angebotenen Qualifikationen auf dem Arbeitsmarkt (sog. *skills mismatch*-These) als Folge des postindustriellen Strukturwandels, wovon insbesondere die schlecht ausgebildeten Mitglieder ethnischer Minoritäten betroffen seien. Während jedoch in sogenannten liberalen Sozialstaaten[6] wie den USA und Kanada gering qualifizierte oder auf dem Arbeitsmarkt nicht nachgefragte Personen gezwungen seien, im privaten Dienstleistungssektor oder in *sweat shops* schlecht bezahlte Tätigkeiten auszuüben, leite der sozialdemokratische Sozialstaat skandinavischer Prägung solche Personen zur Bewältigung der vielfältigen sozialen Aufgaben in den öffentlichen Dienst um. In korporatistischen Sozialstaaten wie Deutschland oder den Niederlanden wiederum seien solche Personen zunehmend vom Arbeitsleben ausgeschlossen. Es entstünde damit eine starke „Außenseiterbevölkerung", die durch den Staat über Arbeitslosengeld, Sozialhilfe oder vorzeitige Altersrenten ruhiggestellt werde.

Auch die Ausführungen von Burgers bekräftigen somit die Bedeutung der unterschiedlichen sozialstaatlichen Systeme für die Art und das Ausmaß sozialer Polarisierung in großen Städten und stellen die Allgemeingültigkeit der Thesen von Sassen in Frage. Wohl auch deshalb hat Hamnett die ursprünglich an ihn und nicht an Sassen gerichtete Kritik eher als Ergänzung denn als Ablehnung seiner Professionalisierungsthese empfunden (vgl. HAMNETT 1996a) und nachfolgend weitgehend übernommen. Die Berücksichtigung einer unbeschäftigten „Außenseiterbevölkerung" half Hamnett zudem, den scheinbar paradoxen Befund sich verstärkender Einkommenspolarisierung bei gleichbleibender Polarisierung in der Berufsstruktur, wie er am Beispiel von

---

[6] Die Bezeichnungen „liberal", „sozialdemokratisch" und „korporatistisch" für die Charakterisierung von Sozialstaaten gehen auf die Sozialstaattypologie von ESPING-ANDERSEN (1990) zurück. Während Deutschland als fast idealtypischer „korporativer" Sozialstaat mit einer Dominanz von an Erwerbstätigkeit gekoppelten und stark nach Berufsstatus differenzierten Sozialversicherungen gilt, war die Stellung von Japan in diesem System lange Zeit unklar. Zunächst mit einigen Vorbehalten als „liberaler", sich also überwiegend auf nichtstaatliche Systeme stützender Sozialstaat eingestuft, wird das Land in jüngeren Publikationen von ESPING-ANDERSEN (1997; 1999: 73–94) ebenso dem korporatistischen Typ zugeschlagen, wenngleich das Vorhandensein einzelner Elemente, die eher für die anderen Typen kennzeichnend sind, eingestanden wird.

London und anderen europäischen Metropolen festgestellt werden konnte, aufzulösen (HAMNETT 1996b: 1421–1423; vgl. einen ähnlichen Befund für Oslo bei WESSEL (2000, 2001) und für Helsinki bei VAATTO-VAARA und KORTTEINEN (2003)). Die Kernaussage lautet somit, dass auch in Staaten mit stärkerem sozialem Engagement der Trend einer zunehmenden Einkommenspolarisierung nicht verhindert werden kann, wohl aber die Entstehung eines neuen „Dienstleistungsproletariats" und damit eine Polarisierung der beruflichen Struktur. Erkauft werde dies mit einer wachsenden Überschussbevölkerung außerhalb des Arbeitsmarktes, die weitgehend von staatlichen Unterstützungsleistungen lebe. Anscheinend produziert der jüngere wirtschaftliche Strukturwandel in Abhängigkeit vom Liberalisierungsgrad einer Volkswirtschaft bzw. dem Ausbaugrad sozialstaatlicher Systeme somit zumindest zwei Varianten einer städtischen Armutsbevölkerung. Innerhalb eines bestimmten Sozialstaatsystems dürften dann, wie BURGERS und MUSTERD (2002) sowie VAATTOVAARA und KORTTEINEN (2003) betonen, das jeweilige historische Erbe und die Art der internationalen Verflochtenheit einer Stadt zu weiterer Differenzierung führen.

1.2.2 VERÄNDERUNGEN BEI DER RESIDENZIELLEN SEGREGATION

Nahezu sämtliche Arbeiten zum jüngeren sozialen Wandel städtischer Gesellschaften in westlichen Industrieländern stimmen trotz aller Kontroversen und Modifikationen nicht nur darin überein, dass die sozioökonomische Zusammensetzung der Bevölkerung zumindest in Teilaspekten ungleicher geworden ist, sondern postulieren weiter, dass infolge dieser stärkeren sozialen Ungleichheit auch die sozial*räumlichen* Unterschiede in einer Stadt an Schärfe zugenommen haben. Angesichts dieser Tatsache überrascht es umso mehr, dass der kausale Zusammenhang zwischen beiden Phänomenen nirgendwo theoretisch hinreichend expliziert worden ist (FRIEDRICHS 1995: 94; WESSEL 2000: 1949). Der entsprechende, relativ knappe Abschnitt zur räumlichen Segregation im Werk von SASSEN (2001a[2]: 256–284) enthält vornehmlich eine Beschreibung sozialgeographischer Veränderungen in den drei Metropolen New York, London und Tōkyō seit den 1970er Jahren, wobei deutlich wird, dass sich die Formen räumlicher Segregation in allen drei Fällen merklich voneinander unterscheiden. Schon daher kann eine theoretische Verbindung mit den vorher von ihr ausführlich beschriebenen Prozessen der sozioökonomischen Polarisierung kaum gelingen. Stattdessen werden mit der sogenannten Gentrification oder der *inner city*-Problematik (s. u.) Phänomene zitiert, deren Ursprünge schon vor dem Beginn der weitreichenden Globalisierung von Finanzmärkten und des beschleunigten Wachstums unternehmensorientierter Dienstleistungen anzusetzen sind und auch außerhalb von *global cities* beobachtet werden. Sassen gibt durchaus zu, dass residenzielle Segregation als solche wie auch ihre spezifischen Ausdrucksformen in allen drei Metropolen keine neuen Entwicklungen darstellen. Sie behauptet aber weiter, dass „[…] the extent of the segmentation and spatial unevenness has reached dimensions not typical of earlier decades" und führt anschließend in Anlehnung an SMITH und WILLIAMS (1986) aus, dass

> […] up to the late 1970s, the notion of gentrification as residential rehabilitation may have been an adequate understanding of the process, but by the early 1980s, it was becoming evident that residential rehabilitation was only one facet of a far broader process linked to the profound transformation in advanced capitalism: the shift to services and the associated transformation of the class structure and the shift toward the privatization of consumption and service provision (SASSEN 2001a[2]: 260–261).

Demnach wäre der entscheidende Wandel nicht in der äußeren Gestalt, sondern in der Bedeutung eines segregativen Prozesses zu suchen. Gleichwohl bleibt bei ihr unklar, weshalb die zitierten Transformationen im „fortgeschrittenen Kapitalismus" notwendig auch mit einer *Verstärkung* von räumlicher Segregation verknüpft sind.

Auch Peter MARCUSE (1989, 1993), der die Vorstellung einer bipolaren Stadt als zu simpel ablehnt und den Aspekt der sozialräumlichen Spaltung stärker betont, bleibt diese Erklärung weitgehend schuldig. Marcuse postuliert unter dem Stichwort der *quartered city* [geviertel(i)te Stadt] eine Untergliederung der Stadt in fünf soziale Teilräume:
- die Stadt der Reichen (*the luxury city*), bestehend aus einzelnen Enklaven der wirtschaftlichen und politischen Elite;
- die gentrifizierte Stadt der oberen Mittelschicht (freiberuflich Tätige, technische Intelligenz, leitende Beamte und Angestellte);
- die suburbane Stadt des Kleinbürgertums aus Angestellten und Facharbeitern;
- die Mieterstadt der unteren Angestellten und Arbeiter;
- die aufgegebene Stadt der aus dem Arbeitsmarkt weitgehend ausgeschlossenen und diskriminierten Bevölkerungsgruppen.
Dem Autor zufolge ist diese Einteilung weit eher als das Konzept der bipolaren (dualen) Stadt in der Lage, die „Brüche" und Machtverhältnisse in einer Gesellschaft abzubilden, indem beispielsweise die Bewohner der gentrifizierten Stadt von der Elite abhängig sind, selbst aber wiederum mit der Durchsetzung ihrer Wohnortpräferenzen Bewohner der Mieterstadt verdrängen bzw. diese als schlecht entlohnte Erbringer persönli-

cher Dienstleistungen heranziehen.[7] Mit der Betonung gesellschaftlicher Abhängigkeiten und der Position der jeweiligen Bewohner auf dem Arbeitsmarkt wird eine deutliche Nähe zu politökonomischen Erklärungsansätzen residenzieller Segregation offenbar, bei denen „[...] die städtischen Strukturen letztlich nur als das Ergebnis der gesamtgesellschaftlichen Kräfteverhältnisse gesehen werden [...]" (FARWICK 2001: 51). Wie Sassen betont auch MARCUSE (1993: 358–364), dass die sozialräumliche Spaltung der Stadt als solche nichts prinzipiell Neues darstelle, wohl aber seit den 1980er Jahren durch neue Entwicklungen vertieft werde. Und wie von Sassen, aber ebenso von anderen Autoren der politökonomischen Erklärungsrichtung wird auch von Marcuse der kausale Zusammenhang zwischen dem entworfenen Gesellschaftsbild und dem empirischen Befund, d. h. zwischen gespaltener Gesellschaft und gespaltenem Stadtraum, nicht näher beschrieben.

Weitgehend abstrakt bleibt auch die antizipierte Verbindung von Segregationsgrad und sozialpolitischem System als Filter sozialer Polarisierungstendenzen. Schon nach VAN DER WUSTEN und MUSTERD (1998) beeinflussen sozialstaatliche Maßnahmen in erster Linie das *gesamtgesellschaftliche* Ausmaß sozialer Ungleichheit, während die Stärke residenzieller Segregation weitgehend nur durch einen Teilaspekt, und zwar die Wohnungspolitik, mitbestimmt werde. Doch selbst in diesem eingeschränkten Sinne ist eine einfache Zuordnung bestimmter Segregationsniveaus zu bestimmten institutionellen Kontexten offenbar nicht ohne weiteres möglich, wie die Ergebnisse einzelner Studien zeigen; weitere Faktoren, die überwiegend im historischen Erbe einer Stadt gründen, müssen berücksichtigt werden. So etwa überwog in Oslo im Wohlfahrtsstaat Norwegen bis in die 1970er Jahre hinein die Tendenz, großflächige Siedlungen in industrieller Bauweise mit einer sozial relativ homogenen Wohnklientel zu schaffen. Der Übergang zu einer stärker kleinteiligen, individuellen Wohnbebauung durch private Erschließer seither führte daher trotz einer rückläufigen Bedeutung des öffentlich geförderten Wohnungsbaus insgesamt zu einer *Reduzierung* des Segregationsniveaus – zumindest auf der räumlichen Makroebene (WESSEL 2000). Umgekehrt

---

[7] Ähnlich postulieren HÄUSSERMANN und SIEBEL (1995: 107) für die alte Bundesrepublik die Existenz von drei Teilstädten: „Die Stadt der international wettbewerbsfähigen Unternehmen und ihrer hoch qualifizierten Beschäftigten, die Stadt der oberzentralen Funktionen und der integrierten deutschen Mittelschicht und schließlich die Stadt der aus dem Arbeitsmarkt und damit zunehmend auch aus anderen sozialen Zusammenhängen Ausgegrenzten, der Arbeitslosen, der Armen, der Asylbewerber [...]". MOLLENKOPF und CASTELLS (1991: 407) schlagen am Beispiel von New York ebenso eine Dreiteilung, und zwar in „metropolitan heaven", „inner city hell" und „elsewhere", vor.

wurde in Helsinki im Wohlfahrtsstaat Finnland ursprünglich eine Wohn-politik der sozialräumlichen Mischung von Einkommens- und Erwerbs-gruppen betrieben. Der ökonomische Wandel erzeugte dann dennoch in den 1990er Jahren eine Segregationsproblematik, und zwar auf Basis des Faktors „Ausbildung"[8], der erst infolge wachsender Qualifikationsanfor-derungen für Einkommenshöhe und Erwerbsstatus relevant wurde (VAATTOVAARA und KORTTEINEN 2003). Der letzterwähnte Aufsatz deutet damit zumindest *einen* möglichen Kausalnexus zwischen der Zunahme von sozioökonomischer Ungleichheit und wachsender residenzieller Se-gregation an: eine Problemaufladung bereits bestehender sozialräumli-cher Unterschiede durch wirtschaftlichen Strukturwandel.

1.2.3 UMFASSENDE THEORIEKONZEPTE ZUR RESIDENZIELLEN SEGREGATION

Infolge des Mangels an expliziten und generalisierbaren Aussagen zur Verbindung von sozialer Polarisierung und residenzieller Segregation in der neueren Stadtforschungsliteratur erscheint es mir notwendig, einen eigenen Modellentwurf zur Erklärung von Segregation herzuleiten, in den dann operationalisierbare Fragestellungen integriert werden können (s. Kap. 1.4). Zunächst sollen hierzu in diesem und dem folgenden Ab-schnitt die wichtigsten vorhandenen Erklärungsansätze zur stadtstruktu-rellen Entwicklung insgesamt sowie zu einzelnen Formen stadträumli-cher Segregation aufgezählt und bewertet werden. Da die Entwicklung konkreter Fragestellungen selbstverständlich auch die spezifische japani-sche Situation zu berücksichtigen hat, werden dann in Kapitel 1.3 noch die Ergebnisse der bisherigen Forschung zu japanischen Städten der eigenen Modellformulierung vorgeschaltet.

Der Begriff der residenziellen Segregation lässt sich sowohl in statischer wie dynamischer Hinsicht definieren. In ersterem Fall wird unter Segrega-tion das Ausmaß der ungleichen räumlichen Verteilung von bestimmten Wohnbevölkerungsgruppen verstanden, im letzteren Fall bezieht sich der Begriff „[…] auf alle Prozesse der räumlichen Auseinanderlegung von Bevölkerungsgruppen" (LICHTENBERGER 1998[3]: 242). Residenzielle Segrega-tion wird als ein grundlegendes inneres Strukturprinzip von Städten über alle Zeiten, politische Systeme und Kulturräume hinweg verstanden, wenngleich eingeräumt wird, dass Art und Ausmaß von Segregation je

---

[8] Personen mit hohem Ausbildungsniveau siedelten sich bereits seit den 1960er Jahren überwiegend im Westen Helsinkis nahe der Universität an. Da Einkom-men und Ausbildungsniveau in Finnland ursprünglich nicht korreliert waren, wurde diese Form der Segregation von der Wohnungspolitik zugelassen (VAATTOVAARA und KORTTEINEN 2003: 2132–2133).

nach den Charakteristika des herrschenden gesellschaftlichen Systems durchaus differieren kann (LICHTENBERGER 1998[3]: 243, 270–272; FARWICK 2001: 26). Diese Varianz findet ihre Begründung darin, dass Segregation als „[...] ein Ergebnis sozialer Ungleichheit, d. h. ungleicher Chancen und Präferenzen einzelner Bevölkerungsgruppen" (FRIEDRICHS 1995: 79) insbesondere auf dem Wohnungsmarkt verstanden wird. Je nach dem Ausmaß sozialer Ungleichheit und damit der Chancenverteilung auf verschiedene Gruppen in einer Gesellschaft sind somit recht unterschiedliche Ausprägungen residenzieller Segregation möglich. Schließlich gilt es die Ansicht zu beachten, dass ein hoher Segregationsgrad als solcher die Distanz zwischen zwei Gruppen weiter verstärken kann, wenn durch das Leben in abgegrenzten Quartieren Interaktionen mit anderen Gruppen weitgehend unterbleiben und stattdessen Vorurteile das Bild von der jeweils anderen Gruppe prägen, die sich auch an der Wohnadresse selbst entzünden. Unter anderem aus diesem Grund hat sich die Stadtpolitik insbesondere in Deutschland, den Niederlanden oder Schweden bislang am Leitbild der sozialen Mischung von Wohngebieten orientiert, während in anderen europäischen Staaten Segregation nicht als räumliches Problem *per se*, sondern lediglich als ein abgeleitetes Problem gesellschaftlicher Ungleichheit verstanden wird (MUSTERD und DE WINTER 1998: 666–668).

Die Messung der Stärke von Segregation erfolgt im Allgemeinen mittels sogenannter Segregationsindizes, bei denen die räumliche Verteilung zweier Populationen innerhalb einer definierten Raumeinheit (Gesamtstadt, Stadtbezirk usw.) betrachtet wird. Je höhere Werte der Index dabei annimmt, umso stärker wohnen die beiden Populationen auf der betrachteten Raumebene voneinander getrennt (= segregiert). Mit diesen Indizes können jedoch keine Aussagen über das räumliche Muster von Segregation getroffen werden; Erkenntnisse darüber, ob Distrikte mit überdurchschnittlichen Anteilen einer bestimmten Gruppe eher konzentriert oder verstreut zueinander liegen, müssen gewissermaßen „subjektiv" dem Kartenbild entnommen werden. Weiterhin ist ein hoher Segregationsindex, wie DANGSCHAT (1998: 209) zutreffend bemerkt, sowohl durch starke Abweichungen vom Durchschnitt in nur wenigen Distrikten als auch durch schwache Abweichungen in vielen Distrikten produzierbar.[9] Daher ist auch die Interpretation eines insgesamt ansteigenden Segregationsgrades zumindest in zweierlei Richtung denkbar: als weiter zunehmende Konzentration einer bestimmten Bevölkerungsgruppe in ihrem „angestammten" Gebiet oder als flächenhafte Ausdehnung auf benachbarte Gebiete. Selbstverständlich ist auch das gleichzeitige Auftreten beider Prozesse möglich.

---

[9] Vgl. zur Berechnung der verschiedenen Varianten des Segregationsindexes die Ausführungen in KEMPER (1993: 132–133) sowie LICHTENBERGER (1998[3]: 241–242).

Über die allgemeine Behauptung, dass residenzielle Segregation ein Spiegelbild sozialer Ungleichheit sei, hinausgehend hat es seit den Arbeiten der sozialökologisch orientierten „Chicago-Schule" der 1920er Jahre zahlreiche Ansätze zur Erklärung von Segregation gegeben, oft eingebettet in eine umfassende Theorie der Wohnstandortwahl (vgl. FRIEDRICHS 1995: 93).[10] Unter dem Eindruck des ungelenkten Wachstums von Chicago zu Beginn des 20. Jahrhunderts wurde das Wachstum der Stadt von den Vertretern der sozialökologischen Schule als ein „natürliches Phänomen" und das einzelne Stadtviertel als „natürliche Nachbarschaft" mit einer nach Sozialprestige und Ethnos jeweils homogenen Bevölkerung interpretiert. „[The city] is a product of nature, and particularly of human nature" (PARK 1925/1967: 1). In diesem Sinne ließ sich residenzielle Segregation als eine Übertragung menschlicher Distinktionsbedürfnisse auf den Raum charakterisieren; umgekehrt wurde residenzielle Segregation zu einem wichtigen Indikator für die Stärke der sozialen Segmentierung einer Gesellschaft. Im Hinblick auf die Dynamik der Stadt wurde postuliert, dass die Entwicklung vom Stadtzentrum ausgehe: Seine Ausdehnung – vermittelt über höhere Bodenpreise – verdränge die am Cityrand in einer *zone of transition* wohnende arme Bevölkerung der jüngsten Zuwanderungswelle in die umliegenden Wohngebiete, was wiederum eine Abwanderungswelle unter der dortigen Bevölkerung auslöse, da durch den Zuzug (*invasion*) der Ersteren das Bedürfnis nach sozialer Homogenität der Umgebung nicht mehr befriedigt werden könne. Die Möglichkeit der längerfristigen sozialen Mischung eines Stadtviertels wird also kategorisch ausgeschlossen. Während die Zuwanderer somit sukzessive in die aufgegebenen Standorte nachrückten (*succession*), bewegten sich die etablierteren Gruppen in Richtung Stadtrand, was zusätzlich mit dem Bedürfnis nach attraktivem Wohnraum erklärt wird. Diese hier nur skizzierten Vorstellungen haben letztlich zu dem bekannten ringzonalen Stadtmodell von BURGESS (1925/1967: 55) geführt.[11]

---

[10] Die folgenden Ausführungen zu allgemeinen Theorieansätzen zur Erklärung residenzieller Segregation lehnen sich in weiten Strecken der Darstellung in FARWICK (2001: 28–61) an.

[11] Von der auf den Lehren der Chicago-Schule aufbauenden *social area analysis* (SHEVKY und BELL 1955) wurde das ringzonale Modell später zur Beschreibung der demographischen Segregation (Familienstand und Haushaltsformen im Rahmen des Lebenszyklus) angewendet. Die zunächst in Opposition zu Burgess entwickelten sektoralen (HOYT 1939) und Mehrkern-Stadtmodelle (HARRIS und ULLMAN 1945) erwiesen sich hingegen als brauchbare Beschreibungsraster für die soziale bzw. ethnische Segregation (vgl. hierzu näher LICHTENBERGER 1998[3]: 56–60).

Mit der Aufdeckung von Invasions-Sukzessionszyklen hat die Chicago-Schule unbestritten einen wichtigen Beitrag zur Beschreibung von Segregationsprozessen erbracht. Mit ihren nur sehr allgemeinen Bezügen auf die „natürlichen" Wünsche des Menschen nach einem homogenen Wohnumfeld und attraktivem Wohnraum fällt die theoretische Herleitung segregativer Prozesse jedoch recht unbefriedigend aus. Einen Versuch, zumindest den angesprochenen Bodenpreismechanismus zu explizieren, stellt das neoklassische Modell der Wohnstandortverteilung von Alonso (1964) dar. Hierbei wird der Wohnstandort eines Haushalts durch das Verhältnis von Transportkosten (Pendeln) und Wohnkosten bestimmt. Während Erstere zum Stadtrand hin zunähmen, sänken Letztere zum Stadtrand hin ab. Mit der Annahme, dass für Haushalte mit hohem Einkommen die Realisierung einer großen Wohnfläche ökonomisch sinnvoller ist als die Reduzierung von Transportkosten (in die auch Opportunitätskosten infolge entgangener Arbeitszeit eingeschlossen sind), erklärt man die Präferenz wohlhabender Haushalte für das Wohnen am Stadtrand. Ärmere Gruppen wohnten hingegen im Stadtzentrum, wo sie die höheren Bodenpreise durch geringere Wohnflächen und eine Reduzierung der Transportkosten überkompensierten. An der Erklärungskraft dieses Modells müssen aber ebenso Zweifel angebracht werden, da empirische Analysen ergeben haben, dass sich die beiden Kostenkurven in ihrer Wirkung in etwa neutralisieren, demnach auf der Basis unterschiedlicher Bodenpreise und Pendelkosten allein keine Segregation entstehen dürfte (vgl. Farwick 2001: 34).

Jüngere Ansätze zur Erklärung residenzieller Segregation sind weniger abstrakt und konzentrieren sich entweder auf die Nachfrage- oder die Angebotseite des Wohnungsmarktes. Zu Ersteren gehören insbesondere verhaltenstheoretische Ansätze. Hierbei wird der Prozess des Wohnstandortwechsels eines Haushalts in eine Kette von Einzelentscheidungen aufgelöst. Ein Umzugswunsch wird dabei als eine Reaktion auf externe Faktoren wie Veränderungen der physischen oder sozialen Wohnumwelt und/oder interne Faktoren wie etwa eine veränderte Position im Familienlebenszyklus beschrieben. Die Realisierung kann dabei durch Beschränkungen wie fehlende materielle Ressourcen oder ein unzureichendes Wohnungsangebot behindert werden. Die Suche des neuen Wohnstandorts orientiert sich meist an einer subjektiven Raumwahrnehmung, die die einzelnen Individuen jedoch nicht willkürlich entwickeln, sondern ihnen gesellschaftlich vermittelt wird. Infolgedessen können individuelle Standortpräferenzen zu „kollektiven Images" aggregiert werden (vgl. Farwick 2001: 38), wodurch eine residenzielle Segregation sozialer Gruppen überhaupt erst erklärbar wird. Auf Basis dieser Images wird ein Wohnstandort angestrebt, der einen größtmöglichen Grad an

Vertrautheit vermittelt, d. h. dem alten Wohnstandort möglichst nah ist und ein in etwa gleiches soziales Umfeld aufweist. An dieser Beschreibung zeigt sich, dass verhaltenstheoretischen Erklärungsansätzen ein insgesamt sehr reaktives, um nicht zu sagen: träges Menschenbild zugrunde liegt, was auch verschiedentlich kritisiert worden ist (vgl. WERLEN 2000: 300 FARWICK 2001: 41).

Stärker auf die Angebotseite des Wohnungsmarktes bezogen sind zum einen institutionentheoretische und zum anderen politökonomische Ansätze. Im ersteren Fall wird der Blick auf das Handeln gesellschaftlicher Akteursgruppen gerichtet, die sich bei der Festlegung der Bodennutzung bestimmter Gebiete untereinander in Konflikten befinden. Genannt werden Unternehmen, die Bauwirtschaft, private Hausbesitzer oder lokale Behörden. Die spezifische Wohngeographie einer Stadt und damit auch Art und Ausmaß von residenzieller Segregation sind demzufolge das Ergebnis solcher Konflikte (vgl. FARWICK 2001: 42). Der institutionentheoretische Ansatz neigt teilweise partikularistischen Positionen zu, wenn er die lokale oder kulturelle Gebundenheit bestimmter Akteursgruppen selbst als auch der formalen Regeln (*governance*) von Aushandlungsprozessen in den Vordergrund stellt (vgl. HEALEY 1997). Wenngleich die empirischen Studien, die diesem Ansatz folgen, bislang nicht immer überzeugen konnten, hat er doch mittlerweile eine gewisse Dominanz entwickelt. Gerade in der jüngeren Debatte über residenzielle Segregation ist – wie bereits angeführt – verschiedentlich auf die Bedeutung der jeweiligen Wohngeographie bzw. das Gewicht öffentlicher Wohnungspolitik in einer Stadt hingewiesen worden (vgl. z. B. VAN DER WUSTEN und MUSTERD 1998; WESSEL 2000).

Politökonomische Ansätze ordnen hingegen Segregation in den Rahmen der Klassengegensätze ein, durch die die industriellen Gesellschaften nach Meinung der Vertreter dieser Richtung weiterhin geprägt sind. Nach Harvey und Chatterjee (1974: 32–33; zit. nach FARWICK 2001: 48–49) werden durch die landbesitzenden Institutionen für die einzelnen Gruppen im kapitalistischen Produktionsprozess jeweils durch verschiedene Zugangsbarrieren charakterisierte Wohnungsteilmärkte geschaffen. Die Ähnlichkeit dieser Argumentation mit dem im vorhergehenden Kapitel vorgestellten Bild der gevierte(i)lten Stadt von P. Marcuse ist offensichtlich. Dort ist auch bereits kritisch vermerkt worden, dass die Vertreter politökonomischer Ansätze die kausale Verbindung ihrer makrotheoretischen Annahmen mit dem Phänomen der residenziellen Segregation nicht hinreichend klären. Wenn etwa Castells (1977: 160; zit. nach FARWICK 2001: 50–51) feststellt, dass „[…] [d]ie Verteilung der Wohnorte […] den allgemeinen Regeln der Produktverteilung [folgt] […]; im kapitalistischen System heißt das, entsprechend ihrem Einkommen, ihrer beruflichen Stellung, dem Ausbildungsniveau, der ethnischen Zugehörigkeit, der Phase ihres Lebens usw.", dann gelangt er damit letztlich auch nur zu den Erkenntnissen, die bereits von der in theoretischer Hinsicht wesentlich schlankeren *social area analysis* der 1950er Jahre hervorgehoben worden sind.

Am besten im Einklang mit der Realität erscheinen Theorieansätze, die sowohl die Angebot- als auch die Nachfrageseite des Wohnungsmarktes berücksichtigen. Einen solchen Ansatz stellt das „Makro-Mikro-Modell der Segregation" von Jürgen FRIEDRICHS (1998: 169–173) dar. Hierbei wird der Makro-Zusammenhang sich verstärkender Segregation bei steigender Einkommensungleichheit über die individuellen Entscheidungen der einzelnen Haushalte vermittelt dargestellt. Höhe des Einkommens, mögliche Zugehörigkeit zu einer diskriminierten ethnischen oder religiösen Gruppe sowie individueller Lebensstil (der hier mit der Proxy-Variable „Bildung" gemessen wird) bestimmen dabei das Ausmaß der (räumlichen) Alternativen auf dem Wohnungsmarkt. Wenn nun, wie mit der *global city*-These behauptet, im Kontext von Deindustrialisierung ein Rückgang in der Zahl gesicherter Arbeitsplätze für die untere Mittelschicht eintritt und gleichzeitig die öffentliche Hand infolge sinkender Steuereinnahmen weniger in den öffentlichen Wohnungsbau investiert, dann führt dies auf dem Wohnungsmarkt zu stärkerem Wettbewerb zwischen einzelnen Individuen und Haushalten, der schließlich auch in offenen Konflikt etwa in Gestalt einer Verstärkung ethnischer Diskriminierung münden kann. Eine stärkere Segregation nach Einkommen, Bildung oder ethnischer Zugehörigkeit wäre die Folge.

Ein wichtiger Vorteil dieser Modellvorstellung liegt sicher in ihrer relativ einfachen Operationalisierbarkeit. Gegenüber den reinen Makro-Annahmen von Sassen oder Marcuse stellt sie zudem auch in theoretischer Hinsicht in jedem Fall einen Fortschritt dar. Auf der anderen Seite erscheinen die Wirkungen von Deindustrialisierung als zu vereinfachend dargestellt, die Angebotseite des Wohnungsmarktes zu unscharf formuliert. Zudem werden, wie DANGSCHAT (1998: 210) kritisch anmerkt, „[…] die ökonomischen und politischen Einflussfaktoren auf Sozialstrukturen und Hierarchisierungen (städtischer) Teilräume ausgeblendet […], d. h. die eigentliche Makro-Ebene bleibt allenfalls einer nicht formulierten ‚Anschlusstheorie' vorbehalten […]".

Aus handlungstheoretischer Sicht hat André Odermatt (1997; zit. nach FARWICK 2001: 54–61) einen Modellentwurf vorgelegt, der als Versuch einer Integration der verschiedenen bereits vorgestellten Ansätze gelten kann. Für Odermatt ist residenzielle Segregation letztlich das unbeabsichtigte Ergebnis des bewussten und zielorientierten Handelns verschiedener Akteure auf der Angebot- und Nachfrageseite des Wohnungs-

marktes. Das Handeln der anbietenden Akteure auf dem Wohnungsmarkt (Investor oder Bauherr) entscheide über die spezifische Wohngeographie in einer Stadt: Da ihr Handeln wirtschaftlichen Erwägungen
unterliege, werde das Angebot insbesondere an preisgünstigem Wohnraum immer relativ knapp sein und auch nur bei einer entsprechenden
Renditeerwartung bestimmte Qualitätsmerkmale aufweisen. Die Marktmechanismen bestimmten auch, dass teure Wohnungen nur an attraktiven Standorten und preiswerte Wohnungen an tendenziell unattraktiven
Standorten errichtet werden. Auf Basis der so entstandenen Wohngeographie entschieden die Nachfrager über ihren Wohnstandort: Hierbei
bestimme dann die Ausstattung mit den von BOURDIEU (1982) benannten
drei Dimensionen des ökonomischen, kulturellen und sozialen Kapitals
die Handlungsfreiheit der einzelnen Haushalte. Als Ergebnis der räumlich ungleichen Angebotstruktur und der unterschiedlichen Vermögens-
grade der einzelnen Haushalte entstehe residenzielle Segregation „[…]
als unbeabsichtigte Handlungsfolge absichtsvoller Handlungen" (FAR-
WICK 2001: 60).

Im Vergleich mit dem Modell von Friedrichs ist anzuerkennen, dass
Odermatt die Angebotseite des Wohnungsmarktes stärker expliziert,
wenngleich man gegen das Postulat eines rein wirtschaftlich motivierten
Handelns *aller* Anbieter sicher Einwände erheben kann – öffentliche Akteure kommen bei Odermatt kaum vor. Es fehlt allerdings ein theoretischer Überbau, der das Handeln der jeweiligen Akteure mit den ökonomischen und politischen Ausgangsbedingungen verbindet. Insoweit gilt
der oben gegen das Modell von Friedrichs geäußerte Vorwurf von Dangschat hier sogar noch mehr.

1.2.4 THEORIEKONZEPTE ZU TEILASPEKTEN RESIDENZIELLER SEGREGATION

Die im vorangegangenen Abschnitt vorgestellten allgemeinen Theorean-
sätze zur Segregation liefern wichtige Hinweise zur Konstruktion eines
eigenen Ansatzes (s. Kap. 1.4), der dann als Rahmen für das weitere
Vorgehen benutzt wird. Zielführender im Hinblick auf die Entwicklung
konkreter Fragestellungen (s. ebenfalls Kap. 1.4) erscheinen hingegen
Modelle zur Erklärung von bestimmten Einzelformen residenzieller Segregation. Dem Forschungsinteresse in der vorliegenden Arbeit entsprechend konzentriere ich mich nachfolgend auf die Phänomene der Segregation von sozial benachteiligten Gruppen, der ethnischen Segregation
und der sogenannten Gentrification.

Bereits in Kapitel 1.2.1 ist die Debatte über die Existenz einer neuen
Schicht sozial Ausgegrenzter ansatzweise skizziert worden. Es wurde
deutlich, dass in Art und Umfang gerade dieses Personenkreises erhebli-

che Unterschiede zwischen den USA und anderen marktwirtschaftlich organisierten Staaten bestehen. Dennoch ist auch in den USA selbst der im Wesentlichen am Beispiel des Schwarzen-Ghettos von Chicago entwickelte Begriff einer neuen *urban underclass*, der die Existenz einer unentrinnbaren „Kultur der Armut" postuliert, als apolitisch, diskriminierend und nicht verallgemeinerbar kritisiert worden (HÄUSSERMANN, KRONAUER und SIEBEL 2004: 13–20). Demgegenüber besteht KELLER (1999: 123–124) in Anlehnung an den *underclass*-Ansatz auf der Feststellung, dass allein durch die *Drohung* von dauerhafter Ausgrenzung aus der Erwerbsgesellschaft auch in Europa durchaus eine neue Qualität in der residenziellen Segregation sozial benachteiligter Gruppen sichtbar geworden sei. Verglichen mit der Situation in den durch Wachstum geprägten Nachkriegsjahrzehnten sei das soziale Klima in benachteiligten Wohngebieten nun viel stärker durch Perspektivlosigkeit und Resignation gekennzeichnet. Das Stigma der „schlechten Wohnadresse" wirke in einer Zeit verschlechterter Aufstiegsmöglichkeiten und drohenden weiteren sozialen Abstiegs zudem stärker als vorher. Benachteiligte Wohngebiete seien somit mehr als zuvor auch benachteiligende Wohngebiete.

Ausgehend von der Beobachtung, dass sich jüngere Verschärfungen von Armutssegregation eher durch eine Vertiefung der Armut in bereits benachteiligten Wohngebieten als durch eine räumliche Expansion armer Wohnviertel in benachbarte Mittelschichtgebiete ausdrücken,[12] entwickelt KELLER (1999: 88–101) ein Modell, mit dem die soziale Realität eines Stadtviertels als in drei Dimensionen (Ebenen) aufteilbar dargestellt wird: die *materielle* Dimension der Wohnungen, der Lage und der sonstigen, z. B. infrastrukturellen, Ausstattung eines Quartiers; die *soziale* Dimension der gesellschaftlichen Komposition der Bevölkerung und der sozialen Netzwerke und Kontaktformen; die *symbolische* Dimension der Vorstellung, des Bildes von einem Viertel, unterschieden zwischen Eigen- und Fremdbild. Von besonderer Bedeutung ist, dass zwischen den Einzeldimensionen Wechselwirkungen bestehen: Beispielsweise wird eine vorherrschende materielle Ausstattung mit Sozialwohnungen in einem Viertel schwerlich zu einer Dominanz von Personen mit höherem Einkommen führen; zugleich haben die monotone Architektur vieler Bauten des sozialen Wohnungsbaus und die hierdurch mitverursachte Konzentration benachteiligter Gruppen meist ein schlechtes Außenimage des Wohnviertels zur Folge. Indem das Image wieder auf materielle Ausstattung und Zusammensetzung der Einwohnerschaft zurückwirken kann, tritt

---

[12] Diese Beobachtung wird durch die Aussagen von FRIEDRICHS und BLASIUS (2000: 27) für deutsche Städte und von MARCUSE (1993: 359–360) für US-amerikanische Städte gestützt.

eine weitere Eigenschaft der Dimensionen zutage: ihre wechselseitige Stabilisierung. Werden nun durch neue makrosoziale Tendenzen wie etwa Deindustrialisierung oder Deinvestition in die bauliche Substanz unprofitabler Wohnstandorte die Bedingungen bei einer Dimension verschoben, so hat dies Korrekturen auch bei den anderen Dimensionen zur Folge, bis ein neues Gleichgewicht hergestellt ist. In Bezug auf ohnehin schon benachteiligte Quartiere mit ihrer Vielzahl an Deprivationen auf allen drei Ebenen bedeutet dies eine weitere Verschlechterung der Lage in Gestalt einer „Abwärtsspirale". Zunehmende Dauerarbeitslosigkeit etwa kann in einem Stadtviertel mit geringer sozialer Kohäsion und schlechter infrastruktureller Ausstattung punktuell schnell zu sozialen Konflikten und materieller Verwahrlosung führen, was wiederum den Auszug bessergestellter Gruppen zur Folge haben kann. Damit verschlechtert sich schließlich auch das Außenimage eines ganzen Viertels, was die anderen Dimensionen weiter nach unten treibt (KELLER 1999: 106–110).

Auf weniger komplexen Annahmen fußt die Studie von FARWICK (2001: 61–65) über die Wohnstandortverteilung von Sozialhilfeempfängern in Bremen und Bielefeld. Ausgehend von dem oben vorgestellten handlungstheoretischen Entwurf von Odermatt legt er den Schwerpunkt auf die Handlungen der anbietenden Akteure auf dem Wohnungsmarkt, wobei er grundsätzlich zwischen den Interessenlagen kommerzieller und gemeinnützig orientierter Anbieter unterscheidet. Der räumliche Standort benachteiligter Bevölkerungsschichten werde weitgehend von der Angebotseite auf dem Wohnungsmarkt bestimmt, da die Wahlmöglichkeiten der Ersteren infolge einer geringen Ausstattung mit ökonomischen, sozialen oder kulturellen Kapitalien sehr begrenzt seien. Letztlich wiederholt Farwick damit die jahrzehntealte pointierte Erkenntnis von Homer Hoyt: „Die Reichen wohnen, wo sie wollen, die Armen wohnen, wo sie müssen" (zit. nach KELLER 1999: 83).

Insgesamt ist zu konstatieren, dass zur Wohnstandortverteilung armer Bevölkerungsgruppen als dem „Normalfall" städtischer Segregation nur wenige spezifische Theorieansätze vorgelegt wurden.

Nach LICHTENBERGER (1998[3]: 259) nimmt die *ethnische Segregation*, unter die neben der Segregation von Ausländergruppen auch religiöse sowie anthropologische Segregationsformen gefasst werden, eine Sonderstellung ein, da sie bereits in der vorindustriellen Stadt aufgetreten sei und damit nicht oder nicht ausschließlich mit sozioökonomischen Differenzierungsprozessen in Verbindung gebracht werden könne. Auch FRIEDRICHS (1995: 80) betont, dass das Ausmaß der Segregation ethnischer Gruppen entscheidend von deren gesellschaftlicher Integration bzw. dem Ausmaß ihrer Diskriminierung abhänge. Nur innerhalb der für eine eth-

nische Minorität überhaupt zugänglichen Wohngebiete spiele deren sozioökonomischer Status eine Rolle bei der Wahl eines konkreten Wohnstandortes. Eine Sonderstellung kommt der ethnischen Segregation aber
auch insoweit zu, als ihr zuweilen positive Aspekte abgewonnen werden.
Hierzu gehört etwa die Bewahrung kultureller Vielfalt oder die Schaffung eines geschützten Bereichs für die Angehörigen von Minoritäten,
von dem aus sich leichter in einer als fremd oder feindlich empfundenen
Gesellschaft agieren lässt (BOAL 1987: 103–104).

Grundsätzlich lassen sich daher zwei Ansätze zur Erklärung ethnischer Segregation voneinander unterscheiden: Der erste Ansatz hebt in
der Tradition der sozialökologischen Forschungsrichtung auf sozialpsychologische Ursachen ab und mag als ethnische Erklärungshypothese
bezeichnet werden. Es wird davon ausgegangen, dass ethnische Gruppen
unter sich bleiben wollen, und zwar die einheimische Bevölkerung, die
sich aus Überfremdungsangst oder Statusdenken gegen den Zuzug von
Minoritäten wehrt, oder aber auch die Minorität selbst, die ihre kulturelle
Identität nicht verlieren will bzw. durch Kontakteinschränkung Konflikte
mit der Mehrheitsbevölkerung reduzieren möchte. In diesem Fall werden
Minoritäten mit hoher soziokultureller Distanz zur Einheimischenbevölkerung stärker von dieser segregiert leben als solche mit relativ geringer
Distanz. Als wichtige Voraussetzung hierfür wird häufig das Erreichen
einer kritischen Masse bzw. die „institutionelle Vollständigkeit" (BRETON
1964) einer ausländischen Gruppe angesehen: Erst wenn die eigene ethnische Gruppe eine gewisse Größe erreicht habe und die verschiedenen
Lebensbedürfnisse ihrer Mitglieder intern befriedigen könne, sei eine
selbst gewählte Abschließung gegenüber der Mehrheitsbevölkerung
möglich. Ein zweiter, gewissermaßen sozialstruktureller Ansatz stellt
hingegen die oben erwähnte Sonderstellung der ethnischen Segregation
zumindest für industrialisierte Gesellschaften in Frage. Demnach ist die
räumliche Segregation ethnischer Minoritäten nichts weiter als ein Spiegelbild ihrer Zugehörigkeit zu bestimmten sozioökonomischen Gruppen
und damit eine bloße Variante der sozialen Segregation. Mitglieder bestimmter ethnischer Gruppen übten häufig ähnliche Berufe aus oder
gehörten derselben Bildungs- oder Einkommensgruppe an; sie konzentrierten sich daher – oft gemeinsam mit den derselben Schicht angehörenden Mitgliedern der Majorität – auf bestimmte Viertel. Je stärker die
soziale Zusammensetzung einer ethnischen Minorität derjenigen der
Mehrheitsbevölkerung gleiche, umso geringer werde sie von dieser
räumlich separiert wohnen (vgl. näher KESTELOOT (1987: 230–235) oder
auch THIEME (1993: 170–171)).

Ergebnisse empirischer Untersuchungen zu verschiedenen Metropolen belegen allerdings, dass Muster und Ursachen ethnischer Segregation je nach den örtlichen Bedingungen stark differieren können. Universale Erklärungsansätze scheinen hier noch weniger zu gelten als bei anderen Formen von Segregation. So sind auch allgemeine historische Hintergründe, der zahlenmäßige Umfang und die wirtschaftliche Einbindung von Minoritäten, der Zeitpunkt und die Motive der Einwanderung von Gruppen, die jeweilige staatliche Einwanderungs- und Sozialpolitik (unter Einschluss der Wohnungspolitik), die subjektive Wahrnehmung der Minoritäten durch die Mehrheitsbevölkerung oder eben auch die soziale und kulturelle Zusammensetzung der ethnischen Gruppen mit in Betracht zu ziehen (BOAL 1996). Das Ausmaß räumlicher Konzentration ist daher nur bedingt zur Messung des Grades gesellschaftlicher Öffnung oder Abschließung einer Minorität geeignet, da hier auch andere Attribute der Minderheit oder Besonderheiten des Wohnungsmarktes mit hineinspielen können (vgl. SONOBE 2001: 141–144). Gerade wenn eine sehr heterogene Zusammensetzung vorliegt, wird eine ethnische Gruppe eine eher geringe räumliche Segregation aufweisen, selbst wenn ihre kulturelle Distanz zur Mehrheitsgesellschaft groß ist (vgl. CHEN 1992: 263). In diesem Fall erweisen sich rein ethnische Kategorien als zu grob, um die Segregationswirklichkeit zu erfassen; vielmehr hat man es oft mit sozialen Subpopulationen innerhalb einer ethnischen Gemeinschaft zu tun, für die bereits GORDON (1964) den Begriff der *ethclass* prägte. Eine weitere Untergliederung ethnischer Gruppen nach Beruf, Bildung, Geschlecht oder Einkommen wird jedoch von der amtlichen Statistik speziell auf kleinräumiger Ebene nur höchst selten bereitgestellt.

Seit den 1970er Jahren ein wichtiger Gegenstand stadtgeographischer und stadtsoziologischer Forschung, ist die Frage, was unter dem Begriff der sogenannten *Gentrification* nun genau zu verstehen sei, bislang nicht endgültig geklärt. FRIEDRICHS (1996: 14) will hierunter aus primär methodologischen Gründen nur den „[…] Austausch einer statusniedrigen Bevölkerung durch eine statushöhere Bevölkerung in einem Wohngebiet" verstanden wissen, womit er einseitig die soziale Dimension des Prozesses betont, die schon bei der Schöpfung des Begriffs durch Ruth GLASS im Jahr 1964 am Beispiel von London im Vordergrund gestanden hatte. So spielt „Gentrification" ironisch auf die Bildung einer *gentry* (= englischer Landadel) nach dem Vorbild des 18. und 19. Jahrhunderts in bestimmten Großstadtvierteln an (HAMNETT 2003b: 2401). Wie zahlreiche Untersuchungen belegen, geht jedoch mit der sozialen „Gentrifizierung" eines Wohnviertels nahezu immer auch eine baulich-morphologische Aufwertung einher. In den wenigen Studien zu Japan ist dieser letzte Aspekt oft sogar stärker betont worden (vgl. FUJITSUKA 1992, 1994; NANBA 2000a; s. auch Kap. 1.3.2). In der vorliegenden Studie soll daher der umfassenderen Definition von Robert Kerstein aus dem Jahr 1990 (zit.

nach F<small>RIEDRICHS</small> 1996: 14) gefolgt werden, nach der Gentrification „physical renovation and social-class upgrading" beinhaltet.

Ein weiterer Dissens bezieht sich auf die Frage, in welchen gesellschaftlichen Prozess das „social-class upgrading" einzuordnen ist. Wie bereits in Abschnitt 1.2.2 deutlich wurde, sehen sowohl Sassen als auch Marcuse, in dessen Modell der *quartered city* die „gentrifizierte Stadt" integraler Bestandteil ist, Gentrification eingebettet in den Kontext der zunehmenden sozialen Fragmentierung der Städte. Es handelt sich um die exklusiven, meist innerstädtischen Wohngebiete der durch wirtschaftliche Globalisierung geschaffenen bzw. vergrößerten Schicht der gut verdienenden Spezialisten und leitenden Angestellten unternehmensorientierter Dienstleistungsfirmen oder der großen, weltweit operierenden Unternehmen selbst. Neil S<small>MITH</small> (1996) geht noch einen Schritt weiter und deutet am Beispiel US-amerikanischer Städte Gentrification als einen bewusst von privaten Kapitalinteressen und einer unternehmerischen Stadtpolitik gegen Minoritäten und andere benachteiligte Gruppen gerichteten Verdrängungsprozess zur Schaffung einer für die obere Mittelschicht und auswärtige Investoren „annehmbaren" Stadt.[13] Er zieht damit eine klare Trennlinie zu einer anderen Interpretation der sozialen Dimension von Gentrification, die zunächst ausschließlich die Debatte bestimmte und das Phänomen in einen Zusammenhang mit der Veränderung von Lebensstilen bringt. Dieser Deutung zufolge kann Gentrification in erster Linie als das Ergebnis gesellschaftlicher Pluralisierung angesehen werden: Junge, meist vollerwerbstätige Singles (insbesondere weiblichen Geschlechts) bzw. jüngere Ehepaare ohne Kinder oder mit maximal einem Kind meiden die von Kernfamilienhaushalten und ihrer ausgeprägten geschlechtlichen Rollenteilung dominierten Vorstädte und präferieren stattdessen aus pragmatischen, ideologischen oder auch ästhetischen Gründen attraktive Standorte im Innenstadtbereich (W<small>ARDE</small> 1991; A<small>LISCH</small> 1993). Gentrification wäre damit in erster Linie als eine neue Form demographischer Segregation (vgl. L<small>ICHTENBERGER</small> 1998[3]: 243) zu verstehen.

Beide Interpretationsansätze widersprechen sich jedoch nicht unbedingt. Zum einen argumentieren die Positionen auf unterschiedlichen Ebenen, weshalb eine Falsifikation des einen Ansatzes durch den jeweils anderen strenggenommen nicht möglich ist: Smith etwa betont weit stärker die Angebotseite, während die Vertreter der „Lebensstilhypothese" die

---

[13] Vgl. hierzu den Aufsatz von H<small>ARDT</small> (1996), der am Beispiel der durch den Gerling-Konzern gesteuerten sozialen und morphologischen Aufwertung des Kölner Friesenviertels die aktive Beeinflussung von Gentrification durch private Kapitalinteressen auch für Deutschland belegt, auch wenn es sich hierbei eher um einen Sonderfall handelt.

Nachfrageseite in den Vordergrund rücken. Zum anderen wird von Letzteren nicht bestritten, dass die Träger der genannten neuen Haushaltsformen überwiegend auch der (oberen) Mittelschicht angehören. Und umgekehrt hebt SASSEN (2001a[2]: 284–288, insb. 286) hervor, dass die gut verdienenden Träger der Gentrification in den *global cities* das Leben in bestimmten Haushaltsformen bevorzugen und einem gemeinsamen Lebensstil anhängen, der sich vor allem durch ostentativen Konsum von Waren und persönlichen Dienstleistungen auszeichnet. Damit wird aber eine klare Trennung von Lebensstilfaktoren und sozioökonomischen Faktoren als Elemente des „social-class upgrading" nahezu unmöglich. Es sollen daher in dieser Arbeit neben Indikatoren, die der baulichen oder Wohnungsmarktebene zuzuordnen sind, sowohl im weiteren Sinne demographische als auch soziale Indikatoren zur Aufdeckung möglicher Gentrifizierungsvorgänge in Tōkyō herangezogen werden (s. hierzu näher Kap. 1.5).

Ein Versuch, die verschiedenen Erklärungsansätze, die sich jeweils nur auf die Angebot- oder Nachfrageseite beziehen, zueinander zu bringen, stellt ein Marktmodell dar (vgl. näher FRIEDRICHS 1996: 26–31):

Dabei wird auf der einen Seite als Folge einer wachsenden Zahl von gut verdienenden und beruflich wie in der Freizeit auf die Innenstadt orientierten Haushalten eine zunehmende Nachfrage nach innerstädtischem Wohnraum postuliert. Nach Hamnett (1991; zit. nach FRIEDRICHS 1996: 27) handelt es sich hierbei um einen Personenkreis, der sich nicht „neu" von der suburbanen Mittelschicht abgespalten, sondern immer schon im Stadtzentrum gewohnt habe und nun infolge seines quantitativen Anwachsens in benachbarte preiswertere Quartiere hineindränge, was der verschiedentlich auch geäußerten Definition von Gentrification als „Rückkehr der Mittelschicht in das Stadtzentrum" (z. B. bei SAVAGE und WARDE 1993: 80) klar widerspricht. In einem neueren Beitrag (2003b) vertritt HAMNETT sogar die These, dass weniger eine aktive Verdrängung (*displacement*) von sozial schwacher Bevölkerung durch sozial Stärkere, sondern vielmehr der durch langfristigen Strukturwandel bedingte Austausch (*replacement*) von Industriearbeitern durch Personen in (höheren) Dienstleistungsberufen zu einer Ausweitung gentrifizierter Distrikte in den Metropolen geführt habe.

In Bezug auf die Angebotseite wird formuliert, dass Gentrification in solchen Vierteln stattfinde, in denen die Lücke zwischen den aktuell und den potenziell zu erzielenden Erträgen aus Boden- bzw. Gebäudenutzung besonders groß sei. Eine solche Situation ergäbe sich gerade in vernachlässigten oder untergenutzten Wohnquartieren, die jedoch durch ihre innerstädtische Lage eine potenziell hohe Rendite versprächen. Die Modernisierung oder Ersetzung eines alten Wohngebäudes oder aber eine Umwandlung von Miet- in Eigentumswohnungen seien dann (bei entsprechender Nachfrage nach solchem Wohnraum) die Mittel, um die Lücke wieder zu verkleinern. Solche Veränderungen gingen im Allgemeinen recht langsam und diskontinuierlich vonstatten, weshalb in Einzelfallstudien Gentrification meist als eher kleinräumiges Phänomen zutage trete, das sich z. T. nur auf einzelne Straßenzüge oder Häuserblocks erstreckt (vgl. u. a. LEGATES und HARTMAN 1986; KÜPPERS 1996).

Eine in bisherigen Studien allgemein akzeptierte Annahme stellt schließlich die Vorstellung dar, dass es sich bei Gentrification um einen sich in bestimmten Phasen oder Zyklen vollziehenden und auf einen Endzustand hin zulaufenden Prozess handele (vgl. die Übersicht bei FRIEDRICHS 1996: 15–24). In diesem Zusammenhang ist insbesondere die Unterscheidung von sogenannten Pionieren als hoch gebildeter, aber wenig vermögender Gruppe junger Personen mit alternativem Lebensstil und den eigentlichen, erst später zuziehenden *gentrifiers* als Personen der arrivierten oberen Mittelschicht Gegenstand zahlreicher Untersuchungen gewesen (vgl. z. B. BLASIUS 1990, 1993 oder ALISCH und DANGSCHAT 1996). Neuere Forschungsergebnisse stellen jedoch die Allgemeingültigkeit dieser Vorstellung in Frage. So wurde von LEES (2003) am Beispiel von New York die weitere Gentrification bereits als gentrifiziert angesehener Gebiete durch eine mit globalen Finanzaktivitäten in Verbindung stehende, hoch vermögende Oberschicht-Klientel beschrieben und damit die Annahme von Gentrification als einem Prozess, der mit dem Zuzug der oberen Mittelschicht seinen Abschluss findet, falsifiziert.

Als wichtiger noch kann die Beobachtung von VAN CRIEKINGEN und DECROLY (2003) gelten, nach der bereits in *global cities* der zweiten (Brüssel) oder dritten (Montreal) Hierarchiestufe Gentrification im Sinne einer baulichen und sozialen Aufwertung heruntergekommener Wohnviertel nur auf der Ebene einzelner Straßenzüge festzustellen sei. Stattdessen überwiege in solchen Städten entweder die Variante der *marginal gentrification*, bei der der Prozess gewissermaßen im Stadium der Zuwanderung von Pionieren steckengeblieben ist, oder die (weitere) soziale und bauliche Aufwertung (*upgrading*) von innerstädtischen Vierteln der Mittelschicht. Verbreitet sei auch die Form eines *incumbent upgrading*, d. h. die rein bauliche Aufwertung sozial schwacher Viertel durch die altansässige Bewohnerschaft selbst. Die Autoren schließen daher mit der These, dass anstelle eines Phasenmodells, welches Gentrification als das letztliche „Schicksal" aller erneuerungsbedürftigen Wohnviertel beschreibt, die Vorstellung von voneinander unabhängigen Typen der Wohngebietserneuerung, unter denen Gentrification im engeren Sinne nur einen besonders extremen Typ darstellt, der Wirklichkeit in den meisten Städten weit näher komme und zugleich auch dem inflationären Gebrauch des Begriffs Gentrification ein Ende bereiten könne.

1.3 UNTERSUCHUNGEN ZU SOZIALRÄUMLICHEN UNTERSCHIEDEN IN JAPANISCHEN GROSSSTÄDTEN

In diesem Abschnitt soll es darum gehen, die Grundlinien der japanbezogenen sozialräumlichen Stadtforschung nachzuzeichnen und dabei vor allem auf diejenigen Punkte aufmerksam zu machen, bei denen Differenzen oder Akzentunterschiede zum internationalen *mainstream* der Forschung festzustellen sind. Die hieran deutlich werdenden Besonderheiten japanischer Städte bilden eine wichtige Vorinformation für die Entwicklung realitätsnaher Fragestellungen im folgenden Abschnitt 1.4. Eine vollständige Literaturdiskussion war hingegen an dieser Stelle nicht intendiert; stattdessen lassen sich weitere wichtige Ergebnisse einzelner Untersuchungen an den entsprechenden Stellen im Hauptteil der Arbeit nachlesen.

1.3.1 FRÜHE ARBEITEN UND DIE JAPANISCHE *INNER CITY*-DISKUSSION

Im zweiten Band ihres Standardwerkes *Allgemeine Siedlungsgeographie* beendet die deutsche Geographin Gabriele Schwarz ihre knappen Ausführungen zur inneren Differenzierung der japanischen Städte mit den folgenden Worten:

> Bei dem ungeregelten und sehr schnellen Wachstum der großen Städte konnte es zu keinem Ordnungsprinzip hinsichtlich der sozialen Gliederung der Bevölkerung kommen. Die Bereiche mit jeweils einheitlichem sozialen Status sind zu klein. Das mag auch der Grund sein, warum von japanischer Seite die Sozialökologie nicht aufgenommen wurde, obwohl man sonst hier gern auf amerikanische oder europäische Methoden zurückgreift (SCHWARZ 1989[4]: 2: 811).

Ein Blick auf das japanischsprachige Schrifttum zeigt nun allerdings, dass zumindest der zweite Teil des Passus den Tatsachen nicht gerecht wird. Nach HASHIMOTO (2002: 726) folgte der *mainstream* der japanischen Stadtsoziologie seit dem Vorabend des Zweiten Weltkriegs bis in die 1980er Jahre hinein durchaus den theoretischen Annahmen der Chicago-Schule, und auch in der Geographie wurde das ringzonale Stadtmodell von Burgess bereits 1951 durch den Begründer der Stadtgeographie in Japan, Kiuchi Shinzō, erstmalig rezipiert (ABE, K. 2003: 182–183).

Soweit es allerdings die Geographie betrifft, ist auch wahr – und damit liegt dann doch zumindest ein Körnchen Wahrheit in der Aussage von Schwarz –, dass sich der sozialökologische Ansatz in Japan weit weniger durchsetzen konnte als in den USA oder Europa. Hierfür führt ABE Kazutoshi (2003: 187–189) die folgenden zwei Hauptgründe an:

Erstens empfanden zahlreiche japanische Geographen eine starke Diskrepanz zwischen den Modellannahmen und der in japanischen Städten beobachteten Situation. Bereits Kiuchi (1951, zit. nach ABE, K. 2003: 182) vertrat die seitdem häufig wiederholte Auffassung, dass die japanische Gesellschaft eine im Vergleich zur US-amerikanischen weit weniger deutliche Klassen- bzw. Schichtenstruktur aufweise und daher auch eine weit geringere Schichtensegregation im städtischen Raum vorhanden sei. Ein anderer Argumentationsstrang bezog sich im Gefolge von durch den Stadtsoziologen Okui Fukutarō 1940 gemachten Äußerungen (vgl. ABE, K. 2003: 183) auf den historisch bedingten Unterschied zwischen den japanischen Städten als ehemalige Feudalstädte und den US-amerikanischen Städten als rein von der kapitalistischen Wirtschaftsweise geprägte Orte. Daher sei insbesondere die im Burgess-Modell enthaltene sogenannte *zone of transition* (*sen'i chitai*) zwischen dem zentralen Geschäftsbereich (CBD) und den umliegenden Wohnvierteln in japanischen Städten nicht sehr ausgeprägt – eine Diskussion, die sich bis in die *inner city*-Debatte der späten 1980er Jahre und darüber hinaus fortsetzen sollte. Alternative Modellentwürfe, die diesen Unterschieden Rechnung getragen hätten, wurden jedoch von japanischen Geographen nicht entwickelt, sieht man einmal von dem sehr komplexen und teilweise recht eigenwilligen Versuch von TANABE Ken'ichi (1970; vgl. auch ABE, K. 2003: 189–190) ab, der den internen Wachstumsverlauf japanischer Städte mit der Struktur einer Kreiselschnecke (*sazae*) verglich.

Sicher auch infolge dieser anfänglichen Skepsis gegenüber der Anwendbarkeit sozialökologischer Modelle auf Japan erlangte daher zweitens in Bezug auf die Analyse innerstädtischer Strukturen die CBD-Forschung sowie generell eine auf Funktionsräume und Landnutzungswandel orientierte wirtschaftsgeographische Stadtgeographie die Oberhand. Die auch oben von Schwarz beschriebene enorme quantitative Verstädterung nach Ende des Zweiten Weltkriegs lenkte die übrige Aufmerksamkeit auf Verdichtungsprobleme, so dass kaum mehr Raum für eine sozialgeographisch orientierte Stadtforschung blieb. In dem 1970 von der ASSOCIATION OF JAPANESE GEOGRAPHERS in englischer Sprache herausgegebenen Band *Japanese Cities – A Geographical Approach* – gewissermaßen eine damalige Leistungsschau der japanischen Stadtgeographie – behandelt von insgesamt 30 Beiträgen nur der bereits erwähnte Aufsatz von Tanabe die innere Struktur japanischer Städte aus einer im weitesten Sinne sozialräumlichen Perspektive.

Gleichwohl sind Arbeiten zur internen sozialräumlichen Struktur auch von japanischen Stadtforschern vorgelegt worden – allerdings überwiegend aus soziologischer Perspektive. Insbesondere die Verbreitung quantitativer Verfahrensweisen in den Sozialwissenschaften und die damit einhergehende Entwicklung der Faktorialökologie leitete etwa in der zweiten Hälfte der 1970er Jahre einen bescheidenen Boom sozialräumlicher Stadtforschung ein (ABE, K. 2003: 185–186), der bis heute anhält, wenngleich sich die benutzten Methoden und auch die Fragestellungen mittlerweile geändert haben.

Der Faktorialökologie ging es bekanntlich in erster Linie darum, mittels statistischer Indikatoren die formale Struktur der Stadt als Ganzes aufzudecken. So konnten am Beispiel des engeren Stadtbereichs von Tōkyō (*Tōkyō 23-ku*) sowohl TAKANO (1979) als auch KURASAWA in seinem umfangreichen Werk *Social Atlas of Tokyo* (1986) zeigen, dass der in der Edo-Zeit (1603–1868) begründete Kontrast zwischen den Händler- und Handwerkervierteln der *shitamachi* [Unterstadt] im Nordosten und den Samuraivierteln (*yamanote*-Bereich) im Südwesten weiterhin anhand zahlreicher sozioökonomischer Variablen aufscheint und damit eine sektorale Grundstruktur konstituiert, die in etwa der in dem von Hoyt vorgelegten Modell entspricht. Überlagert wird dies – ebenso den Annahmen der *social area analysis* entsprechend – von einer ringzonalen Struktur, der die meisten haushaltsbezogenen Indikatoren folgen. Wohl auch infolge des seinerzeit noch extrem geringen Ausländeranteils in der japanischen Hauptstadt ließen sich hingegen Mehrkernstrukturen im Sinne des Modells von Harris und Ullman nicht entdecken. Stattdessen stellten die Untersuchungen die Existenz eines weiteren Ordnungsprinzips heraus (*vitality status* nach KURASAWA 1986: 54), das ebenso eine konzentrische Raumstruktur aufweist und den Gegensatz zwischen Quartieren altansässiger Bevölkerung mit stagnierender Entwicklung und Gebieten mit hoher Bevölkerungszuwanderung abbildet. Hier mag sicher eine Rolle gespielt haben, dass sich beide Arbeiten auf Daten der 1970er Jahre stützen, als Migrationsüberschüsse von mehr als 100.000 Personen pro Jahr in der japanischen Hauptstadtregion gerade erst Geschichte waren. Ähnliche Überlagerungen von sektoralen und ringzonalen Strukturen fanden auch SAITŌ Kazuya (1982) für den weiteren Agglomerationsraum Tōkyō oder YAMAGUCHI (1976) für Sapporo. In Bezug auf die südwestjapanischen Städte Hiroshima und Fukuoka stellte hingegen MORIKAWA (1976) eine höhere Bedeutung der ringzonalen Familienstatus-Dimension gegenüber der sektoralen sozioökonomischen Dimension heraus. Wie sowohl er als auch TAKANO (1979: 254, 256) betonten, liege hierin ein nicht unerheblicher Unterschied sowohl zur Situation amerikanischer Städte als auch zu Tōkyō.

Über diese eher taxonomischen Analysen hinausgehend erhielt die Untersuchung sozialräumlicher Unterschiede in japanischen Großstädten während der 1980er Jahre neue Impulse durch die Aufnahme der britischen *inner city*-Diskussion. Im Jahr 1977 hatte eine Beratergruppe des britischen Department of Environment (HMSO 1977) in ihrem Weißbuch *Policy for the Inner Cities* einen zunehmenden Verfall der um den Central Business District (CBD; der „City" nach deutschem Sprachgebrauch) gelegenen dicht überbauten Wohn-Gewerbeviertel (der „inner city" nach englischem Sprachgebrauch) festgestellt. Der Bericht dokumentierte den Niedergang auf gleich vier Ebenen: auf der wirtschaftlichen Ebene durch den Fortzug oder die Schließung von Klein- und Mittelunternehmen des produzierenden Sektors, auf der baulichen Ebene durch Verwahrlosung und Verfall von Wohnhäusern, in sozialer Hinsicht infolge des Fortzugs der Mittelschicht und damit einer prozentualen Zunahme benachteiligter Bevölkerungsgruppen und schließlich in ethnischer Hinsicht durch den Zuzug von Immigranten auf der Suche nach billigem Wohnraum. In Bezug auf die Ursachen dieses Prozesses wies man zum einen auf Deindustrialisierungstendenzen in der britischen Wirtschaft hin; noch stärker jedoch wurde das *inner city*-Problem als eine unerwünschte Nebenwirkung britischer Regionalpolitik begriffen, die jahrzehntelang eine Förderung von suburbanen und außermetropolitanen Gebieten auf Kosten der Kernstädte betrieben hatte.

In Japan war es vor allem der Rückgang wirtschaftlicher Wachstumsraten, verbunden mit einer sinkenden Bedeutung des sekundären Sektors und einem deutlich abnehmenden Bevölkerungswachstum, der Befürchtungen über eine nachlassende „Vitalität" der japanischen Städte entstehen ließ und dafür sorgte, dass seit etwa 1980 auch in Japan eine *inner city*-Debatte (jap.: *innā shiti-ron* bzw. *innā eria-ron*) durch Vertreter aus Politik und Wissenschaft geführt wurde. Zunächst vor allem auf die wirtschaftlich stagnierende Kansai-Region um Ōsaka und Kōbe konzentriert (vgl. z. B. Takayama 1982; Narita 1987), wurde schon bald auch die japanische Hauptstadt in die Diskussion einbezogen. Eine besondere Wirkung entfaltete hierbei die in englischer Sprache erschienene Studie von Nakabayashi (1987), insofern sie einige Jahre darauf zum (nahezu einzigen) Beleg von Sassen (1991: 276–279; 2001a[2]: 281–284) zur Untermauerung ihrer These avancierte, nach der auch in Tōkyō eine zunehmende sozialräumliche Polarisierung festzustellen sei. Nakabayashi führte überwiegend auf Grundlage des Datenmaterials der Volkszählung von 1980 eine Analyse des räumlichen Musters von 32 ausgewählten Variablen auf der relativ groben Stadtbezirksebene durch. Als Ergebnis stellte er heraus, dass in ökonomischer und vor allem baulicher Hinsicht Probleme existierten, die den in der *inner city*-Diskussion hervorgehobenen Punkten ähnelten. Allerdings fand Nakabayashi verhältnismäßig wenig Anzeichen für schwerwiegende soziale Deprivationen, Minoritätenprobleme eingeschlossen. Während der Zeitspanne von 1988 bis etwa

1990 gab es dann einen regelrechten Boom von Symposien und Publikationen zur *inner city*-Problematik (ALDEN, HIROHARA und ABE 1994: 52), wobei sich im Falle Tōkyōs speziell der östliche Stadtbezirk Sumida zu einem Lieblingsobjekt der japanischen *inner city*-Forschung entwickelte (vgl. u. a. TAKAHASHI und SONOBE 1988; TAKENAKA und TAKAHASHI 1988, 1990; NISHIZAWA und TAKAHASHI 1990; NISHIZAWA 1992; erneut bei SONOBE 2001: 147–171).

Die Fülle an Untersuchungen über *inner city*-Probleme verdankte sich nicht zuletzt auch der Tatsache, dass speziell in der Frühphase der Diskussion zu Beginn der 1980er Jahre die Anwesenheit solcher Probleme in japanischen Städten heftig umstritten war (vgl. NAKABAYASHI 1987: 112; NARITA 1999: 81). Namentlich im Falle Tōkyōs wurde darauf verwiesen, dass die in den Wohnvierteln um den CBD vorzufindenden Strukturmerkmale weniger den Niedergang wirtschaftlicher Vitalität in der japanischen Hauptstadt und eine damit verbundene Abwanderung in ein prosperierendes Umland dokumentierten, sondern sich darin vielmehr die besondere Dynamik des zentralen Geschäftsbereichs ausdrücke, der sich über Bodenpreiserhöhungen in die umliegenden Viertel ausdehne, was dort zu Verdrängungsprozessen führe, die – was bei dieser Argumentation zumindest implizit oft mitschwang – im Sinne einer funktionierenden Volkswirtschaft hinzunehmen seien (vgl. ALDEN, HIROHARA und ABE 1994: 50). Folgte man dieser Interpretation, stellten die beobachteten Prozesse jedoch nichts weiter als die bereits von Burgess beschriebene Invasion geschäftlicher Funktionen in eine umliegende *zone of transition* dar. Nach Beginn der 1990er Jahre verständigten sich schließlich ALDEN, HIROHARA und ABE (1994: 52–53) auf den Kompromiss, dass *inner city*-Probleme zwar in Japan vorlägen, diese jedoch einen weniger gravierenden „japanischen Typ" konstituierten. Angeführt wurden erneut die relative Abwesenheit ethnischer oder sozialer Problempopulationen in japanischen Städten und die Erwartung, dass eine vergleichsweise günstige Wirtschaftslage sowie die starke Großstadtorientierung der Japaner *inner city*-Probleme auch in Zukunft abmildern würden.

Nachdem zur Mitte der 1990er Jahre die Produktivität der japanischen *inner city*-Diskussion weitgehend erloschen schien, lässt sich für die jüngste Zeit eine Wiederaufnahme der Forschungen beobachten. Dies ist zum einen vor dem Hintergrund einer deutlich eingetrübten Wirtschaftslage und einer wachsenden Ausländerpopulation (s. Kap. 1.3.2) in japanischen Großstädten zu sehen, zeigt zum anderen aber auch die zunehmende Bedeutung des Polarisierungsdiskurses in der japanischen Stadtsoziologie an, als dessen Teil die *inner city*-Diskussion heute behandelt wird (vgl. SONOBE 2001: 147–171).

1.3.2 Die kritische Rezeption der *global city*-These und weitere Untersuchungen seit den 1990er Jahren

Es verwundert etwas, dass das bereits mehrfach erwähnte Werk *The Global City* (1991; 2001a[2]) von Saskia Sassen in der japanischen Stadtforschungsliteratur zunächst nur begrenzten Widerhall fand, wurde doch hier der japanischen Hauptstadt auch von wissenschaftlicher Seite eine globale Bedeutung bescheinigt. Die Politik, Tōkyō zu einem wirtschaftlichen Zentrum von Weltrang zu erheben, war bereits in den 1980er Jahren durch das japanische Ministry of International Trade and Industry (MITI) und die Regierung der Präfektur Tōkyō aktiv verfolgt worden. Nicht zuletzt diese Politik führte zu der ungehemmten Bodenspekulation in der Phase der sogenannten Seifenblasenwirtschaft (*bubble economy*) zwischen 1986 und 1991 und in diesem Zusammenhang zur baulichen und sozialen Zerstörung zahlreicher citynaher Wohnviertel (vgl. Waley 2000: 141–149). Die Globalisierung von Tōkyō als ein solch radikaler Prozess des Stadtumbaus allein zugunsten ökonomischer Interessen bestimmte dann auch den Tenor in *„Sekai toshi" Tōkyō no kōzō tenkan* [Der strukturelle Wandel der „Weltstadt" Tōkyō] von Machimura Takashi (1994), des zunächst einzigen wichtigen Werkes über Tōkyō als *global city* in japanischer Sprache.

Die Debatte belebte sich dann zur Mitte der 1990er Jahre, wenn auch in dem Sinne, dass der von Sassen verliehene globale Status von Tōkyō zunehmend angezweifelt wurde. So vertrat z. B. der Wirtschaftsgeograph Matsubara Hiroshi 1995 angesichts der aufkommenden Bankenkrise in Japan nach dem Platzen der Seifenblasenwirtschaft die Meinung, dass die bisher in Tōkyō zu beobachtenden Veränderungen eher dem langfristigen Trend in Richtung auf eine postindustrielle Gesellschaft geschuldet seien, nicht jedoch einer globalen Vorrangposition der japanischen Hauptstadt. Weiterhin wurde darauf verwiesen, dass nicht so sehr Tōkyōs Stärke als internationaler Finanzplatz, sondern eher die Stärke der japanischen Wirtschaft, besonders des verarbeitenden Gewerbes, für den globalen Status der japanischen Hauptstadt verantwortlich sei (Clark 1996: 152; White 1998a: 265; Kamo 2000: 2150; Hill und Kim 2000: 2176). Jüngere Untersuchungen, die mittels quantitativer Verfahren *global city*-Rangfolgen bestimmen, bestätigen eine eher zweitrangige Position Tōkyōs weit hinter New York und London (vgl. Taylor und Walker 2001; Taylor, Catalano und Walker 2002a, 2002b).

Die zahlreichen Hinweise auf bestimmte Eigentümlichkeiten, die eine Charakterisierung von Tōkyō als erstrangige *global city* zunehmend zweifelhaft erscheinen lassen, haben in jüngster Zeit auf die *global city*-These selbst zurückgewirkt. Damit wird nun nicht mehr so sehr der Status von

Tōkyō, sondern die Adäquatheit der Theorie von Sassen angezweifelt.[14] Namentlich ist der Vorwurf einer anglozentrischen und einseitig wirtschaftliche Kräfte in den Vordergrund rückenden Sichtweise erhoben worden (WHITE 1998a: 457), womit diese Kritik – die interessanterweise überwiegend von westlichen Autoren vertreten wird – durchaus Ähnlichkeiten zu der von HAMNETT (1994) am Beispiel europäischer Städte angefachten Debatte (s. Kap. 1.2.1) aufweist, obwohl keinerlei direkte Bezugnahmen erkennbar sind. HILL und KIM (2000: 2177) gehen noch einen Schritt weiter und postulieren am Beispiel von Tōkyō und der südkoreanischen Hauptstadt Seoul die Existenz eines eigenständigen Weltstadttyps, den sie als „staatszentriert politisch-bürokratisch" (*state-centred political-bureaucratic*) charakterisieren und einem angloamerikanischen „marktzentriert wirtschaftsbürgerlichen" (*market-centred bourgeois*) Weltstadttyp entgegenstellen. Ganz im Sinne der *developmental state*-Hypothese (vgl. Kap. 1.1) wird dabei die Dominanz einer staatsbürokratischen Elite angenommen, die im rein nationalen Interesse die wirtschaftliche Entwicklung anleite und so auch den ungehemmten Marktkräften mit ihrer Tendenz, soziale und wirtschaftliche Polarisierungen hervorzurufen, entgegenwirke. WHITE (1998a: 466–469) vertritt eine ähnliche Ansicht und stellt darüber hinaus fest, dass sich zumindest bis zu Beginn der 1990er Jahre weder das Grundmuster räumlicher Segregation in Tōkyō wesentlich geändert habe, noch eine zunehmende Polarisierung zwischen statushohen und statusniedrigen Stadtbezirken zu erkennen sei. TOYODA Tetsuya (1999) und WALEY (2000) sehen ebenfalls einen eher geringen Grad von sozialer und räumlicher Polarisierung in der japanischen Hauptstadt, während SONOBE (2001), hierbei ein Schlagwort von MACHIMURA (1994) aufgreifend, anhand verschiedener Indikatoren zumindest „Anzeichen" (*kizashi*) zunehmender Polarisierung erkannt haben will.

Wie bereits die letztgenannten Arbeiten zeigen, haben angestoßen durch die kritische Rezeption der *global city*-Hypothese Untersuchungen, die sich mit sozialräumlichen Unterschieden in japanischen Städten beschäftigen, neue Impulse erhalten. Im Gefolge dieser Entwicklung ist dabei auch die These von der weitgehenden Abwesenheit solcher Unterschiede neu belebt worden. Besonders pointiert vertreten FUJITA und HILL (1997: 106) diese Ansicht und negieren damit unter

---

[14] Kennzeichnend für diese Debatte ist, dass sie hauptsächlich in Form zweier teilweise recht hitzig geführter Meinungsaustausche zwischen Saskia Sassen und ihren Kritikern bestritten worden ist, der eine in der Zeitschrift *Urban Affairs Review* (vgl. WHITE 1998a; SASSEN 1998; SMITH, M. P. 1998; WHITE 1998b) und der andere in *Urban Studies* (vgl. HILL und KIM 2000; FRIEDMANN 2001; SASSEN 2001b; HILL und KIM 2001).

anderem die Ergebnisse vieler der in Kapitel 1.3.1 angeführten Arbeiten, wenn sie schreiben:

> If ‚separate and unequal' best characterizes the political and social ecology of U.S. urbanization [...], then, by contrast, ‚together and equal' best characterizes urban form in Japan. Control over territory is not a means of class reproduction in Japanese cities. Our field research in Osaka indicates that *class-organized place stratification is practically nonexistent* in Japan's secondmost-powerful metropolis [Hervorh. R. L.].

Kritik an dieser Aussage äußerte unlängst FIELDING (2004). Fielding bestreitet das Fehlen einer „Sozialgeographie" in japanischen Städten und führt das Ergebnis von Fujita und Hill vor allem auf die Wahl einer zu groben Raumebene (Stadtbezirke) zurück. So seien auf der Ebene von Zensusdistrikten zwar eng begrenzte, aber dennoch signifikant von den umliegenden Räumen unterscheidbare Gebiete mit einer Häufung sozialer Problemlagen erkennbar. Des Weiteren zweifelt er die These des *developmental state* als Erklärung für fehlende residenzielle Segregation an, da auch in vielen europäischen Gesellschaften dem Staat eine wichtige Rolle bei der Raumordnungs-, Sozial- und Wohnungspolitik zukomme, ohne dass dies zur Abwesenheit sozialräumlicher Unterschiede in Städten geführt hätte. Auf der anderen Seite räumt Fielding, gestützt auf eine eigene Vergleichsuntersuchung der Städte Kyōto und Edinburgh, jedoch ein, dass das Ausmaß residenzieller Segregation in Japan in der Tat verhältnismäßig moderat sei. Als mögliche Ursachen verweist er unter anderem auf die zersplitterten Besitzverhältnisse und die geringe Lebensdauer japanischer Häuser, die keine großen zusammenhängenden Flächen heruntergekommener Bausubstanz entstehen ließen, auf eine geringe Bedeutung der eigenen Wohnung als Statussymbol in der japanischen Gesellschaft, auf den noch vergleichsweise geringen Anteil ethnischer Minoritäten sowie auf eine im Allgemeinen geringe Einkommensungleichheit.

In direkter Reaktion auf die Kritik von Fielding hat HILL (2004) allerdings seinen Standpunkt präzisiert. Er räumt ein, dass die sozialräumliche Struktur japanischer Städte nur im Vergleich mit der entsprechenden Situation in US-amerikanischen Städten als wirklich „together and equal" bezeichnet werden könne. Zugleich bekräftigt er aber, dass die Lebenschancen städtischer Bewohner in Japan nicht durch ihren jeweiligen Wohnort bestimmt würden, wobei er sich insbesondere auf eine gleiche Raumverteilung von Schulen und anderen Bildungseinrichtungen bezieht. Es geht Hill somit nicht (mehr) um die Frage nach der Anwesenheit sozialräumlicher Unterschiede als solchen, sondern um das

Ausmaß ihrer Problemaufladung, wobei er zu dem Resultat kommt, dass residenzielle Segregation in Japan *als gesellschaftliches Problem* zu vernachlässigen sei. Ähnlich äußert sich im gleichen Zusammenhang WILTSHIRE (2004), der allerdings ebenso betont, dass für die diskriminierte Gruppe der sogenannten *burakumin* (s. hierzu Kap. 1.5) die Schlussfolgerungen von Fujita und Hill nicht gelten.

Zweifel am Vorhandensein oder der gesellschaftlichen Relevanz von residenzieller Segregation in japanischen Städten lassen sich in der Literatur auch in Bezug auf Teilaspekte sozialräumlicher Differenzierung ausmachen. So erhebt etwa OKAMOTO (1998) Einwände gegen eine simple Übertragung des Gentrification-Konzepts auf Japan und nennt hierfür die folgenden Problempunkte: Erstens sei eine selbstbewusste Schicht hoch qualifizierter Spezialisten in Dienstleistungsberufen, die üblicherweise als Träger von Gentrification angesehen werden, in Japan unterentwickelt, da zum einen in vielen japanischen Unternehmen noch immer ein Generalistentum favorisiert werde und zum anderen ein Teil der als Spezialistentätigkeit geltenden Berufe wie z. B. der des Anwalts in Japan nach wie vor strengen Zulassungsbeschränkungen unterliege. Ein weiteres Problem stelle die Tatsache dar, dass auch die Kategorie der „höheren Verwaltungsberufe" weniger eine klar definierte Berufsgruppe, sondern vielmehr die durch lange Zugehörigkeit in leitende Positionen gerückten allgemeinen Unternehmensangestellten umfasse. Zweitens müsse auch der Einkommensindikator anders bewertet werden, da unter dem bislang in japanischen Großunternehmen vorherrschenden Senioritätslohnprinzip für die Höhe des Gehaltes weniger die erbrachte Leistung, sondern das Dienstalter entscheidend sei. Ein „Yuppie-Phänomen" wie in den USA habe sich somit bislang nicht etablieren können, damit aber auch nicht eine von jüngeren Altersgruppen getragene Gentrification, eine Argumentation, der sich auch TOYODA Tetsuya (1999) anschließt. Drittens schließlich hätten sich in Japan schichtspezifische Lebensstile nur unvollständig ausgebildet, wofür Okamoto neben geringen Einkommensunterschieden vor allem eine hohe vertikale Mobilität, die nivellierende Wirkung von Schulsystem und Konsum-Verwestlichung sowie eine mangelnde Identität mit dem ausgeübten Beruf bzw. dem Wohnumfeld verantwortlich macht. Wenn Gentrification primär als räumlicher Ausdruck eines bestimmten Lebensstils wesentlicher Teile der oberen Mittelschicht verstanden werde, so müsse deren Existenz für Japan in Frage gestellt werden.

Auf Basis der bereits in Kapitel 1.1 angeführten Kritik an dem in Japan vorherrschenden homogenen Gesellschaftsmodell mag zumindest das letzte Argument eher als ideologisch motiviertes Konstrukt denn als Beschreibung der Realität aufgefasst werden. Darüber hinaus zielen auch die übrigen Vorbehalte von Okamoto dann ins Leere, wenn – wie in der vorliegenden Arbeit – unter Gentrification lediglich die bauliche und soziale Aufwertung eines Wohnviertels verstanden wird (vgl. oben Kap. 1.2.4). Es ist dann einigermaßen unerheblich, welche Personengruppen eine solche Aufwertung tragen. Doch handelt es sich in Japan überhaupt um andere Gruppen? Den Ergebnissen beispielsweise von NANBA (2000b) zufolge, der sich stark an die Methodik von BLASIUS (1990, 1993) anlehnt, können in einem zentral gelegenen Wohngebiet Ōsakas sowohl Pioniere als auch eigentliche Gentrifier identifiziert werden, die in ihren sozialen Attributen wie auch in Bezug auf Lebensstilpräferenzen durchaus den entsprechenden Gruppen in Deutschland ähneln. Zu ähnlichen Ergebnissen kommt SONOBE (2001: 206–209) in seiner Studie über die Bewohner neuer Wohnanlagen im Waterfront-Bereich von Tōkyō. Demgegenüber betont FUJITSUKA (1992: 502) auf Basis einer Untersuchung in einem Kyōto-er Wohngebiet, dass anders als in Europa oder den USA Gentrification in Japan im Wesentlichen von Kernfamilien getragen werde.

Neben diesen eher soziologischen Betrachtungen, die sich auf die Nachfrageseite von Gentrification beziehen, ist auch auf Besonderheiten des japanischen Wohnungsmarktes als Gentrification-hemmende Faktoren eingegangen worden. So stellen speziell für Tōkyō WALEY (2000: 153) und NAKAGAWA Satoshi (1998: 187) die sehr hohen Boden- und Mietpreise heraus, die es selbst besserverdienenden Personen der oberen Mittelschicht unmöglich machten, sich in zentrumnahen Gegenden niederzulassen. Freilich kann diese Argumentationslinie angesichts der seit den 1990er Jahren stark gefallenen Bodenpreise und des verstärkten Angebots an zentral gelegenem Wohnraum, das von einem entsprechenden Bevölkerungswachstum in den inneren Stadtbezirken Tōkyōs begleitet wird, als zunehmend obsolet betrachtet werden. Ähnliches gilt womöglich für die noch von HOHN (2000: 534; 2002a: 7–8) hervorgehobene Eindämmung von Gentrification durch wohnungspolitische Maßnahmen der öffentlichen Hand angesichts einer fortschreitenden Deregulierung des japanischen Wohnungsmarktes (vgl. YABE 2003: 291).

Auf der anderen Seite ist zu konzedieren, dass in baulicher Hinsicht Gentrification in Japan durchaus eigene Züge aufweist. So ist die soziale Aufwertung städtischer Gebiete in Japan im Allgemeinen nicht wie so oft in europäischen oder nordamerikanischen Städten mit einer kleinteiligen Objektsanierung von erhaltenswerter Bausubstanz verbunden. Verheerende Erdbeben, die Flächenbombardements des Zweiten Weltkriegs und die schon materialbedingt kurze Lebensdauer japanischer Holzbauten ließen nur wenig Erhaltenswertes bestehen. Stattdessen steht der weitaus sichtbarere Prozess einer radikalen Beseitigung maroder Holzwohnbebauung zugunsten von großen, in Stahlbeton ausgeführten Mehrparteienhäusern gehobenen Standards im Vordergrund des Geschehens (FUJI-TSUKA 1994: 509; NANBA 2000b: 111). Hierin liegt auch der wesentliche Grund für die bereits in Kapitel 1.2.4 konstatierte besondere Beachtung des baulichen Aspekts von Gentrification durch japanische Autoren. Gentrification im Gefolge größerer Sanierungsmaßnahmen bedeutet aber auch eine gegenüber westlichen Ländern weit dominantere Position öffentlicher Planungsakteure sowie großer Immobiliengesellschaften (NANBA 2000a: 99), während von einer spontanen, von Privatpersonen betriebenen „Schritt-für-Schritt"-Gentrification einzelner Wohngebietsteile in der Literatur zu Japan bislang nicht berichtet worden ist.[15] Da schließlich der größere Teil von Wohnbauten, die zu einer sozialen Aufwertung von Nachbarschaften geführt haben, bisher auf aufgelassenen Industrie- und Verkehrsflächen entstanden ist – im Wesentlichen eine Folge der zersplitterten und nur schwer ablösbaren Eigentumsrechte im japanischen Stadtraum –, stellt SONOBE (2001: 209–211) als ein weiteres Kennzeichen japanischer Gentrification die fehlende Verdrängung von statusniedriger Bevölkerung heraus. Hiergegen steht jedoch der Befund von FUJITSUKA (1992: 504), der am Beispiel eines Kyōtoer Stadtviertels beschreibt, wie die zunächst auch hier vorherrschende Neubebauung von Industriebrachen bald von einer umfassenden Restrukturierung auch der umliegenden Wohngebiete abgelöst wurde, was einen Großteil der altansässigen Bevölkerung verdrängte. Auch NANBA (2000a: 98) weist auf eine Verdrängung insbesondere alter Menschen aus *inner city*-Wohngebieten als wesentliches Merkmal von Gentrifizierungsvorgängen in japanischen Städten hin.

Insgesamt zeichnen die bisherigen Erörterungen und Analysen über Gentrification in Japan ein noch sehr uneinheitliches Bild. Die Zahl der Untersuchungen ist zudem klein, was mit einer bislang geringen Verbreitung des Phänomens in Japan zu tun haben mag. Die oben angesprochenen jüngsten Wandlungen auf dem Boden- und Wohnungsmarkt könnten jedoch schon bald zu einer Änderung der Situation und damit auch der Forschungslage führen.

Eine wiederum stärkere Beachtung in der Fachliteratur der 1990er und frühen 2000er Jahre haben städtische Randgruppen erhalten. Im Fokus stehen dabei vor allem die seit den späten 1980er Jahren nach Japan

---

[15] Die Möglichkeit eines vollständig durch institutionelle Akteure bestimmten Verlaufs von Gentrification, für den von Beginn an der Einzug in durch Baufirmen erstellte Gebäude und nicht die Renovierung älterer Bausubstanz durch die späteren Nutzer selbst charakteristisch ist, wurde innerhalb der westlichen Forschungsliteratur bis in die jüngste Zeit lediglich von BEAUREGARD (1986: 53) und – etwas weniger deutlich – von WARDE (1991) herausgestellt.

strömenden Arbeits- und Bildungsmigranten aus asiatischen Ländern, namentlich der Volksrepublik China und Südkorea. Für die vorliegende Arbeit von besonderer Bedeutung waren die zahlreichen Arbeiten einer Forschergruppe um den Stadtsoziologen Okuda Michihiro (OKUDA und TAJIMA 1991, 1993; OKUDA, HIROTA und TAJIMA 1994; OKUDA und SUZUKI 2001; TAJIMA 2002[2]), die sich hauptsächlich mit der Konzentration asiatischstämmiger Ausländer in den Tōkyōter Nebenzentren Shinjuku und Ikebukuro beschäftigen. Anhand von Interviews wurden insbesondere die Lebenssituation von Ausländern, die Frage ihrer Integration in die lokale Gesellschaft sowie die vor allem soziale Veränderung der von Ausländern bewohnten Quartiere beleuchtet. Nur auf den Ōkubo-Distrikt im Stadtbezirk Shinjuku bezogen wählte SONOBE (2001: 119–145) ein inhaltlich ähnliches, wenn auch stärker theoriegeleitetes Vorgehen, während in der Studie der MACHI KYOJŪ KENKYŪKAI (1994) deutlicher auf die Wohnsituation der Migranten eingegangen wird. Ausländische Gemeinschaften in Tōkyō außerhalb der genannten Nebenzentren fanden hingegen eine geringere Berücksichtigung. Hervorzuheben sind der Aufsatz von MUN (1994) über altansässige Koreaner in einem nordöstlichen Stadtbezirk Tōkyōs oder die Arbeit von IBARRA (1999) über die philippinische Gruppe in Tōkyō und die Rolle der katholischen Kirche als verbindendes Element.

Die Ausrichtung aller bisher genannten Arbeiten kann in Bezug auf die verfolgten Fragestellungen weitgehend als soziologisch und mikroanalytisch charakterisiert werden. Untersuchungen, die sich stärker mit der räumlichen Verbreitung von Ausländerpopulationen beschäftigen, sind hingegen rar. Neben einem Aufsatz von mir selbst (LÜTZELER 1995) zur Verteilung von Ausländern nach Nationalität in der Präfektur Tōkyō sowie zwei kürzeren Beiträgen zur innerstädtischen Migration von Ausländern (SHIMIZU 1994; AVILA-TAPIES 1995) hat meines Wissens bislang nur noch die bereits genannte Arbeit der MACHI KYOJŪ KENKYŪKAI (1994) zumindest in Teilen geographische Fragestellungen berücksichtigt: So wurde dort unter anderem eine Kartierung ausländerorientierter Geschäfte und Einrichtungen im Distrikt Ōkubo vorgenommen, die für Kapitel 4.2.3 der vorliegenden Arbeit wichtige Vergleichsdaten lieferte. Als Hauptgrund für die geringe Zahl geographischer Ausländerstudien dürfte der relative Mangel an entsprechenden räumlich aufgeschlüsselten Daten zu nennen sein, der insbesondere dem Einsatz von Segregationsindizes – gewissermaßen das Standardwerkzeug geographischer Analysen über städtische Minderheiten – deutliche Schranken setzt (s. auch Kap. 1.5). Ähnliches kennzeichnet die Analysen zu städtischen Obdachlosen, die in erster Linie aufgrund ihrer Sichtbarkeit im Stadtbild – sie sind überwiegend in blauen Plastikzelten untergebracht – in jüngerer

Zeit in den Blickpunkt japanischer Stadtsoziologen geraten sind, während ihre Zahl immer noch vergleichsweise klein ist (vgl. SONOBE 2001: 75–76). Wichtige Beiträge – oft unter Einschluss der Tagelöhnerproblematik – lieferten unter anderem NIWA (1992), FURUSATO NO KAI (1997), AOKI (2000, 2003), SONOBE (2001: 87–117), EZAWA (2002) sowie KENNETT und IWATA (2003). Mit Ausnahme der erstgenannten Arbeit gilt auch hier, dass geographische Aspekte allenfalls am Rande abgehandelt werden. Weithin unbeachtet ist bislang auch die innerstädtische Verteilung von japanischen benachteiligten Gruppen oberhalb der Obdachlosenschwelle (z. B. von Langzeitarbeitslosen, Sozialhilfebedürftigen oder den sozial diskriminierten *burakumin*) geblieben, was zum Teil ebenso mit mangelhafter statistischer Erfassung und (noch) geringen Fallzahlen erklärt werden mag, zum Teil aber auch mit einer erheblichen gesellschaftlichen Tabuisierung bestimmter sozialer Probleme verknüpft ist (s. auch hierzu näher Kap. 1.5).

1.4 MODELLANSATZ, FRAGESTELLUNGEN UND METHODEN DER VORLIEGENDEN ARBEIT

Die Ausführungen in Kapitel 1.2 haben auf der einen Seite deutlich gemacht, dass die Theorieansätze zur Frage neuer sozialer Polarisierung in Städten die mitpostulierte Zunahme residenzieller Segregation nicht hinreichend erklären. Auf der anderen Seite kann umfassenden Ansätzen zur Erläuterung des letzteren Sachverhalts wie etwa dem „Makro-Mikro-Modell der Segregation" von Friedrichs oder dem handlungstheoretischen Modell von Odermatt der Vorwurf gemacht werden, die eigentliche Makroebene der politisch-ökonomischen Ausgangsbedingungen nicht ausreichend konkretisiert zu haben. Als ein Versuch, die beiden Theorieebenen unter Vermeidung ihrer jeweiligen Schwächen zu verknüpfen, kann daher der in Abbildung 1-1 dargestellte eigene Modellentwurf angesehen werden. Auch in Anbetracht der Tatsache, dass mit Tōkyō die Hauptstadt eines nichtwestlichen Landes untersucht werden soll, wurde zudem der bereits anhand europäischer Städte durch Hamnett und andere Stadtforscher erhobenen Forderung entsprochen, die spezifischen Gegebenheiten der jeweiligen Gesellschaft besonders zu berücksichtigen.

Dem Modell entsprechend werden die jüngeren wirtschaftlichen Veränderungen, auf die unter anderem Saskia Sassen mit ihrer *global city*-These aufmerksam gemacht hat, sowie allgemeine gesellschaftliche Wandlungsprozesse etwa in den Bereichen Lebensstil und Familie, die gemeinhin unter das Etikett der Pluralisierung oder Individualisierung gefasst werden, als weitgehend globale Erscheinungen gedacht, die allerdings in einer steten Wechselbeziehung zueinander stehen. Demgegen-

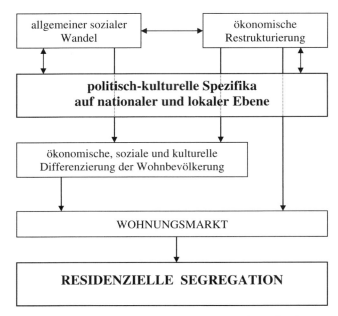

Abbildung 1-1: Modellentwurf zur Erklärung von residenzieller Segregation

über wird postuliert, dass die Bereiche des politischen Handelns wie auch der Kultur im engeren Sinne (z. B. Wohnpräferenzen, Charakteristika von Randgruppen, historische Persistenzen in der morphologischen und ökonomischen Struktur einer Stadt u. v. m.) in weit stärkerem Maße national bzw. lokal bestimmt bleiben. Anhand der europäischen Diskussion um die Rolle der jeweiligen Ausprägung des Sozialstaates im Allgemeinen und der Wohnungspolitik im Besonderen auf Polarisierung und Segregation ist dies bereits deutlich geworden, aber auch die am Beispiel Japan geführte Debatte um die Existenz und Wirkungsweise eines *developmental state* zeigt auf, dass sich politische Kulturen anscheinend weit schwieriger global vereinheitlichen lassen als andere Bereiche der Gesellschaft. Der stark von Max Weber beeinflusste japanische Soziologe TOMINAGA Ken'ichi (1990: 45) schreibt hierzu:

> […] [I]m Vergleich mit dem ökonomischen Rationalismus besitzen Wertorientierungen auf politischem Gebiet wenig Diffusionsfähigkeit, und die Motivationsfähigkeit ist schwach, sie zu akzeptieren. Es gibt wenigstens zwei Gründe hierfür. Erstens: Während das Gebiet

des ökonomischen Handelns direkt mit den für das menschliche Leben unentbehrlichen materiellen Erwerbstätigkeiten zusammenhängt, also über den Kulturunterschied hinaus zur Universalität neigt, bezieht sich das Gebiet des politischen Handelns auf die Geistesaktivitäten. Also hat es die Tendenz, sich eng an die jeweilige Kultur anzuschließen [...]. Zweitens: Während auf dem Gebiet des ökonomischen Handelns der Erfolg klar begriffen werden kann, der Leistungsvergleich also einfach und die Motivation zur Akzeptanz ausländischer Produkte hoch ist, sind auf dem Gebiet des politischen Handelns die Ergebnisse oft unklar.

Auch der israelische Soziologe Samuel EISENSTADT (2000) bestätigt trotz einer völlig anderen Grundauffassung zur Modernisierung Japans letztlich diese Aussage, wenn er den Hauptunterschied zwischen den US-amerikanischen, europäischen und japanischen „Modernen" in den jeweiligen Charakteristika politischer Bewegungen und damit im Verhältnis von Gesellschaft und Staat sieht.

Natürlich sind auch die politischen und kulturellen Spezifika einer Gesellschaft nicht konstant, sondern stehen vielmehr in einer steten Wechselbeziehung zu globalen Veränderungen. Zudem wirken sie jedoch als eine Art Filter, der die Wirkungen globaler ökonomischer oder sozialer Wandlungen auf den ökonomischen, sozialen und kulturellen Differenzierungsgrad der Bevölkerung modifiziert. Dies lässt sich an zahlreichen Beispielen illustrieren. So können aus wirtschaftlichen Erwägungen erhobene Forderungen nach einer Zuwanderung billiger ausländischer Arbeitskräfte durch ein restriktives Einwanderungsrecht blockiert werden, wodurch es nicht oder nur begrenzt zu einer stärkeren ethnischen Differenzierung der Bevölkerung kommt. Der Wunsch von Frauen zur Aufnahme einer Vollerwerbstätigkeit kann durch eine familialistische Politik, die die Einverdienerehe begünstigt, gehemmt werden, was einer Pluralisierung von Lebensstilen entgegenwirkt. Einer Verstärkung von Einkommensunterschieden infolge des wirtschaftlichen Strukturwandels kann durch ein progressives Einkommensteuersystem oder andere Umverteilungsmechanismen begegnet werden, wodurch die ökonomische Differenzierung der Bevölkerung gering bleibt. Wenn hier sowohl von sozioökonomischen als auch lebensstilbezogenen Faktoren die Rede ist, so erscheint in Anbetracht der heftigen jüngeren Debatten zur gesellschaftlichen Differenzierung an dieser Stelle eine exkurshafte Klärung des in der vorliegenden Arbeit vertretenen Standpunkts zu dieser Frage angebracht, da hiervon auch die in der Arbeit vorgenommene Variablenauswahl zur Messung von gesellschaftlicher Polarisierung bzw. sozialräumlicher Segregation betroffen ist:

Während bis in die 1970er Jahre hinein die Differenzierung einer industriellen Gesellschaft überwiegend durch das sozioökonomisch definierte vertikale Schichtungskonzept beschrieben wurde, hat insbesondere in der deutschsprachigen Soziologie seit den 1980er Jahren das Konzept gesellschaftlicher Pluralisierung viele Anhänger gefunden. In seiner stärksten Zuspitzung besagt dieser Ansatz, dass unter anderem infolge der massenhaften Verbreitung wichtiger Statussymbole und zunehmender Statusinkonsistenz gesellschaftliche Hierarchien verblassen und somit nicht mehr eine bestimmte sozial und ökonomisch definierte Schichtzugehörigkeit Einstellungen und Verhalten, sondern mehr oder minder frei gewählte Einstellungen und Verhaltensweisen die Zugehörigkeit zu einer bestimmten Lebensstilgruppe bestimmen, womit dieses Konzept freilich, wie ENDRUWEIT (2000: 29) in einer pointiert, zuweilen etwas polemisch gefassten Replik auf die Milieutheorie-Verfechter betont, in der „[...] Beschreibung einer vielfarbigen sozialen Wirklichkeit als Momentaufnahme [...]" steckenbleibt. Weiterhin wird von ihm kritisiert, dass eine vertikale Schichtstruktur vielleicht im Alltagsleben weniger deutlich geworden sei, aber dennoch als das wichtigere gesellschaftliche Unterscheidungskriterium fortexistiere, was sogar von der Verfechtern der Milieutheorie meist selbst implizit vertreten werde, wenn diese in ihren Modellen bestimmte Lebensstile doch wieder diffus definierten „Schichten" oder „Habitusklassen" zuordneten (ENDRUWEIT 2000: 16, vgl. auch 18–20). ENDRUWEIT (2000: 32) wirft insbesondere den deutschsprachigen Protagonisten des Lebensstilansatzes letztlich eine Überinterpretation ausländischer Ansätze vor, so etwa von BOURDIEU in seinem Werk *La distinction. Critique sociale du jugement* (1979; dt. *Die feinen Unterschiede*, 1982), dem es in Wahrheit nicht um eine Ablösung, sondern um eine Verfeinerung des Schichtungsansatzes gegangen sei, oder von Arbeiten aus dem angelsächsischen Raum, die die Existenz von Lebensstilgruppen nur auf Konsumhandlungen im weiteren Sinne bezogen hätten.

Ohne darüber zu entscheiden, inwieweit die hier referierte Kritik am Milieuansatz in allen Punkten stichhaltig ist,[16] lässt sich auch am Beispiel Japan eine weiterhin hohe Bedeutung klassischer Schichtungsmerkmale nachweisen (s. näher Kap. 2.1). Zudem gibt es in Anbetracht der ökonomischen Krisenerscheinungen seit der zweiten Hälfte der

---

[16] Es sei an dieser Stelle hinzugefügt, dass Endruweit den Milieuansatz nicht völlig ablehnt, sondern als Ergänzung im Sinne einer Beschreibung von Untergruppen innerhalb einer bestimmten Schicht sieht, wobei er sich jedoch fragt, ob man dann „[...] mit dem interkulturell und interdisziplinär verbreiteten Begriff der Subkultur nicht besser bedient wäre" (ENDRUWEIT 2000: 44).

1990er Jahre auch in der deutschsprachigen stadtsoziologischen Forschung Anzeichen für eine Rückbesinnung auf klassische Ungleichheitskonzepte. „Es stellt sich", wie HARTH, SCHELLER und TESSIN (2000: 31) ausführen, „für Stadtsoziologie also vermehrt (wieder) die Aufgabe zu untersuchen, welche sozial-räumlichen Ausgrenzungen in den Städten festzustellen sind, welche (neuen?) Folgen sie haben und durch welche (neuen?) Faktoren sie verursacht werden". Schließt man sich allerdings der Meinung an, dass das Lebensstilkonzept zumindest in Bezug auf Konsumhandlungen eine gewisse Bedeutung besitzt, dann kann es bei einer Analyse sozialräumlicher Prozesse auch nicht unberücksichtigt bleiben, da Wohnen ebenfalls eine Konsumhandlung darstellt und die Wahl des Wohnortes eben auch von Geschmackspräferenzen abhängig ist. Da jedoch die Feststellung und Operationalisierung von „Milieus", die durch ihren Habitus oder bestimmte Werthaltungen definiert sind, eine gesonderte Forschungsarbeit erfordert hätte, wurde in der vorliegenden Arbeit auf das verwandte Konzept der sogenannten neuen Haushaltstypen (v. a. junge weibliche Singlehaushalte oder junge Ehepaare ohne Kinder) zurückgegriffen (vgl. HARTH, SCHELLER und TESSIN 2000: 28–29). Für die alte Bundesrepublik haben u. a. HÄUSSERMANN und SIEBEL (1995: 104–108) den Zusammenhang zwischen Haushaltstypen, Wohnort und Konsummustern beschrieben. Auf Japan erscheint ein solcher Ansatz ebenfalls anwendbar, da es auch hier während der letzten Jahrzehnte zu einer Pluralisierung von Haushaltsformen gekommen ist, wenn vielleicht auch nicht in dem Umfang, wie er für etliche nord- und mitteleuropäische Länder beschrieben werden konnte (vgl. LÜTZELER 1996; LESTHAEGHE und MOORS 2000).

Das Ausmaß der gesellschaftlichen Differenzierung bestimmt die Unterschiedlichkeit von Chancen und Präferenzen der Nachfrager auf dem Wohnungsmarkt und ist damit ein entscheidender Faktor für die Stärke residenzieller Segregation. Als nicht weniger wichtig sind jedoch die Aspekte des Wohnungsangebots anzusehen. Dieses wird mindestens ebenso von landesspezifischen oder lokalen Faktoren der politischen und historisch-kulturellen Ebene mit beeinflusst und ist damit nicht, wie Odermatt postuliert, ausschließlich von ökonomischen Erwägungen der handelnden Akteure bestimmt. Zu nennen sind hier kulturell bedingte Wohnpräferenzen, die zum Teil historisch überkommene Verteilung von Parzellengrößen, Wohnungstypen oder allgemeinen Stadtstrukturen, aber auch die vielfältigen Interventionen des Staates und der lokalen Gebietskörperschaften auf dem Wohnungsmarkt. Eine zunehmende sozialräumliche Segregation sollte somit im Idealfall auf das Zusammenspiel einer zunehmenden gesellschaftlichen Differenzierung und einer nachlassenden Regulierung auf Seiten des Wohnungsangebotes zurückgehen. Denkbar ist aber auch die Verstärkung von Segregation nur durch Veränderungen bei einer der beiden Einflussgrößen, während die andere Größe konstant bleibt. Schließlich könnten gesellschaftliche Differenzierungsprozesse durch stärkere sozialpolitische Eingriffe des Staates in das Wohnungswesen oder umgekehrt Deregulierungen auf dem Wohnungsmarkt durch gesellschaftliche Homogenisierungsprozesse in ihrer Wirkung auf das Segregationsniveau abgeschwächt oder gar völlig neutralisiert werden.

Zur Erklärung von residenzieller Segregation in Tōkyō ist somit die Entwicklung sowohl des gesellschaftlichen Differenzierungsgrades als auch der Angebotaspekte des Wohnungsmarktes in die Betrachtung mit einzubeziehen. Die letztgenannte Determinante wurde allerdings schon durch das hervorragend recherchierte Werk von Uta Hohn (2000) über *Stadtplanung in Japan* in weiten Teilen aufgearbeitet, so dass ihre Behandlung in der vorliegenden Arbeit in stark abgekürzter Form erfolgen konnte. Auf den allgemeinen sozialen Wandel und die jüngeren wirtschaftlichen Restrukturierungsprozesse schließlich kann schon aus forschungsökonomischen Gründen explizit ebenso wenig eingegangen werden wie auf die generelle Frage nach den gesellschaftlichen Besonderheiten Japans.[17]

Der oben vorgestellte Modellentwurf bestimmt wesentlich die Gliederung der Arbeit: Den geographischen Analysen vorangestellt ist in Kapitel 2 die Beantwortung der Frage, ob und inwieweit – auch im internationalen Vergleich – überhaupt von einer zunehmenden gesellschaftlichen Differenzierung oder „Ungleichheit" in Japan gesprochen werden kann, wobei zunächst die Entwicklungen auf gesamtjapanischer Ebene zumindest umrissen werden (Kap. 2.1), um dann in einem zweiten Schritt auf die Situation in der japanischen Hauptstadt einzugehen (Kap. 2.2). Konkret ist danach zu fragen, ob im Sinne der *global city*-These Tōkyō eine stärkere Tendenz zu gesellschaftlicher Ungleichheit aufweist als das übrige Japan (Kap. 2.2.1). Des Weiteren ist die aktuelle Position von Tōkyō innerhalb der *global city*-Hierarchie zu erörtern (Kap. 2.2.2) und auf die wichtigsten gesamtpolitischen Rahmenbedingungen hinzuweisen, die als Modifikatoren oder Filter der Globalisierungseinflüsse auf Tōkyō angesehen werden können (Kap. 2.2.3).

---

[17] Der interessierte Leser findet zu ersterem Komplex zahlreiche Informationen in dem von Kreiner, Möhwald und Ölschleger (2004) herausgegebenen Band *Modern Japanese Society* sowie in der Aufsatzsammlung *Die Wirtschaft Japans* (hg. Deutsches Institut für Japanstudien (1998)). In Bezug auf tatsächliche und vermeintliche Besonderheiten Japans sei auf die Werke von Mouer und Sugimoto (1986) und Sugimoto (1997) verwiesen.

In Kapitel 3 sollen dann auf der Ebene der 23 Stadtbezirke (*ku*; siehe Abb. 1-2)[18] allgemeine Segregationstendenzen in der japanischen Hauptstadt untersucht werden, wobei die Analyse teilweise bis 1983/85 zurückreicht, um noch die Ausgangssituation unmittelbar vor Beginn der spekulativen *bubble economy*-Phase zu erfassen. Segregation wird dabei zunächst vornehmlich anhand von Haushalts- und Familienstandsindikatoren (Kap. 3.2.1) und dann – im Sinne des vertikalen Schichtungsansatzes – anhand von sozioökonomischen Kennziffern (Kap. 3.2.2) allgemein beschrieben. Es folgt in Kapitel 3.4 eine detaillierte Analyse derjenigen Teilaspekte von Segregation, die bereits in Kapitel 1.2.4 angesprochen wurden (Armutssegregation, ethnische Segregation, Gentrification). Um beurteilen zu können, inwieweit derzeitige Segregationstendenzen möglicherweise nur schon bestehende sozialräumliche Strukturen fortschreiben, wird das Kapitel von einem kleinen historisch-geographischen Exkurs eingeleitet (Kap. 3.1). Ebenso fand eine grundlegende Diskussion der Angebotseite des Wohnungsmarktes hier ihren Platz (Kap. 3.3), da diese in stärkerem Maße von lokalen als von nationalen Bedingungen abhängig ist. Mit Kapitel 3.5 soll dann in einer Zusammenschau der verschiedenen Indikatoren geklärt werden, ob von einer Verstärkung residenzieller Segregation, etwa gar in Richtung einer polarisierten Stadtstruktur, gesprochen werden kann. Angesichts der Größe der verwendeten Raumeinheiten (die Stadtbezirke umfassen etwa zwischen 50.000 und 800.000 Einwohner) können hierbei natürlich nur erste grobe Anhaltspunkte gewonnen werden. Auf der anderen Seite ließ sich nur auf dieser Raumebene ein arbeitsökonomisch vertretbarer Überblick über die allgemeine sozialräumliche Entwicklung der japanischen Hauptstadt gewinnen. Zudem lagen zahlreiche wichtige Daten wie etwa solche zur Einkommensverteilung nur auf dieser Ebene vor (s. auch das folgende Kap. 1.5).

---

[18] Eine Stadt Tōkyō im administrativen Sinne gibt es seit 1943 nicht mehr. Die üblicherweise in Japan einer städtischen Verwaltung obliegenden Aufgaben werden daher zum Teil von der Administration der Präfektur Tōkyō (Tōkyō-*to*) besorgt, weshalb der Gouverneur der Präfektur in westlichen Publikationen zuweilen auch als „Bürgermeister" von Tōkyō bezeichnet wird; zum Teil liegen sie in der Kompetenz der 23 Stadtbezirke (*ku*), die daher auch als „besondere Stadtbezirke" (*tokubetsu-ku*) im Sinne von Stadtbezirken mit umfassenderen Kompetenzen als in anderen japanischen Städten bezeichnet werden. Das Gebiet der 23 Stadtbezirke umfasst mit rund 8,5 Mio. Einwohnern (2005) den Kernbereich der Metropolregion Tōkyō und deckt sich weitgehend mit dem im Jahr 1932 vergrößerten Territorium der bis 1943 bestehenden Stadt Tōkyō (Tōkyō-*shi*). Wenn im Text in Zusammenhang mit statistischen Daten von „Tōkyō" die Rede ist, beziehe ich mich, wenn nicht anders angegeben, stets auf diesen Raum.

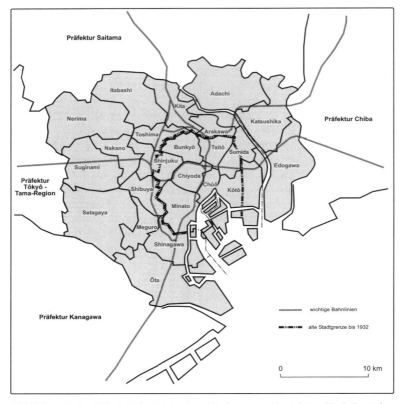

Abbildung 1-2: Tōkyō: Administrative Gliederung und wichtige Verkehrsinfrastruktur

Eine ausführliche Analyse von Segregationsmustern auf der Ebene einzelner Wohndistrikte (*chōchō*; mit einer Größe zwischen ca. 500 und 6000 Einwohnern), der untersten Ebene, für die amtliche Daten vorliegen, beinhaltet Kapitel 4. Hierzu wurden als Studiengebiete drei Stadtbezirke ausgewählt, in denen jeweils eines der drei genannten speziellen Segregationsphänomene als besonders virulent vermutet wurde. In allen drei Fällen handelt es sich um Cityrandgebiete, wobei sich der Bezirk Shinjuku durch eine starke Zuwanderung von Ausländern aus Ost- und Südostasien auszeichnet, Minato-*ku* infolge seines hohen Prestiges als attraktive Wohngegend sowie des Vorhandenseins zahlreicher Konversionsflächen als Gentrification-Verdachtgebiet eingestuft werden kann, der

Stadtbezirk Taitō schließlich vor allem in seiner Nordosthälfte über bekannte Armutsgebiete wie etwa das Tagelöhnerviertel San'ya verfügt. Die Untersuchung möglicher Gentrification im Bezirk Minato (Kap. 4.1) orientiert sich an der jüngst von VAN CRIEKINGEN und DECROLY (2003) vorgelegten Typisierung von Aufwertungsvorgängen in Großstädten: Mittels der Nutzung baulicher wie sozialer Indikatoren soll es darum gehen, Gentrification im engeren Sinne von marginaler Gentrifizierung sowie der gewissermaßen normalen Aufwertung eines Stadtteils zu unterscheiden. In Anbetracht der bisher eher widersprüchlichen Ergebnisse in der japanbezogenen Literatur sind zudem auch grundlegende Fragen wie die nach der räumlichen und sozialen Herkunft der zuziehenden Schicht oder nach dem Vorhandensein „spontan ablaufender" Gentrification zu berühren. Einen weiteren Problempunkt stellt das Handeln öffentlicher Akteure dar. Versuchen sie weiterhin, wie es HOHN (2000) in ihrer Studie beschreibt, Gentrification mittels wohnungspolitischer und stadtplanerischer Maßnahmen einzuschränken, oder sind umgekehrt – analog der von HACKWORTH und SMITH (2001) für die USA beschriebenen Entwicklung – sogar Tendenzen erkennbar, Gentrification oder allgemeine Aufwertungsprozesse zu forcieren, um ein attraktives und zahlungskräftiges Stadtmilieu zu schaffen?

In Bezug auf das Wohnverhalten von Ausländern (Kap. 4.2) geht es um die Frage, inwieweit man auch für die bislang als eher monoethnisch angesehene japanische Hauptstadt von der Existenz räumlich verfestigter und funktional kohärenter Ausländerquartiere sprechen kann. Neben der Messung des Grades der rein physischen Absonderung von der japanischen Mehrheitsbevölkerung über den Segregationsindex und der Frage nach den strukturellen Ursachen räumlicher Konzentration sollen daher auch Zuwanderungsmotive, mögliche Assimilationstendenzen sowie die morphologisch-funktionalen Charakteristika der Ausländergebiete, insbesondere ihre Ausstattung mit ausländerbezogener Infrastruktur, beleuchtet werden, um unter anderem das Ausmaß der „institutionellen Vollständigkeit" (BRETON 1964) zu erfassen. Abschließend wird diskutiert, inwieweit die Befunde gesicherte Prognosen zur Dauerhaftigkeit des Ansiedlungsprozesses von Ausländern in Shinjuku zulassen.

Die Analyse von Armutssegregation im Stadtbezirk Taitō (Kap. 4.3) schließlich wird nicht auf die zuletzt von FOWLER (1996) ausführlich dokumentierte Tagelöhnerbevölkerung des San'ya-Distriktes beschränkt bleiben, sondern sich auf die umfassendere Gruppe aller Erwerbslosen konzentrieren, deren Lebensumstände jedoch weniger spektakulär sind und die daher in der Segregationsliteratur zu Japan bislang weitgehend vernachlässigt wurden. Da sich im Falle des Bezirks Taitō allerdings Tagelöhner- und Erwerbslosenproblematik als nahezu deckungsgleich erwiesen, wurden in abgekürzter Form auch die beiden anderen Stadtbezirke in die

Analyse der Armutssegregation in Tōkyō einbezogen (Kap. 4.3.3). Der Untersuchung lagen in lockerer Anlehnung an das Mehrdimensionenkonzept von KELLER (1999) die Fragen zugrunde, ob primär eine weitere Verarmung bereits armer Gebiete stattfindet, oder sich eine räumliche Ausweitung armer Gebiete feststellen lässt. Existiert auch in der japanischen Hauptstadt eine neue Qualität von Armut oder sind nur diejenigen Probleme vorzufinden, die bereits im *inner city*-Diskurs der 1980er Jahre thematisiert wurden? Welche Rolle spielen zudem die lokalen öffentlichen Akteure? Hat ihre Politik eine Verschärfung oder Abschwächung der residenziellen Segregation sozial schwacher Schichten zur Folge?

In Kapitel 5 schließlich wird die bereits in Kapitel 1.1 formulierte Grundfragestellung wieder aufgenommen, indem die Ergebnisse der Einzelanalysen in den Kontext sowohl der internationalen Polarisierungsdebatte wie auch des japanischen Homogenitätsdiskurses eingebunden werden.

Die Festlegung auf die gesamtstädtische Ebene sowie auf die Ebene von Stadtbezirken und Distrikten als räumlicher Bezugsbasis im Rahmen einer primär geographischen Fragestellung hat natürlich weitreichende methodische Folgen. So erschien mir eine Zugrundelegung des soziologischen Gesellschaftsraum-Konzeptes, das eng mit dem *cultural turn* in den Humanwissenschaften (vgl. BLOTEVOGEL 2003) verbunden und zuerst durch WERLEN (1993) auch in die Sozialgeographie eingeführt worden ist, für die vorliegende Arbeit weniger geeignet. Nach diesem Konzept existiert Raum nicht als solcher, sondern konstituiert sich erst durch die Handlungen der Menschen (vgl. ausführlicher zur Theorie gesellschaftlicher Räume DANGSCHAT 1998: 211–214). Demzufolge wird das bislang speziell in der Geographie verbreitete Raumverständnis als Vorstellung eines „Behälterraums" kritisiert, der unabhängig von seinem Inhalt existiert und als solcher „[…] für die Erklärung von gesellschaftlichen Strukturen und Prozessen keine Rolle [spielt]" (GESTRING und JANSSEN 2002: 149). Sich auf das Konzept des gesellschaftlichen Raumes stützende Forschungen müssen notwendig die Perspektive der untersuchten Gruppen einnehmen, da in ihrem Erkenntnisinteresse liegt, wie diese Gruppen ihren eigenen Raum konstituieren (GESTRING und JANSSEN 2002: 150). Damit sind solche Arbeiten in der Lage, zu gültigen Aussagen in Bezug auf Wohnstandortentscheidungen oder die Wirkungen von Quartieren auf ihre Bewohner zu kommen. Infolge des damit verbundenen hohen methodischen Aufwandes etwa in Gestalt umfangreicher Intensiv-Interviews oder Formen teilnehmender Beobachtung beschränken sich jedoch schon aus rein pragmatischen Gründen solche Untersuchungen meist auf ein Stadtviertel – speziell dann, wenn der Forscher als „Einzelkämpfer" tätig ist. Dies hat dann aber zur Folge, dass ein wesentlicher Aspekt der *geographischen* Stadtforschung, die vergleichende

Untersuchung verschiedener Stadträume, ausgeklammert bleibt und somit eine Verallgemeinerung des Wissens bestenfalls über einen Vergleich verschiedener Studien mit ähnlichem Forschungsdesign erzielbar ist.[19] Sozialräumliche Polarisierungsprozesse in Städten wären damit nur unvollständig zu erfassen. Aus diesem Grund hat erst unlängst ZEHNER (2004) eine Wiederbelebung der sozialgeographischen Stadtforschung in Form einer reformierten Sozialraumanalyse gefordert. Im Unterschied zur alten *social area analysis* der 1950er und 1960er Jahre müsse dabei auf eine der gesellschaftlichen Realität nähere Variablen- und Raumbezugsystemwahl geachtet werden. Außerdem sei anstelle einer stark generalisierten Beschreibung der Stadtstruktur mittels abstrakter Modelle eine theoriegeleitete Analyse politisch und gesellschaftlich relevanter Themen wie Armut oder Gentrification als neues Hauptziel sozialgeographischer Stadtforschung festzulegen. Zehner sieht somit die primäre Aufgabe einer neuen Sozialraumanalyse in der Erzeugung von praktisch verwendbarem Wissen und weniger in Beiträgen zur sozialwissenschaftlichen Grundlagenforschung.

Ein den Postulaten von Zehner sehr ähnliches Forschungsinteresse, wissenschaftstheoretische Grundüberzeugungen sowie pragmatische Überlegungen im Hinblick auf die (zeitliche) Durchführbarkeit der Studie haben mich daher dazu bewogen, auf der Basis eines kritisch-rationalistischen Wissenschaftsverständnisses im Sinne von Karl Popper[20] (vgl. hierzu näher BLOTEVOGEL 1997: 47–54) sowie eines gewissermaßen „kon-

---

[19] BLOTEVOGEL (1997: 46) befürchtet sogar, dass „[d]ie Auffassung von Sozialgeographie als einer mikroanalytischen Handlungswissenschaft […] die Zusammenhänge mit den anderen Zweigen der Geographie stark lockern und die Sozialgeographie letztlich möglicherweise zu einem eher marginalen Zweig der Soziologie werden lassen [würde]".

[20] Ich bin mir durchaus bewusst, dass ich mich mit dieser Festlegung sowohl in ontologischer wie epistemologischer Hinsicht in Opposition zu neueren Ansätzen in den Humanwissenschaften stelle. Im Gegensatz zum sogenannten interpretativen Paradigma im Gefolge des *cultural turn*, das die gesellschaftliche Realität als sozial konstruiert und kulturell vorinterpretiert ansieht, halte ich die u. a. durch den Kritischen Rationalismus vertretene Ansicht der Existenz einer objektiven Realität für besser geeignet, soziale Stadtstrukturen problemorientiert zu analysieren. In Anbetracht hochgradig materieller und objektiv vorhandener Probleme wie zunehmende städtische Armut oder (Nicht-)Integration ethnisch definierter Gruppen erscheinen mir Verweise auf die Konstruiertheit sozialer Wirklichkeit als wenig hilfreich, wenn sich Wissenschaft auch außerhalb der akademischen Welt bewähren soll. Des Weiteren tendiert eine im Sinne des *cultural turn* betriebene Sozialwissenschaft leicht zu kulturrelativistischen oder gar essenzialistischen Positionen (BLOTEVOGEL 2003: 29–30); eine realistische Bewertung der in Japan zahlreich vorhandenen Autostereotype auch in Bezug auf das Phänomen Stadt (vgl. Kap. 1.1) wäre damit erschwert.

ventionellen" Konzeptes von Raum als abgrenzbarem Territorium quantitative Methoden auf der Datengrundlage von Sekundärstatistiken als Hauptanalyseverfahren einzusetzen. Um das von Zehner angesprochene, für frühere sozialgeographische Stadtanalysen oft charakteristische Problem zu weitmaschiger Raumbezugsysteme zu entschärfen, bezieht sich die Analyse in Kapitel 4 auf einzelne Distrikte, womit relativ kleine, homogene Raumeinheiten betrachtet werden konnten. Über eine auch aus datentechnischen Gründen notwendige Aggregation einiger Raumeinheiten unter Zugrundelegung topographischer Karten und der Bezirks-Masterpläne ließ sich dann im Hinblick auf die bauliche und funktionale Geschlossenheit von Raumeinheiten eine noch stärkere Homogenisierung erreichen.[21] Das Problem einer relativ geringen Datenverfügbarkeit auf dieser Ebene wiederum konnte durch Experteninterviews, punktuelle Ortsbegehungen mit Kartierung einzelner Merkmale sowie die Auswertung von Karten, Materialien zu bestimmten Stadtumbauprojekten oder bereits vorliegenden Mikrostudien zu den betreffenden Räumen zumindest abgemildert werden.[22]

Während der vergangenen Jahrzehnte ist auch der Gebrauch multivariat-statistischer Verfahren[23] in der Geographie in zunehmendem Maße kritisiert worden. Zunächst betraf dies eher die Anwendungspraxis, vor allem die häufig unreflektierte Nutzung aller Arten von verfügbaren Datensets mit dem Ergebnis weitgehend aussagefreier Allzwecktypisierungen von Räumen oder die unzulässige Überinterpretation statistisch signifikanter Zusammenhänge als reale Kausalbezüge. Zunehmend hat man sich aber auch von einer ausschließlich explorativen Nutzung bestimmter Verfahren gelöst, da sich die rein rechnerische Variablenaus-

---

[21] Da einzelne Segregationsphänomene wie beispielsweise die Gentrification oft eine nur sehr geringe räumliche Ausdehnung aufweisen, habe ich – im Unterschied zum Vorgehen von FIELDING (2004) – darauf verzichtet, Raumeinheiten mit etwa gleicher Einwohnerzahl zu konstruieren, was im konkreten Fall die Schaffung von Einheiten mit etwa 5000 bis 7000 Einwohnern bedeutet hätte. Stattdessen wurden allein zur Vermeidung von Zufallseinflüssen nur Raumeinheiten mit weniger als 500 Einwohnern (zum Zeitpunkt der Volkszählung 2000) mit größeren Einheiten verschmolzen.

[22] Die Interviews, Ortsbegehungen und Materialsammlungen wurden während zweier einmonatiger Forschungsaufenthalte im Zeitraum März-April sowie Oktober 2003 durchgeführt. Den zweiten Aufenthalt finanzierte dankenswerterweise die Japan Society for the Promotion of Science (JSPS) im Rahmen ihres „Invitation Fellowship Program for Research in Japan (Short-term)".

[23] Auf eine nähere Darstellung dieser mittlerweile zum Standardrepertoire der sozialwissenschaftlichen Forschung gehörenden Verfahrensweisen wird an dieser Stelle verzichtet. Zur Anwendung in der Geographie sei auf die beiden Lehrbücher von BAHRENBERG, GIESE und NIPPER (1985, 1992) verwiesen.

wahl etwa der Regressions- oder Faktorenanalyse nur schwer mit theoriegeleiteter Forschung vereinbaren lässt. Der Faktorenanalyse wird zudem vorgeworfen, dass sie infolge ihres komplexen Ablaufs (vor allem bei der Faktorenrotation) zu überabstrakten, nicht mehr nachvollziehbaren Ergebnissen führe (BATHELT und ERB 1991; HEINEBERG 2000: 152; KRÄTKE und BORST 2000: 219–220). In der vorliegenden Studie wurde daher auf den Einsatz faktorenanalytischer Verfahren zur Untersuchung der sozialräumlichen Struktur verzichtet. Das Hauptgewicht liegt stattdessen auf typisierenden Verfahren wie dem der Clusteranalyse sowie auf einfachen Charakterisierungen empirischer Verteilungen. Methoden der statistischen Zusammenhangmessung wie etwa Korrelations- und Regressionsanalyse wurden infolge der oben angeführten Probleme hingegen weitgehend nur zur Überprüfung bestehender Hypothesen eingesetzt. Insbesondere auf der räumlichen Mesoebene der Distrikte ließen sich mögliche Kausalbeziehungen oft schon durch einen Blick auf topographische oder Bodennutzungs-Karten aufdecken.

1.5 QUELLENLAGE

Hauptquelle der in dieser Arbeit benutzten statistischen Daten waren die verschiedenen Publikationen der in Japan seit 1920 mit Ausnahme von 1945 alle fünf Jahre durchgeführten Volkszählungen (*Kokusei chōsa*). Durch die Volkszählung werden in Japan Daten insbesondere zu demographischen Charakteristika (Alter, Geschlecht, Familienstand, Nationalität), Haushaltsstrukturen, Wohnbedingungen, die Gliederung der Erwerbsbevölkerung nach Erwerbsstatus, Wirtschaftsbereichen und Beruf sowie Pendelbewegungen und den Merkmalen von Pendlern erhoben. Im zehnjährigen Turnus, zuletzt im Jahr 2000, werden darüber hinaus auch Informationen zu formalem Bildungsabschluss und Wohnortwechsel publiziert. Für die nationale Ebene, die Ebene der 47 Präfekturen[24]

---

[24] Bei den Präfekturen handelt es sich um den deutschen Regierungsbezirken ähnelnde Raumgebilde, die im späten 19. Jahrhundert z. T. auf der Basis vormoderner Gebietseinheiten zentral geschaffen und seitdem in ihrer Grenzführung kaum mehr verändert wurden. Rein nominal wird unterschieden zwischen der Hauptstadtpräfektur (*to*) Tōkyō, den beiden Stadtpräfekturen (*fu*) Kyōto und Ōsaka, der Großlandschaft (*dō*) Hokkaidō sowie den übrigen 43 Präfekturen (*ken*). Die Unterschiede in der Einwohnerzahl sind seit den massiven Land-Stadt-Migrationen der Nachkriegszeit enorm angewachsen: Nach den Daten der Volkszählung 2005 belief sich die Einwohnerzahl der Präfektur Tōkyō auf knapp 12,6 Millionen Personen, während die westjapanische Präfektur Tottori nur über rund 600.000 Einwohner verfügte.

sowie für die im Jahr 2000 noch rund 3200 Kommunen (*shi-chō-son* sowie die Stadtbezirke (*ku*) der Millionenstädte) liegen diese Daten in gedruckter Form und für die Volkszählung 2000 auch im Internet auf der Homepage des herausgebenden Staatlichen Statistischen Amtes (SŌMUSHŌ TŌKEIKYOKU)[25] veröffentlicht vor, wobei sich der gesamte Publikationszeitraum im Allgemeinen auf die fünf einer Volkszählung folgenden Jahre erstreckt.

Besonders aus deutscher Perspektive beeindrucken der zeitlich kurze Abstand der Volkszählungen in Japan, die Fülle an publizierten Informationen zumindest auf der gesamtstaatlichen und präfekturalen Ebene sowie die Möglichkeit des kostenlosen Daten-Downloads im Internet. Dennoch sind auch einige Schwächen unübersehbar. So wird mit dem Merkmal „Einkommenshöhe" ein wichtiger Sozialindikator zwar erhoben, aber nicht publiziert. Für alle Präfekturen und Gemeinden veröffentlicht allerdings das Japanische Ausbildungszentrum für Marketing (NIHON MĀKETINGU KYŌIKU SENTĀ) in seiner Reihe *Kojin shotoku shihyō* Daten zum Durchschnittseinkommen. Weiterhin ließen sich auf Basis des japanischen Wohn- und Bodenzensus (*Jūtaku tochi tōkei chōsa*)[26] des SŌMUSHŌ TŌKEIKYOKU über die Methode der proportionalen Zuteilung (vgl. zum Verfahren näher TOYODA, T. (1999: 238–239) und Kap. 3.2.2) für die 23 Stadtbezirke Tōkyōs indirekt auch Angaben zur Einkommensverteilung erschließen. Eine derartige Substituierung fehlender direkter Einkommensdaten war allerdings für die unterste Raumebene der Distrikte nicht möglich. Daten zu Ausländern wiederum werden in den Zensuspublikationen zwar bereitgestellt; sie sind jedoch vergleichsweise wenig detailliert. Bereits auf der Ebene der Kommunen sind nur noch Angaben zu Geschlecht und den (wichtigsten) Nationalitäten vorhanden – in statistischer Hinsicht hat sich Japan offensichtlich noch nicht auf seine neue Rolle als Zuwanderungsland eingestellt. Im Falle Tōkyōs liegen allerdings auf der Grundlage des Ausländermelderegisters von der Präfekturverwaltung zusammengestellte Tabellen über die Zahl registrierter Ausländer (*Gaikokujin tōroku kokuseki-betsu jin'in chōsahyō*) vor, die mittlerweile auch im Internet veröffentlicht werden und für jeden Stadtbezirk zumindest eine Aufschlüsselung nach Nationalität vornehmen. Für den in dieser Arbeit näher betrachteten Stadtbezirk Shinjuku schließlich waren Daten über die Gesamtzahl und das Geschlecht von Ausländern nach

---

[25] http://www.stat.go.jp/. Bis 1983 lautete der Name der Behörde „Sōrifu Tōkeikyoku", danach bis 2001 „Sōmuchō Tōkeikyoku".

[26] Bis zur Zählung von 1993 lautete der Name nur Wohnzensus (*Jūtaku tōkei chōsa*). Sein Umfang war dementsprechend geringer. Die jüngste Zählung von 2003 hält für die gemeindliche Ebene leider keine Einkommensdaten mehr vor.

Distrikten auf persönliche Anfrage über die Ausländermeldestelle der Bezirksverwaltung Shinjuku erhältlich.[27] Eine Datenaufgliederung nach Nationalität oder Altersgruppen existiert jedoch für diese Raumebene nicht.

Daten zu den übrigen durch die Volkszählung erhobenen Merkmalen liegen seit 1970 auf der Distriktebene vor, allerdings in mehr oder minder stark gekürzter Form, was besonders für frühere Zählungen vor dem Jahr 1995 gilt. Zudem werden die Ergebnisse durch das Staatliche Statistische Amt weder in Buchform noch im Internet bereitgestellt, sondern müssen über den als Verleger tätigen Japanischen Statistischen Verein (Nihon Tōkei Kyōkai) bestellt werden – bei einem Preis von 100 Yen[28] pro ausgedruckte Seite ein relativ kostenaufwendiges Unterfangen. Glücklicherweise publiziert im Falle von Tōkyō das Statistische Amt der Präfektur als freiwillige Dienstleistung den größten Teil dieser Daten ebenso, und zwar sowohl in Form frei kopierbarer Bände als auch – seit dem Jahr 2000 – kostenlos im Internet. Auf der Ebene der Distrikte tritt auch besonders deutlich zutage, dass zahlreiche Volkszählungsbögen aus verschiedenen Gründen falsch oder unvollständig ausgefüllt werden. So konnte YAMADA Shigeru (2002) anhand einer statistischen Überprüfung der Ergebnisse des letzten Zensus aus dem Jahr 2000 belegen, dass vor allem Angaben zum höchsten formalen Bildungsabschluss sowie solche Daten, die sich auf Ausländer und junge alleinlebende Menschen beziehen, mit einer gewissen Vorsicht betrachtet werden müssen. Dies gilt namentlich für die hochurbane und relativ „anonyme" Präfektur Tōkyō. Für die vorliegende Arbeit hatte dies zum einen zur Folge, dass auf der Distriktebene nur der Indikator „Beruf" und nicht auch „Bildungsabschluss" zur Messung des Sozialstatus in einem Viertel herangezogen werden konnte, und zum anderen, dass zur Analyse der Ausländersegregation bereits auf Stadtbezirksebene die Daten des Ausländermelderegisters den Vorzug vor denjenigen der Volkszählung erhielten.[29]

---

[27] Ich möchte an dieser Stelle besonders Herrn Watanabe Mitsuhisa von der Bezirksverwaltung Shinjuku, Bürgerabteilung (Kumin-bu), für die Zusammenstellung älterer Daten und die zweimalige Bereitschaft zu Interviews (am 31.03. und 08.10.2003) danken. Für den Zeitraum seit April 2003 sind diese monatlich aktualisierten Daten ebenfalls im Internet von der Homepage des Stadtbezirks Shinjuku abrufbar.

[28] Dies entsprach im Jahre 2003 etwa einem Wert von 75 bis 80 Euro-Cent.

[29] Nach Angaben des Ausländerregisters lag etwa im Stadtbezirk Shinjuku die Zahl der registrierten Ausländer zum 01.01.2001 bei rund 24.000 Personen, während nach den Ergebnissen der Volkszählung 2000 (Stichtag 01.10.2000) sich nur etwas mehr als 16.000 Ausländer in Shinjuku aufhielten. Da bei Volkszählungen auch ein Teil der nicht registrierungspflichtigen Ausländer

Daten, die sich zur Messung von Armut bzw. sozialer Deprivation eignen, werden in Japan grundsätzlich eher zögerlich veröffentlicht, was zweifelsohne auch auf den Einfluss des bereits erwähnten Ideologems einer besonderen gesellschaftlichen Homogenität Japans zurückgehen dürfte. Dass die etwa zwei bis drei Millionen Personen umfassende diskriminierte Gruppe der sogenannten *burakumin* – Nachkommen von Personen, die während der Vormoderne als „unrein" oder „unehrlich" geltende Berufe ausübten (vgl. u. a. DEVOS und WAGATSUMA 1972[2]) – in kleinräumigen Statistiken nicht erfasst ist, erscheint aus gesellschaftspolitischen Gründen verständlich, gründet sich doch die Diskriminierung dieser ansonsten von anderen Japanern nicht unterscheidbaren Gruppe heute überwiegend auf das Wohnen in als *burakumin*-Viertel bekannten Distrikten. Eine Identifizierung solcher Viertel ist indirekt allerdings über die Betriebsstättenstatistik anhand einer Häufung von lederverarbeitenden Betrieben oder auch über extrem hohe Erwerbslosenquoten (vgl. FIELDING 2004: 29) möglich. Schwerer wiegt auf den ersten Blick hingegen, dass anders als selbst in Deutschland Sozialhilfequoten für Raumeinheiten unterhalb der Gemeinde- bzw. Stadtbezirksebene nicht publiziert werden. In Anbetracht der äußerst restriktiven Auslegung der Sozialhilfevorschriften durch die zuständigen Behörden sowie der starken Stigmatisierung ihres Bezugs in Japan (OBERLÄNDER 1998: 70) kommt diesem Indikator allerdings ohnehin eine nur begrenzte Aussagekraft zu. Direkte Daten zur Anzahl von Tagelöhnern sowie zu Obdachlosen fehlen auf kleinräumiger Ebene ebenfalls. Schätzungen sind hier anhand der Zahl „institutioneller und anderer [nicht-privater] Haushalte" (*shisetsu-tō no setai*) möglich, wobei jedoch zu beachten ist, dass hier auch dauerhaft in Anstalten (Krankenhäuser, Altenheime, Gefängnisse usw.) lebende Personen eingeschlossen sein können. Letztlich erweist sich daher der aus den Daten der Volkszählung errechenbare Anteil der Arbeitslosen an der Erwerbsbevölkerung als der wichtigste Indikator für soziale Problemlagen auf Viertelsebene. Doch auch hier schränken Stigmatisierung und eine – in Anlehnung an die Kriterien der International Labour Organisation (ILO) – recht enggefasste Definition von Erwerbslosigkeit in Japan die Eignung des Indikators zumindest ein. Außerdem hält die Statistik

---

erfasst wird, hätte diese Zahl eher *über* derjenigen der Registerbevölkerung liegen müssen. Herr Watanabe Mitsuhisa von der Ausländermeldestelle der Bezirksverwaltung Shinjuku begründet die auffällige Diskrepanz in den Zahlen sowohl mit einer „Kooperationsunwilligkeit" vieler Ausländer als auch mit der Furcht mancher japanischer Volkszähler vor mühsamen Gesprächen mit Nichtjapanern und hält daher die Zahlen des Ausländerregisters für weit glaubwürdiger (persönliches Interview vom 31.03.2003).

keine Angaben zum Ausmaß von Dauererwerbslosigkeit vor, die im Allgemeinen als besonders aussagekräftiges Maß für soziale Exklusion angesehen wird (vgl. u. a. BURGERS 1996: 103; KLAGGE 1998: 139–140). Um in etwa das „wahre" Ausmaß von Erwerbslosigkeit zu ermitteln, fand in dieser Arbeit eine „erweiterte Erwerbslosenquote" Verwendung, bei der den offiziell als erwerbslos registrierten Personen im Zähler diejenigen Personen im Alter von 15 bis 64 Jahren hinzugefügt sind, die in den entsprechenden Volkszählungstabellen als weder erwerbstätig oder erwerbslos noch als Hausmann/Hausfrau oder „in der Ausbildung stehend" eingestuft wurden. Die Summe aus Erwerbsbevölkerung und dieser Residualbevölkerung bildet den Nenner des Quotienten. Da in Japan unter anderem nur diejenige Person als erwerbslos gilt, die sich in der dem Stichtag vorangehenden Woche um eine Erwerbstätigkeit aktiv bemüht hat (ERNST 1986: 333–334), ist davon auszugehen, dass insbesondere solche Personen, die über eine längere Zeit hinweg ohne Arbeit waren und entsprechend resigniert haben, nicht in der Erwerbslosenstatistik auftauchen und daher nur auf diese Weise zu erfassen sind.

Informationen zur Wohnsituation lassen sich bis zur Raumebene der Stadtbezirke dem bereits genannten Wohn- und Bodenzensus entnehmen, der ebenfalls alle fünf Jahre in Form einer etwa 157.000 Volkszählungsdistrikte umfassenden Stichprobe durchgeführt wird (die Ergebnisse des jüngsten Zensus von 2003 konnten leider nur noch zu einem sehr geringen Teil für diese Arbeit berücksichtigt werden). Vor allem der bis zur Niederschrift letzte vollständig erschienene Zensus von 1998 liefert eine Fülle an Informationen zur Struktur der erfassten Wohnungen, Häuser und Grundstücke, zu Merkmalen ihrer Bewohner, zur Wohnausstattung sowie zum Wohnumfeld. Diese günstige Datenlage findet auf Distriktebene keine volle Entsprechung. Die Volkszählungen bieten hier Daten zur Größe des Wohnraums pro Haushalt bzw. Person nach Eigentumsform der Wohnungen sowie seit 1995 auch Angaben zur Zahl der Haushalte und Personen nach Bauweise des bewohnten Hauses. Recht gut dokumentiert ist wiederum die räumliche Verteilung von Bodenpreisen. Im Allgemeinen verfügbar sind über die Homepages der lokalen Gebietskörperschaften auch Angaben zu den Standorten des kommunalen Wohnungsbaus. Darüber hinaus ist es jeder Kommune selbst überlassen, inwieweit sie weitere Informationen zur Bodennutzung publiziert, die z. B. in Tōkyō alle fünf Jahre in einer eigenen Untersuchung (*Tochi riyō genkyō chōsa*) erhoben wird.

Im Allgemeinen kann jedoch die Informationspolitik der japanischen Kommunen als exzellent bezeichnet werden, so dass zwar nicht alle, aber doch viele der angesprochenen Datenlücken der Volkszählung und anderer statistischer Reihen durch alternatives Zahlenmaterial oder auch qualitative Angaben ausgeglichen werden konnten. Sowohl die Präfekturverwaltungen als auch alle Bezirksrathäuser verfügen über Bibliotheksräume, in denen Materialien eingesehen oder auch käuflich erworben werden können; z. T. ist dies ohne vorherige Anmeldung auch in den einzelnen Abteilungen möglich. Weiterhin halten die Präfektur Tōkyō und die meisten Stadtbezirke auf ihren Webseiten ein überaus reichhaltiges Angebot an downloadbaren Statistiken, amtlichen Dokumenten, Detailstudien und sonstigen Materialien vor. Doch auch weniger publikationsfreudige Behörden oder Einrichtungen sind in Japan, wie ich selbst erfahren konnte, meist gerne bereit, ausländische Wissenschaftler über die Gewährung von Interviews oder die Zusendung interner Materialien nach Kräften zu unterstützen.

2 Skizze der aktuellen sozialen und ökonomischen Differenzierung: Wird die japanische Gesellschaft „ungleicher"?

2.1 Entwicklung der sozialen und ökonomischen Ungleichheit auf Landesebene

Bei dem Versuch, die erstaunlichen Wirtschaftserfolge Japans seit den 1950er Jahren zu erklären, haben westliche Beobachter den Blick auch auf mögliche soziale Faktoren gerichtet und dabei – in Übereinstimmung mit meist regierungsnahen japanischen Wissenschaftlern und Publizisten (z. B. NAKANE 1970; MURAKAMI, Y. 1984) – auf eine besondere Homogenität und Egalität der japanischen Gesellschaft hingewiesen (so etwa REISCHAUER 1977; VOGEL 1979; zur Debatte als solche: SUGIMOTO 1997: 2–5; CHIAVACCI 2002: 238–241). Dabei stand vor allem die nachkriegszeitliche Ausbildung einer nivellierten Mittelschichtgesellschaft als Argument im Vordergrund. Wurde hier auch im Wesentlichen für Japan nur eine Entwicklungslinie postuliert, wie sie für Deutschland zur selben Zeit unter anderem SCHELSKY (1965) diagnostizierte, so kann doch als japanische Besonderheit das außerordentliche Echo gelten, das dieser Befund bei Medien und Wissenschaft erzielte. Gestützt auf Untersuchungen des japanischen Premierministeramtes, in denen nach der subjektiv empfundenen Schichtzugehörigkeit gefragt wurde, sprach man schon bald von einer „90 %-Mittelschicht-Gesellschaft" (kyū-wari chūryū shakai). Übersehen wurde dabei jedoch zum einen, dass die Umfragen selbst einen sehr suggestiven Charakter besaßen: So war die Antwortkategorie „Mittelschicht" in weitere drei Kategorien (untere, mittlere und obere Mittelschicht) untergliedert, während es nur eine allgemeine Kategorie „Unterschicht" gab, so dass es für etliche sich zwischen Unter- und Mittelschicht wähnende Befragte opportun erscheinen musste, sich aus Statusgründen eher der unteren Mittelschicht zuzurechnen. Ähnlich durchgeführte Untersuchungen über Schichtbewusstsein in westlichen Industriestaaten gelangten zu vergleichbaren Ergebnissen (CHIAVACCI 2002: 246). Freilich wurden aber auch über alternative Befragungen mit jeweils zwei Unterkategorien bei Mittelschicht und Unterschicht immer noch 70 bis 75 % Mittelschichtangehörige ermittelt. Stellt man das Vorhandensein einer materiellen Basis, die genügt, um unerwartete Schicksalsschläge ohne unmittelbare Existenzbedrohung abzufedern, in den Mittelpunkt einer Definition von „Mittelschicht", so muss auch dieses

Resultat als mit der gesellschaftlichen Realität in offenbarem Widerspruch gesehen werden. Ein zusätzlicher Erklärungsansatz ist daher nötig: Anscheinend hatten viele Befragte nicht ihre Vermögenssituation im Auge, sondern ihr Konsumniveau, insbesondere die Bestückung ihrer Haushalte mit bestimmten Statussymbolen wie Farbfernsehgerät, Klimaanlage oder Auto (FUKUTAKE 1989[2]: 155–158).

Der 90 %-Mittelschichtmythos steht jedoch nicht isoliert da, sondern ist eingebettet in weitere Stereotype über die japanische Gesellschaft. Er verbindet sich zum einen mit der Vorstellung von einer besonderen gesellschaftlichen Homogenität, die auch die Existenz von wirtschaftlichen Randgruppen und ethnischen Minoritäten weitgehend ausblendet (vgl. BRANDES *et al.* 2004: 219–220). Ursprünge dieser Auffassung lassen sich spätestens in den Lehren der philologisch orientierten *kokugaku*-[Landesstudien-]Schule des 18. und frühen 19. Jahrhunderts nachweisen, die in Abgrenzung von China u. a. die göttliche Abkunft des Kaiserhauses und einen besonderen, einzigartigen Charakter der Japaner betonte (vgl. BRÜLL 1993[2]: 102–115), Lehren, auf die sich die um *nation building* bemühten Politiker der Meiji-Zeit (1868–1912) explizit bezogen. In Gestalt des sogenannten *Nihonjin-ron* [Japanerdiskurs] werden noch heute ähnliche Gedanken in populärwissenschaftlichen Traktaten teilweise in Millionenauflage verbreitet (vgl. hierzu näher MOUER und SUGIMOTO 1986). Zum anderen gibt es die durch hohe Partizipationsraten in höheren Bildungseinrichtungen genährte Vorstellung einer meritokratischen Bildungsganggesellschaft (*gakureki shakai*), in der nicht der familiäre Hintergrund, sondern allein der Bildungserfolg über sozialen Aufstieg oder Abstieg entscheide (vgl. hierzu kritisch ISHIDA 1993: 5–6).

Demgegenüber haben kritische japanische Sozialwissenschaftler immer wieder auf eine recht ausgeprägte Pluralität und Ungleichheit in der japanischen Gesellschaft hingewiesen. Wenn auch marxistisch inspirierte Untersuchungen, die zum Ergebnis eines Arbeiterklassenanteils von knapp 70 % kommen – da auch Büroangestellte zur Arbeiterklasse gezählt werden (vgl. FUKUTAKE 1989[2]: 152, 156) –, ebenso wie die Befragungen des Premierministeramtes als ideologisch motivierte Konstrukte mit großer Vorsicht betrachtet werden sollten, so belegen doch andere Analysen erstens eine zwar nicht sehr starke, aber auch keinesfalls exzeptionell geringe gesellschaftliche Heterogenität (vgl. SUGIMOTO 1997: 2, 8), zweitens eine stark durch Statusinkonsistenzen geprägte gesellschaftliche Stratifikation (IMADA 1989: 175–176) und drittens eine ausgeprägte Schichtenreproduktion durch das Bildungswesen, bei dem insbesondere die hohen materiellen und zeitlichen Aufwendungen für das Bestehen der Aufnahmeprüfungen prestigereicher Oberschulen und Universitäten sowie hohe Studiengebühren Personen aus vermögenden Haushalten begünstigen (ISHIDA 1993). Als japanisches Spezifikum ist schließlich seitens der arbeitssoziologischen Forschung stets auf den Gegensatz zwischen einem etwa 20 bis 30 % der Erwerbspersonen umfassenden Segment gut bezahlter und mit Sozialleistungen reichlich versorgter (männlicher) Stammbeschäftigter großer Unternehmen sowie des öffentlichen Dienstes auf der einen Seite und dem primär aus Frauen, alten Menschen und Beschäftigten von kleineren Unternehmen bestehenden Rest mit geringerem Lohn und geringerer sozialer Absicherung auf der anderen Seite hingewiesen worden. Besonders zu beachten gilt, dass die in westlichen Publikationen oft erwähnten „japanischen Beschäftigungspraktiken" wie „lebenslange" (d. h. bis zum Alter von 55 oder 60 Jahren garantierte) Beschäftigung (*shūshin koyō*) und Entlohnung nach Dienstalter (*nenkō joretsu*) im vollen Umfang nur für das erste Segment gelten (DEMES 1998: 143–152). Hieran lässt sich die Beobachtung anschließen, dass die sogenannte alte Mittelschicht, gemessen am Anteil von Selbständigen überwiegend kleinerer Geschäfte und Unternehmen, in Japan über lange Zeit weit umfangreicher war als in anderen Industriestaaten. Mit einem Anteil von elf Prozent an allen Erwerbstätigen im Jahr 2000 unterscheidet sich Japan hinsichtlich dieses Kriteriums jedoch kaum noch von anderen Ländern (z. B. Deutschland 2002: 10,3 %). Weiterhin recht hoch ist hingegen der Anteil mithelfender Familienangehöriger (5,6 % in Japan gegenüber 1,3 % in Deutschland) (STATISTISCHES BUNDESAMT 2004: 106; SŌMUCHŌ TŌKEIKYOKU, *Kokusei chōsa hōkoku* 2000: Bd. 3-1, Tab. 5).

Waren diese Ergebnisse in der Fachwelt auch bereits seit vielen Jahren bekannt, so hat sich in Japan dennoch erst seit den späten 1990er Jahren eine öffentliche Debatte über gesellschaftliche Ungleichheit entwickelt, die teilweise sogar in der Behauptung kulminiert, dass Japan innerhalb der Riege der Industrieländer das höchste Ausmaß an Ungleichheit überhaupt aufweise (CHIAVACCI 2002: 236–238). Prägend wurde für diese Sichtweise der Begriff der „Differenzgesellschaft Japan" (*kakusa shakai Nihon*). Neben dem Aspekt der sozialen Mobilität ist dabei vor allem die Einkommensverteilung in den Blickpunkt geraten. In gängigen internationalen Vergleichsuntersuchungen etwa der Weltbank (WORLD BANK 2000) oder der OECD (BURNIAUX *et al.* 1998) wird Japan bis heute als ein Land mit relativ egalitärer Einkommensverteilung dargestellt, „überboten" allenfalls noch von den skandinavischen Ländern oder Österreich. Zu bedenken ist allerdings, dass die Daten zu Japan üblicherweise dem alle fünf Jahre durchgeführten National Survey of Family Income and Expenditure (*Zenkoku shōhi jittai chōsa hōkoku*) des Ministeriums für Innere Angelegenheiten und Kommunikation (Sōmushō, bis 2001 Sōmuchō) entnommen sind, der zwar umfangreichsten Erhebung zur Einkommenssituation japanischer Haushalte, die jedoch nach Ansicht zahlreicher Kritiker das reale Ausmaß der Einkommensungleichheit systematisch unter-schätzt. So werden beispielsweise bei der Berechnung der Gini-Koeffizi-enten Einpersonenhaushalte, die sich überproportional häufig am unte-ren Rand des Einkommensspektrums befinden, nicht einbezogen. Ande-rerseits berufen sich die Protagonisten der neuen Ungleichheitsdebatte vorzugsweise auf den Income Redistribution Survey (*Shotoku saibunpai chōsa*) des Ministeriums für Arbeit und Soziales (Kōsei Rōdōshō), dem wiederum eine zu starke Gewichtung einkommensschwacher Haushalte vorgeworfen wird (CHIAVACCI 2002: 243).

Da die Messung von Einkommensungleichheit auch in anderen Ländern jeweils sehr unterschiedlich gehandhabt wird, stellt seit 1983 die sogenannte Luxembourg Income Study (LIS) standardisierte Daten zur Verfügung. Japan ist der LIS bislang nicht beigetreten, doch inoffi-zielle Berechnungen auf der Basis des National Survey of Living Con-ditions (*Kokumin seikatsu kiso chōsa*) des Kōsei Rōdōshō und unter Ver-wendung der LIS-Kriterien wurden durchgeführt und ergaben im Ver-gleich mit anderen Industriestaaten das folgende Bild (vgl. Tab. 2-1): Deutlich wird, dass es sich in Bezug auf Einkommensverteilung und relative Armut bei Japan in der Tat um eine keineswegs besonders egalitäre Gesellschaft handelt. Vielmehr nimmt das Land zusammen mit dem benachbarten Inselstaat Taiwan einen mittleren Rang ein zwi-

Tabelle 2-1: Einkommensverteilung und relative Armut, ausgewählte Indus-triestaaten

	Gini-Koeffizient		Haushalte unterhalb der Armutsgrenze (<50 % des Medianeinkommens[1]) in %	
	1984/1987	1998/2000	1984/1987	1998/2000
Japan	0,293	0,319	7,3	9,1[2]
Taiwan	0,269	0,296	5,2	9,1
Deutschland	0,268	0,264	7,9	8,3
Niederlande	0,256	0,248	4,7	7,3
Schweden	0,218	0,252	7,5	6,5
Vereinigtes Königreich	0,303	0,345	9,1	12,5
USA	0,335	0,368	17,8	17,0

Anm.: [1] Verfügbares Jahreseinkommen (Äquivalenzelastizität = 0,5); [2] 2004 lag der Wert bei 9,5 %.

Quelle: SHIRAHASE (2001), KEIZAI KIKAKUCHŌ KEIZAI KENKYŪSHO (1998: 33), SŌMUCHŌ TŌKEIKYOKU, *Zenkoku shōhi jittai chōsa hōkoku* (1999: Bd. 9, Tab. 52; 2004: Bd. 10, Tab. 24) (Japan); *Luxembourg Income Study*, www.lispro-ject.org/keyfigures/; Entnahme 02.12.2004 (übrige Daten).

schen den merklich egalitäreren Gesellschaften Kontinentaleuropas auf der einen sowie den stärker von sozialer Ungleichheit bestimmten angelsächsischen Ländern auf der anderen Seite. Es ist jedoch auch zu betonen, dass sich ein Trend zu zunehmender Inegalität für Japan zwar beobachten lässt. Verglichen mit anderen Ländern ist dieser jedoch nur schwach ausgeprägt und ganz wesentlich auf die Zeit der sogenannten *bubble economy* zurückzuführen: So lag das Ausmaß der Einkommensungleichheit bereits 1989 mit einem Gini-Koeffizienten von 0,312 (SHIRAHASE 2001: Fig. 1) recht nahe an dem in der Tabelle wiedergegebenen Niveau von 1999.[1] Im Großen und Ganzen noch geringer waren während der beobachteten Zeitspanne die Veränderungen nur in den ohnehin bereits sehr egalitären Gesellschaften Kontinentaleuropas, während umgekehrt vor allem Großbritannien einem starken Wandel unterworfen war, der noch deutlicher zutage tritt, wenn man als Basis 1979, das Jahr des Amtsantritts der Regierung Thatcher, wählt, in dem der Gini-Koeffizient noch bei 0,270 gelegen hatte.

Sieht man einmal von moderaten Polarisierungstendenzen beim Einkommen älterer Erwerbstätiger mit Universitätsabschluss ab, ist der bescheidene Anstieg der Einkommensungleichheit in Japan hauptsächlich auf Veränderungen in der Haushaltsstruktur zurückzuführen. So haben die Anteile von Einpersonenhaushalten jüngerer Erwerbspersonen und von Haushalten mit Personen im Ruhestand deutlich zugenommen und damit insgesamt zu einem stärkeren Gewicht einkommensschwacher Haushalte geführt. Eine ebenso bedeutende Rolle spielt die Alterung der Erwerbsbevölkerung, da die Einkommensunterschiede in Japan unter älteren Arbeitnehmern ausgeprägter sind (ŌTA, K. 2002; CHIAVACCI 2002: 242, 248). Im Vergleich mit anderen Industriestaaten fällt eine besonders hohe Einkommensungleichheit zwischen Haushalten auf, die ausschließlich aus alten Menschen zusammengesetzt sind. Nach SHIRAHASE (2001) liegt dies an einer größeren Vielfalt von Haushaltstypen, in denen in Japan alte Menschen leben, aber auch an sehr unterschiedlichen Rentenansprüchen sowie an der Tatsache, dass ein relativ großer Teil alter Menschen weiterhin Einkommen aus Beschäftigung erwirtschaftet. Der noch immer vergleichsweise hohe Anteil alter Menschen, der in Japan mit der Generation der Kinder und Enkelkinder in einem erweiterten Haushalt lebt, wird demgemäß vor allem als Ausdruck der Strategie des ärmeren Segments alter Menschen interpretiert, ihre materielle Lage zu verbes-

---

[1] Andere Studien, die zumindest zum Teil ebenfalls auf LIS-Kriterien fußen, gehen von einer etwas deutlicheren Ungleichheitsentwicklung in Japan aus (CHIAVACCI 2002: 242), was lediglich zeigt, dass eine über jeden Zweifel erhabene Messung von Einkommensungleichheit nicht möglich ist.

sern. Damit aber trägt die hohe Zahl solcher erweiterter Haushalte letztlich zu einer statistischen Einkommensnivellierung bei.

Eine andere Möglichkeit, das Ausmaß gesellschaftlicher Ungleichheit abzuschätzen, besteht in der Betrachtung von Variablen, die den Anteil von aus dem Erwerbsleben ausgeschlossenen Personen messen. BURGERS (1996: 102–103) verwendet hierzu in Anlehnung an ESPING-ANDERSEN (1993) einen „Außenseiterindex", der auf Basis von OECD-Daten die Summe der prozentualen Werte für Langzeitarbeitslosigkeit (kontinuierliche Erwerbslosigkeit von über einem Jahr), Jugendarbeitslosigkeit, unfreiwillige Teilzeitarbeit sowie Erwerbsunterbeteiligung[2] darstellt. Hierauf beruhend lässt sich mit Bezug auf das Jahr 2000 ein Indexwert für Japan von 20,4 und für Deutschland von 22,0 errechnen, wobei der etwas höhere Wert für Deutschland vor allem auf einer spürbar höheren Dauererwerbslosigkeit beruht.[3] Weit geringere Werte sind für die skandinavischen Länder kennzeichnend, während für die USA und das Vereinigte Königreich bei allerdings anderer Gewichtung – die Jugendarbeitslosigkeit liegt hier höher, aber auch die Erwerbsbeteiligung – eine ähnlich umfangreiche und für etliche kontinentaleuropäische Staaten sogar eine wesentlich stärkere Außenseiterbevölkerung verzeichnet werden kann (vgl. BURGERS 1996: 103). Alles in allem präsentiert sich somit Japan auch in Bezug auf diesen Ungleichheitsindikator als eher durchschnittliches Land. Ein Beschäftigungsproblem besonderer Art, das durch den Index nur partiell abgedeckt wird, stellt allerdings die mit über eine Million Personen relativ große Gruppe der Tagelöhner (*hiyatoi*) in Japan dar, die zum Teil ghettoartig in bestimmten Vierteln (*yoseba*) unter höchst prekären Umständen lebt (BRANDES *et al.* 2004: 227–232; vgl. näher auch Kap. 4.3). In Folge der wirtschaftlichen Rezession der 1990er Jahre und eines häufig schon fortgeschrittenen Alters sind viele der traditionell vor allem in der Bauwirtschaft arbeitenden Tagelöhner auf Dauer erwerbslos geworden und teilweise auf den Status von Obdachlosen abgesunken, da sie als noch arbeitsfähige Personen in Japan im Allgemeinen keinen Anspruch auf Sozialhilfe oder andere Unterstützungsleistungen haben (EZAWA 2002: 287–289). Obdachlosigkeit in ihrer extremen Form als „Schlafen unter freiem Himmel" ist in Japan erst während der 1990er Jahre zum öffentlichen Thema geworden. Für das Jahr 1999 schätzte man

---

[2] Diese bemisst sich als die Differenz zwischen der weltweit höchsten in einem Land gemessenen Erwerbsbeteiligung (1992 war dies Schweden, 2000 Norwegen) und der Erwerbsbeteiligung im jeweils untersuchten Land.

[3] Eigene Berechnungen nach *OECD Labour Market Statistics Database*, http://www1.oecd.org/scripts/cde/members/LFSDATAAUTHENTICATE.asp; Entnahme 02.02.2003.

bereits rund 17.000 solcher *rough sleepers* in japanischen Städten (KENNETT und IWATA 2003: 63).

Es wurde bereits in Kapitel 1.2.1 darauf hingewiesen, dass ein hoher Anteil einer aus dem Erwerbsleben ausgeschlossenen „Residualbevölkerung" als typisch für sogenannte „konservativ-korporatistische" Sozialstaaten gilt, die zwar an sich über ein gut ausgebautes Sozialsystem verfügen, das im Allgemeinen über an den Lohn gekoppelte Versicherungsleistungen finanziert wird, bei der Schaffung neuer Beschäftigung jedoch nicht erfolgreich sind. Anderen Staaten gelingt dies besser, sei es durch Stellenschaffung im öffentlichen Dienst wie in den sozialdemokratischen Sozialstaaten Skandinaviens oder sei es durch eine liberale Wirtschaftspolitik mit der Folge zahlreicher gering entlohnter Arbeitsplätze im privaten Dienstleistungssektor wie in den USA oder Kanada (BURGERS 1996: 102–103). Höhe und interne Struktur des oben behandelten Außenseiterindexes deuten für Japan darauf hin, dass dieses Land ebenso vom Problem zu geringer Erwerbsbeteiligung betroffen ist, was die herkömmliche Annahme einer mit Erfolg betriebenen primär beschäftigungsorientierten japanischen Sozialpolitik (vgl. HILL und FUJITA 2000; SEELEIB-KAISER 2001: 181–188, 239–240) zweifelhaft erscheinen lässt. Auch Gøsta ESPING-ANDERSEN, der mit seinem epochalen Werk *The Three Worlds of Welfare Capitalism* (1990) der vergleichenden Sozialstaatforschung neue Impulse gab, sieht Japan mittlerweile als Teil der von ihm selbst so bezeichneten Gruppe konservativ-korporatistischer Sozialstaaten, zu denen auch die meisten kontinentaleuropäischen Länder gehören (ESPING-ANDERSEN 1999: 92–94). Stärker noch als in anderen konservativen Sozialstaaten wird zudem in Japan ein Subsidiaritätsprinzip verfochten, bei dem zunächst die Familie unter Einschluss auch entfernter Verwandter für sozial schwache Menschen aufzukommen hat. Ebenso wird, wie bereits geschildert, arbeitsfähigen Personen gemeinhin keine Unterstützung gewährt. Vergleichsweise generöser gibt sich der japanische Staat gegenüber älteren Menschen – so wurde im Jahr 2000 eine Pflegeversicherung eingeführt. Die schon angedeuteten substanziellen betrieblichen Versorgungsleistungen für Stammbeschäftigte in Großbetrieben schließlich komplettieren das Bild eines Sozialsystems, das sozioökonomische Ungleichheit zumindest nicht abmindert; dies zeigen auch jüngste Berechnungen der redistributiven Effekte des japanischen Rentensystems (THRÄNHARDT 1995: 75–83; CONRAD und LÜTZELER 2002: 12–15, 27–30; CONRAD 2002: 207–211, 214–215).

Entscheidend zum Bild eines homogenen Japan hat auch ein lange Zeit extrem niedriger Ausländeranteil beigetragen. Während die demographisch früher gealterten Nationen Nord- und Westeuropas zur Stützung ihrer Wirtschaft in der Nachkriegszeit in hohem Maße auf ausländische Arbeitskräfte zurückgreifen mussten, konnte sich Japan auf eine sehr große Zahl junger Erwerbstätiger aus dem eigenen Land stützen. Nach SASSEN (2001a[2]: 314) ähnelten diese massenhaft aus dem ländlichen Raum in die Großstädte zugewanderten Arbeitskräfte auch in ihrer Bereitschaft zu harter Arbeit bei relativ geringen Gehältern und ihrer Anspruchslosigkeit in Bezug auf Wohnbedingungen in starkem Maße ausländischen Arbeitsmigranten. Es ist daher nicht bzw. nicht in erster Linie auf xenophobe Einstellungen, sondern auf einen günstigeren demographischen Aufbau zurückzuführen, dass „Ausländer in Japan" lange Zeit fast ein Synonym für die etwa 650.000 Mitglieder zählende koreanische Minderheit blieb, die vor und während des Zweiten Weltkriegs oft unter Zwang in das Land ihrer damaligen Kolonialherren gekommen war.

Erst seit den 1980er Jahren sind nennenswerte Zuwanderungsüberschüsse zu verzeichnen (vgl. Abb. 2-1), die den Anteil ausländischer Personen an der Gesamtbevölkerung Japans freilich bislang auf lediglich 1,6 % ansteigen ließen. Eine erste, kleine Migrationswelle lässt sich zwischen 1982 und 1986 ausmachen, als namentlich weibliche Migranten aus südostasiatischen Staaten nach Japan kamen, um hier in Bars bzw. als Prostituierte zu arbeiten (SELLEK 1997: 179, 182). Eine zweite, wesentlich stärkere und mehrheitlich von Männern getragene Welle von 1988 bis 1992 stand hingegen in engem Zusammenhang mit der damaligen spekulativ aufgeheizten *bubble economy*-Konjunkturphase. Nach kurzzeitigem Einbruch infolge der einsetzenden Rezession werden mittlerweile erneut Migrationsüberschüsse registriert; wieder bilden nun Frauen die Mehrheit. Im Jahr 2000 erreichte der Zuwanderungsüberschuss sogar eine neue Rekordmarke. In jedem Fall beeindruckend ist hieran, dass Zuwanderung mittlerweile weitgehend unabhängig von der gesamtwirtschaftlichen Situation Japans stattfindet. Eine solche Abkopplung der Migrationsströme von der ökonomischen Lage mag als ein erstes Indiz für die Entwicklung Japans zu einem faktischen Einwanderungsland angesehen werden.

Infolge dieser Migrationsschübe veränderte sich die Zusammensetzung der Ausländerbevölkerung nach Nationalität deutlich (vgl. Tab. 2-2). Auffallend ist zunächst der – durch Einbürgerungen auch absolute – Rückgang in der Präsenz der Koreaner, und dies trotz einiger zehntausend Neuankömmlinge aus dem aufstrebenden Südkorea. Dagegen hat sich der Anteil der Chinesen nahezu vervierfacht, ihre Zahl fast verzehnfacht. Mehr als ein Drittel des Gesamtanstiegs in der Zahl der Ausländer seit 1980 lässt sich auf die Zuwanderung von Chinesen zurückführen. Auch der bereits erwähnte Migrationsschub um das Jahr 2000 ist überwiegend durch (weibliche) Chinesen verursacht. Neben der vorwiegend

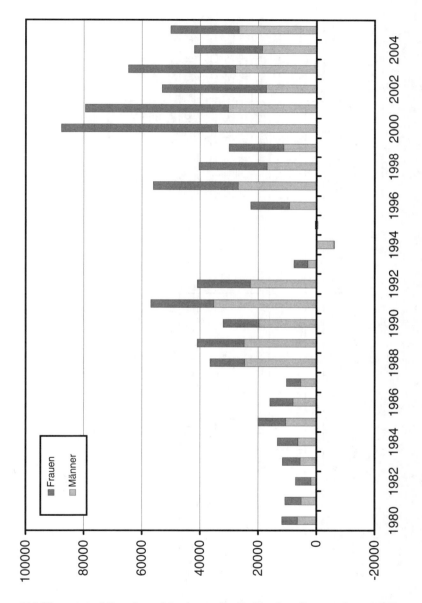

Abbildung 2-1: Migrationssaldo der ausländischen Bevölkerung, Japan 1980–2005

Quelle: KOKURITSU SHAKAI HOSHŌ JINKŌ MONDAI KENKYŪJO (2006: Tab. 10-6).

Tabelle 2-2: Ausländer nach Staatsangehörigkeit, Japan 1980–2005

Ausländergruppe	1980	in %	1985	in %	1990	in %	1995	in %	2000	in %	2005	in %
Asiaten	734.476	93,8	789.729	92,8	924.560	86,0	1.039.149	76,3	1.244.629	73,8	1.483.985	73,8
Koreaner	664.536	84,9	683.313	80,3	687.940	64,0	666.376	48,9	635.296	37,7	598.687	29,8
Chinesen	52.896	6,8	74.924	8,8	150.339	14,0	222.991	16,4	335.575	19,9	519.561	25,8
Filipinos	5.547	0,7	12.261	1,4	49.092	4,6	74.297	5,5	144.871	8,6	187.261	9,3
sonstige Asiaten	11.497	1,5	19.231	2,3	37.189	3,5	75.485	5,5	128.887	7,6	178.476	8,9
Europäer	15.897	2,0	19.473	2,3	25.563	2,4	33.283	2,4	47.730	2,8	58.351	2,9
Nordamerikaner und Ozeanier	25.660	3,3	33.917	4,0	48.713	4,5	61.046	4,5	70.939	4,2	80.635	4,0
Lateinamerikaner	3.363	0,4	4.402	0,5	72.865	6,8	221.865	16,3	312.921	18,6	376.348	18,7
Brasilianer	1.492	0,2	1.955	0,2	56.429	5,2	176.440	13,0	254.394	15,1	302.080	15,0
sonstige Lateinamerikaner	1.871	0,2	2.447	0,3	16.436	1,5	45.425	3,3	58.527	3,5	74.268	3,7
Afrikaner	795	0,1	1.109	0,1	2.140	0,2	5.202	0,4	8.214	0,5	10.471	0,5
Ausländer insgesamt u. Anteil an der Gesamtbevölkerung	782.910	0,67	850.612	0,70	1.075.317	0,87	1.362.371	1,08	1.686.444	1,33	2.011.555	1,57

Anm.: Sämtliche Daten beziehen sich jeweils auf den 31. Dezember des Jahres.
Quelle: Lützeler (2002a: 14–15); eigene Berechnungen nach Nyūkan Kyōkai (2006).

von weiblichen Migranten getragenen Vergrößerung der philippinischen Gruppe ist noch auf die Gruppe der Südamerikaner hinzuweisen. Es handelt sich hierbei fast ausschließlich um Nachkommen japanischer Auswanderer (*nikkeijin*), die im Land ihrer Ahnen nach besseren Erwerbsmöglichkeiten suchen. Nach einer starken Zunahme während der ersten Hälfte der 1990er Jahre scheint sich das Reservoir des migrationswilligen Teils dieser auf über eine Million Personen geschätzten Gruppe (ÖLSCHLEGER 2004: 533–534) jedoch allmählich zu erschöpfen.

Seitens des Empfängerlandes Japan ist – nicht nur als Folge demographischer Alterung – gravierender Arbeitskräftemangel ein wichtiger Ursachenfaktor für diesen plötzlichen Anstieg des Zuwanderungsvolumens. Auf dem stark segmentierten japanischen Arbeitsmarkt betrifft dieser vor allem Klein- und Mittelunternehmen des produzierenden Sektors, der Bauwirtschaft und des Gaststätten- und Vergnügungsgewerbes. Die hier angebotenen relativ anstrengenden und schlecht bezahlten Tätigkeiten werden von vielen Japanern mittlerweile gemieden. Ungeachtet der lang andauernden Rezession besteht daher in einigen Wirtschaftssektoren weiterhin ein hoher Bedarf an ausländischen Arbeitskräften (vgl. HANAI 22.01.2001). Bereits PIORE (1979) hat in seiner Theorie der dualen Arbeitsmärkte auf solche wirtschaftlichen Interessen des Ziellandes als Hauptursache von internationalen Migrationsströmen hingewiesen. Die offizielle japanische Zuwanderungspolitik kommt diesem Bedürfnis jedoch nur sehr bedingt nach (s. näher Kap. 2.2.3).

In einigen Entsendeländern Ost- und Südostasiens wiederum sorgte wirtschaftliche Aufbruchstimmung für einen Emigrationsschub. Vor allem aus der VR China, die 1986 ihre Ausreisebestimmungen wesentlich lockerte, zog es aufstiegsorientierte, junge Personen nach Japan, um dort an Fachschulen oder Universitäten zu studieren oder über temporäre Arbeit Geld für eine Existenzgründung im Heimatland zu erwirtschaften (LÜTZELER 1995: 128). Dieser Zustrom von – mittlerweile überwiegend weiblichen – Studierenden aus China hält bis heute an und ist ein wichtiger Grund für die weiterhin hohen Zuwanderungsziffern der allerjüngsten Zeit. Daneben ist es zur Zuwanderung zahlreicher japanischstämmiger Kriegswaisen und ihrer Familien aus den drei nordöstlichen Provinzen Chinas – dem Gebiet der früher von Japan beherrschten Mandschurei – gekommen, was zu großen Teilen den von 22,5 % 1995 auf 34,8 % im Jahr 2002 gestiegenen Anteil von Zuwanderern aus dieser Region an allen chinesischen Zuwanderern erklären hilft (vgl. TAJIMA 2003: 71). Nicht vergessen sollte man als weiteres Migrationsmotiv auch die zunehmende Vorbildrolle japanischen Lebensstils und japanischer Kultur – bis hin zur Popkultur – in den Ländern Ost- und Südostasiens. Schließlich ist die Verschlechterung der Erwerbsmöglichkeiten in den Erdöl exportierenden

Staaten der Golfregion seit den späten 1980er Jahren (sowie in jüngerer Zeit in Malaysia) zu erwähnen. Hierdurch kam es zu einer Umlenkung des Interesses vieler potenzieller Arbeitsmigranten aus Ländern wie dem Iran, Pakistan, Indien, Bangladesh, den Philippinen oder Indonesien auf Japan (LÜTZELER 1995: 128).

Ist von einer zunehmenden Heterogenität der japanischen Gesellschaft die Rede, darf die Entwicklung neuer Lebenszyklusformen nicht außer Acht gelassen werden. Im besonderen Maße relevant auch für städtische Segregationsformen sind dabei Wandlungsprozesse, die ihren Ausdruck in einer veränderten Haushalts- und Familienstruktur finden. Lange Zeit wurde die Familie als ein im Kern unwandelbarer Ausdruck althergebrachten japanischen Wesens angesehen, und selbst Elemente der modernen bürgerlichen Kernfamilie wie die Universalität der Ehe oder der Hausfrauenstatus von Ehefrauen wurden als Indizien dafür gewertet, dass das sogenannte *ie*-Denken mit seiner Forderung nach Fortsetzung der Ahnenlinie und Unterordnung des Einzelnen unter die Interessen der gesamten Familie weiter fortbestehe (LINHART 1985: 68–71; vgl. auch DIXON 1978: 458).

Etwa seit den späten 1970er Jahren lässt sich jedoch ein Trend beobachten, bei dem das moderne Kernfamilienmodell zunehmend in Frage gestellt wird, wofür strukturelle Veränderungen wie vielfältigere Erwerbsmöglichkeiten für Frauen eine mindestens ebenso große Rolle spielen wie Einstellungsänderungen im Sinne stärkerer Forderungen nach geschlechtlicher Emanzipation (OCHIAI 1997). Anstelle einer Rolle als sogenannte Vollzeithausfrau (*sengyō shufu*), die spätestens vor Geburt des ersten Kindes ihr Erwerbsleben endgültig beendet, werden von verheirateten Frauen nun weit häufiger Lebensverläufe präferiert, bei denen die Erwerbstätigkeit entweder nach der Einschulung des jüngsten Kindes wieder aufgenommen oder gar nicht erst unterbrochen wird (IWASAWA 1995: 92). Einer bereits etwas älteren Untersuchung der damaligen Economic Planning Agency (Keizai Kikakuchō) zufolge sank der Anteil der „Vollzeithausfrauen" an allen erwachsenen Frauen von 30,9 % im Jahre 1972 auf 14,2 % im Jahre 1989 (ŌBUCHI 1995: 15). Des Weiteren hat die Institution der Ehe ihre universale Gültigkeit verloren, was sich auch auf die Geburtenrate senkend auswirkt. So wird erwartet, dass in der Kohorte der zwischen 1959 und 1963 geborenen Frauen etwa zwölf Prozent nie heiraten und weitere zehn Prozent in der Ehe kinderlos bleiben werden; für die Geburtskohorte 1953–1957 lagen die entsprechenden Werte noch bei 7,9 bzw. 4,3 %. Da die Rate nichtehelich geborener Kinder in Japan bei unter zwei Prozent liegt, ergibt sich faktisch ein Wert von etwa 22 % kinderlosen Frauen, was nur geringfügig unter dem für Westdeutschland geschätzten Wert von 24 % (Geburtskohorte 1960) liegt (LÜTZELER 2002b: 57–61).

Zwangsläufig erhöhen diese Entwicklungen vor allem den Anteil von Einpersonenhaushalten und von – teilweise doppelt verdienenden – Ehepaarhaushalten, auch wenn einige Beobachter eher eine Tendenz von jungen Alleinstehenden erkennen wollen, weiterhin im Haushalt ihrer Eltern zu wohnen (sog. *parasite single*-Phänomen; vgl. YAMADA, M. 1999, 2002). Auch die zunehmende Neigung, entgegen früherer Praxis mit den alt gewordenen Eltern entweder gar nicht oder erst bei Hinfälligkeit oder Verwitwung eines Elternteils in einem gemeinsamen Haushalt zu leben, führt zu einer höheren Zahl kleiner Haushalte (OGAWA und RETHERFORD 1993: 589–591; KŌSEISHŌ JINKŌ MONDAI KENKYŪJO 1996) – freilich auch unter den alten Menschen selbst, die damit zum Teil in eine ungünstige wirtschaftliche und soziale Situation geraten (s. o.). Unter verheirateten Frauen dominiert hingegen nach wie vor die Zwei-Kinder-Familie, so dass die durchschnittliche Kinderzahl bei denjenigen Frauen, die überhaupt Kinder haben, seit der Geburtskohorte 1933–1937 nahezu unverändert geblieben ist. Wie in Deutschland zeichnet sich somit auch in Japan eine sich verschärfende gesellschaftliche Dichotomisierung in Kinderlose auf der einen und Personen mit (mehreren) Kindern auf der anderen Seite ab (LÜTZELER 2002b: 58, 71). Diese beiden Gruppen besitzen zum Teil völlig unterschiedliche Ansprüche in den Bereichen Freizeit, Versorgung, Arbeit oder Wohnen, so dass sicher zu Recht von einer zunehmenden sozio-demographischen Polarisierung in Japan gesprochen werden kann.

Insgesamt bestätigt das hier dargebotene Bild der aktuellen sozialen und wirtschaftlichen Differenzierung der japanischen Gesellschaft nicht die vielfach geäußerte Behauptung einer besonderen Homogenität oder Egalität. Vielmehr nimmt Japan bei den meisten Indikatoren eine Mittelposition ein; lediglich der Anteil von Ausländern kann im internationalen Vergleich als (bislang) recht niedrig eingestuft werden, wofür unter anderem ein in der Vergangenheit günstiger Altersaufbau der Bevölkerung verantwortlich zeichnete, der lange eine Anwerbung von Arbeitsmigranten überflüssig machte. Mittlerweile kommt einer relativ restriktiven Zuwanderungspolitik hierbei freilich ein größeres Gewicht zu (s. näher Kap. 2.2.3). Weniger klar lässt sich die Frage beantworten, ob die japanische Gesellschaft während der vergangenen beiden Jahrzehnte insgesamt ungleicher geworden ist. In Bezug auf die Entwicklung neuer Haushalts- und Lebensformen trifft dies sicher zu; auch der moderate Anstieg bei Arbeitslosen-, Obdachlosen- und Ausländerzahlen deutet in diese Richtung. Insbesondere beim zentralen Ungleichheitsindikator „Einkommensverteilung" zeigen sich jedoch nur geringe Veränderungen, die zudem primär auf die oben beschriebenen Wandlungen in der Haushaltsstruktur zurückzuführen sind.

2.2 Die regionale Dimension der Ungleichheit: Tōkyō als Hauptstadt und *global city*

Ein wichtiger Bestandteil der *global city*-These nach Sassen (2001a[2]: 8–9) ist die Annahme, dass sich *global cities* zumindest der oberen Hierarchiestufen infolge ihrer starken internationalen Vernetzung in ihrer wirtschaftlichen Entwicklung zunehmend vom Mutterland entkoppeln. Zudem lasse die Konzentration von globalen Kommandofunktionen den Trend zu sozialer Polarisierung hier weit akzentuierter hervortreten als in anderen Städten oder Regionen des eigenen Landes. Mehr noch, „[t]he conditions promoting growth in global cities contain as significant components the decline of other areas of the United States, the United Kingdom, and Japan [...]" (Sassen 2001a[2]: 13). Die nationalstaatlichen Institutionen verzichteten zunehmend auf eine auf Ausgleich orientierte Regionalpolitik und sorgten nur noch für ökonomische Rahmenbedingungen, die geprägt seien durch die Aufhebung von Beschränkungen ausländischer Direktinvestitionen oder der Finanzmärkte (Sassen 2001a[2]: 195).

Gerade dieser Primat des Marktes über den Nationalstaat wird jedoch vor allem für Japan von etlichen Autoren heftig bestritten (White 1998a; Hill und Kim 2000; Saito und Thornley 2003), die stattdessen im Rahmen der bereits vorgestellten *developmental state*-These eine führende Rolle von Politik und Regierungsbürokratie betonen. In spät industrialisierten Ländern wie Japan habe sich ein stark regulierend wirkender Staat entwickelt, der das Ziel verfolge, zu den wirtschaftlich führenden Ländern aufzuschließen. Unter Umgehung von Marktmechanismen würden hierbei Ressourcen auf strategische Wirtschaftsbereiche konzentriert sowie ein gewisses Maß an Beschäftigungssicherheit auf Kosten kurzfristiger Gewinnrealisierung festgeschrieben, um die Mitarbeit der Erwerbsbevölkerung für weitere Produktivitätsfortschritte zu gewinnen. Für Tōkyō bedeute dies, dass die Hauptstadt eng in das nationale ökonomische System eingebunden bleibe, da die Sicherung nationaler Wirtschaftsmacht nicht zuletzt auf der globalen Kapitalakkumulation dort beruhe; weiterhin liege die Entstehungszeit regionaler wirtschaftlicher Disparitäten, soweit sie existierten, weit vor dem Beginn der Globalisierung. Der Staat verhindere zudem in seiner Hauptstadt wie auch in den anderen Städten die Entstehung sozialer und sozialräumlicher Polarisierungserscheinungen, denn anstelle von Dienstleistungen fördere er den produzierenden Sektor, um stabile Beschäftigungsverhältnisse und Mittel für weitere Investitionen zu garantieren. Die engen Netzwerke zwischen den Staatsorganen und den großen Banken und Industrieunternehmen ließen darüber hinaus wenig Spielraum für ausländische Unternehmensdienstleister. Entweder müsse Tōkyō daher der *global city*-Status weitgehend abgesprochen werden (WHITE 1998a: 465), oder aber die japanische Hauptstadt konstituiere zusammen mit anderen ostasiatischen Metropolen wie Seoul einen besonderen, staatszentrierten *global city*-Typ, der in vielerlei Hinsicht das genaue Gegenteil der westlichen marktzentrierten *global city* darstelle (HILL und KIM 2000: 2177).

In Anbetracht dieser diametral entgegengesetzten Auffassungen möchte ich im folgenden Kapitel 2.2.1 die soziale und ökonomische Entwicklung von Tōkyō etwa während der letzten zwanzig Jahre im Vergleich mit dem übrigen Japan skizzieren, um darüber Aufschluss zu erhalten, ob und inwieweit sich die Entwicklung in der japanischen Hauptstadt vom restlichen Land tatsächlich abkoppelt. Dabei ist das Augenmerk namentlich auf diejenigen Indikatoren zu richten, die auch in der Polarisierungsdiskussion im Vordergrund stehen. Im daran anschließenden Kapitel 2.2.2 wird dann die Rolle Tōkyōs im Vergleich zu den anderen beiden von Sassen explizit aufgeführten *global cities*, New York und London, näher beleuchtet. In Kapitel 2.2.3 schließlich soll auf konkrete Einflussnahmen japanischer staatlicher Institutionen auf die Entwicklung von Tōkyō als Ganzes eingegangen werden.

2.2.1 SOZIALER UND ÖKONOMISCHER WANDEL VON TŌKYŌ IM LANDESVERGLEICH

Ein immer wiederkehrender Topos der geographischen Literatur zu Japan ist die extreme wirtschaftliche und soziale Unausgewogenheit der Landesentwicklung, als deren ausgeprägtester Aspekt der Gegensatz zwischen der Hauptstadt Tōkyō und dem übrigen Land gilt. Im Jahr 2005 lebten 27,0 % der japanischen Gesamtbevölkerung, das entsprach einer Zahl von 34,5 Millionen Menschen, auf den 3,5 % der Landesfläche, die von den vier Präfekturen des Südkantō-Raumes, d. h. Saitama, Chiba, Tōkyō und Kanagawa, eingenommen wird. Derselbe Raum beherbergte im Jahr 2004 27,8 % aller Universitäten mit 40,5 % aller Studierenden Japans (SŌMUSHŌ TŌKEIKYOKU 2006). Weiterhin waren in der Hauptstadtregion 41,6 % (2004) aller Bankeinlagen Japans deponiert[4] sowie allein im Gebiet der 23 Stadtbezirke 45,3 % (2001) aller Unternehmen mit einem Kapital von mindestens einer Milliarde Yen mit ihrem Hauptsitz gemeldet (SŌMUSHŌ TŌKEIKYOKU, *Jigyōsho kigyō tōkei chōsa hōkoku* 2001: Bd. Tōkyō, Tab. 20). Diese enorme Konzentration nicht nur politischer, sondern auch wirtschaftlicher und kultureller Funktionen auf Tōkyō hat schon vor einiger Zeit das Schlagwort der „Einpunktkonzentration auf Tōkyō" (*Tōkyō ikkyoku shūchū*) entstehen

---

[4] *Nihon Ginkō – Bank of Japan*, http://www.boj.or.jp/stat/stat_f.htm; Entnahme 09.11.2004.

lassen (vgl. FUJIMOTO 1992), und seitens der japanischen Raumordnungspolitik hat es in Gestalt diverser Plankonzepte zahlreiche, allerdings im Großen und Ganzen erfolglose Versuche gegeben, diesen Zustand in Richtung einer ausgewogeneren Landesentwicklung hin zu
verändern (LÜTZELER 1998).

Zu einem Teil ist diese Konzentration natürlich unmittelbar mit der
Hauptstadtfunktion verknüpft; dies betrifft die Standorte von Regierungsbürokratie, Medien (traditionell in fast allen Ländern eine typische
Hauptstadtbranche) sowie von Vertretungen ausländischer Regierungen
und Wirtschaftskonzerne. Bereits weniger einsichtig ist die Ballung von
Bildungs- und Forschungseinrichtungen im Raum Tōkyō. Sie erklärt sich
mit dem hohen Anteil privater Universitäten in Japan, die ihren Standort
nach Marktgesichtspunkten zu wählen haben, wobei das Prestige eines
Hauptstadtstandortes eine wichtige Komponente darstellt. Gleichzeitig
fallen – aus Sicht des wissenschaftlichen Personals – die hervorragenden
Möglichkeiten der Kontaktierung forschungsrelevanter Institutionen
(Ministerien, Bibliotheken, Verlage) sowie die zahlreichen Gelegenheiten,
durch Nebentätigkeiten an anderen Forschungseinrichtungen oder in
anderen Bereichen des gehobenen Dienstleistungssektors das in Japan
vergleichsweise niedrige Wissenschaftlergehalt aufzubessern, bei der
Standortwahl zugunsten von Tōkyō ins Gewicht (FLÜCHTER 1990: 148–
163).

Bei all dem darf jedoch nicht vergessen werden, dass sich diese besondere Primatstellung Tōkyōs erst seit den 1930er Jahren allmählich heraus-
gebildet hat. Zwar war Tōkyō unter dem Namen Edo bereits seit Beginn
des 17. Jahrhunderts als Sitz des Tokugawa-Shōgun faktische Landes-
hauptstadt – eine Funktion, die die Stadt nach der Meiji-Restauration
1868 dann auch offiziell übernahm (s. näher Kap. 3.1) –, doch war zumindest in wirtschaftlicher Hinsicht die westjapanische Hafenstadt Ōsaka
lange als mindestens ebenbürtig anzusehen. Peter SCHÖLLER (1976: 87–88)
spricht für das beginnende 20. Jahrhundert von einem Dualismus zwischen Ōsaka und Tōkyō, bei dem die erstere Stadt bei industrieller und
gewerblicher Produktion, besonders aber im Finanz- und Handelsbereich
eine nationale Zentralfunktion ausübte. Ein Wandel im Verhältnis zwischen beiden Städten setzte ein, als sich während der 1930er Jahre unter
dem Vorzeichen beginnender Kriegsvorbereitungen die staatliche Lenkung der Wirtschaft deutlich verstärkte. Unternehmen waren somit zunehmend auf den unmittelbaren Kontakt mit den für sie zuständigen
Regierungsstellen angewiesen, was in der damaligen Zeit oft die Verlegung des Hauptsitzes nach Tōkyō mit sich brachte. Dieses System der
Wirtschaftslenkung, das trotz der Kriegsniederlage in abgemilderter
Form noch bis in die frühen 1970er Jahre hinein gewisse Gültigkeit besaß,

nach Ansicht einiger Protagonisten der *developmental state*-These sogar bis heute anhält (vgl. hierzu WALDENBERGER 1998a: 20–21), brachte es mit sich, dass mit Beginn des wirtschaftlichen Hochwachstums während der 1950er Jahre Ōsaka seine Vormachtstellung bei Industrie, Banken und Handel nach und nach an Tōkyō verlor, wenngleich auch strukturelle Ursachen wie veraltete Branchen- und Betriebsstrukturen im Raum Ōsaka hierbei eine Rolle gespielt haben mögen (SCHÖLLER 1976: 88–89). Das durch die Regierungsbürokratie, insbesondere durch das Ministerium für Außenhandel und Industrie (MITI, jap.: Tsūshō Sangyōshō) formulierte nationale Ziel, möglichst hohe Exportgewinne zu erwirtschaften und damit den Technologievorsprung der westlichen Industriestaaten aufzuholen, führte letztlich auch zu einer impliziten staatlichen Förderung der Konzentration auf die Hauptstadtregion mit ihren zahlreichen Agglomerationsvorteilen (SCHÖLLER 1976: 97). Damit aber wurde ein Kreislauf in Bewegung gesetzt, bei dem Investitionen in der Hauptstadtregion zugleich die Ursache für weitere Investitionsströme dorthin bildeten.

Hatten bis in die frühen 1970er Jahre hinein neben Tōkyō auch die Zentren Ōsaka und Nagoya Zuwachsraten bei Bevölkerung und wirtschaftlicher Produktion verzeichnen können und damit – wenn auch in bescheidenerem Rahmen – vom wirtschaftlichen Hochwachstum der Nachkriegszeit mitprofitiert, so zeigt sich seitdem anhand der Binnenmigrationsziffern eine deutliche Abkopplung der Entwicklung des Großraums Tōkyō von der der anderen Großverdichtungsräume (vgl. Abb. 2-2): Während die Migrationsbilanz für den vor allem durch den industriellen Sektor geprägten Raum Nagoya seit dem Ende der Hochwachstumsphase in etwa ausgeglichen ist, der Raum Ōsaka per Saldo jedoch jährlich zwischen 10.000 und 40.000 Personen durch Abwanderung verliert, verbuchte die Hauptstadtregion in den 1980er Jahren zunächst erneut hohe Zuwanderungsüberschüsse von über 100.000 Personen pro Jahr, die weitgehend mit der wirtschaftlichen Dynamik während der spekulativen *bubble economy*-Phase erklärbar sind. Damit einhergehend stiegen auch die Bodenpreise in der Hauptstadt auf ein aberwitziges Niveau von bis zu fast 500.000 Euro auf den Quadratmeter (FLÜCHTER und WIJERS 1990). Eben diese überhöhten Bodenpreise und ab 1991 dann auch der Zusammenbruch der *bubble economy*, der einen starken Rückgang in der Nachfrage nach Arbeitskräften zur Folge hatte, ließen zur Mitte der 1990er Jahre das Binnenmigrationssaldo des Raums Tōkyō zum ersten Mal seit Beginn der Aufzeichnungen im Jahr 1954 für kurze Zeit in den negativen Bereich gleiten (KOKUDOCHŌ 1996: 6–11). Primär im Zusammenhang mit nun wieder deutlich gesunkenen Bodenpreisen verzeichnet die Hauptstadtregion jedoch seither erneut einen Migrationsüberschuss, wobei im Gegensatz zu früheren Jahren weniger der suburbane Raum, sondern die

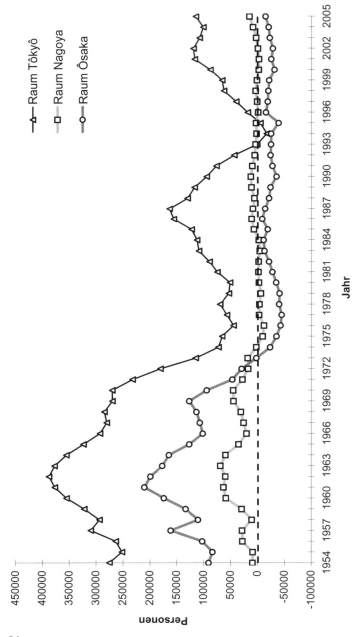

Abbildung 2-2: Binnenmigrationssalden der Verdichtungsräume Tōkyō, Nagoya und Ōsaka, 1954–2005

Quelle: SŌMUSHŌ TŌKEIKYOKU (2005a: Appendix 1).

Kernstadt Tōkyō selbst die höchsten Wanderungsgewinne aufweist (vgl. HOHN 2002a: 6–7). Insgesamt belegt diese Entwicklung zum einen die ungebrochene Attraktivität der japanischen Hauptstadt innerhalb des Landes. Zum anderen mag man hierin auch eine Bestätigung der oben ausgeführten These sehen, nach der die wirtschaftliche Entwicklung von *global cities* eine gegenüber der Entwicklung des übrigen Landes zunehmend unabhängige Richtung einschlägt. Schließlich war die *bubble economy* der späten 1980er Jahre unmittelbar mit der zunehmenden Bedeutung Tōkyōs als internationales Finanzzentrum verknüpft.

Das Bild einer auseinanderklaffenden Entwicklung zwischen Tōkyō und dem übrigen Land bestätigt sich jedoch bei Berücksichtigung weiterer Indikatoren nur bedingt (vgl. Abb. 2-3). Zwar stieg der Anteil ausländischer Staatsbürger und von Beschäftigten im Dienstleistungssektor, die in der Hauptstadtregion leben, merklich an, und auch der markante Rückgang des Anteils der industriellen Wertschöpfung, der im Raum Tōkyō erwirtschaftet wird, passt in das Bild einer durch Deindustrialisierung gekennzeichneten *global city* nach der Theorie von Sassen. Dem entgegen stehen allerdings ein relativer Bedeutungsverlust von Tōkyō als Bildungsstandort – der Anteil der im südlichen Kantō-Raum immatrikulierten Studierenden ging zwischen 1975 und 2004 von 47,5 % auf 40,5 % zurück – sowie – seit dem Zusammenbruch der *bubble economy* – ein gesunkener Anteil bei den Bankeinlagen. Darüber hinaus verringerte sich der Anteil von Unternehmen mit einem Kapital von mindestens einer Milliarde Yen innerhalb der 23 Stadtbezirke Tōkyōs von ursprünglich über 50 % zur Mitte der 1990er Jahre (LÜTZELER 1998: 276) auf die bereits oben genannten 45,3 % im Jahr 2001. Anhand der Lohnentwicklung (vgl. Tab. 2-3) lässt sich erkennen, dass auch der Trend zu immer höheren Gehältern in Tōkyō im Vergleich zum Gesamtland seit Ende der 1990er Jahre zum Stehen gekommen ist. Der absolute Rückgang der Gehälter seit 1998 zeigt deutlich die Auswirkungen der japanischen Wirtschaftskrise, die auch die *global city* Tōkyō nicht untangiert gelassen haben. Zudem ist zu konstatieren, dass die Lohnniveauunterschiede zwischen New York und den übrigen Vereinigten Staaten bzw. London und dem restlichen Vereinigten Königreich weit ausgeprägter sind (vgl. SASSEN 2001a[2]: 240–241). Dies alles sind Indizien, die darauf hindeuten, dass sich der in den 1980er Jahren erkennbare Trend einer zunehmenden Unabhängigkeit der wirtschaftlichen Entwicklung Tōkyōs gegenüber der des übrigen Japan zumindest vorläufig nicht fortgesetzt hat. Der oben diskutierte Befund deutlicher Wanderungsgewinne seit 1997 steht hierzu nicht unbedingt in Widerspruch, da diese in erster Linie mit *sinkenden* Bodenpreisen und damit wieder erschwinglichem Wohnen in der Kernstadt Tōkyō

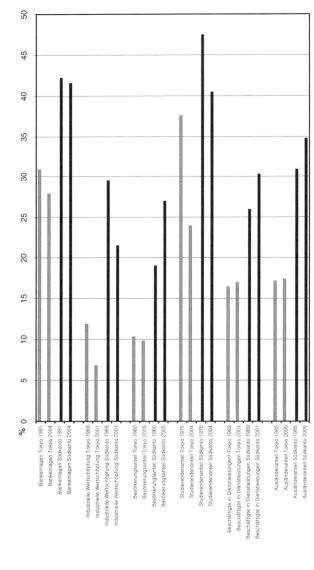

Abbildung 2-3: Veränderung der Konzentration bei wichtigen ökonomischen und demographischen Kennziffern, Präfektur Tōkyō und Region Südkantō[1]

Anm.: [1] Die Region Südkantō umfasst neben der Präfektur Tōkyō die umliegenden suburbanen Präfekturen Saitama, Chiba und Kanagawa; [2] „Dienstleistungen" umfassen hier nur die Wirtschaftsbereiche „Finanzinstitute und Versicherungen", „Immobilien", „[sonstige] Dienstleistungen" und „Regierung".

Quelle: Eigene Berechnungen nach SŌMUSHŌ TŌKEIKYOKU, *Nihon tōkei nenkan* (verschiedene Jahrgänge).

Tabelle 2-3: Monatliche Durchschnittsgehälter, Japan und Präfektur Tōkyō 1977–2004 (in Yen)

	Präfektur Tōkyō	Japan	Verhältnis (Japan=100)
1977	260.821	219.620	119
1981	330.622	279.096 ·	118
1987	468.137	390.114	120
1995	513.000	409.000	126
1998	539.000	416.000	130
2004	491.000	377.000	130

Anm.: Daten beziehen sich auf Betriebe mit 30 Beschäftigten und mehr.
Quelle: SASSEN (2001a[2]: 242); TōKYŌ-TO TōKEI KYŌKAI, *Tōkyō-to tōkei nenkan* (2004: Tab. 178); SōMUSHŌ TōKEIKYOKU, *Nihon tōkei nenkan* (2005b: Tab. 16–25).

erklärbar sind, nicht jedoch mit einer wiederauflebenden wirtschaftlichen Dynamik.

Die folgende Tab. 2-4 bestätigt diesen Eindruck zumindest teilweise. Zwar gab es zwischen 1991 und 2001 im Bereich der 23 Stadtbezirke gegenüber dem übrigen Land einen stärkeren Anstieg der Beschäftigung bei den Unternehmensdiensten und zugleich einen stärkeren Rückgang im produzierenden Gewerbe. Bei Finanzen und Versicherungen sowie in der Immobilienbranche, obwohl weiterhin stark in der Hauptstadt konzentriert, war der Arbeitsplatzabbau als Folge des Zusammenbruchs der *bubble economy* jedoch in Tōkyō stärker als in Japan insgesamt. Eine nur unterdurchschnittliche Zunahme in der Hauptstadt verzeichneten auch die persönlichen Dienste (Körperpflege, Beherbergung, Unterhaltung, Haushaltsdienste usw.). Weiterhin belegt ein Vergleich mit der Wirtschaftsbranchenstruktur von London oder New York (vgl. SASSEN 2001a[2]: 208, 213), dass trotz der jüngsten Veränderungen der Anteil der im produzierenden Gewerbe Beschäftigten in Tōkyō nach wie vor signifikant höher liegt als in den anderen beiden *global cities* (New York 1996: 9,0 %; London 1999: 7,4 %), während unter Bezug auf die jeweiligen Nationalstaaten die Unterschiede nur gering sind. Die Deindustrialisierung Tōkyōs gegenüber dem übrigen Japan ist also nicht so weit fortgeschritten wie diejenige Londons oder New Yorks gegenüber dem Restterritorium ihrer Länder.

Tabelle 2-5 zeigt aufgeschlüsselt nach Wirtschaftsbereichen, Geschlecht und Alter die Entwicklung der monatlichen Durchschnittsgehälter in der Präfektur Tōkyō von der Spätphase der *bubble*-Periode bis 2002. Deutlich wird zunächst, dass in den von Sassen als *global city*-Schlüssel-

Tabelle 2-4: Beschäftigte nach Wirtschaftsbereichen[1], Japan und Tōkyō 1991–2001

Wirtschaftsbereich	Japan				Tōkyō 23ku				Anteil Tōkyō 23ku	
	1991 (%)	2001 (%)	Wandel (in 1000)	Wandel (%)	1991 (%)	2001 (%)	Wandel (in 1000)	Wandel (%)	1991 (%)	2001 (%)
Primärer Sektor	0,6	0,5	-42	-12,5	0,1	0,1	-4	-45,4	2,7	1,7
Bauwirtschaft	8,8	8,2	-338	-6,4	6,9	5,8	-94	-18,5	9,6	8,4
Produzierendes Gewerbe	23,5	18,5	-2.962	-21,0	16,8	12,2	-371	-29,8	8,8	7,8
Versorgung	0,5	0,5	10	3,2	0,4	0,5	5	17,9	8,9	10,2
Transport/Kommunikation	6,1	6,2	76	2,1	6,7	6,7	-17	-3,4	13,5	12,8
Handel und Gaststätten	28,2	29,3	695	4,1	30,8	30,9	-75	-3,3	13,5	12,5
Finanzen/Versicherungen	3,5	2,8	-427	-20,5	6,3	5,0	-107	-23,1	22,2	21,5
Immobilien	1,5	1,5	-1	-0,1	2,7	2,7	-7	-3,4	22,0	21,3
Persönliche Dienste	6,3	6,8	299	7,9	4,8	5,1	9	2,5	9,4	8,9
Unternehmensdienste	7,6	9,5	1.192	26,2	13,7	19,2	354	34,8	22,4	23,9
Öffentliche Dienste[2]	13,4	16,1	1.637	20,4	10,6	11,7	47	6,0	9,8	8,6
Gesamt	100,0	100,0	139	0,2	100,0	100,0	-259	-3,5	12,3	11,9

Anm.: [1] Daten beziehen sich auf den Ort des Unternehmens und schließen Familienbetriebe im Primären Sektor aus; [2] inklusive der Bereiche Abfallbeseitigung, Gesundheit, Soziales und Wohlfahrt, Bildung, Religion und Verbände.

Quelle: Eigene Berechnungen nach SŌMUCHŌ TŌKEIKYOKU, *Jigyōsho kigyō tōkei chōsa hōkoku* (1991: Bd. 1-1, Tab. 1 und Bd. 2-13, Tab. 5, 2001: Bd. 1-1, Tab. 1 und Bd. 2-13, Tab. 5).

Tabelle 2-5: Monatliche Durchschnittsgehälter nach ausgewählten Wirtschaftsbereichen, Geschlecht und Alter, Präfektur Tōkyō 1988/91 und 2002

Wirtschaftsbereich	Gesamt (in 1000 Yen)[1]		Anstieg (1988 = 100)	Männer		Frauen		Geschlechter-quotient		50–54/20–24 Jahre[2]	
	1988	2002		1988	2002	1988	2002	1988	2002	1991	2002
Bauwirtschaft	323,9	569,0	176	348,0	432,6	173,5	271,5	0,50	0,63	2,11	2,10
Verarbeitende Industrie	302,4	538,1	178	347,6	444,1	164,2	301,2	0,47	0,68	2,26	2,29
Handel u. Gaststätten	283,2	463,0	163	341,1	424,8	170,5	279,3	0,50	0,66	2,22	2,43
Finanzen u. Versicherungen	365,6	664,0	182	459,4	546,6	251,2	291,4	0,55	0,53	2,88	2,61
Immobilien	358,9	443,1	123	406,6	439,4	216,2	281,4	0,53	0,64	2,19	2,21
Dienstleistungen	288,3	411,0	143	335,1	423,3	194,0	300,8	0,58	0,71	2,24	2,25
Gesamt	311,1	487,8	157	356,7	434,9	199,2	293,3	0,56	0,67	2,20	2,22

Anm.: [1] Gehaltsdaten für alle Erwerbspersonen beziehen sich auf Betriebe mit 30 Beschäftigten und mehr, alle übrigen Daten gelten für Betriebe ab 10 Beschäftigte; [2] der Altersquotient bezieht sich nur auf männliche Erwerbspersonen.

Quelle: Sassen (2001a[2]: 242); eigene Berechnungen nach Tōkyō-to Tōkei Kyōkai, *Tōkyō-to tōkei nenkan* (1991: Tab. 187; 2002: Tab. 185).

industrien besonders hervorgehobenen Wirtschaftsbereichen Finanzen, Versicherungen und Immobilien 1988 die höchsten Gehälter gezahlt wurden. Im Jahr 2002 traf dies jedoch nur noch für den Bereich Finanzen und Versicherungen zu. Deutliche Gehaltsanstiege zeigen sich daneben in der Bauwirtschaft und der verarbeitenden Industrie, während das geringste Gehaltsniveau für den Bereich der Dienstleistungen gemessen wurde. Der abnehmende Anteil des sekundären Sektors und die gewachsene Bedeutung der Dienstleistungen im Branchengefüge Tōkyōs lassen sich mithin auch als Rückgang in der Zahl relativ gut entlohnter zugunsten schlechter bezahlter Arbeitsplätze interpretieren. Weiterhin hat sich die Gehaltsspanne zwischen den einzelnen Wirtschaftsbereichen markant vergrößert: Zahlte man 1988 im Bereich Finanzen und Versicherungen durchschnittlich 29 % mehr Gehalt als im Bereich Handel und Gaststätten, so gab es 2002 eine Differenz von 62 % zwischen Finanzen und Versicherungen auf der einen und Dienstleistungen auf der anderen Seite. Hier offenbart sich eine Entwicklung, die langfristig eine wachsende soziale Polarisierung der Erwerbsbevölkerung zur Folge haben könnte. Merklich zurückgegangen, wenn auch immer noch stark ausgeprägt, sind hingegen die geschlechtsspezifischen Gehaltsunterschiede, wenngleich es bezeichnend ist, dass diese 2002 im Hochgehaltsbereich Finanzen und Versicherungen am größten und im Niedriggehaltsbereich Dienstleistungen am geringsten waren. Die Spalte am rechten Rand der Tabelle schließlich gibt die Entwicklung des Gehaltsniveaus in Abhängigkeit vom Alter der Beschäftigten wieder. Hieran wird augenfällig, dass das überkommene japanische Prinzip der Entlohnung nach Dienstzugehörigkeit (Senioritätslohnprinzip, jap.: *nenkō joretsu*) ungeachtet zahlreicher Prognosen, die angesichts alternder Belegschaften schon seit einigen Jahren von einer sukzessiven Abschaffung dieser Beschäftigungspraktik sprechen (vgl. DEMES 1998: 156, 160–161), nach wie vor wirksam ist, dies vor allem im Hochgehaltsbereich Finanzen und Versicherungen. Die Herausbildung einer Schicht wohlhabender junger Spezialisten (sog. Yuppie-Phänomen) als Träger von Gentrification-Prozessen, wie es seit den 1980er Jahren in den meisten westlichen Metropolen beobachtet werden konnte, dürfte damit in Tōkyō weiterhin erschwert sein.

Zur genaueren Abschätzung sozialer Polarisierungsprozesse werden gewöhnlich Daten zur Berufs- und Einkommensstruktur sowie zum Anteil bestimmter benachteiligter oder bevorzugter Gruppen herangezogen (vgl. SONOBE 2001: 63–85). In Bezug auf die erste Datenkategorie sollten vor allem freie und technische sowie Verwaltungsberufe als Berufe mit hohen Qualifikationsanforderungen und allgemeine Dienstleistungen sowie Hilfsarbeitertätigkeiten als solche mit niedrigem Qualifikationsprofil in einer *global city* weit häufiger vertreten sein als im übrigen Land,

Tabelle 2-6: Beschäftigte nach Berufsgruppen, Japan, südliche Kantō-Region und Tōkyō 2000

Berufsgruppen	Tōkyō 23ku	übriger Südkantō-Raum	Japan gesamt
Freie und technische Berufe	15,8	15,5	13,6
Verwaltungsberufe	4,2	3,0	2,9
Büroberufe	24,0	22,7	19,5
Handelsberufe	18,0	16,0	14,9
Allg. Dienstleistungsberufe	10,7	8,7	8,9
Sicherheitsberufe	1,3	1,7	1,6
Agrar- und Fischereiberufe	0,2	2,1	5,0
Kommunikationsberufe	3,3	3,6	3,7
Fertigungsberufe	14,6	19,9	23,5
Hilfsarbeiter u. a.	4,8	5,1	5,1
Unklassifizierbare Berufe	3,1	1,7	1,2

Quelle: Sōmuchō Tōkeikyoku, *Kokusei chōsa hōkoku* (2000: Bd. 4-1 und 4-2-11/12/13/14, Tab. 4).

um von einer stärkeren sozialen Polarisierung in solchen Städten sprechen zu können. Tatsächlich zeigt Tabelle 2-6, dass diese Berufsgruppen in Tōkyō nur eine geringfügig höhere Repräsentanz besitzen als in Japan insgesamt – Beschäftigte in Hilfsarbeiterberufen sind sogar anteilsmäßig eher seltener vertreten. Stattdessen sind mit Büro- und Handelsberufen zwei eindeutig der Mittelschicht zugeordnete Berufskategorien in der japanischen Hauptstadt überrepräsentiert. In etwa mit der *global city-*These vereinbar ist lediglich der geringe Anteil industrieller Fertigungsberufe in Tōkyō, doch insgesamt bleibt festzuhalten, dass sich an der beruflichen Struktur keine stärkere soziale Polarisierung in Tōkyō gegenüber dem restlichen Japan belegen lässt.

Zu einem nahezu identischen Ergebnis gelangt man, wenn man die Unterschiede in der Einkommensverteilung betrachtet (vgl. Tab. 2-7).[5] Zwar hat sich das Ausmaß der Einkommensungleichheit zwischen 1994

---

[5] Wiedergegeben sind Daten des National Survey of Family Income and Expenditure (*Zenkoku shōhi jittai chōsa hōkoku*), die als einzige Einkommensuntersuchung für Japan regional aufgeschlüsselte Ergebnisse liefert, so dass über die bereits in Kapitel 2.1 dargestellten Nachteile dieser Quelle (notgedrungen) hinweggesehen wurde.

Tabelle 2-7: Haushaltsjahreseinkommen nach Einkommensdezilen, Japan und
Präfektur Tōkyō 1994–2004 (Anteil am Gesamteinkommen in %)

Dezil	Japan			Präfektur Tōkyō		
	1994	2004	Wandel	1994	2004	Wandel
I	3,1	3,1	0,0	3,2	3,2	0,0
II	5,0	4,8	–0,2	4,9	4,8	–0,1
III	6,1	5,9	–0,2	6,2	5,9	–0,3
IV	7,1	7,0	–0,1	7,0	6,9	–0,1
V	8,2	8,0	–0,2	8,1	7,8	–0,3
VI	9,4	9,2	–0,2	9,2	9,0	–0,2
VII	10,7	10,7	0,0	10,5	10,5	0,0
VIII	12,4	12,5	0,1	12,1	12,3	0,2
IX	14,9	15,0	0,1	15,1	14,7	–0,4
X	23,1	23,8	0,7	23,5	24,9	1,4
X/I	7,45	7,68		7,34	7,78	
Gini	0,297	0,308		0,301	0,314	

Quelle: SŌMUCHŌ TŌKEIKYOKU, *Zenkoku shōhi jittai chōsa hōkoku* (1994: Bd. 6-1, Tab.
32; 2004: Bd. 10, Tab. 15).

und 2004 in der Präfektur Tōkyō etwas erhöht, doch gilt dies auch für
Japan insgesamt. Lediglich beim höchsten Einkommensdezil tritt für
Tōkyō eine merklich stärkere Einkommenskonzentration zutage. Stattdessen waren die Einkommensdisparitäten 2004 in einigen westjapanischen Präfekturen ausgeprägter als in der Hauptstadt, allen voran die
periphere Präfektur Okinawa mit einem Gini-Koeffizienten von 0,344. Im
Falle von Greater London hingegen lag der Quotient aus dem Einkommensanteil des obersten Dezils dividiert durch denjenigen des untersten
Dezils 1993 bei 27,1 gegenüber 14,4 für Großbritannien insgesamt (eig.
Berechnung nach HAMNETT 2003a: 98). Auch für die französische Hauptstadt Paris, deren strukturelle Ähnlichkeit mit Tōkyō von WHITE (1998a)
betont worden ist, lässt sich – bei zunehmender Tendenz – ein signifikant
höherer Gini-Koeffizient registrieren als für die meisten Departements
des übrigen Frankreich (INSEE 2002). Betrachtet man indes die Vermö-
genskonzentration bei Immobilien und haltbaren Gütern (vgl. Tab. 2-8),
so zeigt sich ein etwas höherer Abstand zwischen Tōkyō und dem gesamten Land.

Nicht wesentlich anders stellt sich die Situation dar, wenn man den
Anteil benachteiligter Gruppen in den Vordergrund der Untersuchung

Tabelle 2-8: Gini-Koeffizienten nach Einkommens- und Vermögensform, Japan und Präfektur Tōkyō 1994 und 2004

	Japan		Präfektur Tōkyō	
	1994	**2004**	**1994**	**2004**
Erwerbstätigkeit[1]	0,248	0,257	0,250	0,254
Ersparnisse	0,538	0,556	0,554	0,560
Immobilienbesitz	0,641	0,573	0,670	0,599
Haltbare Güter	0,341	0,368	0,376	0,402

Anm.: [1] Einkommen in Bezug auf Mehrpersonenhaushalte mit erwerbstätigem Haushaltsvorstand.
Quelle: Sōmuchō Tōkeikyoku, *Zenkoku shōhi jittai chōsa hōkoku* (1994: Bd. 6-1, Tab. 33; 2004: Bd. 10, Tab. 16).

Tabelle 2-9: Erwerbslosigkeit und Sozialhilfebezug, Japan und Tōkyō 1980–2000

Jahr	Offizielle Erwerbslosenquote (%)		Erweiterte Erwerbslosenquote (%)[1]		Sozialhilfequote (Hsh. in ‰)	
	Japan	**Tōkyō 23ku**	**Japan**	**Tōkyō 23ku**	**Japan**	**Tōkyō 23ku**
1980	2,48	2,78	–	–	21,9	18,3
1985	3,37	3,66	–	–	21,4	19,0
1990	3,01	3,17	6,03	4,85	15,3	14,9
1995	4,29	4,91	7,04	6,64	13,7	16,0
2000	4,72	4,78	9,13	8,66	16,1	21,1

Anm.: [1] Zur Berechnung der erweiterten Erwerbslosenquote siehe die Erläuterungen im Text.
Quelle: Eigene Berechnungen nach Sōmuchō Tōkeikyoku, *Kokusei chōsa hōkoku* und Tōkyō-to Tōkei Kyōkai, *Tōkyō-to tōkei nenkan* (jeweils verschiedene Jahrgänge).

rückt. Hier lautet die Hypothese, dass im Zuge der Zunahme von Dienstleistungstätigkeiten mit geringen Qualifikationsanforderungen bzw. infolge des Arbeitsplatzabbaus in Bereichen wie dem produzierenden Sektor diese Gruppen in der *global city* Tōkyō prozentual stärker vertreten sein müssten als in Japan insgesamt. Tatsächlich ist dies nicht der Fall: In Bezug auf die offizielle Erwerbslosenquote zeigt sich ungeachtet einiger Schwankungen langfristig vielmehr ein Angleichungstrend mit einer etwas stärker wachsenden Erwerbslosigkeit in Japan insgesamt (vgl. Tab. 2-9). Merklich hiervon verschieden präsentiert sich hingegen die Situation in Großbritannien im Jahr 2001 mit einer Erwerbslosenquote von 6,7 % in Greater London gegenüber einer Rate von nur 5,0 % in England und Wales unter Ausschluss von London (vgl. Tab. 2-26 in Kap. 2.2.2.2). Nun ist – wie bereits in Kapitel 1.5 angesprochen – zu berücksichtigen, dass in Japan entsprechend der Definition der International Labour Organisation (ILO) unter anderem nur solche Personen als erwerbslos gelten, die sich im Untersuchungszeitraum aktiv um Arbeit bemüht haben. Um auch solche Menschen zu erfassen, die die Arbeitssuche aufgegeben haben oder von den Behörden als nicht aktiv genug eingestuft und aus der Statistik entfernt wurden, habe ich daher eine erweiterte Erwerbslosenquote unter Einbezug solcher Personen zwischen 15 und 64 Jahren entwickelt, die weder einem Erwerb nachgehen, noch in der Ausbildung stehen oder ausschließlich als Hausfrauen bzw. Hausmänner tätig sind. Unter Zugrundelegung dieses Quotienten erkennt man einerseits, dass auch in der zweiten Hälfte der 1990er Jahre die Erwerbslosigkeit in Japan weiter angestiegen ist und man für das Jahr 2000 die offizielle Quote offenbar fast verdoppeln muss, um sich in etwa dem wahren Ausmaß der Erwerbslosigkeit zu nähern. Andererseits tritt damit aber auch zutage, dass das Niveau der Erwerbslosigkeit in Japan insgesamt sogar über dem der Hauptstadt liegt. Die Entwicklung bei der Sozialhilfequote, die sich seit Mitte der 1990er Jahre in Tōkyō über dem Landesdurchschnitt befindet, scheint hingegen die These einer stärkeren sozialen Polarisierung in der japanischen Hauptstadt zu unterstützen. Da die Sozialhilfe in Japan jedoch, wie bereits dargestellt, in der Hauptsache nur kranken und älteren armen Menschen ohne familiäre Anbindung gewährt wird, könnten sich hinter dem Trend eines deutlicheren Anstiegs der Sozialhilfequote in Tōkyō zumindest zum Teil auch demographische Faktoren wie etwa eine Zunahme der Zahl älterer alleinlebender Menschen verbergen.

Angaben zu weiteren städtischen Randgruppen bestätigen das Ergebnis einer gegenüber dem Gesamtland nicht stärkeren sozialen Polarisierung in Tōkyō. So wurden 1998 in der Stadt Ōsaka mit insgesamt 2,6 Millionen Einwohnern rund 8660 Obdachlose auf den Straßen gezählt, während es in Tōkyō mit einer Einwohnerzahl von 8,1 Millionen Personen nur 5800 waren (AOKI 2003: 364). Was den Umfang diskriminierter ethnischer bzw. quasi-ethnischer Minoritäten betrifft, so lebten in Japan um das Jahr 2000 etwa drei Millionen sogenannte *burakumin* (s. hierzu näher Kap. 1.5), rund 1,3 Millionen Personen aus Okinawa, die aufgrund sprachlicher und kultureller Besonderheiten noch heute von vielen nicht als vollwertige Japaner anerkannt werden, 1,57 Millionen ausländische Staatsbürger (ohne Europäer und Nordamerikaner) sowie geschätzte 25.000 Nachkommen der Ainu, einer kleinen ethnischen Minderheit aus Hokkaidō (BRANDES *et al.* 2004). Insgesamt waren dies rund 5,9 Millionen

Personen oder 4,7 % aller in Japan lebenden Menschen. Für den Bereich der 23 Stadtbezirke Tōkyōs liegen keine exakten Daten über Personen aus Okinawa oder solche mit Ainu-Hintergrund vor. Schwierig ist auch die Ermittlung des Umfangs der *burakumin*, da es in der japanischen Hauptstadt im Gegensatz zu vielen Orten in Westjapan keine offiziell als Zonen besonderer Förderung anerkannten Wohngebiete (sog. *dōwa*-Distrikte) dieser Gruppe gibt. Die Präsenz diskriminierter *burakumin* insbesondere in den von der Industrie geprägten Distrikten des nordöstlichen Tōkyō ist aber unbestritten (vgl. Tomotsune 2003). Da von den für ganz Japan geschätzten drei Millionen *burakumin* etwa 1,2 Millionen in *dōwa*-Distrikten wohnen (Lützeler 1994a: 236), müssten in Tōkyō etwa 115.000 Personen mit *burakumin*-Hintergrund leben, wenn man davon ausgeht, dass der Anteil der übrigen 1,8 Millionen (= 1,4 % der Gesamtbevölkerung) in allen Raumeinheiten gleich hoch ist.[6] Addiert man hierzu die etwa 225.000 registrierten Ausländer aus Asien, Lateinamerika und Afrika, so gelangt man zu etwa 340.000 Angehörigen quasi-ethnischer Minoritäten im Stadtgebiet von Tōkyō, was sich auf 4,2 % der Gesamtbevölkerung beläuft, ein Wert mithin, der noch unter dem für das gesamte Japan errechneten Anteil liegt. Hier zeigt sich erneut ein erheblicher qualitativer Unterschied zur Situation in Greater London (28,8 % Nichtweiße gegenüber 9,1 % im gesamten England auf Basis der dortigen Volkszählung 2001; vgl. Tab. 2-22 in Kap. 2.2.2.2).

Zum Schluss dieses Abschnitts sei noch auf einen in der Polarisierungsdiskussion nur selten behandelten Aspekt eingegangen: die Entwicklung alternativer Lebensstilgruppen. Da vor allem in der Literatur zu europäischen Städten, aber auch in Bezug auf Tōkyō (vgl. Sonobe 2001: 212–215) auf die Protagonisten neuer Lebensstile als Träger von Gentrification hingewiesen worden ist, erscheint es mir sinnvoll, auch nach der Präsenz solcher Personen in Tōkyō im Vergleich zum übrigen Land zu fragen. In Anlehnung an die Arbeiten von Ochiai (1994, 1997) über den jüngeren Wandel des japanischen Familiensystems (s. auch Kap. 2.1) wurden hierzu zum einen Haushaltstypen, die nicht dem klassisch-modernen Kernfamilienmodell oder dem Meiji-zeitlichen Stammfamiliensystem (*ie*-System) entsprechen, und zum anderen Indikatoren, die auf eine stärkere soziale und wirtschaftliche Unabhängigkeit von Frauen hindeuten, als Untersuchungsparameter ausgewählt. Wie sich nun der Tabelle 2-10 entnehmen lässt, deuten die Indikatoren – abgesehen von den Ehepaarhaushalten ohne Kinder – tatsächlich auf eine gegenüber

---

[6] Wahrscheinlicher ist freilich, dass auch die nicht gezählten *burakumin* den Schwerpunkt ihrer Verteilung in Westjapan haben, was den Anteil quasi-ethnischer Minoritäten in Tōkyō sogar noch verringerte.

Tabelle 2-10: Soziodemographischer Wandel, Japan und Präfektur Tōkyō 1980–2000

	Japan			Präfektur Tōkyō		
	1980	1990	2000	1980	1990	2000
Einpersonenhaushalte (außer Altenhaushalte) in %	17,4	19,1	21,1	32,1	33,9	35,6
Ehepaarhaushalte (außer Altenhaushalte) in %	8,9	10,0	10,4	8,5	9,1	9,4
Frauen mit abgeschlossener Hochschulbildung (25–39 Jahre) in %[1]	n. v.	9,9	13,1	n. v.	20,2	23,8
Frauen in freien, technischen und Verwaltungsberufen in %[1]	10,7	12,7	15,0	14,4	15,9	17,6
Anteil nie verheirateter Frauen (45–54 Jahre) in %	4,45	4,33	5,82	8,62	8,26	10,97
Standardisiertes Erstheiratsalter (SMAM) von Frauen	25,11	26,87	28,58	26,26	28,38	30,08
Rohe Scheidungsziffer in ‰	1,22	1,28	2,10	1,39	1,53	2,28
Totale Fertilitätsrate (TFR)	1,75	1,52	1,37	1,44	1,23	1,07

Anm.:   [1] Bei diesen Variablen beziehen sich die für Japan errechneten Werte auf das Staatsgebiet unter Ausschluss der Präfektur Tōkyō.

Quelle: Kokuritsu Shakai Hoshō Jinkō Mondai Kenkyūsho, *Jinkō no dōkō – Nihon to sekai* (2003); eigene Berechnungen nach Sōmuchō Tōkeikyoku, *Kokusei chōsa hōkoku* (verschiedene Jahrgänge).

dem übrigen Land weit stärkere Verbreitung alternativer Lebensstile hin. Auf der anderen Seite ist aber eine zunehmende „Abkopplung" der Entwicklung Tōkyōs nicht erkennbar. Die Unterschiede brauchen zudem nicht notwendig mit einem *global city*-Status von Tōkyō als solchem verbunden sein; ein vielfältigeres Arbeitsangebot für Frauen in der Hauptstadt sowie die Rolle Tōkyōs als erstrangiger nationaler Bildungsstandort bieten sich als weit näher liegende Erklärungen an.

Zusammenfassend hat die notgedrungen nur skizzenhafte Analyse dieses Unterkapitels Folgendes ergeben: In Bezug auf wirtschaftliche Indikatoren, vor allem bei Bodenpreisen, Durchschnittsgehältern sowie teilweise bei der Beschäftigtenstruktur nach Wirtschaftsbereichen, hat sich die japanische Hauptstadt während der 1980er Jahre zwar nicht dramatisch, aber dennoch erkennbar vom übrigen Land „abgesetzt". Diese Entwicklung fand allerdings in den 1990er Jahren insgesamt keine Fortsetzung, was auf die zumeist rezessive Wirtschaftssituation seit 1991 zurückzuführen sein dürfte. Ob die Ökonomie Tōkyōs im gegenwärtigen

Jahrzehnt an die Entwicklung der 1980er Jahre wieder anknüpfen kann, bleibt abzuwarten. Die Behauptung von HILL und KIM (2000: 2176) oder FUJITA Kuniko (2003) zumindest, nach der für die Wirtschaft Tōkyōs nicht der Dienstleistungsbereich, sondern nach wie vor der industrielle Sektor maßgeblich sei, kann mit Blick auf die Beschäftigtenentwicklung falsifiziert werden. Auf der anderen Seite hat sich kein Hinweis auf eine gegenüber dem gesamten Japan stärkere soziale Polarisierung in der Hauptstadt ergeben. Entweder ist soziale Polarisierung folglich als ein eher gesamtgesellschaftliches Phänomen zu begreifen, das nicht auf *global cities* beschränkt bleibt, sondern alle Städte in mehr oder minder starkem Maße betrifft (vgl. HÄUSSERMANN 1998), oder aber es zeigen sich hier tatsächlich die Auswirkungen staatlichen Gegensteuerns bzw. eine deutliche Dominanz der nationalen Hauptstadtfunktion über die Rolle einer internationalen *global city* (vgl. FRIEDMANN 1995: 30–31). Die restlichen Teile dieses Kapitels wollen versuchen, diese Frage einer Auflösung näher zu bringen.

2.2.2 DIE *GLOBAL CITY* TŌKYŌ IM WELTVERGLEICH

2.2.2.1 Globale Vernetzung und Stellung in der Städtehierarchie

Die Ursprünge einer „Globalisierung" Tōkyōs lassen sich bis in die 1970er Jahre zurückverfolgen, als die in der Hauptstadt ansässigen großen japanischen Industrie- und Handelsunternehmen ihre Geschäfte zunehmend auf die globale Ebene auszuweiten begannen. Im darauf folgenden Jahrzehnt zeigte sich dann eine Tendenz, das durch Exportgewinne erwirtschaftete Kapital in internationale, vor allem US-amerikanische, Wertpapiere und andere Objekte zu reinvestieren. Das Finanzministerium förderte durch erste Deregulierungen auf dem Finanzmarkt wie der Eröffnung eines *offshore*-Handels mit Wertpapieren diese neue Rolle von Tōkyō als internationales Finanzzentrum (MACHIMURA 1994: 71–76; MATSUBARA 1995: 298–300; KAMO 2000: 2150, 2152). Bereits im Jahr 1984 konnte Tōkyō nach New York (59) und London (37), aber noch vor Paris (26) mit 34 Zentralen der 500 umsatzstärksten transnationalen Unternehmen aufwarten. Im Hinblick auf Erträge und Vermögenswerte von Banken und Effektengesellschaften lag Tōkyō während der späten 1980er Jahre sogar zeitweilig an der Spitze (SASSEN 1991: 169–182).

Diese Tendenzen einer zunehmenden Finanzglobalisierung Tōkyōs waren eng verbunden mit der Entstehung der sogenannten *bubble economy* in der zweiten Hälfte der 1980er Jahre: Ein konjunktureller Aufschwung, die traditionell hohe Sparquote und eine Politik niedriger Zinsen, um einem zu starken Anstieg des Yen gegenüber dem Dollar entgegenzuwirken, waren wesentliche Faktoren, die die Liquidität auf dem Finanzplatz Tōkyō enorm verstärkten. Unter diesen Bedingungen investierten japanische Unternehmen, aber auch wohlhabende Privatpersonen über die Aufnahme von günstigen Bankkrediten statt in den Konsum oder die Produktion neuer Güter vor allem in Wertpapiere und Immobilienanlagen des In- und Auslandes, was zum einen die oben skizzierte Rolle Tōkyōs als globales Finanzzentrum erst richtig in Gang setzte und zum anderen die Bodenpreise in Tōkyō extrem in die Höhe trieb. Um die überhitzte Wirtschaftsentwicklung abzubremsen, erhöhte die Bank of Japan jedoch ab 1990 die Zinsen, und das Finanzministerium erlegte den Banken Beschränkungen bei der Kreditvergabe an die Immobilienwirtschaft auf. Der Börsenkurs und die Bodenpreise begannen daraufhin rapide zu fallen, was durch eine Reform der Bodenbesteuerung im Jahr 1993 noch weiter beschleunigt wurde. Eine Unzahl von Krediten war somit plötzlich nicht mehr gedeckt, was die beteiligten Unternehmen in erhebliche Existenzschwierigkeiten brachte (WALDENBERGER 1998b: 128–130). Für Tōkyō als *global city* hatte diese Entwicklung einen deutlichen Bedeutungsverlust zur Folge.

Saskia SASSEN formulierte in der Erstauflage ihres Werkes *The Global City* (1991: 189) noch: „[…] we can think of New York, London, and increasingly Tokyo as transnational centers for financial and service activity". Es ist sicher nicht nur als semantische Glättung zu verstehen, dass in der Zweitauflage von 2001 (S. 195) nunmehr anstelle des „increasingly" ein „to some extent" eingefügt ist. In der Tat fällt ein Resümee der Entwicklung von Tōkyō als internationaler Finanzplatz seit dem Platzen der spekulativen „Seifenblasen-Ökonomie" in den frühen 1990er Jahren sehr gemischt aus. Zum einen gilt die japanische Hauptstadt infolge der traditionell eher auf Vermögens- als Gewinnmaximierung bedachten Strategie der japanischen Banken nach wie vor als Ort mit einer hohen Konzentration von Finanzmitteln, und es wird prognostiziert, dass diese mit zunehmender wirtschaftlicher Deregulierung in Japan freigesetzt und dann (wieder) eine wichtige Rolle in der globalen Ökonomie spielen werden (SASSEN 2001a[2]: 179–182, 187). Zum anderen hat die wirtschaftliche Krise in Japan, die in letzter Konsequenz eine Krise der wenig mit internationalen Standards vertrauten japanischen Banken war (KAMO 2000: 2154), den Finanzplatz Tōkyō bei einer Reihe von Indikatoren nicht nur gegenüber London oder New York zurückgeworfen, sondern zum Teil auf ein Niveau reduziert, das nahe oder sogar unter dem von Hongkong oder Singapur liegt. Dies betrifft die Kapitalisierung der an der Börse gehandelten Wertpapiere, das kumulierte Einkommen der Banken, den Umfang des Devisenhandels oder auch den Vermögens- und Kapitalanteil von Effektengesellschaften (KAMO 2000: 2153; SASSEN 2001a[2]: 176–177, 182, 184; SAITO und THORNLEY 2003: 666).

WHITE (1998a: 465) bezweifelt daher, dass es sich bei Tōkyō überhaupt um eine *global city* im Sassenschen Sinne handelt. Die japanische Hauptstadt sei in erster Linie ein Exportzentrum für Güter und Kapital – was SASSEN (2001b: 2538–2539) selbst nicht bestreitet –, jedoch kein internationales, kosmopolitisch ausgerichtetes Kommandozentrum. Ähnlich äußern sich HILL und KIM (2000: 2176), die zudem hierin den Ausdruck eines strategischen Interesses des japanischen Staates sehen, über die Akkumulation globaler wirtschaftlicher Macht die nationale Unabhängigkeit zu sichern. Tatsächlich handelt es sich bei den großen transnationalen Unternehmen in Tōkyō nahezu ausschließlich um solche in rein japanischem Besitz. Dem entspricht, dass trotz einiger spektakulärer Unternehmenskäufe und -beteiligungen im Finanzbereich (SASSEN 2001a[2]: 174) oder auch im Bereich des produzierenden Sektors wie etwa der Beteiligung von DaimlerChrysler an Mitsubishi Motors ausländisch geführte Unternehmen in Tōkyō weiterhin nur in sehr geringem Umfang als Arbeitgeber fungieren (vgl. Tab. 2-11). Einem Anteil von in ausländischen Privatunternehmen beschäftigten Erwerbstätigen von mehr als sieben Prozent in New York City während der späten 1990er Jahre (HILL und KIM 2000: 2173) steht auch zu Beginn des neuen Jahrhunderts für die Stadtbezirke Tōkyōs nur ein Wert von 0,7 % gegenüber. Weiterhin waren 1997 nur zwei Prozent aller an einer ausländischen Börse notierten Wertpapiere in Tōkyō gelistet, weit weniger als in London (17,3 %) oder New York (11,7 %) (SASSEN 2001a[2]: 177). Zahlreiche ausländische Finanzunternehmen verlegten auf der Suche nach weniger teuren und regulierten Standorten seit 1991 ihre asiatischen Stützpunkte nach Hongkong oder Singapur (KAMO 2000: 2148, 2153). Man mag daher immer noch CLARK (1996: 152) zustimmen, wenn er urteilt: „[…] Tōkyō is not as yet a world financial centre, its present status reflecting the strength of the Japanese economy rather than its importance for international banking and exchange".

Neben strukturellen Hemmnissen und den Nachwirkungen der japanischen Bankenkrise werden auch infrastrukturelle Faktoren dafür verantwortlich gemacht, dass selbst Tōkyōs Rolle als führendes Wirtschaftszentrum des ost- und südostasiatischen Raumes nicht mehr unumstritten ist. Besonders ist hier auf den Flugverkehr hinzuweisen. Infolge hoher Start- und Landegebühren, ferner infolge mangelnder Möglichkeiten der Kapazitätserweiterung sieht sich der Standort Tōkyō-Narita in zunehmender Konkurrenz zu den jüngst erweiterten Flughafenstandorten in Hongkong und Singapur. Besitzt Narita noch eine führende Rolle bei Flügen von und nach Europa und Nordamerika, so haben bei innerasiatischen Relationen Hongkong und Singapur längst eine höhere Bedeutung eingenommen. Insgesamt liegt die globale Konnektivität von Narita seit den späten 1990er Jahren unterhalb

Tabelle 2-11: Präsenz ausländischer Unternehmen, Präfektur Tōkyō 1986–2001

	1986		1991		1996		2001	
	Unternehmen	Beschäftigte	Unternehmen	Beschäftigte	Unternehmen	Beschäftigte	Unternehmen	Beschäftigte
Gesamt	1093	25066	1110	31225	1167	32406	1369	48746
Verarbeitendes Gewerbe	21	512	34	631	24	653	42	1455
Baugewerbe/Immobilienhandel	6	59	11	63	16	82	19	212
Groß- und Einzelhandel	292	6151	152	3006	288	3643	340	7854
Finanzwesen/Versicherungen	184	10493	284	18680	282	17188	300	26931
Transport/Kommunikation	195	4220	165	3505	162	5468	155	4129
Dienstleistungen	395	3631	484	5340	394	5368	513	8165
% aller Beschäftigten, Präfektur Tōkyō		0,34		0,38		0,39		0,61
% aller Beschäftigten, Tōkyō 23ku		0,38		0,44		0,44		0,70

Quelle: KAMO (2000: 2151); eigene Berechnungen nach SŌMUSHŌ TŌKEIKYOKU, *Jigyōsho kigyō tōkei chōsa hōkoku* (1996 und 2001: Bd. 2-13, Tab. 5).

der seiner beiden Konkurrenten (FELDHOFF 2002: 152–156; SAITO und THORNLEY 2003: 670). Die japanische Flughafenpolitik hat bislang stets dem Inlandsflugverkehr Priorität vor dem internationalen Flugverkehr eingeräumt – spürbar etwa am Kontrast zwischen dem citynahen und großzügig angelegten Inlandsflughafen Haneda und dem engen, rund 60km vom Tōkyōter Stadtzentrum entfernten Auslandsflughafen Narita –, was nun zunehmend kritisch gesehen wird, da dies die Entstehung eines integrierten Luftverkehrskreuzes für den Raum Asien/Pazifik in Japan behindert habe (FELDHOFF 2002: 159). Die Präfekturregierung in Tōkyō befürwortet daher in einem Bericht aus dem Jahr 2000 die Öffnung von Haneda für den internationalen Luftverkehr, eine bessere Verkehrsanbindung von Narita an das Stadtzentrum und die Umwandlung des im Westen Tōkyōs gelegenen US-Militärflughafens Yokota für zivile Zwecke (SAITO und THORNLEY 2003: 678).

Saskia SASSEN spricht in ihrem Werk zwar von Netzwerken und Hierarchien von *global cities* (2001a[2]: 171–175); eine Explizierung solcher Netzwerke mittels Zahlen oder anderer konkreter Fakten sucht man bei ihr jedoch weitgehend vergebens. In Bezug auf Tōkyō wird lediglich kursorisch auf starke Verflechtungen mit den USA sowie wachsende Kontrollbeziehungen zu den Ökonomien Ost- und Südostasiens während der 1980er Jahre und sich geographisch verbreiternde Verflechtungen seit den 1990er Jahren hingewiesen (SASSEN 2001a[2]: 186–187). KAMO (2000: 2155) spricht ebenfalls nur beiläufig von einer zunehmenden „Asianisierung" Tōkyōs in Bezug auf Exporte und Direktinvestitionen, woran auch die Asienkrise des Jahres 1997 nichts geändert haben soll. Präzisere Ergebnisse liefern die verschiedenen Publikationen der Globalisation and World Cities (GaWC) Research Group an der britischen Loughborough-Universität. Mittels quantitativ-statistischer Verfahren wie der Hauptkomponentenanalyse werden die funktionalen Verbindungen zwischen bis zu 123 Metropolen etwa zum Zeitpunkt der späten 1990er Jahre anhand global operierender Dienstleistungsunternehmen in den Bereichen Wirtschaftsprüfung, Werbung, Finanzen und Rechtswesen untersucht. Auf Basis dieses für Tōkyō sicher nicht ganz unproblematischen Indikators (vgl. die einleitenden Ausführungen von Kap. 2.2) zeigt sich, dass die globale Vernetzung von Tōkyō nicht das für New York und London ermittelte Ausmaß erreicht, sondern eher derjenigen von Paris, Frankfurt, Mailand, Singapur oder Hongkong gleicht. Die japanische Hauptstadt ist nach dieser Analyse somit nicht nur kein globales Zentrum im engeren Sinne, sondern befindet sich auch als regionales Zentrum des Asien-Pazifik-Bereichs in Konkurrenz zu zwei weiteren Metropolen (TAYLOR und WALKER 2001). Eine genauere Messung mittels eines Konnektivitätsindexes ergibt für

Tōkyō einen Verflechtungsgrad, der zwar über dem von Singapur, aber unter den für Hongkong und Paris gemessenen Werten liegt (TAYLOR, CATALANO und WALKER 2002a). Die Differenz zwischen der aufgrund des globalen Verflechtungsgrades zu erwartenden und der tatsächlichen Verflechtung zwischen zwei Metropolen gibt schließlich Auskunft über mögliche räumliche „Hinterwelten" von *global cities*, zu Städten also, mit denen eine bestimmte Metropole in überproportionalem Maße funktional verflochten ist. In Bezug auf Tōkyō zeigt sich dabei, dass im asiatisch-pazifischen Raum die funktionalen Beziehungen vor allem zu Städten der VR China (inklusive Hongkong), aber auch zu Ho-Chi-Minh-Stadt, Bangkok und Singapur den erwarteten Wert deutlich übersteigen, während die Verbindungen zu Seoul nur leicht über dem Erwartungswert liegen und zu allen anderen Städten der Region einschließlich von Australien und Ozeanien keine „Überverbindungen" bestehen. Andere Metropolen, mit denen über dem erwarteten Wert liegende Verflechtungen existieren, sind Frankfurt sowie Washington D. C., New York und Chicago, wobei die Vernetzung mit Washington den höchsten Wert überhaupt erreicht, unstreitig eine Folge der Hauptstadtfunktion beider Städte. Klar unterhalb der Erwartungswerte ist Tōkyō hingegen unter anderem mit den meisten nord- und südeuropäischen sowie mit kanadischen Städten verflochten; auch die Verbindungen zu den näher gelegenen Städten Taipei, Manila, Kuala Lumpur, Melbourne oder Auckland erscheinen viel schwächer als angenommen.[7] Abschließend bleibt aber einschränkend noch einmal zu betonen, dass es sich hier um die Darstellung globaler Verflechtungen auf der Basis nur eines Kriteriums, nämlich der Tätigkeiten globaler Unternehmensdienstleister, handelt. Inwieweit hiermit die „wahre" Position von Tōkyō hinreichend ermittelt werden kann, muss angesichts der im internationalen Wirtschaftsgefüge eher auf den Kapitalexport als auf den Export von Diensten ausgerichteten Funktion der japanischen Hauptstadt offen bleiben.

Eine Einschätzung der zukünftigen Rolle von Tōkyō im *global city*-Geflecht erscheint auch zum Zeitpunkt der Endredaktion an dieser Arbeit noch mit Unsicherheiten behaftet. Eine neue Welle von Deregulierungsmaßnahmen im Finanzsektor ist bereits seit der sogenannten Big Bang-Politik durch das Kabinett Hashimoto im Jahre 1996 erkennbar (MENKHAUS 1998: 125; KAMO 2000: 2155). Des Weiteren zeigt sich zumindest in Bezug auf die Beschäftigtenzahlen seit demselben Jahr eine leicht wachsende Bedeutung ausländischer Unternehmen im Finanzwesen,

---

[7] *GaWC Atlas of Hinterworlds*, http://www.lboro.ac.uk/gawc/visual/hw_ty.html; Entnahme 12.09.2004.

aber auch im Handels- und Dienstleistungsbereich (vgl. oben Tab. 2-11), wofür aber nicht zuletzt auch die wieder gesunkenen Bodenpreise verantwortlich sind (KAMO 2000: 2155). Investoren aus Hongkong und Singapur sind seit einiger Zeit als Erschließer bei zentral gelegenen Stadtumbaumaßnahmen in Tōkyō präsent (KANAMITSU 2001: 12). Freilich handelt es sich hierbei noch immer um Einzelfälle. Zudem wird beklagt, dass zahlreiche Vorschriften und informelle Praktiken ausländische Investitionen in Japan weiterhin erschwerten (SAITO und THORNLEY 2003: 681–682). Indes wird seit den späten 1990er Jahren sowohl auf nationaler Ebene wie auch seitens der Präfekturadministration eine neue Politik der Förderung von Tōkyō als globaler Standort verfolgt, die vor allem als Antwort auf die wachsende Konkurrenz der südostasiatischen Standorte Singapur und Hongkong zu verstehen ist. In Kapitel 2.2.3 soll dies näher beleuchtet werden.

2.2.2.2 Soziale Polarisierung

Die Ausführungen in Kapitel 2.2.1 haben belegt, dass sich das Ausmaß sozialer Polarisierung in Tōkyō nicht wesentlich von demjenigen in Japan insgesamt unterscheidet. Im Folgenden soll es darum gehen, die Stärke sozialer Polarisierung in der japanischen Hauptstadt im Vergleich vor allem mit derjenigen in den beiden anderen von Sassen genannten *global cities*, d. h. New York und London, einzuschätzen. Hierbei folge ich in meiner Darstellung unter Verwendung neuerer Daten im Groben der Vorgehensweise von SONOBE (2001: 63–85).

Schon bei der beruflichen Struktur, deren jüngerer Wandel nach SASSEN (2001a[2]: 250) wesentlich für die Polarisierung der Gehalts- und Einkommensverteilung sein soll, hat die bisherige Stadtforschung recht unterschiedliche Tendenzen herausgearbeitet. Wie bereits geschildert, hat der britische Geograph Chris HAMNETT (1994; 1996b; 2003a: 63–70) – allerdings unter Ausschluss der Erwerbslosen als eigenständiger Gruppe – für Greater London belegen können, dass sich während der 1980er Jahre in der beruflichen Zusammensetzung der Erwerbsbevölkerung eher Anzeichen für „Professionalisierung" mehrten, d. h. wachsende Anteile hoch qualifizierter Erwerbspersonen in freien und technischen sowie Verwaltungsberufen auf Kosten aller anderen Berufskategorien einschließlich solcher mit geringen Qualifikationsanforderungen und geringem Entlohnungsniveau. Leider ist eine exakte Fortschreibung der Ergebnisse von Hamnett nicht möglich, da der aktuelle britische Zensus des Jahres 2001 nicht nach den von ihm verwendeten sozioökonomischen Gruppen aufschlüsselt und darüber hinaus eine weitgehend veränderte Berufsklassifikation verwendet.

Tabelle 2-12: Wandel der Erwerbsbevölkerung nach Berufen, Greater London 1992–2000

Berufsgruppe	1992 (%)	2000 (%)	Wandel abs.[1]	Wandel in %
Freie und technische Berufe	24,5	28,8	255	33,8
Verwaltungsberufe	18,5	20,2	140	24,6
Büroberufe	18,1	15,5	–13	–2,2
Handelsberufe	7,1	7,1	29	13,6
Persönliche Dienstleistungsberufe	9,1	9,9	65	23,2
Handwerksberufe	9,1	7,3	–22	–8,1
Sonstige Fertigungsberufe	6,0	5,2	–2	–0,8
Einfache Tätigkeiten	6,9	5,7	–13	–6,2
Gesamt (Personen)[1]	3.074	3.502	428	13,9

Anm.: [1] Absolute Zahlen in 1000 Personen.
Quelle: MAYOR OF LONDON (2002: 121).

Unter Verwendung von Daten nach der herkömmlichen Berufsklassifikation jedoch tritt anhand von Tabelle 2-12 für die 1990er Jahre eine Entwicklung zutage, die von der von Hamnett für die 1980er Jahre beschriebenen Professionalisierungstendenz merklich abweicht. So verzeichnen neben den Büroberufen im Wesentlichen solche Berufskategorien, die mit Tätigkeiten im sekundären Wirtschaftssektor verbunden sind, einen Rückgang in der Zahl der Erwerbsbevölkerung. Stattdessen nimmt zwar die Bedeutung von Dienstleistungsberufen mit hohen Qualifikationsanforderungen weiter zu, doch zugleich verzeichnen auch Dienstleistungen eher geringen Qualifikationsprofils (persönliche Dienstleistungsberufe) einen gewissen Zuwachs. Anscheinend hat in den 1990er Jahren somit auch in Greater London eine – moderate – berufliche Polarisierung der Erwerbsbevölkerung eingesetzt. Die nur bedingte Vergleichbarkeit zwischen der von Hamnett verwendeten und der hier benutzten Klassifikation lässt natürlich die Möglichkeit zu, dass es sich bei dieser Trendwende in Wirklichkeit nur um ein statistisches Artefakt handelt. Eine genauere Aufschlüsselung der Hamnettschen Kategorien zeigt aber, dass die Gruppe „personal service workers" während der 1980er Jahre tatsächlich schrumpfte, wobei dieser Trend fast ausschließlich durch einen Rückgang in der Zahl der weiblichen Erwerbstätigen verursacht wurde (HAMNETT 2003a: 67). Eine gewisse Vorsicht bei der Interpretation dieses Wandels bleibt jedoch geboten, da die von Hamnett verwendeten Werte einer 10 %-Stichprobe des britischen Zensus entstammen, die in obiger Tabelle benutzten Daten hingegen als Fortschreibungswerte des britischen *La-*

bour Force Survey nicht die Genauigkeit von Volkszählungsergebnissen erreichen dürften.

Im Unterschied zu London lässt sich die berufsstrukturelle Entwicklung in New York City (vgl. Tab. 2-13) recht eindeutig charakterisieren. Sowohl während der 1980er als auch in den 1990er Jahren hat sich das Gewicht von Dienstleistungsberufen sowohl geringer als auch hoher Qualifikationsanforderungen deutlich erhöht, während industriell geprägte Berufe sowie Dienstleistungsberufe mit mittleren Anforderungen und Gehältern (Büroberufe) an Bedeutung verloren haben. Dieses Bild einer klaren beruflichen Polarisierung wird nur etwas eingeschränkt durch die Stagnation bei den Management- und Finanzberufen während der 1990er Jahre. Letzteres tritt auch anhand der Statistik für die einzelnen Wirtschaftsbereiche hervor. So ist es weniger der sogenannte FIRE-Sektor (Finanzen, Versicherungen und Immobilien), sondern der weite Bereich sonstiger Unternehmensdienstleistungen, der den höchsten Zuwachs an Arbeitsplätzen generierte: zwischen 1980 und 2001 34.900 zusätzliche Arbeitsplätze in ersterem, aber 595.300 Arbeitsplätze in letzterem Bereich (vgl. HAHN 2003: 52). Ähnliche Beobachtungen liegen im Übrigen für London vor (SASSEN 2001a[2]: 212).

Die Veränderung der beruflichen Struktur in den 23 Stadtbezirken Tōkyōs anhand von Tabelle 2-14 lässt sich als eher moderat und unein-

Tabelle 2-13: Wandel der Erwerbsbevölkerung nach Berufen, New York City 1980–2000

Berufsgruppe	1980 (%)	1990 (%)	2000 (%)
Management- und Finanzberufe	11,4	13,5	13,4
Freie und technische Berufe	16,8	20,1	23,3
Büroberufe	24,9	20,6	17,0
Handelsberufe	9,0	10,3	10,4
Allg. Dienstleistungsberufe	14,6	16,0	18,6
Fertigungsberufe	8,4	7,5	5,4
Verkehrsberufe	3,4	3,7	5,5
Bau- und Reparaturberufe, Sonstiges	11,3	8,3	6,4
Gesamt (Personen)	2.918.183	3.257.637	3.277.825

Quelle: SONOBE (2001: 65); eigene Berechnungen nach *U. S. Census Bureau, United States Census* (2000: summary file 3), http://factfinder.census.gov/ servlet/DatasetMainPageServlet?_program=DEC&_lang=en&_ts=; Entnahme 06.10.2004.

115

Tabelle 2-14: Wandel der Erwerbsbevölkerung nach Berufen, Tōkyō 1980–2000

Berufsgruppe	1980 (%)	1990 (%)	Wandel abs.	Wandel in%	2000 (%)	Wandel abs.	Wandel in%
Freie und technische Berufe	10,8	13,7	151.997	33,3	15,8	65.048	10,7
Verwaltungsberufe	7,3	6,0	-42.347	-13,7	4,2	-86.828	-32,6
Büroberufe	22,5	24,3	130.888	13,8	24,0	-54.636	-5,1
Handelsberufe	18,0	17,8	29.171	3,8	18,0	-23.756	-3,0
Allg. Dienstleistungsberufe	10,3	9,5	-9.925	-2,3	10,7	33.358	7,9
Sicherheitsberufe	1,1	1,1	3.027	6,4	1,3	4.809	9,8
Agrar- und Fischereiberufe	0,3	0,2	-1.003	-8,5	0,2	910	10,2
Kommunikationsberufe	3,7	3,4	-7.997	-5,1	3,3	-10.173	-6,7
Fertigungsberufe	22,0	18,2	-119.895	-12,9	14,6	-186.029	-23,0
Hilfsarbeiter u. a.	3,6	4,4	45.341	30,2	4,8	8.531	4,4
Unklassifizierbare Berufe	0,4	1,3	39.901	198,4	3,1	75.736	131,1
Gesamt (Personen)	4.225.540	4.444.698	219.158	5,2	4.267.224	-177.474	-4,0

Quelle: SONOBE (2001: 66); eigene Berechnungen nach SŌMUCHŌ TŌKEIKYOKU, *Kokusei chōsa hōkoku* (2000: Bd. 5-2-13, Tab. 5).

heitlich bezeichnen. Besonders gilt diese Beobachtung für die höheren Dienstleistungsberufe. Trotz prozentual recht hoher Zuwächse bleibt der Anteil der freien und technischen Berufe im Kontrast zu London oder New York vergleichsweise gering. Die Bedeutung der ohnehin nur schwach vertretenen Verwaltungsberufe sinkt sogar erheblich – nicht zuletzt eine Folge veränderter Personalpolitik in japanischen Unternehmen während der 1990er Jahre (vgl. OKAMOTO 1998: 321–322; DIRKS 1999) –, so dass der kombinierte Anteil beider Kategorien zwischen 1990 und 2000 stagniert. Von einer Professionalisierungstendenz wie in London während der 1980er Jahre kann daher im Falle von Tōkyō definitiv nicht gesprochen werden. Hingegen ließe sich zumindest für die Phase seit 1990 mit einiger Berechtigung das Etikett „moderate Polarisierung" verwenden. So zeigen neben den freien und technischen Berufen nur noch die Kategorien der Hilfsarbeiter (*rōmu sagyōsha*), der allgemeinen Dienstleistungsberufe (überwiegend persönliche Dienstleistungen) sowie der Sicherheitsberufe absolute Zuwächse, während neben den Verwaltungsberufen vor allem aus den der Mittelschicht zugerechneten Fertigungsberufen, Büroberufen und Handelsberufen mehr Erwerbspersonen ausgeschieden als eingetreten sind. Nichtsdestotrotz sind die drei letztgenannten Berufskategorien in Tōkyō weiterhin erheblich stärker vertreten als in den beiden westlichen *global cities*: Zusammen übten im Jahr 2000 immerhin noch 56,6 % aller Erwerbstätigen solche Berufe aus, während es in Greater London 35,1 % und in New York City 32,8 % der Erwerbstätigen waren. Anhand der beruflichen Entwicklung lässt sich somit für Tōkyō resümieren, dass eine Tendenz zu sozialer Polarisierung insbesondere seit 1990 zwar erkennbar ist, die stark auf typische Mittelschichtberufe fokussierte Struktur jedoch bislang noch nicht entscheidend umgeformt werden konnte.

In Anbetracht der Tatsache, dass die oben verwendeten groben Kategorien zum Teil recht unterschiedliche Berufe mit unterschiedlich hohen Qualifikationsanforderungen und Einkommensniveaus umfassen, erscheint es geboten, den zuvor gewonnenen Eindruck einer „moderaten Polarisierung" unter Rückgriff auf die detailliertere sogenannte Mittelklassifikation (*chūbunrui*) der Berufsgruppen abzusichern. So verzeichneten zwischen 1990 und 2000 in der Gruppe der freien und technischen Berufe Wissenschaftler, Wirtschaftsprüfer, die Gruppe der Autoren, Journalisten und Herausgeber sowie Fachberufe des Sozialwesens (v. a. Kinderbetreuung) jeweils einen Zuwachs von 20 % und mehr. Weiterhin gab es bei Ingenieuren und Technikern (hier v. a. den informationsverarbeitenden Berufen) sowie bei den mit dem Gesundheitswesen verbundenen Berufen bei geringeren prozentualen Veränderungen absolute Zuwächse von mehr als 20.000 Erwerbspersonen. Stagnative bzw. rückläufige Tendenzen zeigten sich hingegen bei den Lehrberufen, den künstlerischen Berufen sowie bei Musikern und Bühnenunterhaltern. In der Kategorie der allgemeinen Dienstleistungsberufe erzielten sowohl Haushalts-dienstberufe (Haushälter/innen u. a.) als auch Gebäudeverwalter und sonstige Dienstleistungsberufe (Reisebegleiter, nichtschöpferische Mitar-beiter von Werbeagenturen, Vermieter und Verpächter u. a.) Zuwachsra-ten von rund 50 % und mehr, während mit Körperpflege und Nahrungs-bereitung verbundene Berufe auch absolut an Bedeutung verloren. Außerhalb der beiden hier näher aufgeschlüsselten Berufskategorien ver-zeichnete nur noch die Gruppe der Büroberufe im Transport- und Kom-munikationswesen einen Zuwachs von mehr als 20 % (eig. Berechnungen nach SŌMUCHŌ TŌKEIKYOKU, *Kokusei chōsa hōkoku* 1990 und 2000: Bd. 5-2-13, Tab. 5). Auch im Vergleich zu den von SONOBE (2001: 67) für den Zeitraum von 1980 bis 1990 dokumentierten Veränderungen bei den mittleren Be-rufskategorien ergibt sich somit das Bild, dass während der 1990er Jahre insbesondere unternehmensorientierte und öffentliche Dienstleistungen an Gewicht gewonnen haben (ausgenommen die durch die demographi-sche Alterung betroffene Gruppe der Lehrberufe), weniger hingegen dem privaten Konsum zugeordnete Serviceberufe, die während der 1980er Jahre zum Teil noch erheblich angewachsen waren.

Die Veränderungen im Dienstleistungsbereich nach der Wirtschafts-klassifikation zwischen 1989 und 1999 (vgl. Tab. 2-15) bestätigen in etwa diesen Eindruck. Die stärksten absoluten wie prozentualen Zuwächse finden sich außer im Unterhaltungsgewerbe vor allem bei den freiberuf-lichen Diensten, den sonstigen Unternehmensdiensten sowie im Gesund-heits- und Sozialwesen. Sowohl solche Dienstleistungen, die eine hohe Qualifikation erfordern und damit auch ein hohes Gehalt erwarten las-sen, als auch Dienstleistungen mit geringen Anforderungen haben somit an Bedeutung gewonnen. Damit bestätigt sich, dass sich das berufsstruk-turelle Profil Tōkyōs in Richtung einer moderaten Polarisierung wandelt, nicht jedoch auf eine Professionalisierung hin.

Die beschriebenen Tendenzen in der beruflichen Gliederung der Er-werbsbevölkerung müssten nun, folgt man den Überlegungen von Sas-sen, im Falle von New York eine deutliche und in Bezug auf Tōkyō und London zumindest eine moderate Einkommenspolarisierung zur Folge gehabt haben. Tatsächlich entspricht die Entwicklung der Einkommens-verteilung in New York dieser Erwartung im vollen Umfang (vgl. Tab. 2-16): Einer markanten Zunahme des auf das oberste Quintil entfallenden Gesamteinkommensanteils von 11,1 Prozentpunkten in nur zwei Jahr-zehnten steht ein Rückgang in allen anderen Quintilen gegenüber. Eine noch genauere Aufschlüsselung macht sogar deutlich, dass die Gewinne zumindest in den 1980er Jahren nahezu ausschließlich auf das oberste

Tabelle 2-15: Erwerbsbevölkerung nach Dienstleistungsbereichen (Wirtschafts-klassifikation), Tōkyō 1989–1999

Dienstleistungsbereich	1989 (%)	1999 (%)	Wandel abs.	Wandel (%)
Wäschereien, Körperpflege	8,1	6,6	3.332	3,1
KFZ-Parkplatzbetrieb	0,5	0,4	1.349	21,5
Sonstige persönliche Dienste	2,4	2,4	9.275	29,1
Beherbergungsgewerbe	5,2	3,9	– 3.863	– 5,5
Unterhaltung (außer Filmproduktion)	5,8	6,0	25.754	33,2
KFZ-Reparaturdienste	1,2	1,2	4.327	26,4
Sonstige Reparaturdienste	2,4	2,3	7.574	23,8
Verleih und Leasing	2,9	2,5	3.396	8,7
Filmproduktion, Rundfunk und Werbung	7,8	7,1	16.931	16,1
Information und Untersuchung	17,4	16,5	48.314	20,6
Freiberufliche Dienste u. a.	17,0	18,6	88.176	38,4
Konsumvereine u. a.	0,6	0,4	– 1.200	– 14,2
Sonstige Unternehmensdienste	18,3	20,6	106.671	43,3
Abfallbeseitigung	0,5	0,5	694	9,8
Gesundheitswesen (ohne Spitäler)	1,2	2,1	19.450	121,0
Soziale und Wohlfahrtsdienste	1,6	2,4	18.815	86,9
Bildung (ohne Schulen) und Forschung	2,2	2,1	6.973	23,7
Religiöse Dienste	1,3	1,1	1.244	7,1
Politische, Wirtschafts- und Kulturverbände	3,6	3,1	4.289	8,9
Sonstige Dienste	0,1	0,2	1.985	101,7
Gesamt	100,0	100,0	363.483	26,9

Quelle: Eigene Berechnungen nach Sōmuchō Tōkeikyoku, *Sābisugyō kihon chōsa hōkoku* (1999: Bd. 1, Tab. 1).

Dezil konzentriert waren (vgl. Sonobe 2001: 71). Ebenso profitierten in Greater London zwischen 1979 und 1993 ausschließlich die obersten beiden Dezile vom Wachstum des Gesamteinkommens (vgl. Hamnett 2003a: 98). Übersetzt in eine einfache Verteilung der Haushalte nach Einkommensgruppen bedeutet dies, dass in London die Anteile von Haushalten sowohl der untersten wie der obersten Einkommensgruppe angestiegen sind, während die Anteile der mittleren Gruppen sanken (vgl. Hamnett 2003a: 96). Es kann somit nicht nur bei New York, sondern auch im Falle der britischen Hauptstadt von einer klaren Einkommenspo-larisierung gesprochen werden.

Ein solcher Trend lässt sich für Tōkyō nicht bestätigen (vgl. Tab. 2-17): Eine – wiewohl schwache – Einkommenspolarisierung ist zwar für die 1980er Jahre zu erkennen, nicht aber für die 1990er Jahre und danach, was

Tabelle 2-16: Wandel des Haushaltsjahreseinkommens nach Einkommensquintilen, New York City PMSA

Quintil	Anteil am Gesamteinkommen in %			Prozentpunktewandel	
	späte 1970er Jahre	späte 1980er Jahre	späte 1990er Jahre	späte 1970/80er Jahre	späte 1980/90er Jahre
I	5,2	3,4	2,8	–1,8	–0,6
II	10,9	10,2	7,5	–0,7	–2,7
III	17,0	15,9	13,6	–1,1	–2,3
IV	23,8	23,0	21,8	–0,8	–1,2
V	43,2	47,5	54,3	4,3	6,8

Anm.: Die Daten beziehen sich auf die New York City Primary Metropolitan Statistical Area und schließen daher neben New York City noch die Counties Putnam, Rockland und Westchester ein.

Quelle: *Economic Policy Institute and Center on Budget and Policy, Special Analysis of the Current Population Survey,* http://www.fiscalpolicy.org/Databank/IncomeInequality/NewYorkCityPMSA.xls; Entnahme 14.11.2004.

überrascht, kann doch bei der Entwicklung der Berufsstruktur gerade für den letzteren Zeitraum von einer gewissen Polarisierungstendenz gesprochen werden. Stattdessen tritt eine uneinheitliche Entwicklung hervor mit einer geringen anteilsmäßigen Vergrößerung der (oberen) Einkommensmittelschicht (Dezile V bis IX) während der Periode 1989–1999, die sich aber bis 2004 wieder weitgehend zurückbildet. Insgesamt ist daher zu konstatieren, dass sich im Vergleich mit New York oder London die Einkommensverteilung in Tōkyō zum einen als überraschend egalitär präsentiert – einem Einkommensanteil der beiden obersten Dezile 2004 in Tōkyō von 39,6 % steht ein solcher von 54,3 % in New York während der ausgehenden 1990er Jahre gegenüber –, zum anderen während der letzten beiden Jahrzehnte des vergangenen Jahrhunderts auch kein eindeutiger Polarisierungstrend festgestellt werden kann. Letzteres wiegt schwerer, da in Bezug auf die absolute Höhe von Einkommensungleichheit, wie bereits in Kapitel 2.1 geschildert, unterschiedliche Messkonzepte die Gültigkeit von Vergleichsergebnissen oft in Frage stellen. Im konkreten Fall etwa lässt sich vermuten, dass eine Einbeziehung von Einpersonenhaushalten sowie eine Einschränkung auf den Bereich der 23 Stadtbezirke das Ausmaß der Einkommensungleichheit in Tōkyō zumindest leicht erhöhen würden.

Die Entwicklung der Einkommensdisparitäten in der japanischen Hauptstadt ist jedoch keinesfalls als exzeptionell zu bezeichnen. So erhöhte sich in der Randstad Holland zwischen 1981 und 1997 der

Tabelle 2-17: Haushaltsjahreseinkommen nach Einkommensdezilen, Präfektur Tōkyō 1979–2004

Dezil	Anteil am Gesamteinkommen in %				Prozentpunktewandel		
	1979	1989	1999	2004	1979/1989	1989/1999	1999/2004
I	3,5	3,1	3,0	3,2	–0,4	–0,1	0,2
II	5,3	4,9	4,8	4,8	–0,4	–0,1	0,0
III	6,4	5,9	5,8	5,9	–0,5	–0,1	0,1
IV	7,2	6,9	6,9	6,9	–0,3	0,0	0,0
V	8,2	7,8	8,0	7,8	–0,4	0,2	–0,2
VI	9,2	8,9	9,2	9,0	–0,3	0,3	–0,2
VII	10,3	10,4	10,5	10,5	0,1	0,1	0,0
VIII	12,0	12,3	12,4	12,3	0,3	0,1	–0,1
IX	14,8	14,8	15,0	14,7	0,0	0,2	–0,3
X	23,1	25,0	24,4	24,9	1,9	–0,6	0,5
X/I	6,60	8,06	8,13	7,78			

Anm.: Daten beziehen sich auf Haushalte mit zwei und mehr Personen.
Quelle: Sonobe (2001: 73); eigene Berechnungen nach Sōmuchō Tōkeikyoku, *Zenkoku shōhi jittai chōsa hōkoku* (1999: Bd. 9, Tab. 42; 2004: Bd. 10, Tab. 15).

Einkommensanteil der beiden obersten Dezile ebenfalls nur schwach von 37,4 % auf 39,2 %, was recht gut zu der geringen Einkommensungleichheit in den Niederlanden insgesamt (s. oben Tab. 2-1) passt. Fainstein (2001: 286–287, 290–294) folgert hieraus und aus anderen Studien im Einklang mit Burgers (1996), dass weniger die Veränderungen in der beruflichen Zusammensetzung der Bevölkerung, sondern eher sich wandelnde Anteile ethnischer Minoritäten bzw. vom Erwerbsleben ausgeschlossener Gruppen eine Rolle bei der Verringerung oder Verstärkung von Einkommensungleichheit spielen. Tatsächlich war die Entwicklung in den Niederlanden während der 1990er Jahre gekennzeichnet durch eine erfolgreiche Bekämpfung der Erwerbslosigkeit unter weitgehender Aufrechterhaltung des sozialstaatlichen Niveaus, was dazu beigetragen habe, die Einkommenspolarisierung in der Randstad seit 1981 auf einem nahezu konstanten Niveau zu halten. Auch für den Stadtstaat Singapur zeigt sich für die jüngste Zeit ein enger Zusammenhang zwischen Erwerbslosigkeit und der Entwicklung von Einkommensdisparitäten, wobei hier eine deutlich zunehmende Erwerbslosigkeit mit einem Anstieg des Gini-Koeffizienten von 0,446 im Jahr 1998 auf 0,481 im Jahr 2000 einherging. Bemerkenswert ist hier das hohe Ausgangsniveau des Gini-Koeffizienten, das sicher zum Teil auf die multiethnische Zusammensetzung der Bevölkerung des Stadtstaates zurückgeführt werden kann (CENSUS OF POPULATION OFFICE, SINGAPORE DEPARTMENT OF STATISTICS 2001). Da jedoch Singapur ebenso wie Japan als typisch asiatischer *developmental state* mit einer konfliktregulierenden Rolle des Staates beschrieben wird (BAUM 1999: 1114–1115), überrascht dieses hohe Ausmaß an Einkommensungleichheit gleichwohl und lässt zugleich Zweifel an der Brauchbarkeit des *developmental state*-Ansatzes bei der Erklärung unterschiedlicher Niveaus von gesellschaftlicher Ungleichheit überhaupt aufkommen.

Die oben gemachten Äußerungen zur Bedeutung von städtischen Randgruppen für die Entwicklung der Einkommenspolarisierung lassen es geboten erscheinen, sich diesem Gegenstand im Folgenden etwas ausführlicher zu widmen. Die Entwicklung der offiziellen Erwerbslosigkeit in den drei großen *global cities* vermittelt in der Gesamtbetrachtung nicht unbedingt den Eindruck zunehmender sozialer Polarisierung (vgl. Tab. 2-18). Zwar lässt sich für New York und London während der 1980er

Tabelle 2-18: Entwicklung der Erwerbslosigkeit (ILO-Definition), New York City, Greater London und Tōkyō 1980/81–2000/01

	1980/81		1990/91		2000/01	
	(1000 Pers.)	(in %)	(1000 Pers.)	(in %)	(1000 Pers.)	(in %)
New York City	243,1	7,7	322,1	9,0	346,7	9,6
Männer	133,2	7,7	174,9	9,3	170,1	9,1
Frauen	109,9	7,7	147,2	8,7	176,6	10,1
Greater London	289,6	9,0	393,1	9,2	237,1	6,7
Männer	197,9	10,3	258,9	12,0	149,1	7,3
Frauen	91,7	7,0	134,2	6,4	88,0	5,5
Tōkyō 23ku	121,3	2,8	145,6	3,1	213,0	4,8
Männer	79,9	2,9	89,9	3,2	132,0	5,0
Frauen	41,3	2,6	55,6	3,1	81,0	4,4

Quelle: SONOBE (2001: 75); eigene Berechnungen nach *U. S. Census Bureau, United States Census* (2000: summary file 3), http://factfinder.census.gov/servlet/DatasetMainPageServlet?_program=DEC&_lang=en&_ts=; Entnahme 06.10.2004; *Office for National Statistics, Census 2001 – Census Area Statistics*, http://neighbourhood.statistics.gov.uk/NoHSubject. asp?SID=F6D2C2A223864A34ABAB6CDC543B379F&B=True&E=16,0# 16,0; Entnahme 06.10.2004; SŌMUCHŌ TŌKEIKYOKU, *Kokusei chōsa hōkoku* (2000: Bd. 3-2-13, Tab. 1).

Jahre eine Tendenz zur Erhöhung der Erwerbslosigkeit beobachten; diese ist jedoch nicht sehr ausgeprägt. In den 1990er Jahren stagniert dann die Erwerbslosenquote im Fall von New York auf hohem Niveau, während sich für die britische Hauptstadt sogar ein Rückgang verzeichnen lässt, der indes infolge der günstigen Konjunkturlage um das Jahr 2000 etwas überzeichnet ist: So lag die Quote noch 1997 bei 9,5 %, während sie im Jahr 2002 schon wieder 7,5 % erreichte (MAYOR OF LONDON 2002: 32–33). Für Tōkyō schließlich lässt sich zwar ein Ansteigen während der ökonomischen Krisenjahre des vergangenen Jahrzehnts feststellen, ohne dass freilich das Niveau der anderen beiden Städte erreicht wurde. Einen stärkeren Einfluss auf die Einkommensungleichheit in der japanischen Hauptstadt hatte die Erhöhung der Erwerbslosigkeit zumindest bislang offenbar nicht.

Es steht zu vermuten, dass die Zahl der tatsächlich Erwerbslosen höher ist, als es die in der Tabelle nach ILO-Kriterien ermittelten Quoten erscheinen lassen – anhand der Berechnung der „erweiterten Erwerbslosigkeit" wurde dies für Tōkyō in Kap. 2.2.1 bereits demonstriert. Das Ausmaß von Erwerbslosigkeit kann allerdings auch durch die Schaffung unsicherer und gering entlohnter Arbeitsplätze relativ niedrig gehalten werden. Dies macht es notwendig, auch die Entwicklung bei prekären Beschäftigungsverhältnissen anhand der sogenannten „Teilzeit-Beschäftigung" in die Betrachtung einzubeziehen.

In Tabelle 2-19 offenbart sich, dass in London nur sehr bedingt von einem Anwachsen prekärer Beschäftigungsverhältnisse gesprochen werden kann. Weit mehr fällt der stark reduzierte Anteil von Männern in einem „normalen" Vollzeit-Angestelltenverhältnis auf. Im Gegenzug ist der Anteil von Personen außerhalb des Erwerbslebens stark angeschwollen, und zwar zum Teil in Gestalt wachsender Erwerbslosenzahlen, vor allem aber durch vorzeitig aus dem Erwerbsleben ausgeschiedene Personen (vgl. HAMNETT 1996b: 1422). Demnach entspräche die Situation in London in Bezug auf diesen Aspekt eher derjenigen in den konservativen Sozialstaaten kontinentaleuropäischer Prägung und weniger derjenigen von ökonomischen *laissez faire*-Staaten wie den USA.

Da sich die den Unterschied von Vollzeit- und Teilzeitbeschäftigungsverhältnissen abbildenden Daten im Falle Tōkyōs nicht auf die erwerbs*fähige*, sondern nur auf die erwerbs*tätige* Bevölkerung beziehen, ist ein direkter Vergleich mit der Situation in London schwierig. Ich habe daher für das Jahr 2001 die absoluten Londoner Werte auf die erwerbstätige Bevölkerung Londons umgerechnet (vgl. die letzten beiden Spalten in Tab. 2-20). Hieraus ergibt sich, dass Teilzeitbeschäftigungsverhältnisse für die Tōkyōter Wirtschaft mit 18,3 % aller Erwerbstätigen eine merklich größere Rolle spielen als für diejenige der britischen Hauptstadt mit

Tabelle 2-19: Art des Angestellten-Beschäftigungsverhältnisses, Greater London 1981–2001

	1981				2001			
	Vollzeit		Teilzeit		Vollzeit		Teilzeit	
	in 1.000	(%)	in 1.000	(%)	in 1.000	(%)	in 1.000	(%)
Männer	1.689	79,7	28	1,3	1.279	54,1	95	4,0
Frauen	863	43,4	348	17,5	981	43,0	361	15,8
Gesamt	2.552	62,1	376	9,2	2.260	48,6	457	9,8

Anm.: Prozentwerte beziehen sich auf die gesamte erwerbsfähige Bevölkerung im Alter 16 bis 64 Jahre (Männer) bzw. 16 bis 59 Jahre (Frauen). Als Teilzeitbeschäftigte gelten Erwerbspersonen mit einer wöchentlichen Arbeitszeit von weniger als 30 Stunden.

Quelle: SONOBE (2001: 77); eigene Berechnungen nach *Office for National Statistics, Census 2001 – Census Area Statistics,* http://neighbourhood.statistics.gov.uk/NoHSubject.asp?SID=F6D2C2A223864A34ABAB6CDC 543B379F&B=True&E=16,0#16,0; Entnahme 06.10.2004.

13,6 %. Der Anteil der Teilzeitbeschäftigungen in Tōkyō hat sich zudem während der letzten zwanzig Jahre annähernd verdoppelt. Wie in London werden auch in Tōkyō Teilzeittätigkeiten vorwiegend von Frauen ausgeführt. Auf der anderen Seite zeigt sich, dass der Anteil von Vollzeittätigkeiten in London, trotz des dargestellten starken Rückgangs seit 1981, der so in Tōkyō keine Entsprechung findet, höher liegt als in der japanischen Hauptstadt. Hieran wird indirekt ein noch immer relativ hoher Anteil an Selbständigen und mithelfenden Familienangehörigen in Tōkyō deutlich.

Für New York City bietet der US-amerikanische Zensus nur grobe Daten zur wöchentlichen Arbeitszeit. Aus ihnen geht hervor, dass sowohl 1989 als auch 1999 – ältere Daten lagen mir leider nicht vor – etwa 13 % der männlichen, rund 23 % der weiblichen und somit etwa 18 % der gesamten Erwerbsbevölkerung weniger als 35 Stunden wöchentlich arbeiteten.[8] Bei aller Vorsicht hinsichtlich der Vergleichbarkeit der Daten lässt sich hieraus die Tendenz ablesen, dass der Umfang von Teilzeitarbeit

---

[8] Eigene Berechnungen nach *U. S. Census Bureau, United States Census* (2000: summary file 3), http://factfinder.census.gov/servlet/DatasetMainPageServlet?_program=DEC&_lang=en&_ts=; Entnahme 06.10.2004; *U. S. Census Bureau, United States Census* (1990: summary tape file 3), http://factfinder.census.gov/servlet/DatasetMainPageServlet?_ds_name=DEC_1990_STF3_&_program=DEC&_lang=en; Entnahme 06.10.2004.

Tabelle 2-20: Art des Angestellten-Beschäftigungsverhältnisses, Präfektur Tōkyō
1982–2002

| | 1982 | | | | 2002 | | | | Vergleich: London 2001[3] | |
| | Vollzeit | | Teilzeit[2] | | Vollzeit | | Teilzeit | | | |
	in 1.000	(%)[1]	in 1.000	(%)	in 1.000	(%)	in 1.000	(%)	VZ (%)	TZ (%)
Männer	2.401	64,7	148	4,0	2.401	60,8	339	8,6	71,4	5,3
Frauen	1.076	49,4	348	19,9	1.040	38,4	881	32,6	62,9	23,2
Gesamt	3.477	59,0	581	9,9	3.442	51,7	1.220	18,3	67,5	13,6

Anm.: [1] Prozentwerte beziehen sich auf die gesamte Erwerbsbevölkerung (ohne Erwerbslose); [2] „Teilzeitarbeit" wird in Japan arbeitsrechtlich und nicht über die Länge der Arbeitszeit definiert. Die in der Tabelle abgebildeten Zahlen beziehen sich auf eigentliche Teilzeitarbeit (*pātotaimu*) sowie auf überwiegend von Studenten ausgeführte Aushilfsjobs (*arubaito*). In beiden Fällen handelt es sich um prekäre Beschäftigungsverhältnisse mit nur minimalen arbeitsrechtlichen Schutzbestimmungen; [3] Prozentwerte zu Vergleichszwecken umgerechnet auf die gesamte Erwerbsbevölkerung (ohne Erwerbslose).

Quelle: SONOBE (2001: 77); eigene Berechnungen nach SŌMUSHŌ TŌKEIKYOKU, *Shūgyō kōzō kihon chōsa hōkoku* (2002: chiiki-hen-13, Tab. 6); *Office for National Statistics, Census 2001 – Census Area Statistics* (vgl. oben Tab. 2-19).

in New York im Falle der männlichen Erwerbstätigen höher als in den anderen beiden Städten und im Falle der weiblichen Erwerbstätigen niedriger als zumindest in der japanischen Hauptstadt liegt. Dort ist Teilzeitarbeit in hohem Maße eine Domäne verheirateter Frauen, die so das Einkommen des Mannes ergänzen (ŌBUCHI 1995: 30). Damit aber stabilisiert Teilzeitarbeit in Tōkyō das Haushaltsgesamteinkommen, während solche Beschäftigungsverhältnisse in New York oft die einzige Einkommensquelle eines Haushalts darstellen – ein weiterer möglicher Grund für die stärkere Einkommensgleichheit in Tōkyō.

Eine weitere benachteiligte Gruppe, deren Zahl während der letzten beiden Jahrzehnte in Zusammenhang mit wachsender Dauererwerbslosigkeit und der Verringerung preiswerten Wohnraums stark angestiegen ist, stellen die Obdachlosen dar. Eine genaue Messung des Umfangs dieses Personenkreises ist jedoch schwierig; Zahlen für einzelne Städte sind zudem nicht miteinander vergleichbar. So werden im Falle von Greater London Haushalte gezählt, die temporäre Unterkünfte in Anspruch nehmen. Demnach lebten 1986 14.049 Haushalte in solchen Behausungen, während es 1992 bereits 42.506 Haushalte waren (SONOBE

2001: 76). Nach einem zwischenzeitlichen Rückgang auf 29.930 Haushalte im Jahre 1998 stieg die Zahl wieder auf 54.252 (MAYOR OF LONDON 2002: 140). In Einzelpersonen umgerechnet dürfte sich die Zahl der Obdachlosen bei etwa 100.000 Personen bewegen (SASSEN 2001a[2]: 277). Erstaunlich klein ist mit nur 320 Personen (Juni 2002) allerdings die Gruppe derjenigen Obdachlosen, die im Freien übernachten müssen (sog. *rough sleepers*).[9] Sehr widersprüchliche Zahlen werden für New York City genannt: Die bei SONOBE (2001: 76) erwähnte Zahl von 162.400 obdachlosen Personen im Jahr 1990 – das wären 3,3 % der gesamten Stadtbevölkerung – ist sicher zu hoch gegriffen; zu niedrig erscheint andererseits die Angabe von 38.310 Obdachlosen im Jahr 2003 nach dem NYC DEPARTMENT OF HOMELESS SERVICES (2004: 4), da diese Zahl nur solche Personen einbezieht, die in Asylen oder ähnlichen Unterkünften leben. SASSEN (2001a[2]: 268) weist darauf hin, dass zahlreiche New Yorker Obdachlose Asyle nicht in Anspruch nehmen und stattdessen ihr Leben als *rough sleepers* fristen. Nach der von ihr übernommenen Schätzung der National Coalition for the Homeless habe es zum Ende der 1990er Jahre in Wirklichkeit etwa 100.000 Obdachlose in New York gegeben. Aufschlussreich ist darüber hinaus, dass sich das Problem der Obdachlosigkeit in New York seit der Jahrhundertwende in jedem Fall erheblich verstärkt haben muss: So registrierte das oben genannte NYC Department of Homeless Services im Durchschnitt des Jahres 2000 noch 23.712 Klienten, mithin fast 15.000 Personen weniger als 2003.

Verglichen mit diesen Zahlen erscheint das Problem der Obdachlosigkeit in Tōkyō auf den ersten Blick geringfügig. Es ist jedoch zu beachten, dass in Japan nur *rough sleepers* als Obdachlose (*rojō seikatsusha* oder *hōmuresu* von engl. *homeless*) verstanden werden, und Zählungen dieses Personenkreises sind naturgemäß mit großen Unsicherheiten behaftet. Im Gebiet der 23 Stadtbezirke wurden bezogen auf den warmen Monat August im Jahr 1996 3.500 Personen registriert, die ihre Unterkunft in Parks, am Straßenrand, an Flussläufen oder in S- und U-Bahnstationen genommen hatten (SONOBE 2001: 75); vier Jahre später waren es bereits 5.700 *rough sleepers*, eine Zahl, die seitdem weitgehend konstant geblieben ist. Hinzu kommen allerdings noch etwa 600 Personen an Flussläufen auf Staatsland, die erst seit 2002 gezählt werden (TŌKYŌ-TO FUKUSHI HOKEN-KYOKU 2003). Der Umfang derjenigen Gruppe, die in Asylen oder billigen Privatherbergen (*doya*) für Tagelöhner übernachtet, ist nicht genau bekannt. Da bei der Volkszählung des Jahres 2000 (SŌMUCHŌ TŌKEIKYOKU, *Kokusei chōsa hōkoku* 2000: Bd. 2-2-13, Tab. 9) auf dem Gebiet der 23

---

[9] *London's housing crisis – facts and figures,* http://www.london.gov.uk/mayor/housing/facts_figures.jsp; Entnahme 06.10.2004.

Stadtbezirke jedoch rund 9.000 „sonstige" nicht-private Einpersonen-haushalte außerhalb von Internaten, Krankenhäusern, Altenheimen, Kasernen, Justizvollzugsanstalten o. ä. ermittelt wurden, lässt sich abzüglich der o. g. Zahl der im Freien übernachtenden Personen auf knapp 3.000 solcher Personen schließen. Der Gesamtumfang von Obdachlosigkeit kann für Tōkyō somit in der Tat als relativ gering bezeichnet werden. Infolge des hohen Anteils an *rough sleepers* stellt sich jedoch vor allem im Vergleich zu London die Lebenssituation dieser Gruppe in der japanischen Hauptstadt als besonders schwierig dar.

Neben den bereits genannten Randgruppen nehmen in den Ausführungen von Sassen insbesondere ethnische Minoritäten bzw. ausländische Staatsbürger einen breiten Raum ein, da sich nicht zuletzt aus dieser Gruppe die anderen Randgruppen, aber auch Haushalte mit geringem Einkommen und Personen in gering entlohnten Tätigkeitsbereichen rekrutieren. Tabelle 2-21 zeigt den Wandel der ethnischen Zusammensetzung in New York City zwischen 1980 und 2000. Wenngleich die Kategorien als fragwürdig angesehen werden müssen – so beziehen sich „Weiß", „Schwarz" und „Asiatisch" auf Rassenmerkmale, während „Hispanic" auf das Merkmal „Herkunft" rekurriert –, lässt sich doch ein deutlicher Trend der Zunahme in der Zahl von Personen aus Asien und Lateinamerika ausmachen. Die „weiße" Bevölkerung, 1980 noch die Mehrheit bildend, macht zwanzig Jahre später gerade einmal ein Drittel der Gesamtbevölkerung aus, während die alteingesessene schwarze Bevölkerung in ihrem Anteil stagniert. Geht man

Tabelle 2-21: Ethnische Zusammensetzung, New York City 1980–2000

	1980 abs.[1]	1980 (%)	1990 abs.	1990 (%)	2000 abs.	2000 (%)
Weiß	3669	51,9	3163	43,2	2801	35,0
Schwarz	1694	24,0	1847	25,2	1962	24,5
Hispanic	1406	19,9	1784	24,4	2161	27,0
Asiatisch	300	4,2	490	6,7	783	9,8
Sonstige[2]	3	0,0	39	0,5	301	3,7
Gesamt	7072	100,0	7323	100,0	8008	100,0

Anm.:   [1] in 1000 Personen; [2] seit 2000 inklusive der Kategorie „non-hispanic of two or more races".

Quelle: SONOBE (2001: 78); eigene Berechnungen nach *U. S. Census Bureau, United States Census* (2000: summary file 1), http://factfinder.census.gov/servlet/DatasetMainPageServlet?_program=DEC&_lang=en&_ts=; Entnahme 09.10.2004.

davon aus, dass sich in der amerikanischen Gesellschaft nichtweiße Gruppen mehr oder minder starker Benachteiligung ausgesetzt sehen – was weiter unten noch belegt werden wird –, so kann diese Entwicklung als eine deutliche relative wie absolute Zunahme randständiger Bevölkerung in New York City interpretiert werden. Die Stärke des Wachstums bei Hispanics und Asiaten lässt darüber hinaus nur den Schluss zu, dass neben einem möglichen Geburtenüberschuss vor allem Zuwanderung eine Rolle gespielt hat. Es zeigt sich hier die von Sassen beschriebene Sogwirkung der *global city* für Arbeit suchende Migranten.

Eine ähnliche Entwicklung ist auch für London kennzeichnend, wenngleich hier der Anteil der weißen Bevölkerung noch deutlich höher liegt als in New York (vgl. Tab. 2-22). Die britische Zensus-Statistik macht zudem Angaben über das Geburtsland der Befragten, woraus auch Anhaltspunkte über das Ausmaß der Migration höher qualifizierter Personen gewonnen werden können. So stieg zwischen 1991 und 2001 die in Greater London registrierte Zahl von Personen, die in EU-Staaten (Stand 2001; ohne Republik Irland) geboren wurden, um 55,5%, und zwar von 137.000 auf 213.000 Personen. Ähnlich erhöhte sich die Zahl der aus

Tabelle 2-22: Ethnische Zusammensetzung, Greater London 1991–2001

	1991 abs.[1]	1991 (%)	2001 abs.	2001 (%)
Weiß	5334	79,8	5103	71,2
Schwarz	536	8,0	783	10,9
Inder	347	5,2	437	6,1
Pakistaner[2]	174	2,6	297	4,1
Chinesen	57	0,8	80	1,1
Sonstige Asiaten	113	1,7	133	1,9
Sonstige[3]	121	1,8	339	4,7
Gesamt	6680	100,0	7172	100,0

Anm.: [1] in 1000 Personen; [2] inklusive Bangladesh; [3] seit 2001 inklusive der Kategorie „mixed".

Quelle: Eigene Berechnungen nach *Office for National Statistics, Census 2001 – Census Area Statistics*, http://neighbourhood.statistics.gov.uk/NoHSubject.asp?SID=F6D2C2A223864A34ABAB6CDC543B379F&B=True&E=1 6,0#16,0; Entnahme 09.10.2004; *Office for National Statistics, Nomis, 1991 Census of Population – Local Base Statistics*, http://www.nomisweb.co.uk/; Entnahme 09.10.2004.

Australien, Kanada und Neuseeland Gebürtigen um 54,4 % und der aus den USA stammenden Personen um 36,4 %. Weit weniger drastisch stellt sich die Entwicklung in der japanischen Hauptstadt dar. Wie den Daten in Tabelle 2-23 zu entnehmen ist, stieg der Anteil ausländischer Staatsbürger analog zur gesamtjapanischen Entwicklung seit den 1980er Jahren auch und vor allem in der Präfektur Tōkyō an – im Bereich der 23 Stadtbezirke betrug der Ausländeranteil im Jahr 2005 „sogar" rund 3,6 %, doch präsentiert sich damit Tōkyō nicht nur im Vergleich mit London oder New York, sondern auch mit deutschen Städten immer noch als eine ethnisch relativ homogene Stadt. Nach Nationalitäten unterschieden, stieg insbesondere die Zahl der Chinesen deutlich an: Im Jahr 2005 stellten sie mit 34,5 % aller Ausländer noch vor den Koreanern die Mehrheit. Allerdings lässt sich diese Entwicklung nur zu einem geringen Teil als Migration williger Arbeitskräfte zu schlecht entlohnten Arbeitsplätzen mit geringen Qualifikationsanforderungen im Sinne des *global city*-Modells interpretieren. Einen weit stärkeren Impuls für die Migration junger Chinesen stellt vielmehr der Wunsch dar, in der japanischen Hauptstadt an Universitäten oder Fach- und Sprachschulen zusätzliche, im Heimatland nachgesuchte Qualifikationen zu erlangen, wenngleich Fälle von Visum-Missbrauch und illegaler Arbeitsaufnahme von Beginn an nicht selten waren (LÜTZELER 1995: 129).

Schätzt man die Migrationsmotivation der ausländischen Bevölkerung anhand der hauptsächlichen Visumkategorien ab (vgl. Tab. 2-24), so zeigen sich für die Präfektur Tōkyō im Vergleich mit Japan insgesamt folgende Besonderheiten: erstens – wie bereits angesprochen – eine hohe Bedeutung der Bildungsmigration in Zusammenhang mit der Stellung von Tōkyō als erstrangigem Bildungsstandort in Japan, zweitens ein hoher Anteil an Personen, die mit einem Spezialistenvisum ins Land gekommen sind, was weitgehend als Migration hoch qualifizierter Personen interpretiert werden kann und sich auch an der zumindest absoluten Zunahme von Personen aus Europa und Nordamerika widerspiegelt, und drittens ein unterdurchschnittlicher Anteil solcher Visa, die faktisch zur vollen Aufnahme gering entlohnter Arbeit berechtigen (Entertainer, Praktikanten, Daueraufenthalt, Langfristaufenthalt; s. näher Kap. 2.2.3). Damit erweist sich Tōkyō vor allem als Zielort hoch qualifizierter sowie nicht primär an Arbeitsaufnahme interessierter Ausländer. Anders als in New York oder London spielen ethnische Minderheiten als billiges Arbeitskräftereservoir zur Bewältigung einfacher Tätigkeiten in der japanischen Hauptstadt nach wie vor keine tragende Rolle.

Es zeigt sich nun bei Betrachtung des sozioökonomischen Profils der verschiedenen Ethnien recht deutlich, dass die wachsende Zahl von Angehörigen ethnischer Minoritäten und der Trend zu wachsen-

Tabelle 2-23: Ausländer nach Staatsangehörigkeit, Präfektur Tōkyō 1982–2005

Ausländergruppe	1982	in %	1986	in %	1990	in %	1995	in %	2000	in %	2005	in %
Asiaten	98.560	81,0	125.710	81,2	175.582	82,4	201.086	81,4	242.975	81,9	288.628	82,9
Koreaner	75.164	61,8	82.279	53,1	91.931	43,1	94.055	38,1	97.710	32,9	103.419	29,7
Chinesen	17.446	14,3	30.459	19,7	60.156	28,2	71.602	29,0	92.142	31,0	120.028	34,5
Filipinos	1.633	1,3	4.778	3,1	11.224	5,3	15.382	6,2	24.597	8,3	29.094	8,4
sonstige Asiaten	4.317	3,5	8.194	5,3	12.271	5,8	20.047	8,1	28.526	9,6	36.087	10,4
Europäer	8.538	7,0	10.663	6,9	12.818	6,0	13.873	5,6	18.972	6,4	21.908	6,3
Nordamerikaner und Ozeanier	12.405	10,2	16.145	10,4	18.967	8,9	20.808	8,4	24.076	8,1	26.163	7,5
Lateinamerikaner	1.176	1,0	1.386	0,9	4.455	2,1	8.803	3,6	7.937	2,7	8.515	2,4
Afrikaner	436	0,4	573	0,4	874	0,4	2.035	0,8	2.579	0,9	2.783	0,8
Ausländer insgesamt u. Anteil an der Gesamtbevölkerung	121.663	1,04	154.834	1,30	213.056	1,80	246.953	2,10	296.823	2,46	348.225	2,90

Anm.: Sämtliche Daten beziehen sich jeweils auf den 31. Dezember des Jahres.
Quelle: LÜTZELER (1995: 144); eigene Berechnungen nach NYŪKAN KYŌKAI (1996, 2001, 2006).

Tabelle 2-24: Ausländer nach Visastatus, Japan und Präfektur Tōkyō 2005 (Jahresende)

	Japan		Präfektur Tōkyō					
	Gesamt		Gesamt		Koreaner		Chinesen	
	abs.	in %	abs.	in %	abs.	in %	abs.	in %
Spezialisten	144.089	7,2	52.705	15,1	8.864	8,6	16.928	14,1
Entertainer	36.376	1,8	3.066	0,9	60	0,1	160	0,1
Studierende	129.568	6,4	40.361	11,6	7.097	6,9	26.690	22,2
Fachschüler	28.147	1,4	13.244	3,8	4.463	4,3	6.516	5,4
Praktikanten u. ä.	141.431	7,0	7.636	2,2	1.178	1,1	2.315	1,9
Familienangehörige	86.055	4,3	32.813	9,4	7.877	7,6	11.176	9,3
Ehepartner	270.722	13,5	42.458	12,2	5.557	5,4	14.566	12,1
Daueraufenthalt	801.713	39,9	109.922	31,6	61.375	59,3	25.141	20,9
Langfristaufenthalt	265.639	13,2	20.275	5,8	2.682	2,6	9.218	7,7
Sonstiges	107.815	5,4	25.745	7,4	4.266	4,1	7.318	6,1
Gesamt	2.011.555	100,0	348.225	100,0	103.419	100,0	120.028	100,0

Anm.: Die Visastatusgruppen wurden aus den folgenden Einzelkategorien zusammengesetzt: Spezialisten: *kyōju* [Professoren], *geijutsu* [Kunst], *shūkyō* [Religion], *hōdō* [Presse], *tōshi, keiei* [Investitionen, Unternehmen], *hōritsu, kaikei gyōmu* [Recht, Rechnungswesen], *iryō* [Medizin], *kenkyū* [Forschung], *kyōiku* [Erziehung], *gijutsu* [Technik], *jinbun chishiki, kokusai gyōmu* [Humanwissenschaften, internationale Angelegenheiten], *kigyōnai tenkin* [unternehmensinterne Versetzung], *ginō* [Fertigkeit (Kochen usw.)]; Entertainer: *kōgyō*; Studierende: *ryūgaku*; Fachschüler: *shūgaku*; Praktikanten u. ä.: *kenshū* [Praktikum], *tokutei katsudō* [spezielle Aktivitäten]; Familienangehörige: *kazoku taizai*; Ehepartner: *Nihon-jin no haigūsha-tō* [Ehepartner eines Japaners usw.], *eijūsha no haigūsha-tō* [Ehepartner einer Person mit Daueraufenthaltsrecht usw.]; Daueraufenthalt: *eijūsha* [Person mit Daueraufenthaltsrecht], *tokubetsu eijūsha* [Person mit besonderem Daueraufenthaltsrecht]; Langfristaufenthalt: *teijūsha*; Sonstiges: *bunka katsudō* [kulturelle Aktivitäten], *tanki taizai* [Kurzfristaufenthalt], *mitokushū-sha* [Personen ohne endgültigen Visumsbescheid], *ichiji higo* [temporäre Obhut], *sono ta* [Sonstiges].
Quelle: NYŪKAN KYŌKAI (2006).

der Polarisierung in großen Metropolen eng miteinander verknüpft sind. Dies gilt vor allem für New York: So blieb hier während der 1980er Jahre das Ausmaß der Einkommensungleichheit *innerhalb* der vier Hauptethnien weitgehend konstant (Mollenkopf 1996, zit. nach SONOBE 2001: 78), während sie in Bezug auf die Gesamtbevölkerung deutlich anstieg, wie bereits oben gezeigt wurde. Da zur gleichen Zeit der Anteil nichtweißer Bevölkerungsgruppen ebenfalls markant zunahm, lässt dies nur den Schluss zu, dass die wachsende Einkommensungleichheit im Wesentlichen auf den wachsenden Anteil ebendieser Minoritäten zurückzuführen ist. Die weiße Bevölkerungsgruppe wies 1990 mit einem Verhältnis von 4,04 zwischen dem auf das oberste Einkommensdezil entfallenden Einkommensanteil und dem auf das unterste Dezil entfallenden Anteil sogar nur eine halb so hohe Einkommensdisparität auf wie die Gesamtbevölkerung der Präfektur Tōkyō im Jahr 1989 (8,06) nach den Daten des National Survey of Family Income and Expenditure (SONOBE 2001: 73, 78). Die weit höheren Einkommensdisparitäten von New York gegenüber Tōkyō lassen sich somit weitgehend mit der unterschiedlich starken Präsenz ethnischer Minoritäten in beiden Metropolen erklären.

Genaue Angaben zur Entwicklung der Einkommensungleichheit zwischen den verschiedenen Ethnien nach Dezilen liegen zwar für die 1990er Jahre nicht vor, doch dokumentiert Tabelle 2-25 in hinreichendem Maße, dass es in jüngster Zeit diesbezüglich keine wesentlichen Veränderungen gegeben hat, wenngleich sich die Einkommenssituation bei den Schwarzen und den Hispanics etwas verbessert zu haben scheint, die aber dennoch weiterhin die beiden Gruppen mit den ungünstigsten sozioökono-

Tabelle 2-25: Ethnische Hauptgruppen nach sozialen Merkmalen, New York City 1990 und 2000

	Weiße		Schwarze		Hispanics		Asiaten	
	1990	2000	1990	2000	1990	2000	1990	2000
Personen mit College-abschluss (%)	32,5	41,1	13,7	16,8	15,2	18,1	25,2	31,0
Pers. in freien u. Managementberufen (%)	41,8	46,2	25,6	27,3	25,0	26,4	33,0	35,7
Erwerbslosenquote (%)	6,4	6,0	13,0	14,2	12,4	13,3	7,8	7,6
Personen unterhalb der Armutsgrenze (%)	10,9	12,8	25,5	26,2	27,6	27,9	15,6	17,5
unteres Hsh.-Einkommensterzil (%)	31,5	31,1	46,5	43,5	54,0	52,5	35,0	37,3
mittleres Hsh.-Einkommensterzil (%)	28,3	26,2	29,7	29,7	28,5	28,4	31,1	28,7
oberes Hsh.-Einkommensterzil (%)	40,2	42,7	23,8	26,8	17,5	19,1	33,9	34,1
Median-Haushaltseinkommen ($)	47.325	50.920	31.955	35.629	20.402	27.881	41.350	41.338

Quelle: LEWIS MUMFORD CENTER FOR COMPARATIVE URBAN AND REGIONAL RESEARCH (2002).

mischen Kenndaten bilden. Da in den 1990er Jahren in Bezug auf die Gesamtbevölkerung sowohl die Einkommensungleichheit als auch der Anteil der nichtweißen Bevölkerungsgruppe weiter anstiegen, gilt damit wohl auch für diese Zeitspanne, dass die beiden Phänomene eng miteinander verbunden sind.

Bei Betrachtung der obigen Daten bleibt allerdings unklar, ob die ungünstige sozioökonomische Situation ethnischer Minoritäten in der *global city* New York primär auf eine allgemeine Unterprivilegierung dieser Gruppen in der amerikanischen Gesellschaft oder auf die spezifische, nach Sassen als polarisiert zu kennzeichnende Wirtschaftsstruktur einer *global city* zurückzuführen ist. Anhand von Greater London lässt sich diese Frage einer Antwort näher bringen (vgl. Tab. 2-26). Demnach lag das Niveau der Erwerbslosigkeit sowohl für die weiße Bevölkerungsgruppe als auch für die gesamte nichtweiße Erwerbsbevölkerung im übrigen England und in Wales bei etwa 90 % der in Greater London verzeichneten Raten. Dies belegt, dass in gewissem Maße auch die besondere Wirtschaftsstruktur Londons einen Einfluss auf die dortige Höhe der Erwerbslosigkeit ausübt. Da in Bezug auf die Gesamtbevölkerung die Erwerbslosenquote für das nichtmetropolitane England und Wales jedoch nur bei 75 % des Londoner Niveaus liegt, ist zu schließen, dass die stärkere Minoritätenpräsenz in der britischen Hauptstadt an sich hierbei

Tabelle 2-26: Erwerbslosigkeit nach ethnischen Gruppen, Greater London 2001

	Greater London (GL) in %	England & Wales (ohne GL)	
		in %	(GL=100)
Alle Gruppen	6,7	5,0	75
Weiße	5,3	4,7	89
Inder	5,9	7,1	120
Pakistaner	12,2	16,5	135
Bangladesher	20,5	15,5	76
Chinesen	7,1	5,3	75
Sonstige Asiaten	9,3	9,2	99
Schwarzkariben	12,3	11,1	90
Schwarzafrikaner	16,0	12,8	80
Sonstige Schwarze	17,6	14,6	83
Alle Nichtweißen	11,3	10,5	93

Quelle: Volkszählungsdaten nach GREATER LONDON AUTHORITY, DATA MANAGEMENT AND ANALYSIS GROUP (2003: 24); eigene Berechnungen.

ebenfalls von Bedeutung ist. Unterprivilegierung als solche und eine polarisierte Wirtschaftsstruktur können somit etwa gleichrangig als Faktoren der ungünstigen Lage ethnischer Minoritäten auf dem Londoner Arbeitsmarkt angesehen werden.

In diesem Zusammenhang ist auch die Frage zu erörtern, ob, wie SASSEN (2001a[2]: 321–323) argumentiert, es primär das erweiterte Angebot an gering bezahlten Tätigkeiten in *global cities* ist, das ethnische Minoritäten zur Migration in solche Städte veranlasst, oder ob eher die Präsenz ethnischer Minoritäten bzw. die Möglichkeit ihrer massenhaften Zuwanderung erst dazu führt, dass solche Tätigkeiten auf Kosten gesicherterer Arbeitsplätze neu eingerichtet werden. HAMNETT (1996b: 1428) neigt der zweiten Position zu und führt in Bezug auf die Position von Sassen aus:

> I have considerable sympathy with this argument, partly for political reasons, in that it is easy to slip into a right-wing, anti-immigrant stance, blaming immigrants for undercutting wages. I find it difficult, however, to overlook the fact that the US, particularly the major cities, has a level of immigration unparalleled in most other Western countries, and that it is also almost the only Western country to have seen the rapid growth of large numbers of low-wage service jobs.

Nach meiner Einschätzung dürfte eine Position zwischen diesen beiden Auffassungen der Realität wohl am nächsten kommen. So sind eine gewisse berufliche Polarisierung bzw. ein Anstieg der Erwerbslosenrate auch bei weitgehendem Fehlen ethnischer Minoritäten zu beobachten, wie das Beispiel Tōkyō zeigt. Ein kleiner Teil der dortigen – fast ausschließlich japanischen – Bevölkerung befindet sich also in einer benachteiligten Situation, die etwa in New York den ethnischen Minoritäten vorbehalten bleibt – daher auch die höhere Einkommensdisparität der Gesamtbevölkerung Tōkyōs gegenüber der „weißen" Bevölkerung von New York. Weiterhin offenbart das Beispiel London, dass zumindest ein geringer Teil der gegenüber dem restlichen Land höheren Erwerbslosigkeit als unabhängig von der ethnischen Komposition der britischen Hauptstadt gesehen werden muss. Andererseits ist zur Unterstützung der Argumentation von Hamnett darauf zu verweisen, dass mit der Gruppe der Schwarzen sowie zahlreichen aus Puerto Rico stammenden Hispanics in New York schon seit etlichen Jahrzehnten unterprivilegierte Gruppen stark präsent sind, die zudem angesichts geringer sozialstaatlicher Leistungen schon immer in hohem Maße auf rechtlich ungesicherte und gering entlohnte Tätigkeiten angewiesen waren. Ein solches Zusammenspiel sozialstaatlicher Charakteristika, der gesellschaftlichen Rolle ethnischer Minoritäten sowie der Struktur des Arbeitsmarktes lässt sich jedoch für London nur bedingt und für Tōkyō gar nicht konstatieren. Mit anderen, drastischeren Worten: Der geringe Anteil ethnischer Minoritäten, deren wirtschaftliche Ausbeutung gesellschaftlich und teilweise auch rechtlich einfacher wäre als die von Mitgliedern der Mehrheitsbevölkerung, dürfte eine weitere Ursache für das geringe Niveau sozialer Polarisierung in Tōkyō darstellen.

Wie lässt sich nun die soziale Situation der in Tōkyō anwesenden ausländischen Bevölkerung charakterisieren? Aufgrund der unzureichenden Datenlage ist hier nur eine grobe Skizze möglich, doch bestätigen bereits die folgenden Tabellen 2-27 und 2-28, dass Ausländer in der japanischen Hauptstadt zum Teil andere Merkmale und damit auch eine andere Funktion als selbst in London besitzen. Zunächst deuten die Daten auf eine eher kurze bzw. noch kurze Verweildauer von Ausländern in Tōkyō hin; sie sind somit als feste Größe für den Tōkyōter Arbeitsmarkt nur bedingt einplanbar: Von der zu weiten Teilen schon seit Generationen ansässigen Gruppe der Koreaner abgesehen, zeigt sich eine markante Konzentration auf die Altersgruppe der jungen Erwachsenen zwischen 20 und 39 Jahre. Alte Menschen ab 60

Tabelle 2-27: Ausländer nach Nationalität und soziodemographischen Merkmalen (in %), Präfektur Tōkyō 1990 und 2000

	Koreaner		Chinesen		Filipinos		Amerikaner		Japaner	
	1990	2000	1990	2000	1990	2000	1990	2000	1990	2000
0–19 Jahre	24,4	17,2	11,8	13,0	7,5	9,3	20,6	21,2	22,6	17,1
20–39 Jahre	43,2	42,5	71,1	61,8	84,1	73,6	48,7	39,2	32,2	33,2
40–59 Jahre	21,3	26,9	12,4	20,9	7,9	15,3	24,2	31,0	29,0	27,4
60 Jahre und älter	11,1	13,4	4,7	4,3	0,5	1,8	6,5	8,7	16,2	22,3
Anteil Frauen	50,6	53,2	49,7	53,5	81,3	82,9	42,0	37,7	49,6	50,0
Einpersonenhaushalte	38,0	44,9	65,4	57,7	85,8	63,1	51,5	48,0	35,9	40,9
Ehepaarhaushalte	11,3	11,8	12,2	12,9	4,4	7,6	20,8	20,6	14,2	16,9
Sonstige Haushalte	50,7	43,3	22,4	29,4	9,8	29,3	27,7	31,4	49,9	42,2
Personen pro Haushalt	2,55	2,21	1,61	1,74	1,23	1,63	1,93	2,00	2,47	2,21
Eigentumswohnung	28,5	n. v.	6,3	n. v.	0,9	n. v.	7,4	n. v.	40,4	42,4
Öffentl. Mietwohnung	6,8	n. v.	4,2	n. v.	0,7	n. v.	0,6	n. v.	9,2	9,2
Private Mietwohnung	57,2	n. v.	79,0	n. v.	51,5	n. v.	76,2	n. v.	39,4	39,1
Firmenwohnung	2,8	n. v.	2,5	n. v.	5,7	n. v.	9,8	n. v.	5,3	4,5
Untermiete/Sonstige W.	4,6	n. v.	8,0	n. v.	41,2	n. v.	6,1	n. v.	5,7	4,8

Quelle: Eigene Berechnungen nach Sōmuchō Tōkeikyoku, *Kokusei chōsa hōkoku* (1990 und 2000: Bd. 2-2-13, Tab. 49–52).

Tabelle 2-28: Ausländer nach Nationalität und sozioökonomischen Merkmalen (in %), Japan 1990 und 2000

	Koreaner		Chinesen		Filipinos		Amerikaner		Japaner	
	1990	2000	1990	2000	1990	2000	1990	2000	1990	2000
Erwerbstätig	57,1	54,8	44,9	53,5	54,6	48,5	70,0	67,9	61,2	58,2
Management- u. freie Berufe	13,8	14,3	18,1	15,0	25,4	10,1	71,4	69,0	15,7	16,4
Büroberufe	14,0	13,8	11,4	7,8	2,7	3,4	11,1	11,6	18,7	19,3
Handels- u. Dienstleistungsberufe	32,5	35,1	35,7	25,1	42,8	34,9	8,5	8,8	21,6	23,9
Fertigungsberufe	32,3	29,0	29,4	45,0	25,8	45,0	6,2	6,7	31,3	29,1
Sonstige Berufe	7,4	7,8	5,4	7,1	3,3	6,6	2,8	3,9	12,7	11,3
In Teilzeitverhältnissen beschäftigte Angestellte	n. v.	20,0	n. v.	31,7	n. v.	49,9	n. v.	14,8	n. v.	13,8
Erwerbslos	6,1	8,2	5,9	5,2	2,4	5,0	2,8	2,4	3,0	4,7
Schüler und Studierende	11,4	9,4	27,1	15,7	2,4	1,6	8,3	7,5	9,5	7,3
Sonst. Nichterwerbstätige	26,7	28,7	21,9	23,8	39,1	43,8	17,8	17,7	27,0	30,0

Quelle: Eigene Berechnungen nach SŌMUCHŌ TŌKEIKYOKU, *Kokusei chōsa hōkoku* (1990 und 2000: Bd. 3-1, Tab. 13-14; Bd. 4-1, Tab. 24).

Jahre sowie Kinder und Jugendliche sind anteilsmäßig vor allem bei Chinesen und Filipinos nur schwach vertreten, was belegt, dass ein „Familiennachzug" in größerem Umfang bislang nicht stattgefunden hat. In diese Richtung deuten auch die sehr hohen Anteile von Einpersonenhaushalten, wenngleich sich die Anteile anderer Haushaltsformen während der 1990er Jahre etwas erhöht haben. Vorherrschende Wohnform aller Ausländergruppen schließlich ist die privat vermietete Wohnung. Zwar können sich in Japan gemeldete Ausländer im Prinzip um eine öffentliche Mietwohnung bewerben, doch müssen sie hierzu meist eine gewisse Wohndauer in der betreffenden Gebietskörperschaft nachweisen; zudem sehen sich Ausländer in der Praxis weiterer Einschränkungen gegenüber, die sich vor allem auf die Restdauer des Visums oder den Status selbst beziehen (KOSUGE 1996: 71; vgl. auch Kap. 3.3.1.2). Oft ist es daher die im Allgemeinen kurze Anwesenheitsdauer von Ausländern in Japan, die den Einzug in eine verbilligte öffentliche Mietwohnung verhindert.

Auf kurze Verweildauer und geringe Bindung an Japan weist auch eine gegenüber Japanern meist nicht wesentlich erhöhte oder sogar geringere Erwerbslosigkeit hin. Es steht zu vermuten, dass die meisten der erwerbslos gewordenen „neuen" Ausländer wieder in ihre Ursprungsländer zurückkehren, ganz im Gegensatz zu den alteingesessenen Koreanern, die folgerichtig auch die höchste Erwerbslosenquote aufweisen. In Tabelle 2-28 sind nur Daten für ganz Japan wiedergegeben, da zu den einzelnen Präfekturen sozioökonomische Merkmale für das Jahr 2000 nicht nach Nationalität aufgeschlüsselt vorliegen. Eine Erwerbslosenquote der in der Präfektur Tōkyō lebenden ausländischen Erwerbsbevölkerung insgesamt von nur 5,3 % gegenüber 4,8 % der dortigen japanischen Erwerbsbevölkerung erhärtet aber die zuvor gemachte Aussage. Wie oben anhand der Verteilung der Ausländergruppen nach Visastatus gezeigt werden konnte, ist Tōkyō vor allem das Ziel von hoch qualifizierten sowie bildungsorientierten Ausländern. Dies mag ein Grund dafür sein, dass die Erwerbslosenquote der ausländischen Erwerbsbevölkerung in Japan insgesamt mit 5,7 % etwas höher liegt als in der Hauptstadt.

Für die – vergleichsweise wenigen – Ausländer, die außerhalb anspruchsvoller Tätigkeitsfelder beschäftigt sind, deuten die hohen Anteile von in Teilzeitverhältnissen arbeitenden Angestellten jedoch auf durchaus prekäre Arbeitsbedingungen hin (vgl. die entsprechenden Werte bei Chinesen und Filipinos in Tab. 2-28). Im Gegensatz zu den Verhältnissen in den USA sind allerdings die meisten dieser Arbeitnehmer nicht im niederen Dienstleistungssegment, sondern im sekundären Sektor beschäftigt, wo sie dem Arbeitskräftemangel in Klein- und Mittelunternehmen abhelfen (KOMAI 1995: 145). Diese Entwicklung hat sich während der 1990er Jahre verstärkt und würde noch deutlicher zutage treten, wenn in der Tabelle die – in Tōkyō kaum präsenten und daher hier weggelassenen – japanischstämmigen Zuwanderer aus Südamerika noch vertreten wären (vgl. LÜTZELER 2002a: 14, 15).

Zusammenfassend sei das Wichtigste noch einmal herausgestellt: Soziale Polarisierung ist in der japanischen Hauptstadt deutlich geringer ausgeprägt als in London und vor allem in New York, was indes in Anbetracht der liberaleren Wirtschaftsverfassung in den beiden angelsächsischen Staaten, aber auch der Tradition dieser Staaten als Einwanderungsland bzw. Land mit ehemaligem Kolonienbesitz wohl nicht wesentlich anders zu erwarten war. Als schon erstaunlicher muss hingegen gewertet werden, dass sich für Tōkyō zwar eine moderate Polarisierungstendenz bei der beruflichen Zusammensetzung der Erwerbstätigen sowie der Art des Arbeitsverhältnisses abzeichnet, die sich jedoch nicht in einer signifikant erhöhten Einkommensungleichheit niederschlägt. Auch eine leicht wachsende Zahl von Mitgliedern gesellschaftlicher Randgruppen (Erwerbslose, Obdachlose, Ausländer aus der „Dritten Welt") hat hieran bislang nichts geändert.

2.2.3 POLITIK ZWISCHEN FÖRDERUNG UND EINDÄMMUNG DER GLOBALISIERUNG
TŌKYŌS

Wie ich bereits verschiedentlich dargestellt habe, entzündet sich die Kritik am *global city*-Modell von Sassen hauptsächlich daran, dass zu einseitig nur globale wirtschaftliche Faktoren als Triebkräfte der Entwicklung von Metropolen benannt und somit landesspezifische Aspekte und hier insbesondere das Handeln des Nationalstaates nicht hinreichend berücksichtigt worden seien. In Erwiderung auf die diesbezügliche Kritik von WHITE (1998a: 466–467) am Beispiel Tōkyō hat SASSEN (1998: 479) selbst dies als Schwäche ihres Modells zugegeben, ohne hieraus jedoch weitergehende Konsequenzen zu ziehen: So folgt der Aufbau ihres Werkes *The Global City* in der Neuauflage von 2001 im Wesentlichen der Erstauflage von 1991; Unterschiede beschränken sich auf Aktualisierungen und semantische Verschiebungen. Ebenso wird von dem Begründer der *global city*- bzw. *world city*-Forschung, John FRIEDMANN (2001), eine Vernachlässigung der Rolle des Staates eingeräumt – in diesem Falle in Erwiderung auf den bereits mehrfach zitierten Artikel von HILL und KIM (2000).

Staatliche Einwirkungen werden zum Teil im Sinne einer *Verschärfung* sozialer Polarisierung interpretiert: Der Staat oder die Verwaltung einer Stadt betreiben in Konkurrenz zu anderen *global city*-Aspiranten eine Politik für Investoren und die gehobene Mittelschicht, bei der benachteiligte Gruppen im übertragenen wie wörtlichen Sinne an den Rand der Stadt gedrängt werden (vgl. u. a. SMITH, N. 1996). Publikationen zu europäischen Städten (HAMNETT 1996b; vgl. auch die entsprechenden Aufsätze in MUSTERD und OSTENDORF 1998) sowie zu Tōkyō (WHITE 1998a; HILL und KIM 2000) betonen hingegen eher die polarisierungs*dämpfenden* Wirkungen staatlicher Politik, die auf drei Ebenen gesehen werden können. Die erste Ebene betrifft die Grundausrichtung der Politik eines Landes. Anknüpfend an die Sozialstaat-Typologie von ESPING-ANDERSEN (1990) oder – in Bezug auf ostasiatische Industriestaaten – das *developmental state*-Modell wird postuliert, dass soziale Polarisierungserscheinungen durch eine Politik, die die nationalen Interessen den Interessen des Marktes voranstellt, indem sie aktiv Beschäftigung fördert und auf eine Umverteilung von Einkommen abzielt, weitgehend vermieden werden können. Dieser Aspekt ist bereits in den vorangegangenen Abschnitten von Kapitel 2 behandelt worden, wobei sich gezeigt hat, dass zwar die *global city* Tōkyō in der Tat einen relativ geringen Grad sozialer Polarisierung aufweist, dies aber für Japan als Ganzes nicht unbedingt zutrifft. Auf einer zweiten Ebene können Staaten mittels einer steuernden Wohnungspolitik – vor allem über das Instrument des öffentlichen Wohnungsbaus – für geringere sozial*räumliche* Disparitäten sorgen (VAN DER WUSTEN und MUSTERD

1998). Dieser Punkt ist für Tōkyō im Kontext der Erörterung residenzieller Segregation auf der Makroebene näher in Kapitel 3.3 ausgeführt. Dazwischen liegt eine Ebene, auf der nationale Regierungen oder untere Gebietskörperschaften mittels konkreter politischer Maßnahmen direkt den Globalisierungsgrad des Landes oder einer Stadt regulieren und damit auch auf das Potenzial gesellschaftlicher Polarisierung Einfluss nehmen. Dieser Gesichtspunkt soll im Folgenden schlaglichtartig umrissen werden, wobei zunächst auf das Ausmaß der Offenheit Japans für Investitionen und Migranten aus dem Ausland und anschließend auf die jüngeren Programme und Strategien zum Ausbau von Tōkyō als globale Metropole eingegangen wird.

Während der vergangenen Jahrzehnte und noch unlängst bei SAITO und THORNLEY (2003: 682) sowie SAITO (2003: 285–286) ist von politischer und wissenschaftlicher Seite wiederholt auf eine besondere Verschlossenheit des japanischen Marktes hingewiesen worden, und die in Kap. 2.2.2.1 vorgestellte niedrige Zahl ausländischer Unternehmen in Tōkyō scheint dieses Urteil zu bestätigen. Da tarifäre Hemmnisse mittlerweile weitgehend abgebaut worden sind, bezieht sich die Kritik zum einen auf nicht-tarifäre, verwaltungsrechtliche Beschränkungen sowie auf bestimmte Charakteristika der japanischen Gesellschaft, angefangen mit dem besonderen Schwierigkeitsgrad der japanischen Sprache über hohe Kosten speziell bei Immobilien, die Geschlossenheit des Distributionssystems und des Arbeitsmarktes bis hin zu einem angeblichen vorsichtigen Umgang von Japanern mit Ausländern (vgl. LEGEWIE 1998: 309; MENKHAUS 1998: 122).

Zahlreiche Kommentatoren verweisen jedoch darauf, dass die meisten dieser noch in den mittleren 1990er Jahren beklagten Hemmnisse nicht mehr existieren. So hat sich die Kostensituation von Tōkyō infolge der gesunkenen Bodenpreise, aber auch aufgrund gestiegener Preise in Hongkong oder Singapur absolut wie relativ verbessert (PASCHA 1998: 61–62). Von politischer Seite sind eine Reihe von Deregulierungsmaßnahmen durchgesetzt worden, die nicht zuletzt auch das explizite Ziel haben, ausländische Investoren von einer Abwanderung in andere ost- und südostasiatische Länder abzuhalten bzw. neue ausländische Direktinvestitionen anzureizen, so etwa bereits seit Beginn der 1990er Jahre in den Bereichen Distribution und Telekommunikation (LEGEWIE 1998: 310). Im Bereich des Finanzmarktes schließlich hat die im Jahre 1996 durch den damaligen Premierminister Hashimoto Ryūtarō eingeleitete Politik weitergehender Liberalisierung (sog. Big Bang, jap.: *kin'yū dai-kaikaku*) grundlegende Änderungen geschaffen wie z. B. die weitgehende Aufhebung von Devisenbeschränkungen, die Abschaffung der gesetzlichen Zinsbindung oder die Einrichtung einer Wertpapieraufsichtsbehörde.

Von besonderer Bedeutung war die Aufhebung der Trennung von Bank-
und Wertpapiergeschäft. So war es bis zu diesem Zeitpunkt Finanzinsti-
tuten aus Staaten mit dem sog. Universalbanksystem (wie z. B. Deutschland) in Japan verwehrt, beide Geschäftsfelder gleichzeitig auszuüben
(MENKHAUS 1998: 125). Mit einer gewissen zeitlichen Verzögerung haben
ausländische Unternehmen auf diese Veränderungen reagiert. Zum einen
belegt dies der o. g. leicht gewachsene Anteil von Beschäftigten in ausländischen Unternehmen in Tōkyō zwischen 1996 und 2001. Ein deutlicheres
Indiz stellt die kräftig gestiegene Zahl von Fusionen zwischen ausländischen und japanischen Unternehmen innerhalb Japans bzw. von Fällen
des Erwerbs eines japanischen durch ein ausländisches Unternehmen seit
1999 dar. Während beispielsweise im Jahr 1990 nur 19 Fälle solcher Zu-
sammenschlüsse 459 Zusammenschlüssen japanischer Firmen mit einem
im Ausland ansässigen Unternehmen außerhalb Japans gegenüberstan-
den, lag das Verhältnis zwischen 1999 und 2002 umgekehrt bei 1149 von
ausländischen Unternehmen induzierten zu 591 japanisch induzierten
Zusammenschlüssen (HAAS 2004: 24–25). Soweit es staatliche Regulierun-
gen betrifft, kann also von einer Behinderung des Zugangs ausländischer
Unternehmen auf den japanischen Markt nicht mehr die Rede sein. Ihre
immer noch relativ geringe Präsenz in Tōkyō mag man schlicht darauf
zurückführen, dass der gegen Ende der 1990er Jahre eingeleitete Wandel
noch nicht abgeschlossen ist. Darüber hinaus könnten psychologische
Faktoren (Furcht vor der japanischen Sprache, vor einer angeblichen
besonderen „Andersartigkeit" Japans, vor einer intransparent agieren-
den Staatsbürokratie, vor hohem Qualitätsbewusstsein der Kunden usw.)
weiterhin eine Rolle spielen.

Im Gegensatz zu der weitgehenden Liberalisierung bei ausländischen
Direktinvestitionen, die einen positiven Einfluss auf die weitere Globalisierung der Wirtschaft Tōkyōs ausüben dürfte, hat sich die japanische
Immigrationspolitik in ihrem restriktiven Charakter kaum gewandelt,
was erklärt, warum es nach dem Ende des demographisch bedingten
Überschusses einheimischer Arbeitskräfte seit den frühen 1980er Jahren
nicht zu einer noch stärkeren Zuwanderung von Ausländern gekommen
ist. Prinzipiell wird das Ziel verfolgt, nur die Zuwanderung von gut
ausgebildeten Facharbeitskräften, die der japanischen Wirtschaftsentwicklung nützlich sein können, zuzulassen, um, wie es heißt, Integrati-
onsprobleme, wie sie in vielen europäischen Ländern aufgetreten sind, zu
vermeiden (SELLEK 1997: 183; MACHIMURA 1998: 190). Zur transparenteren
Handhabung dieser Politik erfolgte 1990 eine Neufassung des Außenmi-
grationskontrollgesetzes (*Shutsunyūkoku kanri-hō*; kurz *Nyūkan-hō*) mit
einer grundlegenden Revision der Visastatus-Klassifikation, der weitere
Novellierungen folgten, die vor allem Strafverschärfungen gegen illegale

Ausländer beinhalteten. Im Jahr 2000 etwa wurden rund 240.000 Illegale in Japan vermutet, davon über 90.000 Personen allein in der Präfektur Tōkyō (Sonobe 2001: 79). Vor allem die schwache Konjunkturentwicklung der 1990er und frühen 2000er Jahre dürfte dafür verantwortlich sein, dass ernsthafte Bemühungen um eine stärkere Liberalisierung des Migrationsrechts bislang nicht zu erkennen sind.

In Wirklichkeit gibt es jedoch einige, in Anbetracht des latenten Arbeitskräftemangels nicht ohne Absicht geschaffene Gesetzeslücken, durch die bislang etliche hunderttausend ungelernte Arbeitsmigranten auch legal nach Japan gelangen konnten, ohne das Prinzip der strikten Zuwanderungsbeschränkung zu verletzen. Am bedeutendsten ist hierbei die seit 1990 bestehende, zunächst auf drei Jahre befristete unbeschränkte Arbeitserlaubnis, die Personen japanischer Abstammung gewährt wird und so insbesondere den südamerikanischen *nikkeijin* zugutekommt, die deswegen gerade seit 1990 einen Großteil des Zuwanderungsstromes nach Japan ausmachen. Einen hierauf begründeten „long-term resident"-Visastatus (*teijū*) besaßen im Jahr 2005 laut der offiziellen Statistik rund 266.000 Personen. Diese recht großzügige Regelung geschieht unter der Annahme einer besonderen Assimilationsfähigkeit von Migranten japanischer Abstammung, was sich durch bisherige Erfahrungen jedoch nicht bestätigt hat (Lützeler 2002a: 14). Weiterhin wurden schon im Herbst 1984 die Einreisebestimmungen für Auslandsstudenten gelockert und das generelle Arbeitsverbot für diese aufgehoben. Zusammen mit einem unzureichenden Angebot an Stipendien führte dies bald dazu, dass viele ausländische Studenten, vor allem Besucher von Fach- und Sprachschulen (*shūgakusei*; 2005 noch rund 28.000 Personen unter diesem Status), ihr Studium vernachlässigten und stattdessen schlecht bezahlte Arbeiten zur notwendigen Sicherung ihres Lebensunterhaltes verrichteten. Ebenso gibt es bereits seit 1982 Praktikaprogramme, deren offizielles Ziel darin besteht, ausländische Beschäftigte japanischer Firmen in Ost- und Südostasien in Japan fachlich weiterzubilden. Im Jahr 2005 befanden sich rund 141.000 Ausländer als sogenannte *kenshūsei* oder mit einem verwandten Visum in Japan. Es gilt jedoch als offenes Geheimnis, dass die Programme dazu missbraucht werden, Klein- und Mittelunternehmen billige Arbeitskräfte zuzuführen (Matsubara 07.04.2000). Schließlich mag man auch die Kategorie des „Unterhalters" (*kōgyōsha*) als eine Art Gesetzeslücke ansehen, durch die vor allem philippinische Frauen – 2005 besaßen über 36.000 Personen ein solches Visum – nach Japan gelangen, um unter anderem die Bedürfnisse des japanischen Vergnügungsgewerbes zu befriedigen. Andererseits sind internationale Flüchtlinge oder Asylsuchende infolge einer äußerst restriktiven Aufnahmepolitik anders als in den westlichen Industriestaaten in Japan praktisch ohne jede Bedeutung: Im Jahr 2005 befanden sich nur 30 Personen unter dem entsprechenden Visastatus (*ichiji higo*; wörtl.: temporäre Obhut) im Lande (Nyū-kan Kyōkai 2006: 2–7).

Die Entwicklung von Tōkyō zu einer *global city* ist in den vergangenen beiden Jahrzehnten auch direkt durch strategische Programme und konkrete politische Maßnahmen nicht unmaßgeblich beeinflusst worden. Eine erste Welle der staatlichen Förderung Tōkyōs als internationaler Knotenpunkt begann in den frühen 1980er Jahren unter der Leitung des damaligen Premierministers Nakasone. Diese Politik lässt sich zum Teil als bloße Reaktion auf den damals beginnenden Strukturwandel hin zu einer auf Informations- und Finanzdienstleistungen fundierten Wirtschaft interpretieren, diente aber über die Anstoßung zahlreicher, durch privates Kapital mitfinanzierter Stadtumbauprojekte in der Hauptstadt auch der Nachfragestärkung in Japan und damit der Beschwichtigung der internationalen Handelspartner mit ihrer Kritik an hohen japanischen Exportüberschüssen (Saito 2003: 292–293). Konkret sahen die verschiedenen Pläne der damaligen National Land Agency (Kokudochō) und der Präfekturadministration Tōkyōs[10] auf der einen Seite in Abkehr von früheren Dezentralisierungsbemühungen die Förderung einer weiteren Konzentration von Funktionen in den Bereichen Finanzen, Industrie, Politik und Verwaltung sowie den Aufbau internationaler Tagungs- und Ausstellungsstätten in der Hauptstadtregion vor. Zum anderen sollte jedoch innerhalb Tōkyōs durch die Entwicklung mehrerer Subzentren eine multipolare Struktur geschaffen werden (Saito und Thornley 2003: 670–671). Zunehmend gewannen die auch in der öffentlichen Diskussion gebrauchten Begriffe *global city, world city* oder *kokusaika* [Internationalisierung] dabei eine ideologische Funktion, mit deren Hilfe die Büroflächenexpansion in den zentralen Stadtbezirken, die mit einer massiven Verdrängung von Wohnbevölkerung einherging, gerechtfertigt wurde (Machimura 1994: 212–216; 1998: 187).

Nach dem Zusammenbruch der *bubble economy* verlor die politische Debatte über die Globalisierung Tōkyōs zunächst an Bedeutung, obwohl die strategischen Pläne – teilweise modifiziert – weiterhin galten. Eine

---

[10] Zu nennen sind hier vonseiten der National Land Agency vor allem der vierte National Capital Region Development Plan (*Dai yon-ji shutoken seibi keikaku*) von 1986 und vonseiten der Präfekturverwaltung der zweite Long-Term Plan for the Tōkyō Metropolis (*Dai ni-ji Tōkyō-to chōki keikaku*) von 1987, dem schon 1990 eine dritte Version folgte, die bereits stärker die durch die Bodenpreisspekulation entstandene Problematik des Bevölkerungsrückgangs in den zentralen Stadtbezirken berücksichtigte (Tōkyō-to Toshi Keikaku-kyoku Sōmu-bu Sōdan Jōhō-ka 1992: 6–11).

Wiederaufnahme fand erst in der zweiten Hälfte der 1990er Jahre als Reaktion auf Befürchtungen statt, die japanische Hauptstadt könne infolge mangelnder Konkurrenzfähigkeit von anderen Metropolen, allen voran Hongkong und Singapur, in ihrer globalen Bedeutung überholt werden. Im Unterschied zur Globalisierungspolitik während der 1980er Jahre verfolgt nun jedoch die Präfekturregierung seit der Wahl des rechtspopulistischen Gouverneurs Ishihara Shintarō 1999 eine eigenständigere Strategie, die sich auch nicht immer mit den Vorstellungen der Zentralregierung überlappt. Während nämlich zentralstaatliche Akteure, erkennbar etwa an der Big Bang-Politik der Regierung Hashimoto von 1996, eher dazu tendieren, über Deregulierungen den Finanzstandort Tōkyō zu stärken und damit erkannte Internationalitätsdefizite auszugleichen, bemüht sich die Präfekturregierung unter dem Schlagwort eines „einwohnerfreundlichen" Tōkyō (*seikatsu toshi Tōkyō*) primär um die Förderung von Informationstechnologien und anderen forschungsintensiven Industriebranchen, die die Qualifikationen der vor Ort befindlichen kleineren Unternehmen und Erwerbstätigen abruft (Kamo 2000: 2156; Saito und Thornley 2003: 675).[11] In räumlicher Hinsicht hat die Präfekturregierung ihr Subzentrenkonzept weitgehend aufgegeben und setzt stattdessen seit ihrem Tōkyō-Plan 2000 (*Tōkyō kōsō 2000*) auf den weiteren Ausbau des zentralen Stadtbereichs. Damit soll erstens durch die konsequente Ausnutzung von Agglomerationsvorteilen die japanische Wirtschaft, nicht zuletzt aber auch die führende Stellung von Tōkyō innerhalb Japans gestärkt werden. Zweitens soll eine morphologisch geordnete und funktional auf Durchmischung basierte vertikale Innenstadtentwicklung die Bevölkerung zur Rückkehr in die zentralen Bezirke bewegen und die internationale Konkurrenzfähigkeit Tōkyōs als *global city* unterstützen (Saito und Thornley 2003: 676–677). Dies bedeutet eine klare Abkehr von der noch in den 1980er Jahren gängigen positiven Bewertung der „postmodernen", „chaotischen" Stadtstruktur der japanischen Hauptstadt (Fujiu 2002: 37).

Abgesehen von den teilweise unterschiedlichen Zielsetzungen lassen sich zwischen beiden Wellen der Globalisierungsförderung von Tōkyō auch Unterschiede in der Durchführung erkennen, was nachfolgend am Beispiel konkreter Stadterneuerungsprojekte verdeutlicht werden soll:

---

[11] Seit der Einleitung der Stadtrevitalisierungspolitik (s. u.) durch das Amt des Premierministers im Jahr 2002, die der nationalen Technologieentwicklung neue Aufmerksamkeit schenkt, gehen die Zielsetzungen von Zentralregierung und Präfektur jedoch in einem wichtigen Punkt wieder weitgehend konform (Fujita, K. 2003: 266–267).

Die Entwicklung der sogenannten Rainbow Town (bis 1997: Teleport Town) auf neu aufgeschütteten Landflächen im Hafenbereich von Tōkyō steht im Zusammenhang mit der Nebenzentrenpolitik während der ersten Phase von Globalisierungsbemühungen in den späten 1980er Jahren. Von besonderem Interesse ist, dass die Vorgehensweise der Akteure bei diesem auch unter dem Namen Tōkyō Waterfront Subcenter bzw. *rinkai fukutoshin* bekannten Projekt die auf indirekte staatliche Lenkung gestützte Funktionsweise des *developmental state* gut abbildet. Seit den späten 1970er Jahren war das innere Hafengelände als Industrie- und Lagerstandort zunehmend obsolet geworden, während sich der Entwicklungsdruck aus dem nahe gelegenen Stadtzentrum verstärkte. Aus dieser Situation heraus wurde die Idee geboren, das Hafen- und Neulandgelände nahe des Stadtzentrums als weiteres Subzentrum (*fukutoshin*) zur Entlastung des inneren Stadtzentrums sukzessive mit Büro- und Wohnflächen zu überbauen (SAITO 2003: 293). Die staatlichen Akteure verknüpften dabei Zielsetzungen der Hauptstadtentwicklung mit gesamtstaatlichen Entwicklungskonzepten. Konkret sollte mit dem Aufbau des neuen Subzentrums die gewünschte dezentralere, multipolare Stadtentwicklung Tōkyōs gestützt, gleichzeitig aber auch mittels anzusiedelnder Organisationen aus den Bereichen Kommunikation, Medien, Mode und Design Japans Position im Rahmen von Globalisierung und der Entwicklung neuer Technologien gestärkt werden. Zunächst war beabsichtigt, 110.000 Arbeitsplätze mit einer Wohnbevölkerung von 60.000 Personen zu schaffen, ein Ziel, das mittlerweile angesichts geringeren Wirtschaftswachstums und der neuen Wertschätzung des inneren Stadtzentrums auf 70.000 Arbeitsplätze bzw. 42.000 Bewohner hinuntergeschraubt worden ist (HOHN 2002b: 232–235; SAITO 2003: 296).

Die doppelte Zielsetzung des Projekts ergab sich aus dem Zusammenspiel der beiden Hauptakteure: der Präfekturverwaltung und der Zentralregierung. Durch die Präfektur bzw. den damaligen Gouverneur Suzuki Shun'ichi als Teleport Town angestoßen, wurde es nachfolgend zunächst von der Zentralregierung vereinnahmt, die mittels einer sogenannten *minkatsu*-Politik der Hinzunahme von privatem Kapital strategische Infrastrukturprojekte auch unter den Vorzeichen einer ungünstigen öffentlichen Finanzlage weiterführen wollte. Schließlich erkannte man, dass das Projekt nur gemeinsam zu entwickeln war: Mit dem Vierten Nationalen Plan zur Entwicklung der Hauptstadtregion (*Dai yon-ji shutoken seibi keikaku*) von 1986 und dem Vierten Plan zur Entwicklung des ganzen Landes (*Dai yon-ji zenkokudo sōgō kaihatsu keikaku*) von 1987 wurde seitens der Zentralregierung die bislang dominierende, auf Dezentralisierung ausgerichtete Raumordnungspolitik zugunsten einer Stärkung von Tōkyō faktisch aufgegeben und damit die Möglichkeit zur Implementierung des Projektes überhaupt erst geschaffen, während andererseits die Präfektur im Besitz der Grundstücke war (SAITO 2003: 300–301).

Der Planungs- und Steuerungsprozess des Projekts zeichnete sich durch Intransparenz, einen technokratischen Top-down-Planungsstil und ein nach außen hermetisch abgeschlossenes Netzwerk der leitenden Akteure in diversen Beratungs- und Steuerungsgremien aus, meist außerhalb jeder parlamentarischen Kontrolle (HOHN 2002b: 233; SAITO 2003: 294–295). Entgegen des äußeren Anscheins spielte der private Sektor eine nur untergeordnete Rolle. In der steuerlich begünstigten Public-Private Partnership-Gesellschaft „Tōkyō Waterfront Development Inc." (Rinkai Fukutoshin Kaihatsu Kabushiki Kaisha) befanden sich nur 49 % der Aktien in privater Hand, diese wiederum in etwa gleich große Anteile einzelner Unternehmen gesplittet. Der Privatsektor wehrte sich jedoch nicht gegen diese Konstruktion, da es ihm weniger um kurzfristigen Gewinn ankam, sondern mehr um die Aufrechterhaltung bzw. Verbesserung der Informationswege zur Staats- und Präfekturbürokratie, die man bei anderen, einträglicheren Projekten auszunutzen gedachte (SAITO 2003: 302).

Angesichts einer weiter verschlechterten öffentlichen Finanzlage und des zunehmenden internationalen Wettbewerbs, in dem sich Städte mit *global city*-Ambitionen gegenüberstehen, wird etwa seit der Jahrhundertwende im Rahmen einer zweiten Welle der Globalisierungsförderung eine Vorgehensweise der „Steuerung durch Deregulierung" betrieben und damit von der strikten Lenkungsmentalität bei früheren Projekten abgewichen. Grundlage bildet das „Sondermaßnahmengesetz zur städtischen Revitalisierung" (*Toshi saisei tokubetsu sochi-hō*) vom April 2002, durch das es möglich ist, Stadterneuerungsgebiete auszuweisen, in denen extreme Deregulierungen im Baurecht (z. B. die Aussetzung von Geschossflächenzahl-Obergrenzen), eine Beschleunigung von Genehmigungsverfahren sowie eine Projektförderung durch zinslose Darlehen und die Übernahme von Bürgschaften durch die öffentliche Hand durchgeführt werden können. Die Ausweisung der Sondergebiete im Stadtzentrum erfolgt aber nach wie vor auf der Grundlage verbindlicher strategischer Zielsetzungen durch die Präfektur. Erhofft sich die Politik von dem Stadtrevitalisierungsgesetz weitere Impulse für privatwirtschaftliche Stadtumbau-Aktivitäten in Gestalt sogenannter Private Finance Initiatives (PFI) nach britischem Muster, so dürfte die Bauwirtschaft von neuen Großaufträgen profitieren, während die privaten Investoren bei weiterer Intensivierung der Flächenausnutzung mit verbesserten Renditen rechnen können (HOHN 2002b: 243–244).

Insgesamt wurden sieben Gebiete mit einer Gesamtausdehnung von 2.370ha durch die Präfektur im Juni 2002 bei der Zentralregierung als dringlich beantragt und einen Monat später genehmigt (vgl. Abb. 2-4, siehe Farbabbildung auf S. 401). Es zeigt sich, dass auch der Waterfront-Bereich in diese neue Konzeption integriert wurde, um möglichst rasch die noch vorhandenen Brachflächen zu füllen. Unter anderem ist nun vorgesehen, in diesem Raum eine Art Freihandelszone einzurichten, die insbesondere die wirtschaftliche Verbindung zu anderen ostasiatischen Städten festigen soll. Daneben soll der natürliche Reiz dieses Distriktes für Freizeit- und Erholungsfunktionen genutzt werden (SAITO und THORN-LEY 2003: 679). Bestimmt wurden des Weiteren das Umfeld der Nahverkehrsbahnhöfe Ōsaki im Süden und Shinjuku im Westen, das Stadtviertel Tomihisa im Bezirk Shinjuku, das in Zusammenhang mit dem abrupten Ende der *bubble economy* mehrere Jahre als unvollendetes Sanierungsgebiet liegen geblieben war, ein weiter Bereich entlang der Ringstraße 2 im Bezirk Minato zur Unterstützung einer durch internationale Funktionen mitbestimmten Südausdehnung des Stadtzentrums, das innere Zentrum um den Bahnhof Tōkyō sowie, nördlich daran anschließend, der Bereich des traditionell durch den Elektrogerätehandel bestimmten Stadtteils Akihabara (TŌKYŌ-TO CHIJI HONBU SEISAKU-BU 2002).

Grund für die Aufnahme von Akihabara ist vor allem, den Ausbau eines IT-Stützpunktes von globaler Bedeutung in der Hauptstadt voranzutreiben, wofür dieses Stadtviertel aufgrund seiner überkommenen Branchenstruktur im besonderen Maße geeignet erscheint. Ein weiterer Standortvorteil ist im Rahmen des Projekts gleich mitgeschaffen worden, indem die neue Express-Eisenbahnlinie zu dem etwa 60km entfernten Universitäts- und Forschungsstandort Tsukuba bereits 2005 an den Verkehrsknotenpunkt Akihabara angeschlossen werden konnte. Das eigentliche Stadterneuerungsprojekt, das im Jahr 2003 begonnen wurde, umfasst mit den Brachflächen des ehemaligen Güterbahnhofs Akihabara und des Kanda-Großmarktes sowie den Flächen beiderseits der neuen Bahnlinie insgesamt 160ha. Durch die öffentliche Hand wird eine sogenannte Clusterstrategie verfolgt, d.h. eine Förderung von Netzwerken zwischen einzelnen Unternehmen durch räumliche Nähe und Anstoßinstitutionen (sog. Inkubatoren, die Schulungen, Beratungen und Kontaktvermittlungen usw. betreiben). Weiterhin wird die Wohnentwicklung des Quartiers planerisch festgeschrieben, ausgerichtet auf die Wohnpräferenzen junger Erwerbstätiger in der IT-Branche (HOHN 2002b: 242–243).

Es wird sich erweisen müssen, inwieweit diese Ziele erreicht werden, zeigt sich doch hier ein altes Grundübel japanischer Raumentwicklungspolitik, indem auf eine wirtschaftliche Entwicklung Bezug genommen wird, die sich bereits etliche Jahre früher vollzogen hat und deren räumliche Standorte zum Zeitpunkt der Planfestsetzung weitgehend festgelegt sind (vgl. LÜTZELER 1998: 282). So haben sich schon seit einiger Zeit

bestimmte Unternehmensdienstleistungen und Unternehmen der sogenannten „weichen" Produktion wie IT-Firmen in bestimmten räumlichen
Clustern zusammengefunden. Der räumliche Schwerpunkt dieser Cluster liegt im Stadtzentrum mit Verlängerungen nach Süden und Westen,
was unter anderem auf die Wohn- und Einkaufsvorlieben der zumeist
jüngeren Unternehmer und Kunden zurückzuführen ist (HOHN 2002b:
237–240; FUJITA, K. 2003: 262–265).

Sicher ist, dass bei diesem Projekt gegenüber der Entwicklungsge-
schichte des Waterfront-Projekts ein weit flexibleres, weniger technokra-
tisches Vorgehen zutage tritt. Gemeinsam ist beiden Projekten jedoch die
Bildung einer Akteurskoalition aus Privatunternehmen und öffentlicher
Hand sowie die Verschränkung von stadtplanerischen mit nationalen
Zielen, wobei in planerischer Hinsicht im Gegensatz zu ähnlichen Bemühungen vieler westlicher Gebietskörperschaften der Primat der Politik
klar gewahrt bleibt. Eine Begünstigung oder umgekehrt eine Eindämmung oder Abfederung von sozialer Polarisierung in der japanischen
Hauptstadt lässt sich aus dieser Form von Globalisierungsförderung
nicht automatisch ableiten.

2.3 ZWISCHENFAZIT: JAPAN ALS POLARISIERTE, DIFFERENZIERTE ODER HOMOGENE GESELLSCHAFT?

In seiner lesenswerten Einführung über die moderne japanische Gesellschaft weist der Soziologe SUGIMOTO Yoshio (1997: 13) darauf hin, dass
Japan seit langem als beliebtes Fallbeispiel zur Überprüfung westlicher
sozialwissenschaftlicher Konzepte in Anspruch genommen wird und
dass „[…] the pendulum of Japan's images overseas has swung back and
forth between positive and negative poles, and between universalist and
particularist approaches." Es bedarf nur wenig Phantasie, um die in
diesem Kapitel näher beleuchtete Kontroverse zwischen Saskia Sassen
und anderen Vertretern der *global city*-These auf der einen und den Anhängern der *developmental state*-These auf der anderen Seite in einen
Zusammenhang mit dieser fluktuierenden Japansicht zu stellen: Während das Modell von Sassen durch die Behauptung einer letztlich konver-
genten Entwicklung aller *global cities* Elemente der klassischen Moderni-
sierungstheorie enthält und damit einer universalistischen Grundvorstel-
lung obliegt, die freilich bisweilen als „amerikazentriert" kritisiert wird
(HAMNETT 1994: 407–409; WHITE 1998a: 457), stützen sich mit Tōkyō an sich
besser vertraute Autoren wie WHITE (1998a), HILL und KIM (2000) oder
auch FUJITA Kuniko (2003), um nur die wichtigsten zu nennen, in ihrer
Argumentation auf verschiedene Versatzstücke des nachkriegszeitlichen

Japandiskurses: Im Prinzip handelt es sich um eine Mischung aus partikularistischen Vorstellungen eines besonders homogenen und egalitären Charakters der japanischen Gesellschaft, wie sie namentlich zwischen 1965 und 1980 das (positive) westliche Japanbild prägten, und Argumenten des primär in den USA geführten *Japan bashing*-Diskurses der späten 1980er Jahre, der eine andere Art des Kapitalismus in Japan postulierte, dem es offensiv zu begegnen gelte (vgl. Sugimoto 1997: 13). Die oben genannten Autoren sehen in der Tat eine andere, weniger durch den Markt als durch den Staat gelenkte Form des Kapitalismus in Japan, aber sie beurteilen dies positiv, da hierdurch eine weitgehend konfliktfreie, egalitäre Gesellschaft entstanden sei.

Indem in diesem Kapitel gezeigt werden konnte, dass erstens nur sehr bedingt von einer Zunahme gesellschaftlicher Ungleichheit in Japan die Rede sein kann und zweitens die Hauptstadt Tōkyō im Vergleich zum übrigen Japan wie auch zu den beiden großen *global cities* New York und London in nur geringem Maße von Polarisierung betroffen ist, ließ sich belegen, dass die These von Sassen oder auch die Vorstellungen des neuerdings in der westlichen Stadtsoziologie wieder stärker geführten Ungleichheitsdiskurses generell auf Japan nur stark eingeschränkt zutreffen. Zum anderen wird aber durch die Zustandsdiagnose einer im internationalen Vergleich gar nicht so homogenen und egalitären Struktur der japanischen Gesellschaft auch der *developmental state*-These eine wichtige Grundlage entzogen. Ein weiteres Problem folgt aus der Behauptung einer auf Beschäftigungssicherung und den strategischen Aufbau zukunftsweisender Wirtschaftszweige hin orientierten Politik. Wenn auf der einen Seite über Subventionen Unternehmen dazu bewogen werden, ihre Belegschaft auch in kritischen Wirtschaftsphasen zu halten, und auf der anderen Seite Anreize zu Investitionen in Zukunftstechnologien gegeben werden (so Hill und Fujita 2000: 676), dann müsste man in Bezug auf die Veränderung der beruflichen Zusammensetzung der Erwerbsbevölkerung eigentlich eine Tendenz zur Professionalisierung (unter Einbezug hochspezialisierter Fertigungsberufe) erkennen können, die jedoch, anders als in der britischen Hauptstadt während der 1980er Jahre, weitgehend *nicht* mit einem Anwachsen der Erwerbslosenzahl oder anderer „Überschussbevölkerung" verbunden wäre. Tatsächlich zeigt sich jedoch in den 1990er Jahren in Tōkyō sowohl ein Anwachsen bei der Zahl von Erwerbslosen als auch eine – wenn auch sehr moderate – Polarisierung der beruflichen Zusammensetzung. Entweder hat also der *developmental state* in Japan während der 1990er Jahre entscheidend an Leistungsfähigkeit eingebüßt, oder aber es liegt der Diskrepanz eine generelle Überbewertung der Bedeutung von Beschäftigungs- und Investitionspolitik in Japan zugrunde. In beiden Fällen lautete die Schlussfolgerung, dass die

Erklärungskraft der *developmental state*-These für die jüngeren Entwicklungen gering ist. Verwirrenderweise folgt aber für Tōkyō aus der leichten beruflichen Polarisierungstendenz keine signifikante Polarisierung bei den Haushaltseinkommen. Wie nun lassen sich diese teilweise widersprüchlichen Befunde erklären?

Einen ersten Ansatz sehe ich in einer kritischen Bewertung der benutzten Statistiken. Insbesondere sind berufliche Strukturen und Veränderungen in Japan zum Teil anders zu bewerten als etwa in europäischen Ländern. Wie bereits OKAMOTO (1998: 318) dargelegt hat, werden angestellte Erwerbspersonen, auch wenn sie *de facto* Spezialistentätigkeiten ausüben, häufig unter die Rubrik „Büroberufe" gefasst, was seine Ursache in einer unklaren Arbeitstypisierung als Erbe des bislang präferierten Generalistentums in japanischen Unternehmen hat. Somit bliebe eine wachsende Zahl von Erwerbspersonen, die freien oder technischen Berufen nachgehen, in der Kategorie der Büroberufe „versteckt", was auf eine Unterschätzung des Ausmaßes beruflicher Professionalisierung hinausliefe. Weiterhin ist bereits im Text verschiedentlich darauf hingewiesen worden, dass die Höhe des Einkommens in Japan nicht nur von der Art des ausgeübten Berufes, sondern ebenso vom Dienstalter sowie der Größe des Unternehmens abhängig ist. Dies bedeutet aber, dass eine Polarisierung der beruflichen Zusammensetzung infolge des Einflusses mehrerer intermittierender Faktoren nicht notwendig eine Polarisierung der Einkommensverteilung zur Folge haben muss.

Unterstützung für die hier vorgelegte Argumentation liefert die folgende Tabelle 2-29. Auf eine ins Detail gehenden Analyse sei zugunsten einiger allgemeiner Aussagen verzichtet: So zeigt sich zum einen, dass zumindest bei den Männern das durchschnittliche Einkommen bei den Büroberufen in Tōkyō etwas über dem in freien und technischen Berufen erzielten Einkommen liegt, unter den Büroberufen sich somit tatsächlich eine Reihe hoch qualifizierter und damit gut bezahlter Personen befinden dürfte. Eine Verzerrung durch das Senioritätslohnprinzip kann hier angesichts einer vergleichbaren Altersstruktur der Beschäftigten beider Berufskategorien weitgehend ausgeschlossen werden. Des Weiteren erhärtet sich anhand der Zahlen zur Altersstruktur die Aussage von OKAMOTO (1998: 320), dass unter „Verwaltungsberufe" in Japan primär leitende Unternehmensangestellte, die das Ende ihrer Berufskarriere erreicht haben, gefasst werden, nicht jedoch Verwaltungsspezialisten, die diese Tätigkeit von Beginn an ausüben. Besser mit der Situation in westlichen Industriestaaten einher geht indes die dürftige Entlohnung von Personen, die allgemeinen Dienstleistungsberufen nachgehen, was man mit einem hohen Anteil prekärer Beschäftigungsverhältnisse erklären kann. Bei den weiblichen Erwerbspersonen wiederum fällt ein geringes Durch-

Tabelle 2-29: Berufsgruppen (Angestellte) nach Einkommen, Beschäftigungsver-
hältnis, Alter und Geschlecht, Tōkyō 2000/02

Berufsgruppe	mittleres Einkommen (in Mio. ¥)	% Besch. unter 2 Mio. ¥	% Besch. über 10 Mio. ¥	% prekär Beschäftigte	Durch- schnittsalter (2000)	% 45–59- jährige (2000)	% Frauen (2000)
Freie und techn. Berufe							40,4
Männer	6,32	8,8	15,1	5,0	41,9	25,1	
Frauen	4,02	22,2	2,8	14,5	38,5	22,1	
Verwaltungsberufe							15,7
Männer	9,59	7,2	38,6	0,0	56,7	45,2	
Frauen	4,71	20,5	7,8	0,0	58,5	37,6	
Büroberufe							64,2
Männer	6,54	6,7	13,6	5,9	41,8	30,2	
Frauen	3,01	34,9	1,1	34,0	40,3	27,8	
Handelsberufe							33,4
Männer	5,54	9,5	8,3	7,5	43,4	29,5	
Frauen	2,53	47,1	1,4	39,4	44,3	30,3	
Allg. Dienstleistungsberufe							56,1
Männer	2,87	36,1	1,5	34,9	41,5	25,9	
Frauen	1,92	65,7	0,4	59,0	44,3	34,3	
Fertigungsberufe							26,7
Männer	4,04	16,4	2,4	14,5	45,1	32,5	
Frauen	1,58	73,1	0,0	71,1	49,4	40,4	
Gesamt							41,1
Männer	5,46	12,2	10,1	10,5	44,0	30,8	
Frauen	2,76	43,2	1,3	39,3	42,6	29,8	

Quelle: Eigene Berechnungen nach SŌMUCHŌ TŌKEIKYOKU, *Kokusei chōsa hōkoku*
(2000: Bd. 4-2-13, Tab. 4); SŌMUSHŌ TŌKEIKYOKU, *Shūgyō kōzō kihon chōsa
hōkoku* (2002: chiiki-hen-13, Tab. 6, 22).

schnittsentgelt bei den im Allgemeinen der Mittelschicht zugerechneten
industriellen Fertigungsberufen auf, auch dies mit einem hohen Anteil an
Teilzeitarbeitskräften einhergehend.

Eine mögliche Verzerrung der Ergebnisse kann aber umgekehrt auch
durch Defizite oder Eigentümlichkeiten der Einkommensstatistik angenommen werden. Es ist bereits ausgeführt worden, dass die detaillierte-
ste und daher hauptsächlich genutzte Quelle für Einkommensdaten in
Japan, der *National Survey of Family Income and Expenditure*, Einpersonenhaushalte bei der Berechnung von Einkommensungleichheit nicht berücksichtigt, was zu einer gewissen Unterschätzung des „wahren" Un-
gleichheitsniveaus führen muss, da somit die meisten Haushalte von
Studierenden, Arbeitsmigranten oder auch Tagelöhnern von der Betrach-

tung ausgeschlossen sind. Ein weiteres Problem stellt die Verwendung von Haushalten statt Individuen als Bezugsbasis der Einkommensstatistik dar. Zum einen wird dadurch eine direkte Verknüpfbarkeit mit der auf Individuen bezogenen Berufsstatistik zweifelhaft. Im Falle Japans hat die Bezugnahme auf Haushalte darüber hinaus noch einen zusätzlichen Ungleichheit reduzierenden Effekt zur Folge: So sorgt die in Japan noch immer relativ häufige Sitte des Zusammenlebens älterer Menschen mit ihren Kindern und Enkeln dafür, dass viele ärmere alte Menschen keinen eigenen Haushalt führen und damit auch nicht die Einkommensverteilungsstatistik „belasten" können. Zum zweiten besteht das wachsende Heer der Teilzeitbeschäftigten in Japan zu einem wesentlichen Teil aus verheirateten Frauen, die mit ihrer Arbeit das Familieneinkommen ergänzen und damit eine etwaige Einkommensverschlechterung des Ehemannes wieder ausgleichen können. Es ist also möglich, dass die Veränderung der beruflichen Struktur in den letzten Jahren durchaus zu einer deutlich stärkeren Ungleichheit bei der Einkommensverteilung in Japan insgesamt wie in Tōkyō geführt hat – und zwar auf der Ebene des Individuums.

Gleichwohl gibt es einige reale Faktoren, die ein relativ geringes Niveau sozialer Polarisierung in Japan begründen. Zum einen ist als Ergebnis einer bis in die mittleren 1990er Jahre hinein sehr niedrigen Scheidungsrate die Zahl von alleinerziehenden Müttern, die vor allem in den USA einen wesentlichen Teil der einkommensschwachen Bevölkerung konstituieren und auch in Japan als benachteiligt anzusehen sind (vgl. näher Kap. 3.2.2), noch vergleichsweise gering (vgl. YUI und YANO 2002). Weit wichtiger noch erscheint mir aber in diesem Zusammenhang zum zweiten ein geringer Anteil an indigener unterprivilegierter Bevölkerung von nur wenigen Prozent sowie ein noch geringerer Anteil an ausländischen Staatsbürgern aus ärmeren Weltregionen. Hier befinden sich Japan und seine Hauptstadt Tōkyō nicht nur in Gegensatz zu den USA und Großbritannien, sondern auch zu den meisten kontinentaleuropäischen Industriestaaten. Wie gezeigt, verdankt sich dieser Umstand zum Teil historischen Faktoren wie dem eines gegenüber dem Westen zeitlich verschobenen demographischen Wandels, zum Teil ist er aber auch auf eine restriktive Zuwanderungspolitik zurückzuführen, die die Beschäftigung der eigenen Staatsbürger sichern und mögliche soziale Folgekosten vermeiden möchte (HILL und KIM 2000: 2176) – womit zumindest in diesem Fall das Agieren des *developmental state* als Ursache eines geringen Polarisierungsgrades anerkannt sei. Wie die in Kapitel 2.2.2.2 vorgestellten Daten zur sozioökonomischen Situation von ethnischen Minoritäten in London oder New York gezeigt haben, dürften diese Sorgen auch nicht ganz unbegründet sein. Zwar muss die zahlreiche Anwesenheit ethnischer Minderheiten nicht zwangsläufig mit einer stärkeren sozialen Polarisierung verbunden sein, wie die vorgestellten Beispiele der kontinentaleuropäischen Länder bzw. der Randstad Holland auch erwiesen haben; sie ist es aber dann, wenn das sozialstaatliche System diese Personen nicht hinreichend absichert. In Anbetracht des zumindest für Erwerbsfähige eher lückenhaften sozialen Sicherungsnetzes in Japan steht zu erwarten, dass ein höherer Ausländeranteil hier durchaus einen polarisierungserhöhenden Effekt besäße.

Die These des *developmental state* ist aber noch in einem weiteren Punkt als brauchbarer Erklärungsansatz anwendbar. Dies betrifft den geringen Polarisierungsabstand zwischen dem gesamten Japan und der Hauptstadt Tōkyō. Wie beispielhaft geschildert, beschränkt sich die staatliche Förderung der Hauptstadt nicht auf eine Erleichterung von Dienstleistungsaktivitäten oder den Zugang ausländischen Kapitals, sondern schließt ebenso Anreize zur Weiterentwicklung der wirtschaftlichen Struktur in Kombination mit der Erneuerung ganzer Stadtviertel ein, um damit über die Abschöpfung von Agglomerationsvorteilen zugleich die weitere Entwicklung des ganzen Landes voranzutreiben. Als Ergebnis findet sich in Tōkyō ein überwiegend qualitativ hochwertiges Arbeitsplatzangebot, das in Zusammenhang mit einer großen Zahl von Universitäten und Fachschulen zu einer starken Zuwanderung vor allem bildungsorientierter und hoch qualifizierter Binnenmigranten führt – dies gilt insbesondere für weibliche Erwerbstätige (vgl. oben Tab. 2-10). Die Zuwanderung von Ausländern folgt ebenso diesem Muster: In Tōkyō konzentrieren sich primär spezialisierte Facharbeitskräfte und Studierende. Personen wie die *nikkeijin*, die meist einfachen Tätigkeiten nachgehen oder besser: infolge der Erlaubnis der Zuwanderungsbehörden nachgehen *dürfen*, präferieren hingegen industriell geprägte Räume im Umland von Tōkyō oder jenseits des Kantō-Raumes. Darüber hinaus ist der japanische Staat aber auch bislang bemüht gewesen, einkommensschwächere Gebietskörperschaften abseits der großen Verdichtungsräume durch Ausgleichszahlungen im Steuersystem (HILL und FUJITA 2000: 680–683) oder etwa bei der Pflegeversicherung (TALCOTT 2002: 110–111) zu unterstützen und damit ein landeseinheitliches Versorgungsniveau zu schaffen.

Es kann allerdings nicht davon gesprochen werden, dass die Erscheinungsformen spezifisch japanischer *governance* stets eine Milderung sozialer Polarisierung bewirken. Das sozialstaatliche System Japans ähnelt in seiner Struktur dem „konservativ-korporatistischen" Typus der kontinentaleuropäischen Staaten nach ESPING-ANDERSEN (1990, 1999), muss nach dem Umfang der Sozialleistungen aber als insgesamt weniger generös eingestuft werden. Hier ist vor allem eine unzureichende Alimentierung von in Not geratenen Personen im noch erwerbsfähigen Alter anzusprechen. Auch durch das Zulassen eines streng dualen Arbeitsmarktes mit einer kleineren Gruppe privilegierter „Stammangestellter" auf der einen und umfangreichen Randbelegschaften auf der anderen Seite sowie durch die zwischenzeitliche Förderung oder zumindest Duldung extrem hoher Bodenpreise mit dem Ergebnis einer ausgeprägten Vermögenspolarisierung verschärft der japanische Staat die sozialen Gegensätze eher als dass er sie reduziert. Die *developmental state*-These erklärt zudem wenig auf der Ebene sozial*räumlicher* Fragmentierung, da die Steuerung über den Wohnungsmarkt schon in Anbetracht einer relativ geringen Bedeutung des öffentlichen Wohnungsbaus begrenzt ist (vgl. näher Kap. 3.3.1.2) und die verschiedenen, durch Staat, Präfektur und Gemeinden angestoßenen Stadterneuerungsprojekte klare räumliche Schwerpunkte besitzen, was im Prinzip sogar zu einer Verstärkung von Segregation vor allem auf der Quartiersebene führen kann.

Als Zwischenfazit ist somit festzuhalten, dass weder die aus dem *global city*-Modell von Sassen abgeleitete Polarisierungsthese noch die die Behauptung eines homogenen und egalitären Japan enthaltende *developmental state*-These in ihrer Ausformung durch HILL und KIM (2000) sowie anderen Autoren in der Lage sind, die gesellschaftliche Realität in Japan bzw. in Tōkyō in hinreichend zufriedenstellendem Maße zu beschreiben. Freilich wird die Erkenntnis der gesellschaftlichen Realität zusätzlich durch Mehrdeutigkeiten und eine begrenzte internationale Vergleichbarkeit der japanischen Einkommens- und Berufsstatistik erschwert. Stellt man dies in Rechnung, so ergeben sich zumindest Indizien für eine gewisse soziale Polarisierung, die aber bei weitem nicht das in New York oder London gemessene Ausmaß erreicht. Eine insgesamt moderate bis mittlere Höhe des Niveaus sozialer Ungleichheit, aber auch bestimmte Aspekte des Systems der sozialen Sicherung weisen vielmehr auf eine hohe Vergleichbarkeit mit der Situation in vielen kontinentaleuropäischen Städten hin. Entsprechend besitzen die im Einleitungskapitel vorgestellten Argumente und Ergebnisse der auf Europa bezogenen Studien (z. B. von HAMNETT 1994, 1996b; BURGERS 1996; VAATTOVAARA und KORTTEINEN 2003), die die *global city*-These nicht verwerfen, sondern um eine stärkere Berücksichtigung der Wirkungen (sozial-)staatlichen Handelns erweitert sehen möchten, wohl auch für die Erörterung von sozialer Polarisierung in Tōkyō eine hohe Relevanz.

3 TŌKYŌ – EINE GESPALTENE STADT? SOZIALRÄUMLICHE DISPARITÄTEN AUF DER MAKROEBENE

3.1 HISTORISCHE GRUNDLAGEN DER SOZIALGEOGRAPHIE TŌKYŌS

Tōkyō ist eine vergleichsweise junge Stadt. Auch wenn Vorläufersiedlungen bis in die Heian-Zeit (794–1192) zurückreichen, so wird doch der eigentliche Beginn der Stadtgeschichte – unter dem Namen Edo – auf das Jahr 1456 festgesetzt, als der lokale Lehnsfürst Ōta Dōkan an der Stelle des heutigen Kaiserpalastes eine Burg errichten ließ. Zu Beginn der 1590er Jahre bezog die Tokugawa-Familie den Standort als ihren Hauptsitz und baute ihn aus (YAZAKI 1968: 173–174). Nachdem dann Tokugawa Ieyasu im Jahr 1600 nach der Schlacht von Sekigahara die Macht über alle anderen Lehnsfürsten (*daimyō*) errungen hatte und ihm 1603 durch den Tennō der Titel eines *shōgun* [oberster Militärherrscher] verliehen worden war, wuchs die kleine Burgstadt Edo in die Rolle der faktischen Hauptstadt Japans und wandelte sich entsprechend zur größten Stadt des Landes. Die nun beginnende und bis zum Sturz des Tokugawa-Shōgunats im Jahr 1868 andauernde Zeit wird daher in der japanischen Historiographie als Edo- oder Tokugawa-Zeit bezeichnet. Im Westen gilt sie vor allem als Zeit einer rigiden Abschließung Japans vom Ausland, die lediglich durch die beaufsichtigten Niederlassungen niederländischer und chinesischer Kaufleute in der peripheren westjapanischen Hafenstadt Nagasaki etwas gemildert wurde.

Größe und Struktur der Stadt Edo sind nur unter Berücksichtigung des Ständesystems jener Zeit erklärbar. Bereits Toyotomi Hideyoshi, als mächtigster Herrscher des Landes der unmittelbare Vorgänger von Tokugawa Ieyasu, hatte eine strikte Trennung der einzelnen Stände verfügt, wobei die Bauern zur Produktion des wichtigen Steuermittels Reis sämtlich auf dem Land zu verbleiben hatten, während Händler, Handwerker und auch der Kriegeradel (*samurai*) ihren Wohnsitz in einer Stadt nehmen mussten. Als Sitze der feudalen Macht in den insgesamt etwa 260 Lehnstümern (*han*) wurden Burgstädte (*jōkamachi*) gegründet. Da die technologischen und infrastrukturellen Bedingungen der Zeit nicht genügten, um auf dem langgestreckten japanischen Archipel von Edo aus eine unmittelbare Kontrolle jedes einzelnen *han* zu gewährleisten, galt das sogenannte *sankin kōtai*-System oder System wechselnder Residenznahme, bei dem die *daimyō* jedes zweite Jahr ihren Aufenthalt nicht in ihrer eigenen

Burgstadt, sondern in Edo zu nehmen hatten, während alle Familienmit-
glieder als Pfand für ihr Wohlverhalten ständig in Edo leben mussten. Für
die Größenentwicklung der Stadt Edo war dieses System natürlich von
erheblicher Bedeutung, zumal die *daimyō* stets mit einem großen Gefolge
reisten und im Allgemeinen mindestens drei Residenzen in Edo unter-
hielten: ein *kami yashiki* als offizielle *han*-Repräsentanz und Verwaltungs-
gebäude, ein *naka yashiki* als private Residenz des *daimyō* sowie ein oder
mehrere *shimo yashiki* für untergeordnete Aufgaben (YAZAKI 1968: 180).
Insgesamt dürften im frühen 18. Jahrhundert mindestens 300.000 Einwohner von Edo den *daimyō* zugeordnet gewesen sein; manche Schätzungen sprechen gar von bis zu 400.000 Personen. Eine etwas geringere Zahl
steht mit 200.000 bis 300.000 Personen für die unmittelbaren Vasallen des
Shōgun. Schließlich gehörten etwa 500.000 bis 600.000 Personen als *chōnin*
[Stadtbewohner] den Rängen der Handwerker und Händler an oder
waren Schreinen und Tempeln zugeordnet (ca. 60.000 Personen). Edo
besaß damit eine Gesamteinwohnerzahl von mindestens einer Million
Menschen, vielleicht sogar 1,3 Millionen, was die Stadt schon damals zur
wahrscheinlich weltgrößten Metropole machte (YAZAKI 1968: 133–134,
199). Infolge dieses Umfangs war es nicht möglich, Edo allein aus den
Erträgen des Umlandes zu versorgen; vielmehr gelangten zahlreiche Produkte aus dem ökonomisch höher entwickelten Westjapan über die Ha-
fen- und Handelsstadt Ōsaka per Schiff nach Edo.

Das Prinzip der strikten Standestrennung regelte aber nicht nur die
scharfe Abgrenzung von Stadt und Land, sondern bestimmte auch die
interne Struktur der Burgstadt. Nach allgemeinen Darstellungen (vgl. in
einer westlichen Sprache u. a. YAZAKI 1968: 143–166; SCHÖLLER 1969: 35–41;
LAUMEYER 1974: 150–215; GUTSCHOW 1976: 21–37) befanden sich rings um
den durch Gräben und Wälle stark gesicherten Burgbereich des *daimyō*
bzw. des Shōgun die Viertel der Samurai höheren und mittleren Ranges,
die ihrerseits meist durch Wassergräben nach außen hin separiert waren.
Die interne Anordnung der Samurairesidenzen orientierte sich wiederum nach dem Rang, wobei Samurai mit hohem Reiseinkommen näher
zur Burg und solche mit mittlerem Reiseinkommen weiter im Außenbe-
reich lebten. Während diese Gruppen allgemein für Verwaltungstätigkei-
ten eingesetzt wurden, sollten die am Stadtrand angesiedelten Samurai
niederen Ranges (*ashigaru*) im Konfliktfall tatsächlichen Kriegsdienst verrichten. Meist dort, wo die Hauptverkehrsachse dem Burgbereich räumlich am nächsten kam, lag die Stadt der Händler und Handwerker
(*chōninmachi*), die ebenfalls intern nach Herkunft bzw. Profession der
einzelnen Gruppen weiter unterteilt war. Die Händlerstadt unterschied
sich von den Vierteln der Samurai insbesondere durch einen weit engeren
Zuschnitt der Grundstücke, während Größe und Architektur der Häuser

– von den Anwesen hochgestellter Samurai einmal abgesehen – überraschend wenig voneinander abwichen, dies ein Ergebnis von Vorschriften, die den Kriegern eine übertriebene Zurschaustellung ihres Status untersagten (YAZAKI 1968: 195–196; GUTSCHOW 1976: 33–35). Am Rande der Stadt blieben die Areale der Tempel und Schreine, wo diese zumindest symbolische Schutzfunktionen übernehmen sollten. Darüber hinaus gab es zum offenen Land hin keinerlei physische Verteidigungslinien wie etwa eine Stadtmauer, was die Burgstadt als eine klassische Stadt der Feudalherrschaft ausweist, innerhalb der es keinerlei Formen bürgerlicher Autonomie gab.

Diese extreme Form städtischer Segregation konnte jedoch spätestens seit der zweiten Hälfte der Edo-Zeit nicht mehr durchgehalten werden. Zum einen strömten ungeachtet des prinzipiellen Verbots vor allem zu Zeiten von Ernteausfällen und Hungersnöten verarmte Bauern in die Städte, wo sie als Mieter in Nebenstraßen der *chōninmachi* untergeordnete Tätigkeiten ausübten. Die allmähliche Entwicklung ländlichen Gewerbes zog darüber hinaus auch neue Händlergruppen in die Städte und führte zur Ausfransung der Burgstädte entlang der Ausfallstraßen. Der zunehmende Gegensatz zwischen Standesprestige und materiellem Wohlstand, der die meisten Samurai zu Schuldnern reicher Händler machte, brachte es mit sich, dass sich einzelne Händler in den Samurairang einkauften; umgekehrt gingen Samurai mit geringem Reisstipendium dazu über, in Heimarbeit Produkte für Händler herzustellen. Damit geriet das räumliche System der Burgstadt in erhebliche Unordnung, ohne dass es sich jedoch auflöste (YAZAKI 1968: 139, 199; LAUMEYER 1974: 240–243). Eine weit erheblichere Abweichung von der ideellen Plangestalt der Burgstadt fand indes in Edo statt, was nicht zuletzt mit der besonderen Größe dieser Stadt in Verbindung zu bringen ist.

Dies gilt jedoch nicht für die frühen Jahre, als noch ein sehr regelhaftes Muster erkennbar war. So siedelten während der Ära Kan'ei (1624–1644) die gewöhnlichen Samurai nördlich, westlich und südlich der Burg, während sich die *daimyō*-Residenzen unmittelbar östlich des Burgkomplexes im heutigen Stadtviertel Marunouchi konzentrierten. Der Samurai-Bezirk war damit in etwa identisch mit dem Territorium des heutigen Chiyoda-*ku* – von seinem nordöstlichen Rand mit dem Stadtviertel Kanda einmal abgesehen. Östlich hiervon (und damit in etwa auf dem Boden des heutigen Chūō-*ku*) befand sich die *chōninmachi*, wobei die Viertel Kyōbashi und Nihonbashi vornehmlich durch Händlergruppen und Kanda von Handwerkern besiedelt waren (LAUMEYER 1974: 188–189). Eine drastische Änderung des Stadtplans erfuhr Edo jedoch durch den großen Brand des Jahres 1657 (Meireki 3), der fast die gesamte Stadt vernichtete, und den danach einsetzenden Wiederaufbau, der vor allem von der Vorstellung geleitet war, durch geringere Bebauungsdichten das Wiederauftreten einer solchen Katastrophe zu vermeiden. Straßen wurden verbreitert und die Stadt durch Brücken über den Fluss Sumida (Sumidagawa) nach Osten erweitert. Die Residenzen der *daimyō* verlagerte man überwiegend nach außen, wobei sich ein räumlicher Schwerpunkt auf den westlichen Terrassenflächen (*daichi*) herausbildete, ein Gebiet, das seit der Meiji-Zeit als *yamanote* [Bergseite] bezeichnet wird. Ebenso mussten die Anwesen von Tempeln und Schreinen, so noch nicht geschehen, nach außen verlegt werden, da sie aufgrund ihrer Größe als besonders schwer löschbar galten. Mit den Residenzen und religiösen Einrichtungen zogen auch an diese gebundene Händler- und Handwerkergruppen in den außenstädtischen Bereich, wobei im Westen vor allem die die Terrassenfläche zergliedernden Täler sowie die Bereiche entlang der Überlandstraßen als Siedlungsorte gewählt wurden (YAZAKI 1968: 189–190; LAUMEYER 1974: 190–191).

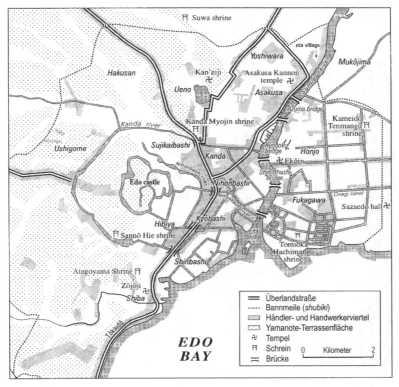

Abbildung 3-1: Die Burgstadt Edo im frühen und mittleren 19. Jahrhundert
Quelle: Entnommen aus WALEY (2002: 1535), eigene Modifikationen.

157

Als Ergebnis präsentierte sich Edo seit dem späten 17. Jahrhundert als eine vergleichsweise ungeregelte, uferlose Konsumentenstadt und zeigte damit bereits Merkmale, wie sie auch für das spätere Tōkyō als charakteristisch angesehen wurden und noch werden. Mehr noch, es lässt sich erkennen, dass während der Edo-Zeit der spätere Gegensatz zwischen einem statushöheren Südwesten und einem statusniederen Nordosten nur ansatzweise ausgebildet war. Über die Einsprengselung von Vierteln der *chōnin* im höher gelegenen westlichen Teil ist bereits berichtet worden. Umgekehrt handelte es sich aber auch bei den Gebieten entlang oder östlich des Sumidagawa keineswegs ausschließlich um Wohnviertel von Händlern und Handwerkern, sondern auch zahlreiche gewöhnliche Samurai und selbst einige *daimyō* waren hier mit ihren Residenzen zu finden (vgl. die beigefügte Karte bei MASAI 1987). Der später sukzessive auf den gesamten auf alluvialem Schwemmland gelegenen Nordosten ausgeweitete Begriff der *shitamachi* [„Unterstadt"] wurde während der Edo-Zeit im Sinne von „Stadt unter [der Burg]" gebraucht und bedeutete damit letztlich dasselbe wie der spätere gelehrte Begriff *jōkamachi* [Burgstadt].[1] Er bezeichnete das merkantile Stadtzentrum von Edo von Shinbashi im Süden bis Sujikaibashi und Kanda im Norden sowie dem Sumidagawa im Osten und war damit nahezu synonym mit den im soziologischen Sinne städtischen Teilen von Edo überhaupt. Alle anderen Gebiete einschließlich der Samuraidistrikte wurden *basue* [Stadtrand] genannt (WALEY 2002: 1534–1535; vgl. auch Abb. 3-1).

Indes entstanden innerhalb dieses umfangreichen Stadtrandareals während der Edo-Zeit einige spezifische Raumelemente, die auf die innere Struktur Tōkyōs bis heute entscheidend nachwirken. An dieser Stelle seien aus Platzgründen nur zwei Beispiele herausgegriffen, da sie sich auf die Gebiete der in Kapitel 4 näher untersuchten Stadtbezirke Taitō und Shinjuku beziehen:

Im nordöstlichen Randbereich zwischen dem Sumidagawa und der Terrassenkante bei Ueno, dem mittleren und östlichen Teil des heutigen Taitō-*ku*, entwickelte sich nach dem großen Brand der Ära Meireki im Viertel Asakusa um den bereits vorhandenen Sensōji-Tempel (heute allgemein als Asakusa Kannon-Tempel bekannt) ein Cluster aus weiteren Tempeln und Schreinen, die zahlreiche Pilger in diese Gegend führten. Entsprechend erhöhte sich auch die Zahl der Händler- und Handwerkergemeinschaften, und schließlich entstand hieraus das bedeutendste Vergnügungsviertel von Edo. Letztere Entwicklung war nicht zuletzt auch durch die Auslagerung der lizenzierten Prostitution aus Yoshichō im

---

[1] Das Schriftzeichen für sinojapanisch *ka* [unten] von *jō-ka-machi* [Burg-unter Stadt] kann reinjapanisch auch *shita* gelesen werden.

Stadtteil Nihonbashi in das fast quadratisch angelegte und vom übrigen Siedlungsraum separierte Viertel Yoshiwara nordwestlich des Sensōji beeinflusst. Daneben befand sich unmittelbar am Sumidagawa im heutigen Viertel Imado als umzäunter Bereich mit 232 Häusern im Jahr 1800 auch die größte Ansammlung der vor allem mit der Verarbeitung von Tierkörpern befassten und daher aus dem Ständesystem ausgeschlossenen *eta*, Vorläufer der heutigen diskriminierten *burakumin* (vgl. Abb. 3-1; YAZAKI 1968: 188–189, 218–219). Es ist denkbar, dass diese Konzentration sowohl von Tempeln und Schreinen als auch von als anrüchig geltenden Vierteln durch chinesische geomantische Vorstellungen beeinflusst wurde, nach denen der Nordosten als die Himmelsrichtung gilt, aus der Dämonen und andere böse Geister in eine Stadt gelangen (FOWLER 1996: 37). Demnach dienten die Tempel und Schreine hier dem spirituellen Schutz der Stadt, während der Raum infolge seines geomantischen Stigmas zugleich als Sammelbecken abgeschobener Bevölkerungsteile fungierte. Als mindestens ebenso plausibel erscheinen jedoch eher praktische Gründe: So hing die Lage des *eta*-Viertels direkt am Fluss nicht zuletzt mit der von dieser Gruppe meist ausgeübten Gerbertätigkeit zusammen. Auch in Shinagawa am äußersten Südrand von Edo gab es im Mündungsbereich des Megurogawa in die Bucht von Edo eine kleine *eta*-Siedlung (YAZAKI 1968: 218). Ebenso lagen Tempel und Schreine nicht nur im Nordosten von Edo.

Der Ferntransport über den Landweg wurde während der Edo-Zeit auf insgesamt fünf großen Überlandstraßen (*gokaidō*) und etlichen Nebenstraßen abgewickelt. Vier dieser großen Straßen führten unmittelbar nach Edo (vgl. Abb. 3-1), wobei in knapp außerhalb der städtischen Bannmeile (*shubiki*) gelegenen Rastorten (*shukuba*) jeweils alle Reisenden einschließlich der *daimyō* mit ihrem Gefolge genau kontrolliert wurden und den Reisenden zudem die Möglichkeit gegeben wurde, sich während der Wartezeit in zahlreichen Gasthöfen zu zerstreuen oder auch „stadtfein" zu machen. Als südliches „Eingangstor" nach Edo auf der am stärksten frequentierten Tōkaidō-Überlandstraße, die an der Pazifikküste entlang über Nagoya nach Kyōto und Ōsaka führte, fungierte der Ort Shinagawa im Nordteil des gleichnamigen heutigen Stadtbezirks. Reisende aus dem Norden Japans begaben sich zumeist über den Nikkō oder Ōshū Kaidō nach Edo, wobei sie den Rastort Senju nördlich von Yoshiwara passierten (heutige Stadtbezirke Arakawa und Adachi). Der Nakasendō, der über die Berge in das westliche Japan führte und daher zunehmend auch als Alternative für den überfüllten Tōkaidō genutzt wurde, hatte den im Nordwesten gelegenen Ort Itabashi im gleichnamigen heutigen Stadtbezirk zum Endpunkt. Weniger frequentiert war als bloße Variante des Nakasendō demgegenüber der von Westen über die heutige

Präfektur Yamanashi nach Edo führende Kōshū Kaidō mit seinem Endpunkt Naitō Shinjuku, der ein wenig östlich des heutigen Zentralbereichs von Shinjuku lag. Infolge eines Mangels an Reisenden wurde Naitō Shinjuku im Jahr 1718 geschlossen und erst 1772 wiedereröffnet. Danach scheint dieser Ort beliebter geworden zu sein, blieb bis zum Ende der Edo-Zeit jedoch das kleinste der vier Eingangstore nach Edo (YAZAKI 1968: 178–179).

Die erzwungene Öffnung des Landes durch das Geschwader des US-amerikanischen Commodore Perry im Jahr 1854 leitete einen dramatischen Verfall der Autorität der Shōgunatsregierung ein. Zugleich erkannten Samurai aus den mittleren und niederen Rängen die Notwendigkeit eines umfassenden Modernisierungsprogramms, um Japan vor einem Schicksal als Kolonie westlicher Staaten zu bewahren. Um den bis dahin weitgehend machtlosen Tennō als Legitimationsfigur geschart, stürzte daher eine Koalition aus unzufriedenen Samurai und einigen Hofadligen im Jahre 1868 das Tokugawa-Shōgunat und leitete die sogenannte Meiji-Restauration ein, die in letzter Konsequenz zur Etablierung des modernen japanischen Staates führte. Es versteht sich von selbst, dass diese Vorgänge erhebliche Auswirkungen auf die weitere Entwicklung von Edo als Sitz des Shōgun hatten:

Bereits 1862 hatte das Shōgunat die *sankin kōtai*-Bestimmungen deutlich gelockert, um den *daimyō* die zeitlichen und finanziellen Möglichkeiten zu verschaffen, die Verteidigungsanlagen in ihren eigenen Lehen zu verstärken. Die mit den *daimyō* verbundene Bevölkerung schrumpfte daraufhin zunächst um über 150.000 Personen auf 80.000 Personen im Jahr 1867. Zur gleichen Zeit sank jedoch die Zahl der *chōnin*-Bevölkerung nur um 20.000 Personen, was belegt, dass die Händler und Handwerker eher zur Versorgung ihrer selbst sowie der lokalen, direkt dem Shōgun unterstellten Samurai dienten, während die *daimyō* ihren Konsum zu großen Teilen aus den Erträgen ihrer eigenen Ländereien bestritten. Nach dem Ende des Shōgunats im Jahr 1868 sank die Bevölkerungszahl dann drastisch auf insgesamt vielleicht 500.000 Einwohner, knapp die Hälfte also der früheren Zahl, da sich nun auch ein Großteil der unmittelbaren Vasallen des Shōgun zerstreute, was die wirtschaftliche Situation der Händler und Handwerker bedeutend verschärfte. Nicht zuletzt auch, um die weitere Existenz von Edo als Stadt sicherzustellen, beschlossen die neuen Machthaber daher im Sommer 1868, die Hauptstadt der neuen Regierung nicht in der alten Kaiserstadt Kyōto oder in der wirtschaftlich fortgeschrittenen Handelsstadt Ōsaka, sondern in Edo einzurichten. Da auch der Tennō in der alten Burg des Shōgun residieren sollte, wurde Edo in Tōkyō [„östliche Hauptstadt", d. h. i. Ggs. zur „westlichen Hauptstadt" Kyōto] umbenannt (SMITH II 1986: 349–351, 355–356).

Im Folgenden nahm die Einwohnerzahl von Tōkyō wieder zu: Um 1890 war mit über einer Million Personen in etwa die alte Einwohnerzahl wieder erreicht, 1897 waren es 1.330.000, und 1920, drei Jahre vor dem Großen Kantō-Erdbeben, war Tōkyō inklusive der umliegenden, heute zum Stadtgebiet gehörenden Vororte mit einer Zahl von 3.350.000 Einwohnern auf das Dreifache des ursprünglichen Umfangs angewachsen. Indes lag dieses an sich bemerkenswerte Bevölkerungswachstum nicht über der im nationalen Durchschnitt gemessenen Wachstumsrate, und auch die innere Struktur der Stadt veränderte sich zumindest bis etwa 1890 kaum gegenüber der Situation während der Edo-Zeit: Staatliche Einrichtungen wurden in *ad hoc*-Manier auf den aufgelassenen Flächen früherer Samurai-Residenzen nahe des Kaiserpalastes verteilt, während es in der übrigen Stadt nur zu punktuellen Veränderungen kam (SMITH II 1986: 358, 371). Wichtig wurde der Ausbau des Eisenbahnnetzes und die Errichtung von Kopfbahnhöfen: Schon 1872 entstand im Süden der alten *chōninmachi* der Bahnhof Shinbashi, und die von dort nach Nihonbashi durch das Ginza-Viertel führende Straße wurde mit Geschäftshäusern im westlichen Stil zur Vorzeigemeile der neuen Hauptstadt ausgebaut. Im Norden verlagerte sich durch den Bau des Kopfbahnhofes Ueno im Jahr 1883 der kommerzielle Schwerpunkt von Senju und Asakusa sukzessive dorthin. Beide Bahnhöfe erlangten aber erst ihre volle Bedeutung, nachdem im Jahr 1889 eine durchgehende Streckenführung bis nach Kōbe bzw. 1891 nach Aomori an der Nordspitze der Insel Honshū geschaffen worden war. 1889 wurde mit Shinjuku im Westen ein dritter Kopfbahnhof eröffnet, doch erst nach Fertigstellung wesentlicher Teile der Yamanote-Ringbahn im Jahr 1905, die ebenfalls Shinjuku berührt, konnte sich der alte Rastort endgültig als großes westliches Nebenzentrum etablieren. In den 1890er Jahren erlangte auch der Raum um den Kaiserpalast seine im Wesentlichen noch heute bestehende Struktur, indem die meisten Regierungsgebäude in den Vierteln Kasumigaseki und Nagatachō südlich des Palastbereiches konzentriert und die hierdurch vakant gewordenen Flächen des Marunouchi-Viertels im Osten an die Mitsubishi-Holding verkauft wurden, die diese im Folgenden zu einem großzügig parzellierten Bereich für japanische Unternehmenszentralen entwickelte. Zahlreiche Grundstücke konnten aber erst bebaut werden, nachdem 1914 eine Verlängerung der Eisenbahntrasse von Shinbashi zum heutigen Bahnhof Tōkyō hergestellt war und sich so die verkehrliche Gunst des Viertels erheblich verbessert hatte (YAZAKI 1968: 347–349, 355, 433, 443–444, 453).

Unter einem stärker sozialökologischen Aspekt betrachtet blieb das für die späte Edo-Zeit charakteristische Muster eines relativen Nebeneinanders von Stadtvierteln unterschiedlicher Stände und Klassen bis zum Großen Kantō-Erdbeben weitgehend erhalten (vgl. auch KURASAWA 1986:

30–31). Zwar erlangten die westlichen Terrassenflächen unter dem bereits genannten Begriff *yamanote* zunehmend die Reputation eines gehobenen Wohngebiets, das für westlichen Lebensstil und die Benutzung des Standardjapanischen stand (WALEY 2002: 1536). Tatsächlich bildeten sich hier großzügige Wohnviertel höhergestellter Zuwanderer aus dem westlichen Japan, nach der Jahrhundertwende dann auch solche der neuen Angestelltenschicht heraus, unterbrochen von den geräumigen Anwesen verbliebener ehemaliger Samurai und von großen Grundstücken der früheren *daimyō* oder des Shōgun, die nun für öffentliche Zwecke oder als Botschaftsresidenzen genutzt wurden. Auch ist wahr, dass sich die seit der Jahrhundertwende zahlreich entstehenden Industriebetriebe und nachfolgend auch Industriearbeiterviertel vornehmlich an der Küste sowie im Nordosten entlang des Sumidagawa und des Arakawa konzentrierten, wo genügend preiswerter Grund vorhanden sowie der Wassertransport der Güter und die Brauch- und Abwassersituation gesichert waren (YAZAKI 1968: 447–448, 457–458). Andererseits blieb jedoch die alteingesessene merkantile Elite zunächst im Bereich der alten *chōninmachi* wohnen. Zudem erstreckten sich Industrieanlagen entlang kleinerer Flüsse auch bis tief in den Yamanote-Bereich, so insbesondere im Süden entlang des Furukawa im heutigen Minato-*ku*. Die Klasse der Mittellosen schließlich, die ihren Lebensunterhalt zumeist als Hausierer, Lastenträger oder Rikscha-Zieher verdienen musste, war zunächst in der ganzen Stadt zu finden. Hierfür stehen die Namen der drei großen Armenviertel Tōkyōs zur Jahrhundertwende: Samegahashi im Bezirk Yotsuya (heute Shinjuku-*ku*), Mannenchō im Bezirk Shitaya (heute Taitō-*ku*) und Shin-Amichō im Bezirk Shiba (heute Minato-*ku*) (YAZAKI 1968: 363–366). Anhand von Tabelle 3-1 lässt sich ersehen, dass sich der Schwerpunkt dieser Bevölkerung erst in den 1910er Jahren zunächst generell in den zunehmend industrialisierten Nordosten und in den 1920er Jahren dann speziell in das Gebiet östlich des Sumidagawa in die heutigen Bezirke Sumida und Kōtō verschob, das schon aufgrund einer hohen Überschwemmungsgefahr von statushöheren Gruppen gemieden wurde (vgl. YAZAKI 1968: 364). Doch auch in den übrigen Stadtbezirken gab es weiterhin vereinzelt Armenviertel.

Diese seit den späten 1880er Jahren aus dem ländlichen Raum zuwandernde Armutsschicht, meist aus nicht erbberechtigten Nachkommen bäuerlicher Familien bestehend (NAKAGAWA, K. 1985: 46), wurde seit der späten Meiji-Zeit *saimin* genannt, was sich in etwa mit „[an Mitteln] schmales Volk" übersetzen lässt. Wie das *Nihon kokugo daijiten* [Großes Lexikon der japanischen Landessprache], das größte Werk seiner Art, zu berichten weiß, ist der Begriff *saimin* bereits seit dem späten japanischen Altertum, und zwar anhand einer Quelle des Jahres Jōgan 13 (872 westl.

Tabelle 3-1: Verteilung von Armenbevölkerung und Armenvierteln in Tōkyō während der Meiji- und Taishō-Zeit

Stadtbezirk	Zahl der Slums (*hinminkutsu*) um 1890	Arme (*saimin*) in %, 1911	Arme (*saimin*) in %, 1922
Kōjimachi (Chi)[1]	3	n. e.[2]	0,5
Kanda (Chi)	11	n. e.	1,9
Nihonbashi (Chū)	10	n. e.	0,3
Kyōbashi (Chū)	10	n. e.	3,1
Shiba (Mi)	11	2,7	2,8
Azabu (Mi)	2	4,0	2,6
Akasaka (Mi)	7	1,0	0,8
Yotsuya (Shin)	2	13,1	6,2
Ushigome (Shin)	8	1,3	4,1
Koishikawa (Bun)	15	19,8	5,3
Hongō (Bun)	9	1,5	1,6
Shitaya (Tai)	4	28,8	7,2
Asakusa (Tai)	13	37,6	9,0
Honjo (Su)	6	21,4	15,5
Fukagawa (Kō)	4	25,4	13,0
Gesamt	115	12,6	6,1

Anm.:   [1] Kürzeln in Klammern geben die Zugehörigkeit zu den heute existierenden Stadtbezirken an: Chi: Chiyoda, Chū: Chūō, Mi: Minato, Shin: Shinjuku, Bun: Bunkyō, Tai: Taitō, Su: Sumida, Kō: Kōtō; [2] n. e.: nicht erhoben.
Quelle: NAKAGAWA, K. (1985: 28, 43, 265).

Zeitrechnung) belegt. Anlässlich einer Untersuchung der Stadt Tōkyō im Jahr 1911 wurden *saimin* konkret als Personen definiert, die tagelöhnerartigen Beschäftigungen nachgehen, weniger als 20 Yen im Monat verdienen und in Behausungen leben, für die drei Yen oder weniger an Miete bezahlt werden müssen (NAKAGAWA, K. 1985: 42). Bei den Zählungen beschränkte man sich allgemein auf diejenigen *saimin*, die in ausgewiesenen Slums wohnten. Der in der Tabelle wiedergegebene Rückgang des Anteils der *saimin*-Population von 12,6 % im Jahr 1911 auf 6,1 % im Jahr 1922 wird daher nicht nur mit einer Verbesserung der Lebensbedingungen, sondern auch mit der Tendenz vieler *saimin*, dispers außerhalb von anerkannten Slumgebieten zu wohnen, in Verbindung gebracht. Eine wichtige Rolle spielte daneben auch die Ausdehnung Tōkyōs über die damalige Stadtgrenze hinweg, wodurch der Anteil der Armen nun vor allem in den Nachbargemeinden anstieg (NAKAGAWA, K. 1985: 110–111). Der im Zusammenhang mit *saimin* ebenfalls verwendete Terminus *hinminkutsu* [wörtl.: „Höhlen der Armut"] im Sinne von „[räumlich vereinzelt liegendes] Slum" ist erst seit der Meiji-Zeit belegt und kann als stark von der damaligen europäischen Armutsdiskussion beeinflusst gelten (WALEY 2002: 1536). Gewöhnlich wohnten Arme dort in sogenannten *nagaya*, langgestreckte und meist eingeschossige, später auch zweigeschossige Holzmiethäuser, ein Haustyp, der bereits in der Edo-Zeit entwickelt wurde und vereinzelt noch heute in Tōkyō anzutreffen ist. Im einfachsten Fall handelte es sich um ein sogenanntes Gemeinschafts-*nagaya* (*kyōdō nagaya*), bei dem man von einem mittleren Korridor in ein meist etwa 4,8qm großes Zimmer gelangte. Infolge des dunklen Korridors wurden diese Behausungen auch Tunnel-*nagaya* (*tonneru nagaya*) genannt. Die Räume dienten nur zum Schlafen und dem Abstellen der wenigen Habseligkeiten des meist zwei bis fünf Personen umfassenden Haushalts; Toiletten und Wasseranschlüsse befanden sich sämtlich außerhalb des Hauses. Bei einem geteilten *nagaya* (*munewari nagaya*) lagen die Eingänge zu den Zimmern jeweils an der Außenseite. Die Räume verfügten üblicherweise über eine Kochnische, besaßen jedoch keine Fenster. Bei einem gewöhnlichen *nagaya* (*futsū nagaya*) schließlich handelte es sich gewissermaßen um ein längs halbiertes *munewari nagaya*. Die Räume besaßen zumeist einen ebenerdigen Eingangsbereich (*doma*) von 1,6 bis 2,4qm sowie einen erhöhten Wohnbereich von rund sieben Quadratmetern. Während der Taishō-Zeit (1912–1926) konnte sich schließlich der Typus des gewöhnlichen *nagaya* mit separater Toilette und Kochgelegenheit durchsetzen; in einem Viertel aller Fälle bestand die Wohneinheit nun zudem aus zwei Räumen, womit die Gemeinschaftlichkeit in den Slums allmählich einer individualisierten Form von Armut Platz machte (NAKAGAWA, K. 1985: 51–52, 116–117). Ein weiterer Bestandteil der *hinminkutsu*, die „Holzhaus-Mietherberge" (*kichin'yado*), entwickelte sich in der Taishō-Zeit hingegen zunehmend zu einem Asyl alleinstehender Männer und kann daher als Vorläufer der *doya*-Herbergen in den heutigen Tagelöhnervierteln angesehen werden. Nach einer Zählung des Jahres 1920 gab es im damaligen Stadtgebiet von Tōkyō 405 solcher Unterkünfte mit insgesamt 11.140 Bewohnern zum Zählungsstichtag. Von diesen lebten 87,3 % ohne Familienangehörige in der Herberge, 82,7 % waren männlichen Geschlechts (NAKAGAWA, K. 1985: 53, 118–119).

Für die Entwicklung des Ausländerelements in der Stadtstruktur von Tōkyō war von eminenter Bedeutung, dass nicht Tōkyō bzw. Edo selbst, sondern ein etwa 30km südlich an der Tōkyō-Bucht gelegenes Fischerdorf, Yokohama, ab 1859 zum Auslandshafen der japanischen Hauptstadt ausgebaut wurde. Hierdurch blieb eine klare räumliche Spaltung von Tōkyō in eine quasi-koloniale Ausländerstadt und eine „traditionelle" Stadt der Einheimischen aus, wenngleich der Gegensatz zwischen *yamanote* und *shitamachi* einer solchen Spaltung – freilich ohne nennenswerte Beteiligung von Ausländern – später durchaus nahe kam. Im Jahr 1890 lebten daher in dem für ausländische Privatleute geöffneten Distrikt Tsukiji im heutigen Chūō-*ku* nur 175 Personen ausländischer Staatsangehörigkeit, während in Yokohama fast 5000 Ausländer ansässig waren (SMITH II 1986: 354). Nachdem 1899 die Wohnsitzbeschränkungen für alle Ausländer in Japan aufgehoben worden waren, verlor Tsukiji schnell den überwiegenden Teil seiner ausländischen Residenten und Einrichtungen. Die meisten Botschaften wiederum verteilten sich zu Beginn der Meiji-Zeit unmittelbar südlich und westlich des Kaiserpalastbereichs, konzentrierten sich dann aber sukzessive etwas weiter außerhalb im Gebiet des heutigen Minato-*ku*, wo in Nähe zum neuen Regierungsviertel Kasumigaseki ebenfalls großzügige Grundstücke zur Verfügung standen (FUJITA, N. 2001: 28–31).

Die häufig im Gefolge westlicher Handelsaktivitäten als Bedienstete oder selbständige Kleinhändler während der Meiji-Zeit nach Japan gekommenen Chinesen blieben zum größeren Teil in der *chinatown* von Yokohama oder im Tsukiji-Distrikt. Nach 1919 nahm dann aufgrund bürgerkriegsähnlicher Zustände und der wirtschaftlichen Auswirkungen von Dürreperioden und Flutkatastrophen in China auch in Tōkyō die Zahl chinesischer Bewohner deutlich zu, allerdings nur relativ, denn mit rund 4900 Personen im Gebiet der heutigen 23 Stadtbezirke im Jahr 1925, dem Höhepunkt der Zuwanderung, stellte diese Gruppe nur einen Bruchteil der Gesamtbevölkerung dar (ABE, Y. 1999: 28–30). Als Hauptsiedlungsgebiete der neuen Zuwanderer kristallisierten sich zunehmend die Hafengegend sowie der industrialisierte Nordosten entlang der Flüsse Sumidagawa und Arakawa heraus, wo viele Chinesen – meist aus der Provinz Zhejiang südlich von Shanghai stammend – als Entlader von Frachtkähnen, speziell von Kohlefrachtern, tätig waren. Daneben wurden Chinesen auch bei Infrastrukturprojekten wie dem Bau von Straßen und dem Wiederaufbau nach dem Kantō-Erdbeben eingesetzt, die sich ebenfalls auf den Nordostteil der Stadt konzentrierten. Dass die Arbeitsvermittlung überwiegend auf direkten Kontakten zu chinesischen Mittelspersonen aus Zhejiang basierte, die auch in den nordöstlichen Bezirken lebten, dürfte die räumliche Konzentration noch verstärkt haben. Neben dem Transport- und Baugewerbe waren Chinesen noch als Hausierer, Köche und Friseure in Tōkyō präsent, wobei für diese Berufsgruppen ein insgesamt disperseres Raummuster kennzeichnend war, wenngleich im Einzelnen auch hier landsmannschaftliche Zugehörigkeit den Wohnort bestimmte (ABE, Y. 1999: 32–37).

Nachdem in der zweiten Hälfte der 1920er Jahre die Zuwanderungs-politik gegenüber der chinesischen Bevölkerung verschärft worden war und im Zuge der Weltwirtschaftskrise ausländische Arbeiter von vielen Japanern boykottiert wurden, was zu einer massenhaften Rückwande-rung führte (ABE, Y. 2000), wurden einfache Tätigkeiten in den nordöstli-chen Industriedistrikten zunehmend von Koreanern ausgefüllt, die seit der japanischen Annexion der Koreanischen Halbinsel im Jahr 1910 als japanische Staatsbürger galten. Zwar wuchs die Zahl der Koreaner in Tōkyō wesentlich verhaltener als im der Koreanischen Halbinsel näher gelegenen Ōsaka, doch bereits 1925 hatte die koreanische Gruppe mit rund 10.800 Personen die Gruppe der Chinesen numerisch weit überholt. Auf dem Höhepunkt im Jahr 1943 lebten sogar über 123.000 Koreaner in Tōkyō, wobei hierunter auch zwangsweise in die japanische Hauptstadt verbrachte Personen fallen (MUN 1994: 141). Da sich die meisten Koreaner auf Dauer ansiedelten, gründeten viele ein eigenes – wenn auch allge-mein wenig angesehenes – Gewerbe. In Arakawa-*ku* etwa spezialisierte sich die koreanische Minderheit auf das sogenannte Abfallgewerbe (*ku-zumonogyō*), d. h. die Wiederverwertung verschiedener Rückstände und Restmaterialien aus der Produktion der umliegenden Industriebetriebe. Daneben waren in diesem Bezirk Koreaner unter anderem als Subunter-nehmer bei der Herstellung von Hausschuhen und *tabi*-Socken aktiv. Ähnlich wie im Falle der Chinesen lässt sich für die koreanische Gruppe während dieser Zeit eine Beeinflussung des Wohnstandorts von der re-gionalen Zugehörigkeit beobachten, was auf die Wirkungsweise soge-nannter Kettenmigration hindeutet. So stammten in Arakawa-*ku* lebende Koreaner zu einem Großteil von der Insel Cheju (MUN 1994: 134–135, 142–143).

Am 1. September 1923 bebte um die Mittagszeit in der südlichen Kantō-Ebene die Erde, was insgesamt etwa 100.000 Menschen das Leben kostete. Für die hohe Zahl der Opfer war dabei weniger der Zusammen-bruch von Häusern aufgrund der Erderschütterung verantwortlich, son-dern das von verschiedenen Stellen ausgehende Feuer, das sich schließ-lich – begünstigt durch die vorwiegende Holzbauweise – zu einem gro-ßen Feuersturm vereinigte und nachfolgend fast das gesamte Gebiet der heutigen Stadtbezirke Chūō, Taitō, Kōtō und Sumida sowie die östlichen Teile von Chiyoda und Minato verbrannte. Es handelte sich folglich vor allem um die am dichtesten bebauten Wohn-Gewerbequartiere entlang des Sumidagawa. Durch Beben und Feuereinwirkung wurden insgesamt etwa 700.000 Häuser zerstört (TŌKYŌ-TO TOSHI KEIKAKU-KYOKU SŌMU-BU SŌDAN JŌHŌ-KA 1989: 24–25).

Von japanischen Historikern und Stadtforschern wird das Erdbeben als eine entscheidende Zäsur in der Entwicklung von Tōkyō gesehen, die

noch über die Auswirkungen der Meiji-Restauration oder der Flächenbombardements des Zweiten Weltkriegs hinausging (vgl. KURASAWA 1986:
30; WALEY 2002: 1538). MACHIMURA Takashi (1994: 209–212) spricht sogar
davon, dass erst mit dem Wiederaufbau die Grundlagen des „modernen"
Tōkyō gelegt worden seien, das seinerseits seit den 1980er Jahren durch
das „postmoderne" Tōkyō abgelöst werde. Beurteilt man die Veränderungen aus stadtgeographischer Sicht, dann dürften die Schlagwörter
„Zonalisierung" und „Entmischung" am besten geeignet sein, den nachfolgenden Wandel zu beschreiben:

Die sichtbarsten Veränderungen betrafen die Verbreiterung oder Neu-
schaffung von Straßen sowie die Anlage von Parks, um – ähnlich wie nach
dem großen Feuer der Ära Meireki – in Zukunft die Ausbreitung von
Flächenbränden zu verhindern und Schutzzonen für fliehende Menschen
zu schaffen. Zudem wurden zahlreiche öffentliche Bauten in feuerresisten-
ter Stahlbetonbauweise wiedererrichtet (KURASAWA 1986: 32). Den Stadtpla-
nern kam zur Durchführung dieser Maßnahmen gelegen, dass 1919 das
erste japanische Stadtplanungsgesetz (*Toshi keikaku-hō*) sowie das Bauge-
setz für städtische Gebiete (*Shigaichi kenchikubutsu-hō*) erlassen worden
waren. Auf Basis dieser Bestimmungen konnten jedoch noch weitreichen-
dere Veränderungen veranlasst werden, so eine großflächige Umlegung
von Grundstücksparzellen und eine Flächennutzungszonierung, die ab
dem Jahr 1925 die überbaute Stadtfläche grob in Geschäftsgebiete, Wohngebiete, Industriegebiete unterschiedlicher Nutzungsdichte sowie Gebiete
ohne festgelegte Nutzung unterteilte (HOHN 2000: 48–51). Mit der Ausweisung der küstennahen sowie der nordöstlichen Stadtteile als Industriegebiete und der Kennzeichnung des westlichen Yamanote-Bereichs als
Wohngebiet vollzog die damalige Stadtplanung einerseits Entwicklungen
nach, die sich – wie geschildert – bereits seit der Jahrhundertwende angedeutet hatten. Darüber hinaus darf jedoch nicht übersehen werden, dass
durch die Nutzungszonierung der Trend zur funktionalen wie sozialen
Entmischung des Stadtraumes nun auch eine normative Basis erlangte.
Insbesondere wurden sozial schwächere Gruppen sukzessive aus zentralen Stadtbereichen an den Nordostrand Tōkyōs gedrängt. Dies betraf zum
einen die ursprünglich geschlossen bei Asakusa siedelnden *burakumin*.
Bereits 1873 und dann noch einmal 1892 wurde verfügt, dass Gerbereien
und andere tierkörperverarbeitende Gewerbe aus sanitären Gründen nur
noch außerhalb der Stadtgrenzen betrieben werden dürfen, was dazu
führte, dass die Gerbereibetriebe der *burakumin* großenteils in das einige
Kilometer nördlich von Asakusa liegende Gebiet des heutigen Arakawa-*ku*
übersiedelten. In Zusammenhang mit der Flächennutzungszonierung von
1925 wurde dann eine erneute Umsiedlung an den nordöstlichen Rand der
Stadt verfügt (TOMOTSUNE 2003: 104–106).

Ähnlich wurden die durch das Feuer vernichteten Slumgebiete der *saimin* und armer Industriearbeiter im Stadtzentrum nicht wieder aufgebaut. Von den verbliebenen, nunmehr als „schlechte Wohngebiete" (*furyō jūtaku chiku*) ausgewiesenen Slums (s. eine genaue Auflistung bei MIZUUCHI 1984: 294) wurde durch verschiedene private oder auch öffentliche Erneuerungsmaßnahmen, die z. T. das Sanierungsgesetz von 1927 (*Furyō jūtaku chiku kairyō-hō*) zur Grundlage hatten, bis 1937 der größere Teil eliminiert. Dabei erhielten die von den wenigen öffentlichen Sanierungsmaßnahmen betroffenen Mieter zwar das Recht, in ihrem Viertel wohnen zu bleiben (TŌKYŌ-TO TOSHI KEIKAKU-KYOKU SŌMU-BU SŌDAN JŌHŌ-KA 1989: 30; HOHN 2000: 60–61). Dennoch hatten der Brand des Jahres 1923 und die Auflösung der alten Slums zur Folge, dass zahlreiche weniger bemittelte Menschen in die nordöstlichen Vororte umzogen, was dort allerdings nicht zur Bildung neuer Slums führte. Dieser Wandel von einem Überwiegen extremer Segregationsformen auf kleinräumiger Ebene (bei starker Mischung auf Bezirksebene) zu einem mittleren Segregationsniveau auf der Basis ganzer Stadtsektoren (bei weitgehendem Fehlen von Elendsvierteln oder auch Luxuswohngebieten) wird von NAKAGAWA Kiyoshi (1985: 264–265) auch als ein Übergang von *chiku* [Distrikt] nach *chiiki* [Region] als dem jeweils herrschenden Raumordnungsprinzip umschrieben.

Deutlich ist dieser Wandel bei der Verteilung armer Menschen im Jahr 1935 anhand der folgenden Abbildung 3-2 erkennbar. Noch tritt ein südwestlicher Stadtbezirk, Meguro-*ku*, als Gebiet mit einem überdurchschnittlichen Anteil von Sozialhilfebedürftigen (*yō-hogo setai jinkō*) hervor, und auch die heute als statushoch angesehenen Bezirke Minato und Shibuya zeigen nur durchschnittliche Werte, was auf die vereinzelte Fortexistenz von innerstädtischer Armut verweist. Doch im Übrigen erstrecken sich die sozialen Problemgebiete vom Mündungsgebiet des Sumidagawa und des Arakawa entlang dieser Flüsse bis in den nordwestlichen Bezirk Itabashi, während das innere Stadtzentrum sowie der südwestliche Randbereich durch niedrige Raten gekennzeichnet sind. Zu dem räumlichen Muster der Sozialhilfebezugsrate des Jahres 1980 (TŌKYŌ-TO SŌMU-KYOKU TŌKEI-BU TŌKEI CHŌSEI-KA 1989: 165) ergibt sich ein hochsignifikanter Korrelationskoeffizient von r=0,59, was bestätigt, dass die Grundzüge der modernen sozialräumlichen Struktur von Tōkyō schon vor dem Zweiten Weltkrieg gelegt waren.

Umgekehrt kam es auch zu einer sozialräumlichen Entmischung infolge von Migrationsprozessen, die die statushöheren Gruppen der Stadt betrafen. Die Zerstörungen des Großen Kantō-Erdbebens nahmen viele der wohlhabenderen alten Händlerfamilien zum Anlass, aus den dicht überbauten Vierteln im Bereich der alten *chōninmachi* und am Sumidaga-

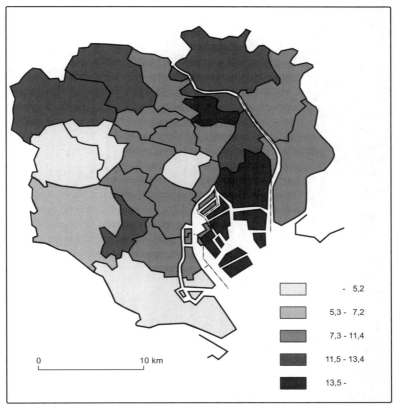

	- 5,2
	5,3 - 7,2
	7,3 - 11,4
	11,5 - 13,4
	13,5 -

0   10 km

Abbildung 3-2:   Anteil von Personen in sozialhilfebedürftigen Haushalten, Tōkyō 1935 (in %)

Anm.:   Die Bezirke Itabashi und Nerima waren 1935 noch in einem
Bezirk Itabashi zusammengefasst. Es war daher nicht möglich,
für beide Bezirke separate Werte zu berechnen.

Quelle: Eigener Entwurf nach Daten von NAKAGAWA Kiyoshi (1985: 279),
auf das Gebiet der heutigen Stadtbezirke umgerechnet.

wa in die westlichen Wohngebiete der Yamanote-Terrassenfläche umzu-
ziehen. Diese füllte sich zusehends auch mit Häusern der neuen Schicht
der Angestellten (*sararīman*); dem hohen Platzbedarf wurde überwiegend
durch horizontale Stadtausdehnung Rechnung getragen (KURASAWA 1986:
32). Hierzu bildeten sich zwischen 1913 und 1927 zahlreiche private
Vorortbahngesellschaften, die nicht nur den Transport der immer zahlrei-

169

cher werdenden Pendler zu den Bahnhöfen der Yamanote-Ringbahn bewerkstelligten, sondern sich zum Teil auch selbst als Erschließer neuer Wohngebiete betätigten. Ein bekanntes Beispiel ist die Erschließung der sogenannten Gartenstadt Chōfu (Den'en Chōfu) durch die Bahngesellschaft Tōkyū im äußersten Südwesten des heutigen Stadtgebietes (im Grenzgebiet der Bezirke Ōta und Setagaya), eines der vornehmsten Viertel Tōkyōs überhaupt (TŌKYŌ-TO TOSHI KEIKAKU-KYOKU SŌMU-BU SŌDAN JŌHŌ-KA 1989: 36–37). Das zunehmende Prestige des Westens und Südwestens von Tōkyō führte wiederum zu einer Abwertung des *shitamachi*-Begriffs. Er galt fortan als Synonym für Distrikte, die durch industrielle Verschmutzung, einen hohen Anteil an in bescheidenen Verhältnissen lebender Bevölkerung, aber auch durch als traditionell empfundene Formen des Arbeitens und Zusammenlebens geprägt sind. Als *shitamachi* wird somit seither nicht mehr nur das innerstädtische Gebiet zwischen Sumidagawa und der Terrassenkante, sondern der gesamte Nordosten Tōkyōs sowie auch die von der Mündung des Sumidagawa aus nach Süden verlaufende industrielle Küstenzone bezeichnet (WALEY 2002: 1538–1539, 1543–1544).

Trotz der Zerstörungen durch die Flächenbombardements des Zweiten Weltkriegs und der folgenden hektischen Wiederaufbauphase, bei der die im Jahr 1940 gültige Einwohnerzahl von 6,8 Mio. Personen 1955 wieder erreicht und danach deutlich überschritten wurde, hatte die beschriebene Raumdichotomie zwischen einem von mittleren und höheren Schichten bewohnten Südwesten und einem industriell geprägten, insgesamt „ärmeren" Nordosten noch im Jahr 1975 unverändert Bestand, wie sich anhand der Ergebnisse der faktorialökologischen Untersuchung von KURASAWA (1986: 52) zeigen lässt. Die enorm hohen Zuwanderungsziffern von bis zu 360.000 Personen jährlich während der Zeit des wirtschaftlichen Hochwachstums zwischen 1956 und 1973 verhinderten jedoch am Stadtrand eine Fortschreibung strikter raumordnerischer Planungsvorstellungen und ließen zersiedelte und eher sozial gemischte Wohnbereiche entstehen (vgl. NAKAGAWA, S. 1998). Ähnlich bildete sich am Rand des kommerziellen Kerns von Tōkyō ein dicht überbauter, ungeregelter Holzhausgürtel, der heute vor allem unter Katastrophengesichtspunkten als der sanierungsbedürftigste Bereich Tōkyōs gilt. Die hier während der 1950er und 1960er Jahre errichteten Wohnungen orientierten sich an den Bedürfnissen junger Mittel- und Oberschulabsolventen, die aus dem ländlichen Raum zuwanderten und denen es in erster Linie auf eine niedrige Miete und eine verkehrsgünstige Lage ankam, um keine langen Wege zu ihrer Arbeitsstätte bewältigen zu müssen. Demgemäß bestanden die meisten Wohnungen (sog. „Holzhaus-Mietapartments"; jap. *mokuchin apāto* bzw. *kichin apāto*) aus nur einem Raum, während ein eigenes Bad und oft auch eine Toilette fehlten. Fünf oder mehr solcher Kleinstwohnungen waren zu einem Haus zusammengefasst. Räumlich konzentrierten und konzentrieren sich diese Wohnungen in einem Gürtel entlang der Yamanote-Ringbahn oder etwas außerhalb davon, wobei ein deutlicher Schwerpunkt zwischen Harajuku (Stadtbezirk Shibuya) im Westen und Ueno im Nordosten erkennbar ist. Nach Osten und Südosten hingegen waren dem Holzhausbau durch die schon damals starke kommerzielle Überprägung dieses Gebietes Grenzen gesetzt, während nach Südwesten hin der hohe Status der dortigen Wohngebiete eine allzu starke Überbauung offenbar vermeiden half. Im Jahr 1968 lag der Anteil der *kichin apāto* an allen Wohnungen der Präfektur bei 29,7 % (TŌKYŌ-TO TOSHI KEIKAKU-KYOKU SŌMU-BU SŌDAN JŌHŌ-KA 1989: 59; HOHN 2000: 73–74).

Bezeichnend für den wenig planvollen Wiederaufbau Tōkyōs nach dem Zweiten Weltkrieg, der im deutlichen Kontrast zum Wiederaufbau nach dem Kantō-Erdbeben steht, ist die Tatsache, dass sich der Holzhausgürtel in etwa dort herausbildete, wo bereits vor dem Krieg mit dem Gros der als sanierungsbedürftig angesehenen „schlechten Wohngebiete" die problematischsten Wohnverhältnisse geherrscht hatten. Ein Beispiel gibt die nachkriegszeitliche Entwicklung des San'ya-Viertels nördlich von Asakusa im Nordosten von Taitō-*ku* zum räumlichen Schwerpunkt der Tagelöhnerbevölkerung Tōkyōs (s. hierzu ausführlicher Kap. 4.3). Andere Bereiche des Holzhausgürtels wiederum wie der Distrikt Ōkubo nördlich des Zentrums von Shinjuku sowie die Gegend östlich des Nebenzentrums Ikebukuro entwickelten sich zunächst zu Wohngebieten von Beschäftigten, die im Gastgewerbe dieser Zentren oft im Schichtdienst arbeiteten und daher kurze Pendelwege präferierten. Während der 1970er Jahre wurden diese Viertel überwiegend von Studenten bewohnt; seit den späten 1980er Jahren schließlich sind sie eine bevorzugte Wohngegend von Ausländern asiatischer Herkunft (s. hierzu ausführlicher Kap. 4.2) (KURASAWA 1986: 283; TAJIMA 1994: 42).

Die räumlich stark differenzierte Problemstruktur dieses inneren Gürtels, auf den sich im Wesentlichen die jüngere *inner city*-Literatur zu Tōkyō bezieht, ist durch die Studie von NAKABAYASHI (1987) auf der Basis von Daten der späten 1970er Jahre ausführlich beschrieben worden. Die gravierendsten Probleme herrschten demnach in den Bezirken Taitō, Sumida und Arakawa mit einer Überlagerung von wirtschaftlichem Niedergang (Deindustrialisierung), hohem Abwanderungsüberschuss und demographischer Alterung, Mängeln der baulichen Umgebung und Randgruppenproblemen. Dabei zeigte vor allem die demographische Alterung einen Schwerpunkt im nordöstlichen Bereich, während bauliche Mängel auch im Nordwesten und wirtschaftlicher Niedergang sowie

Minoritätenprobleme auch im westlichen und zum Teil sogar im südlichen Abschnitt des *inner city*-Rings beobachtet werden konnten. Auch nach den Ergebnissen von KURASAWA (1986: 54) war bereits in den 1970er Jahren insbesondere der östliche Abschnitt des Holzhausgürtels, der bereits vor dem Krieg als Kernzone sozialer Problematik hervorgetretene Bereich also (vgl. oben Abb. 3-2), durch eine besonders geringe „Vitalität" infolge starker Überalterung gekennzeichnet.

Zusammenfassend lässt sich formulieren, dass sich die innere Struktur der japanischen Hauptstadt zweimal erheblich wandelte, wobei in beiden Fällen eine Brandkatastrophe den Anstoß gab: der Brand der Ära Meireki im Jahr 1657 und der auf das Große Kantō-Erdbeben folgende Brand vom 1. und 2. September 1923. Während aber das erste Ereignis dazu führte, dass sich eine klar gegliederte Raum-Makrostruktur in ein eher mosaikartiges, aber auf der Mikroebene streng abgegrenztes Segregationsgefüge auflöste, beförderte das zweite Ereignis umgekehrt die Auflösung dieser *patchwork*-Struktur zugunsten eines Raummusters, das durch zusammenhängende Gebiete ähnlicher Funktion und Sozialstruktur geprägt wurde, ohne jedoch, von Teilen der nordöstlichen Holzhausgürtelhälfte einmal abgesehen, ausgesprochene soziale Brennpunkte aufzuweisen. Ebenso ließen sich exklusive Wohnviertel wie Den'en Chōfu nur sehr vereinzelt finden. In gewisser Vereinfachung könnte man folglich sagen, dass die sozialräumliche Struktur Tōkyōs während und nach dem Ende des wirtschaftlichen Hochwachstums in den späten 1970er Jahren durch den Gegensatz zwischen einem von der (oberen) Mittelschicht bewohnten Südwesten und einem von der unteren Mittelschicht und oberen Unterschicht dominierten Nordosten bestimmt war, durchbrochen bzw. ergänzt von einem *inner city*-Ring, der vor allem von alleinstehenden bzw. älteren Menschen in qualitativ minderwertigen Häusern bewohnt wurde.

Seit den 1980er Jahren mehren sich aber die Zeichen für einen erneuten durchgreifenden Umbau der inneren Struktur von Tōkyō (vgl. MACHIMURA 1994: 209–212), und diesmal scheint es eines Brandes nicht zu bedürfen: Der Holzhausgürtel wird in seiner südlichen Hälfte zunehmend durch die Ausbreitung von Cityfunktionen und durch aufwendige Stadterneuerungsprojekte unter Einschluss luxuriöser Wohnhochhäuser im Rahmen der Globalisierung Tōkyōs zersetzt; andere Teile der *inner city* werden von ausländischen Migranten besiedelt, die in einzelnen Distrikten bereits mehr als ein Drittel aller Einwohner stellen. Die sogenannte *waterfront* entlang der Bucht von Tōkyō und dem Sumidagawa, in weiten Strecken eine bislang eher unansehnliche Zone aus Lagerflächen und ärmlichen Wohn-Gewerbevierteln, wird – wie bereits in Kapitel 2.2.3 anhand des Rainbow Town-Projektes aufgezeigt – durch Stadterneuerungsmaßnahmen schrittweise zu einer bevorzugten Wohn- und Freizeitgegend der Hauptstadt aufgewertet und in diesem Zusammenhang auch die angrenzende *shitamachi* einer nostalgischen Neubewertung unterzogen (WALEY 2002: 1545–1548), während entfernter liegende Wohnvororte infolge langer Pendelzeiten bei nunmehr wieder gesunkenen Bodenpreisen im Stadtinnern an Beliebtheit verlieren. In den nachfolgenden Ausführungen dieses Kapitels sowie bei den in Kapitel 4 behandelten Fallstudien soll es darum gehen, diese und andere Wandlungsprozesse, welche seit den späten 1980er Jahren zu beobachten sind, im Einzelnen zu analysieren.

3.2 ALLGEMEINE ASPEKTE DER SOZIALGEOGRAPHIE TŌKYŌS SEIT DEN 1980ER JAHREN

3.2.1 DEMOGRAPHISCHE STRUKTUR

3.2.1.1 *Bevölkerungsentwicklung*

Bereits in der Periode zwischen 1897 und 1920 hatte der zentrale Bezirk Kōjimachi im Westteil des heutigen Chiyoda-*ku* einen Bevölkerungsrückgang von 16 % verzeichnet (YAZAKI 1968: 448). Seither wurden, nur kurzfristig unterbrochen vom Kantō-Erdbeben, dem Zweiten Weltkrieg und den nachfolgenden Wiederaufbauphasen, immer weitere Teile des Innenstadtbereichs von Tōkyō von Bevölkerungsverlusten erfasst, was schließlich dazu führte, dass seit 1968 nach einem Höchststand von rund 8,9 Mio. Personen der Bereich der 23 Stadtbezirke insgesamt an Einwohnern verlor – so zumindest bis zur Mitte der 1990er Jahre. Ein solcher Bevölkerungsrückgang im Citybereich einer Stadt stellt kein außergewöhnliches Phänomen dar, sondern wird aus nahezu allen größeren Städten von Industriestaaten berichtet, und zwar im Deutschen unter dem geographischen Fachbegriff des innerstädtischen „Bevölkerungskraters" und im amerikanischen Englisch als *doughnut*-Phänomen, woraus sich auch der japanische Begriff des *dōnatsu-ka* [wörtl.: Verkrapfung] eines Stadtzentrums ableitet. Ursache ist die mit zunehmender Stadtgröße voranschreitende Ausweitung kommerzieller und administrativer Nutzungen in der City auf Kosten der Wohnfunktion, wie es unter anderem bereits in dem in Kapitel 1.2.3 vorgestellten sozialökologischen Modell nach Burgess beschrieben ist (vgl. zur Citybildung näher LICHTENBERGER 1998[3]: 221–224).

Die Verdrängung der Wohnbevölkerung aus dem Stadtzentrum von Tōkyō beschleunigte sich dann noch einmal in der zweiten Hälfte der 1980er Jahre als unmittelbare Folge der durch die *bubble economy* angeheizten Nachfrage nach Büroflächen und der einhergehenden Erhöhung der Bodenpreise bis auf ein mittleres Niveau von umgerechnet etwa 250.000 Euro pro Quadratmeter in den attraktivsten Lagen. Der damalige „Wert" des Territoriums der 23 Stadtbezirke allein entsprach damit demjenigen der gesamten USA (FLÜCHTER und WIJERS 1990: 196–197). Nach dem Ende der *bubble economy* setzte sich der Bevölkerungsrückgang zunächst fort, da zum einen die Immobilienkosten in den inneren Stadtbezirken trotz starken Rückgangs noch immer weit über dem Niveau der frühen 1980er Jahre lagen und zum zweiten der konjunkturelle Einbruch zu einer stark gesunkenen Nachfrage nach Arbeitskräften führte. Bis 1994 verringerte sich daher die Zahl der Zuzüge noch einmal deutlich, und die Bevölkerungsverluste erstreckten sich kurzfristig sogar auf den gesamten Agglomerationsraum (KOKUDOCHŌ 1996: 6-11; ISHIKAWA und FIELDING 1998).

Zwischen 1985 und 1995 sank die Bevölkerung Tōkyōs von knapp 8,4 auf 7,9 Mio. Personen. Wie die Abbildung 3-3 erkennen lässt, waren davon, wie geschildert, vor allem die zentralen Stadtbezirke betroffen, während insgesamt vier Bezirke am nordwestlichen und östlichen Rand weiter geringe Zuwächse verzeichnen konnten, da hier in begrenztem Umfang noch Baulandreserven zur Verfügung standen. Chiyoda-*ku* mit dem Kaiserpalast, dem Regierungsviertel und vielen Unternehmenszentralen büßte fast ein Drittel seiner Bevölkerung ein, das im Süden angrenzende Minato-*ku* mit zahlreichen Botschaften und anderen internationalen Institutionen verlor etwa ein Viertel und die beiden Bezirke Chūō und Shibuya rund ein Fünftel ihrer ursprünglichen Einwohnerzahl. Dennoch war selbst mit diesem Prozess die Citybildung nur in Chiyoda-*ku* weitgehend abgeschlossen, das 1995 nur noch eine Bevölkerungszahl von rund 34.000 Einwohnern und eine Dichte von unter 3000 Einwohnern auf den Quadratkilometer aufwies, während die angrenzenden Bezirke Chūō und Minato mit Dichten von rund 7000 Ew/qkm weiterhin auch als Wohngebiete fungierten.

Eine abrupte Trendwende setzte nach 1996 ein: Der Bereich der 23 Stadtbezirke erlebte, teils auf Kosten der angrenzenden suburbanen Präfekturen, eine erstaunliche Erholung der Bevölkerungsziffer auf mittlerweile wieder 8,5 Mio. Personen (Stand 1.10.2005), wobei vor allem die in der Periode zuvor von besonders hohen Verlusten betroffenen zentralen Stadtbezirke Einwohner zurückgewinnen konnten, aber auch der an der *waterfront* gelegene Stadtbezirk Kōtō sowie die weiterhin über gewisse Wohnlandreserven verfügenden Bezirke Nerima und Edogawa (vgl. Abb. 3-4). Der gewerbliche Norden und Nordosten Tōkyōs hatte an dieser Entwicklung noch bis zum Jahr 2000 keinen Anteil und gab weiter Bevölkerung ab (vgl. HOHN 2002a: 6). Seitdem lässt sich jedoch vor allem

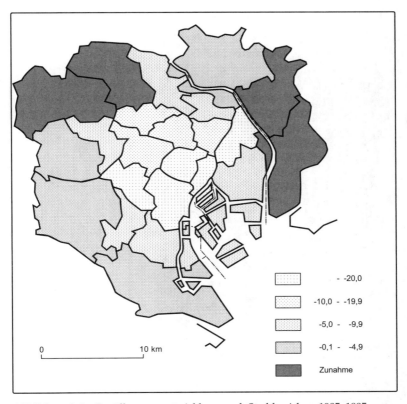

Abbildung 3-3: Bevölkerungsentwicklung nach Stadtbezirken, 1985–1995
Anm.: Stichtag war jeweils der 1. Oktober (Volkszählungstermin).
Quelle: Eigene Berechnungen nach TŌKYŌ-TO TŌKEI KYŌKAI (1998: 26–29).

in zentraler gelegenen Bereichen wie etwa in Taitō ebenfalls ein merklicher Wiederanstieg der Bevölkerung erkennen, während in weiter außerhalb gelegenen Bezirken wie Kita oder Adachi noch keine klare Trendumkehr stattgefunden hat.

Als Hauptursache dieses Wandels wird in der Literatur immer wieder auf das weitere Sinken der Bodenpreise hingewiesen (vgl. näher Kap. 3.3.2.1): Einerseits rücken hierdurch innerstädtische Wohnstandorte zumindest für besserverdienende Schichten wieder in den Bereich des Erschwinglichen; deutlich reduzierte Pendelzeiten zur Arbeitsstelle und ein attraktives Versorgungs- und Unterhaltungsangebot in der Nachbarschaft locken vor allem Alleinstehende und Ehepaare ohne Kinder an

175

Abbildung 3-4:   Bevölkerungsentwicklung nach Stadtbezirken, 1995–2005
Anm.:   Stichtag war jeweils der 1. Oktober (Volkszählungstermin).
Quelle: Eigene Berechnungen nach SŌMUCHŌ (SŌMUSHŌ) TŌKEIKYOKU, *Ko-*
                 kusei chōsa hōkoku 1995, 2005.

(MARUKO 2001: 17; SONOBE 2001: 206–209). Andererseits zwang der kontinuierliche Bodenpreisverfall viele hoch verschuldete Wirtschaftsunter-
nehmen, während der *bubble*-Zeit spekulativ arrondierte, profitable
Grundstücke im Stadtzentrum nicht länger in Erwartung wieder höherer
Preise zurückzuhalten, sondern entweder selbst zu bebauen oder auf
dem Immobilienmarkt anzubieten, was insbesondere im Zeitraum 1997/
98 vermehrt geschah. Aus ähnlichen Gründen verkaufte nahezu gleichzeitig auch die öffentliche Hand zahlreiche Grundstücke, die als Ergebnis
der Bahnprivatisierung der 1980er Jahre oder auch infolge der Verlegung
von Behörden nicht mehr benötigt wurden. Im Ergebnis führte diese
plötzliche Freigabe großer Flächen zu einem in Anbetracht der gesamt-

wirtschaftlichen Lage erstaunlichen Bauboom in Form umfangreicher, vorwiegend aus Hochhäusern bestehender Stadterneuerungskomplexe mit einer Mischung aus Wohn-, Büro- und gewerblicher Nutzung (KANA-MITSU 2001; FUJIU 2002). Wie bereits in Kapitel 2.2.3 ausgeführt, sind diese Stadterneuerungsmaßnahmen zudem in die Strategien des Staates und der Präfektur zur Schaffung eines für Anwohner attraktiven und zugleich international konkurrenzfähigen Stadtzentrums eingebettet und werden daher besonders gefördert. Indes wurden die meisten der 1997 oder 1998 begonnenen Großprojekte erst im Jahr 2003 bezugsfertig, wodurch frühzeitig auch das Schlagwort des „2003-Problems" (*2003 mondai*) im Sinne eines plötzlichen Angebotüberschusses vor allem im Bürosektor geprägt wurde (KANAMITSU 2001: 15). Der Bevölkerungsanstieg bis zu diesem Zeitpunkt dürfte daher weitgehend auf einer Vielzahl von Klein- und Kleinsterschließungen (*mini kaihatsu*) unterhalb einer Fläche von 1000qm (vgl. zur Definition MORIMOTO 1999: 39) beruht haben, etwa in Form schmaler Einfamilienhäuser auf Miniparzellen, die durch Grundstücksteilungen entstanden (HOHN 2002a: 5).

Spaltet man das Bevölkerungswachstum zwischen 1996 und 2004 in seine einzelnen Komponenten, so ergibt sich, dass der überwiegende Teil des Wachstums, nämlich rund 60 %, mit einem Migrationsüberschuss von Japanern erklärt werden kann, gefolgt von der Kategorie „Sonstiges", die im Wesentlichen den Migrationssaldo der ausländischen Bevölkerung abbildet, mit etwa 27 %. Der natürliche Saldo spielt dagegen mit 12,6 % kaum eine Rolle (vgl. Tab. 3-2). Getrennt nach Stadtbezirken zeigt sich allerdings ein etwas differenzierteres Bild. So fällt zunächst auf, dass die Bevölkerung in den nordöstlichen Stadtbezirken Adachi und Katsu-shika nur aufgrund eines positiven natürlichen Saldos sowie eines Wanderungsüberschusses bei Ausländern wächst, während der Migrationssaldo hier wie auch im Falle des benachbarten Kita-*ku* ein negatives Vorzeichen hat (vgl. auch unten Abb. 3-7). Ähnliches gilt für Itabashi-*ku* und Edogawa-*ku*, die zwar eine durchweg positive Bevölkerungsentwicklung aufweisen, welche jedoch nur zu einem kleineren Teil durch den Faktor Migration verursacht ist. Selbst der zentralere Stadtbezirk Taitō würde ohne den Zuzug ausländischer Migranten weiter an Einwohnern verlieren, da der Sterbeüberschuss den Überschuss an japanischen Migranten leicht übersteigt. Umgekehrt erscheinen die Stadtbezirke Bun-kyō, Nakano und Toshima besonders von einer positiven Migrationsentwicklung abhängig, da hier der Sterbeüberschuss allein durch den Wanderungsüberschuss bei Ausländern nicht ausgeglichen wird.

Die Ergebnisse einer Umfrage der Präfektur Tōkyō aus dem Jahr 2002 zu Wohnungsfragen (TŌKYŌ-TO SEIKATSU BUNKA-KYOKU 2003) machen deutlich, dass die genannten aktuellen Migrationstendenzen zu weiten Teilen den realen Wohnpräferenzen der Hauptstädter entsprechen (vgl. Abb. 3-5). Zwar treten neben den inneren Bezirken nach wie vor auch die statushöheren südwestlichen Randbezirke als bevorzugte Wohngebiete in Erscheinung, wobei Letztere – wie eine weitere Aufgliederung nach Alter und Geschlecht zeigt (vgl. TŌKYŌ-TO SEIKATSU BUNKA-KYOKU 2003: 69)

Tabelle 3-2: Komponenten der Bevölkerungsentwicklung nach Stadtbezirken, 1996–2004[1]

Stadtbezirk	Gesamt-bilanz	Natürlicher Saldo	*in %*	Migrations-saldo	*in %*	Sonstiges[2]	*in %*
Chiyoda	2120	–969	*–45,7*	2092	*98,7*	997	*47,0*
Chūō	19039	–408	*–2,1*	16832	*88,4*	2615	*13,7*
Minato	22757	36	*0,2*	16040	*70,5*	6681	*29,4*
Shinjuku	17343	–3096	*–17,9*	10862	*62,6*	9577	*55,2*
Bunkyō	9762	–2112	*–21,6*	10894	*111,6*	980	*10,0*
Taitō	7597	–5901	*–77,7*	5699	*75,0*	7799	*102,7*
Sumida	9226	–1868	*–20,2*	8714	*94,5*	2380	*25,8*
Kōtō	41141	2169	*5,3*	32089	*78,0*	6883	*16,7*
Shinagawa	11662	–1746	*–15,0*	9634	*82,6*	3774	*32,4*
Meguro	11081	–310	*–2,8*	10699	*96,6*	692	*6,2*
Ōta	20932	5108	*24,4*	8627	*41,2*	7197	*34,4*
Setagaya	38952	6100	*15,7*	26953	*69,2*	5899	*15,1*
Shibuya	12898	–464	*–3,6*	12341	*95,7*	1021	*7,9*
Nakano	3583	–1434	*–40,0*	3869	*108,0*	1148	*32,0*
Suginami	12173	329	*2,7*	9938	*81,6*	1906	*15,7*
Toshima	4157	–3654	*–87,9*	6482	*155,9*	1329	*32,0*
Kita	–7991	–4446	*55,6*	–7572	*94,8*	4027	*–50,4*
Arakawa	8544	–2481	*–29,0*	7804	*91,3*	3221	*37,7*
Itabashi	14931	6242	*41,8*	2257	*15,1*	6432	*43,1*
Nerima	42102	16252	*38,6*	23505	*55,8*	2345	*5,6*
Adachi	5076	9319	*183,6*	–10090	*–198,8*	5847	*115,2*
Katsushika	4777	4917	*102,9*	–4703	*–98,5*	4563	*95,5*
Edogawa	52695	24252	*46,0*	16999	*32,3*	11444	*21,7*
Gesamt	**364557**	**45835**	***12,6***	**219965**	***60,3***	**98757**	***27,1***

Anm.:   [1] Stichtag war jeweils der 1. Januar; [2] die Kategorie „Sonstiges" ergibt sich zu etwa drei Vierteln aus dem Saldo der Migration von Ausländern und zu ca. einem Viertel aus nachträglichen Ein- und Austragungen im japanischen Einwohnermelderegister.

Quelle: Eigene Berechnungen nach TŌKYŌ-TO TŌKEI KYŌKAI, *Tōkyō-to tōkei nenkan* (diverse Jahrgänge).

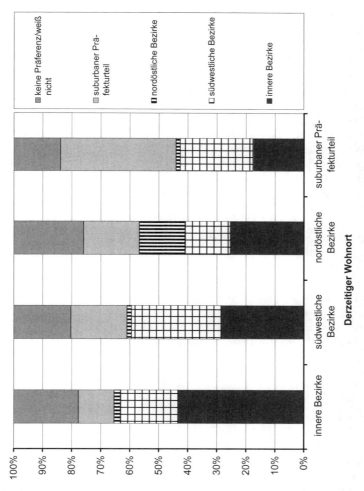

Abbildung 3-5: Antwortverhalten auf die Frage „Wo innerhalb der Präfektur Tōkyō möchten Sie am liebsten wohnen?" nach derzeitigem Wohnort (in %), 2002

Anm.: Die Umfrage wurde im November 2002 unter 3000 Bewohnern der Präfektur Tōkyō durchgeführt. Hiervon antworteten 2098 Personen. Innere Bezirke: Chiyoda, Chūō, Minato, Shinjuku, Bunkyō, Taitō, Sumida, Kōtō, Shibuya, Toshima, Arakawa; südwestliche Bezirke: Shinagawa, Meguro, Ōta, Setagaya, Nakano, Suginami, Nerima; nordöstliche Bezirke: Itabashi, Kita, Adachi, Katsushika, Edogawa; suburbaner Präfekturteil: alle übrigen Gemeinden der Präfektur.

Quelle: TŌKYŌ-TO SEIKATSU BUNKA-KYOKU (2003: 69).

– vor allem bei Frauen zwischen 20 und 49 Jahren beliebt sind. Doch weit bemerkenswerter sind meines Erachtens zwei andere aus der Abbildung hervorgehende Tatbestände. So werden erstens die suburbanen Gebiete westlich der 23 Stadtbezirke nur von den dort lebenden Menschen selbst in nennenswertem Umfang als beliebteste Wohngebiete genannt, und zweitens werden die nordöstlichen Stadtbezirke als extrem unattraktive Wohnstandorte empfunden: Nur 15,7 % der Bewohner dieser Bezirke selbst geben an, dass sie auch weiterhin gerne dort leben möchten, während insgesamt 41,0 % am liebsten in das Stadtzentrum oder den Südwesten Tōkyōs umziehen würden. Unter der Voraussetzung eines sich weiter verbessernden Angebots an günstigem Wohnraum in den inneren Bezirken dürfte sich somit der Gegensatz zwischen einem an Einwohnern zunehmenden Zentrum und einem bestenfalls stagnierenden Nordosten erhalten, wenn nicht gar weiter verschärfen.

Es stellt sich nun abschließend die Frage, ob der positive Migrationssaldo stärker durch den Verbleib der ansässigen Bevölkerung, d. h. einen Rückgang in der Zahl der Fortzüge, oder durch einen Anstieg in der Zahl der Zuzüge verursacht worden ist. Diese Frage ist insoweit von Bedeutung, als die genannten Entwicklungen in Japan allgemein mit dem Terminus *toshin kaiki* [Rückkehr in die Innenstadt] belegt werden, was wachsende Zahlen von Zuwanderern aus den suburbanen Umlandpräfekturen suggeriert (SHIMIZU 2004: 1–2). Im Detail soll diese Frage noch in Kapitel 3.4.1.1 im Zusammenhang mit der Erörterung möglicher Gentrifizierungs-Prozesse behandelt werden, doch erscheint mir bereits an dieser Stelle eine zumindest kursorische Berührung des Themas angemessen.

Wie sich Abbildung 3-6 entnehmen lässt, spielte für das Gebiet der 23 Stadtbezirke in Bezug auf den seit 1997 wieder positiven Migrationssaldo ein Rückgang bei den Fortzügen eine größere Rolle als die Entwicklung bei den Zuzügen, wo es nur zu einer leichten Erhöhung kam. Teilt man den Zeitraum in eine erste Phase zwischen 1996 und 2000 und eine zweite Phase zwischen 2001 und 2005 auf und ermittelt den zeitlichen Trend als die Differenz der Migrationsfälle zwischen beiden Phasen, so ergibt sich eine Zunahme bei den Zuzügen um 25.006 Fälle und eine Abnahme bei den Fortzügen um 139.577 Fälle. Bei Division dieser Zahlen durch die Gesamtzahl von 164.583 Fällen errechnet sich, dass die Verringerung der Fortzüge zu 84,8 %, die Steigerung der Zuzüge jedoch nur zu 15,2 % für den Gesamttrend der Binnenmigration zwischen 1996 und 2005 verantwortlich zeichnen. Von einer *Rückkehr* in die Innenstadt kann zumindest auf dieser Raumebene folglich nur eingeschränkt die Rede sein.

Dieses Bild modifiziert sich jedoch merklich, wenn man die obige Trendberechnung für jeden Stadtbezirk einzeln durchführt (vgl. Abb. 3-7,

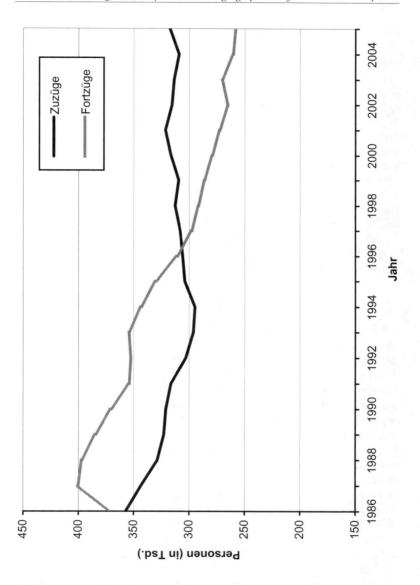

Abbildung 3-6: Migrationsentwicklung nach Zuzügen und Fortzügen, Tōkyō
1986–2005

Quelle: Tōkyō-to Sōmu-kyoku Tōkei-bu Jinkō Tōkei-ka, *Jinkō no ugoki 2005*,
http://www.toukei.metro.tokyo.jp/jugoki/2005/ju05q10000.
htm; Entnahme 23.10.2006.

181

siehe Farbabbildung auf S. 402). Demnach erweist sich gerade für die zentralen Stadtbezirke, die die stärksten Migrationsüberschüsse zu verzeichnen haben, die Zunahme der Zuzüge als der bedeutendere Faktor, was allerdings in Anbetracht der vor 1996 sehr starken Bevölkerungsverluste in diesen Bezirken kein übermäßig überraschendes Ergebnis darstellt. Als bemerkenswerter erscheint, dass im Falle der Bezirke Chūō und Minato bei steigender Zuwanderung auch eine leichte Wiederzunahme der Fortzüge zu beobachten ist, womöglich das Ergebnis enttäuschter Erwartungen an einen citynahen Wohnstandort. So werden von einigen Neubürgern ein Mangel an preiswerten Geschäften für den täglichen Bedarf und eine hohe Luftverschmutzung moniert (KOKUDO KŌTSŪSHŌ 2003a: 29). Eine höhere Bedeutung sinkender Abwanderungsziffern ist hingegen für die meisten äußeren Stadtbezirke kennzeichnend, wobei dies im Westen und im Nordosten bei gleichzeitigem Rückgang der Zuzüge geschieht. Bei dem östlichen Bezirk Edogawa schließlich zeigt sich eine Kombination aus sinkender Zuwanderung und steigender Abwanderung, was langfristig zu einem negativen Migrationssaldo führen könnte.

3.2.1.2 Räumliches Muster einzelner Variablen

Faktorialökologische Untersuchungen sind in der Vergangenheit im Allgemeinen zu dem Resultat gelangt, dass die städtischen Raummuster von demographischen und Haushaltindikatoren, aber auch von solchen Variablen, die die Erwerbsbeteiligung von Frauen abbilden, hoch miteinander korreliert sind. Als Erklärung ist auf veränderte Wohnansprüche im Verlauf des sogenannten Familienlebenszyklus hingewiesen worden: Junge, noch alleinstehende Menschen bevorzugen demnach einen citynahen Standort, da hier meist ein großes Angebot an kleinen Mietwohnungen besteht und die Pendeldistanzen zur Arbeitsstätte oder zu Bildungseinrichtungen kurz sind. Mit Eheschließung und Gründung einer Familie erfolgt dann in der Regel ein Umzug in den suburbanen Raum, da nur hier zu erschwinglichen Preisen genügend große Wohnungen sowie ein familienorientiertes Umfeld vorhanden sind (ROSSI 1980[2]). Unter anderem hat dies während des Tages eine stark nach Geschlecht segregierte Raumstruktur zum Ergebnis, da Kinder und nicht-erwerbstätige Frauen überwiegend in den Vorstädten zurückbleiben, während die meisten Männer im Stadtzentrum einer Vollerwerbstätigkeit nachgehen (RODENSTEIN 1998: 51–52). Auch für den Verdichtungsraum Tōkyō ist bezogen auf die 1970er Jahre die Existenz eines solchen ringzonal angeordneten „Familienstatus"-Faktors nachgewiesen worden (SAITŌ 1982; KURASAWA 1986).

Im Zuge der quantitativen Ausweitung alternativer Lebensformen wie der eines zeitlich unbefristeten Single-Daseins oder auch des doppelt erwerbstätigen, kinderlosen Ehepaars ist jedoch das von der Norm des Kernfamilienmodells ausgehende klassische Familienzykluskonzept von westlichen wie neuerdings auch japanischen Beobachtern als zu eng kritisiert worden (KEMPER 1985: 183–184; WAKABAYASHI *et al.* 2002: 79), und es stellt sich daher die Frage, ob in Zusammenhang mit diesen Veränderungen auch neue Raummuster bei den einzelnen soziodemographischen Variablen beobachtet werden können.

Aus Tabelle 3-3 lässt sich anhand der Korrelationskoeffizienten zunächst ersehen, dass die Ähnlichkeiten zwischen den Raummustern von 1985 und denen von 2000 bei den meisten Variablen recht ausgeprägt sind; stärkere Änderungen treten nur im Falle der mittleren Altersgruppen, der geschiedenen Frauen sowie der Ehepaarhaushalte hervor. Das Auftreten neuer Lebensformen und eine damit einhergehende inhaltliche Umdeutung einzelner Variablen scheint also bislang nur sehr bedingt zu neuen Raummustern geführt zu haben. Die Veränderungen der Segregationsindizes wiederum offenbaren ein sehr unterschiedliches Bild. Gene-

Tabelle 3-3: Soziodemographische Variablen, ausgewählte Kennziffern Tōkyō 1985 und 2000

Variable	Prozentwert (Tōkyō 23*ku*)		Segregations-index[1]		Korrelations-koeffizient
	1985	2000	1985	2000	$(r_{1985\,2000})$
Altersgruppe 0–14 J.	16,8	11,1	12,4	15,0	0,91
Altersgruppe 25–39 J.	24,6	25,5	5,8	7,0	0,68
Altersgruppe 40–54 J.	21,3	20,5	7,8	4,3	0,48
Altersgruppe 65 J. u. älter	9,5	16,4	14,0	8,2	0,88
Ledige Frauen, 35–49 J.	12,5	18,9	34,4	24,7	0,89
Vollerwerbstätige Frauen, 15–64 J.	33,3	40,6	11,7	8,5	0,79
Geschiedene Frauen	3,7	4,8	10,9	10,6	0,53
Einpersonenhaushalte < 65 J.	33,2	35,6	32,3	26,5	0,97
Ehepaarhaushalte < 65 J.	8,8	9,4	6,1	11,1	0,69
Kernfamilienhaushalte	33,7	25,6	26,3	21,0	0,97
Dreigenerationenhaushalte	5,5	2,6	21,0	25,6	0,91
Mutter-Kind-Haushalte	1,8	2,1	14,5	16,7	0,88

Anm.: [1] Verwendet wurde hier wie auch im weiteren Verlauf der Analyse der modifizierte Segregationsindex nach Timms (vgl. KEMPER 1993: 133). Die Berechnung bezieht sich auf die Ebene der 23 Stadtbezirke.

Quelle: Eigene Berechnungen nach SŌMUCHŌ TŌKEIKYOKU, *Kokusei chōsa hōkoku* 1985, 2000.

rell lässt sich allerdings sagen, dass die räumliche Konzentration zumindest bei den Variablen, die hohe Anteile zeigen, eher im Rückgang begriffen ist. Dies bestätigt in etwa die von NAKAGAWA Satoshi (1990, 1992) bereits zu Beginn der 1990er Jahre erstellte Prognose, nach der das Abebben des Zuwanderungsstroms in die japanische Hauptstadt nach dem Ende des wirtschaftlichen Hochwachstums und die nachfolgende, damit verbundene demographische „Reifung" des suburbanen Raums zu einer verminderten Bedeutung der residenziellen Segregation nach Familienstatuskomponenten führen werde. Weiterhin hoch segregiert erscheint das räumliche Wohnmuster von Singles sowie von Dreigenerationenhaushalten, die allerdings nurmehr ein Reliktphänomen darstellen.

Eigene Korrelationsberechnungen mit sämtlichen auf der Stadtbezirksebene erhobenen Variablen zeigen, dass es sich bei dem Anteil alter Menschen (Personen 65 Jahre und älter) räumlich um ein relativ unabhängiges Phänomen handelt. Für das Jahr 2000 konnten keine Zusammenhänge ermittelt werden, bei denen der Koeffizient einen Wert von 0,7 oder höher erreicht hätte. Allerdings weisen Korrespondenzen von r=0,67 mit der Variable „Anteil Wohnungen ohne Bad" und von r=0,64 mit „Anteil abständiger (*rōkyū*) Wohnungen" darauf hin, dass alte Menschen in Tōkyō insbesondere in Bezirken mit veralteter Wohnbausubstanz leben. Es ist jedoch die in der Literatur verbreitete Sicht, nach der die demographische Alterung in japanischen Städten damit primär ein *inner city*-Phänomen darstellt (vgl. ALDEN, HIROHARA und ABE 1994: 52), zumindest zu modifizieren. Wie sich Tabelle 3-4 entnehmen lässt, sind es

Tabelle 3-4: Alte Menschen (65 Jahre u. ä. in %) nach Stadtbezirksgruppen, 1985–2000

Stadtbezirksgruppe[1]	1985	1990	1995	2000	Wandel 1985/95	Wandel 1995/00
Zentrum	12,37	14,45	17,16	18,38	4,79	1,22
Östliche *inner city*	10,29	12,28	15,18	18,02	4,89	2,84
Westliche *inner city*	10,35	12,29	15,05	17,14	4,70	2,09
Rand	8,68	10,21	12,64	15,64	3,96	3,00
Gesamt	9,49	11,15	13,71	16,43	4,22	2,72

Anm.: [1] Zentrum: Chiyoda, Chūō, Minato; östliche *inner city*: Taitō, Sumida, Kōtō, Kita, Arakawa; westliche *inner city*: Shinjuku, Bunkyō, Shinagawa, Meguro, Shibuya, Nakano, Toshima; Rand: Ōta, Setagaya, Suginami, Itabashi, Nerima, Adachi, Katsushika, Edogawa.

Quelle: Eigene Berechnungen nach SŌMUCHŌ TŌKEIKYOKU, *Kokusei chōsa hōkoku* 1985, 1990, 1995, 2000.

bis zur Gegenwart die zentralen Stadtbezirke, die in Tōkyō die höchsten Anteile alter Menschen aufweisen. Zwar ist insgesamt seit 1985 die Alterung in der *inner city*, besonders in ihrem östlichen Teil, am stärksten vorangeschritten, doch seit 1995 verzeichnen die bislang noch demographisch jungen Randbezirke den deutlichsten Anstieg. Offenkundig lässt sich ein Zusammenhang mit der Wanderungsbilanz der einzelnen Bezirke herstellen, da die Abwanderung vorzugsweise jüngere Altersgruppen betrifft, was zu einer relativen Alterung in den verlassenen Räumen führt. So betrug der Korrelationskoeffizient zwischen der Veränderung des Anteils alter Menschen und der Bevölkerungsgesamtentwicklung für den Zeitraum 1985–1995 r=-0,70 und für den Zeitraum 1995–2000 r=-0,65. Die im vorangegangenen Kapitel beschriebene Abwanderung aus den inneren Stadtbezirken während der Zeit der *bubble economy* sowie die Wiederauffüllung des Zentrums und weiter Teile der westlichen *inner city* seit 1995 zeichnen somit für die unterschiedlichen Trends der Alterung in den Stadtbezirken hauptsächlich verantwortlich.

Den genauen Wirkungszusammenhang von Abwanderung und demographischer Alterung zeigt anschaulich die Arbeit von Naganuma (2003). Anhand eines erneuerungsbedürftigen Distrikts im nordöstlichen *inner city*-Bezirk Arakawa kann die Autorin belegen, dass einige Bestimmungen der Stadtplanungsgesetzgebung, die vor allem dem Katastrophenschutz dienen und auf eine Reduzierung der überbauten Fläche hinauslaufen, dazu führen, dass auf den meist sehr kleinen Parzellen nur noch Häuser im Miniaturformat neu errichtet werden können, die den heutigen Raumansprüchen von Familien nicht mehr genügen. Im Ergebnis führt dies einerseits zur Abwanderung junger Menschen mit ihren Familien; andererseits wird die notwendige Erneuerung zahlreicher Holzhäuser weiter hinausgeschoben oder es bleiben einzelne Parzellen nach Abbruch unbebaut, was nicht eben zur Attraktivität des Distrikts für potenzielle Zuwanderer beiträgt. Letztlich fördern beide Effekte die weitere demographische Alterung des Bezirks.

Im Folgenden seien die räumlichen Verteilungsmuster der Variablen „Anteil der Einpersonenhaushalte mit Personen unter 65 Jahren an allen Haushalten" sowie „Anteil der Ehepaarhaushalte mit Personen unter 65 Jahren an allen Haushalten" näher beschrieben, da in beiden Fällen Haushalte angesprochen sind, die in der Literatur auch als Träger von Gentrification bezeichnet werden.

Im Falle der Einpersonenhaushalte tritt eine Verteilung zutage, bei der hohen Werten im Westen und Südwesten niedrige Werte insbesondere in den östlichen Stadtbezirken gegenüberstehen. Ishikawa (1999: 209) zufolge verlängert sich das Gebiet hoher Anteile von Einpersonenhaushalten entlang der Chūō-Bahnlinie noch weiter nach Westen bis zur Stadt Kokubunji etwa 30km vom Stadtzentrum Tōkyōs entfernt. Eine ringzonale Konzentration im *inner city*-Bereich, wie es gemäß der klassischen Studien der Sozialraumanalyse zu erwarten gewesen wäre, tritt folglich nicht auf. Offenbar hat die bereits im vorigen Kapitel für die 1950er und 1960er Jahre beschriebene Konzentration billiger Wohnmöglichkeiten entlang des westlichen und nördlichen Arms der Ringbahn, die im Osten und Süden keine Fortsetzung findet, die Ausbildung eines eher sektoralen Raummusters begünstigt. In der Tat finden sich noch heute privat vermietete Kleinstwohnungen von bis zu 20qm Wohnfläche vorzugsweise in diesem Raum sowie entlang der westlichen Vorortbahnlinien (YANO *et al.* 2002: 50–54). Entsprechend sind die statistischen Zusammenhänge zwischen der Verteilung von Einpersonenhaushalten sowie dem Anteil von Mietwohnungen (r=0,70) und Kleinwohnungen bis 20qm (r=0,77) hochsignifikant. Andererseits und in Übereinstimmung mit den Ergebnissen der Sozialraumanalyse zeigt sich eine extreme Unähnlichkeit zum Verbreitungsmuster von Kernfamilienhaushalten (r=-0,92).

Indes deutet sich an, dass dieses weitgehend aus der Nachkriegszeit überkommene Raummuster derzeit einem Wandlungsprozess unterliegt, der mittelfristig zu seiner Auflösung oder doch erheblichen Differenzierung führen könnte. So wuchsen die Anteile der Einpersonenhaushalte zwischen 1995 und 2000 weit überproportional in den zentralen Bezirken – in Chūō-*ku* um mehr als 5 % –, woraus geschlossen werden kann, dass das dort zu beobachtende Bevölkerungswachstum zu einem nicht geringen Teil von Einpersonenhaushalten getragen worden ist. Da in diesen Bezirken das Wohnangebot trotz der Bodenpreisrückgänge nach wie vor von eher teuren Objekten bestimmt wird, ist anzunehmen, dass es sich hierbei weniger um junge Alleinstehende vor Beginn ihrer Familienphase, sondern vor allem um relativ wohlhabende Personen ohne unmittelbare Heiratsabsichten handelt, was auf Gentrification hindeuten könnte. Näheres sollen die späteren Kapitel 3.4.1 und 4.1 klären.

Ein fast spiegelbildliches Muster zeigt die Verteilung von Haushalten, die nur aus einem Ehepaar bestehen (r=-0,69 zwischen dieser Variable und dem Anteil der Einpersonenhaushalte). Wie ein hoher korrelativer Zusammenhang von r=0,73 mit der Verbreitung von Kernfamilienhaushalten nahelegt, ist diese Haushaltsform im Falle Tōkyōs daher wohl überwiegend als Übergangsphänomen im Rahmen des traditionellen Familienlebenszyklus zu interpretieren: Es handelt sich demnach entweder um junge verheiratete Paare vor Geburt ihres ersten Kindes oder um Haushalte, bei denen die Kinder die elterliche Wohnung bereits verlassen haben (sog. *empty nest*-Stadium). Allerdings zeigt sich auch bei dieser Haushaltsform seit 1995 eine Zunahme (nur) in einigen zentralen Bezir-

ken.[2] Anhand des verfügbaren Datenmaterials lässt sich indes nicht mit
völliger Klarheit entscheiden, ob dies eher auf das zahlenmäßige Anwachsen von dauerhaft kinderlosen Ehepaaren (mit entsprechend anderen Wohnansprüchen) oder auf eine Rückwanderung älterer Ehepaare
aus dem suburbanen Raum zurückzuführen ist.

Wie bereits in Kapitel 1.2.4 erwähnt, werden in der westlichen Literatur (vgl. u. a. ALISCH 1993) auch vollerwerbstätige ledige Frauen als eine
Schicht identifiziert, die entscheidend zur Gentrifizierung von Innenstäd-
ten beiträgt. Da Daten, aus denen die Verteilung dieser Gruppe auf der
Stadtbezirksebene direkt ermittelbar wäre, nicht vorliegen, wurde aus
den beiden Einzelkomponenten „Erwerbstätigkeit" und „Ledigenstatus"
ein Genderindex konstruiert (vgl. zur Berechnung näher die Anmerkung
unter Tab. 3-5), dessen Ausprägung nach Stadtbezirk der Tabelle 3-5 zu
entnehmen ist. Im Unterschied zu den beiden vorangehend behandelten
Variablen ist jedoch in diesem Fall ein Anstieg in den zentralen Stadtbezirken nicht erkennbar. Im Gegenteil lässt sich ein deutlicher Rückgang
der Werte in der Stadtmitte von einem einstmals sehr hohen auf ein
durchschnittliches Niveau ausmachen; eine relative Ausnahme macht
hiervon nur der Bezirk Chūō. Stattdessen zeigt sich über den gesamten
Zeitraum hinweg ein Anstieg in diversen zentrumnahen Stadtbezirken
wie in Nakano, Kōtō oder Sumida, die nicht unbedingt als sehr prestigereiche Standorte angesprochen werden können. Demnach träfe die Hypothese von erwerbstätigen weiblichen Singles als Träger von innerstädtischen Aufwertungsprozessen für Tōkyō nicht zu.

Demgegenüber berichtet YUI (2002) von einem seit 1996 durchaus bestehenden Trend unter alleinstehenden Frauen, sich eine Eigentumswohnung
in einem zentralen Stadtbezirk zu kaufen und dort auch zu wohnen. Dies
betrifft freilich nur eine relativ kleine Schicht gutverdienender Frauen.
Zwar hat sich während der letzten Jahre die Erwerbssituation für Frauen in
Japan signifikant verbessert, wobei das 1986 erlassene und 1997 noch
einmal erweiterte Gesetz zur Gleichheit der Beschäftigungschancen von

---

[2] Anhand der in den Ergebnisbänden der japanischen Volkszählung wiedergegebenen Altersverteilung der „Haushaltsvorstände" kann geschlossen werden, dass der insgesamt zurückgehende Anteil dieser Haushaltsform zwischen
1995 und 2000 nicht nur relativ von einem stärkeren Wachstum anderer Haushaltsformen verursacht worden ist, sondern auch von einem absoluten Rückgang in der Zahl junger Ehepaarhaushalte, worin sich nicht zuletzt die zurückgehende Heiratsneigung in Japan widerspiegeln dürfte. Bei den mittleren
Altersgruppen schließlich sind zwar die Anteile von Ehepaarhaushalten gestiegen, woraus man auf eine zunehmende Tendenz zur dauerhaften Kinderlo-
sigkeit von Ehen schließen mag, kaum jedoch die absoluten Werte, da der
Gesamtumfang dieser Altersgruppen seit 1995 insgesamt abgenommen hat.

Tabelle 3-5: Genderindex[1] (z-standardisierte Werte) nach Stadtbezirken, 1985–2000

Stadtbezirk	1985	1995	2000	Wandel 1985/95	Wandel 1995/00
Chiyoda	0,65	0,13	0,17	–0,52	0,04
Chūō	1,12	1,00	0,97	–0,12	–0,03
Minato	1,34	0,80	0,33	–0,54	–0,47
Shinjuku	1,20	0,63	0,14	–0,57	–0,49
Bunkyō	0,37	0,20	0,29	–0,17	0,09
Taitō	0,41	0,29	0,33	–0,12	0,04
Sumida	–0,35	0,02	0,25	0,37	0,23
Kōtō	–0,96	–0,81	–0,47	0,15	0,34
Shinagawa	0,66	0,66	0,78	0,00	0,12
Meguro	0,83	1,21	1,13	0,38	–0,08
Ōta	–0,57	–0,36	–0,38	0,21	–0,02
Setagaya	–0,40	–0,12	–0,14	0,28	–0,02
Shibuya	1,26	1,45	1,29	0,19	–0,16
Nakano	0,70	0,86	1,57	0,16	0,71
Suginami	0,18	0,53	0,39	0,35	–0,14
Toshima	0,88	0,84	0,18	–0,04	–0,66
Kita	–0,21	–0,12	0,01	0,09	0,13
Arakawa	–0,25	–0,21	–0,14	0,04	0,07
Itabashi	–0,70	–0,48	–0,66	0,22	–0,18
Nerima	–1,62	–1,76	–1,72	–0,14	0,04
Adachi	–1,76	–1,89	–1,61	–0,13	0,28
Katsushika	–1,05	–1,14	–0,95	–0,09	0,19
Edogawa	–1,71	–1,74	–1,76	–0,03	–0,02

Anm.: [1] Summe der standardisierten (z-transformierten) Werte der Variablen „Ledige Frauen, 35–49 Jahre (%)" und „Vollerwerbstätige Frauen, 15–64 Jahre (%)" dividiert durch 2.

Quelle: Eigene Berechnungen nach Sōmuchō Tōkeikyoku, *Kokusei chōsa hōkoku* 1985, 1995, 2000.

Männern und Frauen (*Danjo koyō kikai kintō-hō*) als wichtiger Schritt hierzu verstanden werden kann. Dennoch lässt die Einkommenssituation der meisten vollerwerbstätigen Frauen den Bezug einer Wohnung im Stadtzentrum von Tōkyō nicht zu. Da jedoch die starke zeitliche Beanspruchung am meist im Zentrum gelegenen Arbeitsplatz einen allzu peripheren Wohnstandort ebenfalls ausschließt, zudem öffentlich subventionierte Wohnungen für Singles in Japan nur in Ausnahmefällen zugänglich sind, führt dies – ähnlich wie bei den Einpersonenhaushalten generell – zu einer Präferenz des Mietwohngürtels unmittelbar westlich der zentralen Stadtbezirke. Anhand von Abbildung 3-8 ist dies recht gut erkennbar. Weitere Faktoren, die die Wohnstandorte lediger erwerbstätiger Frauen in der japanischen Hauptstadt beeinflussen, gehen aus Befragungen hervor, die KINOSHITA, NAKABAYASHI und TAMAGAWA (1999) sowie eine Autorengruppe um WAKABAYASHI (2002) geführt haben. So besitzen die zumeist universitär

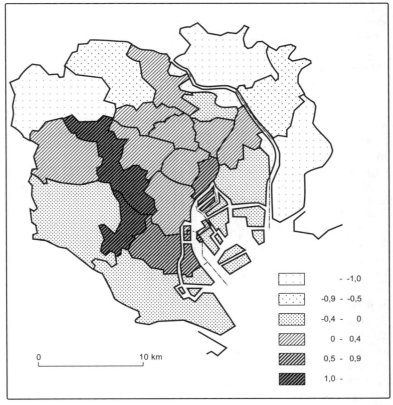

⬜	- -1,0
⬜	-0,9 - -0,5
▦	-0,4 - 0
▨	0 - 0,4
▨	0,5 - 0,9
■	1,0 -

0 ⊢————————⊣ 10 km

Abbildung 3-8: Genderindex (z-standardisierte Werte) nach Stadtbezirken, 2000
Quelle: Eigene Berechnungen nach SŌMUCHŌ TŌKEIKYOKU, *Kokusei chōsa hōkoku* 2000.

189

ausgebildeten Frauen oft eine bereits aus ihrer Studentinnenzeit stammende Bindung an die westlichen Stadtbezirke, da sich die Mehrzahl der Universitäten der Hauptstadtregion hier oder im westlich angrenzenden Umland befindet und die erste eigene Wohnung daher ebenfalls in diesem Raum bezogen wurde. Hinzu kommt ein stark auf junge Frauen ausgerichtetes Konsum- und Freizeitangebot an den südwestlichen Bahnknotenpunkten Shibuya, Harajuku, Shimokitazawa oder Jiyūgaoka. Diejenigen Frauen, die keine dauerhafte Beschäftigung als Unternehmensangestellte oder freiberuflich Tätige im Stadtzentrum erlangt haben, finden zudem hier sowie in anderen nahen, hochkommerziell geprägten Nebenzentren wie Shinjuku oder Ikebukuro (Toshima-*ku*) Arbeitsmöglichkeiten in der Gastronomie. Das südwestliche Tōkyō gilt schließlich im Vergleich zum nordöstlichen *shitamachi*-Raum als relativ anonym, was viele Frauen insoweit positiv bewerten, als die Möglichkeit einer Einmischung der Nachbarschaft in die eigene Lebensführung damit weniger befürchtet werden muss. Hinsichtlich des Mikrostandortes von Wohnungen geben zahlreiche Frauen an, aus Schutz vor Belästigungen oder Überfällen Standorte in unmittelbarer Bahnhofsnähe oder an belebten Straßen zu bevorzugen.

3.2.2 Sozioökonomische Struktur

Beruf, Höhe des Einkommens und Bildungsgrad gelten als die klassischen Sozialschichtindikatoren schlechthin, und auch faktorialökologische Untersuchungen haben in der Vergangenheit nahezu ausnahmslos die Existenz eines „Sozialstatus"-Faktors belegen können, der aus diesen drei Variablen gebildet wird (vgl. z. B. für Tōkyō Kurasawa 1986: 50–52). Auf der Basis von Individualdaten ließ sich für Japan weiterhin aufzeigen, dass seit den 1950er Jahren stets ein hoher Zusammenhang insbesondere zwischen Bildungsgrad und ausgeübtem Beruf besteht, während die Verbindung zwischen Einkommenshöhe und Beruf, vor allem aber zwischen Einkommen und Bildungsgrad insgesamt schwächer ist (Sugimoto 1997: 43). Wie ich bereits in Kapitel 2.3 ausführte, spielt in Japan neben dem Beruf als solchem vor allem das Dienstalter und die Größe des Unternehmens eine Rolle bei der Höhe des Einkommens, und in ähnlicher Weise ist nicht nur der formale Bildungsabschluss an sich, sondern ebenso das Prestige der besuchten Universität entscheidend für die späteren Karriereaussichten. Es lässt sich daher der geringere korrelative Zusammenhang zwischen Einkommen auf der einen und Beruf und Bildungsgrad auf der anderen Seite nicht unbedingt als ein Zeichen hoher Statusinkonsistenz in der japanischen Gesellschaft, sondern vor allem als Folge einer auf die realen japanischen Verhältnisse nur bedingt eingehenden Statistik interpretieren.

Dies zeigt sich auch bei Betrachtung der Korrelationskoeffizienten zwischen diesen Variablen auf der Ebene der 23 Stadtbezirke Tōkyōs (vgl. Tab. 3-6). Während zwischen Berufs- und Bildungsindikatoren sowohl zu Beginn der 1980er Jahre wie auch am Ende der 1990er Jahre hochsignifikante Zusammenhänge bestehen, die alle über einem Niveau von r=0,8 liegen, erreichen die Koeffizienten zwischen diesen Indikatoren und den Einkommensvariablen meist nur Werte zwischen 0,6 und 0,8. Die Variable, die den Anteil von Haushalten mit besonders niedrigem Einkommen wiedergibt, weist sogar gar keine signifikanten Zusammenhänge mit den anderen Variablen auf. Nach Toyoda Tetsuya (1999: 240) ist dies unter anderem darauf zurückzuführen, dass es sich

Tabelle 3-6: Sozioökonomische Variablen[1], Korrelationen Tōkyō 1980/85 und 1998/2000

1980/85 1998/2000	(1)	(2)	(3)	(4)	(5)	(6)	(7)
(1) Freie und Verwaltungsberufe	–	–0,82	–0,94	0,98	0,63	0,12	0,79
(2) Einf. Außenarbeitstätigkeiten[2]	–0,90	–	0,82	–0,80	–0,48	–0,35	–0,61
(3) Pflichtschulabschluss	–0,95	0,93	–	–0,97	–0,61	–0,18	–0,78
(4) Universitätsabschluss	0,95	–0,88	–0,96	–	0,66	0,11	0,82
(5) Hocheinkommensgruppe[3]	0,72	–0,60	–0,69	0,77	–	–0,55	0,94
(6) Niedrigeinkommensgruppe	–0,12	0,02	0,07	–0,19	–0,70	–	–0,37
(7) Durchschnittseinkommen	0,85	–0,72	–0,79	0,79	0,88	–0,45	–

Anm.: [1] Die einzelnen Variablen beziehen sich auf die folgenden Jahre: Freie und Verwaltungsberufe, Einfache Außenarbeitstätigkeiten, Durchschnittseinkommen = 1985 und 2000; Pflichtschulabschluss, Universitätsabschluss = 1980 und 2000; Hocheinkommensgruppe, Niedrigeinkommensgruppe = 1983 und 1998; [2] Summe der folgenden, auch als dienstleistungsorientierte *blue collar*-Tätigkeiten bezeichneten Berufsgruppen: Sicherheitsberufe, Kommunikationsberufe, Hilfsarbeiter u. a., unklassifizierbare Berufe (vgl. Toyoda, T. 1999: 231); [3] die Prozentwerte bei den beiden haushaltsbezogenen Einkommensgruppenvariablen zeigen den Anteil des obersten bzw. untersten Einkommensquintils in Relation zu den für den gesamten Verdichtungsraum Tōkyō geltenden Werten. Nähere Erläuterungen zu Berechnung und Interpretation siehe unter Fußnote 3 auf der folgenden Seite.
Signifikanzniveaus der Koeffizienten: 5 %: >.41; 1 %: >.53; 0,01 %: >.64.

Quelle: Eigene Berechnungen nach Sōmuchō Tōkeikyoku, *Kokusei chōsa hōkoku* 1980, 1985, 2000; Sōmuchō Tōkeikyoku, *Jūtaku tochi tōkei chōsa hōkoku* 1983, 1998; Nihon Māketingu Kyōiku Sentā, *Kojin shotoku shihyō* 1987, 2002.

bei diesen Haushalten oft um Einpersonenhaushalte junger Menschen vor oder zu Beginn ihres beruflichen Lebens handelt, womit aber diese Variable nicht mehr als reiner Schichtindikator anzusprechen wäre. Tatsächlich lag im Zeitraum 1998/2000 der statistische Zusammenhang zwischen dieser Variable und der Variable „Einpersonenhaushalte von Personen unter 65 Jahren" bei r=0,45 und war damit mit einer Irrtumswahrscheinlichkeit von 5 % immerhin schwach signifikant. Darüber hinaus ist zu berücksichtigen, dass standardisierte Angaben über Einkommensverteilung in Japan schon für die stadtbezirkliche Ebene nicht mehr vorliegen und daher nach der Methode der „proportionalen Zuteilung" indirekt aus den Angaben des *Housing and Land Survey* erschlossen werden mussten, was zu gewissen Schätzfehlern geführt haben könnte.[3] Dennoch lässt sich aus der Tabelle ersehen, dass zumindest die Variable „Hocheinkommensgruppe" klare Zusammenhänge mit den anderen Schichtindikatoren aufweist und überdies in einem engen statistischen Verhältnis zur durchschnittlichen Höhe des Einkommens in einem Stadtbezirk steht. Ferner ist darauf hinzuweisen, dass die Stärke der Zusammenhänge sich in den allermeisten Fällen seit den frühen 1980er Jahren erhöht oder – im Falle der Variable „Niedrigeinkommensgruppe" – der Zusammenhang durch Vorzei-

---

[3] Der *Housing and Land Survey* gibt pro Stadtbezirk oder Gemeinde die Verteilung stichprobenhaft ausgewählter Haushalte nach Einkommensklassen an, wobei sich jedoch die Klassengrenzen infolge der Preisentwicklung und der damit verbundenen stetigen Veränderung der Einkommen zwischen der Untersuchung von 1983 und der von 1998 geändert haben, was eine diachrone Analyse des Ausmaßes von Einkommensungleichheit unmöglich macht. Zunächst wurden daher für beide Jahre jeweils die Einkommensverteilung der Haushalte in der gesamten Region Süd-Kantō (die Präfekturen Saitama, Chiba, Tōkyō und Kanagawa) als Standard gewählt und hierauf bezogen unter Zugrundelegung der Summe aller Haushalte über proportionale Zuteilung Einkommensklassengrenzen bestimmt, die jeweils den Übergang vom untersten Einkommensquintil zum zweiten Quintil bzw. vom vierten zum obersten Einkommensquintil markieren. 1983 lagen diese Grenzen bei 2.110.000 und 6.070.000 Yen, 1998 bei 2.660.000 und 9.220.000 Yen. Auf dieser Basis konnte dann für jeden Stadtbezirk der Anteil derjenigen Haushalte abgeschätzt werden, der sich unterhalb bzw. oberhalb dieser für die gesamte Region Süd-Kantō geltenden Quintilgrenzen befindet. Wie Tabelle 3-7 zeigt, lag in beiden Jahren der Anteil der Haushalte mit niedrigem Einkommen deutlich über und derjenige der Haushalte mit hohem Einkommen geringfügig unter 20 %. Dies bedeutet, dass unter den im Gebiet der 23 Stadtbezirke registrierten Haushalten prozentual deutlich mehr „arme" und etwas weniger „reiche" Haushalte vorhanden sind als in der Agglomeration Tōkyō insgesamt (vgl. zu diesem Vorgehen auch Toyoda, T. 1999: 238–239).

Tabelle 3-7: Sozioökonomische Variablen, ausgewählte Kennziffern Tōkyō 1980/85 und 1998/2000

Variable	Prozentwert (Tōkyō 23*ku*)		Segregationsindex		Korrelations-koeffizient
	1980/85	1998/00	1980/85	1998/00	
Freie und Verwaltungsberufe	19,5	20,0	30,7	27,7	0,97
Einfache Außenarbeitstätigkeiten	10,8	12,5	21,9	24,1	0,93
Pflichtschulabschluss, 25–49 Jahre	20,1	4,9	44,9	39,1	0,98
Universitätsabschluss, 25–49 Jahre	22,0	32,8	40,8	29,2	0,95
Hocheinkommensgruppe	19,1	18,2	22,1	19,3	0,95
Niedrigeinkommensgruppe	25,6	24,5	16,2	11,1	0,83
Durchschnittseinkommen (in ¥1000)	1334	2090	–	–	0,98

Quelle: s. Angaben unter Tab. 3-6.

chenwechsel eine plausiblere Richtung eingeschlagen hat. Tendenziell sind Bezirke mit einem hohen Anteil einkommensstarker Haushalte somit mehr als früher auch solche mit hohen Anteilen von Personen mit hohem Bildungsabschluss und statushohen Berufen.

Wie die überaus hohen Korrelationskoeffizienten in Tabelle 3-7 dokumentieren, haben sich die Raummuster der einzelnen Variablen seit den frühen 1980er Jahren kaum verändert. In Bezug auf die sozioökonomische Struktur kann also noch weniger als im Falle der demographischen Variablen von der Entwicklung eines neuen sozialgeographischen Musters in Tōkyō gesprochen werden – zumindest nicht auf der groben Ebene der Stadtbezirke. Weiterhin zeigt die Entwicklung bei den errechneten Segregationsindizes, dass sich mit Ausnahme der einfachen Außenarbeitstätigkeiten (jap.: *gengyō*) residenzielle Segregation nach sozioökonomischen Merkmalen nicht verstärkt, sondern vielmehr vermindert hat. Von zunehmender sozialräumlicher Polarisierung kann somit auf der Stadtbezirksebene ebenfalls nicht die Rede sein; stattdessen ist umgekehrt ein Trend zur Nivellierung unverkennbar.

Differenzierter fällt die Antwort auf die Frage aus, inwieweit es *innerhalb* einzelner Stadtbezirke zu Polarisierungsprozessen gekommen ist. Im Falle der Veränderung der beruflichen Struktur halten sich dabei zunehmend polarisierte Bezirke und solche, in denen keine Polarisierung stattgefunden hat, in etwa die Waage. Polarisierung im Sinne eines wachsenden Anteils freier und technischer Spezialistenberufe und von Verwaltungsberufen auf der einen sowie von einfachen Außenarbeitstätigkeiten auf der anderen Seite tritt bei zwölf Stadtbezirken zutage, wobei sich hierunter sowohl Bezirke mit einem geringen als auch solche mit einem hohen durchschnittlichen Sozialstatus ihrer Bewohner finden. Die stärksten Veränderungen mit einer Gesamtverringerung des Anteils der mittleren Berufsgruppen von vier Prozent und mehr gab es jedoch im *inner city*-Bereich (Bunkyō, Sumida, Shibuya, Toshima, Kita). Auffällig ist weiterhin, dass es sich bei den insgesamt vier Bezirken (Chiyoda, Chūō, Kōtō, Edogawa), bei denen Anzeichen für *Professionalisierung* feststellbar sind, also eine Zunahme der Spezialistenberufe auf Kosten der Außenarbeitstätigkeiten, ausnahmslos um Gebietseinheiten handelt, die während der letzten Jahre einen deutlichen Bevölkerungsanstieg verzeichnen konnten. Eine Polarisierung der Einkommen zeigt sich nur bei vier Bezirken, die alle im Osten bzw. Nordosten liegen (Kōtō, Kita, Adachi, Edogawa); dem steht eine relative Mehrheit von zehn Bezirken gegenüber, in denen sich die Einkommensverhältnisse nivelliert haben.

Abschließend wurde aus den einzelnen Variablen ein sozioökonomischer Index konstruiert (vgl. Tab. 3-8), der sowohl die räumliche Lage statushoher Stadtbezirke als auch die geographische Verbreitung sozialer Aufwertungsprozesse seit den frühen 1980er Jahren (vgl. die Spalte „Wandel" in der Tabelle) anhand einer synthetischen Maßzahl plastisch verdeutlichen soll. Da noch in Kapitel 3.4.3 ein sozialer Problemindex vorgestellt wird, fanden in den sozioökonomischen Index nur diejenigen drei Variablen Eingang, die auf sozial günstige Bedingungen hinweisen.

Wie sich sowohl der Tabelle 3-8 als auch der Abbildung 3-9 entnehmen lässt, hat sich seit den 1920er Jahren, als sich der Yamanote-*shitamachi*-Kontrast schärfer zu konturieren begann, offenbar nur unwesentlich etwas an der Tatsache geändert, dass die sozialstatushohen Wohngebiete überwiegend im Stadtzentrum sowie im Westen liegen, während die stärker industriell geprägten Gebiete im Norden, Osten sowie auch am südlichen Küstenabschnitt der Bucht von Tōkyō negative Indexwerte aufweisen. Dementsprechend sind auch die Veränderungen seit den frühen 1980er Jahren als recht moderat zu bezeichnen. Anzeichen für eine nennenswerte soziale Aufwertung sind im Gegensatz zu den Vermutungen von HATTORI Mineki (2002: 6) diesem Indikator zufolge nicht durchweg im Stadtzentrum zu finden, sondern lassen sich für Bunkyō-*ku* sowie für die Bezirke entlang der *waterfront* nach Osten (Chūō, Kōtō, Edogawa) diagnostizieren, ohne dass Letzteres zur Jahrhundertwende schon zu einer grundlegenden Änderung des West-Ost-Gefälles in der sozialräumlichen Struktur von Tōkyō geführt hätte. Wie bereits TOYODA Tetsuya (1999: 233) schreibt, könnte die zunehmende Wohnbebauung der bisher durch Hafenanlagen und Industrieflächen geprägten *waterfront* diese dichotome Struktur jedoch langfristig erheblich modifizieren. Die Verbreitung von Abwertungsprozessen hingegen folgt einem etwas weniger

Tabelle 3-8: Sozioökonomischer Index[1] (z-standardisierte Werte) nach Stadtbezirken, 1980/85–1998/2000

Stadtbezirk	1980/85	1998/2000	Wandel
Chiyoda	1,95	1,90	–0,05
Chūō	0,02	0,62	0,60
Minato	1,27	1,21	–0,06
Shinjuku	0,39	0,24	–0,15
Bunkyō	1,02	1,56	0,54
Taitō	–0,24	–0,47	–0,23
Sumida	–0,88	–0,93	–0,05
Kōtō	–0,94	–0,65	0,29
Shinagawa	–0,19	–0,12	0,07
Meguro	0,88	0,91	0,03
Ōta	–0,17	–0,31	–0,14
Setagaya	0,95	0,77	–0,18
Shibuya	0,90	0,87	–0,03
Nakano	0,19	0,11	–0,08
Suginami	0,87	0,65	–0,22
Toshima	–0,24	–0,29	–0,05
Kita	–0,77	–0,76	0,01
Arakawa	–1,11	–1,13	–0,02
Itabashi	–0,45	–0,73	–0,28
Nerima	0,24	0,20	–0,04
Adachi	–1,34	–1,45	–0,11
Katsushika	–1,14	–1,15	–0,01
Edogawa	–1,22	–1,04	0,18

Anm.: [1] Summe der standardisierten (z-transformierten) Werte der Variablen „Universitätsabschluss, 25–49 Jahre (%)", „Freie und Verwaltungsberufe (%)" und „Hocheinkommensgruppe (%)" dividiert durch 3.

Quelle: Eigene Berechnungen nach SŌMUCHŌ TŌKEIKYOKU, *Kokusei chōsa hōkoku* 1980, 1985, 2000; SŌMUCHŌ TŌKEIKYOKU, *Jūtaku tochi tōkei chōsa hōkoku* 1983, 1998.

klaren Muster. Neben zwei Cityrandbezirken (Shinjuku, Taitō) sind aber vor allem randlich gelegene Stadtbezirke von einer gewissen sozioökonomischen Abwärtsbewegung betroffen. In Kapitel 3.5 wird auf diesen Punkt noch näher eingegangen.

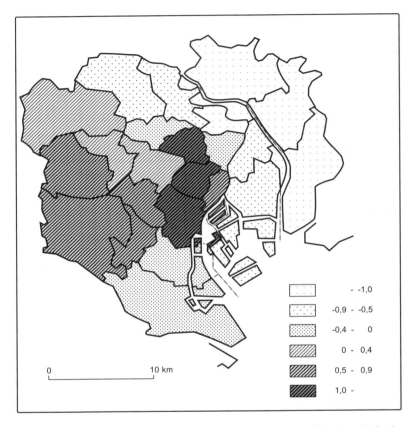

Abbildung 3-9: Sozioökonomischer Index (z-standardisierte Werte) nach Stadtbezirken, 1998/2000
Quelle: s. Angaben unter Tab. 3-8.

3.3 DER WOHNUNGSMARKT IN TŌKYŌ

3.3.1 INSTRUMENTE UND MASSNAHMEN DER STADTPLANUNG UND WOHNUNGSPOLITIK

Wie in Kapitel 1.4 ausführlich dargelegt, werden sozialräumliche Segregationserscheinungen über räumlich ungleiche Allokationen auf dem Wohnungsmarkt gesteuert, weshalb, wie bei der Analyse von Märkten üblich, sowohl die Nachfrage- als auch die Angebotseite als Determinanten genauer zu bewerten sind. Das Ausmaß sozioökonomischer und sozialräumlicher Ungleichheit aufseiten der nachfragenden Bevölkerung wurde bereits detailliert erörtert, während Angebotsaspekte bislang nur bei der Darstellung allgemeiner politischer Konzepte im Rahmen der Bemühungen um eine weitere Globalisierung Tōkyōs in Kapitel 2.2.3 bereits zur Sprache kamen. Die Ausführungen dieses Unterkapitels sollen nunmehr diese Lücke schließen und die wichtigsten raumrelevanten Aspekte des Wohnungsmarktes in Japan bzw. in der Hauptstadt Tōkyō beleuchten. Zwar handelt es sich hierbei um ein überaus komplexes Thema, das an sich eine gesonderte Arbeit verdiente. Glücklicherweise liegt mit der ausführlichen Studie *Stadtplanung in Japan* von Uta HOHN (2000) bereits ein aktuelles Werk in einer westlichen Sprache vor, das weite Strecken der Thematik abdeckt, so dass ich mich im Folgenden auf einen knappen Überblick beschränken möchte, der sich zudem auf solche Maßnahmen konzentriert, die vorzugsweise im innerstädtischen Raum zur Anwendung gelangen.[4]

3.3.1.1 Skizze der Stadtplanung in Japan

Da die Möglichkeiten der anbietenden Akteure auf dem Wohnungsmarkt entscheidend von den Instrumenten der stadtplanerischen Gesetzgebung eingeengt oder erweitert werden, ist mit einer Darstellung der Grundzüge japanischer Stadtplanung zu beginnen. Als ein wichtiger Punkt ist zunächst anzuführen, dass moderne Stadtplanung in Japan im eigentlichen Sinne erst mit dem Erlass des zweiten Stadtplanungsgesetzes (*Toshi keikaku-hō*) im Jahr 1968 begann. Bis dahin waren bereits weite Teile der Großstädte ungeregelt aufgesiedelt worden, was einerseits die Entwicklung einer eher mosaikartigen, relativ undifferenzierten Raumnutzungsstruktur förderte, zum anderen aber ebenso zur Entstehung von Wohngebieten führte, die – wie insbesondere der bereits erwähnte Holzhausgür-

---

[4] Aus dem Werk von Hohn, soweit dort behandelt, stammen auch die in dieser Arbeit verwendeten deutschen Übersetzungen der verschiedenen Institutionen und Programme zur Stadtplanung und Wohnungspolitik in Japan.

tel in Tōkyō – aufgrund ihrer Katastrophengefährdung oder infrastrukturellen Minderausstattung die hauptsächlichen Problemzonen konstituieren, mit denen sich die japanische Stadtplanung heute zu beschäftigen hat. Gleichwohl zeichnet sich auch die gegenwärtige Stadtplanung in Japan zwar durch eine fast schon unübersichtliche Fülle einzelner Programme und Maßnahmen aus, mit denen es möglich ist, auf unterschiedlichste Problemlagen zielgenau zu reagieren. Vor allem die Flächennutzungsplanung orientiert sich jedoch in hohem Maße an den Interessen der Landeigentümer und Bauinvestoren. Die bereits erwähnte Unübersichtlichkeit ist zudem „[...] das Ergebnis eines dem japanischen Stadtplanungssystem innewohnenden Inkrementalismus und einer zwar sehr flexiblen und experimentierfreudigen, aber in der Regel auf Probleme nur reagierenden Anpassungsplanung, die sich bei der Lösungssuche auf Modellprojekte fixiert" (HOHN 2000: 524). Ein solcher Mangel an strategischem und integrativem Planungsdenken, aber auch bewusste Entscheidungen für Funktionenmischung im Rahmen einzelner Stadtumbauprojekte (HOHN 2000: 525), begünstigen letztlich den Erhalt der mosaikartigen Grundstruktur japanischer Städte und hemmen tendenziell Segregationsprozesse, wenn auch nicht auf allen räumlichen Ebenen.

Nach HOHN (2000) lässt sich das komplexe System japanischer Stadtplanung in die Bereiche Flächennutzungsplanung, Distriktplanung, Stadterneuerung, Bodenumlegung sowie Wohn- und Wohnumfeldverbesserung untergliedern, wobei es sich im letzteren Fall nicht um eine geschlossene Konzeption, sondern eher um die Summe einzelner, vom Zentralstaat oder der Präfektur aufgelegter Förderprogramme handelt. Seit Einführung der der deutschen Bebauungsplanung ähnelnden Distriktplanung (*chiku keikaku*) 1980 und des kommunalen Flächennutzungsplans (*masutā puran* von engl. *master plan*) anlässlich der Reform des Stadtplanungsgesetzes im Jahr 1992 sind auch die Gemeinden bzw. Stadtbezirke als wichtige Planungsträger anzusprechen, ohne dass diese jedoch Planungshoheit besitzen. Vielmehr müssen alle kommunalen Planungen der jeweiligen Präfekturverwaltung zur formalen und inhaltlichen Begutachtung vorgelegt werden (HOHN 2000: 111–112). Der Präfekturadministration wiederum obliegen die Ausweisung einiger Sondergebiete und größerer Stadtentwicklungsmaßnahmen, Festsetzungen bei der städtischen Infrastruktur sowie vor allem die Erstellung allgemeiner Leitlinien, wie sie im präfekturalen Flächennutzungsplan, im bereits erwähnten „Tōkyō-Plan 2000" oder auch im sogenannten Wohnungs-Masterplan (*jūtaku masutā puran*) festgehalten sind, wobei den Gemeinden durch Förderprogramme Anreize zu deren Durchführung gegeben werden.

Charakteristisch für das streng hierarchische Planungsverständnis in Japan ist die Tatsache, dass der präfekturale Flächennutzungsplan seinerseits der Zentralregierung zur Genehmigung vorzulegen ist und auch Aufstellung und grober Inhalt eines Wohnungs-Masterplans zentralstaatlichen Vorgaben folgen (HOHN 2000: 115–116, 164–166; 2002a: 7). Der aktuelle Wohnungs-Masterplan der Präfektur Tōkyō aus dem Jahr 2001 etwa legt wie bereits seine Vorgänger den Schwerpunkt auf den Erhalt und die Förderung des innerstädtischen Wohnens: Der gesamte Bereich der 23 Stadtbezirke mit Ausnahme der bestehenden Grünflächen, des Regierungsviertels südlich und des Geschäftsviertels östlich des Kaiserpalastes, des Büroviertels westlich des Bahnhofs Shinjuku sowie der äußeren, der Hafenfunktion gewidmeten Bereiche der *waterfront* ist hierzu als Versorgungsschwerpunktgebiet (*jūten kyōkyū chiiki*) eingestuft. Innerhalb dieser Fläche sind noch einmal 385 Sonderförderdistrikte (*tokutei sokushin chiku*) ausgewiesen, die mit einer Fläche von 10.561ha fast ein Fünftel der Gesamtfläche Tōkyōs umfassen (TōKYō-TO JŪTAKU-KYOKU 2002: betsu 1, 23–24). Aus dem Tōkyō-Plan 2000 übernommen wurde die Designierung eines inneren Stadtbereichs, der im Westen von der Ringstraße Nr. 6 (Yamate-dōri) und im Osten durch den Arakawa begrenzt wird, als „Center Core Area". Speziell in dieser Zone sollen die neuen Leitlinien des Wohnens in mittel- bis hochgeschossigen Häusern und des Erhalts der funktionalen Durchmischung durch die Förderung oder Anreizung entsprechender stadtplanerischer Maßnahmen verwirklicht werden. Des Weiteren weist der Wohnungs-Masterplan unter anderem auch für die *waterfront*, den Nordosten sowie den Südwesten des Gebietes der 23 Stadtbezirke mit bestimmten Leitbildern verknüpfte Zonen aus (TōKYō-TO JŪTAKU-KYOKU 2002: 83–87).

Kernstück der japanischen wie auch der deutschen Flächennutzungsplanung ist die Flächennutzungszonierung (*yōto chiiki seido*). Seit der Reform von 1992 kennt die japanische Stadtplanung insgesamt zwölf Hauptnutzungszonen, die, ebenso wie in Deutschland, durch bestimmte Nutzungsbeschränkungen sowie durch Beschränkungen des Überbauungsgrades mittels der Festlegung einer bestimmten Grundflächenzahl (*kenpeiritsu*) und einer Geschossflächenzahl (*yōsekiritsu*) voneinander abgegrenzt sind.[5] Des Weiteren existiert als japanische Besonderheit für die meisten Hauptnutzungszonen ein kompliziertes Schräglinienbegrenzungssystem (*shasen seigen*) als indirektes Instrument zur Höhenbegren-

---

[5] Die Grundflächenzahl (GRZ) gibt an, wieviele Teile der Grundfläche je Grundstücksfläche überbaut werden dürfen und kann daher einen maximalen Wert von 1 annehmen. Die Geschossflächenzahl (GFZ) gibt an, wieviel Geschossfläche je Grundstücksfläche zulässig ist. Eine GFZ von 10 bei einer GRZ von 0,5 etwa würde bedeuten, dass auf der Hälfte des Grundstücks ein Gebäude mit 20 Geschossen errichtet werden kann.

zung von Gebäuden sowie ein System zur Begrenzung der Beschattungs-dauer (*hikage kisei*), das eine Mindestbesonnung und damit im Winter vor allem auch eine hinreichende Aufwärmung von benachbarten Grundstü-cken und Gebäuden garantieren soll. Absolute Bauhöhenbegrenzungen sowie Mindestabstände von der Grundstücksgrenze (*set back*) sind in Japan im Allgemeinen nur in reinen Wohngebieten niedriggeschossiger Bauweise (*teisō jūkyo sen'yō chiiki*) vorgesehen (HOHN 2000: 130–142).

Die Hauptnutzungszonen werden zum Teil überlagert durch diverse Sondernutzungsdistrikte (*tokubetsu yōto chiku*) auf Grundlage des Stadt-planungsgesetzes, Sondergebiete, die teilweise auf Basis anderer Gesetze bestimmt werden, sowie Fördergebiete der Stadtentwicklung (*sokushin kuiki*). Für das Thema der vorliegenden Arbeit von besonderer Bedeu-tung sind dabei innerhalb der ersten Kategorie sogenannte Distrikte mit festgeschriebener Wohnnutzung in den mittleren und oberen Geschossen von Gebäuden (*chūkō sōkai jūkyo sen'yō chiku*), die 1992 eingeführt wur-den, um der Verdrängung der Wohnbevölkerung in Cityrandlagen, die unter Tertiarisierungsdruck stehen, entgegenzuwirken. Unmittelbarer Anlass der Einführung waren die bereits in Kapitel 3.2.1.1 beschriebenen Bevölkerungsverluste im zentralen Stadtbereich von Tōkyō und anderer großer Städte Japans während der Zeit der *bubble economy* (HOHN 2000: 142–146).

Unter die Kategorie der Sondergebiete fallen unter anderem Distrikte hochgradiger Flächennutzung (*kōdo riyō chiku*), die als klassisches Zielge-biet von Stadterneuerungsmaßnahmen sehr oft Teil eines Distriktplange-bietes sind, in Einzelfällen aber auch separat existieren können. Eine Ausweisung erfolgt vor allem bei ökonomisch ineffizient genutzten, z. T. auch katastrophenanfälligen Zonen im Stadtzentrum. Im Allgemeinen handelt es sich daher um hochverdichtete Gebiete mit niedriger Holz-hausbebauung. Um zu verhindern, dass sich nach einer Sanierung der alte Zustand wieder einstellt, gelten für diese Gebiete genaue Vorschrif-ten über Baukanten sowie Minimalwerte bei GFZ und GRZ. Speziell in Gebieten hochgradiger Flächennutzung kommen bei der Planung Aus-handlungsprozesse zum Tragen, bei denen der Bauinvestor einen Zu-schlag bei der GFZ erhält und dafür einen Teil des Grundstücks als öffentliche Freifläche einrichtet. Ein solches GFZ-Bonus-System (*yōtobetsu yōseki warimashi seido*) im Rahmen eines sogenannten Gesamtentwurfsys-tems (*sōgō sekkei seido*) gelangt auch oft zur Anwendung, wenn es darum geht, Wohnflächen in einen Büro- oder Geschäftskomplex zu integrieren. Seit dem Jahr 2000 ist zudem ein System in Kraft, bei dem in dafür ausgewiesenen Gebieten zur Anwendung einer Ausnahme-GFZ (*tokurei yōsekiritsu tekiyō kuiki*) GFZ-Werte, die bei einem bestimmten Grundstück – etwa aus Gründen des historischen Erhalts – nicht voll zur Anwendung kommen, auf ein anderes Grundstück in Form eines Zuschlags übertragen werden können (HOHN 2000: 146–151, 615).

Als Fördergebiete schließlich werden solche Gebiete hervorgehoben, in denen ein Interesse an einer möglichst schnellen Umsetzung von Bodenumlegungs- oder Stadterneuerungsmaßnahmen besteht. Erfolgt diese durch die betroffenen Rechtstitelträger nicht rechtzeitig, realisiert ein öffentlicher Träger die Maßnahme. Unter die Kategorie der Fördergebiete fallen unter anderem auch sogenannte Distrikte zur Steuerung hochgeschossigen Wohnens (*kōsō jūkyo yūdō chiku*), die 1997 zunächst unter dem Namen „Fördergebiete zum Bau von hochgeschossigen Wohnhäusern in Zentrumslage" (*toshin kōsō kyojū sokushin chiiki*) eingeführt wurden. Insbesondere in allgemeinen (gemischten) Wohngebieten, aber auch in Geschäftsgebieten des Nahbereichs und in sogenannten Quasi-Industriegebieten soll mit diesem Instrument durch GFZ-Erhöhungen und weniger strikten Schräglinienbestimmungen innerstädtisches Wohnen, vor allem aber, wie es inoffiziell heißt, die Bauwirtschaft gefördert werden (HOHN 2000: 157–161).

Der kommunal aufgestellte Distriktplan diente ursprünglich ausschließlich dazu, in ausgewählten Gebieten die Bestimmungen der jeweils geltenden Nutzungszonierung zu verschärfen und damit zu einer geordneten städtebaulichen Erneuerung unter Berücksichtigung lokaler Charakteristika und der Interessen der Anwohner beizutragen. Oft bezieht er sich daher auf Räume, in denen behutsame Wohn- und Wohnumfeldverbesserungen (*machizukuri*) gemäß den Wünschen der betroffenen Bürger durchgeführt werden (vgl. hierzu näher VOGT 2001). Mittlerweile wird er jedoch in Umkehrung der ursprünglichen Intention zunehmend als Deregulierungsrahmen eingesetzt. Es existieren daher mehrere Typen des Distriktplans, wobei im Innenstadtbereich von Tōkyō neben dem Basistyp des allgemeinen Distriktplans derzeit insbesondere der Distriktplan zum Stadtumbau (*saikaihatsu chiku keikaku*) zur Anwendung gelangt.[6] Es handelt sich hierbei um das typische Instrument zur intensiven städtebaulichen Entwicklung brachliegender ehemaliger Industrieflächen oder anderer Konversionsgebiete im Stadtzentrum. Im Gegenzug für die Erhöhung der GFZ und möglicher Deregulierungen bei anderen Bauauflagen verpflichtet sich der private Bauinvestor, das Gebiet auf

---

[6] Dieser Distriktplantyp wurde 2002 mit dem Distriktplan zur hochgradigen Nutzung von Wohnbauland (*jūtakuchi kōdo riyō chiku keikaku*) zum Instrument des „Distrikts zur Förderung des Stadtumbaus und ähnlichem" (*saikaihatsu-tō sokushin ku*) zusammengefasst (Kokudo Kōtsūshō, *Saikaihatsu-tō sokushin ku no gaiyō*, http://www.mlit.go.jp/jutakukentiku/house/seido/kisei/68–3saikaihatsu.html; Entnahme 17.02.2005.

eigene Kosten mit öffentlicher Infrastruktur auszustatten und damit auch zur funktionalen Erneuerung der umliegenden Stadtviertel beizutragen (HOHN 2000: 173–174, 188–190).

Die eigentlichen Stadterneuerungsmaßnahmen (*shigaichi saikaihatsu jigyō*) nach dem im Jahr 1969 erlassenen Stadterneuerungsgesetz (*Toshi saikaihatsu-hō*) zielen in Japan vor allem darauf ab, in zentralen Lagen, die durch starke Besitzersplitterung geprägt sind, über Bodenzusammenlegung und anschließende Neubebauung eine ökonomisch effiziente und katastrophensichere Flächennutzung zu garantieren. Die Ausweisung eines Stadterneuerungsgebietes hat im Allgemeinen die Designierung des betreffenden Raumes als Distriktplangebiet oder als Gebiet hochgradiger Flächennutzung zur Voraussetzung. Bei den Stadterneuerungsmaßnahmen 1. Art, die den Normalfall der Erneuerung darstellen, werden die bisherigen Eigentumsrechte nach Grundstückszusammenlegung in Geschossflächenanteile am neuen Gebäude bzw. Besitzanteile am Grundstück umgewandelt (Prinzip der Rechtsumwandlung; *kenri henkan*). Die Finanzierung des Projekts erfolgt über den Verkauf zusätzlicher Geschossfläche, die durch eine maximale Ausnutzung der zulässigen GFZ zustande kommt. Projektträger können Privatpersonen bzw. private Baufirmen, Gebietskörperschaften oder auch die öffentliche Urban Development Corporation (jetzt Urban Renaissance Agency) sein; häufig wird allerdings eine Stadterneuerungsgenossenschaft (*shigaichi saikaihatsu kumiai*) aus Grundstücksbesitzern und -pächtern gegründet. Solche Stadterneuerungsmaßnahmen garantieren zwar, dass mit den Grundstückseigentümern zumindest ein gewisser Anteil der ursprünglichen Bewohner im Viertel verbleiben kann. Mietern und den Pächtern kleinerer Grundstücke bleibt jedoch faktisch meist nur Annahme einer finanziellen Kompensation und Fortzug, da sie die höheren Mieten und Pachtzinsen in den neuen Gebäuden nicht aufbringen können. Vor allem während der Zeit der *bubble economy* wurde die Annahme von Entschädigungssummen nicht zuletzt durch Drohungen aus Kreisen der organisierten Kriminalität, die von einzelnen Projektträgern dazu beauftragt waren, wesentlich beschleunigt (HOHN 2000: 197–199, 207–216).

Eine Bodenumlegung (*kukaku seiri*) wurde bereits nach dem Großen Kantō-Erdbeben von 1923 in Tōkyō durchgeführt (s. o. Kap. 3.1) und gilt als das sowohl älteste wie auch erfolgreichste Großinstrument japanischer Stadtplanung. Im Gegensatz zu Stadterneuerungsmaßnahmen, die oft ausschließlich profitorientierte Zielsetzungen besitzen, dienen Bodenumlegungsmaßnahmen der flächenbezogenen Neuordnung von Grundstücken im Verein mit Infrastrukturprojekten. Sie finden sich daher zu etwa 80 % im suburbanen Raum, während innerstädtische Bodenumlegungen in Japan vor allem nach flächenhaften Zerstörungen infolge von

Naturkatastrophen oder den Luftangriffen des Zweiten Weltkriegs zur Anwendung gekommen sind (HOHN 2000: 221–222).

Eine noch so skizzenhafte Übersicht über die japanische Stadtplanung wäre schließlich nicht vollständig ohne die Aufzählung von Maßnahmen, die einer Verbesserung des Wohnumfelds dienen. Ein besonderes japanisches Merkmal ist, dass hierbei klassische Instrumente wie die Flächensanierung von Wohngebieten, die in sozialer wie baulicher Hinsicht deutliche Mängel aufweisen, eher zurückhaltend eingesetzt werden. Schon das in Kapitel 3.1 erwähnte Bestreben während der späten 1920er Jahre, in Tōkyō schlechte (*furyō*) Wohngebiete durch Abriss und Neubau von öffentlichen Wohnungen zu sanieren, war nur in wenigen Fällen bis zur Durchführung gelangt. Nach dem Krieg vergleichsweise häufig zur Beseitigung spontan entstandener Barackensiedlungen eingesetzt, hat sich der Schwerpunkt von öffentlichen Sanierungsmaßnahmen nach dem dann 1960 erlassenen Sanierungsgesetz (*Jūtaku chiku kairyō-hō*) mittlerweile auf soziale Brennpunkte wie Tagelöhnerviertel oder die Viertel der diskriminierten *burakumin* verlagert, während es bei Wohngebieten, die nicht mehrheitlich von Randgruppen besiedelt werden, seltener zur Anwendung kommt, zumal die Ausweisung unter anderem einen Bestand von mindestens 80 % abrissreifen Wohnungen bzw. 80 abrissreifen Wohneinheiten pro Hektar voraussetzt. Auch daher erfolgt die Sanierung von *burakumin*-Gebieten mittlerweile fast ausschließlich auf der Grundlage des 1970 eingeführten Programms zur Sanierung von Kleinsiedlungsdistrikten (*shōshūraku chiku kairyō jigyō*), das deutlich niedrigere Anteile maroder Bausubstanz als Voraussetzung für die Durchführung einer Sanierungsmaßnahme vorsieht. Sonstige Wohngebiete mit überwiegend baulichen Mängeln wie vor allem die innerstädtischen Holzhausgürtel werden hingegen auf der Basis verschiedener Programme des Zentralstaates oder der Präfekturen auf behutsamere Weise erneuert, wobei die ansässige Bevölkerung im Sinne des *machizukuri*-Gedankens in jeweils unterschiedlicher Stärke an den Planungen beteiligt ist. Letzteres hat allerdings zur Folge, dass unter anderem aufgrund geringen Interesses seitens der meist älteren Bewohner Verbesserungen oft nur im Schneckentempo stattfinden können. Mit verschiedensten Anreizmitteln wie Mietzuschüssen für alteingesessene Bewohner nach Neubau, Baukostenzuschüssen oder Finanzmitteln für die Bereitstellung kleiner öffentlicher Flächen wie den durch Abriss einzelner Gebäude entstehenden sogenannten *pocket parks* versuchen der Staat und die nachgeordneten Gebietskörperschaften dennoch, insbesondere die Katastrophengefährdung dieser Viertel zu reduzieren (HOHN 2000: 241–264).

Hinzuweisen ist letztlich noch auf das Programm zur Gesamtunterstützung der Entwicklung von Wohnstadtteilen (*jūtaku shigaichi seibi sōgō shien jigyō*) von 1979 bzw. 1998, das die Bebauung innerstädtischer Brachflächen mit Wohnungen und öffentlicher Infrastruktur bei gleichzeitiger Verbesserung der umliegenden Quartiere fördert, um der Abnahme der Wohnbevölkerung im innerstädtischen Bereich entgegenzuwirken. Nahezu alle großen Projekte der letzten Jahre zur Wohnbebauung von innerstädtischem Brachland in Tōkyō wie das Projekt Ōkawabata River City 21 auf der Insel Tsukishima in Chūō-*ku* (vgl. näher Kap. 3.3.2.1), die Bebauung des ehemaligen Ebisu-Brauereigeländes im Stadtbezirk Shibuya oder auch verschiedene Projekte an der *waterfront* sind auf der Basis dieses Förderprogramms errichtet worden. Dabei ist es durch normative und finanzielle Einflussnahme der hierbei stark vertretenen öffentlichen Maßnahmenträger zumindest bis in die späten 1990er Jahre hinein gelungen, die altansässige Bevölkerung weitgehend in den umliegenden Vierteln zu halten und auf den Brachflächen auch öffentliche Wohnungen zu errichten, wodurch Gentrifizierungsvorgänge auf einzelne, dem Privatsektor zugewiesene Wohnblöcke beschränkt werden konnten (HOHN 2000: 265–268). Flankiert werden diese Maßnahmen zum einen durch Projekte zur Förderung des Angebots von innerstädtischen Apartmentwohnungen (*toshin kyōdō jūtaku kyōkyū jigyō*), welche bereits auf Flächen von mindestens 500qm unter anderem im gesamten Stadtbereich von Tōkyō, das im Rahmen des Wohnungs-Masterplans als Versorgungsschwerpunktgebiet (*jūten kyōkyū chiiki*) eingestuft wurde, zur Anwendung kommen können und in den meisten Fällen auf die Errichtung eines einzeln stehenden Wohnhochhauses hinauslaufen dürften.[7] Zum anderen existiert seit 2002 ein separates „Programm zur Entwicklung von Wohnungen und Ähnlichem im Rahmen der Stadtrevitalisierung" (*toshi saisei jūtaku-tō seibi jigyō*), das den Verbleib auch weniger vermögender Schichten in den Projektgebieten garantieren soll.[8]

Trotz solcher Maßnahmen dürfte aus den vorangegangenen knappen Ausführungen hinreichend deutlich geworden sein, dass sich Stadtplanung in Japan stets stärker an wirtschaftlichen und weniger an sozialen Zielen orientiert hat, sei es mit der Intention einer Stärkung der Bauwirtschaft oder sei es zur Erhöhung des Nutzwertes profitträchtiger Lagen vor allem im Innenstadtbereich. Besonders offen treten diese Absichten in dem bereits in Kapitel 2.2.3 im Ansatz vorgestellten Sondermaßnahmengesetz zur städtischen Revitalisierung (*Toshi saisei tokubetsu sochi-hō*) vom April 2002 zutage, das durch das Kabinett Koizumi bereits ein Jahr zuvor als Teil einer umfassenden Politik zur Förderung der gesamtwirtschaftli-

---

[7] Kokudo Kōtsūshō, *Toshin kyōdō jūtaku kyōkyū jigyō*, http://www.mlit.go.jp/ jutakukentiku/house/seido/15toshinkyodo.html; Entnahme 17.02.2005.

[8] Kokudo Kōtsūshō, *Toshi saisei jūtaku-tō seibi jigyō*, http://www.mlit.go.jp/juta-kukentiku/house/seido/14toshisaisei.html; Entnahme 17.02.2005.

chen Konjunktur angekündigt und mit der Einrichtung einer Zentrale für städtische Revitalisierung (Toshi Saisei Honbu) unter Leitung des Premierministers gewissermaßen als „Chefsache" in die Wege geleitet worden war. Aus der Auswahl der bereits vorgestellten sieben Dringlichen Entwicklungsgebiete Städtischer Revitalisierung *(toshi saisei kinkyū seibi chiiki)* in Tōkyō kann man darüber hinaus das Bemühen herauslesen, die internationale Wettbewerbsfähigkeit der japanischen Hauptstadt zu stärken; doch unter Berücksichtigung aller in Japan genehmigter Projekte tritt eine einheitliche Zielsetzung der Revitalisierungspolitik nach Meinung zahlreicher Kritiker nicht hervor (vgl. ŌTSUKA 2003: 26–27). Als typische konjunkturpolitische Maßnahme soll das Gesetz nur für die Dauer von zehn Jahren gelten. Zur schnellen Umsetzung der Projekte ist eine Vereinfachung der Antragsprozedur vorgesehen, die den Antragszeitraum von bisher durchschnittlich zwei Jahren und acht Monaten auf unter sechs Monate drastisch reduzieren soll. Innerhalb des ausgewiesenen Entwicklungsgebiets können dann in speziell designierten Sonderdistrikten der Stadtrevitalisierung *(toshi saisei tokubetsu chiku)* stadtplanerische Beschränkungen wie GFZ, GRZ, Schrägliniensystem und alle sonstigen mit den Flächennutzungszonen verbundenen Restriktionen reduziert bzw. ganz aufgehoben werden.[9] Zur materiellen Unterstützung und Koordinierung der Projekte, die im Einzelnen der Initiative privater Investoren überlassen bleiben, wurde im Juli 2004 die bislang überwiegend als öffentliche Wohnbaugesellschaft in Erscheinung getretene Urban Development Corporation in eine unabhängige Verwaltungskörperschaft mit dem programmatischen Namen Urban Renaissance Agency (Toshi Saisei Kikō) umgewandelt (ŌTSUKA 2003: 29–30, 34–35).

3.3.1.2 Zur japanischen Wohnungspolitik

In der Vergangenheit ist stets auf eine hohe Inflexibilität und Knappheit des Angebots an Grund und Boden in Japan und besonders in Tōkyō hingewiesen worden, wobei die extrem hohen Bodenpreise jedoch weniger als Ursache denn als Folge dieser Inflexibilität betrachtet wurden (vgl. zum Folgenden FLÜCHTER und WIJERS 1990: 198–199; NOGUCHI 1994: 23–26; ITŌ 1994: 215–217, 232). Ein wesentliches Problem stellte erstens speziell während der *bubble economy*-Phase die Diskrepanz zwischen einer sehr niedrigen Grundsteuer und einer hohen Wertzuwachssteuer dar, was den Verkauf von Immobilien nicht eben förderte. Zum zweiten ist die finanzi-

---

[9] Vgl. hierzu auch Kokudo Kōtsūshō, *Toshi saisei tokubetsu chiku*, http://www.mlit.go.jp/jutakukentiku/house/seido/kisei/60–2toshisaisei.html; Entnahme 17.02.2005.

elle Absicherung japanischer Haushalte in höherem Maße als in anderen Industriestaaten von Immobilienbesitz abhängig, so dass Grundstücke in Familienbesitz nur in besonderen Fällen auf dem Markt angeboten werden. Dies begründet unter anderem auch, warum viele alte Menschen in Japan weiterhin in maroden Häusern in Zentrallage leben, obwohl die Wohnbedingungen ihrer Lebenssituation nicht gerecht werden. Drittens wurden schon während des Zweiten Weltkriegs in Reaktion auf zahlreiche Zwangsräumungen bei Haushalten, die ihre Miete nicht mehr zahlen konnten, da deren Vorstände in die Armee eingezogen waren, die Rechte von Mietern so entscheidend gestärkt, dass Möglichkeiten einer Kündigung des Vertrags seitens des Vermieters praktisch ausgeschlossen sind, solange nicht hohe Kompensationszahlungen an den Mieter geleistet werden. Zudem verlängern sich viele Mietverträge automatisch, solange keine extreme Vernachlässigung der Objekte durch die Mietparteien feststellbar ist. Dies alles macht die Vermietung von Land und Wohnungen zu einem äußerst unlukrativen Geschäft und verhinderte lange die Entstehung eines hinreichenden Angebots qualitativ hochwertiger Mietwohnungen in japanischen Städten. Zugleich behinderte der starke Mieterschutz, aber auch der rechtlich verankerte starke Schutz der Grundeigentümer vor Enteignungen die Durchführung von Stadtentwicklungsmaßnahmen. Ein viertes Problem stellt die Existenz zahlreicher Firmenwohnungen (*shataku*) bzw. von Wohnungen öffentlicher Angestellter (*kōmuin shukusha*) dar. Da die Mieten als Teil der Vergünstigungen von Unternehmen an ihre Mitarbeiter stark subventioniert und damit niedrig sind und die dem Unternehmen entstehenden Unterhaltskosten von der Steuer abgesetzt werden können, werden solche Firmenwohnungen trotz zumeist geringer Wohnqualität weiterhin angeboten und nachgefragt, was ebenso als Hemmnis für den Aufbau eines differenzierten privaten Mietwohnungsmarktes gelten kann. Im Jahr 2000 lebten in Tōkyō 4,9 % aller Privathaushalte in solchen durch den Arbeitgeber vermittelten Wohnungen; 1995 waren es allerdings noch 5,7 % gewesen (eig. Berechnungen nach Sōmuchō Tōkeikyoku, *Kokusei chōsa hōkoku* 1995, 2000). Als fünfter Punkt ist schließlich die Erbschaftssteuer zu nennen. Obwohl der Hebesatz im internationalen Vergleich nicht unbedingt als hoch einzuschätzen ist, waren infolge der enormen Bodenpreise während der Phase der *bubble economy* teilweise horrende absolute Summen zu entrichten, was oft dazu führte, dass zur Aufbringung der Steuer von den Erben Teile der Parzelle verkauft wurden, womit letztlich eine weitere Bodenzersplitterung begünstigt und Stadtentwicklungsmaßnahmen noch mehr erschwert wurden.

Insbesondere die Inadäquatheit des Mietwohnungsmarktes leistete in Kombination mit hohen Bodenpreisen im Stadtzentrum daher lange

Zeit der Tendenz Vorschub, unter der Voraussetzung einer gewissen finanziellen Konsolidierung am Stadtrand ein Einfamilienhaus zu erwerben und damit tägliche Gesamtpendelzeiten von teilweise mehreren Stunden in Kauf zu nehmen. Weniger vermögende Personen waren hingegen oft gezwungen, in qualitativ minderwertigen Mietwohnungen zu leben. Die Knappheit des Angebots verhinderte jedoch im Allgemeinen die Realisierung konkreter Standortwünsche und damit eine ausgeprägtere residenzielle Segregation. Diese wäre aber womöglich selbst bei einem stärkeren Angebot ausgeblieben, da Bodenzersplitterung und die Beharrungskräfte vor allem alter Menschen auf ihren Parzellen die Entwicklung baulich und damit potenziell auch sozial homogenerer Stadtteile einschränkten.

Seit dem Ende der *bubble economy* und dem damit verbundenen deutlichen Rückgang der Bodenpreise gelten jedoch die meisten dieser das Wohnungsangebot einschränkenden Faktoren nicht mehr, jedenfalls nicht in der vorherigen Schärfe. So hat der Fall der Bodenpreise die Diskrepanz zwischen niedriger Grundsteuer und hoher Wertzuwachssteuer praktisch aufgehoben; ebenso gibt die absolute Höhe der Erbschaftssteuer nur noch selten einen Anlass zum stückweisen Verkauf von Immobilien. Wie an der in Kapitel 3.2.1.1 beschriebenen Abstoßung von Grundstücken im Zentrum von Tōkyō während der Jahre 1997/98 zu erkennen ist, hat sich auch die Neigung eines spekulativen Haltens von Grundstücken deutlich vermindert. Die bereits beschriebene Erhöhung der Geschossflächenzahl in den zentralen Bereichen Tōkyōs sowie die weiteren Deregulierungen des Stadtplanungsrechts in den designierten Stadtrevitalisierungsgebieten schließlich erleichtern die Durchführung großzügiger Stadtumbaumaßnahmen.

Hinzu kommt eine Erweiterung des Mietrechts um die Möglichkeit, Grundstücke oder Häuser für eine festgesetzte Zeit zu vermieten, nach der die Immobilie ohne Möglichkeiten der Vertragsverlängerung wieder an den Vermieter zurückfällt. Bereits im Jahr 1992 wurde das System des zeitlich begrenzten Pachtrechts an Land (*teiki shakuchiken seido*) eingeführt, um das Landangebot zu vergrößern. Als Hauptvorteil für den Pächter werden dabei die deutlich geringeren Kosten gegenüber einem Grundstückskauf gesehen. So betrugen einer Untersuchung vom Dezember 2001 zufolge die durchschnittlichen Kosten eines nach diesem System auf gepachtetem Land errichteten Einfamilienhauses nur 56,3 % des mittleren Kaufpreises einer solchen Immobilie inklusive der Grundstücksfläche (Kokudo Kōtsūshō 2003b: 28–29). Mit insgesamt 40.601 auf gepachtetem Grund errichteten Wohnungen zwischen 1993 und 2001 landesweit, davon 13.249 Wohnungen in Mehrfamilienhäusern (Kokudo Kōtsūshō 2004), ist die Wirkung dieser Maßnahme jedoch als begrenzt einzuschätzen. Nach MORIMOTO (1999: 42) mag dies daran liegen, dass diese Maßnahme meist nur als Notlösung von solchen Haushalten genutzt wird, die sich (noch) keine Wohnung auf eigenem Grund und Boden leisten können. Zudem werden die nach diesem System errichteten Objekte von den meisten Kreditinstituten nicht als Sicherheit anerkannt, und der Weiterverkauf eines Hauses gestaltet sich umso schwieriger, je näher das Ende der Landpacht rückt (KOKUDO KŌTSŪSHŌ 2003b: 29). Eine stärkere Belebung des Wohnungsmarktes soll daher das im Jahr 2000 eingeführte, ähnlich strukturierte System des zeitlich begrenzten Mietrechts an Häusern (*teiki shakuyaken seido*) bringen. Für eine vorläufige Bewertung des Erfolgs dieser Maßnahme erscheint es noch zu früh. Der bislang nur geringe Bekanntheitsgrad des Systems sowie vor allem große Vorbehalte bei potenziellen Mietern (KOKUDO KŌTSŪSHŌ 2003b: 31–35; 2004) deuten jedoch nicht auf eine schnelle Wirksamkeit im intendierten Sinne hin.

Insgesamt bleibt jedoch festzustellen, dass sich durch den Rückgang der Bodenpreise sowie bestimmte administrative Maßnahmen der Wohnungsmarkt von Tōkyō heute weit flexibler darstellt als noch vor zehn oder fünfzehn Jahren. Im Hinblick auf das Thema dieser Arbeit bedeutet dies aber auch, dass das Auftreten oder die Verschärfung von residenzieller Segregation durch die grundlegende Struktur des Wohnungsmarktes heute weniger behindert werden dürfte.

Neben gesetzlichen Maßnahmen, die die Entfaltungsmöglichkeiten des Wohnungsmarktes erweitern oder auch einschränken können, engagieren sich Sozialstaaten üblicherweise auch direkt bei der Versorgung ihrer Bevölkerung mit Wohnungen. Bis zu dem erwähnten Aufgehen der Urban Development Corporation in die neugegründete Urban Renaissance Agency im Jahr 2004 beruhte die japanische Wohnungspolitik auf insgesamt drei Säulen: Als erste Maßnahme sollten mit dem Wohndarlehenskassengesetz (*Jūtaku kin'yū kōko-hō*) von 1950 die Möglichkeiten zum Erwerb von Eigentumswohnungen durch die Mittelschicht verbessert werden. Hierzu wurde die staatliche Japan Housing Loan Corporation (JHLC; jap.: Jūtaku Kin'yū Kōko) gegründet, die sich über Gewinne der staatlichen Postbank finanziert und mit einem Anteil von etwa einem Drittel aller Hausdarlehen Japans die größte Darlehenskasse der Welt darstellt (SEKO 1994: 49–50). Die JHLC war ursprünglich für äußerst starke Beschränkungen bei der Vergabe von Darlehen bekannt. So wurde es erst im Jahr 1981 auch für Alleinstehende möglich, ein Darlehen zu beantragen, wobei aber noch bis 1994 Alleinstehende unter 35 Jahren einen prospektiven Ehepartner nachweisen mussten. Des Weiteren wurde 1993 das Beantragungshöchstalter von 60 auf 70 Jahre angehoben und – bei Einwilligung der Eltern – auch zahlungskräftigen Minderjährigen die Möglichkeit der Antragstellung eingeräumt. Andererseits fördert die

JHLC weiterhin nur Wohnungen mit einer reinen Wohnfläche von mindestens 100qm bei Einfamilienhäusern und 50qm bei Eigentumswohnungen in Mehrfamilienhäusern. Insbesondere die letztere Bestimmung hemmt den Kauf kleiner Eigentumswohnungen im Stadtzentrum durch junge, noch wenig finanzkräftige Singles, die damit auf eine Finanzierung durch private Kreditgeber angewiesen sind oder ihre Wohnwünsche zurückstellen müssen (WAKABAYASHI *et al.* 2002: 84; YUI 2002: 157–158). Des Weiteren wird kritisiert, dass der im internationalen Vergleich ungewöhnlich hohe Eigenfinanzierungsanteil zu Beginn des Darlehensverhältnisses von durchschnittlich fast 40 % weniger solvente Haushalte von der Wohneigentumsbildung zunehmend ausschließt (SEKO 1994: 63).

Die zweite Säule der japanischen Wohnungspolitik stellt die Versorgung mit preiswerten öffentlichen Wohnungen (*kōei jūtaku*) dar, die 1951 durch das Gesetz über öffentliche Wohnungen (*Kōei jūtaku-hō*) geregelt wurde. Errichtung und Verwaltung öffentlicher Wohnungen werden von den einzelnen regionalen Gebietskörperschaften (Präfekturen, Gemeinden, in Tōkyō auch Stadtbezirke) übernommen. Diese stellen auch den Baugrund, während Baukosten sowie die Differenz zwischen den Erhaltungskosten und den im Allgemeinen sehr niedrigen Mieten je zur Hälfte durch die Gebietskörperschaft und den Staat getragen werden.[10] Die Bereitstellung von öffentlichen Wohnungen war ursprünglich als Maßnahme zur Beseitigung der Wohnungsnot in den Nachkriegsjahren gedacht und schloss daher zunächst alle Haushalte, deren Einkommen unterhalb des obersten Einkommensquintils lag, in den Kreis der Wohnberechtigten ein. Mit dem beginnenden Hochwachstum der japanischen Wirtschaft in den späten 1950er Jahren kam jedoch ein Prozess in Gang, bei dem die relativen Einkommensgrenzen immer weiter herabgesetzt wurden, wodurch öffentliche Wohnungen mehr und mehr einen residualen Charakter als Auffangbecken für bestimmte benachteiligte Gruppen erlangten. Mit der ersten und der zweiten Reform des Gesetzes in den Jahren 1959 und 1969 wurde zunächst eine Fehlbelegungsabgabe für Haushalte mit zu hohem Einkommen, aber auch die Möglichkeit einer Räumungsaufforderung gegenüber solchen Haushalten eingeführt. Als Zielgruppe wurden nurmehr solche Haushalte, deren Einkünfte nicht die auf gesamtstaatlicher Basis ermittelten Grenzen des untersten Einkommensterzils überschritten, anerkannt. Mit der Reform von 1996 wurde schließlich der Kreis der Berechtigten im Falle gewöhnlicher Haushalte auf das unterste Einkommensquartil und bei Haushalten mit alten Menschen auf die unteren 40 % der Einkommensbezieher weiter einge-

---

[10] Kokudo Kōtsūshō, *Kōei jūtaku*, http://www.mlit.go.jp/jutakukentiku/house/seido/09koe.html; Entnahme 17.02.2005.

schränkt. Zugleich wurde die Unterteilung der *kōei jūtaku* in zwei, durch die Einkommenshöhe der Haushalte definierte Kategorien aufgehoben und statt der bisher geltenden Miete auf Selbstkostenbasis ein System individueller Mietberechnung auf Basis des Haushaltseinkommens eingeführt (HIRAYAMA 2002: 38, 40–41, 44–45).

Gleichzeitig mit der zunehmenden Einengung des Berechtigtenkreises auf einkommensschwache Schichten fand eine Konkretisierung bei der Identifikation solcher Gruppen statt, die aufgrund ihrer Diskriminierung auf dem „freien" Wohnungsmarkt trotz nicht unbedingt geringen Einkommens als würdige Empfänger von Sozialwohnungen gelten. Im Wesentlichen handelt es sich hierbei um alte Menschen, geistig wie körperlich behinderte Personen sowie um Haushalte, die aus nur einem Elternteil und einem oder mehreren Kindern bestehen. Einpersonenhaushalte waren zunächst vom Bezug einer öffentlichen Wohnung ausgeschlossen, bis nach einem Musterprozess, der seit 1975 in der Stadt Fukuoka geführt worden war, ab 1980 für bestimmte Gruppen Ausnahmen von dieser Regel erlassen wurden (HIRAYAMA 2002: 43–44; YAMASHITA 2002: 53–55). So sind etwa in der Präfektur Tōkyō Einpersonenhaushalte von älteren Menschen ab 50 Jahren, von Behinderten und an einer bestimmten chronischen Erkrankung leidenden Menschen sowie von Sozialhilfebeziehern zum Bezug einer dortigen präfekturalen Wohnung (*toei jūtaku*) zugelassen, soweit sie ein bestimmtes Einkommen nicht überschreiten und mindestens die vergangenen drei Jahre bereits in der Präfektur mit festem Wohnsitz gemeldet waren. Mittlerweile können auch Ausländer einen Platz in einer öffentlichen Wohnung beantragen, sofern sie sich mit einem längerfristig gültigen Visum regulär in Japan aufhalten und die übrigen Bedingungen erfüllen.[11]

Trotz dieser Eingrenzung des Kreises berechtigter Haushalte ist festzustellen, dass das Angebot die Nachfrage derjenigen Haushalte, die sämtliche Kriterien erfüllen, nach wie vor bei weitem nicht befriedigen kann. In den japanischen Millionenstädten schwankte der Anteil öffentlicher Wohnungen am gesamten Wohnungsbestand im Jahr 2001 zwischen 1,9 % in Yokohama und 9,1 % in Kōbe; in Tōkyō waren es 4,9 % (ŌTA, T. 2002: 17). Öffentliche Wohnungen werden daher per Losverfahren oder über ein Punktesystem vergeben, wobei die genannten besonderen Problemgruppen, aber auch Haushalte mit mindestens zwei Kindern unter 18 Jahren eine fünf- bis siebenmal höhere Chance erhalten, berücksichtigt zu werden. Dies mag unter sozialpolitischem Blickwinkel begrüßenswert erscheinen, fördert aber, da öffentliche Wohnungen im Allgemeinen in

---

[11] Tōkyō-to Toshi Seibi-kyoku, *Toei jūtaku ni kansuru koto*, http://www. toshiseibi2.metro.tokyo.jp/260toei1.htm; Entnahme 17.02.2005.

Wohnblockclustern räumlich konzentriert auftreten, die Entwicklung sozial und demographisch hochgradig segregierter Enklaven in den japanischen Städten (vgl. für Ōsaka Yui 1998). Einkommensschwächere Alleinstehende unter 50 Jahren, aber auch viele Haushalte, die nicht zu den besonderen Problemgruppen gehören und daher im Vergabeverfahren nur nachrangig berücksichtigt werden, sind hingegen auf den privaten Mietwohnungsmarkt angewiesen. Die zumindest bis in die jüngste Vergangenheit hinein hohe Zahl einfachster Mietwohnungen in Holzbauweise in den japanischen Großstädten ist im Wesentlichen auf die hohe Nachfrage seitens solcher vom öffentlichen Wohnungswesen ausgeschlossener Haushalte zurückzuführen (Hirayama 2002: 41–42). Trotzdem liegt das Mietniveau selbst dieser Holzbauwohnungen deutlich über demjenigen der öffentlichen Wohnungen (Ōta, T. 2002: 22). Das japanische System der öffentlichen Wohnungen ist somit nur in begrenztem Maße in der Lage, der selbst zugewiesenen Rolle eines Sicherheitsnetzes für arme oder aus sonstigen Gründen auf dem Wohnungsmarkt benachteiligte Haushalte gerecht zu werden.

Eine nachhaltige Verbesserung der Wohnversorgung ärmerer Haushalte zeichnet sich auch für die Zukunft nicht ab. So wird zwar im aktuellen Wohnungs-Masterplan der Präfektur Tōkyō (Tōkyō-to Jūtaku-kyoku 2002: 20–21) eine „durchgreifende" (*bappon-teki*) Reform des Systems öffentlicher Wohnungen propagiert, doch ist hiermit neben einer Übertragung zahlreicher Wohnungen in den Zuständigkeitsbereich der einzelnen Gemeinden und Stadtbezirke vor allem die qualitative Aufwertung und attraktive Gestaltung der Wohnanlagen durch Neubau, Modernisierung oder auch infrastrukturelle Verbesserungen gemeint. In Bezug auf den Umfang des Wohnungsbestandes ist kein weiterer Ausbau, sondern in langfristiger Perspektive sogar eine Reduzierung geplant, was mit einem erwarteten Bevölkerungsrückgang nach 2015 begründet wird. Zur Deckung des einstweilen weiter bestehenden Bedarfs fordert die Präfektur den nationalen Gesetzgeber daher auf, die Abschließung befristeter Mietverhältnisse für öffentliche Wohnungen zu ermöglichen.

Als dritte und letzte Säule der japanischen Wohnungspolitik wurde schließlich im Jahr 1955 die öffentliche japanische Wohnungsbaugesellschaft (Nihon Jūtaku Kōdan; Japan Housing Corporation) gesetzlich verankert, die 1981 in Jūtaku Toshi Seibi Kōdan (Housing and Urban Development Corporation) und 1999 schließlich in Toshi Kiban Seibi Kōdan (Urban Development Corporation) umbenannt wurde, bevor sie 2004 bei deutlich veränderter Aufgabenstellung in die neugegründete Toshi Saisei Kikō (Urban Renaissance Agency) aufging. Ungeachtet aller Namensänderungen hatte diese Gesellschaft bis 2004 den Auftrag, über Bodenumlegungen Wohnsiedlungen von teilweise beträchtlicher Größe vor allem im suburbanen Gebiet sowie an anderen Standorten im metropolitanen Raum, die für private Erschließungsfirmen wenig Profitanreize bieten, zu schaffen. Seit den späten 1980er Jahren beteiligte sich die Gesellschaft auch stärker an innerstädtischen Stadterneuerungsmaßnahmen (HOHN 2000: 227; 2002a: 6, 9). Als Zielgruppe wurden und werden offiziell mittlere Einkommensschichten benannt, doch insbesondere bei den neuen innerstädtischen Wohnbauprojekten zeigte sich zuletzt die Tendenz, qualitativ hochwertige, aber zugleich auch recht teure Mietwohnungen anzubieten, die eher auf eine wohlhabendere Klientel zugeschnitten waren (vgl. HOHN 2000: 337; FUJIU 2002: 36–37). Trotz ihrer mittlerweile veränderten Zielsetzung verwaltet und modernisiert die neue Urban Renaissance Agency weiterhin den ihr aus dem Erbe der Urban Development Corporation zugefallenen Bestand an Mietwohnungen und erstellt darüber hinaus auch neue Wohnungen im Falle von Projekten, für die die Genehmigung bereits vor der organisatorischen Umwandlung erteilt wurde. Je nach Mietpreis und Haushaltsgröße muss das geforderte monatliche Mindesteinkommen bei 250.000 bis 400.000 Yen liegen oder ein Vierfaches des Mietpreises betragen (Stand Februar 2005). Bedenkt man, dass im Jahr 1998 die Grenze zwischen dem ersten und dem zweiten Einkommensquintil bei Haushalten in der Region Süd-Kantō bei 2.660.000 Yen jährlich lag (vgl. oben Fußnote 3), dann bestätigt sich zumindest hieran der Anspruch, vorrangig die Mittelschicht mit Wohnungen zu versorgen. Bei alten Menschen, Behinderten und Mutter-Kind-Haushalten kann zudem das Einkommen von Verwandten angerechnet werden; im Fall einer Verlosung von Wohnungen erhalten diese Gruppen auch eine bis zu zehnmal höhere Wahrscheinlichkeit, ausgewählt zu werden. Ausländer hingegen werden nur akzeptiert, wenn sie ein Daueraufenthaltsrecht besitzen. Desgleichen bietet die Agency keinen Platz für Haushaltsformen, wie getrennt lebende Ehepaare, die durch die „unnatürliche" Teilung von Familien entstanden sind.[12]

Einen ähnlichen Auftrag wie die frühere Urban Development Corporation erfüllen die kommunalen Wohnversorgungsgesellschaften (*jūtaku kyōkyū kōsha*). Unterschiede bestehen vor allem darin, dass hier wie auch im Falle öffentlicher Wohnungen alle ausländischen Staatsbürger, die über ein gültiges und hinreichend lange terminiertes Visum verfügen, eine Wohnung beantragen können. Zudem wird auch eine größere Zahl kleiner Wohnungen angeboten, so dass das geforderte monatliche Min-

---

[12] Sämtliche Angaben dieses Absatzes, soweit nicht anders vermerkt, sind der Homepage der Urban Renaissance Agency entnommen (http://www.ur-net.go.jp; Entnahme 19.02.2005).

desteinkommen etwas unter dem Niveau liegt, das die Urban Renaissance Agency verlangt. So werden von der Wohnversorgungsgesellschaft der Präfektur Tōkyō einzelne Wohnungen bereits bei einem Mindesteinkommen von 180.000 Yen vergeben (Stand Februar 2005).[13] Aus diesem Grund lässt sich die Klientel der kommunalen Gesellschaften in sozioökonomischer Hinsicht als in etwa zwischen den Bewohnern öffentlicher Wohnungen und den Mietern der Urban Renaissance Agency stehend einordnen; die Standorte der Wohnanlagen orientieren sich ebenso im Prinzip an Gebieten mit einem Mangel an Mietwohnungen für die Einkommensgruppe der unteren Mittelschicht (vgl. SONOBE 2001: 206). Nach den Ergebnissen der jüngsten Volkszählung (SŌMUSHŌ TŌKEIKYOKU, *Kokusei chōsa hōkoku* 2005) lebten im Bereich der 23 Stadtbezirke im Jahr 2005 rund 147.000 Haushalte in Wohnungen der Urban Renaissance Agency oder der kommunalen Wohnversorgungsgesellschaft; das entsprach 3,7 % aller Privathaushalte Tōkyōs. Bezogen auf den Gesamtmarkt muss damit die Rolle auch dieser öffentlichen Wohnungsgesellschaften als eher begrenzt angesehen werden.

Neben ihrem direkten oder indirekten Engagement als Bauherren sind japanische Gebietskörperschaften auch bei der Subventionierung von Mieten aktiv. Auf der Grundlage des staatlichen Gesetzes zur Förderung des Angebots besonderer empfehlenswerter Mietwohnungen (*Tokutei yūryō chintai jūtaku no kyōkyū no sokushin ni kansuru-hō*) aus dem Jahr 1993 unterstützt etwa die Präfektur Tōkyō unter dem Namen *tomin jūtaku* [Wohnungen für Präfekturbürger] hauptsächlich junge Paare oder Familien, deren Einkommen sich im zweituntersten Einkommensquartil befindet und die ihren bisherigen Wohnsitz oder Arbeitsplatz bereits in der Präfektur besitzen. Einpersonenhaushalte hingegen können dieses System nicht in Anspruch nehmen. Die Mietsubventionen werden dabei maximal für einen Zeitraum von zwanzig Jahren gewährt und verringern sich während dieser Zeit stufenweise durch jährliche Mieterhöhungen, da angenommen wird, dass das Einkommen des Haushalts stärker steigt als die Marktmiete, was zumindest unter den Bedingungen des Senioritätslohnprinzips keine unberechtigte Erwartung ist. Der subventionierte Mietanteil, der auf einer recht komplexen Berechnung unter Berücksichtigung des genauen Haushaltseinkommens beruht, wird jeweils zur Hälfte von der Zentralregierung und der Präfektur übernommen. Die Errichtung der Gebäude kann entweder durch die öffentliche Hand selbst erfolgen, wobei es sich dann oft um große Mehrfamilienblocks unter Einschluss von öffentlichen Wohnungen handelt, oder die Verwaltung

---

[13] Homepage der Tōkyō-to Jūtaku Kyōkyū Kōsha (http://www.to-kousya.or.jp/akiya/teiki_bosyu/annai/m_gessyu.htm; Entnahme 17.02.2005).

eines privat errichteten Gebäudes wird von der kommunalen Wohnversorgungsgesellschaft oder einer anderen designierten Körperschaft übernommen. Zahlen über den Gesamtbestand an *tomin jūtaku* lagen mir leider nicht vor, doch zumindest für die von der Präfektur Tōkyō im Bereich der 23 Stadtbezirke direkt verwalteten Objekte ließ sich eine Gesamtzahl von 10.699 Wohnungen (Stand Februar 2005) eruieren.[14] Als insgesamt erfolgreicher erscheint mit bislang 16.082 Wohnungen (Stand Februar 2005) ein System, mit dem die Präfektur über Baukostenzins- und Darlehenserleichterungen empfehlenswerte private Mietwohnungen (*yūryō minkan chintai jūtaku*) für Familien fördert. Im Gegenzug sind die privaten Bauherren verpflichtet, gewisse bauliche Standards zu erfüllen.[15]

Seit dem Jahr 1998 bzw. auf gesetzlicher Grundlage seit 2001 gibt es auch ein System zur Schaffung empfehlenswerter Mietwohnungen für alte Menschen (*kōreisha-muke yūryō chintai jūtaku*). Hierdurch sollen private Baufirmen, aber auch die öffentlichen Wohnungsgesellschaften dazu ermuntert werden, altengerechte Wohnungen bereitzustellen. Abgesehen von einer Altersuntergrenze, die bei 60 Jahren liegt, gibt es weiter keine Beschränkungen des Empfängerkreises, also auch keine Einkommensbegrenzungen. Je nach Einkommen wird die Miete im Bereich zwischen dem Selbstkostenpreis und dem niedrigsten Marktwert festgelegt. Diejenigen Haushalte, deren Einkommen bezogen auf die gesamtjapanische Verteilung der Haushaltseinkommen unter 25 % bzw. 40 % liegt, erhalten jedoch eine je zur Hälfte von der Präfektur und der Zentralregierung finanzierte Mietsubvention, die bei monatlich maximal 25.600 Yen liegen kann (im Februar 2005 entsprach dies etwa knapp 200 Euro). Seit 2004 obliegt die Betreibung dieses Systems in der Präfektur Tōkyō den einzelnen Stadtbezirken bzw. Gemeinden. Bis dahin wurden in der Präfektur insgesamt 470 Wohnungen auf der Grundlage dieses Systems geschaffen.[16] Bereits seit 1989 existiert das ebenfalls von den Stadtbezirken ver-

---

[14] Zu sämtlichen Angaben dieses Absatzes siehe Tōkyō-to Toshi Seibi-kyoku, *Tomin jūtaku ni kansuru koto*, http://www.toshiseibi2.metro.tokyo.jp/ 250tomin.htm; Entnahme 17.02.2005, sowie Kokudo Kōtsūshō, *Tokutei yūryō chintai jūtaku-tō kyōkyū sokushin jigyō seido*, http://www.mlit.go.jp/jutakukentiku/house/seido/10tokukyoku.html; Entnahme 17.02.2005.

[15] Tōkyō-to Toshi Seibi-kyoku, *Yūryō minkan chintai jūtaku no go-annai*, http://www.toshiseibi2.metro.tokyo.jp/271-00bank.htm; Entnahme 17.02.2005.

[16] Tōkyō-to Toshi Seibi-kyoku, *Kōreisha-muke yūryō chintai jūtaku*, http://www.toshiseibi2.metro.tokyo.jp/116kouyutin.htm; Entnahme 17.02.2005, sowie Kokudo Kōtsūshō, *Kōreisha-muke yūryō chintai jūtaku seido*, http://www.mlit.go.jp/jutakukentiku/house/seido/12elderly.html; Entnahme 17.02.2005.

waltete Silver Peer-Wohnungsprogramm (jap.: *shirubā pia*), das alleinstehende alte Menschen mit geringem Einkommen mit preisgünstigen Mietwohnungen in eigens dafür errichteten Mehrparteienhäusern versorgen soll. Die Gesamtzahl dieser Wohnungen im Bereich der 23 Stadtbezirke belief sich im Jahr 2003 auf knapp 4000 Einheiten (NISHI 2005).

Abschließend bleibt zu erwähnen, dass sich neben der Präfekturverwaltung auch die einzelnen Stadtbezirke Tōkyōs wohnungspolitisch in signifikantem Maße engagieren. Dies betrifft nicht nur die Verwaltung öffentlicher oder anderweitig geförderter Wohnungen als Aufgaben, die sie im Auftrag der Präfektur durchführen, sondern erstreckt sich auch auf eigenständige Mietsubventionssysteme, sogenannte *housing linkage*-Programme (*jūtaku fuchi seido*) sowie auf eine Reihe weiterer Maßnahmen zur Unterstützung bestimmter Haushalte oder zur Förderung von Bauinvestitionen. Nach HOHN (2002a: 8) kommt hierunter den *housing linkage*-Programmen eine besondere Bedeutung als wirksame Maßnahme zur Wiederbevölkerung der zentralen Stadtbezirke zu (s. hierzu näher Kap. 4.1.3). Bei Anwendung dieser Maßnahme wird die Genehmigung jedes Bauvorhabens ab einer bestimmten Größe nur unter der Bedingung erteilt, dass der Investor das Vorhaben mit der Schaffung von Wohnraum verbindet oder auch eine Gebühr entrichtet, die zur Subventionierung von Mieten eingesetzt wird. In bestimmten Fällen behält sich der Bezirk sogar das Recht vor, über die Zusammensetzung der Bevölkerung in den neuen Wohnhäusern zu bestimmen. Somit ist es unter anderem möglich, auch einkommensschwächere oder aus dem Bezirk stammende Haushalte mit innerstädtischem Wohnraum zu versorgen, womit zumindest im Prinzip der Tendenz einer sozialräumlichen Polarisierung entgegengewirkt werden kann.

Anstelle einer auch nur annähernd vollständigen Aufzählung aller bezirklichen Maßnahmen, die den Rahmen der Arbeit bei weitem sprengen würde, sei an dieser Stelle auf Tabelle 3-9 verwiesen, die einen Überblick über die Art und das Volumen der wohnungspolitischen Aktivitäten der einzelnen Stadtbezirke gibt. Deutlich ist hieran zu erkennen, dass Mietsubventionen und *housing linkage*-Programme vorwiegend in den innerstädtischen Stadtbezirken zur Anwendung kommen. Mit 23.873 bislang auf diese Art geschaffenen Wohnungen im Stadtbezirk Minato und 13.021 Wohnungen im Bezirk Shinjuku erweisen sich dabei besonders die *linkage*-Programme als ein effektives Instrument (TŌKYŌ-TO JŪTAKU-KYOKU SŌMU-BU JŪTAKU SEISAKU-SHITSU 2004: 110). Hingegen beläuft sich die Zahl der geförderten Wohnungen, die unter direkter Verwaltung eines Bezirks stehen oder für alte Menschen bereitgestellt werden, insgesamt nur auf 22.679 Einheiten. Gemessen an der Gesamtzahl der Privathaushalte in Tōkyō von rund vier Millionen im Jahr 2005 ist dies verschwindend wenig.

Tabelle 3-9: Übersicht über wohnungspolitische Maßnahmen der Stadtbezirke Tōkyōs (Stand Januar 2004)

Stadtbezirk	Zahl öffentl. Wohnungen (*kuei jūtaku*)[1]	Zahl d. Wohnungen für Alte	Zahl sonstiger geförderter Wohnungen[1]	Zahl der Programme zur Mietsubvention	*Housing linkage*-Programm (Einführungsjahr)
Chiyoda	299	88	476	2	1992
Chūō	99	82	891	1	1985[2]
Minato	315	50	508	1[2]	1985
Shinjuku	1048	208	460	2	1990
Bunkyō	171	168	318	3	1987
Taitō	128	226	422	1	1987
Sumida	251	102	379	–	–
Kōtō	524	106	118	–	1994[3]
Shinagawa	393	208	558	–	1991
Meguro	383	121	385	3	–
Ōta	967	210	528	–	–
Setagaya	1083	465	1030	–	–
Shibuya	269	111	106	–	–
Nakano	525	130	361	–	–
Suginami	715	374	50	–	–
Toshima	331	231	431	–	–
Kita	872	232	191	–	–
Arakawa	86	114	292	1	–
Itabashi	597	285	316	1	–
Nerima	618	170	71	–	–
Adachi	733	271	68	–	–
Katsushika	494	314	38	–	–
Edogawa	65	–	–	–	–
Gesamt	**10966**	**4174**	**7539**	**15**	**8**

Anm.: [1] Geförderte Wohnungen unter direkter Verwaltung des Stadtbezirks; [2] beide Programme wurden 2003 eingestellt; [3] Programm wurde 2004 eingestellt.

Quelle: Eigene Zusammenstellung nach TŌKYŌ-TO JŪTAKU-KYOKU SŌMU-BU JŪTAKU SEISAKU-SHITSU (2004: 110–117).

Zusammenfassend lässt sich sagen, dass die japanische Wohnungspolitik zwar eine Vielfalt von Maßnahmen geschaffen hat, die von ihrem Volumen her jedoch mit wenigen Ausnahmen als eher bescheiden anzusehen sind. Nach HIRAYAMA (2002: 38–39) liegt der japanischen Wohnungspolitik das Grundprinzip der Selbsthilfe zugrunde. Öffentliche Wohnungspolitik werde daher weniger als Teil der Sozialpolitik verstanden, sondern vielmehr als Instrument zur Förderung der Bauindustrie und damit auch zur Ankurbelung der Wirtschaft eingesetzt – womit eine deutliche Parallele zu den im vorangehenden Unterkapitel beschriebenen Stadtentwicklungsprojekten besteht. Entsprechend werde das Augenmerk primär auf die Wohnbedürfnisse der zahlungskräftigeren Mittelschicht gelegt. Als Ergebnis zeigt sich ein System öffentlicher Wohnungen, das nur sehr eingeschränkt in der Lage ist, als Sicherheitsnetz für ärmere Bevölkerungsschichten zu fungieren. Ein Großteil der Nachfrage nach billigem Wohnraum wird daher auf dem privaten Mietwohnungsmarkt befriedigt, was den Erhalt eines großen Segments qualitativ minderwertiger Mietwohnungen in den japanischen Großstädten begünstigt. Von Ausnahmen wie den kommunalen *housing linkage*-Programmen oder der punktuell wirksamen Politik sozialer Durchmischung bei der bisherigen Realisierung der Programme zur Gesamtentwicklung von Wohnstadtteilen (s. Kap. 3.3.1.1) einmal abgesehen, erscheint die Effektivität der japanischen Wohnungspolitik im Hinblick auf eine mögliche Eindämmung sozialräumlicher Polarisierungsprozesse eher gering. Im Gegenteil begünstigt die starke Einschränkung des Personenkreises, der eine öffentliche Wohnung beziehen darf, auf besonders benachteiligte Gruppen die Entwicklung sozialer Problemgebiete auf der Mesoebene.

Zudem zeichnet sich derzeit ein grundlegender Politikwechsel ab, bei dem anstelle direkter wohnungspolitischer Maßnahmen zur Förderung bezahlbaren innerstädtischen Wohnens in stärkerem Maße stadtplanerische Maßnahmen unter Federführung privater Investoren als Mittel zur attraktiven Gestaltung von zentralen Wohngebieten in den Vordergrund öffentlicher Aktivitäten rücken, wie dies an der neuen *toshi saisei*-Initiative bereits deutlich wurde. So haben die Stadtbezirke Chūō und Kōtō ihre *housing linkage*-Programme mittlerweile wieder eingestellt und andere Bezirke eine Revision eingeleitet, da in Anbetracht des jüngsten Bevölkerungswachstums die Hauptaufgabe dieses Instruments als erfüllt angesehen wird. Aus ähnlichen Gründen, aber auch angesichts einer angespannten öffentlichen Finanzlage, sind das Silver Peer-Programm sowie die Mietensubventionssysteme der Stadtbezirke bereits teilweise reduziert worden (TŌKYŌ-TO JŪTAKU-KYOKU SŌMU-BU JŪTAKU SEISAKU-SHITSU 2004: 34). Da, wie dargestellt, die Zahl öffentlicher Wohnungen langfristig ebenfalls sinken soll, scheint die soziale Mischung eines Stadtteils durch die öffentliche Hand in Zukunft nur noch über die Anwendung punktuell wirksamer Stadterneuerungsprogramme signifikant steuerbar zu sein. Inwieweit dies ausreicht, um eine Verstärkung residenzieller Segregation zu verhindern, bleibt abzuwarten.

3.3.2 Räumliche Struktur des Wohnens in Tōkyō

3.3.2.1 Entwicklung der Bodenpreise und des Immobilienmarktes

Wie bereits mehrfach erwähnt, haben sich die Bodenpreise im Großraum Tōkyō während der letzten beiden Jahrzehnte recht sprunghaft entwickelt. Anhand von Abbildung 3-10 ist gut zu erkennen, wie sich im Zusammenhang mit den spekulativen Immobiliengeschäften der *bubble economy* während der späten 1980er Jahre die Bodenpreise mehr als verdreifachten, um dann nach kurzem Verharren zu Beginn der 1990er Jahre wieder ebenso drastisch abzusinken. Auffallend ist weiterhin, dass die Preise für gewerbliches Bauland, d. h. für mit Büro- und Geschäftsflächen genutztes Land, sich in jüngster Zeit auf einem Niveau eingependelt haben, das noch etwas unterhalb des vor Beginn der *bubble economy* geltenden Niveaus liegt, während sich die Preise für Wohnbauland insgesamt weiterhin geringfügig über dem Wert von 1985 befinden. Eine nach Stadtbezirken getrennt vorgenommene Analyse macht freilich deutlich, dass die durchschnittlichen Wohnbaulandpreise der meisten inneren Stadtbezirke den Wert von 1985 mittlerweile unterschritten haben, während sie in den äußeren Bezirken teilweise noch um bis zu 20 % darüber liegen (Tōkyō-to Toshi Keikaku-kyoku Sōmu-bu Tochi Chōsa-ka 2004: 188). Hieran dürfte sich unter anderem die Tatsache ausdrücken, dass in vielen äußeren Stadtbezirken noch nach 1985 Wohnbauland neu erschlossen und damit erst in Wert gesetzt wurde. Doch welche Gründe auch im Einzelnen für die Entwicklung anzuführen sind: Festzuhalten bleibt, dass sich das Zentrum-Peripherie-Gefälle bei den Wohnbaulandpreisen merklich verringert hat, wodurch für Nachfrager auf dem Wohnungsmarkt die Attraktivität innerstädtischer Lagen gegenüber suburbanem Wohnen relativ erhöht worden ist.

Das aktuelle räumliche Muster der Preise für Wohnbauland nach Stadtbezirken spiegelt nicht nur die besondere Lagegunst des Stadtzentrums wider, sondern zeigt auch eine sektorale Komponente, die sich eng an der durchschnittlichen sozioökonomischen Struktur der Bevölkerung in den Bezirken (s. Abb. 3-9 in Kap. 3.2.2) orientiert. Höhere Bodenpreise breiten sich dementsprechend vom Stadtzentrum in Richtung der angeseheneren Wohngebiete des Südwestens aus, während die randlichen, überwiegend industriell geprägten Bezirke im Norden und Osten deutlich niedrigere Werte verzeichnen. Bei kleinräumigerer Betrachtung wird offenbar, dass sich die Bodenpreise fingerartig entlang der Pendlerbahnlinien nach außen hin ausbreiten. Insbesondere entlang der Tōyoko-Linie des Tōkyū-Konzerns, die vom Nebenzentrum Shibuya durch den Stadtbezirk Meguro nach Yokohama führt und dabei auch das prestigereiche Wohnviertel Den'en Chōfu an der Grenze der Bezirke Ōta und Setagaya

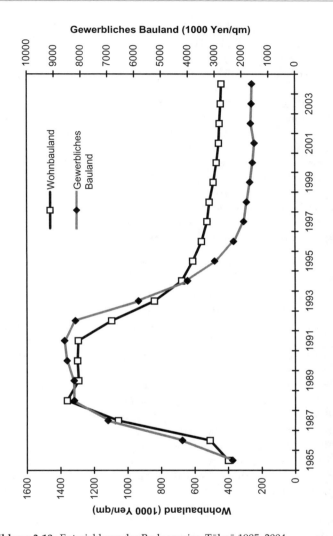

Abbildung 3-10: Entwicklung der Bodenpreise, Tōkyō 1985–2004

Anm.: Die Abbildung wie auch alle weiteren Anmerkungen zu Bodenpreisen beziehen sich auf die sogenannten „amtlichen Bodenpreise" (*kōji chika*), die im Allgemeinen bei etwa 70 % der tatsächlichen Marktpreise liegen, aber den Vorteil besitzen, auf einer normierten und flächendeckenden Erhebung zu beruhen (vgl. NOGUCHI 1994: 13–14).

Quelle: TŌKYŌ-TO TOSHI KEIKAKU-KYOKU SŌMU-BU TOCHI CHŌSA-KA (2004: 188–189).

berührt, werden eher für Citylagen typische Preise von über 600.000 Yen pro Quadratmeter Wohnbauland noch in 20km Entfernung vom Stadtzentrum erzielt.[17]

Neben der absoluten Entwicklung der Bodenpreise sind für den Wohnungsmarkt auch die Tendenzen auf dem Immobilienmarkt für Büro- und Geschäftsflächen entscheidend, da diese zum einen eine Konkurrenz zur Bebauung mit Wohnungen darstellen, zum anderen aber auch die Lagegunst bestimmter Wohngebiete verändert werden kann, wenn die Entwicklung neuer Büroflächen mit einer Verlagerung ihres räumlichen Schwerpunktes verbunden ist. Genau dies aber kennzeichnet die Entwicklung auf dem Büromarkt in Tōkyō schon seit den 1980er Jahren. So spricht man von einer Südverlagerung der City, von der insbesondere die Stadtbezirke Minato, Shinagawa und Shibuya profitieren, während umgekehrt in den nördlichen Innenstadtbezirken Toshima und Taitō nur wenige neue Büroflächen erschlossen wurden (vgl. Tōkyō-to Toshi Keikaku-kyoku Sōmu-bu Tochi Chōsa-ka 2004: 99); dies betrifft vor allem Großprojekte mit einer Nutzfläche von 10.000qm und mehr. Auch die zwischen 1996 und 2001 durch ausländische Unternehmen knapp 16.000 neugeschaffenen Arbeitsplätze konzentrieren sich im Wesentlichen auf die südliche Hälfte des Stadtzentrums (vgl. Sōmuchō Tōkeikyoku, *Jigyōsho kigyō tōkei chōsa hōkoku* 1996, 2001), wobei 7.300 oder 46 % der Arbeitsplätze allein auf Minato-*ku* entfallen. Als ein Ergebnis verringert sich die Tagbevölkerung in den nördlichen Innenstadtbezirken, während sie im südlichen Teil weiter ansteigt, was auch Auswirkungen auf die Struktur der Pendlerströme besitzt (Ōno 20.09.2003: be3; Kokudo Kōtsūshō 2003a: 49): Unter den 15 stärkstfrequentierten Bahnhöfen der Yamanote-Ring-bahnlinie verzeichneten zwischen 1996 und 2000 nur die im südlichen Abschnitt gelegenen Bahnhöfe Shibuya, Shinbashi, Shinagawa, Meguro und Ebisu Zuwächse bei den Benutzerzahlen. Demgegenüber büßten die nördlichen Umsteigedrehkreuze Ueno und Ikebukuro sowie die Station Nishi Nippori im Bezirk Arakawa mehr als zehn Prozent ihrer Fahrgastzahlen ein (Ēsu Sōgō Kenkyūsho 2003: 133). Die Verlagerung nach Süden verlängert die Pendelwege in den Norden und Osten, die dadurch als Wohnstandorte noch mehr an Attraktivität verlieren, während umgekehrt die Wohngebiete des südlichen Zentrums sowie der südlichen und westlichen Randbezirke durch größere Nähe zu den neuen Bürozentren weiter aufgewertet werden.

Als Ursache dieser Südwanderung von Cityfunktionen ist nicht nur das höhere Prestige der südwestlichen Stadtbezirke anzuführen, sondern auch

---

[17] Tōkyū Fudōsan, *Chika bunpuzu*, http://www.tokyu-land.co.jp/map/chika-bunpu/h16s/img/s-chika_l.gif; Entnahme 28.02.2005.

die Tatsache, dass hier entlang der *waterfront* sowie an der nach Süden
führenden Tōkaidō-Eisenbahnhauptlinie besonders viel Brachland zur
Verfügung steht, das seit der Jahrhundertwende zum Schwerpunktgebiet
der bereits genannten großmaßstäbigen, aus Hochhausclustern bestehenden Stadterneuerungsprojekte geworden ist, die sich durch eine Mischung
von Wohn-, Arbeits- und Unterhaltungsfunktionen auszeichnen (ŌNO
20.09.2003: be3). Wie sich auch anhand von Abbildung 3-11 ablesen lässt,
spielen diese Großprojekte seit dem Ende der 1990er Jahre eine entscheidende Rolle bei der Gesamtentwicklung der Büronutzfläche, während die
Entwicklung zur Zeit der *bubble economy* und auch kurz danach von kleinen
Bürohäusern getragen wurde, die nicht nur von großen Immobiliengesellschaften, sondern oft auch von den ursprünglichen Parzelleneigentümern
errichtet worden waren (vgl. TAIRA 1990: 717–718). Oft genügen Fläche und
materielle Ausstattung dieser kleineren Bürohäuser nicht mehr den heutigen Ansprüchen hochvernetzter Unternehmen, was in zahlreichen Fällen
bereits zu ihrer Umwandlung in Wohnhäuser geführt hat. Besonders ge-
häuft tritt diese Entwicklung im Stadtbezirk Chūō östlich des Hauptbahn-
hofs Tōkyō auf. Während unmittelbar um den Bahnhof sowie westlich
davon auf den großen Parzellen des vom Mitsubishi-Konzern zu Beginn
des 20. Jahrhunderts erschlossenen Viertels Marunouchi die Bodenpreise
seit einiger Zeit wieder steigen, setzt sich der Rückgang der Bodenpreise
weiter östlich bis zum Ufer des Sumidagawa hin fort, wo die kleinparzel-
lierte Struktur der alten Edo-zeitlichen Händlerstadt bis heute die Errichtung großzügiger Bürokomplexe weitgehend verhindert hat (vgl. KOKUDO
KŌTSŪSHŌ 2003b: 4). Im Ergebnis sind die für Büronutzung zu erzielenden
Renditen in diesem Gebiet seit etwa 1998 unter das Niveau der für Wohnungen gleicher Größe realisierbaren Erträge gefallen, weshalb für die
Eigentümer der Immobilien eine Umwandlung in Wohnungen ökonomisch sinnvoll ist.[18] Auch in einer Reihe weiterer innerstädtischer Gebiete,
so in Teilen von Minato-*ku* und Taitō-*ku*, liegt das potenziell erzielbare
Renditeniveau von Wohnungen mittlerweile über dem von Büroetagen
(KOKUDO KŌTSŪSHŌ 2002: 62–63; 2003b: 64).

Anhand von Abbildung 3-12 wird deutlich, dass sich der gegenwärtige Bauboom von dem der späten 1980er Jahre auch in der Art der errich-

---

[18] Besondere Aufmerksamkeit erlangte im April 2003 der Bau eines Wohnhauses,
das zu Fuß in sechs Minuten vom Hauptbahnhof Tōkyō aus zu erreichen ist.
Mit Kaufpreisen ab etwa 24 Mio. Yen (ca. 160.000 Euro) für eine Einraumwoh-
nung von 25qm und einem Preis von über 57 Mio. Yen (ca. 400.000 Euro) für
eine 56qm große Wohnung dürfte es wohl vor allem von nicht eben mittellosen
Alleinstehenden oder als Zweitwohnsitz vermögender Familien genutzt werden (*Asahi Shinbun* 04.04.2003: 28).

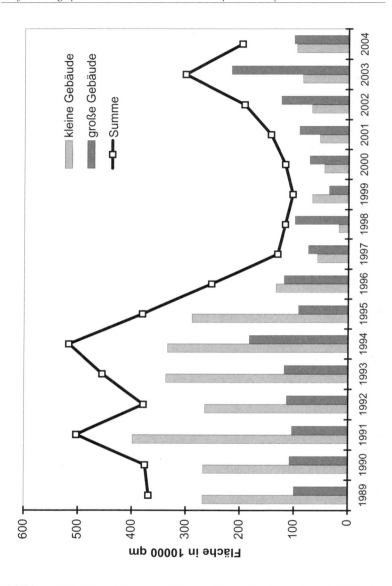

Abbildung 3-11: Entwicklung der Büronutzfläche (Neubauten) nach Gebäudegröße, Tōkyō 1989–2004

Anm.: „Große Gebäude" bezeichnen Gebäude mit einer Büronutzfläche von 10.000qm und mehr.

Quelle: Kokudo Kōtsūshō (2004: 60).

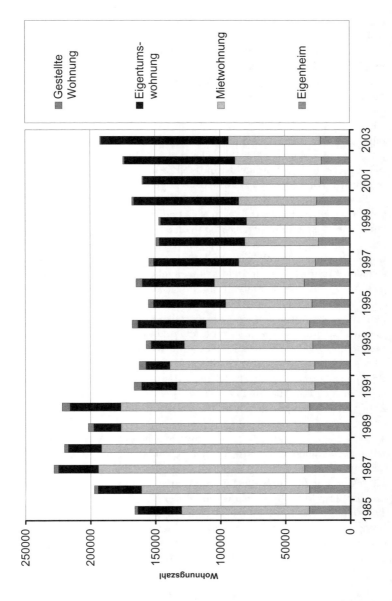

Abbildung 3-12: Neuerrichtete Wohnungen nach Eigentumsform, Präfektur Tōkyō 1985–2003
Quelle: Tōkyō-to Jūtaku-kyoku Sōmu-bu Jūtaku Seisaku-shitsu (2004: 137).

teten Wohngebäude unterscheidet. So wurden während der Zeit der *bubble economy* vor allem Mietwohnungen gebaut, da der Kauf einer Eigentumswohnung (*manshon*) damals außerhalb des finanziellen Spielraums der allermeisten Haushalte lag. Im Zuge der gesunkenen Immobilienkosten überwiegt mittlerweile jedoch der Bau von Eigentumswohnungen den von Mietwohnungen. Mussten im Jahr 1989 für eine 75qm große Eigentumswohnung innerhalb des Stadtgebiets von Tōkyō noch 15,8 durchschnittliche Jahresgehälter aufgewandt werden, waren es im Jahr 2002 nur noch 6,3 Jahresgehälter (Tōkyō-to Jūtaku-kyoku Sōmu-bu Jūtaku Seisaku-shitsu 2004: 130). Der Bau von Eigentumswohnungen ist dabei nicht auf das Stadtzentrum beschränkt, sondern hat im gesamten Stadtbezirksbereich seit 1994 drastisch zugenommen (vgl. Abb. 3-13).

Eine Besonderheit der im stadtzentralen Bereich errichteten Eigentumswohnungen zeigt sich in einem steigenden Anteil kleiner Einzimmer-Apartments (sog. *wanrūmu manshon* von engl. *one-room mansion*) mit einer durchschnittlichen Größe von 20qm bzw. etwas größerer Kleinwohnungen mit einer Maximalgröße von rund 40qm. Als beliebter Wohnort sich der sozialen Kontrolle des Stadtviertels weitgehend entziehender junger Singles, die weder einer Viertelsvereinigung (*chōkai*) beitreten, noch den Hausabfall ordnungsgemäß entsorgen, oder aber auch als unbewohntes Vermögensobjekt zur Entvölkerung eines Viertels beitragend, wird die Errichtung von aus Einzimmer-Apartments bestehenden Wohnblocks in nahezu allen Bezirken gewissen Beschränkungen unterworfen (s. für Minato-*ku* näher Kap. 4.1.3). So muss etwa im Stadtbezirk Chūō bei Wohnhäusern mit zehn und mehr Wohnungen ein Drittel aller Wohnungen eine Mindestfläche von 40qm aufweisen. Allerdings haben solche Vorschriften die zunehmende Zahl von Kleinstapartments im Stadtzentrum letztlich nicht verhindern können (Tōkyō-to Jūtaku-kyoku Sōmu-bu Jūtaku Seisaku-shitsu 2004: 17, 40–41). Etwas geräumigere Kleinwohnungen wiederum erfreuen sich nicht zuletzt unter vollerwerbstätigen alleinstehenden Frauen zunehmender Beliebtheit, wobei neben dem Vorteil, in Nähe des Arbeitsplatzes zu wohnen, die Wohnung oft auch die Funktion einer finanziellen Alterssicherung innehat. Der Immobilienmarkt hat dieses Nachfragepotenzial Mitte der 1990er Jahre rasch erkannt und bietet seitdem vor allem im südlichen Innenstadtbereich auf Frauen zugeschnittene Kleinwohnungen[19] an, wobei die Immobilienfirmen zugleich als Vermittler von günstigen Krediten seitens privater Banken auftreten, da die Wohnungen aufgrund ihrer Größe

---

[19] Die Asahi-Immobiliengesellschaft erwies sich dabei als besonders rührig und brachte gegen Ende der 1990er Jahre Kleinwohnungen mit dem bezeichnenden Typennamen „Furīdio" (Zusammensetzung aus engl. „free" und „studio") auf den Markt (vgl. Yui 2002: 162).

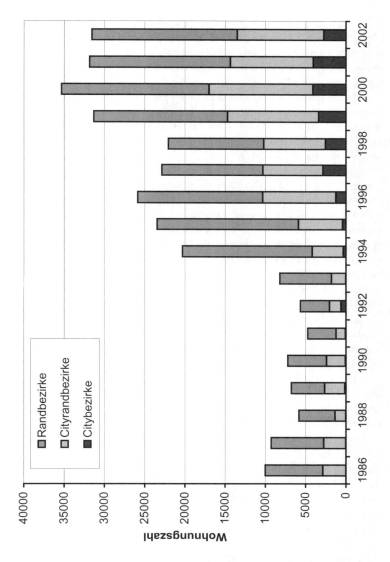

Abbildung 3-13: Neuerrichtete Eigentumswohnungen nach Stadtbezirksgruppen, Tōkyō 1986–2002

Anm.: Citybezirke: Chiyoda, Chūō, Minato; Cityrandbezirke: Shinjuku, Bunkyō, Taitō, Sumida, Kōtō, Shibuya, Toshima, Arakawa; Randbezirke: alle übrigen Bezirke.

Quelle: Tōkyō-to Jūtaku-kyoku Sōmu-bu Jūtaku Seisaku-shitsu (2004: 130).

von unter 50qm für die staatliche Housing Loan Corporation als nicht förderungswürdig gelten. Da die meisten Bewohner kein Auto besitzen und daher keinen Parkplatz benötigen, findet sich die überwiegende Zahl dieser Wohnungen in kleinen Mehrparteienhäusern mit weniger als 330qm Grundfläche (Yui 2002: 160–166).

Davon abgesehen besteht das auch optisch auffälligste Merkmal der derzeitigen Wohnbauentwicklung Tōkyōs in der Errichtung von hohen Wohntürmen, oft in Projektzusammenhang mit Bürohochhäusern und kulturellen Einrichtungen, womit den von Zentralstaat und Präfektur vorgegebenen Zielen der vertikalen und funktional durchmischten Stadt zumindest punktuell Genüge getan wird. Anhand der Abbildungen 3-14a–c erkennt man, dass das räumliche Muster neuerrichteter Wohnungen in Hochhäusern bis zur Mitte der 1990er Jahre noch vergleichsweise dispers war, was seine Ursachen zum einen in den höheren Bodenpreisen jener Zeit und einem damit in Zusammenhang stehenden geringen Landangebot im Zentrum haben dürfte, zum anderen aber auch auf umfangreiche Bauaktivitäten der öffentlichen Hand in den randlichen Bezirken Nerima und Edogawa zurückgeführt werden kann. Seither hat sich der Schwerpunkt eindeutig auf den Bereich der *waterfront* verlagert, wobei die überwiegende Zahl der Wohnungen zunächst in den Bezirken Chūō und Kōtō errichtet wurde, seit dem Jahr 2000 aber zunehmend der prestigereiche Stadtbezirk Minato im Mittelpunkt steht. Nimmt man das Volumen der derzeit absehbaren weiteren Planungen (vgl. Abb. 3-14d) zum Indikator für die künftige Entwicklung der Wohnbevölkerung insgesamt, so kann angenommen werden, dass insbesondere die Bezirke Minato, Kōtō und Chūō weiter wachsen werden. Auf diese drei Bezirke allein entfallen mit 21.503 Wohnungen etwa zwei Drittel aller derzeit in konkreter Planung befindlichen Wohnungen in Hochhäusern.

Ein gutes Beispiel zur Illustration der in diesem Unterkapitel genannten Tendenzen liefert die Entwicklung der Insel Tsukishima an der Mündung des Sumidagawa im Stadtbezirk Chūō. Ursprünglich eine unbefestigte Schlickanschwemmung, wurde die auch Ishikawajima oder Tsukudajima genannte Nordspitze im Jahr 1856 Standort einer Werft, deren Gründung im Rahmen der damaligen, gegen die westlichen Mächte gerichteten Verteidigungsanstrengungen des Shōgunats zu sehen ist. Mit der Befestigung der gesamten Insel in den 1890er Jahren und dem Aufstieg von Japan zur militärischen Großmacht nach den Siegen gegen China (1894) und Russland (1905) erlebten sowohl die Werft als auch der Rest der Insel einen enormen wirtschaftlichen Aufschwung, wobei sich abseits des Werftgeländes eine für die *shitamachi* von Tōkyō typische Mischung aus kleinen Fabriken und Wohnstätten mit hohem Überbauungsgrad etablierte. Mit ihrer Konzentration auf Metallverarbeitung und

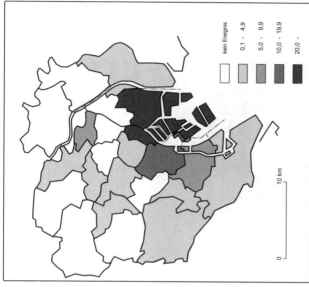

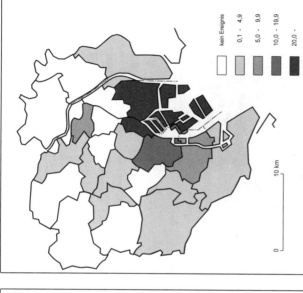

Abbildung 3-14a/b: Neuerrichtete Wohnungen in Wohnhochhäusern nach Stadtbezirken, Verteilung des Neubestands in %
a. bis 1994
b. 1995–1999

Anm.: Erfasst sind Wohnhochhäuser mit mindestens 20 Geschossen insgesamt.
Quelle: Eigene Berechnungen nach *Wonderconstruction*, http://www04.upp.so-net.ne.jp/wonder/bldg.html;
Entnahme 25.02.2005.

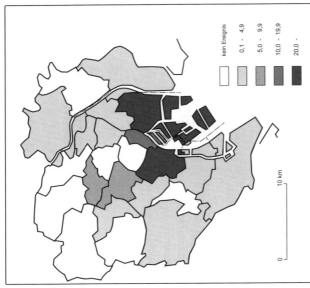

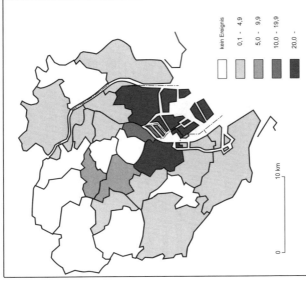

Abbildung 3-14c/d: Neuerrichtete Wohnungen in Wohnhochhäusern nach Stadtbezirken, Verteilung des Neubestands in %

c. 2000–2004

d. ab 2005

Anm.: Es wurden nur diejenigen Planungen berücksichtigt, für die bereits konkrete Daten zu Wohnungszahlen und voraussichtlichem Bezugsdatum vorlagen (Stand 14. Februar 2005).

Quelle: s. Angabe unter Abb. 3-14a/b.

Maschinenbau kann die Insel als Ausgangspunkt des sich nach Süden bis Yokohama hinziehenden schwerindustriellen Küstenindustriegebietes angesehen werden (YAZAKI 1968: 461–462).

Durch das Große Kantō-Erdbeben von 1923 fielen weite Teile der Insel den Flammen zum Opfer, doch während des Zweiten Weltkriegs wurde das Gebiet von den Auswirkungen des Luftkriegs verschont. Dies sowie eine schlechte Anbindung mit öffentlichen Verkehrsmitteln an das nur rund drei Kilometer entfernte Stadtzentrum um den Hauptbahnhof Tōkyō begünstigten auch während der Zeit des wirtschaftlichen Hochwachstums eine weitgehende Konservierung der überwiegend kleingewerblichen und hochverdichteten Struktur des Stadtteils, während der Rest von Chūō-*ku* infolge der zunehmenden Tertiarisierung des Stadtkerns rapide an Einwohnern verlor (HOYANO, NAKAYAMA und MATSUBARA 2002: 88). Zwei Ereignisse zu Beginn der 1980er Jahre veränderten dann die Situation grundlegend. Zum einen wurde im Jahr 1979 das einige Jahre zuvor brachgefallene Werftgelände durch die Housing and Urban Development Corporation und die Mitsui-Immobiliengesellschaft gemeinsam erworben und ein Antrag auf Aufnahme in das Programm zur Gesamtentwicklung von Wohnstadtteilen (*jūtaku shigaichi sōgō seibi jigyō*) gestellt, der dann auch bewilligt wurde. Das Projekt mit Namen „Ōkawabata River City 21", mit dessen Umsetzung 1986 begonnen und das erst im Jahr 2000 ganz abgeschlossen wurde, umfasste neben der Errichtung von Wohntürmen, die der demographischen Aushöhlung des Bezirks entgegenwirken sollten, auch geschäftliche und kulturelle Nutzungen sowie infrastrukturelle Maßnahmen wie Brückenbauten über den Sumidagawa und kann somit gewissermaßen als Prototyp aller weiteren Stadterneuerungsmaßnahmen dieser Art in Tōkyō angesehen werden. Auch schon bei diesem Projekt wurden über die Anwendung des genannten Gesamtentwurfsystems für städtischen Wohnungsbau GFZ-Boni gewährt, um im Gegenzug die Projektträger zur Schaffung zusätzlicher öffentlicher Freiflächen zu bewegen. Die Planung erfolgte somit in Form einer für die 1980er Jahre typischen Public-Private-Partnership unter eindeutiger Führung der öffentlichen Akteure (vgl. Kap. 2.2.3) und verband Interessen des Bezirks mit denen der Präfektur (HOHN 2000: 333–336). Infolgedessen konnte auch die Integration von preisgünstigen öffentlichen Wohnungen der Präfektur, von Wohnungen der präfekturalen Wohnversorgungsgesellschaft sowie von Wohnungen der Housing and Development Corporation leicht durchgesetzt werden, so dass eine Gentrifizierung des Areals auf die Wohntürme der Mitsui-Immobiliengesellschaft begrenzt werden konnte (TAKAGI 1996; HOHN 2000: 336–337). Gleichwohl wird berichtet, dass es zwischen Neubürgern und alteingesessener Bevölkerung von Tsukishima vereinzelt zu Konflikten gekommen sei (SONOBE 2001: 212).

Als zweites wichtiges Ereignis kann die Eröffnung der U-Bahnstation Tsukishima der Yūrakuchō-Linie im Jahr 1985 angesehen werden, durch die die verkehrliche Anbindung der Insel an das Stadtzentrum schlagartig verbessert wurde. Dies und die bald darauf beginnende *bubble economy* führten dazu, dass selbst auf kleinsten Arealen anstelle der alten Wohn-Gewerbenutzung Bürobauten errichtet wurden, wodurch sich – umgekehrt zur beschriebenen Entwicklung an der Nordspitze – im mittleren und südlichen Teil der Insel für einige Jahre ein deutlicher Bevölkerungsrückgang in Gang setzte. Seit den mittleren 1990er Jahren ist es jedoch zunehmend schwierig geworden, die engen Büroetagen zu vermieten, weshalb bis heute vergleichsweise hohe Leerstandsquoten von über zehn Prozent verzeichnet werden. Unter anderem die Eröffnung von zwei Bahnhöfen der neuen unterirdischen Ōedo-Ringbahnlinie im Jahr 2000 hat jedoch der Errichtung mehrerer kleinerer Wohnkomplexe auf der Insel neuen Auftrieb gegeben und die Bevölkerungszahl wieder ansteigen lassen (HOYANO, NAKAYAMA und MATSUBARA 2002: 88–93, 107–111).

3.3.2.2 Entwicklung der Haushaltseinkommen nach Wohneigentumsform

Die zunehmende Einengung des Berechtigtenkreises für öffentliche Wohnungen und das hierdurch anzunehmende Ausweichen zahlreicher Haushalte auf den Sektor privater Mietwohnungen sollte einen erheblichen Einfluss auf die sozioökonomische Zusammensetzung der Haushalte nach Wohneigentumsform haben. Um dies zu überprüfen, wurden auf der Basis des *Housing and Land Survey* für jede Eigentumsform die Anteile von Einkommensquintilen in Relation zu den für den gesamten Verdichtungsraum Tōkyō geltenden Werten berechnet (vgl. Tab. 3-10). Als Ergebnis zeigt sich, dass es in den 1990er Jahren in der Tat zu einer deutlichen relativen Verarmung der Bewohnerschaft öffentlicher Mietwohnungen gekommen ist, wodurch sich auch die Annahme erhärtet, dass sich die mit öffentlichen Wohnungen bestandenen Siedlungscluster zunehmend als soziale Problemquartiere präsentieren. Gleichwohl gehörte auch 1998 noch eine sehr knappe Mehrheit aller dort lebenden Haushalte den drei mittleren Einkommensquintilen an, was in Anbetracht der Maßgabe, dass öffentliche Wohnungen dem untersten Viertel der japanischen Einkommensbezieher vorbehalten sein sollen, auf ein gewisses Ausmaß an „Fehlbelegung" hindeutet.

Im Gegenzug hat sich die sozioökonomische Komposition der in privat vermieteten Wohnungen lebenden Haushalte etwas nach oben verschoben. Lag hier 1983 der Anteil des untersten Einkommensquintils noch über dem in öffentlichen Wohnungen, so haben sich seither die

Tabelle 3-10: Wohnungen nach Eigentumsform und Einkommenssituation der dort lebenden Haushalte (in %), Tōkyō 1983–1998

Wohneigentumsform	unterstes Einkommensquintil				drei mittlere Einkommensquintile				oberstes Einkommensquintil			
	1983	1988	1993	1998	1983	1988	1993	1998	1983	1988	1993	1998
Eigentumswohnungen	12,1	12,5	13,8	14,1	53,8	53,4	54,4	55,6	34,1	34,1	31,8	30,3
Öffentliche Wohnungen	37,4	37,8	41,9	49,1	59,8	59,9	55,9	49,3	2,8	2,3	2,2	1,6
Wohngesellschaftswohnungen	12,2	16,3	14,1	19,4	76,3	71,8	71,7	68,6	11,5	11,9	14,2	12,0
Privat vermietete Wohnungen	41,0	37,0	35,9	33,5	53,5	55,8	56,8	58,0	5,5	7,2	7,3	8,5
Gestellte Wohnungen	12,4	11,3	14,8	10,5	64,3	64,8	63,6	64,7	23,3	23,9	21,6	24,8
Alle Wohnungen	**25,6**	**24,2**	**24,5**	**24,5**	**55,3**	**56,0**	**56,7**	**57,3**	**19,1**	**19,8**	**18,8**	**18,2**

Anm.: Die Prozentwerte zeigen die Anteile der entsprechenden Quintile in Relation zu den für den gesamten Verdichtungsraum Tōkyō geltenden Werten. Zur Berechnung siehe näher Fußnote 3 in diesem Kapitel.

Quelle: Eigene Berechnungen nach SŌMUCHŌ TŌKEIKYOKU, *Jūtaku tochi tōkei chōsa hōkoku* 1983, 1988, 1993, 1998.

Anteile der mittleren und höheren Einkommensgruppen auf Kosten armer Haushalte zwar nur leicht, aber kontinuierlich erhöht. Des Weiteren ist eine tendenzielle Zunahme armer Haushalte auf Kosten der Einkommensmittelschicht im Wohnungsbestand der öffentlichen Wohnversorgungsgesellschaften zu erkennen. Dies hat jedoch bisher nichts daran geändert, dass die Wohnungen der ehemaligen Urban Development Corporation bzw. der präfekturalen Wohnversorgungsgesellschaft deutlich überproportional mit Angehörigen der japanischen Mittelschicht belegt sind und zudem mehr als private Mietwohnungen auch wohlhabenden Haushalten eine Unterkunft bieten. Die höchsten Anteile von Haushalten im obersten Einkommensquintil finden sich bei den Eigentumswohnungen, was zu erwarten war, sowie bei den von Unternehmen oder Behörden für ihre Mitarbeiter bereitgehaltenen, sogenannten gestellten (*kyūyo*) Wohnungen, was darauf hindeuten könnte, dass die Vergabe dieser Wohnungen nicht zuletzt auch als Anreizmittel oder Belohnung für hochqualifizierte Mitarbeiter eingesetzt wird.

Die sozioökonomische Zusammensetzung der Bevölkerung nach Wohneigentumsform zeigt ferner ausgeprägte Abweichungen nach Stadtbezirken. Da die relativ kleine Zahl öffentlicher, gestellter oder durch Wohnbaugesellschaften vermieteter Wohnungen keine statistisch signifikanten Ergebnisse auf dieser Ebene zulässt und die Analyse des räumlichen Musters von Eigentumswohnungen aufgrund der fehlenden Unterscheidung zwischen Eigenheimen und Apartment-Eigentumswohnungen als wenig sinnvoll erscheint, beschränke ich mich hier auf eine knappe Präsentation der Ergebnisse für privat vermietete Wohnungen (vgl. Tab. 3-11). Es offenbart sich zunächst, dass vor allem im Stadtzentrum private Mietwohnungen in hohem Maße auch von einkommensstarken Haushalten genutzt werden, was unmittelbar natürlich mit den bodenpreisbedingt höheren Wohnkosten dort in Zusammenhang zu bringen ist. Der Anteil wohlhabender Haushalte hat jedoch zwischen 1983 und 1998 in Minato-*ku* und insbesondere in Chūō-*ku* noch einmal deutlich zugenommen, was darauf hindeutet, dass der jüngste Bevölkerungsanstieg im Zentrum nicht nur mit dem Bau von Eigentums-Apartmentwohnungen, sondern auch mit einem Zuzug in qualitativ hochwertige Mietwohnungen verbunden ist. Auf der anderen Seite sind neben Kita-*ku* vor allem die privat vermieteten Wohnungen in den Stadtbezirken Shinjuku und Toshima nach wie vor durch einen hohen Anteil an einkommensschwacher Wohnklientel gekennzeichnet, was auf ein Überwiegen kleiner und billiger Wohnungen schließen lässt. Hier deutet sich ein Zusammenhang mit den dort in relativ großer Zahl lebenden ausländischen Migranten asiatischer Herkunft an, worauf ich weiter unten in Kapitel 3.4.2 noch näher eingehen werde.

Tabelle 3-11: Privat vermietete Wohnungen nach Stadtbezirken und Einkommenssituation der dort lebenden Haushalte, 1983 und 1998

Stadtbezirk	unterstes Quintil		oberstes Quintil	
	1983	1998	1983	1998
Chiyoda	26,0	15,2	30,7	29,3
Chūō	31,8	17,8	12,8	24,0
Minato	25,1	21,2	19,7	25,9
Shinjuku	39,8	38,4	6,1	9,2
Bunkyō	41,3	34,7	9,3	13,6
Taitō	41,1	30,9	7,4	7,8
Sumida	34,8	25,3	5,0	7,6
Kōtō	34,7	28,6	5,0	8,4
Shinagawa	37,1	31,4	4,9	9,9
Meguro	39,1	31,5	7,4	12,7
Ōta	33,7	27,6	5,6	8,9
Setagaya	46,8	35,4	6,6	9,9
Shibuya	41,3	33,1	10,0	12,1
Nakano	50,7	36,3	4,1	7,0
Suginami	47,3	33,5	4,5	9,5
Toshima	45,2	43,0	3,7	5,7
Kita	42,0	38,7	3,7	6,1
Arakawa	42,6	33,0	3,8	4,7
Itabashi	40,5	34,4	3,8	6,1
Nerima	40,2	35,5	4,1	8,0
Adachi	37,4	31,1	4,2	5,1
Katsushika	36,4	32,9	3,2	4,2
Edogawa	36,0	32,0	3,4	6,1

Anm.: Zu Interpretation und Berechnung der Einkommensquintile siehe Tabelle 3-6 und die Anmerkungen in Fußnote 3 in diesem Kapitel.

Quelle: Eigene Berechnungen nach SŌMUCHŌ TŌKEIKYOKU, *Jūtaku tochi tōkei chōsa hōkoku* 1983, 1998.

3.3.2.3 Räumliches Muster einzelner Variablen

Wie bereits die zitierte klassische Studie von Rossi (1980[2]) aufzeigen konnte, haben Haushalte je nach ihrer Zusammensetzung einen sehr unterschiedlichen Wohnbedarf. Weiterhin ist bereits aus dem vorange-gangenen Unterkapitel deutlich hervorgegangen, dass die Art der beleg-ten Wohnung stark von der sozioökonomischen Situation der Haushalte beeinflusst wird. Analog dürfte das Raummuster des Wohnungsange-bots, das seinerseits historisch vorgeformt ist und sich entsprechend der Nachfrage wandelt, einen wesentlichen Einfluss auf die sozialgeographi-sche Grundstruktur einer Stadt ausüben.

Zunächst ist anhand von Tabelle 3-12 zu erkennen, dass die räumliche Entwicklung der wichtigsten Wohnungsindikatoren in der Tat Parallelen zur Entwicklung bei den meisten soziodemographischen und sozioöko-nomischen Indikatoren (vgl. Kap. 3.2) aufzeigt. So deuten hier wie dort überwiegend sehr hohe Korrelationen darauf hin, dass sich zumindest bis in die späten 1990er Jahre hinein ein Wandel der sozialen Raumstruk-tur Tōkyōs nur äußerst langsam vollzogen hat. Hier dürfte die oben konstatierte mangelnde Flexibilität des Boden- und Wohnungsmarktes in der japanischen Hauptstadt bis zur Mitte der 1990er Jahre eine entschei-dende Rolle gespielt haben. Bei denjenigen Variablen, die die Wohneigen-tumsform und den Haustyp abbilden, ist darüber hinaus fast durchweg ein deutlicher Rückgang des Segregationsindexes zu verzeichnen; die räumliche Segregiertheit des Wohnungsmarktes hat sich demnach hin-sichtlich wesentlicher Grundmerkmale verringert, was in der Tat eine Ursache für die auch bei den demographischen und sozioökonomischen Variablen überwiegend gesunkenen Segregationswerte auf der Ebene der Bezirke darstellen könnte. Es gibt allerdings auch Ausnahmen von der Regel. So erhöhte sich die räumliche Variabilität vor allem von Wohnun-gen, die über keinen eigenen Baderaum verfügen, sowie von sehr geräu-migen Wohnungen. Einher ging dies in beiden Fällen mit einem etwas stärkeren Wandel des Raummusters, wie sich an einer etwas geringeren Höhe der Korrelationskoeffizienten erkennen lässt, wobei sich der Anteil der Wohnungen ohne Bad zudem drastisch verminderte.

Es stellt sich nunmehr die Frage, welche Ursachen für die überwie-gend gesunkene Raumvariabilität der wichtigsten Wohnungsindikatoren benannt werden können. Wie bereits in Kapitel 1.2.2 kurz angerissen, stellte der norwegische Geograph Terje Wessel (2000) für Oslo Ähnliches fest und erklärte es damit, dass die während der Nachkriegsjahrzehnte vorherrschende Tendenz, durch den Staat auf großen Flächen uniforme Wohnsiedlungen zu schaffen, von einer „postmodernen" Tendenz der kleinteiligen, individuellen Bebauung durch private Erschließer abgelöst

Tabelle 3-12: Variablen zur Wohnsituation, ausgewählte Kennziffern Tōkyō 1983, 1995[1] und 1998/2000

Variable	Prozentwert (Tōkyō 23*ku*)		Segregations-index		Korre-lations-koeffizient
	1983/95	1998/00	1983/95	1998/00	
Eigentumswohnungen	42,3	39,9	17,8	17,9	0,91
Öffentliche Wohnungen	5,4	4,7	69,7	63,4	0,97
Wohngesellschaftswohnungen	2,8	3,2	81,9	65,2	0,85
Privat vermietete Wohnungen	42,9	44,0	30,0	29,0	0,96
Gestellte Wohnungen	5,9	5,0	28,3	23,2	0,89
Wohnungen in Einfamilienhäusern	33,0	26,7	30,8	26,1	0,88
Apartmentwohnungen	62,5	70,1	35,5	24,3	0,90
Wohnungen in *nagaya*	3,3	2,2	36,5	31,8	0,43
Eigentums-Apartmentwohnungen	12,3	14,4	30,0	29,6	0,97
Eigenheimwohnungen	27,5	26,9	22,0	22,3	0,98
Apartmentwohnungen, 1–2 Gesch.	22,0	18,1	33,6	34,5	0,99
Apartmentwohnungen, 3–5 Gesch.	26,4	26,4	15,6	16,7	0,97
Apartmentwohnungen, 6 u. m. Gesch.	18,1	22,4	49,7	50,2	0,99
Wohnungen ohne Baderaum	29,3	7,2	22,4	29,2	0,82
Altbauwohnungen[2]	19,1	12,4	28,3	17,5	0,76
Kleinwohnungen[3]	33,4	27,9	29,3	31,3	0,95
Großwohnungen[4]	13,2	13,9	18,7	24,5	0,81

Anm.: [1] Die Variablen „Eigentums-Apartmentwohnungen", „Eigenheimwohnungen" sowie die drei Variablen zu Apartmentwohnungen nach Geschosszahl lagen nur für 1995 und 2000 vor und sind den Volkszählungs-Ergebnisbänden entnommen. Wiedergegeben sind bei diesen Variablen die Anteile der Privathaushalte in solchen Wohnungen, nicht die Anteile der betreffenden Wohnungen an allen Wohnungen wie im Fall der übrigen Variablen, die dem Boden- und Wohnzensus entnommen sind; [2] als Altbauten (*rōkyū tatemono*) galten im Jahr 1983 solche Bauten, die vor 1960 (Holzbauten) bzw. vor 1945 (übrige Bauten) errichtet wurden, für 1998 galten die Jahre 1975 bzw. 1955; [3] Wohnungen mit weniger als 12 *tatami* (etwa 20qm) ausschließliche Wohnfläche (ohne Küche, Bad/Toilette, Korridor, Eingangsbereich); [4] Wohnungen mit 48 *tatami* (etwa 80qm) und mehr ausschließliche Wohnfläche.

Quelle: Eigene Berechnungen nach SŌMUCHŌ TŌKEIKYOKU, *Jūtaku tochi tōkei chōsa hōkoku* 1983, 1998; SŌMUCHŌ TŌKEIKYOKU, *Kokusei chōsa hōkoku* 1995, 2000.

worden sei. Eine solche Deutung ist allerdings auf Tōkyō nicht anwendbar. Zwar sind die jüngsten Stadterneuerungsmaßnahmen, bei denen auch Wohnraum geschaffen wird, tatsächlich durch eine punktuelle Verteilung gekennzeichnet, wenn es auch die Tendenz einer gewissen Konzentration auf das südliche Stadtzentrum und den *waterfront*-Bereich gibt, und tatsächlich sorgen die zahllosen *mini kaihatsu*-Projekte für eine weitere Fragmentierung der Stadtstruktur. Keineswegs jedoch markiert dies einen neuen Trend. Vielmehr kann die Tendenz zur Kleinteiligkeit als ein bereits seit vielen Jahrzehnten bestehendes Wesensmerkmal der Stadtentwicklung Tōkyōs und anderer japanischer Städte bezeichnet werden (HOHN 2000: 19). Vor der grundlegenden Neufassung des Stadtplanungsgesetzes im Jahr 1968 hätte der Gesetzgeber auch kaum die Möglichkeit besessen, in die hektischen Bautätigkeiten der Jahre wirtschaftlichen Hochwachstums einzugreifen, und zu diesem Zeitpunkt war der weitaus größte Teil des Gebiets der 23 Stadtbezirke bereits aufgesiedelt. Doch auch die mittlerweile bestehenden gesetzlichen Rahmenbedingungen sind nicht immer strikt genug oder werden nur zögerlich eingesetzt, um ungeregelte Erschließungen zu unterbinden (vgl. HEBBERT 1994). Die planmäßige Errichtung umfangreicher homogener Siedlungen durch den Staat, wie sie für Norwegen und andere europäische Sozialstaaten typisch war, beschränkte sich in Japan weitgehend auf einzelne sogenannte *nyūtaun* (von engl. *new town*), Großwohnsiedlungen im suburbanen Raum, die unter der Verwaltung der ehemaligen Urban Development Corporation stehen.

Es ist daher die zurückgehende räumliche Segregiertheit vieler Wohnungstypen und damit wohl auch der Bevölkerung nach sozialen und demographischen Merkmalen im Falle Tōkyōs weniger als Resultat eines grundlegenden und bewusst vollzogenen wohnungspolitischen Wandels zu verstehen. Vielmehr wurden während der letzten Jahre schlicht bestimmte Wohnungstypen tendenziell in solchen Bezirken zahlreich geschaffen, wo sie bislang seltener auftraten bzw. nahmen dort besonders ab, wo sie bisher stärker vertreten waren. So sank der Anteil von Wohnungen in Einfamilienhäusern zwischen 1993 und 1998 am stärksten in den Bezirken Nerima und Edogawa, wo sie zuvor besonders häufig waren;[20] entsprechend stieg der Anteil der dort zuvor eher seltenen Apartmentwohnungen in überproportionalem Maße. Als Ursache kann die Bebauung der in diesen Bezirken zu Beginn der 1980er Jahre noch zahlreich vorhandenen Freiflächen angegeben werden. Daneben lassen

---

[20] Ich gebe hier und in den folgenden Teilen von Kapitel 3.3.2.3 die Ergebnisse von Berechnungen wieder, die sämtlich auf der Datengrundlage des *Land and Housing Survey* des SŌMUCHŌ TŌKEIKYOKU (1983–1998) durchgeführt wurden.

sich aber auch die bauliche Erschließung der früher eher als „Schmuddel-
zone" bekannten *waterfront* oder auch die schleichender verlaufende Umgestaltung der zentralen Stadtbezirke durch Tertiarisierung in den 1980er
Jahren und Neubesiedlung seit den mittleren 1990er Jahren als Faktoren
benennen, die zu einer gewissen räumlichen Nivellierung des Wohnungsangebots führten. Das besondere Engagement der ehemaligen Urban Development Corporation im Hafenbereich etwa ließ den Anteil an
Wohngesellschaftswohnungen unter anderem in Chūō-*ku* und Minato-
ku, wo die UDC zuvor kaum vertreten war, besonders anschwellen.
Weiterhin stieg in Chūō-*ku*, das bis zu Beginn der *bubble*-Periode in weiten Teilen wie beispielsweise im genannten Tsukishima-Distrikt noch von
dicht gedrängt stehenden Einfamilienhäusern dominiert war, der Anteil
an Apartmentwohnungen besonders markant. Letztlich war es somit
wohl vor allem eine Reihe von Einzelentwicklungen, die im zufälligen
Zusammenspiel die räumliche Segregation vieler Wohnungs- und Bevöl-
kerungsvariablen auf der Ebene der Stadtbezirke reduzierten. Damit aber
bestätigt sich die bereits in der Einleitung dieser Arbeit angedeutete
Schwierigkeit, mittels stark generalisierter Theorieansätze wie der Polarisierungsthese die räumliche Entwicklung einzelner Städte, die jeweils
auch in einen spezifischen lokalen Kontext eingebunden sind, vorherzu-
sagen.

Als Abschluss der Darstellung des Wohnungsmarktes von Tōkyō sei
noch kurz auf die räumliche Verteilung ausgewählter Variablen eingegangen:

„Wohnungen in Einfamilienhäusern" sind positiv mit der Variable
„Anteil an Holzhäusern" sowie negativ mit den Variablen „Gestellte
Wohnungen" und „Apartmentwohnungen" hoch korreliert. Weiterhin
sind – wenig überraschend – Wohnungen in Einfamilienhäusern vor
allem in Bezirken mit einem hohen Anteil an Kernfamilienhaushalten
(r=0,67) und Dreigenerationenhaushalten (r=0,79) sowie einem niedrigen
Anteil an Einpersonenhaushalten (r=-0,63) stark vertreten, außerdem
zeigt sich eine signifikante negative Korrelation mit dem Genderindex
(r=-0,54), was ebenfalls inhaltlich plausibel ist. Einfamilienhäuser sind
damit typisch sowohl für die erst in den vergangenen zwei Jahrzehnten
vollständig aufgesiedelten Stadtbezirke des Nordens und Ostens, aber
auch für Teile der *shitamachi* nordöstlich des Stadtzentrums, in der noch
immer zahlreiche kleine Familienbetriebe existieren. Privat vermietete
Wohnungen zeigen hingegen, wie schon in Kapitel 3.2.1.2 angesprochen,
einen räumlichen Schwerpunkt im Westen von Tōkyō, was unter anderem mit der Nähe zu zahlreichen Universitäten und anderen von jungen
Menschen frequentierten Einrichtungen zusammenhängt. Das räumliche
Muster der Mietwohnungen korrespondiert stark mit der Verteilung der

Variablen „Kleinwohnungen", „Apartmentwohnungen in Häusern bis zu 5 Geschossen" sowie – jeweils negativ – mit „Eigenheim" und „Apartmentwohnungen in Häusern mit 6 und mehr Geschossen". Wie zu erwarten, liegen hochsignifikante Korrelationen mit einem hohen Anteil an jungen Erwachsenen zwischen 25 und 39 Jahren (r=0,64), an Einpersonenhaushalten (r=0,70) sowie an Haushalten im untersten Einkommensquintil (r=0,63) vor. Zudem ist der Anteil an Migranten aus China (r=0,49) und aus Südostasien (r=0,50) in Stadtbezirken mit einem hohen Anteil an privat vermieteten Wohnungen signifikant höher, worauf in Kapitel 3.4.2 noch zurückzukommen sein wird.

Großwohnungen weisen mit hohen Anteilen sowohl in Teilen des Stadtzentrums als auch in den westlichen Randbezirken ein relativ komplexes Raummuster auf, das sich in dieser Ausgeprägtheit erst seit den 1980er Jahren entwickelt hat. So sanken die Anteile seit 1983 in weiten Teilen der *shitamachi*, was vermutlich auf den Abriss alter geräumiger Holzhäuser im Zuge des Tertiarisierungsdrucks während der *bubble economy* zurückgeführt werden kann. Großwohnungen korrelieren negativ mit der Variable „Wohngesellschaftswohnungen" und sind überwiegend in Räumen mit hohem sozioökonomischen Status zu finden (r=0,69 mit dem sozioökonomischen Index), was angesichts der immer noch extrem hohen Kosten für eine große Wohnung in Tōkyō keine große Überraschung darstellen dürfte. Dagegen zeigt sich die Verteilung der Variable „Wohnungen ohne Bad", die auch einen hohen Anteil an Altbauwohnungen mitrepräsentiert, als relativ unabhängig vom soziostrukturellen Südwest-Nordost-Gefälle in der japanischen Hauptstadt. Allerdings bestehen hochsignifikante Raumkorrelationen mit einem hohen Anteil alter Menschen ab 65 Jahre (r=0,67) sowie einem hohen Anteil an Sozialhilfeempfängern (r=0,55). Der Schwerpunkt von Wohnungen ohne Bad im Norden mag als Überbleibsel des nachkriegszeitlichen Holzhausgürtels interpretiert werden, der hier – abseits der dynamischeren Nebenzentren Shinjuku und Shibuya – einem geringeren Veränderungsdruck unterworfen war. Die ehemalige ringförmige Struktur der Verteilung ist indirekt noch daran zu erkennen, dass neben Arakawa und Toshima auch die Bezirke Nakano und Shinagawa seit den frühen 1980er Jahren markante Rückgänge an Wohnungen ohne Bad aufzeigen, die es bei Fortdauer der seither zu beobachtenden Veränderungsgeschwindigkeit spätestens in den 2010er Jahren wohl kaum noch geben dürfte.

Der Bau hochsubventionierter öffentlicher Wohnungen ist an das Vorhandensein preisgünstigen oder bereits in kommunalem Besitz befindlichen Baugrunds gebunden. Diese Bedingung erfüllen vor allem Stadtrandlagen im weniger attraktiven Norden und Aufschüttungsflächen an der *waterfront*. Die genannten Aufnahmekriterien für den Bezug einer öffentlichen Wohnung spiegeln sich überwiegend auch in den Raumkorrelationen wider. So existieren negative Zusammenhänge mit einem hohen Anteil an Einpersonenhaushalten (r=-0,65) und ledigen Frauen im Alter von 35 bis 49 Jahren (r=-0,54) und ein hoher positiver Zusammenhang mit einem hohen Anteil an Mutter-Kind-Haushalten (r=0,78). Ein statistischer Zusammenhang mit der Variable „Haushalte im untersten Einkommensquintil" ließ sich hingegen nicht ermitteln. Dies dürfte zum einen daran liegen, dass einkommensschwache Singles unter 50 Jahren keine Zuzugsberechtigung besitzen und daher auf den privaten Mietwohnungsmarkt ausweichen müssen (s. o.); zum anderen ist der Anteil an öffentlichen Wohnungen viel zu gering, um die Verteilung des Gesamtbestandes armer Haushalte auf dieser Raumebene entscheidend beeinflussen zu können.

Eigentums-Apartmentwohnungen (*bunjō manshon*) schließlich gelten gemeinhin als derjenige Wohnungstyp, mit dem die jüngste Reurbanisierung des Stadtzentrums von Tōkyō in besonders engem Verhältnis steht (vgl. u. a. Fujiu 2002; Shimizu 2004: 1). In der Tat zeigt die Verteilung dieser Wohnungen ein deutliches zentral-peripheres Gefälle. Zudem bestehen signifikante Korrelationen mit einem hohen Anteil an Menschen im Alter von 40 bis 54 Jahren (r=0,66) sowie mit einer hohen Bevölkerungszuwachsrate zwischen 1995 und 2000 (r=0,58), was deutliche Indizien für die Richtigkeit der obigen Hypothese liefert.

3.4 Besondere soziale Phänomene und ihre räumliche Dimension

3.4.1 Reurbanisierung und Gentrification

3.4.1.1 *Rückkehr in die Innenstadt? Demographisch-soziales Profil der Zuwanderer*

Aus welchem Personenkreis setzt sich der seit 1997 zu beobachtende Migrationsüberschuss in den zentralen Stadtbezirken Tōkyōs zusammen? Handelt es sich vor allem um typische *gentrifier* der oberen Mittelschicht, oder wird das Bevölkerungswachstum von einer ausgewogenen Mischung unterschiedlicher Schichten getragen? Beschreibt schließlich der in den Medien, aber auch in Teilen der wissenschaftlichen Literatur gebrauchte Begriff *toshin kaiki* [Rückkehr in die Innenstadt] den Prozess angemessen, oder stammen die meisten Zuwanderer aus benachbarten Stadtbezirken? Diese Fragen sollen nachfolgend durch eine Gegenüberstellung bisheriger Untersuchungen hierzu einer Antwort näher gebracht werden, bevor dann in Kapitel 3.4.1.2 die Auswirkungen des Reurbanisierungsprozesses auf die baulich-soziale Struktur der Stadtbezirke als Ganzes behandelt werden.

Bereits in Kapitel 3.2.1.1 konnte belegt werden, dass der positive Migrationssaldo der zentralen Stadtbezirke seit 1997 stärker von einem Anstieg der Zuwanderung als durch einen Rückgang bei den Abwanderungsziffern beeinflusst wird und somit die Anwendung des Begriffes *kaiki* oder Rückkehr durchaus angemessen ist. Die Frage, die sich nunmehr stellt, ist jedoch, ob es primär Personen aus dem suburbanen Raum sind, die zurückkehren, oder ob die Zuwanderer überwiegend aus anderen Stadtbezirken stammen, d. h. bereits vorher in der Innenstadt bzw. am Rande des Zentrums gewohnt haben. Eine Sichtung der Literatur hierzu zeigt, dass in Abhängigkeit vom jeweiligen Untersuchungsraum unterschiedliche Ergebnisse vorliegen. In der Mehrheit sind jedoch solche Studien, die zu dem Resultat einer überwiegend von Innenstadtbewohnern getragenen Zuwanderung kommen. YABE (2003: 287) etwa ermittelte anhand einer Stichprobe aus seit 1996 in Eigentums-Apartmentwohnungen eingezogenen Personen in Minato-*ku* nur einen Anteil von 22,3 %, die aus einer der drei Umlandpräfekturen Saitama, Chiba und Kanagawa zugewandert waren. Demgegenüber waren 33,8 % schon vorher Bewohner von Minato-*ku* und 40,8 % kamen aus anderen Stadtbezirken. Ebenso stellte SONOBE (2001: 206, 208) fest, dass im Jahr 1991 die Bewohner von Apartmentwohnungen in der Ōkawabata River City 21 im Bezirk Chūō zu fast 80 % aus dem Bereich der 23 Stadtbezirke stammten, darunter allein 41 % aus den drei Citybezirken, und auch in den Wohnungen der Urban Development Corporation im Daiba-Distrikt (Minato-*ku*) im Jahr 1997 72,9 % bereits vorher im Stadtgebiet von Tōkyō gelebt hatten. Zu sehr ähnlichen Ergebnissen gelangen die sich ebenso auf die Besitzer von innerstädtischen Eigentumswohnungen beziehenden Studien des NIKKEI SANGYŌ SHŌHI KENKYŪSHO (1999: 10) und des Kokudo Kōtsūshō aus dem Jahr 2001 (zit. nach TŌKYŌ-TO TOSHI KEIKAKU-KYOKU TOSHI-ZUKURI SEISAKU-BU KŌIKI CHŌSEI-KA 2002: 80).

Einen mit insgesamt 33,5 % etwas höheren Anteil von Zuwanderern aus dem suburbanen Raum belegt eine weitere Untersuchung des KOKU-DO KŌTSŪSHŌ (2003a: 27), die sich auf die Bewohner neuer Eigentumswohnungen in den Bezirken Chiyoda, Chūō, Minato, Kōtō und Shinagawa bezieht und somit den *waterfront*-Bereich stärker gewichtet. Gestützt auf eine nicht näher spezifizierte Studie aus dem Jahr 1999 sieht wiederum HATTORI Mineki (2002: 5) die Hauptklientel des *toshin kaiki* in solchen Personen, die aufgrund des knappen und teuren Wohnungsangebots bis zur Mitte der 1990er Jahre ihre Präferenz für die Innenstadt nicht realisieren konnten und daher – kompromissweise und vorübergehend – in Mietwohnungen der randlichen Stadtbezirke wohnten. Den höchsten Anteil an Zuwanderern aus dem suburbanen Raum – und zwar über 40 % – ermittelt noch MARUKO (2001: 17) anhand der Bewerber für Eigentumswohnungen in den beiden Tōkyō Twin Parks-Wohntürmen, die Teil des Shiodome-Stadtumbauprojekts im Nordosten von Minato-*ku* sind und im Jahr 2001 bezogen wurden. Im Umkehrschluss bedeutet aber auch dieses Ergebnis, dass fast 60 % der Bewerber aus dem Bereich der 23 Stadtbezirke stammten.

Bezogen auf die Käufer oder Mieter neuer Apartmentwohnungen – Wohnungen öffentlicher Bauträger einmal ausgenommen – muss das Schlagwort einer „Rückkehr in die Innenstadt" somit als eher irreführend angesehen werden. Wie jedoch stellt sich die Situation dar, wenn sämtliche Zuwanderer in die Betrachtung einbezogen sind? Hierzu liefert die japanische Volkszählung im Zehnjahresabstand interessante Informationen, indem nach dem Wohnort fünf Jahre zuvor gefragt wird. Die diesbezüglichen Ergebnisse der aktuellen Volkszählung des Jahres 2000 decken somit den Zeitraum zwischen 1995 und 2000 ab. Hierauf beruhend zeichnet die folgende Abbildung 3-15a–d ein Bild, das in etwa die obigen Ergebnisse bestätigt, wobei zu beachten ist, dass diejenigen Personen, die nur innerhalb eines Stadtbezirks umzogen, hier weggelassen sind. Besonders in den drei zentralen Bezirken Chiyoda, Chūō und Minato hat demnach ein relativ großer Teil der Migranten 1995 bereits in einem anderen Innenstadtbezirk gewohnt. Dies gilt, bei allerdings sehr geringem Zuwanderungsvolumen, auch für den Bezirk Taitō (vgl. Abb. 3-15a). Die oben angeführte These von Hattori, nach der das Gros der Zuwanderer aus den randlichen Bezirken stammt, lässt sich hingegen nur für an den Randbereich grenzende Cityrandbezirke wie Arakawa, Toshima, Kōtō oder Shinagawa einigermaßen belegen, nicht aber für den Kern der Innenstadt (vgl. Abb. 3-15b). Das prozentuale Gewicht von Zuwanderern aus dem suburbanen Raum wiederum ist – dem erwähnten Untersuchungsergebnis des KOKUDO KŌTSŪSHŌ aus dem Jahre 2003(a) in etwa entsprechend – noch am höchsten in solchen innerstädtischen Bezirken, die an die *waterfront* grenzen, mit Ausnahme allerdings von Minato-*ku*. Die höchsten Anteile vorstädtischer Zuwanderer zeigen sich freilich in solchen Bezirken, die an den suburbanen Raum direkt angrenzen, d. h. in den Randbezirken (vgl. Abb. 3-15c). Zuwanderer aus dem übrigen Japan schließlich meiden weitgehend den industriellen Osten und ebenso die zentralen Bezirke Minato und Chūō und bevorzugen stattdessen den Westen von Tōkyō (vgl. Abb. 3-15d). Wie auch aus dem hohen Anteil von Fernwanderern in Bunkyō-*ku*, Hauptstandort der renommierten Universität Tōkyō, geschlossen werden kann, dürfte dieses Raummuster in engem Zusammenhang mit der Bildungsmigration japanischer Studienanfänger in Verbindung stehen (vgl. auch NAKAGAWA, S. 1990: 42–44).

Eine detaillierte Aufgliederung der Herkunft der Zuwanderer in den sechs zentralen Stadtbezirken sowie den durch deutliches Bevölkerungs-

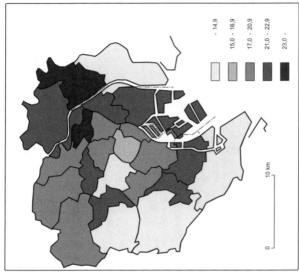
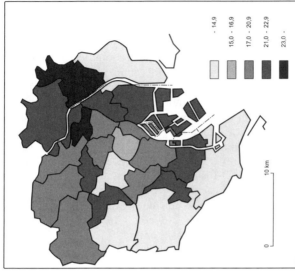

Abbildung 3-15a/b: Anteil der Zuwanderer (5 Jahre und älter), Tōkyō 2000
a. aus innerstädtischen Stadtbezirken   b. aus randlichen Stadtbezirken

Anm.: Innerstädtische Stadtbezirke: Chiyoda, Chūō, Minato, Shinjuku, Bunkyō, Taitō, Sumida, Kōtō, Shinagawa, Meguro, Shibuya, Nakano, Toshima, Arakawa.
Randliche Stadtbezirke: Ōta, Setagaya, Suginami, Nerima, Kita, Itabashi, Adachi, Katsushika, Edogawa.

Quelle: Eigene Berechnungen nach SŌMUCHŌ TŌKEIKYOKU, *Kokusei chōsa hōkoku* 2000.

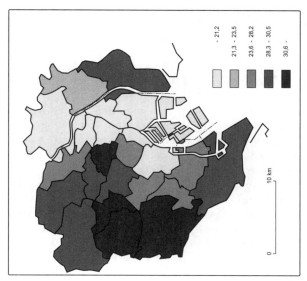

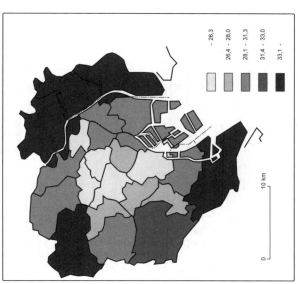

Abbildung 3-15c/d: Anteil der Zuwanderer (5 Jahre und älter), Tōkyō 2000
  c. aus der Region Süd-Kantō   **d.** aus dem übrigen Japan

Anm.:   Region Süd-Kantō: restl. Präfektur Tōkyō, Präfekturen Saitama, Chiba und Kanagawa.
Quelle: Eigene Berechnungen nach Sōmuchō Tōkeikyoku, *Kokusei chōsa hōkoku* 2000.

243

wachstum gekennzeichneten Cityrandbezirken Kōtō und Shibuya vermittelt Tabelle 3-13, die hier nicht im Einzelnen kommentiert werden soll. Es wird aber wiederum deutlich, dass der Anteil solcher Personen, die fünf Jahre zuvor im suburbanen Raum gelebt haben, mit rund 25 % bis 30 % vergleichsweise niedrig ist und die jüngeren Bevölkerungsgewinne somit keinesfalls pauschal als Rückkehr in die Innenstadt interpretiert werden dürfen. Der summierte Anteil derjenigen Migranten, die aus dem Gebiet der 23 Bezirke zugewandert sind, wird stattdessen eher durch die unterschiedliche Bedeutung der Zuwanderung aus dem übrigen Japan sowie zum Teil auch durch die aus dem Ausland erfolgende Migration variiert. Wo diese beiden Arten der Fernwanderung eine nur geringe Rolle spielen, liegt der Anteil der Zuwanderer aus anderen Stadtbezirken bei rund 42 % bis 44 %, im Falle des Bezirks Shinjuku hingegen, der ein beliebtes Ziel von ausländischen wie inländischen Fernmigranten ist, nur bei 32,4 %, übersteigt damit aber immer noch den Anteil von Migranten suburbaner Herkunft, der dort 25,5 % beträgt.

In Bezug auf das Alter der Bewohner neuer privater Apartmentwohnungen in der Innenstadt gelangen die bisher abgeschlossenen Untersuchungen ebenfalls zu unterschiedlichen Ergebnissen, wobei abermals

Tabelle 3-13: Zuwanderer (5 Jahre und älter) in ausgewählten innerstädtischen Stadtbezirken nach Wohnort vor fünf Jahren (in %), 2000

	Zentrum	Cityrand	Südwest-Tōkyō	Nordost-Tōkyō	Süd-Kantō	Übriges Japan	Ausland
Chiyoda	16,4	10,7	8,7	6,5	26,5	24,6	6,6
Chūō	9,4	16,9	9,3	8,1	30,3	21,0	4,8
Minato	5,9	18,8	13,7	5,5	25,5	18,1	12,6
Shinjuku	4,7	13,6	9,5	4,6	25,5	29,6	12,5
Bunkyō	7,6	11,2	7,6	9,6	26,2	30,7	7,1
Taitō	7,4	17,7	5,9	12,7	28,6	20,5	7,1
Kōtō	8,7	11,3	7,0	15,6	31,3	21,1	5,0
Shibuya	8,9	10,5	16,5	3,9	26,7	24,5	8,9
Tōkyō 23ku	**5,7**	**11,5**	**9,7**	**8,1**	**30,8**	**27,8**	**6,4**

Anm.: Zentrum: Chiyoda, Chūō, Minato, Shinjuku, Bunkyō, Taitō; Cityrand: Sumida, Kōtō, Shinagawa, Meguro, Shibuya, Nakano, Toshima, Arakawa; Südwest-Tōkyō: Ōta, Setagaya, Suginami, Nerima; Nordost-Tōkyō: Kita, Itabashi, Adachi, Katsushika, Edogawa; Süd-Kantō: restl. Präfektur Tōkyō, Saitama, Chiba, Kanagawa.
Quelle: Eigene Berechnungen nach Sōmuchō Tōkeikyoku, *Kokusei chōsa hōkoku* 2000.

MARUKO (2001: 17) und HATTORI Mineki (2002: 5) sich merklich von den übrigen Autoren abheben, indem sie auf eine hohe Beteiligung älterer Personen ab 50 Jahre hinweisen, die im Falle der Bewerber für eine Wohnung in den Tōkyō Twin Parks-Türmen sogar bei über 50 % gelegen haben soll. Den übrigen oben genannten Untersuchungen zufolge gehörte freilich eine Mehrheit der erfassten Personen der Altersgruppe 30–39 Jahre an; es folgten die 40–49jährigen. Nur im Falle der Bewohner des von der Mitsui-Immobiliengesellschaft verwalteten Wohnturms in Ōkawabata River City 21 stellte die Altersgruppe der 40–49jährigen mit 29,0 % die relative Mehrheit, während die Gruppe der 30–39jährigen mit 21,3 % noch hinter den 50–59jährigen (22,4 %) rangierte (SONOBE 2001: 206). Als Träger der Reurbanisierung der Innenstadtbezirke können somit vor allem jüngere Erwachsene, die bereits einige Jahre im Erwerbsleben stehen, sowie Personen mittleren Alters benannt werden, wobei in Einzelfällen aber auch ältere Menschen einen signifikanten Anteil stellen. Letzteres gilt nicht zuletzt für die zumindest im *waterfront*-Bereich häufigen neuen Wohnkomplexe des öffentlichen Wohnungsbaus (vgl. SONOBE 2001: 208; YABE 2003: 284), zu dessen Kernklientel, wie bereits beschrieben, alte Menschen mit geringem Einkommen gehören. Eine einseitige „Yuppiesierung" des Stadtzentrums ist in Tōkyō demnach nicht feststellbar.

Eine etwas deutlichere Parallele zu den sich auf westliche Länder beziehenden Gentrification-Studien zeigt sich bei den vorherrschenden Haushaltsformen der Käufer von Eigentums-Apartmentwohnungen im Stadtzentrum. So dominierten nach der auf Minato-*ku* bezogenen Untersuchung von YABE (2003: 285) mit 37,0 % Einpersonenhaushalte im Alter von unter 65 Jahren, gefolgt von kinderlosen Ehepaarhaushalten (unter 65 Jahre) mit 27,6 %. Kernfamilienhaushalte waren demgegenüber mit 18,9 % in nur geringem Maße präsent. Zu einem vergleichbaren Resultat gelangt unter Bezug auf neue Eigentums-Apartmentkomplexe in den Bezirken Minato, Chiyoda und Chūō (ohne die vorgelagerten Aufschüttungsinseln Tsukishima und Harumi) auch die Studie des KOKUDO KŌTSŪSHŌ (2003a: 26): Den Ehepaarhaushalten mit 33,4 % folgten hier die Einpersonenhaushalte mit insgesamt 29,5 %, wobei es sich in rund zwei Dritteln der Fälle um weibliche Alleinstehende handelte. Anders stellt sich derselben Studie zufolge jedoch die Situation im *waterfront*-Bereich dar (Bezirke Shinagawa und Kōtō sowie die Inseln Tsukishima und Harumi). Hier überwogen mit insgesamt 35,0 % deutlich Kernfamilienhaushalte mit Kindern unterhalb des Mittelschulalters (d. h. unter 13 Jahren) noch vor Ehepaarhaushalten (30,4 %), während Einpersonenhaushalte mit insgesamt 14,8 % kaum eine Rolle spielten. Auch SONOBE (2001: 206–209) kommt in seiner Untersuchung über die Bewohner von Apartmentwohnungen (ohne öffentliche Wohnungen) in der Ōkawabata River City

21 auf einen Kernfamilienanteil von 41,5 %, während die Anteile von Ehepaarhaushalten und Einpersonenhaushalten nur bei 27,8 % bzw. 20,8 % lagen. Unter den Mietern der Wohnungen der Urban Development Corporation in Daiba dominierten allerdings die Ehepaarhaushalte (42,0 %) gegenüber den Einpersonen- und Kernfamilienhaushalten (jeweils 25,5 %).

Zwar differenzieren die Untersuchungen bei der Frage nach den Gründen des Umzugs nicht direkt nach Zielgebiet, aber es geht aus der Studie von YABE (2003: 288–289) deutlich hervor, dass Familien mit Kindern preisgünstige und zugleich geräumige Wohnungen suchen, während Alleinstehende und Ehepaarhaushalte den Kauf einer Eigentumswohnung oft als Strategie der Vermögensbildung und materiellen Alterssicherung einsetzen. Weiterhin zeigen andere Analysen (NIKKEI SANGYŌ SHŌHI KENKYŪSHO 1999: 12–13; KOKUDO KŌTSŪSHŌ 2003a: 27) die hohe Bedeutung des Faktors „Verkürzung des Pendelwegs" als Umzugsgrund für alle Haushaltsformen. Die Bevorzugung des *waterfront*-Bereichs durch Familien mit Kindern dürfte somit primär auf eine Kombination der Faktoren „gute Verkehrsanbindung an das Stadtzentrum" und „Vorhandensein relativ preisgünstiger und geräumiger Wohnungen" zurückzuführen sein – speziell in diesem, für private Bauträger weniger lukrativen Bereich hat sich unter anderem die Urban Development Corporation mit ihren auf mittlere Einkommensschichten ausgerichteten Wohnungen besonders engagiert (vgl. auch HOHN 2002a: 8–9).[21] Alleinstehende und Ehepaarhaushalte präferieren demgegenüber noch zentralere Wohnstandorte, da neben kurzer Pendelwege zum Arbeitsplatz hier auch Steigerungen des Wertes von Eigentumswohnungen wohl eher zu erwarten sind. Die Abwesenheit von Kindern verringert zudem den Raumbedarf und erlaubt es damit auch bei mittlerer Einkommenssituation, Wohnungen in Zentrumslage zu erwerben.

Inwieweit die Wertschätzung neuerrichteter Apartmentwohnungen im Zentrum auch Ausdruck eines spezifischen Lebensgefühls ist, lässt sich anhand der Literatur nicht hinreichend beantworten. Einigermaßen gut belegt erscheint dies noch für die Gruppe alleinstehender Personen, insbesondere von solchen weiblichen Geschlechts, für die die Unabhängigkeit von Eltern oder Verwandten bzw. das Wohnen in einem sozial weniger kontrollierten Umfeld ein wichtiges Motiv darstellt (NIKKEI SANGYŌ SHŌHI KENKYŪSHO 1999: 17, 19; WAKABAYASHI *et al.* 2002: 103; YABE 2003:

---

[21] Der im Mittel gegenüber dem unmittelbaren Stadtzentrum großzügigere Zuschnitt der an der *waterfront* errichteten Eigentumswohnungen wird auch durch die genannte Untersuchung des KOKUDO KŌTSŪSHŌ (2003a: 26: Abb. 6) belegt.

289). Des Weiteren gaben in der Untersuchung des NIKKEI SANGYŌ SHŌHI KENKYŪSHO (1999: 13) 43,3 % der aus dem suburbanen Raum stammenden Personen an, dass für sie der Wunsch nach einem Leben im oder in unmittelbarer Nähe des Stadtzentrums an sich eine wesentliche Rolle bei der Entscheidung zum Umzug gespielt habe. Bezogen auf alle Neubewohner innerstädtischer Apartmentwohnungen sind Gründe wie die gute Aussicht aus den Fenstern einer Hochhauswohnung (für immerhin 36 % aller Personen sehr wichtig), die attraktive Gestaltung des Wohnumfeldes (16 %), die Existenz zahlreicher Restaurants in der Nähe (7 %) oder die räumliche Nähe zu Menschen der gleichen Generation (2 %) jedoch von deutlich geringerer Bedeutung als handfeste Motive wie die bereits genannte Verkürzung der Pendeldistanz (71 %), der praktische Zuschnitt der Wohnung (59 %) oder die Effizienz der Hausverwaltung in Wohnkomplexen (43 %) (KOKUDO KŌTSŪSHŌ 2003a: 27). Als Folge der unterschiedlichen Ausstattung der einzelnen Standorte werden immaterielle Zuzugsmotive wie die Attraktivität des Lebensumfelds dabei für das innere Stadtzentrum, aber auch für Bezirke mit einem bedeutenden Nebenzentrum wie Shinjuku oder Shibuya etwas häufiger angegeben als für weiter außerhalb gelegene Stadtbezirke wie Kōtō (TŌKYŌ-TO TOSHI KEIKAKU-KYOKU TOSHI-ZUKURI SEISAKU-BU KŌIKI CHŌSEI-KA 2002: 83–84).

Bei der Beantwortung der Frage, inwieweit es auch in der japanischen Hauptstadt zu Gentrification-artigen Prozessen gekommen ist, muss folglich deutlich zwischen dem Bereich der *waterfront* und weiter im Binnenland liegenden Teilen des Stadtzentrums unterschieden werden. Innerhalb dieser beiden Zonen ist dann eine weitere Differenzierung nach dem jeweiligen Bauträger durchzuführen. So konnte SONOBE (2001: 206–207) im Jahr 1991 bezüglich der Ōkawabata River City 21 feststellen, dass 79,6 % aller Haushalte, die im Wohnturm der Mitsui-Immobiliengesellschaft in einer Mietwohnung lebten, über ein Jahreseinkommen von über 10 Mio. Yen (etwa 70.000 Euro) verfügten, wohingegen das bei den Mietern des benachbarten Wohnturms der Urban Development Corporation nur auf 43,8 % der Haushalte zutraf. Des Weiteren gehörten 67,2 % der im Mitsui-Wohnturm lebenden Erwerbstätigen den Berufskategorien „freie und technische Berufe" sowie „Verwaltungsberufe" an, während unter den Mietern der Urban Development Corporation 50,2 % solchen Berufen nachgingen. Ähnlich ermittelte YABE (2003: 285–286) unter Bezug auf Minato-*ku* für die Käufer von Eigentums-Apartmentwohnungen einen Anteil dieser Berufe von 59,2 % und für die Bewohner neuerrichteter Wohnungen öffentlicher Bauträger einen Wert von 37,9 %.

3.4.1.2 Baulich-soziale Aufwertung ganzer Stadtbezirke

Im Anschluss an die Darstellung einzelner Untersuchungsergebnisse zu sozialen Merkmalen innerstädtischer Neubürger ist nunmehr zu klären, inwieweit deren anteilsmäßige Zunahme zu einer messbaren baulich-sozialen Aufwertung der betroffenen Stadtbezirke als Ganzes geführt hat, gleich, ob diese mit dem Schlagwort der Gentrification umschrieben werden kann oder nicht. Hierzu stütze ich mich nachfolgend in methodischer wie theoretischer Hinsicht auf die bereits in Kapitel 1.2.4 erwähnte Arbeit von VAN CRIEKINGEN und DECROLY (2003), nach der Gentrification im engeren Sinne einer völligen baulichen und sozialen Umgestaltung heruntergekommener Wohnviertel nur eine besonders radikale und daher eher seltene Form der Quartiersaufwertung darstellt. Die Autoren führen daher weitere Formen der Aufwertung von Stadtvierteln ein, die sie zudem nicht als bloße Zwischenphasen innerhalb eines umfassenderen Gentrification-Prozesses, sondern als eigenständige Phänomene ansehen (vgl. Tab. 3-14): So sind bei der *marginalen Gentrification* die Aufwertungsprozesse nicht durchgreifend genug, um zu einem wohlhabenden Wohnviertel zu führen. Aufwertung (*upgrading*) bezeichnet dagegen die soziale und bauliche Erneuerung von Vierteln der Mittelschicht. Als dritten Typus nennen die Autoren die Form einer „Aufwertung durch den Inhaber" (*incumbent upgrading*), bei der die altansässige Bewohnerschaft eines abgewerteten Viertels selbst die zumindest bauliche Erneuerung ihres Quartiers besorgt. Da die Initiative für rein bauliche Verbesserungen in einem Problemviertel jedoch häufig eher seitens öffentlicher Akteure als durch die oft mittelarmen Bewohner erfolgt, erscheint es mir angemessener, die neutralere Typenbezeichnung „bauliche Erneuerung" zu verwenden. Des Weiteren möchte ich durch Hinzufügung eines Typs „marginale Aufwertung" die Möglichkeit der moderaten baulich-sozialen Aufwer-

Tabelle 3-14: Typen der Aufwertung von Wohnvierteln

	Anfänglich	Veränderungen			Resultat
	Abgewertetes, ärmliches Wohnviertel	Verbesserung der baulichen Umgebung	Soziale Aufwertung	Demographischer Wandel	Wohlhabendes Wohnviertel
Gentrification	✔	✔	✔	✔	✔
Marginale Gentrification	✔	✔	✔	✔	
Aufwertung		✔	✔	✔	✔
Marginale Aufwertung		✔	✔	✔	
Bauliche Erneuerung	✔	✔			

Quelle: VAN CRIEKINGEN und DECROLY (2003: 2454); eigene Modifikationen.

tung eines nicht depravierten Wohnviertels ohne durchgreifende Erhöhung des Sozialstatus seiner Bewohnerschaft erfassen. Indem diese Typologie verschiedene Möglichkeiten der Erneuerung von Wohnvierteln zulässt, dürfte sie auch hinreichend flexibel sein, um sich nicht-westlichen Kontexten anzupassen. So ist ja, wie die Ausführungen in Kapitel 1.3.2 gezeigt haben, die Anwesenheit von Gentrification im engeren Sinne in japanischen Städten durchaus umstritten.

Da es sich bei Gentrification und anderen Formen der Aufwertung von Wohnvierteln im Allgemeinen um sehr kleinräumig wirksame Phänomene handelt, können von der folgenden auf der Stadtbezirksebene angesiedelten Analyse natürlich nur erste grobe Anhaltspunkte erwartet werden (eine entsprechende Untersuchung auf der Basis von Distrikten erfolgt in Kap. 4.1). In Abhängigkeit von den Terminen der japanischen Volkszählungen, aus deren Ergebnisbänden die meisten Daten gewonnen werden konnten, wurde die Analyse zum einen für den Zeitraum 1995–2000, d. h. die Phase des neuerlichen Bevölkerungsanstiegs in den zentralen Stadtbezirken, und zum anderen für die Periode 1985–2000 durchgeführt, um auch längerwirkende Prozesse erfassen zu können.

Zur Operationalisierung der Typologie war in Entsprechung der Datenlage und unter Berücksichtigung besonderer japanischer Bedingungen zum Teil von den von VAN CRIEKINGEN und DECROLY (2003) gewählten Indikatoren der Aufwertung von Wohnvierteln abzuweichen (vgl. Tab. 3-15). Signifikante Verbesserungen der baulichen Umgebung werden für den Zeitraum 1995–2000 in denjenigen Stadtbezirken angenommen, in denen eine überdurchschnittliche Erhöhung des Anteils von Haushalten in Eigentums-Apartmentwohnungen (*bunjō manshon*) verzeichnet wurde, die – wie bereits geschildert – die dominante bauliche Manifestation des jüngeren innerstädtischen Bevölkerungsanstiegs darstellen. Für den längeren Zeitraum 1985–2000 liegen jedoch räumlich hinreichend aufgeschlüsselte Daten hierzu nicht vor, so dass auf den Bodenpreisindikator zurückzugreifen war. Demnach definiert sich bauliche Aufwertung als überdurchschnittlicher Anstieg bzw. unterdurchschnittlicher Rückgang der Preise für Wohnbauland. Hinsichtlich der Erfassung sozialer Aufwertung habe ich nur die Veränderungen des Anteils von Erwerbstätigen in freien und technischen Berufen berücksichtigt; soziale Aufwertung liegt somit bei einer überdurchschnittlichen Erhöhung dieses Anteils vor. Daten über den formalen Bildungsstand, die in Japan zudem als wenig zuverlässig gelten (vgl. YAMADA, S. 2002; s. auch Kap. 1.5), sind hingegen auf Stadtbezirksebene nur für die Jahre 1980 und 2000 nach Alter aufgegliedert publiziert und mussten deshalb unberücksichtigt bleiben. Die Messung demographischen Wandels schließlich erfolgte zum einen über eine Betrachtung des Wandels bei den Altersgruppen 25–39 Jahre und 40–

Tabelle 3-15: Indikatoren der Aufwertung von Wohnvierteln

Dimension	Brüssel (B) und Montreal (M)	Tōkyō (23 Stadtbezirke)
Abgewertetes, ärmliches Wohnviertel	Sozialer Rang-Index (über Hauptkomponentenanalyse)	Index sozialer Problematik[1] (über Z-Transformation)
Verbesserungen der baulichen Umgebung	Anteil privater Wohnungen, die mit Hilfe von Renovierungszuschüssen renoviert wurden (B) Entwicklung der durchschnittlichen Mieten für private Wohnungen (M)	Entwicklung des Anteils von Haushalten in Eigentums-Apartmentwohnungen (1995–2000) Entwicklung der Bodenpreise für Wohnbauland (1985–2000)
Soziale Aufwertung	Entwicklung des Anteils von Hochschulabsolventen UND Entwicklung des Anteils von Beschäftigten in höheren Berufen	Entwicklung des Anteils von Beschäftigten in freien und technischen Berufen
Demographischer Wandel	Entwicklung des Anteils der 25–34jährigen ODER Entwicklung des Anteils der 35–44jährigen	Entwicklung des Anteils von Single- und Ehepaarhaushalten (ohne Altenhaushalte) UND Entwicklung des Anteils der 25–39jährigen ODER Entwicklung des Anteils der 40–54jährigen
Wohlhabendes Wohnviertel	Durchschnittliches Haushaltseinkommen	Durchschnittliches Haushaltseinkommen

Anm.: [1] Zur Berechnung dieses Indexes siehe Kapitel 3.4.3.1.
Quelle: VAN CRIEKINGEN und DECROLY (2003: 2457) (Brüssel, Montreal); eigene Konzeptionierung (Tōkyō).

54 Jahre. Das gegenüber dem Vorgehen bei van Criekingen und Decroly höhere Alter des berücksichtigten Personenkreises nimmt dabei Bezug auf die im vorangegangenen Unterkapitel vorgestellten Ergebnisse über das durchschnittliche Alter der Eigentümer neuer Apartmentwohnungen in den zentralen Stadtbezirken Tōkyōs. Da eine Veränderung des Anteils von Altersgruppen jedoch nicht nur infolge von Wanderungsvorgängen, sondern auch aufgrund der Alterung unterschiedlich starker Geburtsjahrgänge zustande kommen kann, gilt in vorliegender Studie als zusätzliche Bedingung, dass neben einer überdurchschnittlichen Erhöhung des Anteils zumindest einer Altersgruppe auch die Erhöhung des Anteils von Einpersonen- und Ehepaarhaushalten über dem für ganz Tōkyō gemessenen Durchschnitt liegen muss.

Abbildung 3-16 bildet die Ergebnisse der Analyse für beide Zeiträume ab. Hieran ist zunächst zu erkennen, dass über den längeren Zeitraum von 1985 bis 2000 hinweg mit Ausnahme von Shibuya-*ku* messbare Auf-

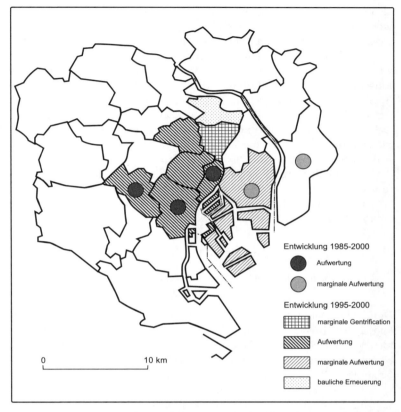

Entwicklung 1985-2000

● Aufwertung

● marginale Aufwertung

Entwicklung 1995-2000

▦ marginale Gentrification

▨ Aufwertung

▨ marginale Aufwertung

▫ bauliche Erneuerung

0   10 km

Abbildung 3-16: Typen der Aufwertung nach Stadtbezirken, 1985–2000 und
1995–2000
Anm.:   Zur Definition der einzelnen Typen siehe Tabelle 3-14.
Quelle: Eigene Berechnungen nach Sōmuchō Tōkeikyoku, *Kokusei chōsa
hōkoku* 1985, 1995, 2000; *Jūtaku tochi tōkei chōsa hōkoku* 1983, 1993;
Tōkyō-to Tōkei Kyōkai, *Tōkyō-to tōkei nenkan* (1991, 1996, 2003);
Nihon Māketingu Kyōiku Sentā (2002); Tōkyō-to Toshi Keikaku-
kyoku Sōmu-bu Tochi Chōsa-ka (2004).

wertungsprozesse auf die Bezirke entlang der *waterfront* von Minato-*ku*
ostwärts bis nach Edogawa-*ku* beschränkt sind. Damit folgen die Ergebnisse in etwa dem Trend, der bereits für den Bau hochgeschossiger Wohnbauten in dieser Zeit festgestellt werden konnte. Zwischen 1995 und 2000
konzentrieren sich die Veränderungen hingegen stärker auf das Stadtzentrum. Die markante Bevölkerungszunahme seit Mitte der 1990er Jahre hat

also in der Tat auch zu einer signifikanten baulichen wie sozialen Aufwertung der inneren Stadtbezirke insgesamt geführt, jedoch nicht zu Gentrification im engeren Sinne, was in Anbetracht der beschriebenen Kleinräumigkeit dieses Phänomens für diese Raumebene aber auch nicht zu erwarten war. Eine besondere Beachtung verdienen weiterhin die Eingruppierungen der Bezirke Arakawa (bauliche Erneuerung), Kōtō (marginale Aufwertung) und Taitō (marginale Gentrification), womit sich die These der Vielgestaltigkeit von Aufwertungsprozessen bestätigt. Dabei ist der Unterschied zwischen den Bezirken Taitō und Kōtō allerdings ausschließlich auf die Tatsache zurückzuführen, dass im ersteren Fall ein hoher Wert beim Index sozialer Problematik, der wesentlich mit der Existenz des Tagelöhnerviertels San'ya in Verbindung steht (s. ausführlicher Kap. 4.3), die Einstufung dieses Bezirks als „abgewertetes, ärmliches Wohnviertel" bewirkt hat. Es zeigen sich somit auch rasch die Grenzen einer Anwendbarkeit der Methodik auf Stadtbezirksebene.

3.4.2 TŌKYŌ AUF DEM WEG ZUR ETHNICITY?[22]

3.4.2.1 Muster und Determinanten der räumlichen Verteilung wichtiger Nationalitäten

Die Zahl ausländischer Staatsbürger im Bereich der 23 Stadtbezirke Tōkyōs hat während der vergangenen zwanzig Jahre markant zugenommen. Waren es im Jahr 1985 noch rund 125.000 Personen, so stieg die Zahl bis zum Jahresende 2005 auf rund 302.000 Personen; der Anteil an der Gesamtbevölkerung erhöhte sich damit von 1,5 % auf 3,6 %. Gemessen etwa an den Anteilen ausländischer Staatsbürger in Greater London (vgl. Kap. 2.2.2.2) oder auch in deutschen Millionenstädten wie Berlin (13,7 %) oder Hamburg (14,2 %) (Stand Ende 2005; STATISTISCHES BUNDESAMT 2006: 50), ist die Präsenzstärke von in der japanischen Hauptstadt wohnenden Ausländern jedoch nach wie vor als erstaunlich gering einzustufen, was, wie ich bereits in Kapitel 2.3 ausgeführt habe, zum insgesamt geringen Ausmaß sozialer Polarisierung in Tōkyō beigetragen haben mag. In diesem Unterkapitel soll nun untersucht werden, in welchem Maße die in Tōkyō ansässigen Ausländer räumliche Konzentrationen im Stadtgebiet bilden und welche möglichen Ursachen hierfür verantwortlich gemacht werden können, bevor ich dann in Kapitel 4.2 auf einen Stadtteil mit besonders hoher Ausländerkonzentration näher eingehen werde.

---

[22] Der Begriff *EthniCity* wurde dem gleichnamigen, 1996 erschienenen Band (Hg.: Curtis C. ROSEMAN, Hans Dieter LAUX und Günter THIEME) entnommen.

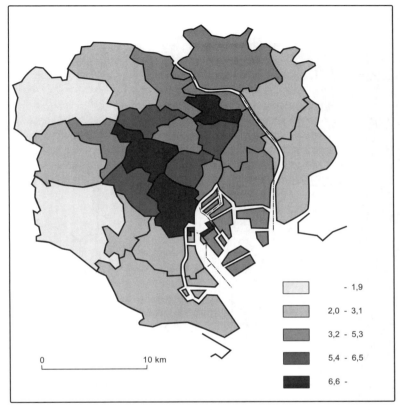

- 1,9

2,0 - 3,1

3,2 - 5,3

5,4 - 6,5

6,6 -

0   10 km

Abbildung 3-17: Ausländischer Bevölkerungsanteil (in %), Tōkyō 31.12.2005
Quelle: Eigene Berechnungen nach TŌKYŌ-TO, *Gaikokujin tōroku kokuseki-*
                 betsu jin'in chōsahyō 2006.

Wie die Abbildung 3-17 zeigt, hat die ausländische Bevölkerung Tōkyōs
ihren räumlichen Schwerpunkt in den inneren Stadtbezirken. Neben dem
durch Botschaften und andere internationale Einrichtungen geprägten
Minato-*ku* (2005: 10,7 %) sind es insbesondere solche Stadtbezirke, die
nach der Untersuchung von NAKABAYASHI (1987) dem zentrumsrandli-
chen *inner city*-Bereich angehören – mit Ausnahme allerdings von Sumi-
da-*ku*, wo ein nur durchschnittlicher Ausländeranteil verzeichnet wird.
Vor allem die randlichen Bezirke des Westens weisen demgegenüber sehr
geringe Anteile auf, ein Faktum, das sich in den westlichen suburbanen
Raum hinein fortsetzt (vgl. LÜTZELER 1995: 146). Dieses Raummuster

253

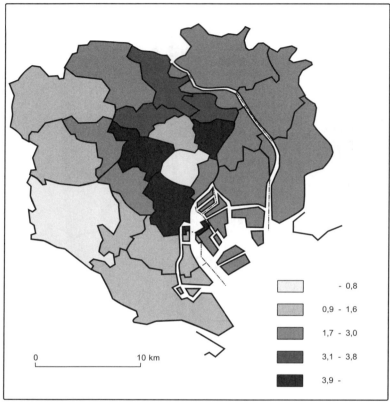

- 0,8

0,9 - 1,6

1,7 - 3,0

0   10 km   3,1 - 3,8

3,9 -

Abbildung 3-18: Wandel des ausländischen Bevölkerungsanteils (in Prozentpunkten), Tōkyō 1985–2005
Quelle: Eigene Berechnungen nach Tōkyō-to, *Gaikokujin tōroku kokuseki-
betsu jin'in chōsahyō* 1986, 2006.

stimmt gut mit dem Muster überein, das den Anstieg des ausländischen
Bevölkerungsanteils seit 1985 zeigt (vgl. Abb. 3-18). Der Stadtbezirk Shinjuku sticht dabei mit einer Erhöhung von 6,4 Prozentpunkten besonders
ins Auge, gefolgt von den Bezirken Minato und Taitō (4,9 bzw. 4,1 Prozentpunkte). Mit einem Korrelationskoeffizienten von r=0,78 ist die statistische Ähnlichkeit zwischen den räumlichen Verteilungen von 1985
und 2005 geringer als bei den meisten der anderen bisher untersuchten
Variablen. Augenscheinlich besitzen die seit den späten 1980er Jahren
zugewanderten „neuen" Ausländer teilweise andere Wohnpräferenzen
als die zuvor in Tōkyō ansässigen Ausländergruppen.

Betrachtet man die aktuellen Verbreitungsmuster der vier in Tōkyō am zahlreichsten vertretenen Nationen (vgl. Abb. 3-19, 3-21 bis 3-23), so zeigen sich – wie auch kaum anders zu erwarten – zum Teil signifikante Unterschiede zur räumlichen Verteilung der ausländischen Bevölkerung insgesamt. Kennzeichnend für die Verteilung chinesischer Staatsbürger (inklusive Taiwanesen) ist eine starke Konzentration im Bereich der nördlichen Yamanote-Ringbahnzone von Shinjuku über Toshima bis nach Taitō.[23] Vor allem die Gegenden um die Nebenzentren Shinjuku und Ikebukuro bieten nach allgemeiner Auffassung den meist wenig solventen und alleinstehend als Studenten nach Japan kommenden Chinesen gleich vier Vorteile: Sie weisen als Teil des ehemaligen innerstädtischen Holzmietwohngürtels einen hohen Anteil kleiner und preiswerter Wohnungen in meist zwei- bis dreigeschossigen, oft abgenutzen Häusern auf, beherbergen einen Großteil der Sprach- und Fachschulen Tōkyōs, liegen verkehrsgünstig auch zu wichtigen Universitäten und bieten schließlich eine hohe Zahl von Restaurants, Bars oder Clubs, in denen chinesische Bildungsmigranten als ungelernte Hilfskräfte das für den Lebensunterhalt notwendige Geld hinzuverdienen können. Häufige Nachtarbeit in diesen Gaststätten in Kombination mit einem recht frühen Betriebsschluss der öffentlichen Verkehrsmittel in Tōkyō macht es zwingend, Wohnungen in der Nähe zu suchen. Hierbei helfen oft intra-ethnische Netzwerke, wodurch ein bestimmter Bestand an Wohnungen dauerhaft durch ständig wechselnde chinesische Bewohner belegt bleibt. Das Angebot an billigem Wohnraum ist nämlich trotz allem knapp, da japanische Vermieter oft nicht bereit sind, Ausländer zu akzeptieren (TAJIMA 1994: 116–120; KOSUGE 1996: 67).

Diese im Wesentlichen auf Untersuchungen der frühen 1990er Jahre fußenden Erkenntnisse gelten allerdings gegenwärtig nicht mehr uneingeschränkt. So konnte bereits seit etwa 1989/90 im Zusammenhang mit der Bodenspekulation während der *bubble*-Periode um die Nebenzentren eine zunehmende Ersetzung alter baufälliger Holzmiethäuser durch neue dreigeschossige Miethäuser in Stahlbetonbauweise festgestellt werden, die zwar ebenfalls prinzipiell für ausländische Mieter zugänglich sind, aber infolge höherer Mieten nicht von allen Migranten genutzt werden können (MACHI KYOJŪ KENKYŪKAI 1994: 40–41, 178; TAJIMA 2003:

---

[23] Eine ähnliche Verbreitung zeigen südostasiatische Migranten, was sich an einem hochsignifikanten Korrelationskoeffizienten von r=0,73 zwischen dem Muster der Chinesen und dem aller Angehörigen südostasiatischer Staaten von Myanmar an ostwärts (Filipinos ausgenommen) belegen lässt. Zum Teil ist dies damit zu erklären, dass es sich bei vielen Südostasiaten um ethnische Chinesen handelt (vgl. TAJIMA 2002²: 96–98).

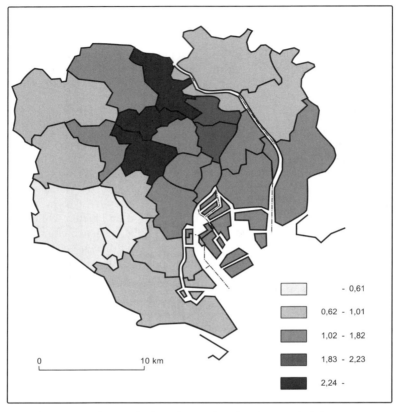

- 0,61

0,62 - 1,01

1,02 - 1,82

0 ⊢——————┤ 10 km

1,83 - 2,23

2,24 -

Abbildung 3-19: Chinesische Staatsbürger (in %), Tōkyō 31.12.2003
Quelle: Eigene Berechnungen nach Tōkyō-to, *Gaikokujin tōroku kokuseki-betsu jin'in chōsahyō* 2004.

74). Des Weiteren hat sich die Zusammensetzung der chinesischen Bevölkerung in Tōkyō merklich verändert, wobei insbesondere das Bildungs-
motiv nicht mehr so stark im Vordergrund steht wie früher: So blieb zwar
der Anteil der Personen mit Auslandsstudentenvisum (*ryūgaku*) konstant
bei rund 20 %, doch es sank der Anteil derjenigen Chinesen, die sich mit
einem Fachschülervisum (*shūgaku*) in Japan aufhalten, deutlich von
28,0 % im Jahr 1992 auf 14,9 % im Jahr 2002. Andererseits erhöhte sich der
Anteil von Migranten aus den drei nordöstlichen Provinzen Chinas – der
ehemaligen Mandschurei –, unter denen sich viele im Jahr 1945 zurück-

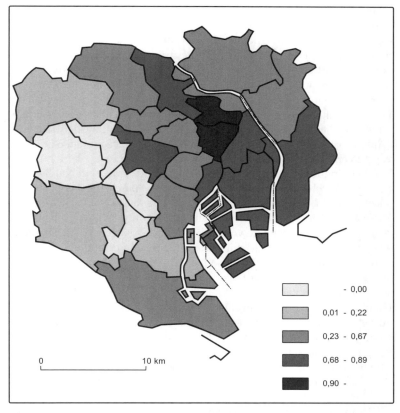

	- 0,00
	0,01 - 0,22
	0,23 - 0,67
	0,68 - 0,89
	0,90 -

0   10 km

Abbildung 3-20: Wandel des chinesischen Bevölkerungsanteils (in Prozentpunkten), Tōkyō 1993–2003
Quelle: Eigene Berechnungen nach Tōkyō-to, *Gaikokujin tōroku kokusekibetsu jin'in chōsahyō* 1994, 2004.

gelassene japanischstämmige „Kriegswaisen" und ihre Angehörigen befinden, im selben Zeitraum von 12,0 % auf 34,8 % (eig. Berechnungen nach Nyūkan Kyōkai 1993, 2003). Zudem haben sich etliche der in den späten 1980er Jahren zugewanderten Chinesen mittlerweile eine wirtschaftliche Existenz aufbauen können und infolge ihrer langen ununterbrochenen Anwesenheit in Japan das Daueraufenthaltsrecht erworben (Tajima 2003: 75–76).

Als Folge hat sich auch das räumliche Verteilungsmuster der Chinesen in Tōkyō zumindest leicht gewandelt. Auf der Ebene der Stadtbezirke erkennt man eine zunehmende Präferenz für die östliche Hälfte Tōkyōs, und hier besonders für die *shitamachi*-Stadtbezirke Taitō und Arakawa (vgl. Abb. 3-20). Womöglich ist dies auf die dort noch stärkere Verbreitung billigen Mietwohnbestandes zurückzuführen. So liegt der Korrelationskoeffizient zwischen dem Wandel des chinesischen Bevölkerungsanteils und dem Anteil an Wohnungen ohne Bad (1998) bei r=0,53 und ist damit auf dem 1 %-Niveau statistisch signifikant. Andererseits ergibt die Durchführung einer multiplen Regressionsanalyse anhand der Aufnahme der Variablen „Anteil Erwerbstätige in Dienstleistungsberufen" und „Anteil Erwerbstätige in Fertigungsberufen", die zusammen 64,8 % der Anteilsveränderung statistisch „erklären", dass nicht allein günstige Wohnbedingungen, sondern mehr noch das Vorhandensein von Beschäftigungsmöglichkeiten für ungelernte Kräfte ausschlaggebend für die leichte Verschiebung des Verbreitungsmusters nach Osten sein könnten. Diese Vermutungen erhärten sich anhand von Ergebnissen, die auf der räumlichen Mikroebene gewonnen wurden. So ist schon seit längerem eine gewisse Ausbreitung chinesischer Zuwanderer entlang wichtiger Vorortbahnlinien erkennbar, was erstens mit der Persistenz abbruchreifer Mietwohnungen in unprofitabler Lage unmittelbar an den lauten Bahnstrecken und zweitens mit der Vielzahl von Arbeitsmöglichkeiten in den Bahnhofsvierteln erklärt wird. Drittens ist durch die Verkehrsgunst eine gute Anbindung an Bildungsstätten und andere wichtige Einrichtungen weiterhin gegeben. Schließlich sollte nicht übersehen werden, dass ein Fortzug in randlichere Stadtbezirke bei wirtschaftlich bessergestellten Chinesen auch mit dem Wunsch nach größeren und zugleich preiswerten Wohnungen verbunden ist (SHIMIZU 1994: 389–390; MACHI KYŌJŪ KENKYŪ-KAI 1994: 38–39, 41; TAJIMA 2002[2]: 205).

Die räumliche Verteilung der koreanischstämmigen Bevölkerung (vgl. Abb. 3-21) wird großenteils durch das Siedlungsmuster von bereits vor dem Zweiten Weltkrieg von der damals okkupierten koreanischen Halbinsel nach Tōkyō gekommenen Personen und ihren Nachkommen bestimmt. Deren Anteil an allen derzeit in der japanischen Hauptstadt ansässigen Koreanern dürfte etwa knapp zwei Drittel ausmachen, da zum Ende des Jahres 2002 60,8 % ein Daueraufenthaltsrecht besaßen. Wie bereits in Kapitel 3.1 dargestellt, lässt sich vor allem die Konzentration in den Bezirken Taitō und Arakawa auf die hier vorherrschende kleingewerbliche Wirtschaftsstruktur zurückführen, die koreanische Arbeitsmigranten schon vor dem Zweiten Weltkrieg in großer Zahl anzog. Indes besitzt auch die Anwesenheit von Koreanern im Stadtbezirk Shinjuku eine gewisse Tradition, die auf die 1950 erfolgte Ansiedlung des durch einen koreanischen Geschäftsmann gegründeten „Lotte"-Süßwarenunternehmens im Distrikt Hyakuninchō 2 zurückgeht (MACHI KYŌJŪ KEN-

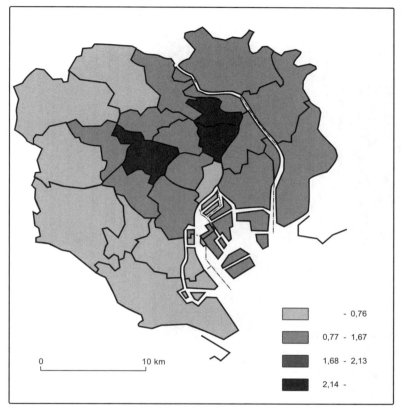

- 0,76

0,77 - 1,67

1,68 - 2,13

2,14 -

0   10 km

Abbildung 3-21: Koreanische Staatsbürger (in %), Tōkyō 31.12.2003
Quelle: Eigene Berechnungen nach Tōkyō-to, *Gaikokujin tōroku kokuseki-betsu jin'in chōsahyō* 2004.

Kyūkai 1994: 103). In jüngerer Zeit sind weitere Koreaner in den Stadtbe-zirk gezogen. Zum Teil handelt es sich dabei um Familien von entsandten Unternehmensangestellten, die ihre Kinder in der (süd-)koreanischen Schule im Stadtteil Wakamatsuchō unterrichten lassen, zum Teil sind es junge Alleinstehende, die wie auch viele junge chinesische Migranten die räumliche Nähe zu Bildungseinrichtungen, preiswerten Mietwohnungen und lukrativen Zuverdienstmöglichkeiten suchen (Tajima 1994: 93).

Bislang kaum kommentiert wurde das Raummuster philippinischer Staatsbürger (vgl. Abb. 3-22). Die relativ hohen Anteile im Ostteil Tōkyōs dürften jedoch – hierin der Situation von Angehörigen einiger süd- und

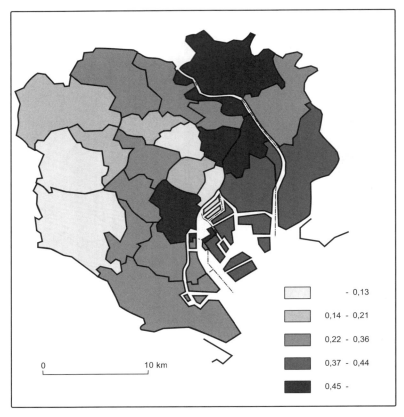

Abbildung 3-22: Philippinische Staatsbürger (in %), Tōkyō 31.12.2003
Quelle: Eigene Berechnungen nach Tōkyō-to, *Gaikokujin tōroku kokuseki-betsu jin'in chōsahyō* 2004.

westasiatischer Staaten ähnelnd – vor allem mit der Beschäftigung zahlreicher Filipinos in Klein- und Mittelunternehmen des produzierenden Sektors in Zusammenhang stehen (vgl. Machi Kyojū Kenkyūkai 1994: 48–51). Der räumliche Schwerpunkt in Minato-*ku* hingegen wird zum einen auf das dortige Vorhandensein philippinischer Gemeinschaftseinrichtungen wie katholische Kirchen, zum anderen auf die häufige Beschäftigung philippinischen Dienstpersonals in Botschaften und den Privathaushalten westlicher Entsandter zurückgeführt (Ibarra 1999: 105–106).

Bürger der Vereinigten Staaten von Amerika – und ähnlich auch die Angehörigen der meisten anderen westlichen Industriestaaten – sind

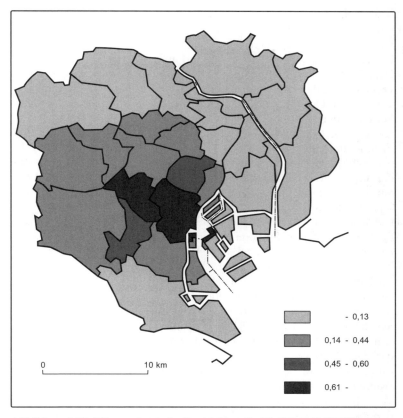

Abbildung 3-23: US-amerikanische Staatsbürger (in %), Tōkyō 31.12.2003
Quelle: Eigene Berechnungen nach Tōkyō-to, *Gaikokujin tōroku kokuseki-betsu jin'in chōsahyō* 2004.

überproportional häufig in den statushohen Gebieten des Stadtzentrums und des südwestlichen Tōkyō vertreten (vgl. Abb. 3-23).[24] Einen besonderen Schwerpunkt bilden die Bezirke Minato und Shibuya. Den

---

[24] Der Korrelationskoeffizient zwischen dem Raummuster der US-Amerikaner und dem aller Angehörigen der übrigen westlichen Staaten lag 2003 bei r=0,98. Interessanterweise ist auch die Verbreitung der Lateinamerikaner (r=0,89) und diejenige der Süd- und Westasiaten sowie Afrikaner (r=0,91) mit dem Muster der US-Bürger hochkorreliert, was meines Erachtens darauf hindeutet, dass es sich bei den meisten Angehörigen dieser Nationengruppen in Tōkyō nicht um

Aussagen von Immobilienmaklern zufolge setzen sich die Wohnpräferenzen westlicher Entsandter in Tōkyō vor allem aus den folgenden vier Elementen zusammen: erstens eine verkehrsgünstige Lage zu Auslandsschulen der betreffenden Länder, in denen mitgereiste Kinder in ihrer Sprache und Kultur unterrichtet werden können, zweitens eine verkehrsgünstige Lage zum Stadtzentrum, drittens das Vorhandensein von Geschäften mit spezifisch westlichen Lebensmitteln und anderen Waren in der Nähe und viertens eine durchgrünte Umgebung (MACHI KYOJŪ KENKYŪKAI 1994: 27–28). Solche Bedingungen werden in Tōkyō insbesondere im südwestlichen Yamanote-Stadtsektor erfüllt. Hier finden sich die meisten Botschaften, internationale politische Organisationen und viele ausländische Firmenvertretungen, aber auch zahlreiche am westlichen Bedarf orientierte Gaststätten und Einzelhandelsgeschäfte oder Kliniken und Arztpraxen mit englischsprachigem Personal (KOBAYASHI 2001: 214). Aus westlichen Staaten stammende Ausländer mit geringerem Einkommen wie Sprachlehrer oder Auslandsstudenten präferieren hingegen stärker die Stadtteile entlang der Chūō-Bahnlinie nach Westen, wo sich die Standortvorteile „preisgünstiges Mietwohnangebot" und „Nähe zu größeren Universitäten" überlagern (MACHI KYOJŪ KENKYŪKAI 1994: 29).

Insgesamt lassen sich somit aus in der Literatur bereits aufgearbeiteten Ergebnissen in vielen Fällen plausible Erklärungsansätze ableiten. Um diese Hypothesen statistisch zu überprüfen, wurde im Folgenden auf das Verfahren der Regressionsanalyse zurückgegriffen. Als „Erklärungs"-Variablen dienten dabei zum einen Merkmale aus den Bereichen Wohnverhältnisse und Beschäftigungsstruktur. Zum anderen wurden Variablen einbezogen, die die allgemeine soziodemographische und sozioökonomische Situation in einem Stadtbezirk näher beschreiben.

Mittels Tabelle 3-16 lassen sich nun die in statistischer Hinsicht signifikantesten Einflussfaktoren auf die Verteilung der vier am stärksten in Tōkyō vertretenen ausländischen Nationen genau benennen. Das Bestimmtheitsmaß R^2 gibt zudem in Prozent an, in welchem Umfang die räumliche Gesamtvarianz einer Nation durch die in das jeweilige Regressionsmodell aufgenommenen Variablen statistisch erklärt wird. Insgesamt vermittelt sich der Eindruck einer Bestätigung der oben dargelegten Hypothesen, auch wenn die Erklärungskraft der Regressionsmodelle für Koreaner und Filipinos nur durch die Hilfskonstruktion von Dummy-Variablen[25]

Arbeitsmigranten wie im übrigen Japan, sondern um Botschaftsangehörige oder sonstige Entsandte handelt.

[25] Zu Wesen und Einsatzmöglichkeiten von Dummy-Variablen in quantitativ-geographischen Analysen vgl. BAHRENBERG, GIESE und NIPPER (1992: 56–62).

Tabelle 3-16: Verbreitungsmuster wichtiger Nationalitäten in Tōkyō im Jahr 2000: Ergebnisse der Regressionsanalysen

Variable	Chinesen	Koreaner	Filipinos	US-Amerikaner
1 Anteil Eigentumswohnungen				−.209[+]
2 Anteil Wohnungen ohne Bad		.362[+]		
3 Durchschnittliches Mietniveau				.610[++]
4 Anteil Fachschüler/Tagbevölkerung	.148[+]			
5 Anteil Beschäftigte in ausländischen Unternehmen				.344[+]
6 Anteil Erwerbstätige in Dienstleistungsberufen	.472[++]			
7 Anteil Erwerbstätige in Fertigungsberufen			.507[++]	
8 Anteil angestellt Beschäftigter		−.395[+]	−.459[++]	
9 Anteil Haushalte im untersten Einkommensquintil	.645[++]			
10 Shinjuku (Dummy)		.500[++]		
11 Minato (Dummy)			.558[++]	
Bestimmtheitsmaß R² (%)	**64,3**	**66,1**	**69,4**	**77,2**

Anm.: Signifikanzniveaus der Beta-Koeffizienten: [+] 5%-Niveau; [++] 1%-Niveau. Es wurden nur statistisch signifikante Koeffizienten abgebildet.

Quelle: Eigene Berechnungen nach Tōkyō-to, *Gaikokujin tōroku kokuseki-betsu jin'in chōsahyō* 2001 (Ausländerdaten); Sōmuchō Tōkeikyoku, *Kokusei chōsa hōkoku* 2000 (Var. 6–8), *Jūtaku tochi tōkei chōsa hōkoku* 1998 (Var. 1–3, 9), *Jigyōsho kigyō tōkei chōsa hōkoku* 2001 (Var. 5); Tōkyō-to Tōkei Kyōkai, *Tōkyō-to tōkei nenkan* 2000 (Var. 4).

auf ein einigermaßen zufriedenstellendes Niveau gehoben werden konnte. Im Falle der Koreaner soll dabei die Variable „Shinjuku" die Ansiedlung von Koreanern im Zusammenhang mit dem „Lotte"-Unternehmen und der südkoreanischen Schule in diesem Bezirk zum Ausdruck bringen, was anhand von metrisch skalierten Variablen nicht darstellbar wäre. Des Weiteren zeigt sich, dass koreanische Staatsbürger vor allem in solchen Bezirken wohnen, die durch zahlreiche Wohnungen minderer Qualität und durch einen hohen Anteil Selbständiger und mithelfender Familienangehöriger gekennzeichnet sind, Letzteres wohl vor allem als Indikator für eine kleingewerbliche Wirtschaftsstruktur zu verstehen. Die Verteilung philippinischer Staatsbürger wiederum erscheint wenig beeinflusst von der Wohnsituation. Umso mehr treten auch hier Zusammenhänge mit einer kleingewerblichen Wirtschaftsstruktur hervor (hohe Korrelationen mit den Variablen 10 und 12). Die Dummy-Variable „Minato" nimmt auf die oben genannte Tätigkeit vieler Filipinos als Dienstpersonal westlicher Ausländer Bezug.

Angesichts der zahlreichen Untersuchungen über das Wohnverhalten chinesischer Migranten ist es fast schon erstaunlich, dass auch deren Verteilungsmuster mit den vorhandenen Variablen „nur" zu knapp zwei Dritteln statistisch erklärt werden kann. Überraschend ist insbesondere die Nichtaufnahme von Wohnungsindikatoren in das Regressionsmodell. Wie bereits angedeutet, scheint namentlich das Vorhandensein billiger Mietwohnungen mit geringem Ausstattungsniveau als Standortfaktor nicht mehr die Rolle zu spielen, die ihm womöglich um 1990 noch zukam. Andererseits befinden sich viele Chinesen weiterhin in Bezirken mit einem hohen Anteil an Haushalten mit geringem Einkommen. Des Weiteren zeigen sich signifikante Zusammenhänge mit dem Vorhandensein von Fachschulen und einem hohen Anteil von Erwerbstätigen in Dienstleistungsberufen. Die mittlerweile recht heterogene Zusammensetzung der chinesischen Gruppe in Tōkyō könnte ein Grund für die insgesamt nur mittelhohe Erklärungskraft des Regressionsmodells sein. Demgegenüber kann die räumliche Verteilung der relativ homogenen US-amerikanischen Gruppe mit den vorhandenen Variablen sehr gut beschrieben werden. Wie bereits die obige Zusammenfassung der bislang hierzu zusammengetragenen Ergebnisse zeigte, wohnt diese Gruppe bevorzugt in prestigeträchtigen Gegenden mit hohem durchschnittlichen Mietniveau und zahlreichen ausländischen Unternehmen. Diese beiden Faktoren konstantgehalten, wird überdies deutlich, dass US-Amerikaner (wie auch andere westliche Ausländer) infolge ihrer von vorneherein begrenzten Aufenthaltsdauer in Tōkyō weniger in solchen Stadtbezirken leben, in denen der Wohnungsmarkt vor allem durch Eigentumswohnungen bestimmt wird.

3.4.2.2 Zur Stärke residenzieller Segregation einzelner Nationalitäten

Wie bereits in der Einleitung (Kap. 1.2.4) ausgeführt, verbinden sich mit der Betrachtung des Ausmaßes der residenziellen Segregation ethnischer Gruppen traditionell zwei prinzipiell unterschiedliche Hypothesen bezüglich ihrer Entstehung. Nach den Vertretern eines sozialpsychologisch argumentierenden Ansatzes wollen die einzelnen Gruppen selbst, aber auch die Mehrheitsbevölkerung aus kulturellen Gründen unter sich bleiben. Folgt man der klassischen Annahme der sozialökologischen Schule (vgl. PARK 1925/67: 10), nach der sich sozio-kulturelle Distanz zwischen Gruppen in räumlicher Distanz ausdrückt, müssten im vorliegenden Fall Nationen mit hoher kultureller Distanz zu Japan stärker von der japanischen Bevölkerung getrennt leben und somit einen höheren Segregationskoeffizienten aufweisen als solche mit geringer kultureller Distanz. Beruht ethnische Segregation hingegen primär auf sozialstrukturellen Unterschieden, wie andere Studien hervorheben, so ist anzunehmen, dass insbesondere Ausländergruppen mit im Durchschnitt deutlich höherem oder geringerem Sozialstatus als die japanische Bevölkerung zu scharfer räumlicher Abgrenzung tendieren – im ersteren Fall meist freiwillig, im letzteren Fall dagegen infolge der Diskriminierung durch sozial höher gestellte Einheimische (vgl. THIEME 1993: 170; SONOBE 2001: 120–121). Im Folgenden wurde für jede ausländische Gruppe, die in Tōkyō mit mindestens 1000 Personen vertreten ist, der einfache Segregationskoeffizient berechnet, der hier die Stärke der Absonderung einzelner Ausländergruppen von der japanischen Bevölkerung auf der Stadtbezirksebene wiedergibt.[26] Ein Wert von 0 zeigt dabei eine völlige Gleichverteilung an, während ein Wert von 100 auf eine maximale Unähnlichkeit in der räumlichen Verteilung einer Ausländergruppe zur einheimischen Bevölkerung hinweist. Zugleich lässt sich der Wert als derjenige Prozentanteil einer Nationengruppe interpretieren, der umziehen müsste, um dieselbe räumliche Verteilung wie die der Japaner zu erreichen (vgl. KEMPER 1993: 132–133).[27]

Auf Basis der Ergebnisse in Tabelle 3-17 lässt sich zunächst feststellen, dass sozialpsychologische Ansätze für den räumlichen Konzentrationsgrad der verschiedenen Nationen offenbar keinen wesentlichen Erklärungsbeitrag liefern. Dies zeigt sich speziell an der geringen Segregiertheit der Iraner als einer durch islamische Religion und in den Medien nachgesagtem Hang zur Kleinkriminalität besonders stark diskriminierten Gruppe (vgl. MACHIMURA 1998: 191). Ähnlich rätselhaft bliebe bei dem Versuch, räumliche Konzentration durch ethnisch-kulturelle Distanz zu erklären, auch die relative Gleichverteilung der muslimischen Pakistaner (wiederum im Vergleich zu den ebenfalls muslimischen Malaysiern) oder der katholischen Filipinos etwa im Vergleich zu den buddhistischen Myanmaren. Andererseits scheinen auch sozialstrukturell argumentierende Erklärungskonzepte nicht wirklich zu greifen: Zwar leben Angehörige westlicher Industrienationen im Allgemeinen klar von der japanischen

---

[26] Trotz dieser Beschränkung auf die zahlenstärksten Nationengruppen sollten die in diesem Teilkapitel entwickelten Gedanken in Anbetracht der weit höheren Gesamteinwohnerzahl einzelner Stadtbezirke und der damit eingeschränkten Aussagekraft der Segregationsindizes nur als vorläufige Hypothesen und nicht als gesicherte Erkenntnisse verstanden werden. Einem gänzlichen Verzicht auf die Analyse stand jedoch die Tatsache entgegen, dass statistische Angaben zur räumlichen Verbreitung einzelner Ethnien auf der an sich für Segregationsuntersuchungen besser geeigneten Distriktebene fehlen.

[27] Diese griffige Interpretierbarkeit des einfachen Segregationsindexes war auch der Grund dafür, dass ihm in diesem Falle der Vorzug vor dem sonst in dieser Arbeit gebrauchten modifizierten Segregationsindex nach Timms gegeben wurde.

Tabelle 3-17: Segregationsindizes nach Staatsangehörigkeit, Tōkyō 1993 und 2003

Staatsangehörigkeit	Personenzahl 2003	Segregationsindex IS 2003	Segregationsindex IS 1993
Iran	1.114	14,5	16,3
Brasilien	2.818	19,9	21,7
Philippinen	24.334	20,3	19,7
China	103.651	21,8	24,0
Thailand	4.670	22,0	20,0
Pakistan	1.429	22,2	28,7
Bangladesh	2.583	23,5	23,1
Korea	86.054	23,6	19,7
Indien	4.927	28,5	26,8
Vietnam	1.336	29,7	34,8
Indonesien	2.231	30,7	30,8
Singapur	1.017	32,7	–
Nepal	1.528	34,4	–
Russland	1.463	35,2	–
Kanada	2.846	36,5	38,0
Malaysia	3.462	40,8	36,1
Großbritannien	6.942	41,8	41,6
Australien	3.668	43,0	42,8
USA	15.202	46,0	44,5
Deutschland	2.044	47,8	50,2
Myanmar	4.021	52,0	54,6
Frankreich	3.892	56,2	56,7

Anm.: Es fanden nur Nationalitäten mit einer Stärke von mindestens 1000 Personen Berücksichtigung, was u. a. im Jahr 1993 auch für Staatsangehörige aus Singapur, Nepal und Russland nicht zutraf. Die Ausgangsdaten beziehen sich jeweils auf den 31.12. eines Jahres.

Quelle: Eigene Berechnungen nach TōKYō-TO, *Gaikokujin tōroku kokuseki-betsu jin'in chōsahyō* 1994, 2004.

Bevölkerung getrennt, was mit dem überwiegend hohen Sozialstatus dieser Gruppen erklärt werden mag. Doch umgekehrt zeigt sich – von den Myanmaren abgesehen – keine erhöhte Segregation bei Angehörigen von Staaten der sogenannten Dritten Welt. Ein Zusammenhang mit der

266

Länge der Präsenz einer Nationengruppe in Tōkyō kann ebenfalls ausgeschlossen werden;[28] vielmehr ist die jeweilige Stärke der Segregation seit 1993 in den meisten Fällen erstaunlich stabil geblieben. Schließlich bietet auch die These, nach der sich eine bestimmte ethnische Gruppe gegenüber der Mehrheitsbevölkerung erst nach Erreichen einer kritischen Masse („institutionelle Vollständigkeit" nach Breton 1964) abschließt, keinen befriedigenden Deutungsansatz für die Unterschiede der Segregationsniveaus nach Tabelle 3-17. Im Gegenteil zeigen gerade die vergleichsweise stark vertretenen Gruppen der Filipinos, Chinesen und Koreaner eine relativ geringe räumliche Absonderung.

Eine bessere Erklärung bieten indes die bereits oben angedeuteten Unterschiede im sozialen und beruflichen Homogenitätsgrad einer Gruppe. So handelt es sich bei der großen Mehrzahl von Ausländern westlicher Industrienationen um eine relativ homogene Schicht von Entsandten politischer, wissenschaftlicher, wirtschaftlicher oder auch religiöser Organisationen mit vergleichsweise hohem Sozialstatus, die in etwa ähnliche Wohn(ort)vorstellungen besitzen und diese infolge meist hoher Einkommen auch realisieren können.[29] Hingegen sind beispielsweise Chinesen als eine sehr heterogene Gruppe anzusprechen, die zu etwa gleichen Teilen aus in Fachberufen Tätigen, Universitäts- oder Fachschulstudenten, japanischen Kriegswaisen und Familienangehörigen von Japanern, Arbeitern im produzierenden Gewerbe sowie Personen im Unterhaltungsgewerbe besteht. Unterschiedliche finanzielle Ressourcen, divergierende Wohnortpräferenzen und unterschiedliche Tätigkeitsstandorte dürften einem engen räumlichen Zusammenwohnen sämtlicher Mitglieder dieser Gruppe entgegenstehen. Wie bereits Gordon (1964: 51–54) es mit seinem Begriff der *ethclass* ausdrückte, hängen die Stärke residenzieller Segregation und sozialer Integration nicht allein von der ethnischen Zugehörigkeit, sondern zusätzlich vom sozioökonomischen Status einer Gruppe ab. Erst die Kombination beider Merkmalskategorien ergibt einigermaßen homogene Migrantenpopulationen, denen ein gleichartiges Wohnverhalten unterstellt

---

[28] Hier lautete die Hypothese, dass bei längerem Aufenthalt eine stärkere Dispersion infolge einer Akkulturation an die Bedingungen des Aufnahmelandes zu erwarten wäre (dies entspräche den Mechanismen des *colony*-Segregationstyps nach Boal (1987: 109)).

[29] Insoweit hat Glebe (1984: 100) wohl nur teilweise Recht, wenn er als Begründung für die starke Raumsegregation der Japaner in Düsseldorf ohne weitere Belege ausführt: „Das räumliche Wohnverhalten der japanischen Gruppe ist [...] geprägt durch einen hohen Grad an Ethnozentrismus, der durch die relative Statushomogenität noch verstärkt wird". Wäre dieses Argument stichhaltig, müsste man den US-Amerikanern in Tōkyō einen mindestens ebenso starken Ethnozentrismus zusprechen.

werden könnte. Die nicht nur in japanischen Statistiken vorgegebene Betrachtungsverengung allein auf das durch Staatsbürgerschaft definierte Nationalitätenkriterium verhindert allerdings meist die Untersuchung des Wohnverhaltens solcher *ethclasses*.

Daneben kann auch das räumliche Muster des Wohnangebots in Tōkyō als ein Grund benannt werden, der vielen Nationen selbst dann, wenn sie dies wünschen, ein räumlich engeres Zusammenleben unmöglich macht (vgl. SHIMIZU 1995: 181). Ganze Stadtbezirke, die ausschließlich von preiswertem Mietwohnbestand geprägt werden, der zudem auch Gruppen mit geringem Sozialprestige offensteht, existieren in Tōkyō anders als in vielen westlichen Großstädten nicht. Der früher den westlichen und nördlichen Rand des Stadtzentrums in Teilen prägende Holzmiethausgürtel ist seit dem Bauboom der *bubble economy*-Jahre nur noch in Relikten vorhanden. Die milde Segregation vieler Ausländergruppen in Tōkyō ließe sich somit zweifelsohne auch als ein Spiegelbild der bereits in Kapitel 3.3.2.3 besprochenen milden baulichen Segregation in der japanischen Hauptstadt deuten.

Im Umkehrschluss wäre es damit aber auch verfehlt, von einem geringen räumlichen Konzentrationsgrad bei einer bestimmten ethnischen Gruppe auf einen Mangel an sozialer Interaktion zwischen den Angehörigen dieser Gruppe bzw. auf ein hohes Ausmaß an gesellschaftlicher Öffnung gegenüber der Mehrheitsgesellschaft zu schließen. So hat IBARRA (1999) am Beispiel der Filipinos in Tōkyō nachweisen können, dass für diese räumlich dispers lebende Gruppe die Einrichtungen der katholischen Kirche in Minato-*ku* als regelmäßiger Treffpunkt eine für den Zusammenhalt entscheidende Rolle spielen. SHIMIZU (1995) wiederum konnte belegen, dass auch unter illegalen Ausländern in Tōkyō, die nicht zuletzt aus Angst vor Entdeckung räumlich relativ verstreut leben, enge Netzwerke zwischen den Angehörigen einer Nation bestehen. Auch Ergebnisse aus anderen Ländern zeigen auf, dass viele ethnische Gruppen auch dann, wenn sie nicht in einem Viertel zusammenleben, nach außen abgeschlossene soziale Netzwerke entwickelt haben (vgl. SHIMIZU 1995: 180). Da die Entwicklung neuer Kommunikationsformen und die erhebliche Verbilligung von Flugreisen während der vergangenen beiden Jahrzehnte die Aufrechterhaltung des Kontaktes zum Heimatland, aber auch zu Landsleuten in anderen Ländern drastisch verbessert haben, spricht PRIES (1999) von transnationalen sozialen Räumen, in denen sich die meisten Migranten heute bewegen. Solche Migranten wünschen im Allgemeinen keine weitergehende Assimilation in die Aufnahmegesellschaft, brauchen aber auch nicht notwendig das räumliche Zusammenleben mit Landsleuten, um sich untereinander zu verständigen. Eine Aussage über den Grad der Integration ausländischer ethnischer Gruppen lässt sich somit allein über eine Analyse des Ausmaßes residenzieller Segregation kaum mehr treffen. Was sich in den räumlichen Verteilungs- mustern von Ausländern spiegelt, sind stattdessen in erster Linie struk- turelle Faktoren wie die Verteilung der zugänglichen Arbeitsplätze und Wohngelegenheiten.

3.4.3 Die Rückseite der *Global City*: sozial benachteiligte Stadtbezirke in Tōkyō

3.4.3.1 Das räumliche Muster sozialer Benachteiligung

Bereits in Kapitel 3.2.2 sind die räumlichen Unterschiede im allgemeinen sozioökonomischen Status der Bevölkerung Tōkyōs anhand der klassi- schen Indikatoren Einkommen, Beruf und Bildungsniveau analysiert wor- den, wobei auch für die Jahrhundertwende die Weiterexistenz des bekann- ten, spätestens in den 1920er Jahren fest etablierten Gefälles zwischen einem statushohen Südwesten und einem statusniederen Nordosten bestätigt werden konnte. In diesem Unterkapitel soll nun ein hiermit verwandter Aspekt behandelt werden, und zwar die Verbreitung spezifischer sozialer Problemlagen, die oft nur eine kleine Minderheit der Bevölkerung betref- fen, jedoch häufig einen ganzen Raum stigmatisieren können.[30] Es soll damit der Frage nachgegangen werden, in welchen Räumen sich seit Be- ginn der Globalisierungstendenzen in Tōkyō in den 1980er Jahren mögliche Verlierer des Restrukturierungsprozesses konzentrieren: Hat sich Armut dort vertieft, wo es sie schon immer gab, oder hat sie sich auf benachbarte Räume ausgedehnt? Gibt es andererseits Räume, in denen soziale Probleme entschärft werden konnten? Und wie lässt sich der Wandel erklären, welche Zusammenhänge bestehen mit anderen sozialstrukturellen Faktoren, aber auch mit der räumlichen Verteilung des Wohnungsangebotes?

Als Problemindikatoren wurden neben der bereits in Kapitel 3.2.2 vorgestellten Variable „Anteil der Haushalte im untersten Einkom- mensquintil" die um „sonstige" nicht-erwerbstätige Personen im er- werbsfähigen Alter erweiterte Erwerbslosenrate (s. hierzu näher Kap. 2.2.1) sowie die Rate der Sozialhilfeempfänger ausgewählt. Wie bereits geschildert, lässt sich der Bezug von Sozialhilfe aufgrund einer restrik- tiven Gewährungspraxis in Japan anders als z. B. in Deutschland nicht

---

[30] In Tōkyō ist die Erwähnung der genauen Lage von Problemdistrikten wie den Wohngebieten der Tagelöhner oder diskriminierter *burakumin* in der Öffent- lichkeit weitgehend tabuisiert, was dazu geführt hat, dass viele Bewohner der Hauptstadt entweder über gar keine Kenntnisse zur räumlichen Verbreitung benachteiligter Gruppen besitzen oder den gesamten Nordosten Tōkyōs pau- schal als Problemgebiet abqualifizieren (Waley 2000: 149–150).

Tabelle 3-18: Soziale Problemindikatoren, ausgewählte Kennziffern Tōkyō 1983/
85 und 1998/2000

Indikator	Prozentwert (Tōkyō 23*ku*)		Segregations-index		Korre-lations-
	1983/85	1998/00	1983/85	1998/00	koeffizient
Erwerbslosenquote (erweitert)	5,3	8,7	11,9	11,7	0,90
Sozialhilfeempfängerrate	1,9	2,2	31,5	34,7	0,94
Niedrigeinkommensgruppe	25,6	24,5	16,2	11,1	0,83

Quelle: Eigene Berechnungen nach SŌMUCHŌ TŌKEIKYOKU, *Kokusei chōsa hōkoku*
1985, 2000; SŌMUCHŌ TŌKEIKYOKU, *Jūtaku tochi tōkei chōsa hōkoku* 1983,
1998; TŌKYŌ-TO TŌKEI KYŌKAI, *Tōkyō-to tōkei nenkan* 1987, 2002.

als allgemeiner Armutsindikator interpretieren. Vielmehr spiegelt er
hauptsächlich die Verbreitung solcher mittelloser Personen wider, die
keine materielle Unterstützung durch Angehörige zu erwarten haben
und aufgrund von Unfällen, Krankheit oder Alter nicht oder nur eingeschränkt erwerbsfähig sind, wenngleich seit 1995 die Zahl von Fällen,
bei denen geringes Einkommen den Grund für die Gewährung von
Sozialhilfe darstellte, etwas zugenommen hat (EZAWA 2002: 287). Wie
Tabelle 3-18 zeigt, hat sich der Anteil sozialhilfebeziehender Personen
nicht zuletzt als Folge der zurückhaltenden Bewilligungspolitik seit
den 1980er Jahren nur geringfügig erhöht, während die erweiterte Erwerbslosenrate deutlicher gestiegen ist. Hinsichtlich der Entwicklung
des Segregationsniveaus dokumentieren sich recht unterschiedliche
Tendenzen. So konzentrierten sich Sozialhilfeempfänger im Jahr 2000
räumlich etwas stärker als 1985, während Haushalte mit niedrigem
Einkommen umgekehrt eine klare Tendenz zu stärkerer Gleichverteilung zeigen und bei dem ohnedies nur gering segregierten Anteil erwerbsloser Menschen keine Veränderungen aufgetreten sind. Eine Verstärkung residenzieller Segregation, wie von den Vertretern der Polarisierungsthese angenommen, ist jedenfalls auch im Falle sozialer Problemindikatoren für Tōkyō nicht durchweg erkennbar. Die zeitliche
Konstanz des räumlichen Musters schließlich ist, wie die sehr hohen
Korrelationskoeffizienten zeigen, abermals hoch, liegt aber etwas unter
dem für die allgemeinen sozioökonomischen Indikatoren ermittelten
Niveau. Vor allem Haushalte mit geringem Einkommen erscheinen im
Jahr 1998 etwas anders verteilt als 1983, was wohl, wie in Kapitel 3.2.2
angedeutet, mit einem verringerten statistischen Einfluss haushalts-
struktureller Faktoren auf diesen Indikator in Zusammenhang steht.

Tabelle 3-19: Sozialproblemindex[1] (z-standardisierte Werte) nach Stadtbezirken, 1983/85–1998/2000

Stadtbezirk	1983/85	1998/2000	Wandel
Chiyoda	–1,87	–1,66	0,21
Chūō	–1,16	–1,30	–0,14
Minato	–1,07	–1,03	0,04
Shinjuku	0,33	0,72	0,39
Bunkyō	–0,52	–0,77	–0,25
Taitō	1,14	1,47	0,33
Sumida	–0,01	0,20	0,21
Kōtō	–0,22	0,06	0,28
Shinagawa	–0,30	–0,39	–0,09
Meguro	–0,31	–0,56	–0,25
Ōta	–0,45	–0,29	0,16
Setagaya	–0,32	–0,55	–0,23
Shibuya	–0,21	–0,32	–0,11
Nakano	0,85	0,47	–0,38
Suginami	–0,09	–0,39	–0,30
Toshima	0,56	0,79	0,23
Kita	0,80	0,81	0,01
Arakawa	1,11	0,61	–0,50
Itabashi	0,52	0,58	0,06
Nerima	0,09	–0,14	–0,23
Adachi	0,96	0,97	0,01
Katsushika	0,42	0,62	0,20
Edogawa	–0,27	0,11	0,38

Anm.:   [1] Summe der standardisierten (z-transformierten) Werte der Variablen „Erwerbslosenrate (erweitert)", „Sozialhilfeempfängerrate" und „Niedrigeinkommensgruppe" dividiert durch 3.
Quelle: s. Angaben unter Tab. 3-18.

Analog zur Berechnung des sozioökonomischen Indexes in Kapitel 3.2.2 wurde als Durchschnittswert der standardisierten Einzelindikatoren ein Sozialproblemindex konstruiert (vgl. zur Berechnung näher die Anmerkung unter Tab. 3-19), dessen räumliche Verteilung auf Stadtbezirksebene in Tabelle 3-19 und Abbildung 3-24 dargestellt ist.

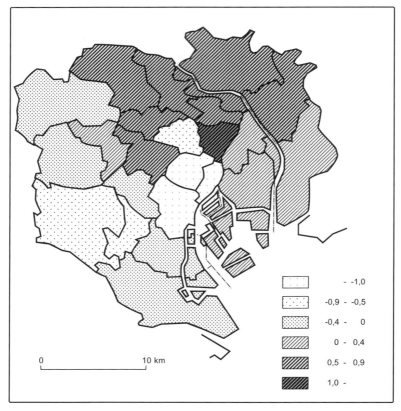

Abbildung 3-24: Sozialproblemindex (z-standardisierte Werte) nach Stadtbezirken, 1998/2000
Quelle: s. Angaben unter Tab. 3-18.

Für das Jahr 2000 tritt dabei ein Muster hervor, das dem des sozioökonomischen Indexes zwar ähnelt, aber auch einige Besonderheiten aufweist, wie auch an einem Korrelationskoeffizienten von „nur" r=-0,79
zwischen beiden Indizes deutlich wird. So lassen sich zwar in beiden
Fällen die nördlichen Stadtbezirke als die hauptsächlichen Problemgebiete ansprechen, doch zusätzlich fallen mit Shinjuku und Toshima
zwei nordwestliche *inner city*-Bezirke mit mittlerem Sozialstatus ihrer
Einwohnerschaft als Räume erhöhter sozialer Problematik auf, während umgekehrt die soziale Lage in den an der *waterfront* gelegenen
Industriebezirken nicht so gravierend erscheint, wie anhand der unter-

durchschnittlichen sozioökonomischen Indexwerte hätte angenommen werden können.

Als besonders benachteiligter Raum tritt Taitō-*ku* im nordöstlichen Cityrandbereich in Erscheinung. Der hohe Indexwert verdankt sich in erster Linie einem sehr hohen Anteil an Sozialhilfeempfängern von 7,2 %, wofür im Wesentlichen die Existenz des Tagelöhnerviertels San'ya in diesem Bezirk verantwortlich gemacht werden kann: So lebten im Jahr 2000 41,1 % der 5.273 Haushalte, die in Taitō-*ku* Sozialhilfe bezogen, im San'ya-Distrikt; weitere 31,5 % verfügten über keinen festen Wohnsitz (TAITŌ-KU KIKAKU ZAISEI-BU KIKAKU-KA 2002: 69; s. näher Kap. 4.3), woraus gefolgert werden kann, dass es sich auch hier überwiegend um Personen aus der Tagelöhnerschicht handelte.

Wie sich aus der zeitlichen Veränderung der Indexwerte erschließen lässt, hat sich die soziale Situation in diesem Bezirk seit den 1980er Jahren noch verschärft, was generell auf eine signifikante Zuspitzung der Situation von Tagelöhnern in der japanischen Hauptstadt hindeutet. In etwas weniger dramatischem Ausmaß findet sich eine Verschlechterung der sozialen Situation von ohnehin bereits benachteiligten Räumen im Falle der Bezirke Shinjuku und Toshima, was mit dem hohen Bestand billiger Mietwohnungen und einem entsprechend hohen Anteil einkommensschwacher Haushalte unter Einschluss der hier konzentrierten Migranten aus asiatischen Staaten erklärt werden kann (vgl. TOYODA, T. 1999: 242). Die Steigerung der Indexwerte für die östlichen Stadtbezirke Sumida, Kōtō, Katsushika und Edogawa schließlich geht mit einer überdurchschnittlichen Erhöhung der Erwerbslosenquote einher. Auf der anderen Seite hat sich die soziale Situation im nördlich an Taitō-*ku* angrenzenden Bezirk Arakawa offensichtlich verbessern können. Hier sank vor allem der Anteil einkommensschwacher Haushalte um 4,2 Prozentpunkte, was mit der moderaten baulichen Erneuerung in diesem Bezirk während der 1990er Jahre (vgl. Abb. 3-14b in Kap. 3.3.2.1 und Abb. 3-16 in Kap. 3.4.1.2) zusammenhängen könnte. In ähnlicher Weise haben sich auch in einigen westlichen Stadtbezirken, allen voran Nakano und Suginami, die Indexwerte durch einen stark zurückgehenden Anteil einkommensschwacher Haushalte signifikant reduziert.

Alles in allem bietet sich somit im Hinblick auf Veränderungen bei der räumlichen Verteilung sozialer Problemlagen ein recht heterogenes Bild dar. Eine Verschlimmerung der Situation in ohnehin bereits benachteiligten Räumen lässt sich zumindest auf der Bezirksebene nicht durchgängig feststellen, wohl aber eine relative Verschärfung in Zusammenhang mit steigender Erwerbslosigkeit im Osten, der eine Verbesserung der Lage in einigen westlichen Bezirken als Folge eines verminderten Anteils einkommensschwacher Haushalte gegenübersteht.

Dementsprechend hat sich die Verteilung sozialer Probleme in Tōkyō dem räumlichen Muster des allgemeinen sozioökonomischen Status angenähert,[31] woraus sich eine Tendenz zu sozialer Entmischung ableiten lässt. Stadtbezirke mit besonderen sozialen Problemlagen sind gegenwärtig stärker als noch in den 1980er Jahren zugleich solche Stadtbezirke, deren Bewohner einen im Durchschnitt geringen sozioökonomischen Status aufweisen.

3.4.3.2 Analyse der strukturellen Zusammenhänge

Um die bisher getroffenen Annahmen über mögliche Ursachen der Verbreitung sozialer Problemlagen in der japanischen Hauptstadt zu erhärten, wurde im Folgenden erneut das Verfahren der multiplen Regressionsanalyse unter Einschluss sowohl von sozialstrukturellen als auch den Wohnungsmarkt abbildenden Variablen angewendet. Durch eine Gegenüberstellung der jeweils für die 1980er Jahre und die jüngste Zeit erhaltenen Ergebnisse können des Weiteren Vermutungen über die Gründe der Veränderungen bei den Verteilungsmustern angestellt werden. Die Ergebnisse sind in Tabelle 3-20 dargestellt, wobei anhand des meist sehr hohen Anteils der erklärten Varianz zunächst zu erkennen ist, dass zumindest in statistischer Hinsicht die Raummuster sozialer Probleme durch die in die Modelle integrierten Variablen äußerst zufriedenstellend erklärt werden können.

Was die räumliche Verteilung der erweiterten Erwerbslosenquote betrifft, so wurden für beide untersuchten Jahre dieselben Variablen in das jeweilige Modell einbezogen, wobei allerdings auffällige Gewichtungsunterschiede zutage treten. So hat sich anscheinend die Bedeutung einer stark auf das verarbeitende Gewerbe fokussierten Wirtschafts- und Berufsstruktur merklich verstärkt, worin sich die Tatsache spiegeln dürfte, dass während der 1990er Jahre vor allem in diesem Bereich zahlreiche Arbeitsplätze verloren gingen, wobei namentlich ältere Arbeitnehmer und solche in Kleinunternehmen betroffen waren, deren Zulieferfunktionen für große Unternehmen zunehmend von Betrieben auf dem asiatischen Festland übernommen wurden (EZAWA 2002: 285–286). Einer Erhebung des unter der Zuständigkeit des japanischen Ministeriums für Arbeit und Soziales stehenden ZAIDAN HŌJIN KOYŌ JŌHŌ SENTĀ von 2004 zufolge lag auch noch im Januar 2004 in der Präfektur Tōkyō das Verhältnis zwischen der Zahl offener Stellen und

---

[31] Dies bestätigt sich durch die Tatsache, dass der räumliche Zusammenhang beider Indizes 1985 noch r=-0,63 betragen hatte und damit merklich unter dem für 2000 errechneten Koeffizienten von r=-0,79 lag.

Tabelle 3-20: Verbreitungsmuster sozialer Problemindikatoren in Tōkyō 1983/85 und 1998/2000: Ergebnisse der Regressionsanalysen

Variablen	Erwerbslosenrate (erweitert)		Sozialhilfe-empfängerrate		Niedrigeinkom-mensgruppe	
	1985	2000	1985	2000	1983	1998
1 Anteil Erwerbstätige in Fertigungsberufen	.387⁺	.628⁺⁺				
2 Anteil nicht-westliche Ausländer						.319⁺
3 Anteil sonstige nicht-private Einpersonenhaushalte	.308⁺	.377⁺⁺	.657⁺⁺	.713⁺⁺		
4 Anteil Mutter-Kind-Haushalte			.518⁺⁺			
5 Erwerbslosenrate (erweitert)	–	–	.259⁺	.579⁺⁺		.397⁺⁺
6 Anteil private Mietwohnungen	.716⁺⁺	.499⁺⁺				
7 Anteil öffentliche Mietwohnungen	.499⁺⁺	.414⁺⁺				
8 Anteil Kleinwohnungen					.870⁺⁺	.673⁺⁺
Bestimmtheitsmaß R² (in %)	73,4	89,1	83,7	91,2	74,6	85,5

Anm.: Signifikanzniveaus der Beta-Koeffizienten: ⁺ 5 %-Niveau; ⁺⁺ 1 %-Niveau. Es wurden nur statistisch signifikante Koeffizienten abgebildet.

Quelle: Eigene Berechnungen nach Sōmuchō Tōkeikyoku, *Kokusei chōsa hōkoku* 1985, 2000 (Var. 1, 3, 4, 5); *Jūtaku tochi tōkei chōsa hōkoku* 1983, 1998 (Var. 6, 7, 8, „Niedrig-Einkommensgruppe"); Tōkyō-to, *Gaikokujin tōroku kokuseki-betsu jin'in chōsahyō* 1999 (Var. 2); Tōkyō-to Tōkei Kyōkai, *Tōkyō-to tōkei nenkan* 1987, 2002 (Var. „Sozialhilfeempfängerrate").

der Zahl der Stellensuchenden im Falle der Fertigungsberufe bei nur 0,80, während beispielsweise im Bereich der Dienstleistungsberufe mit 1,95 fast doppelt so viele Arbeitskräfte gesucht wurden wie zur Verfügung standen. Die beobachtete Verschlechterung der sozialen Situation gerade in den von zahlreichen Kleinbetrieben dominierten östlichen Stadtbezirken Tōkyōs dürfte wesentlich auf diesen Umstand zurückzuführen sein. Des Weiteren korrespondiert die Verbreitung von Erwerbslosigkeit in geringerem Maße auch mit der Verteilung sonstiger nicht-privater Einpersonenhaushalte, worunter überwiegend in billigen Unterkünften lebende Tagelöhner sowie Obdachlose zu verstehen sind. Eine Rolle spielen schließlich hohe Anteile privater und öffentlicher Mietwohnungen, in denen sich, wie in Kapitel 3.3.2.2 gezeigt werden konnte, ärmere Haushalte konzentrieren. Die relative Bedeutung dieser Variablen ist jedoch auf Kosten des Anteils von Erwerbstätigen in Fertigungsberufen zurückgegangen.

Wie bereits oben anhand der Situation im Stadtbezirk Taitō offenbar wurde, orientiert sich das räumliche Muster des Sozialhilfebezugs in Tōkyō in starkem Maße an der Präsenz von (älteren) Tagelöhnern. Des Weiteren erscheint für das Jahr 2000 die Erwerbslosenrate als ein wichtiger Einflussfaktor. Der Anstieg der statistischen Erklärungskraft gegenüber 1985 könnte dabei in Anbetracht der langen Rezessionsphase seit 1992 auf eine stärkere Verbreitung von Dauererwerbslosigkeit hindeuten. Als von geringerer Bedeutung erweisen sich hingegen die räumlichen Muster bestimmter Haushalte, die in Japan als klassische Empfänger von Sozialhilfe angesehen werden können. So stehen alleinerziehende Frauen infolge ihrer Erziehungstätigkeit oft nur bedingt, d. h. für gering entlohnte Teilzeittätigkeiten, dem Arbeitsmarkt zur Verfügung, und Unterstützungsleistungen durch einen ehemaligen Ehepartner existieren mangels gerichtlicher Klärung von Scheidungen in Japan meist nicht. Als Folge beziehen in der Präfektur Tōkyō etwa zwölf Prozent aller alleinerziehenden Mütter Sozialhilfe (YUI und YANO 2002: 199–203). Dennoch lieferte die Variable „Anteil von Mutter-Kind-Haushalten" nur für das sich auf 1985 beziehende Regressionsmodell einen signifikanten Erklärungsbeitrag. Im Jahr 2000 hingegen wurde der Effekt dieser Variable durch den Einfluss der Variable „Erwerbslosenrate", zu der eine mäßig signifikante korrelative Beziehung von r=0,46 besteht, statistisch gewissermaßen überdeckt. Somit muss die Nichtsignifikanz dieser Variable in Bezug auf die Sozialhilfeempfängerverteilung des Jahres 2000 nicht unbedingt bedeuten, dass sich der räumliche Zusammenhang von Alleinerziehendenstatus und Sozialhilfebezug in Tōkyō gelockert hat. Überraschend ist schließlich das Fehlen eines signifikanten Zusammenhangs mit einer Variable, die auf die Präsenz alleinlebender alter Menschen hindeutet. Wenn somit auch ein Großteil der Sozialhilfebezieher aus alten Menschen ohne Familienanschluss besteht (vgl. OBERLÄNDER 1998: 70–71), so ist damit nicht im Umkehrschluss gesagt, dass ein Großteil alleinlebender Menschen mittellos ist.

In hohem Maße erscheint schließlich die räumliche Verbreitung einkommensschwacher Haushalte durch das Verteilungsmuster kleiner Wohnungen mit maximal 20qm reiner Wohnfläche beeinflusst; dies gilt für das Jahr 1985 sogar nahezu ausschließlich. Dahinter dürfte sich insbesondere ein hoher Anteil an Einpersonenhaushalten unter 65 Jahren (r=0,77 mit der Variable „Anteil Kleinwohnungen") verbergen. Da naturgemäß nur eine Person zum Haushaltseinkommen beitragen kann und es sich in der Mehrzahl der Fälle um Studierende oder jüngere Menschen mit noch recht geringen Gehältern handelt, weist dieser Indikator somit wohl nicht in jedem Fall auf wirkliche soziale Notlagen hin. Die Signifikanz der Erwerbslosenrate als Erklärungsvariable im für 2000 gültigen Modell kann allerdings dahingehend interpretiert werden, dass sozio-ökonomische Faktoren ein zunehmendes Gewicht für die Erklärung der Verteilung einkommensarmer Haushalte erhalten. Ähnlich zu deuten ist der Einbezug der Variable „Anteil der Ausländer aus nicht-westlichen Staaten", was gleichzeitig die oben gemachten Anmerkungen über die Ursachen der ungünstigen sozialen Situation in den Bezirken Shinjuku und Toshima untermauert.

3.5 Sozialer Wandel in den Stadtbezirken von Tōkyō: Synthese und Fazit

Nachdem die vorangegangenen Ausführungen bereits zahlreiche Einzelinformationen zu sozialräumlichen Disparitäten und ihren Veränderungen auf der Makroebene der 23 Stadtbezirke Tōkyōs geliefert haben, sollen nunmehr in einem zusammenfassenden Schritt die wichtigsten sozialen Merkmale in ihrer untereinander bestehenden räumlichen Verflechtung gemeinsam betrachtet werden. Zur Untersuchung des Ist-Zustandes sollen dabei zunächst mittels des Einsatzes der sogenannten Clusteranalyse sozialstrukturelle Raumtypen gewonnen werden, die sich nach ihrer jeweiligen Mischung bestimmter sozioökonomischer Bedingungen signifikant voneinander unterscheiden. Anschließend wird mittels einer kombinierten Betrachtung der Veränderungen beim sozioökonomischen und dem Sozialproblem-Index abschließend die Frage erörtert, für welche Stadtbezirke von sozialen Aufwertungs-, Abwertungs- oder gar Polarisierungsprozessen gesprochen werden kann.

Über den Einschluss der sechs den beiden Indizes zugrundeliegenden Variablen hinaus wurden noch die Variablen „Anteil Pflichtschulabsolventen" und „Anteil Erwerbspersonen in einfachen Außenarbeitstätigkeiten" in die Clusteranalyse einbezogen, um die Dimensionen „Bildung" und „Beruf" vollständiger abbilden zu können. Unter den verschiedenen Methoden der Gruppenbildung wurde das nach dem Prinzip des minimalen Distanzzuwachses operierende Ward-Verfahren (mit der quadrierten euklidischen Distanz als Ähnlichkeitsmaß) ausgewählt, da es noch am ehesten zu einer ausgeglichenen Verteilung der Raumeinheiten auf die einzelnen Cluster führt (vgl. Bahrenberg, Giese und Nipper 1992: 286–287, 303). Infolge der für das Ward-Verfahren typischen recht monotonen Zunahme des Unähnlichkeitsmaßes nach jedem Zusammenlegungsschritt ist die Festlegung der bestmöglichen Gruppenzahl letztlich immer mit einer gewissen Subjektivität behaftet. Im vorliegenden Fall erschien mir eine Gruppenzahl von 6 als angemessen. So hätte eine Zahl von fünf Clustern die Zusammenlegung der Gruppen 2 und 6 zur Folge gehabt, womit die Existenz einer spezifischen Problemlage im Nordwesten von Tōkyō verdunkelt worden wäre. Erst bei einer weiteren Reduzierung auf vier Gruppen wäre die nur aus Taitō-*ku* bestehende Gruppe 4 der Gruppe 5 zugeordnet worden, was aber insgesamt einen zu großen Informationsverlust bedeutet hätte. Die demgegenüber hohe Trennschärfe der 6er-Lösung wird unter anderem dadurch belegt, dass eine im Anschluss durchgeführte Diskriminanzanalyse keine Korrektur der Einteilung nahelegte.[32] Ebenso wird dies anhand der Höhe der aus der Varianzanalyse stammenden eta^2-Werte für die Variablen 1 bis 8 deutlich (vgl. Tab. 3-21): Sie liegen sämtlich über einem Wert von 0,8 und geben damit an, dass durch die gewählte Gruppeneinteilung die räumliche Varianz jeder einzelnen Variable zu mehr als 80 % statistisch erklärt wird.

Zur weiteren Charakterisierung der Gruppen sind in Tabelle 3-21 zusätzliche Variablen aufgenommen, die sich überwiegend auf die soziodemographische Situation und das Wohnungsangebot beziehen. Die Tatsache, dass in den meisten Fällen auch hier zumindest mittelhohe eta^2-Werte ermittelt werden konnten, deutet darauf hin, dass die gewählte Gruppeneinteilung die räumliche Verteilung auch dieser Merkmale vergleichsweise gut abbildet. Unterhalb eines eta^2-Wertes von 0,5 bleiben nur die Verteilungen von alten Menschen und Ausländern sowie von Wohnungen ohne Bad. Zumindest in Bezug auf die ersten beiden Variablen bestätigt das die klassischen Ergebnisse der Sozialraumanalyse, wonach Alter und Ethnizität zwei von der sozioökonomischen Struktur unabhängige Dimensionen darstellen, die überwiegend ringzonal bzw. zellenförmig im Stadtraum angeordnet sind (vgl. LICHTENBERGER 1998[3]: 240).

Abbildung 3-25 zeigt die räumliche Verteilung der sechs Cluster im Stadtgebiet von Tōkyō. Dabei erhärtet sich der bereits aus den Verteilungen der beiden Indizes zu gewinnende Eindruck einer überwiegend sektoralen Raumstruktur sozialer Merkmale. Eine eher ringförmig angeordnete *inner city*-Gruppe tritt hingegen nicht hervor. Damit erweist sich anstelle dieses aus der britischen Stadtforschung übernommenen Konzepts der aus der Stadtgeschichte Tōkyōs heraus entstandene *shitamachi-*

---

[32] Näheres über die Diskriminanzanalyse als mögliches Verfahren zur Korrektur einer hierarchischen Clusteranalyse siehe bei BAHRENBERG, GIESE und NIPPER (1992: 286–287, 324–329).

Tabelle 3-21: Sozialräumliche Strukturen Tōkyōs 1998/2005: Ergebnisse einer Clusteranalyse und Varianzanalyse

Variable	Raumcluster						eta²-Wert
	1 (n=3)	2 (n=5)	3 (n=5)	4 (n=1)	5 (n=6)	6 (n=3)	
1 Pflichtschulabsolventen, 25–49 Jahre	**2,5**	4,2	**2,5**	5,2	**7,4**	4,6	.886
2 Universitätsabsolventen, 25–49 Jahre	**41,0**	33,3	**42,7**	**28,6**	**24,2**	33,6	.842
3 Erwerbspersonen in freien und Verwaltungsberufen	**25,6**	20,4	**27,4**	**17,4**	**14,4**	20,1	.865
4 Erwerbspersonen in einfachen Außenarbeitstätigkeiten	**8,6**	10,3	**7,5**	8,8	**13,9**	11,3	.801
5 Hsh. im obersten Einkommensquintil	**30,8**	**15,6**	22,5	19,1	**15,4**	19,3	.837
6 Hsh. im untersten Einkommensquintil	**17,9**	**28,7**	24,1	23,2	23,1	22,6	.837
7 Erwerbslosenrate (erweitert)	**6,3**	9,0	**7,5**	9,6	9,7	8,1	.889
8 Sozialhilfeempfängerrate	**1,5**	2,6	**1,1**	**7,2**	2,9	2,0	.920
9 Hsh. in den drei mittleren Einkommensquintilen	**51,3**	55,6	**53,4**	57,7	**61,5**	58,1	.792
10 Alte Menschen 65 J. u. ä.	**19,0**	17,4	16,8	**21,1**	16,3	16,3	.456
11 Zuwanderer 1996–2005	**14,5**	**1,2**	4,5	3,7	2,9	2,7	.530
12 Einpersonenhaushalte <65 J.	35,2	**42,0**	**41,7**	32,7	**27,0**	34,2	.730
13 Ledige Frauen, 35–49 J.	20,8	21,9	**24,1**	21,7	**16,0**	**17,5**	.542
14 Ausländer aus nichtwestlichen Staaten	3,4	**5,0**	**2,2**	**5,8**	3,7	**2,1**	.429
15 Privat vermietete Wohnungen	**25,6**	**49,1**	**49,9**	37,8	**35,0**	44,1	.676
16 Öffentliche Wohnungen	**7,1**	4,5	**1,6**	**1,8**	**8,4**	3,0	.576
17 Einfamilienhäuser	**16,8**	**21,6**	24,0	**32,3**	**31,7**	28,1	.576
18 Eigentums-Apartmentwohnungen	**27,4**	**13,2**	15,5	17,5	16,0	14,4	.551
19 Großwohnungen	**18,2**	**10,6**	**17,4**	16,1	**12,2**	14,5	.524
20 Wohnungen ohne Bad	6,6	9,2	6,6	**13,8**	8,1	7,2	.309
21 Lebenserwartung bei Geburt, Männer	77,2	77,8	**79,0**	**75,8**	**76,4**	77,9	.805
22 Lebenserwartung bei Geburt, Frauen	84,0	84,3	**85,0**	**83,7**	**83,3**	84,4	.818

Anm.: Aufnahme in die Clusteranalyse fanden die Variablen 1–8. Wiedergegeben sind einfache (unstandardisierte) Mittelwerte; mindestens eine halbe Standardabweichung über oder unter dem Gesamtmittelwert liegende Werte sind fett gedruckt. Mit Ausnahme der Daten zur Lebenserwartung handelt es sich um Prozentwerte.

Quelle: Eigene Berechnungen nach SŌMUCHŌ TŌKEIKYOKU, *Kokusei chōsa hōkoku* 2000 (Var. 1–4, 7, 10, 12, 13); *Jūtaku tochi tōkei chōsa hōkoku* 1998 (Var. 5, 6, 9, 15–20); TŌKYŌ-TO, *Gaikokujin tōroku kokuseki-betsu jin'in chōsahyō* 2001 (Var. 14); TŌKYŌ-TO TŌKEI KYŌKAI 2002, *Tōkyō-to tōkei nenkan* (Var. 8); RŌDŌ KŌSEISHŌ DAIJIN KANBŌ TŌKEI JŌHŌ-BU 2004 (Var. 21, 22); Var. 11 siehe Quellenangabe unter Abb. 3-4.

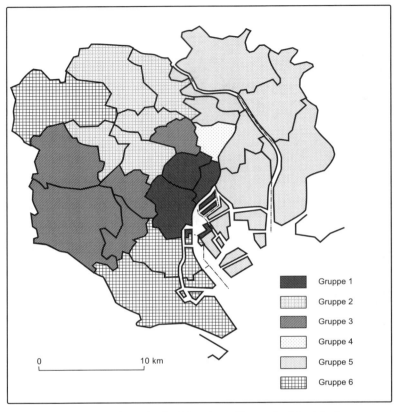

Abbildung 3-25: Verteilung der Sozialstruktur-Cluster, Stadtbezirksebene
Quelle: s. Angaben unter Tabelle 3-21.

Diskurs als besser geeignet, um die Lage sozialer Problemzonen in der japanischen Hauptstadt plakativ zu beschreiben.

Im Einzelnen betrachtet zeigen insgesamt drei Gruppen bestimmte Problemlagen in jeweils unterschiedlicher Mischung: Hierbei ist Gruppe 4, die nur aus dem Stadtbezirk Taitō besteht, durch einen extrem hohen Anteil an Sozialhilfeempfängern, aber auch durch eine überdurchschnittlich hohe Erwerbslosenrate gekennzeichnet, was sich überwiegend mit der Lage des Tagelöhnerviertels San'ya in diesem Bezirk erklären lässt. Im Hinblick auf die allgemeine sozioökonomische Struktur (Variablen 1 bis 6) nimmt Taitō-*ku* zwar ebenfalls eine eher ungünstige Position ein;

auf eine weit deutlichere Benachteiligung weist hier allerdings Gruppe 5 hin, die den gesamten Osten der japanischen Hauptstadt umfasst. Hier finden sich noch die meisten jüngeren Personen, die nur die Absolvierung der Pflichtschulzeit als höchsten Bildungsabschluss nachweisen können, die wenigsten Personen mit Universitätsabschluss, die geringsten Anteile an Erwerbstätigen in freien und Verwaltungsberufen und stattdessen die höchsten Anteile an solchen Erwerbspersonen, die einfachen Außenarbeitstätigkeiten nachgehen. Etwas differenzierter stellt sich indes die Einkommenssituation dar. Zwar sind Haushalte mit sehr hohem Einkommen nur unterdurchschnittlich präsent, doch anstelle von Haushalten mit sehr geringem dominieren solche mit mittlerem Einkommen. Nicht zuletzt dürfte dies mit einem geringen Anteil an Einpersonenhaushalten zusammenhängen. Gruppe 5 umfasst somit Stadtbezirke, die zwar durch soziale Probleme wie vor allem dem einer hohen Erwerbslosigkeit gekennzeichnet sind; auf der anderen Seite leben hier vorwiegend Familien, und die Wohneigentumsquote ist hoch (vgl. die Werte bei Var. 15 und 17). Während daher zumindest kleine Segmente des Stadtbezirks Taitō nach der in Kapitel 1.2.2 vorgestellten Klassifizierung von MARCUSE (1989, 1993) der „aufgegebenen Stadt" zugeordnet werden können, handelt es sich im Falle der östlichen Stadtbezirke keineswegs um die „Mieterstadt" der unteren Angestellten und Arbeiter, sondern eher um einen eigenen Typ, der durch die Existenz vieler kleiner Familienunternehmen geprägt ist und daher ein kleinbürgerliches Milieu des sogenannten alten Mittelstands mit der Anwesenheit sozialer Probleme verbindet. Mit einem hohen Anteil an Einpersonenhaushalten und an privat vermieteten Wohnungen weisen hingegen die in Gruppe 2 zusammengeschlossenen Bezirke des nordwestlichen Tōkyō zumindest einige Kennzeichen der „Mieterstadt" nach Marcuse auf. Allerdings beschränkt sich hier das Problem auf eine ungünstige Einkommenssituation, verbunden mit einem hohen Anteil von Ausländern aus außerwestlichen Staaten. Somit ist auch dieser Raum nur eingeschränkt als soziales Problemgebiet zu bezeichnen.

Gruppe 6 beschreibt ein Übergangsgebiet mit einer zumeist durchschnittlichen Ausprägung der einzelnen Merkmale. Zumindest im Falle von Shinagawa-*ku* und Ōta-*ku* lässt sich dies als das Ergebnis einer starken inneren Heterogenität interpretieren, da beide Stadtbezirke sowohl Teile des Küstenindustriegürtels als auch gehobene Wohngebiete des südwestlichen Yamanote-Bereichs umfassen. Demgegenüber weisen die Gruppen 1 und 3 die vorteilhaftesten sozioökonomischen Bedingungen auf. Bei der überwiegend auf den Südwesten konzentrierten Gruppe 3 ist allerdings – wohl in Zusammenhang mit einem höheren Anteil von Einpersonenhaushalten und Mietwohnungen – die Einkommenssituati-

on nur durchschnittlich, während die drei in Gruppe 1 zusammengeschlossenen zentralen Stadtbezirke auch in Anbetracht der jüngeren starken Zuwanderung und des hohen Anteils an Eigentums-Apartmentwohnungen noch am ehesten als „gentrifizierte Stadt" nach Marcuse tituliert
werden könnten.

Eine hiervon etwas abweichende räumliche Verteilung zeigt die
durchschnittliche Lebenserwartung bei Männern wie Frauen, die im Allgemeinen als ein guter Indikator für die Qualität der Lebensbedingungen
in einem bestimmten Raum angesehen werden kann (vgl. LÜTZELER
1994b).[33] Zwar findet sich, wie anzunehmen war, die niedrigste Lebenserwartung bei den beiden östlichen Problemgruppen 4 und 5, doch im
Gegensatz zu Gruppe 3 werden im Stadtzentrum (Gruppe 1) nur mittlere
Werte verzeichnet, die sogar noch unter denen von Gruppe 6 liegen.
Einen Erklärungsansatz hierzu liefern die Untersuchungen von HOSHI *et
al.* (1998: 41). Demnach werden die räumlichen Unterschiede der Lebenserwartung in Tōkyō im Wesentlichen von zwei Faktoren beeinflusst:
erstens von ungesunden Verhaltensweisen wie einer hohen Raucherquo-
te oder einer niedrigen Inanspruchnahme von Vorsorgeuntersuchungen,
die sich oft mit einer Tätigkeit im sekundären Wirtschaftssektor verbinden und daher eine Erklärung für die niedrige Lebenserwartung in den
östlichen Stadtbezirken von Tōkyō liefern; zweitens aber auch von dem
selektiven Zustrom überwiegend gesunder Personen aus dem übrigen
Japan, die sich vorwiegend in den westlichen Bezirken niederlassen und
daher dort und nicht im Stadtzentrum die Lebenserwartung zusätzlich
erhöhen. Es ist deshalb denkbar, dass der seit den späten 1990er Jahren in
Gang gekommene Rückstrom von Bevölkerung in das Stadtzentrum
langfristig das Niveau der Lebenserwartung dort positiv beeinflussen
wird.

Die Frage nach der sozialen Auf- oder Abwertung einzelner Stadtbezirke lässt sich anhand von Tabelle 3-22 abschließend beantworten.[34]
Hierbei werden solche Stadtbezirke, bei denen der sozioökonomische

---

[33] Darüber hinaus bildet eine extrem hohe Morbidität besonders an Tuberkulose
eines der sozialen Hauptmerkmale japanischer Tagelöhnerviertel. Unter diesem Aspekt fand das Beispiel des Tagelöhner- und Obdachlosenviertels Kamagasaki in der Stadt Ōsaka sogar ausführliche Erwähnung in der deutschen
Tagespresse (vgl. BORK 2004: 3).

[34] *Soziale* Aufwertung im hier verstandenen Sinne einer Verminderung sozialer
Problemlagen bei gleichzeitiger Erhöhung des sozioökonomischen Status der
Bevölkerung ist zu unterscheiden von dem spezifischeren Begriff einer *baulich-
sozialen* Aufwertung zur Untersuchung von Gentrification-Vorgängen, wie er
in Kapitel 3.4.1 beschrieben wurde. Gleichwohl überschneiden sich die Ergebnisse teilweise.

Tabelle 3-22: Sozialer Wandel in den Stadtbezirken Tōkyōs nach ausgewählten Indikatoren

Stadtbezirk	Sozioökonomischer Index 80/85–98/00	93/95–98/00	Sozialproblemindex 83/85–98/00	93/95–98/00	Bevölkerungswandel (%) 1995–2000	nicht-westl. Ausländer (%-Punkte) 1993–2003	1-Pers.-hsh. u. Ehepaarhsh. (%-Punkte) 1995–2000
Chiyoda	–0,05	–0,06	0,21	0,10	3,6	0,9	3,0
Chūō	0,60	0,10	–0,14	–0,32	13,5	1,2	6,3
Minato	–0,06	–0,08	0,04	–0,17	10,0	1,0	3,7
Shinjuku	–0,15	–0,17	0,39	0,14	2,8	2,6	1,7
Bunkyō	0,54	0,10	–0,25	–0,03	2,1	0,4	2,0
Taitō	–0,23	–0,01	0,33	0,14	1,6	2,5	1,9
Sumida	–0,05	–0,02	0,21	0,08	0,1	1,0	0,1
Kōtō	0,29	0,01	0,28	0,13	3,1	1,0	0,4
Shinagawa	0,07	0,10	–0,09	–0,10	–0,2	0,2	1,2
Meguro	0,03	0,13	–0,25	–0,16	2,9	0,1	2,6
Ōta	–0,14	–0,02	0,16	0,07	2,2	0,5	–0,1
Setagaya	–0,18	0,06	–0,23	–0,30	4,3	0,0	–2,0
Shibuya	–0,03	0,02	–0,11	–0,15	4,4	0,0	1,8
Nakano	–0,08	0,01	–0,38	–0,36	1,0	–0,2	1,5
Suginami	–0,22	–0,02	–0,30	–0,13	1,2	–0,1	0,3
Toshima	–0,05	–0,03	0,23	–0,05	1,1	0,5	–0,8
Kita	0,01	–0,01	0,01	0,15	–2,2	1,3	–0,1
Arakawa	–0,02	–0,06	–0,50	–0,22	2,0	1,7	0,5
Itabashi	–0,28	–0,08	0,06	0,20	0,4	0,6	–1,7
Nerima	–0,04	0,07	–0,23	0,06	3,5	0,2	–1,0
Adachi	–0,11	0,05	0,01	0,17	–0,8	0,9	–1,4
Katsushika	–0,01	0,00	0,20	0,22	–0,7	0,8	–0,9
Edogawa	0,18	–0,08	0,38	0,53	5,2	0,9	–0,8
Gesamt	**0,00**	**0,00**	**0,00**	**0,00**	**2,1**	**0,6**	**0,2**

Quelle: Eigene Berechnungen nach Sōmuchō Tōkeikyoku, *Kokusei chōsa hōkoku* 1995, 2000 (Bevölkerungswandel, Einpersonenhaushalte und Ehepaarhaushalte); Tōkyō-to, *Gaikokujin tōroku kokuseki-betsu jin'in chōsahyō* 1994, 2004 (nicht-westliche Ausländer); zur Grunddatenquelle der beiden Indizes siehe unter Tab. 3-8 und 3-19.

Index einen positiven und der Sozialproblemindex einen negativen Trend aufweist, als Aufwertungsgebiete, und solche Bezirke, bei denen umgekehrt der sozioökonomische Index abnimmt und der Sozialproblemindex ansteigt, als Abwertungsgebiete interpretiert. Stadtbezirke mit in beiden Fällen ansteigenden Indexwerten sind demgegenüber als Gebiete mit Polarisierungstendenzen zu verstehen.

Betrachtet man vor allem die Veränderung der beiden Indizes für den längeren Zeitraum zwischen den frühen 1980er und den späten 1990er Jahren und konzentriert sich dabei auf Bezirke, bei denen die Summe der Indexwertveränderungen absolut einen Betrag von mindestens 0,50 erreicht, so zeigt sich, dass die stärksten Wandlungen in Bezirken der Innenstadt sowie entlang der *waterfront* nach Osten aufgetreten sind. Klare Aufwertungstendenzen sind für die beiden Stadtbezirke Chūō und Bunkyō erkennbar. Da beide Bezirke im betrachteten Zeitraum insgesamt einen Netto-Verlust an Bevölkerung hinnehmen mussten, dürfte dies in erster Linie mit einem selektiven Fortzug bzw. Nicht-Zuzug ärmerer bzw. statusniederer Schichten während der Phase der *bubble economy* zu deuten sein. Ein solcher Erklärungsansatz erscheint namentlich für Bunkyō-*ku* plausibel, wo seit Mitte der 1990er Jahre nur noch geringe Aufwertungstendenzen zu beobachten sind. In Chūō-*ku* hingegen hält der soziale Aufwertungsprozess offenbar unvermindert an; der für denselben Zeitraum zu konstatierende Wiederanstieg der Bevölkerungsziffer zusammen mit einem deutlich steigenden Anteil von Einpersonen- und Ehepaarhaushalten legen nahe, dass die Entwicklung nunmehr vor allem von der Zuwanderung statushoher Personen gesteuert wird. Der leicht zurückgehende sozioökonomische Indexwert im benachbarten Minato-*ku* trotz starken Bevölkerungsanstiegs bildet hierzu nicht unbedingt einen Widerspruch, da die Bevölkerung in diesem Bezirk im Gegensatz zu Chūō-*ku* bereits vorher durch einen sehr hohen Sozialstatuswert gekennzeichnet war, der von der Gruppe der Neubürger offensichtlich nicht ganz erreicht wird. Ähnliches gilt anscheinend für den Bezirk Chiyoda, wobei hier in Anbetracht einer sehr geringen Gesamtbevölkerung von weniger als 40.000 Einwohnern auch der Einfluss von Zufallsschwankungen nicht außer Acht gelassen werden sollte. Anzeichen sozialer Aufwertung sind seit etwa 1995 schließlich auch in einigen südwestlichen Bezirken wie Shinagawa, Meguro und Setagaya erkennbar.

Auf der anderen Seite lassen sich Abwertungsprozesse insbesondere für die Stadtbezirke Shinjuku und Taitō diagnostizieren, wobei im letzteren Fall diese Entwicklung seit Mitte der 1990er Jahre etwas gebremst erscheint. In beiden Bezirken geht die Abwertung einher mit einem überdurchschnittlichen Anstieg des Anteils ausländischer Bevölkerung aus nicht-westlichen Staaten. In Anbetracht der absolut eher geringen Zahl an Ausländern, die hierbei involviert ist, erscheint jedoch zweifelhaft, inwieweit ein direkter kausaler Zusammenhang vorliegt. Bemerkenswert ist jedoch in jedem Fall die Tatsache, dass Bezirke mit deutlichen Abwertungstendenzen auf der einen und Aufwertungstendenzen auf der anderen Seite in unmittelbarer Nachbarschaft liegen, was die Vielgestaltigkeit der sozialräumlichen Prozesse im Zentrum von Tōkyō verdeutlicht.

Polarisierungstendenzen im oben genannten Sinne sind zumindest für den Zeitraum von 1980/85 bis 1998/2000 für die an der *waterfront* liegenden Bezirke Kōtō und Edogawa kennzeichnend. Vermutlich hat die rege Bautätigkeit in diesen Bezirken seit den 1980er Jahren dazu geführt, dass relativ statushohe Bevölkerung in größerer Zahl in diesen traditionell durch Beschäftigte der Kleinindustrie geprägten Raum gelangte, während die wirtschaftliche Dauerrezession seit den 1990er Jahren zu einer Erhöhung der Erwerbslosigkeit unter der alteingesessenen Bevölkerung führte. Bereits in Kapitel 3.2.2 konnte festgestellt werden, dass die beiden Bezirke deutliche Anzeichen einer Einkommenspolarisierung und beruflichen Professionalisierung aufweisen, wobei letzterer Befund allerdings ohne Berücksichtigung des Faktors Erwerbslosigkeit gemacht wurde. Seit Mitte der 1990er Jahre nun ist die Entwicklung in Edogawa in eine starke soziale Abwertung umgeschlagen, was in Einklang mit dem in Kapitel 3.2.1.1 konstatierten Sinken der Zuwanderungsziffern in diesen Bezirk steht. Doch auch in Kōtō-*ku* haben sich – trotz weiterhin hoher Zuwanderungsraten – Polarisierungstendenzen nur unter starker Abschwächung fortgesetzt. Wie die in Kapitel 3.4.1.1 vorgestellten Forschungsergebnisse, aber auch die Stagnation des Anteils der Einpersonen- und Ehepaarhaushalte in der Tabelle nahelegen, ist dies wohl deshalb so, weil sich die Klientel der Neubürger in diesem Bezirk vor allem aus Kernfamilien der Mittelschicht zusammensetzt, deren Zuwanderung nach Erreichen eines bestimmten Anteils keine weitere Erhöhung des sozioökonomischen Indexwertes zur Folge hat.

Es lässt sich also resümierend feststellen, dass sich seit etwa 1985 in Zusammenhang mit starken Bevölkerungsschwankungen, die im Falle des Bezirks Chūō geradezu einem Bevölkerungsaustausch nahekommen, und erheblichen Wohnbauaktivitäten das soziale Gefüge in den zentralen Stadtbezirken sowie entlang der *waterfront* nach Osten durchaus signifikant verändert hat. Betrachtet man allerdings den Stadtraum von Tōkyō als Ganzes, so lässt sich jedenfalls auf der Bezirksebene die These einer verstärkten sozialräumlichen Spaltung nicht aufrechterhalten. Im Gegenteil hat sich bei den allermeisten sozialen Indikatoren das Ausmaß der räumlichen Konzentration eher abgeschwächt oder bestenfalls auf dem bereits bestehenden Niveau erhalten. Die Berechnung von Korrelationskoeffizienten hat zudem ergeben, dass die sozialräumlichen Muster des Jahres 2000 weitgehend noch diejenigen der mittleren 1980er Jahre sind. Stärkere Änderungen deuten sich erst in Zusammenhang mit dem Wiederanstieg der Bevölkerungsziffern in den zentralen und südwestlichen Stadtbezirken seit der zweiten Hälfte der 1990er Jahre an, doch haben diese zumindest bis zur Jahrhundertwende noch nicht zu einem messbaren Wandel der allgemeinen sozialräumlichen Struktur in der japanischen Hauptstadt geführt. Eine Nachfolgeuntersuchung unter Einbeziehung von Ergebnissen der jüngsten Volkszählung, die im Oktober 2005 stattgefunden hat, könnte hier bereits zu einem anderen Ergebnis führen.

Im Hinblick auf die Ursachen dieser hohen sozialräumlichen Kontinuität, wenn nicht gar Depolarisierung bis Ende der 1990er Jahre haben bereits die Ausführungen in Kapitel 2 ergeben, dass essenzialistischen oder auch institutionentheoretischen Makrodeutungen, die eine besondere gesellschaftliche Homogenität bzw. ein auf gesellschaftlichen Ausgleich orientiertes politisches System in Japan postulieren, eine aus inhaltlichen wie methodischen Gründen insgesamt nur geringe Relevanz zuzusprechen ist. Allein die Entscheidung des japanischen Staates, ausländische Migranten nur in geringer Zahl ins Land zu lassen, wodurch im Gegensatz zu europäischen Staaten der Gesamtanteil potenziell benachteiligter Randgruppen bisher gering geblieben ist, dürfte auch in räumlicher Hinsicht signifikant zur Vermeidung stärkerer Polarisierungsprozesse beigetragen haben. Das am Beispiel Oslo gewonnene Argument von WESSEL (2000), der einen kleinteiligen, „postmodernen" Wohnungsbau als Hauptgrund für sozialräumliche Dekonzentrationen ansieht, lässt sich auf Tōkyō, wo schon seit vielen Jahrzehnten eine mosaikartige Raumstruktur des Wohnungsangebotes vorherrscht, freilich ebenfalls nicht anwenden.

Anscheinend haben daher unter anderem VAATTOVAARA und KORTTEINEN (2003: 2143) Recht, wenn sie zur Erklärung innerstädtischer Segregationstendenzen anstelle abstrakter Theoriekonzepte mit universalem Geltungsanspruch die spezifischen lokalen Bedingungen in den Mittelpunkt der Betrachtung rücken. Auf die Bezirksebene Tōkyōs bezogen hat die bisherige Analyse neben der geringen Ausländerquote meines Erachtens die Bedeutung insbesondere der folgenden Spezifika herausgestellt: Erstens bestand wenigstens bis vor wenigen Jahren eine hohe Inflexibilität und Knappheit des Angebots an Grund und Boden in Tōkyō, weshalb die Wohnortwünsche selbst wohlhabender Personen nur bedingt realisiert werden konnten. Zwar hat sich dies, wie die Revitalisierung des Stadtzentrums zeigt, in jüngster Zeit geändert; auf die sozialräumliche Grundstruktur des Jahres 2000 konnte sich dies jedoch noch nicht entscheidend auswirken. Zweitens besitzen die jüngeren stadtplanerischen Leitvorstellungen einer funktional durchmischten Stadt zumindest das Potenzial für eine (andauernde) räumliche Durchmischung auch der sozialen Struktur in den Bezirken. Drittens schließlich haben die jüngeren Wohnbauaktivitäten zu einer zumindest zeitweilig noch stärkeren räumlichen Mischung des Wohnungsangebots und damit auch von Menschen unterschiedlicher sozialer Zugehörigkeit geführt. Insbesondere ist hier auf die in Zusammenhang mit einer positiven Neubewertung der *waterfront* stehende Bebauung des *shitamachi*-Stadtbezirks Kōtō, aber auch der an der Sumida-Mündung liegenden, ehemals heruntergekommenen Teile von Chūō-*ku* mit modernen Apartmentwohnhäusern hinzuweisen. Allerdings ist diese Entwicklung zwar durch verschiedene Programme der Präfektur und der Stadtbezirke massiv unterstützt worden, doch stand hierbei in erster Linie die demographische Wiederbelebung der Innenstadt als solche – mit welchen Bevölkerungsgruppen auch immer – und nicht die Erhaltung oder Schaffung einer sozialen Mischung als Motiv im Vordergrund. Dies wird vor allem daran deutlich, dass derzeit viele dieser Programme aus fiskalischen Gründen oder weil das Ziel der Wiederbevölkerung erreicht scheint, reduziert oder ganz ausgesetzt werden, während sich die Anzeichen für soziale Aufwertungstendenzen in den inneren Stadtbezirken eher verstärkt haben.

4 Sozialräumliche Disparitäten auf der Mesoebene Tōkyōs: Drei Fallstudien

4.1 Stadtbezirk Minato: Die gentrifizierte Stadt?

4.1.1 Historische und strukturelle Skizze des Bezirks

Mir ist es egal, wo ich wohne. Ob nun in Itabashi oder Kameido oder Nakano – Hauptsache, man hat ein Dach über dem Kopf. Das reicht für ein zufriedenes Leben. Aber die Leute von der Agentur meinen, als Star müsse man unbedingt in Minato-ku wohnen. Deshalb haben sie mir die Wohnung in Azabu gemietet. Blödsinn. Was ist denn so toll an diesem Bezirk? Eine Reihe neppiger Schickimicki-Restaurants, die von Modedesignern betrieben werden, dieser grässliche Tokyo-Tower und vulgäre Frauen, die sich bis in die Morgenstunden dort rumtreiben.

Haruki Murakami, *Tanz mit dem Schafsmann*
(1988; dt. Übers. 2002, S. 350–351)

Das Gebiet des heutigen Stadtbezirks Minato gehörte bereits während der Edo-Zeit ganz überwiegend zum engeren Stadtgebiet von Edo, das nur durch die sogenannte Bannmeile (*shubiki*) von seinem Umland getrennt war. Während der auf den erhöhten Terrassenflächen im Westen gelegene Teil im Wesentlichen von Residenzen der *daimyō* und Samurai eingenommen wurde, zogen sich entlang der Tōkaidō-Überlandstraße, die an der alten Küstenlinie von Süd nach Nord führte, aber auch im unteren Talabschnitt des Furukawa-Flusses, der den Bezirk von West nach Ost fließend in etwa zwei gleich große Hälften teilt, lange, straßendorfartige Reihen von Händler- und Handwerkersiedlungen. Unmittelbar nördlich der Stelle, wo der Furukawa in die Bucht von Edo mündete, lag das weiträumige Gelände des Zōjō-Tempels, das heute zum Shiba-Park (Shiba Kōen) umgestaltet ist, der seit 1958 auch den im obigen Zitat angesprochenen „Tōkyō Tower"-Fernsehturm beherbergt. Dort, wo die Tōkaidō-Straße dieses Areal berührte, entwickelte sich als Rast- und Vergnügungsort für Pilger der Ort Shiba (in etwa heutige Distrikte Hamamatsuchō 1–2 und Shiba Daimon 1–2; vgl. auch die Karte im Anhang von Masai 1987), der noch heute mit dem Standort des Bezirksrathauses so etwas wie das Zentrum von Minato-*ku* darstellt. Während der Meiji-Zeit

lag hier mit Shin'ami-chō unmittelbar an der Flussmündung auch eines
der berüchtigtesten Armenviertel (*hinminkutsu*) der japanischen Hauptstadt. Zumindest dieser Teil des späteren Minato-*ku* stellte demnach
durchaus keine bevorzugte Wohngegend dar.

Im Jahr 1878 entstanden im Rahmen der Einteilung von Tōkyō in
Bezirke (*ku*) die Stadtbezirke Akasaka, Azabu und Shiba (vgl. Abb. 4-1,
siehe Farbabbildung auf S. 403), die dann 1947 zum neuen Stadtbezirk
Minato [dt. Hafen] vereinigt wurden. Darüber hinaus vergrößerte sich
das Areal seit der Meiji-Zeit erheblich durch Landaufschüttungen. So
stellt die gesamte Fläche östlich der Japan-Railways (JR)-Bahnstrecke
vom Distrikt Kaigan 1 an südwärts Aufschüttungsland dar, das zunächst
überwiegend als Industriezone und Lagerfläche, seit einigen Jahrzehnten
aber auch als Standort des öffentlichen Wohnungsbaus genutzt wird. Den
bisherigen Endpunkt der Landgewinnungsaktivitäten stellt die in den
mittleren 1990er Jahren begonnene Aufsiedlung des über die sogenannte
Rainbow-Bridge zu erreichenden Distrikts Daiba als Teil des bereits beschriebenen Tōkyō Waterfront Subcenter- bzw. *rinkai fukutoshin*-Projektes
dar. Eine kleingewerbliche Struktur entwickelte sich in den 1910er Jahren
hingegen im Terrasseneinschnitt entlang des Furukawa (YAZAKI 1968: 462;
MACHIMURA 1994: 210). Mit Beginn des wirtschaftlichen Hochwachstums
Ende der 1950er Jahre geriet der Nordteil des alten Bezirks Shiba mit den
Stadtvierteln Toranomon und Shinbashi immer stärker unter Tertiarisie-
rungsdruck und ist heute als südlicher Abschluss der um den Bahnhof
Tōkyō gelegenen City von Tōkyō zu verstehen. Der äußerste Süden von
Shiba mit dem Viertel Takanawa wiederum konnte sich infolge seiner
Nähe zu der nach Westjapan führenden Tōkaidō-Straße schon seit der
Meiji-Zeit als gehobenes Wohnviertel etablieren (YAZAKI 1968: 350), was
jedoch nur unterstreicht, dass es sich bei dem Altbezirk Shiba um einen
funktional wie sozial eher gemischten Stadtteil handelte.

Die dieses Kapitel einleitende despektierliche Charakterisierung von
Minato-*ku*, die der Erfolgsautor Murakami Haruki in seinem Roman dem
Starschauspieler Gotanda in den Mund legt und die man fast schon als
Lehrbuchbeschreibung von Gentrification werten kann, bezieht sich vielmehr überwiegend auf Verhältnisse, wie sie im Gebiet der ehemaligen
Bezirke Akasaka und Azabu anzutreffen sind. Die Entwicklung zum
vornehmen „Schickimicki"-Gebiet ist dabei auf das Zusammenwirken
recht unterschiedlicher Faktoren zurückzuführen, bei denen das historische Erbe eines überwiegend von Samurai besiedelten und somit auch
heute noch recht großzügig parzellierten Wohngebiets nur einen Aspekt
darstellt.

Eine zweite wichtige Ursache bildete die Nähe zu dem seit den 1890er
Jahren in Kasumigaseki und Nagata-chō unmittelbar nördlich der Be-

zirksgrenze entstandenen Regierungsviertel. Dies unterstützte zunächst die Ansiedlung ausländischer Botschaften besonders in Azabu, das allerdings schon 1859 zum Standort der US-amerikanischen Gesandtschaft unter dem namhaften Legaten Townsend Harris avancierte (KREINER 1996: 69). Zum dritten war die politische Führung während der Meiji-Zeit bestrebt, größere Truppenteile in Reichweite zur Verfügung zu halten, so dass etliche der weitläufigen Anwesen ehemaliger *daimyō* zu militärisch genutzten Flächen umgewandelt wurden. Diese konzentrierten sich vor allem in Roppongi im nördlichen Teil von Azabu und im daran angrenzenden Teil des Bezirks Akasaka sowie im Stadtteil Kita Aoyama am Nordwestrand von Akasaka. Bereits vor dem Zweiten Weltkrieg sorgte die Stationierung einheimischer Truppen für die Entwicklung von Roppongi zu einem Zentrum der Gastronomie unter Einschluss eines seinerzeit berühmten französischen Restaurants, das auch von jungen Künstlern und Intellektuellen häufig frequentiert wurde. Die Transformation von Roppongi zum westlich geprägten Amüsier- und Restaurantviertel wurde jedoch erst mit der Requirierung der Kasernenflächen durch die amerikanische Besatzungsmacht nach dem Zweiten Weltkrieg endgültig eingeleitet. Die damals schlechte Erreichbarkeit des Viertels mit öffentlichen Verkehrsmitteln trug ebenso dazu bei, dass viele Etablissements in Roppongi auch über Nacht geöffnet blieben (TOYODA, K. 1994: 2: 119–123). Weiter westlich im Stadtviertel Aoyama bildete die Anwesenheit amerikanischer Truppen hingegen den Anstoß für die Entstehung einer modernen Einzelhandelsinfrastruktur, symbolisiert durch die Eröffnung des Lebensmittelgeschäfts „Kinokuniya" im Jahr 1953, dem ersten Supermarkt in Japan überhaupt, der bis heute vor allem wegen seines qualitativ hochwertigen Sortiments westlicher Waren bekannt ist. Das von den Besatzungstruppen bis 1963 Stück für Stück freigeräumte, bereits im Bezirk Shinjuku befindliche Jingū Gaien-Gelände wurde dann 1964 zum Hauptveranstaltungsort der Sommerolympiade, was die Entwicklung von Aoyama zum vornehmen Einkaufsviertel ebenso weiter förderte wie die seit 1978 durch den Ausbau des U-Bahnnetzes verbesserte Anbindung von Aoyama an südwestliche Vorstadt-Wohngebiete mit einer kaufkräftigen Einwohnerschaft (TOYODA, K. 1994: 2: 140–142, 147).

Die Nähe des Regierungsviertels begünstigte schon vor dem Zweiten Weltkrieg viertens die Entstehung eines Unterhaltungsviertels in den unmittelbar an Nagata-chō angrenzenden Quartieren Hitotsukimachi und Tamachi (heute die Distrikte Akasaka 2 und 3). Bis heute treffen sich hier insbesondere Politiker und Angehörige anderer Eliten zu vertraulichen Gesprächen in Geisha-Clubs und weiteren eher traditionellen Einrichtungen. Fünftens schließlich siedelten sich in den 1950er Jahren mit Terebi Asahi und TBS (Tōkyō Broadcasting System) zwei der wichtigsten privaten Fernsehanstalten Japans in Akasaka bzw. Roppongi an, wobei neben der Nachbarschaft zum politischen Zentrum des Landes auch die erhöhte Lage auf den Terrassenflächen für die Standortwahl bestimmend war, da somit bereits durch den Bau relativ niedriger Sendemasten die Programme gut im Stadtgebiet empfangen werden konnten. Infolge des weiteren Höhenwachstums der Stadt und gestiegener Anforderungen an die Empfangsqualität wurde dann im Jahr 1958 der „Tōkyō-Tower" als der von allen Anstalten genutzte Hauptfernsehturm Tōkyōs errichtet. Die Anwesenheit der Fernsehanstalten in Verbindung mit dem vielfältigen Unterhaltungs- und Konsumangebot der Umgebung führte dazu, dass sich zahlreiche Schauspieler und andere Medienpersönlichkeiten in Akasaka, Roppongi oder Azabu aufzuhalten begannen und dort ihren Wohnsitz nahmen, womit das Gebiet seinen Status als exklusives Wohnviertel festigte (Toyoda, K. 1994: 2: 123–124, 129–132).

Die genannten Entwicklungen haben deutliche Spuren in der sozialräumlichen Struktur des Stadtbezirks hinterlassen. Das räumliche Muster des Anteils von Erwerbspersonen in freien und technischen sowie Verwaltungsberufen bildet deutlich den Gegensatz zwischen einem statushöheren Westen und einem statusniederen Küstenbereich ab. Weiterhin ist anhand geringer Anteile in den Distrikten Mita 1 sowie Shirokane 1, 3 und 5 noch die alte kleingewerbliche Zone entlang des Furukawa auszumachen, während geringe Werte in einigen Distrikten des Stadtteils Akasaka weitgehend auf Standorte des öffentlichen Wohnungsbaus hinweisen (vgl. auch Abb. 4-2). Die Verteilung von aus dem Ausland zugewanderten Personen, bei denen es sich überwiegend um bessergestellte Ausländer aus westlichen Industriestaaten handeln dürfte, erweitert die sozioökonomische Raumstruktur um einen zusätzlichen Akzent, indem besonders die durch zahlreiche Botschaften und internationale Einrichtungen charakterisierten Stadtviertel Azabu und Roppongi als bevorzugte Wohngebiete in Erscheinung treten. Das räumliche Muster von Einpersonenhaushalten (ohne Altenhaushalte) als *pars pro toto* für die soziodemographische Dimension schließlich zeigt einen klaren Schwerpunkt ebenfalls in und um Roppongi, wobei hierfür neben der Beliebtheit dieses Viertels als Treffpunkt von Singles wohl die Nähe zu den zahlreichen in der City gelegenen Arbeitsplätzen verantwortlich zeichnen dürfte. Daneben existiert aber auch eine sekundäre Konzentration in einigen Distrikten der *waterfront*, was mit dem Vorhandensein von Werkswohnheimen und anderen Unterkünften für alleinstehende männliche Hafenarbeiter erklärt werden kann (Ishikawa 1999: 214; Yano *et al.* 2002: 48).

Wie bereits verschiedentlich angeklungen, wird die sozioökonomische Raumstruktur unter anderem stark von den Standorten des öffentli-

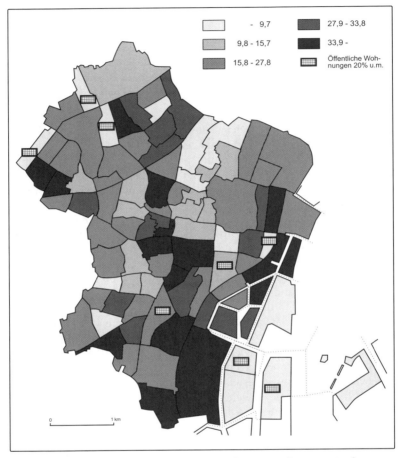

Abbildung 4-2: Anteil von Haushalten in Eigentums-Apartmentwohnungen und Großstandorte öffentlicher Wohnungen nach Distrikten, Minato-*ku* 2000

Quelle: Eigene Berechnungen nach SŌMUCHŌ TŌKEIKYOKU, *Kokusei chōsa hōkoku* 2000.

chen Wohnungsbaus (*toei* bzw. *kuei jūtaku*) beeinflusst. Da die Grundstücke für öffentliche Wohnungen von der betreffenden Präfektur oder Gemeinde zu stellen sind, sind angesichts der hohen Bodenpreise in Tōkyō im Prinzip nur solche Flächen mit öffentlichen Wohnungen bebaut worden, die sich bereits vorher in kommunalem oder staatlichem Besitz befanden.[1] Aus diesem Grund liegen in Minato-*ku* die Standorte ausschließlich auf Aufschüttungsflächen im Hafenbereich, auf ehemaligem Kasernengelände (Akasaka 5, Kita Aoyama 1, Minami Aoyama 1) oder auf Flächen, die früher anderen öffentlichen Nutzungen dienten (Kita Aoyama 3, Mita 5, Takanawa 1; vgl. Abb. 4-2). Es zeigt sich hieran, dass das aus der Edo-Zeit überkommene Erbe vieler ehemaliger *daimyō*-Anwesen nicht nur die Entwicklung statushoher Wohngebiete begünstigt, sondern umgekehrt über den Zwischenschritt anderer öffentlicher Nutzungen auch zur sozialen Mischung des Bezirks beigetragen hat. So verfügte Minato-*ku* nach der Zählung des *Housing and Land Survey* des Jahres 1998 in Tōkyō mit 9,5 % über den nach Adachi-*ku* und Kōtō-*ku* dritthöchsten Anteil öffentlicher Wohnungen. Mit 24,8 % im Volkszählungsjahr 2000 gehörte Minato-*ku* zugleich aber auch zu den Bezirken mit dem höchsten Anteil an Haushalten in Eigentums-Apartmentwohnungen. Die Verteilung dieser Wohnform folgt allerdings einem weniger klaren Muster, wie sich ebenfalls an Abbildung 4-2 erkennen lässt. Interessanterweise treten aber auch hier einige Distrikte der *waterfront* mit hohen Werten in Erscheinung, was in Verknüpfung mit der Verfügbarkeit großer zusammenhängender Flächen für den Bau großer Wohnkomplexe stehen dürfte.

Im Jahr 1961 erreichte der Stadtbezirk Minato mit 256.038 Personen (ohne Ausländer) seine höchste Einwohnerzahl. Danach sank die Zahl der mit Hauptwohnsitz in Minato-*ku* gemeldeten Menschen mit Unterbrechungen bis auf 149.716 Personen im Jahr 1996 ab, um seitdem bis 2005 wieder auf 170.971 Personen anzusteigen (vgl. Abb. 4-3). Wie die Entwicklung der durchschnittlichen Haushaltsgröße nahelegt, war dabei vor allem der Rückgang bis zum Ende der 1960er Jahre mit einer selektiven Abwanderung von Familien mit Kindern in den suburbanen Raum verbunden, wenngleich andere Faktoren wie eine verringerte Kinderzahl oder die Auflösung von Dreigenerationenhaushalten (vgl. Ochiai 1997) hierbei sicher ebenfalls einen Beitrag geleistet haben dürften. Erstaunlicherweise geht aber auch der Wiederanstieg der Bevölkerungszahl seit 1996 mit einer – sogar wieder leicht beschleunigten – Verminderung der durchschnittlichen Haushaltsgröße einher, was sich sinnvoll nur mit einer vor allem von Ein- und Zweipersonenhaushalten getragenen Zuwanderung erklären lässt. In etwa analog zur Bevölkerungsentwicklung verlief auch die Entwicklung bei der Zahl neuer Gebäude, die aus Eigentums-Apartmentwohnungen bestehen (vgl. Abb. 4-4). Ein erster Bau-

---

[1] Die hier und an anderer Stelle gemachten Äußerungen über frühere Bodennutzungen beruhen auf den Angaben in der Karte *Shinsai-zen Tōkyō no tochi riyō fukugenzu* (Restored Land Use Map of Pre-Earthquake Tōkyō), die 1993 im Anhang der Zeitschrift *Chizu* (Band 31, Heft 3) erschienen ist.

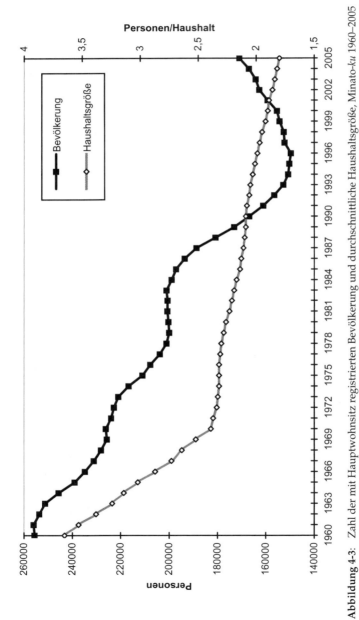

Abbildung 4-3: Zahl der mit Hauptwohnsitz registrierten Bevölkerung und durchschnittliche Haushaltsgröße, Minato-*ku* 1960–2005

Anm.: Ausländische Staatsbürger werden in den japanischen Bevölkerungsregistern nicht aufgeführt und sind daher in den Zahlen nicht enthalten.

Quelle: Eigene Berechnung nach *Minato-ku*, http://www.city.minato.tokyo.jp/joho/jinko/sojinko.html; Entnahme 02.04.2005.

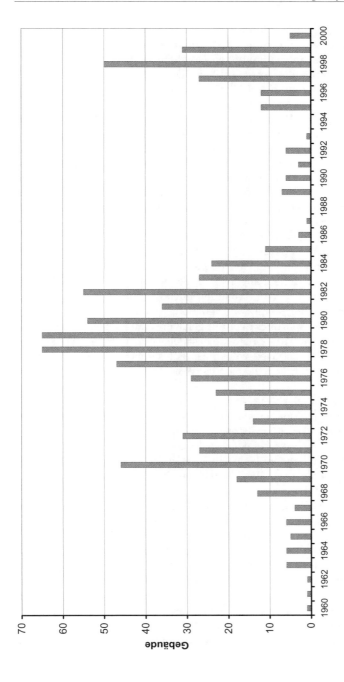

Abbildung 4-4: Zahl der fertiggestellten Gebäude mit Eigentums-Apartmentwohnungen, Minato-*ku* 1960–2000
Quelle: MINATO-KU MACHI-ZUKURI SUISHIN-BU TOSHI KEIKAKU-KA, JŪTAKU-KA (2002: 14).

boom, der in engem Verhältnis zur zwischenzeitlichen Stabilisierung der Bevölkerungszahl zu Beginn der 1970er Jahre steht, wird dabei mit einer Stärkung der zentralen Funktionen Tōkyōs in Verbindung gebracht, was zu einer verstärkten Nachfrage höherer Unternehmensangestellter nach zentrumnahen Wohnungen führte, während der zweite, lang anhaltende Boom während der ausgehenden 1970er und frühen 1980er Jahre, der ebenfalls mit einer Phase stabiler Bevölkerungsentwicklung verknüpft ist, auf ein demographisch bedingtes Wachstum der Nachfrage zurückgehen soll – zu dieser Zeit erlangten viele Angehörige der personenstarken, zwischen 1935 und 1950 geborenen Jahrgänge die finanziellen Mittel zum Kauf einer Eigentumswohnung. Demgegenüber nimmt sich der dritte Bauboom seit der zweiten Hälfte der 1990er Jahre, der mit der Bevölkerungsrückkehr in die zentralen Stadtbezirke verbunden ist, in seinem Volumen vergleichsweise bescheiden aus. Es ist allerdings zu berücksichtigen, dass auch die Gebäude immer größer und vor allem höher geworden sind, so dass die Zahl der Gebäude immer weniger etwas über die Zahl der Wohnungen aussagt. Das enge korrelative Verhältnis zwischen dem allgemeinen Bevölkerungstrend und der Entwicklung in der Zahl von Gebäuden mit Eigentumswohnungen sollte indes nicht überinterpretiert werden. So waren im Jahr 2000 nur 58,4 % aller Eigentums-Apartmentwohnungen von Haushalten bewohnt, die ihren Erstwohnsitz in Minato-*ku* besaßen. Alle übrigen Wohnungen dienten entweder als Zweitwohnsitz oder als unbewohntes Vermögensobjekt (MINATO-KU MACHI-ZUKURI SUISHIN-BU TOSHI KEIKAKU-KA, JŪTAKU-KA 2002: 14).

Auch anhand der Bevölkerungsentwicklung nach Distrikten wird deutlich, dass die Zunahme der Einwohnerzahl offensichtlich nicht allein von den Bautätigkeiten im Bereich der Eigentumswohnungen getragen wird, sondern ebenso in einigen Distrikten mit einem hohen Anteil öffentlicher Wohnungen zu beobachten ist, worauf bereits YABE (2003: 83) aufmerksam gemacht hat. Vor allem in den Distrikten Kita Aoyama 1 und Kōnan 3 wurde demnach die Zahl der öffentlichen Wohnungen in den 1990er Jahren in Zusammenhang mit Neubaumaßnahmen noch einmal deutlich aufgestockt (vgl. Abb. 4-5 und 4-6). Darüber hinaus belegt das Kartenbild für den Zeitraum zwischen 1985 und 1995 einen starken, räumlich isolierten Bevölkerungsanstieg im Distrikt Akasaka 1/Roppongi 1. Hier wurde 1986 das sogenannte ARK Hills-Projekt fertiggestellt, nachdem zuvor durch das lokale Bauunternehmen Mori Buildings in einem 18 Jahre andauernden Prozess die einzelnen Grundstücke des vorher dicht besiedelten ehemaligen Quartiers Azabu Tanimachi Stück für Stück aufgekauft worden waren (TOYODA, K. 1994: 2: 134–136). Trotz der seinerzeit auch durch die Bezirksverwaltung geübten heftigen Kritik,

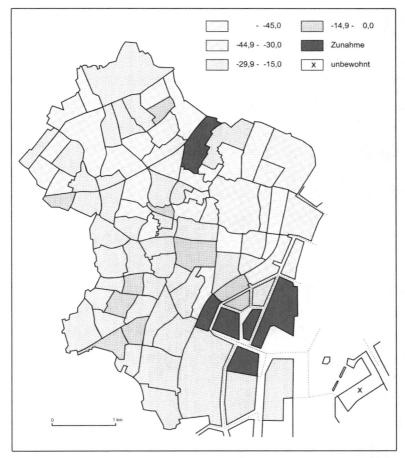

Abbildung 4-5: Bevölkerungsentwicklung in % nach Distrikten, Minato-*ku* 1985–1995

Quelle: Eigene Berechnungen nach SŌMUCHŌ TŌKEIKYOKU, *Kokusei chōsa hōkoku* 1985, 1995.

die die Zerstörung eines organisch gewachsenen Viertels monierte, lässt sich das Projekt, das die Schaffung von Büroflächen und ca. 500 luxuriösen Wohnungen miteinander verband, im Nachhinein als Pioniermaßnahme der gegenwärtig in privater Trägerschaft stehenden Großerschließungen im Stadtbezirk Minato ansehen. Nahezu alle übrigen Distrikte des Bezirks verloren hingegen per Saldo bis 1995 Bevölkerung, wobei namentlich die Verluste im citynahen Nordteil, der während der *bubble*

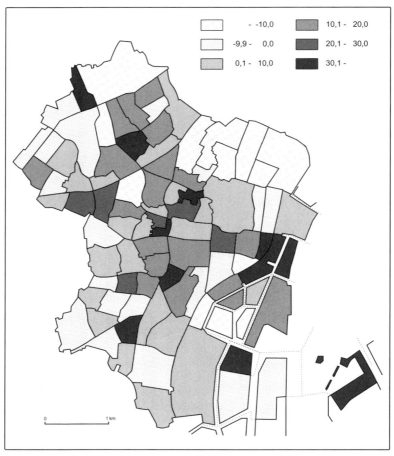

Abbildung 4-6: Bevölkerungsentwicklung in % nach Distrikten, Minato-*ku* 1995–2000

Quelle: Eigene Berechnungen nach SŌMUCHŌ TŌKEIKYOKU, *Kokusei chōsa hōkoku* 1995, 2000.

economy-Phase besonders unter Tertiarisierungsdruck geraten war, hervorstechen.

Die Bevölkerungsentwicklung zwischen 1995 und 2000 zeigt ein weniger einfach zu deutendes Raummuster. Klare Bevölkerungsgewinne treten eher verstreut auf, was neben der bereits genannten punktuellen Erweiterung des Bestandes öffentlicher Wohnungen im Wesentlichen den Bau einzelner kleiner oder mittelgroßer Apartmentkomplexe widerspiegelt (vgl. YABE 2003: 83–84). Wie ich noch in Kapitel 4.1.4 zu zeigen versuche, dürfte sich dieses Muster durch die seit 2001 im vermehrten Umfang in den Vordergrund rückenden großen Stadtumbauprojekte mittlerweile allerdings erheblich modifiziert haben. Weitere räumliche Fixpunkte für eine positive Bevölkerungsentwicklung sind durch die im Jahr 2000 erfolgte Eröffnung von gleich zwei U-Bahnlinien in diesem bislang durch schienengebundene öffentliche Verkehrsmittel eher unterversorgten Stadtbezirk sowie den im Oktober 2003 fertiggestellten Ausbau des Bahnhofs Shinagawa als Haltepunkt der Shinkansen-Expresszüge entstanden (vgl. Abb. 4-1 im Anhang). Nach wie vor durch Einwohnerverluste gekennzeichnet waren bis zur Jahrhundertwende die nördlichen Citybereiche von Toranomon und Shinbashi, doch auch hier dürften durch die Fertigstellung des Shiodome-Projektes in Higashi Shinbashi mit den beiden Wohntürmen „Tokyo Twin Parks" im Jahr 2002 schon zum Stichtag der Volkszählung 2005 positive Bevölkerungssaldi zu erkennen gewesen sein.

4.1.2 RÄUMLICHES MUSTER DER ERNEUERUNG VON QUARTIEREN: AUFWERTUNG ODER GENTRIFICATION?

Im Folgenden soll analog zum Vorgehen in Kapitel 3.4.1.2 diesmal auf Distriktebene der Frage nachgegangen werden, inwieweit die jüngeren Bevölkerungsgewinne von Minato-*ku* mit einer messbaren baulichen und sozialen Aufwertung einzelner Distrikte verbunden sind. Da indes unterhalb der Stadtbezirksebene in Japan Daten fast nur über die Volkszählungen erhoben und überdies auch nur in Auswahl publiziert werden, waren zum Teil andere Indikatoren zu wählen und der Analysezeitraum zu verkürzen (vgl. Tab. 4-1).

Ein Problem stellt insbesondere das Fehlen jeglicher Einkommensdaten dar, weshalb als Indikator für ein wohlhabendes Wohnviertel auf den Anteil der Beschäftigten in freien, technischen und Verwaltungsberufen zurückgegriffen werden musste. Wie in Kapitel 2.3 gezeigt, verfügen Personen in Verwaltungsberufen in der Tat über ein im Durchschnitt sehr hohes Einkommen, was allerdings für Ausübende freier und technischer Berufe nicht unbedingt gilt. Durch Wahl des gegenüber dem gesamtstädtischen Durchschnitt höher liegenden Bezirksdurchschnitts als Schwellenwert habe ich versucht, dieses Problem zumindest zu entschärfen und somit nur die in berufsstruktureller Hinsicht besonders statushohen Viertel als „wohlhabend" zu klassifizieren. Eine weitere Schwierigkeit bezieht sich darauf, dass selbst eine Aufgliederung der beruflichen Struktur auf Distriktebene nur für das Jahr 2000 vorliegt. Aus diesem Grunde musste als Indikator für soziale Aufwertung der summierte Anteil von Personen in

Tabelle 4-1: Indikatoren der Aufwertung von Wohnvierteln, Minato-*ku* 1995–2000

Dimension	Indikator
Abgewertetes, ärmliches Wohnviertel	Erwerbslosenrate (erweitert) *oberhalb* UND Anteil von Beschäftigten im höheren Dienstleistungssektor *unterhalb* des Durchschnittswertes von ganz Tōkyō
Verbesserungen der baulichen Umgebung	Entwicklung des Anteils von Haushalten in Eigentums-Apartmentwohnungen ODER Entwicklung des Anteils von Haushalten, die im 6. Obergeschoss oder höher leben
Soziale Aufwertung	Entwicklung des Anteils von Beschäftigten im höheren Dienstleistungssektor
Demographischer Wandel	Entwicklung des Anteils von Single- und Ehepaarhaushalten (ohne Altenhaushalte) UND Entwicklung des Anteils der 25–39jährigen ODER Entwicklung des Anteils der 40–54jährigen
Wohlhabendes Wohnviertel	Anteil Beschäftigte in freien, technischen und Verwaltungsberufen oberhalb des Bezirksdurchschnitts

Quelle: Eigene Konzeption auf Basis von VAN CRIEKINGEN und DECROLY (2003).

den Wirtschaftsunterbereichen Finanzen, Versicherungen, Immobilien und Dienstleistungen[2] verwendet werden. Eine sehr hohe Korrelation von r=0,857 mit dem Raummuster des Anteils von Beschäftigten in freien, technischen und Verwaltungsberufen für das Jahr 2000 macht aber deutlich, dass die Variable als brauchbarer Ersatzindikator benutzt werden kann. Hinsichtlich eines geeigneten Indikators für Verbesserungen der baulichen Umgebung schließlich stellte sich heraus, dass mit der Entwicklung des Anteils von Eigentums-Apartmentwohnungen allein bauliche Erneuerungsprozesse in einigen Vierteln nicht hinreichend abgebildet werden. Dies liegt namentlich an den im Stadtbezirk Minato absolut noch immer recht hohen Immobilienpreisen, die, wie unter anderem YUI (2002) am Beispiel alleinlebender berufstätiger Frauen zeigte (vgl. Kap. 3.2.1.2),

---

[2] Dienstleistungen ohne die vorgenannten Bereiche sowie die Bereiche Transport- und Kommunikationswesen, Versorgungsbetriebe, Handel/Gaststätten und öffentliche Dienste.

viele Zuwanderer mit mittlerem Einkommen dazu veranlassen, statt einer Eigentumswohnung auch höherwertige Miet-Apartmentwohnungen zu beziehen. Daher fand als ein allgemeinerer Bau-Indikator zusätzlich der Anteil von Haushalten, die im 6. Obergeschoss oder höher leben, Verwendung. Für die Jahre vor 1995 liegen jedoch auch diese beiden Variablen in kleinräumiger Aufschlüsselung nicht publiziert vor. Insbesondere deswegen wurde anders als in Kapitel 3.4.1.2 auf die Ausdehnung der Analyse auf den weiter gefassten Zeitraum 1985–2000 verzichtet.

Das Ergebnis der Analyse für den Zeitraum 1995–2000 ist in Abbildung 4-7 wiedergegeben. Es wird deutlich, dass trotz des kurzen Zeitraums von nur fünf Jahren in zahlreichen Stadtvierteln signifikante Aufwertungsprozesse festgestellt werden können. Eine besondere räumliche Konzentration tritt jedoch nicht hervor; vielmehr befinden sich seit Mitte der 1990er Jahre sowohl Bereiche der *waterfront* als auch Teile des statushöheren Westens von Minato-*ku* in baulichen und/oder sozialen Wandlungsprozessen der einen oder anderen Art. Auch eine Häufung entlang der Streckenabschnitte der beiden im Jahr 2000 eröffneten U-Bahnlinien Nanboku und Ōedo lässt sich nicht durchgängig feststellen; eine Rolle gespielt haben mag dies jedoch für die Distrikte Akasaka 9, Azabu Jūban 2 und 3–4 sowie Mita 5 und Shirokane 1, an deren Rand jeweils eine neue Station entstanden ist. Ein deutlicherer Effekt dieser erheblichen nahverkehrlichen Verbesserung auf die bauliche und soziale Struktur einzelner Wohnviertel dürfte sich erst für die 2000er Jahre zeigen, worauf auch die Standorte der derzeit in Bau befindlichen oder bereits abgeschlossenen Stadterneuerungsmaßnahmen hindeuten (vgl. unten Kap. 4.1.4).

Als Typus dominant ist einmal mehr die Aufwertung (*upgrading*) oder marginale Aufwertung von solchen Wohnvierteln, die bereits zuvor nicht als ärmlich zu bezeichnen waren. Daneben gibt es aber auch sechs Distrikte, bei denen unter Zugrundelegung der gewählten Indikatoren von marginaler Gentrification, also der baulichen Erneuerung und sozialen Statuserhöhung relativ depravierter Viertel, ohne dass der Zustand eines wohlhabenden Viertels (bisher?) erreicht worden wäre, gesprochen werden kann. Gentrification im engeren Sinne scheint innerhalb von Minato-*ku* nur im Distrikt Akasaka 9 vorzuliegen. Dies stützt erneut die Aussage von VAN CRIEKINGEN und DECROLY (2003), der zufolge echte Gentrification ein extrem seltenes und zudem sehr kleinräumiges Phänomen darstellt. Freilich ist im vorliegenden Fall aber auch der notgedrungen knappe Betrachtungszeitraum von fünf Jahren zu berücksichtigen. So dürfte innerhalb eines solchen Zeitrahmens die vollständige Metamorphose eines Viertels aus einem benachteiligten in ein wohlhabendes Quartier wohl selbst unter wirtschaftsliberalen Bedingungen wie in den USA nur selten zu beobachten sein.

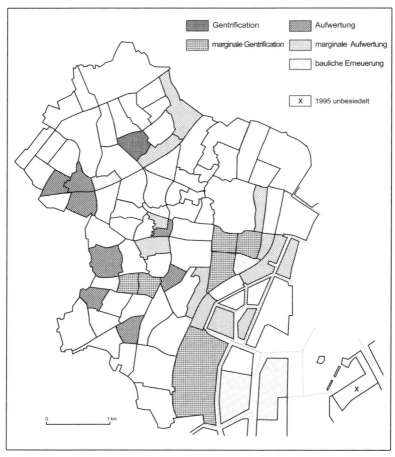

Abbildung 4-7: Typen der Aufwertung von Wohnvierteln nach Distrikten, Minato-*ku* 1995–2000
Anm.: Zur Definition der einzelnen Typen siehe Tabelle 3-14 in Kap. 3.4.1.2 und Tabelle 4-1.
Quelle: Eigene Berechnungen nach Sōmuchō Tōkeikyoku, *Kokusei chōsa hōkoku* 1995, 2000.

Tatsächlich offenbart ein näherer Blick auf die Veränderungen im Distrikt Akasaka 9, dass auch hier Gentrification im engeren Sinne nicht vorliegt. Zwar wuchs dort den Angaben der Volkszählung zufolge die Bevölkerungszahl zwischen 1995 und 2000 von 700 auf 947 Personen; allein die

Zahl der Frauen zwischen 25 und 39 Jahren stieg von 51 auf 163. Die meisten dieser Frauen waren zudem ledig. Des Weiteren erhöhte sich die Erwerbsquote der Frauen im Alter von 15 Jahren und darüber von 59,5 % auf 67,3 %, während zugleich die Zahl von weiblichen Beschäftigten im höheren Dienstleistungssektor anstieg. In Bezug auf die Zahl und den Anteil von Haushalten nach Wohnungstyp wurden die stärksten Veränderungen für Apartmentwohnungen im sechsten Obergeschoss oder darüber registriert. Folglich könnte man annehmen, dass, womöglich in Zusammenhang mit der Eröffnung der Ōedo-U-Bahnlinie im Jahr 2000, die den südwestlichen Rand des Viertels berührt, Gentrification im engeren Sinne Einzug in Akasaka 9 gehalten hat. In Wirklichkeit jedoch verdankt sich der Anstieg vor allem der weiblichen Bevölkerungszahl überwiegend der Tatsache, dass das sogenannte Akasaka Residential Hotel, ein großes zehngeschossiges Multifunktionsgebäude unter Einschluss von mehr als 500 aus einem Zimmer bestehenden Mietapartments, seine Belegungsrate seit den mittleren 1990er Jahren erheblich hat steigern können.[3] Darüber hinaus bedeutete die Räumung des in diesem Viertel gelegenen Geländes der Japan Defense Agency (Bōeichō) zu Beginn des Jahres 2000 – mittlerweile Standort des großdimensionierten Tokyo Midtown-Stadterneuerungsprojekts (s. unten Kap. 4.1.4) –, dass rund 150 männliche Beschäftigte, die hier als Angehörige der Streitkräfte kaserniert waren, die Gegend verließen. Im Ergebnis verlagerte sich hierdurch die Beschäftigtenstruktur in Richtung eines höheren Anteils von Erwerbspersonen im oberen Dienstleistungssegment. Man kann daher im Falle von Akasaka 9 wohl nur von marginaler Gentrification, die überwiegend von jüngeren, ledigen Frauen getragen wird, sprechen, was bei einer Verfügbarkeit von Einkommensdaten unter Umständen auch die obige Analyse schon gezeigt hätte. Doch auch bei optimaler Datenlage sollte sich der Gebrauch der Methodik von van Criekingen und Decroly darauf beschränken, Verdachtsräume zu identifizieren, in denen Gentrification oder andere, weniger extreme Formen der baulichen und sozialen Aufwertung möglicherweise stattgefunden haben. Keinesfalls entbindet sie von der Aufgabe, die konkreten Verhältnisse in den einzelnen, „unter Verdacht geratenen" Vierteln genauer in Augenschein zu nehmen.

Die am Distrikt Akasaka 9 erkennbare Bedeutung des Zuzugs lediger Frauen leitet über zu der Frage, inwieweit diese Bevölkerungsgruppe

---

[3] Information auf Basis eines persönlichen Gesprächs mit Herrn Takigawa Toyomi, Unterabteilungsleiter Stadterneuerung in der Abteilung Stadtbauförderung (Machizukuri Suishin-bu) der Bezirksverwaltung Minato vom 27.03.2003. Vgl. näher zum Gebäude auch unter: http://good-room.hp.infoseek.co.jp/shuwa_akasaka_1.htm; Entnahme 20.08.2004.

generell als wichtiger Träger von marginaler Gentrification in Tōkyō bezeichnet werden kann. Darüber hinaus ist zu klären, aus welchen Teilräumen die Zuziehenden hauptsächlich stammen. Kann die Aussage aus Kapitel 3.4.1.1, wonach die Wiederbevölkerung des Stadtzentrums in hohem Maße durch bereits zuvor in Tōkyō ansässige Personen getragen wird, für die Distrikte mit Gentrification- und Aufwertungstendenzen innerhalb von Minato-*ku* bestätigt werden? Um dies zu beantworten, wurden die mittels der obigen Analyse entdeckten Distrikte mit marginaler Gentrification (unter Einschluss von Akasaka 9) sowie die Distrikte mit Aufwertung bzw. marginaler Aufwertung jeweils zu einem Raumtyp zusammengefasst und dann anhand einfacher Mittelwerte bezüglich ausgewählter demographischer Variablen näher charakterisiert. Zudem wurden Distrikte mit einem sehr hohen Anteil an öffentlichen bzw. durch den Arbeitgeber bereitgestellten Wohnungen in gesonderte Typen eingeordnet, da in solchen Wohnungen lebende Haushalte ihren konkreten Wohnort oft nicht selbst bestimmen und der Berechtigtenkreis für öffentliche Wohnungen im Allgemeinen auf in der betreffenden Präfektur oder Gemeinde lebende Personen begrenzt ist. Abschließend wurden wiederum Eta^2-Werte berechnet, um zu ermitteln, in welcher Stärke die Varianz der Variablen durch die Gruppeneinteilung statistisch erklärt wird. Das Ergebnis der Analyse ist in Tabelle 4-2 wiedergegeben, wobei sich zunächst zeigt, dass immerhin etwa 30 % bis 40 % der räumlichen Unterschiede durch die Typen jeweils erklärt werden, ein durchaus zufriedenstellendes Resultat, wenn man berücksichtigt, dass die Gruppenbildung nicht auf Basis der Variablen im Rahmen einer Clusteranalyse erfolgte.

Wie zu erwarten, weisen die Räume mit marginaler Gentrification oder Aufwertung seit 1995 den stärksten Bevölkerungsanstieg auf. Allerdings gilt dies auch für Distrikte mit einem hohen Anteil an öffentlichen Wohnungen, worauf ich bereits oben hingewiesen habe. Zumindest im Stadtbezirk Minato haben daher offenbar auch weniger wohlhabende Schichten zum Bevölkerungsanstieg beigetragen. Das Bevölkerungswachstum in den übrigen Gebieten von Minato-*ku* ist hingegen gering. Räume mit einem hohen Anteil gestellter Wohnungen zeigen tendenziell sogar Bevölkerungsverluste. Da dieser Wohntyp allerdings im Vergleich mit öffentlichen Wohnungen Distrikte weit weniger dominiert,[4] lässt sich von einem kausalen Zusammenhang hier nicht mit Bestimmtheit ausgehen.

---

[4] Der höchste Anteil von Haushalten in gestellten Wohnungen findet sich im Distrikt Shirokane 2 mit 44 %. Dagegen lag der höchste Wert für öffentliche Wohnungen in Kita Aoyama 1 bei knapp 88 %.

Tabelle 4-2: Demographisches Profil von Distrikttypen mit unterschiedlichen baulich-sozialen Merkmalen, Minato-*ku* 1995–2000

Variable	Einfache Mittelwerte nach Typen					eta²-Wert
	1	2	3	4	5	
Bevölkerungsentwicklung (in %)	15,2	18,7	14,3	-1,5	3,7	0,357
Prozentpunktewandel ledige Frauen 25–54 Jahre	8,9	5,3	0,6	5,6	4,6	0,400
Zuwanderer aus den inneren Bezirken (in %)	61,6	57,5	62,3	48,7	53,7	0,413
Zuwanderer aus den äußeren Bezirken (in %)	10,6	10,4	13,6	13,0	10,6	0,346
Zuwanderer aus dem Süd-Kantō-Raum (in %)	14,8	14,3	11,5	17,8	14,4	0,298
Zuwanderer aus dem übrigen Japan (in %)	8,5	11,0	9,0	17,4	11,6	0,381
Zuwanderer aus dem Ausland (in %)	4,6	6,9	3,6	3,2	9,7	0,389

Anm.: Aufschlüsselung der Typen mit Zahl der enthaltenen Distrikte (in Klammern): 1: Distrikte mit Gentrification-Tendenzen (7); 2: Distrikte mit Aufwertungstendenzen (17); 3: Distrikte mit einem Anteil von Haushalten in öffentlichen Wohnungen von 20 % u. m. (7); 4: Distrikte mit einem Anteil von Haushalten in gestellten Wohnungen von 20 % u. m. (8); 5: Übrige Distrikte (48). Distrikte mit einem entsprechenden Anteil von Haushalten in öffentlichen bzw. gestellten Wohnungen wurden jedoch den Typen 3 bzw. 4 dann nicht zugeordnet, wenn sie bereits als Gentrification- oder Aufwertungsdistrikte typisiert waren. Zu Typ 3 gehören: Akasaka 5, Minami Aoyama 1, Kita Aoyama 1, Kita Aoyama 3, Takanawa 3, Kōnan 3, Kōnan 4–5; Typ 4 sind die folgenden Distrikte zugeordnet: Kaigan 1, Kaigan 3, Shiba Kōen 1–4, Toranomon 1–2, 4, Azabu Jūban 1, Moto Akasaka 1–2, Takanawa 3, Shirokane 2. Zur räumlichen Definition von „innere Bezirke", „äußere Bezirke" und „Süd-Kantō-Raum" vgl. die Anm. unter den Abb. 3-15a bis c in Kapitel 3.4.1.1. Zuwanderer aus anderen in Minato-*ku* gelegenen Distrikten wurden als „Zuwanderer aus den inneren Bezirken" betrachtet.

Quelle: Eigene Berechnungen nach Sōmuchō Tōkeikyoku, *Kokusei chōsa hōkoku* 1995, 2000.

Weiterhin erhärtet sich anhand der Tabelle die Vermutung, dass für Distrikte mit Anzeichen von marginaler Gentrification ein besonders hoher Anstieg des Anteils von ledigen Frauen im Alter von 25 bis 54 Jahren charakteristisch ist. Wie aus den Analysen von Kinoshita, Nakabayashi und Tamagawa (1999) sowie Wakabayashi et al. (2002) hervorging, ist für diese Gruppe die Nähe zum Arbeitsplatz besonders wichtig. Ein zumeist nur mittleres Einkommen macht jedoch das Auffinden einer geeigneten Wohnung im teuren Stadtzentrum schwierig. Es erscheint daher nur folgerichtig, dass vor allem relativ abgewertete Distrikte, die noch am ehesten bezahlbaren Wohnraum in zentraler Lage bieten dürften, zu einem Hauptzielgebiet solcher Frauen werden. Weiterhin könnte auch der ebenfalls von den o. g. Autoren hervorgehobene Punkt einer Präferenz für aus der Studentenzeit bekannte Wohnviertel in Minato-*ku* eine Rolle spielen. So liegen die Distrikte Shiba 3 und Shiba 5 in unmittelbarer Nähe zum Hauptcampus der renommierten Keiō-Universität. Auf der anderen Seite ist aus der Tabelle deutlich das Vermeiden von Distrikten mit einem hohen Anteil öffentlicher Wohnungen erkennbar, was sich leicht mit der Nichtzulassung von Alleinstehenden jüngeren und mittleren Alters zu solchen Wohnungen erklären lässt.

Die Herkunft von Zuwanderern schließlich korreliert ebenfalls signifikant mit einzelnen Raumtypen. So wird zum einen klar, dass der Anteil von aus inneren Stadtbezirken (einschließlich anderer Distrikte in Minato-*ku* selbst) zugezogenen Personen den von Personen anderer Herkunft weit überwiegt, vor allem aber in Gentrificationgebieten und Distrikten mit einem hohen Anteil an Haushalten in öffentlichen Wohnungen hoch ist, wobei sich Letzteres auch mit der erwähnten räumlichen Einschränkung des Berechtigtenkreises erklären lässt – dies dürfte auch für den hohen Anteil von Personen aus äußeren Stadtbezirken dort mitverantwortlich gewesen sein. Die Zusammensetzung der Zuwanderer nach Herkunft in Distrikten mit Aufwertungstendenzen ist hingegen etwas ausgeglichener und nur unwesentlich von den in Typ 5 zusammengefassten übrigen Distrikten verschieden, was womöglich die Unterschiede im sozioökonomischen Status zwischen Aufwertungs- und marginalen Gentrificationgebieten reflektiert. Distrikte mit einem hohen Anteil bereitgestellter Wohnungen zeichnen sich hingegen durch relativ hohe Anteile von Zuwanderern aus dem suburbanen Raum und dem übrigen Japan aus. Dies erscheint plausibel, da bei aus Tōkyō selbst stammenden Personen bei einem Arbeitsplatzwechsel im Allgemeinen nicht die Notwendigkeit bestehen dürfte, innerhalb Tōkyōs in eine durch den Arbeitgeber vermittelte Wohnung einzuziehen. Zuwanderer aus dem Ausland schließlich meiden, wie zu erwarten war, tendenziell Distrikte mit einem hohen Anteil öffentlicher und gestellter Wohnungen; sie sind aber auch nicht unbedingt typisch für Aufwertungs- oder Gentrificationgebiete. Hier ist zu bedenken, dass Ausländer in Tōkyō infolge ihrer zeitlich begrenzten Aufenthaltsdauer privat vermietete Wohnungen bevorzugen, Aufwertungsgebiete jedoch unter anderem durch einen stark steigenden Anteil von Eigentums-Apartmentwohnungen gekennzeichnet sind.

4.1.3 DIE ROLLE DER ÖFFENTLICHEN AKTEURE IM UMBAUPROZESS VON MINATO

Das traditionell hohe Prestige von Minato-*ku* als ein überwiegend gehobener und zugleich zentrumnaher Wohnstandort dürfte bereits für sich
ein wesentlicher Faktor gewesen sein, der nach dem Fall der Immobilien-
preise zur „Rückkehr" der Bevölkerung in diesen Bezirk beigetragen hat.
Die zahlreichen Stadterneuerungsmaßnahmen auf Brachland oder bis
dahin durch niedrige Holzbebauung stark untergenutzten Flächen zeigen aber bereits auf, dass der Angebotsseite zur Erklärung dieses Phänomens eine wahrscheinlich noch höhere Bedeutung zukommt. Während
die unmittelbaren Gründe für den seit 1997/98 schlagartig einsetzenden
Stadterneuerungsboom bereits in Kapitel 3.2.1.1 genannt wurden, sollen
in diesem Abschnitt die wichtigsten wohnungs- und stadtplanungspoli-
tischen Instrumente beschrieben werden, die seitens der Bezirksverwaltung zum Einsatz kamen, um Bevölkerung im Bezirk zu halten bzw. die
Einwohnerschaft wieder zu vergrößern. Abschließend ist danach zu fragen, inwieweit diese Instrumente auch zur räumlichen Differenzierung
der Bevölkerungsentwicklung innerhalb von Minato-*ku* beigetragen haben.

Bereits kurz genannt wurde als wohl wirksamstes Verfahren zur Steuerung der Wohnentwicklung das 1985 nach US-amerikanischem Vorbild
erlassene und 1991 revidierte Anleitungsprogramm zur Förderung der
Ansässigkeit (*Teijū sokushin shidō yōkō*), auch als *housing linkage*-Pro-
gramm bezeichnet, das bei sämtlichen Erneuerungsprojekten mit einer
Grundfläche von 500qm und mehr sowie einer geplanten Geschossfläche
von mindestens 3000qm zur Anwendung gelangt. Um eine Erschlie-
ßungsgenehmigung zu erhalten, ist der betreffende Bauherr in Minato-*ku*
konkret dazu verpflichtet, je nach Höhe der potenziell möglichen Geschossflächenzahl mindestens zehn bis dreißig Prozent der Geschossfläche für Wohnungen bereitzustellen. Sollte dies am eigentlichen Baustand-
ort nicht möglich sein, so kann der Erschließer die Wohnungen auch an
einer anderen Stelle im Bezirk errichten, doch ergibt sich dann ein Auf-
schlag zur ursprünglich bereitzustellenden Fläche von weiteren 20%.
Übersteigt die geplante Geschossfläche 5000qm, ist zusätzlich je nach
Größe des Gesamtprojekts eine Gebühr zu entrichten, die der Bezirk für
andere Maßnahmen zur Förderung des innerstädtischen Wohnens ein-
setzt (MINATO-KU MACHIZUKURI SUISHIN-BU 2002: 63). In den Fiskaljahren
1991 bis 2000 sind bei 268 Anwendungsfällen 14.355 Wohnungen auf
diese Weise geschaffen und Gebühren von 4,3 Milliarden Yen eingenommen worden (ca. 30 Mio. Euro) (MINATO-KU MACHI-ZUKURI SUISHIN-BU TOSHI
KEIKAKU-KA, JŪTAKU-KA 2002: 9). Insgesamt wurden seit Einrichtung des
Programms im Jahr 1985 bis zum 31. Dezember 2003 23.873 Wohnungen

errichtet (Tōkyō-to Jūtaku-kyoku Sōmu-bu Jūtaku Seisaku-shitsu 2004: 110). Bezogen auf den durch den *Housing and Land Survey* des Jahres 2003 für Minato-*ku* ermittelten Wohnungsgesamtbestand von 109.650 Einheiten bedeutet dies, dass rund 21,8 % aller im Bezirk existierenden Wohnungen über dieses Verfahren zustande gekommen sind, das damit seine Wirksamkeit eindrucksvoll unter Beweis stellt.

Es versteht sich, dass dieses Instrument, das den klassischen Fall einer informellen Verwaltungsanleitung (*gyōsei shidō*) darstellt, sich bei Immobilienunternehmen von Beginn an keiner besonderen Beliebtheit erfreute. Zudem begünstigt das Programm zumindest in der in Minato-*ku* betriebenen Weise eher die Ansiedlung wohlhabender Schichten, da die Erschließer in den neuerrichteten Gebäuden vorwiegend hochpreisige Eigentums-Apartmentwohnungen erstellen (Hibata 1990: 48; Kamiyama 1994: 99). Infolge der Streichung des bezirkseigenen Mietensubventionsprogramms im März 2003 ist auch die Nutzbarkeit der Gebühr für die Unterstützung des innerstädtischen Wohnens einkommensschwacher Haushalte stark eingeengt worden. Letztlich stehen sozialpolitische Zielsetzungen bzw. die soziale Mischung von Vierteln – von besonderen Gruppen wie alten Menschen oder Behinderten einmal abgesehen – aber auch gar nicht im Vordergrund der Wohnungspolitik von Minato-*ku*, sondern die Schaffung von Wohnraum für Personen, deren Ansässigkeit hoch ist (*teijūsei ga takai*), die somit die von ihnen gekaufte oder gemietete Wohnung auch tatsächlich bewohnen und sich dem sozialen Leben des Stadtviertels nicht verschließen.[5] Wie bereits geschildert, stellt dies gerade in Minato-*ku* ein drängendes Problem dar, wo infolge der attraktiven Zentrumnähe viele Apartmentwohnungen als reine Vermögensobjekte oder nur temporär bewohnte Zweitwohnsitze genutzt werden. Die Bezirksverwaltung reagiert darauf, indem ihr *linkage*-Programm die weiteren Vorschriften enthält, dass die bereitgestellten Wohnungen eine Wohnmindestfläche von 50qm aufweisen müssen und bei Stadterneuerungsprojekten mit einer Geschossfläche von 10.000qm und mehr mindestens 25 % an bestimmte Haushaltskategorien mit hohem Ansässigkeitsgrad zu vergeben sind (Minato-ku Machizukuri Suishin-bu 2002: 63).

Das *housing linkage*-Verfahren war ursprünglich als Sofortmaßnahme gedacht, die der Verdrängung der Wohnbevölkerung während der *bubble economy*-Zeit entgegenwirken sollte. Nach der Novellierung des Stadtplanungsgesetzes im Jahr 1992, durch die auch die Kategorie der Distrikte mit festgeschriebener Wohnnutzung in den mittleren und oberen Ge-

---

[5] Information auf Basis eines persönlichen Gesprächs mit Herrn Takigawa Toyomi, Unterabteilungsleiter Stadterneuerung in der Abteilung Stadtbauförderung (Machizukuri Suishin-bu) der Bezirksverwaltung Minato vom 27.03.2003.

schossen von Gebäuden (*chūkō sōkai jūkyo sen'yō chiku*) neu eingeführt wurde, war allgemein davon ausgegangen worden, dass die *linkage*-Verfahren abgeschafft oder allenfalls als supplementäre Maßnahmen weiter bestehen würden (KAMIYAMA 1994: 99–100). Während die Stadtbezirke Chūō und Kōtō ihre *linkage*-Programme jedoch zu Beginn der 2000er Jahre tatsächlich wieder abgeschafft haben – allerdings nicht zugunsten anderer Maßnahmen, sondern ersatzlos infolge des sich nun selbsttragenden Bevölkerungsanstiegs –, vertraut der Bezirk Minato weiter auf die Wirkung dieses Instruments. Mehr noch: im Juni 2003 wurde es sogar auf die Erstellung von Flächen für öffentliche Einrichtungen wie Kindertagesstätten oder Kliniken und Geschäfte des täglichen Bedarfs ausgeweitet (TŌKYŌ-TO JŪTAKU-KYOKU SŌMU-BU JŪTAKU SEISAKU-SHITSU 2004: 34). Im Vordergrund steht wohl auch hier die Förderung des Ansässigkeitsgrades der Bevölkerung.

Mit ähnlicher Zielsetzung betreibt Minato-*ku* wie alle anderen Stadtbezirke auch eine Regulierung des Baus von Einzimmer-Apartments (*wanrūmu manshon*). Anlass für das 1984 erlassene Anleitungsprogramm waren die Beschwerden von Anwohnern über die unzureichende Verwaltung der aus solchen Apartments bestehenden Wohnhäuser, wobei besonders Probleme der Müllentsorgung sowie die fehlende Beteiligung der meist nur kurze Zeit dort wohnenden Personen an den Angelegenheiten des Quartiers im Mittelpunkt standen. Bauherren, die ein Gebäude mit solchen Wohnungen planen, erhalten eine Genehmigung daher nur, wenn die einzelnen Apartments eine reine Wohnfläche von mindestens 18qm besitzen, dem Gebäude eine Hausmeisterloge im Eingangsbereich und ein Fahrradparkplatz zugeordnet sind und das Gebäude einen näher auszuhandelnden Mindestabstand von den Nachbargebäuden aufweist (TŌKYŌ-TO JŪTAKU-KYOKU SŌMU-BU JŪTAKU SEISAKU-SHITSU 2004: 41). Da während der letzten Jahre in Zusammenhang mit den gesunkenen Immobilienpreisen auch die Nachfrage nach solchen Kleinstapartments im Stadtzentrum weiter zugenommen hat, plant der Bezirk derzeit eine Verschärfung der Bestimmungen. Unter anderem wird diskutiert, die Einbeziehung eines bestimmten Anteils von Wohnungen für Familien in die Apartmentkomplexe verpflichtend zu machen, um das soziale Leben auch in solchen Wohnvierteln zu erhalten.[6]

Im Auftrag der Präfektur verwaltet Minato-*ku* sogenannte Projekte zur Förderung des Angebots von innerstädtischen Apartmentwohnun-

---

[6] Siehe Näheres zur Diskussion über die Änderung des Anleitungsprogramms für Einzimmer-Apartments auch auf der Homepage von *Minato-ku*, http://www.city.minato.tokyo.jp/koho/2004/km040721/1553tps7.html; Entnahme 05.04.2005.

gen (*toshin kyōdō jūtaku kyōkyū jigyō*), welche im gesamten Gebiet innerhalb der Ringstraße Nr. 6, das im Rahmen des Wohnungs-Masterplans der Präfektur als Versorgungsschwerpunktgebiet (*jūten kyōkyū chiiki*) eingestuft wurde, zur Anwendung kommen können, wodurch letztlich das gesamte Gebiet des Stadtbezirks betroffen ist. Ziel der Projekte ist es, durch finanzielle Entlastungen des Bauherrn bei den Grunderschließungskosten die Erstellung qualitativ hochwertiger Wohnungen in Zentrumlage zu fördern. Bedingungen für eine Förderung sind eine Mindestgesamtfläche von 500qm, wobei die Grundfläche 300qm übersteigen muss, eine Höhe von mindestens drei Geschossen und eine Zahl von wenigstens zehn Wohnungen, die Bereitstellung einer öffentlichen Freifläche sowie weitere Kriterien, die sich auf den Qualitätsstandard der einzelnen Wohnungen beziehen. Diese erst seit 1996 angewendete Maßnahme hat innerhalb von Minato-*ku* ihr erstes Ergebnis im Jahr 2001 mit 252 erstellten Wohnungen im Distrikt Shiba 3 erbracht. Auch der 2002 fertiggestellte Bau der beiden Tokyo Twin Parks-Wohntürme im südlichen Bereich des Shiodome-Projektgebiets wurde mit dieser Maßnahme gefördert. Weitere Anwendungsräume waren bislang die Distrikte Akasaka 8, Toranomon 4 und Kōnan 2 (MINATO-KU MACHIZUKURI SUISHIN-BU 2002: 61–62; MINATO-KU MACHIZUKURI SUISHIN-BU TOSHI KEIKAKU-KA, JŪTA-KU-KA 2002: 9).

Um auch bei Baumaßnahmen mit einer Grundfläche von weniger als 300qm qualitativ hochwertige Wohnungen zu fördern und zugleich das Problem der Bodenzersplitterung zu entschärfen, hat der Bezirk in Eigenregie zusätzlich Projekte zur Unterstützung der Entwicklung einer Umgebung mit empfehlenswerten (Wohn-)Gebäuden (*jūtaku-tō yūryō kenchikubutsu kankyō seibi josei jigyō*) ins Leben gerufen. Hierbei wird ebenso ein Großteil der Erschließungskosten durch den Bezirk übernommen, wenn wenigstens zwei Grundeigentümer auf ihren bisherigen Parzellen ein gemeinsames Gebäude errichten, das über mindestens drei Geschosse und bestimmte Qualitätsstandards verfügen muss. Ebenso ist auf dem Grundstück eine öffentliche Freifläche von wenigstens einem Meter Breite zu erschließen, wobei aber auch die hierbei anfallenden Kosten zu einem Großteil übernommen werden (MINATO-KU MACHIZUKURI SUISHIN-BU 2002: 60).

Sonstige wohnungspolitische Aktivitäten von Minato-*ku* beziehen sich auf den Bau bzw. die Verwaltung öffentlicher Mietwohnungen oder andere Maßnahmen mit eher sozialpolitischem Hintergrund. Verglichen mit der Zahl geförderter Wohnungen, die auf dem Territorium des Bezirks von der Präfektur oder den Wohnungsversorgungsgesellschaften verwaltet werden, ist das Engagement von Minato auf dem Gebiet des öffentlichen Wohnungsbaus naturgemäß begrenzt. So gab es im Jahr 2003 in Minato-*ku* einen Bestand von 5.306 öffentlichen Wohnungen der Präfektur (*toei jūtaku*) für Haushalte mit geringem Einkommen, weitere 1.117 „Wohnungen für Präfekturbürger" (*tomin jūtaku*) für junge Familien mit geringen Anfangsgehältern (s. näher Kap. 3.3.1.2), 80 Wohnungen der kommunalen Wohnversorgungsgesellschaft (*kōsha jūtaku*) und 3.232 Wohnungen der damaligen Urban Development Corporation (*kōdan jūtaku*) für mittlere Einkommensgruppen. Die Zahl der durch den Bezirk verwalteten Wohnungen (*kumin-muke jūtaku*) belief sich auf 755, wobei diese sich in 315 öffentliche Wohnungen (*kuei jūtaku*) und 147 Bezirkswohnungen (*kuritsu jūtaku*) sowie 293 besondere öffentliche Mietwohnungen (*tokutei kōkyō chintai jūtaku*) für mittlere Einkommensgruppen gliederten. Die Gesamtzahl aller nicht-privaten Mietwohnungen in Minato-*ku* stieg zwischen 1997 und 2003 noch einmal von 9.069 auf 10.490 Wohneinheiten, dies vor allem durch Kapazitätserweiterungen anlässlich der Erneuerung maroder Wohnanlagen in den Distrikten Kita Aoyama 1 und Kōnan 4.[7] Für die nähere Zukunft sind jedoch keine größeren Neubauprojekte mehr geplant. Stattdessen sieht der Zweite Wohnungsbasisplan des Bezirks (*Dai ni-ji Minato-ku jūtaku kihon keikaku*) aus dem Jahr 2002 vor, die Fehlbelegungsquote bei den öffentlichen Wohnungen zu senken, dabei auch das bisher gültige Prinzip des lebenslangen Wohnrechts aufzubrechen und den Bestand insbesondere durch altengerechten Umbau zu modernisieren (MINATO-KU MACHIZUKURI SUISHIN-BU TOSHI KEIKAKU-KA, JŪTAKU-KA 2002: 39).

Die überaus erfolgreiche Anwendung des *housing linkage*-Verfahrens in Minato-*ku* hat entscheidend dazu beigetragen, dass später entwickelte Instrumente der Stadtplanung, die ebenfalls der Sicherung von Wohnfunktionen dienen, im Bezirk nur spärlich eingesetzt werden. So wurden in Minato-*ku* keine Distriktpläne mit nach Nutzung differenzierter Geschossflächenausweisung (*yotōbetsu yōsekigata chiku keikaku*) aufgestellt, bei denen ein GFZ-Bonus für die zusätzliche Schaffung von Wohnungen gewährt wird. Offiziell wird darauf verwiesen, dass die Wirkungsweise nicht viel anders, die Implementierung jedoch weit komplizierter sei als bei dem auf „Anleitung" beruhenden *linkage*-Verfahren.[8] Womöglich haben aber auch die Erfahrungen anderer Stadtbezirke, aus denen man lernen kann, dass geringe Parzellengrößen und Straßenbreiten eine Rea-

---

[7] *Minato-ku*, http://www.city.minato.tokyo.jp/joho/jinko/jo01_04.html sowie *Minato-ku Jūtaku Kōsha*, http://www.minato-smile.or.jp/jutaku/index4.html; Entnahme jeweils 05.04.2005.

[8] Information auf Basis eines persönlichen Gesprächs mit Herrn Takigawa Toyomi, Unterabteilungsleiter Stadterneuerung in der Abteilung Stadtbauförderung (Machizukuri Suishin-bu) der Bezirksverwaltung Minato vom 27.03.2003.

lisierung der GFZ-Boni oft ganz verhindern (vgl. HOHN 2000: 181–182), eine Rolle bei der Zurückhaltung der Planungsbehörden von Minato-*ku* gespielt. Zur Anwendung kommen im Bezirk daher nur die Grundform des allgemeinen Distriktplans, in denen eine Verschärfung der stadtplanerischen Bestimmungen festgeschrieben ist, mit fünf Fällen, sowie vor allem der Distriktplan zum Stadtumbau (*saikaihatsu chiku keikaku*) mit elf Fällen. Im Allgemeinen ist ein Teil der Distriktplangebiete zudem als Zielraum für Stadterneuerungsmaßnahmen (*shigaichi saikaihatsu jigyō*) bestimmt (vgl. MINATO-KU MACHIZUKURI SUISHIN-BU 2003: 6–8, 10–15). Die häufige Anwendung des Distriktplans zum Stadtumbau in Minato-*ku* überrascht zunächst einmal nicht, verfügt der Bezirk doch über zahlreiche Brachflächen und untergenutzte Areale im Hafenbereich. Allerdings wird er auch in dicht überbauten Distrikten wie z. B. Shirokane 1 oder Shiba 3 als Instrument der „Ummantelung" von Stadterneuerungs- bzw. Bodenumlegungsmaßnahmen eingesetzt. Vor allem die Stadterneuerungsmaßnahmen haben erhebliche Auswirkungen auf die Zusammensetzung des Wohnungsangebots in einem Distrikt. Da allerdings mit Ausnahme des bereits 1986 fertiggestellten ARK Hills-Projekts keine derartige Maßnahme vor 2001 abgeschlossen wurde – ein Ergebnis der wirtschaftlichen Flaute seit 1991 –, soll hierauf erst im nächsten Abschnitt näher eingegangen werden.

Insgesamt 68,5ha oder 3,4 % der Gesamtfläche des Bezirks sind als Distrikte mit festgeschriebener Wohnnutzung in den mittleren und oberen Geschossen von Gebäuden (*chūkō sōkai jūkyo sen'yō chiku*) ausgewiesen, wobei 30,3ha auf den Typ 2, der eine Wohnnutzung ab dem vierten Obergeschoss vorschreibt, und die restlichen 38,2ha auf den Typ 3 mit festgeschriebener Wohnnutzung ab dem fünften Geschoss entfallen (MINATO-KU MACHIZUKURI SUISHIN-BU 2003: 4). Anders als etwa in Taitō-*ku*, wo dieses System flächenhaft im gesamten Nordosten zur Anwendung gelangt (vgl. TAITŌ-KU TOSHIZUKURI-BU 2002), sind im Bezirk Minato im Wesentlichen nur an Durchgangsstraßen gelegene Häuserzeilen von dieser Maßnahme betroffen. Lediglich im Falle der Distrikte Higashi Azabu 1 und Shirokane 1 wurden bislang auch kompakte Flächen ausgewiesen. Im letzteren Fall war dabei das Motiv ausschlaggebend, eine gewachsene Mischstruktur aus Wohn- und Kleingewerbenutzung auch nach Eröffnung der nahegelegenen U-Bahnstation „Shirokane Takanawa" im Jahr 2000 vor einer allzu starken Überprägung durch Büronutzung zu schützen.[9] Das seit 1997 bestehende Instrument eines Distrikts zur Steuerung

---

[9] Information auf Basis eines persönlichen Gesprächs mit Herrn Takigawa Toyomi, Unterabteilungsleiter Stadterneuerung in der Abteilung Stadtbauförderung (Machizukuri Suishin-bu) der Bezirksverwaltung Minato vom 27.03.2003.

hochgeschossigen Wohnens (*kōsō jūkyo yūdō chiku*) schließlich, mit dem unter anderem das Schräglinensystem und die Bestimmungen zur Mindestbesonnung von Nachbargrundstücken erheblich aufgeweicht werden können, ist in Minato-*ku* einmal, und zwar auf der Aufschüttungsinsel Shibaura Island im *waterfront*-Distrikt Shibaura 4, vertreten. Zugleich kommt auf dem nur 9,3ha großen Gebiet das für innerstädtische Brachflächen entwickelte Programm zur Gesamtunterstützung der Entwicklung von Wohnstadtteilen (*jūtaku shigaichi seibi sōgō shien jigyō*) unter Trägerschaft der Urban Renaissance Agency zum Einsatz, die hier bis zum Ende der 2000er Jahre ca. 4.000 Wohneinheiten errichten möchte (MINATO-KU MACHIZUKURI SUISHIN-BU 2002: 52).

Da nahezu alle der hier genannten Maßnahmen und Projekte entweder, wie das *housing linkage*-Verfahren, keine klaren räumlichen Schwerpunkte besitzen oder aber erst seit dem Jahr 2001 sukzessive ihre Wirkung entfalten, muss die Frage nach einem direkten Einfluss der Maßnahmen auf die in Abschnitt 4.1.2 dokumentierten Aufwertungs- und Gentrification-Prozesse in einzelnen Distrikten überwiegend negativ beantwortet werden. Für das räumliche Muster der Erneuerung von Quartieren in Minato-*ku* zwischen 1995 und 2000 sind daher anscheinend hauptsächlich kleinere Erschließungsmaßnahmen sowie weitgehend ungesteuerte Bevölkerungsaustauschprozesse verantwortlich zu machen. Auf der anderen Seite kann aber bekanntlich schon die Erwartung oder Vorbereitung einer Quartierserneuerung zu Entwicklungen führen, die die bauliche und soziale Struktur eines Viertels verändern, sei es nun eher durch den sukzessiven Fortzug der bisherigen Bevölkerung oder den Zuzug von Gruppen, die kurzfristig in freigewordene Wohnungen nachrücken oder sich auch in Vorwegnahme der Veränderungen dauerhaft ansiedeln möchten und damit die Nachfrage nach neuen Wohnungen erhöhen. Mit dem Distrikt Akasaka 9 wurde oben bereits ein derartiges Beispiel kurz skizziert. Denkbar ist eine solche vorweggenommene Quartiersentwicklung aber auch in einigen anderen Fällen, die in Abbildung 4-7 meist als „marginal gentrifiziert" aufscheinen, so etwa bei den Distrikten Shiba 3 oder Shirokane 1 und 3. Im ersteren Fall wurde im Jahr 1997 nur der südöstliche Teil zum Gebiet eines Distriktplans zum Stadtumbau erklärt. Vorausgegangen waren jedoch schon seit 1988 Diskussionen und Konzepte über die Durchführung einer behutsamen Stadterneuerung (*machizukuri*) im gesamten Distrikt, die freilich erst im Jahr 2002 in die Gründung einer Konferenz zur Förderung von *machizukuri* (Machizukuri Suishin Kyōgikai) mündeten. Ähnlich wurde auch für die aneinandergrenzenden Distrikte Shirokane 1 und 3 schon seit 1988 die Möglichkeit eines *machizukuri*-Projekts erörtert, bislang aber ebenso lediglich für den Südostteil des Gebiets ein Distriktplan zum Stadtumbau beschlossen.

Seit 1996 wird darüber diskutiert, ob in einem weiteren Teil des Distrikts ein allgemeiner Distriktplan zur Steuerung des Stadtbildes (*machinami yūdōgata chiku keikaku*) zur Anwendung kommen soll, was auf eine Angleichung der Gebäudehöhen auf hohem Niveau hinausliefe (MINATO-KU MACHIZUKURI SUISHIN-BU 2002: 39–47).[10]

4.1.4 NEUESTE ENTWICKLUNGEN: MINATO IM UMBAUFIEBER

Die in den Jahren 1997 und 1998 zahlreichen Verkäufe zusammenhängender profitabler Grundstücke im Innenstadtbereich begannen auf dem Wohnungsmarkt in Minato-*ku* seit Juni 2001 ihre Auswirkungen zu zeigen, als als erster Wohnturm seit der Eröffnung des ARK Hills-Areals im Jahr 1986 der Shiba Park Tower im Distriktplangebiet Shiba 3 Higashi mit 252 Wohneinheiten fertiggestellt wurde.[11] Seither konnten eine ganze Reihe noch weit größerer Projekte realisiert werden, wie etwa die beiden Tokyo Twin Parks-Wohntürme mit insgesamt 1000 Einheiten im Distriktplangebiet Shiodome oder das Roppongi Hills-Projekt mit rund 850 Wohnungen im Distrikt Roppongi 6; weitere Großprojekte befanden sich bei Abschluss dieser Arbeit zum Ende des Jahres 2005 in Bau oder konkreter Planung. Die durch Staat und Präfektur geprägten Leitgedanken der vertikalen und funktional durchmischten Stadt nehmen somit allmählich Gestalt an. Im Folgenden sollen die neuesten Entwicklungen im Stadtbezirk Minato etwas ausführlicher dargestellt und ihre möglichen Auswirkungen auf die soziale Zusammensetzung der Bevölkerung umrissen werden.

Die Stadtplanungsabteilung von Minato-*ku* hat im Jahr 1996, also noch unmittelbar vor dem Einsetzen der erneuten Bevölkerungsgewinne, ihre Flächennutzungsplanung mit den von der Präfektur vorgegebenen Leitgedanken verknüpft und diese dann auch in ihren Zweiten Wohnungsbasisplan (*Dai 2-ji Minato-ku jūtaku kihon keikaku*) von 2002 übernommen. Danach sollte über eine Erhöhung der Geschossfläche für Wohnzwecke

---

[10] Dass Umbauaktivitäten auch außerhalb des eigentlichen Distriktplangebiets bereits in großer Zahl durchgeführt wurden, habe ich am 16.04.2003 bei einem Rundgang durch den Distrikt Shirokane 1 selbst feststellen können. Ich registrierte nicht nur eine größere Zahl von neuen Apartmentgebäuden und in Gruppen beieinander stehenden Einfamilienhäusern, die auf sehr schmalen, offenbar durch Grundstücksteilungen entstandenen Parzellen etwa seit den späten 1990er Jahren errichtet worden sind, sondern war auch Zeuge des gleichzeitigen Abrisses von etwa 15 bis 20 baulich heruntergekommenen Holzhäusern knapp westlich des Distriktplangebiets.

[11] *Mitsui Fudōsan Online*, http://www.mitsuifudosan.co.jp/home/1004news/020704.html; Entnahme 07.04.2005.

von 815ha (1994) auf 1072ha im Jahr 2010 der zu Beginn der 1980er Jahre registrierte Bevölkerungsstand von 200.000 Personen wieder erreicht werden (MINATO-KU MACHIZUKURI SUISHIN-BU TOSHI KEIKAKU-KA 1996: 17). Für den Zeitraum von 2000 bis 2010 rechnete man mit einem Neubaubedarf von 27.280 Wohnungen, was nach Abzug von 18.180 abzureißenden Altwohnungen einen Nettogewinn von 9.100 Wohnungen bedeutet hätte. Zugleich sollte die Zahl der leerstehenden oder nicht als Hauptwohnsitz genutzten Wohnungen von über 25.000 auf 10.000 Einheiten gesenkt werden (MINATO-KU MACHI-ZUKURI SUISHIN-BU TOSHI KEIKAKU-KA, JŪTAKU-KA 2002: 33). Angesichts von rund 195.000 Einwohnern (unter Einschluss der ausländischen Bevölkerung) bereits im Jahr 2005 und fast 110.000 Wohnungen (davon knapp 93.000 als Hauptwohnsitz belegt) im Jahr 2003 nach den Angaben des jüngsten *Housing and Land Survey* (SŌMUSHŌ TŌKEI-KYOKU 2003: 2: 13: Tab. 1) erweist sich mittlerweile jedoch, dass die globalen Zielvorstellungen des Bezirks viel zu zurückhaltend gefasst wurden.

Nach Stadtteilen differenziert wird deutlich, dass die Planungsabteilung von Minato-*ku* die Einwohnerzahl insbesondere durch die weitere städtebauliche Entwicklung der *waterfront*-Gebiete steigern möchte, während man für die zentralen Bereiche Shinbashi oder Roppongi die Unvermeidlichkeit weiterer Tertiarisierung anerkennt und eine Rückkehr zu den zu Beginn der 1980er Jahre geltenden Bevölkerungsziffern nicht anstrebt, wohl aber eine Steigerung gegenüber dem Stand von 1994 (vgl. Tab. 4-3). Erreicht werden soll dies im Raum Shiba und Shinbashi durch einen konzentrierten Wohnungsbau auf der Ebene einzelner Blocks (*gaiku*) im Rahmen punktueller Stadterneuerungsprojekte. Für den attraktiven Wohnbereich zwischen Aoyama und Mita hingegen ist festgelegt, die Bevölkerungsentwicklung neben den auch hier durchzuführenden Stadterneuerungsmaßnahmen über eine Sicherung der Wohnfunktion in obe-

Tabelle 4-3: Bevölkerungsentwicklung und Zielbevölkerung nach Stadtteilen, Minato-*ku*

Stadtteil	1984	1994	2010	Leitgedanke
Shiba, Shinbashi	28.000	17.000	21.000	Revitalisierung (*saisei*)
Akasaka, Aoyama, Roppongi, Mita	83.000	60.000	77.000	Erhalt (*iji*)
Azabu, Shirokane, Takanawa	72.000	58.000	71.000	Verstärkung (*zōshin*)
Shibaura, Kōnan	16.000	16.000	31.000	Entwicklung (*kaihatsu*)
Minato-*ku* gesamt	**199.000**	**151.000**	**200.000**	

Anm.: Die Bevölkerungszahlen schließen ausländische Staatsbürger mit ein.
Quelle: MINATO-KU MACHIZUKURI SUISHIN-BU TOSHI KEIKAKU-KA (1996: 46–57); MINATO-KU MACHIZUKURI SUISHIN-BU TOSHI KEIKAKU-KA, JŪTAKU-KA (2002: 32).

ren Stockwerken positiv zu beeinflussen, wobei auch das *housing linkage*-Verfahren als geeignete Maßnahme explizite Erwähnung findet. Das Wohnen in der südlich daran angrenzenden Zone von Azabu, Shirokane und Takanawa wiederum soll primär über eine Bebauung mit Apartmenthochhäusern an den Durchgangsstraßen gefördert werden, während die rückwärtigen Viertel, gegebenenfalls über den Einsatz allgemeiner Distriktpläne, in ihrer jetzigen Wohndichte weitgehend zu erhalten sind. Der *waterfront*-Bereich von Shibaura und Kōnan schließlich soll durch die Umnutzung bisheriger Gewerbeflächen und ihre Bebauung mit großmaßstäbigen Wohnungsprojekten unter Einschluss städtischer Infrastruktur als neuer zentrumnaher Wohnbereich weiter entwickelt werden (Minato-ku Machizukuri Suishin-bu Toshi Keikaku-ka 1996: 22; Minato-ku Machizukuri Suishin-bu Toshi Keikaku-ka, Jūtaku-ka 2002: 42).

Diese allgemeinen Zielvorstellungen bilden die Grundlage für konkrete Planungen, mittels derer die räumliche Bevölkerungsentwicklung in Minato-*ku* bis etwa zum Ende des gegenwärtigen Jahrzehnts entscheidend beeinflusst werden wird. Ein Blick auf Abbildung 4-8 (siehe Farbabbildung auf S. 404) zeigt zunächst, dass, neben einigen Bereichen entlang und östlich der JR-Bahnstrecke auf ehemaligem Hafengelände, insbesondere im Norden zahlreiche Distriktplangebiete ausgewiesen sind, im Allgemeinen verbunden mit großen Wohnbauprojekten. Da der gesamte Bereich nördlich der Ringstraße Nr. 3 und damit auch der Großteil dieser zentrumnahen Distriktplangebiete seit 2002 Teil eines Dringlichen Entwicklungsgebiets Städtischer Revitalisierung (*toshi saisei kinkyū seibi chiiki*) ist (vgl. Abb. 2-4 in Kap. 2.2.3), steht zu erwarten, dass über Verfahrensbeschleunigungen und weitere Deregulierungen im Baurecht Teile der hier angesiedelten Projekte besonders zügig durchgeführt oder gar noch erweitert werden. Ein hierzu notwendiger Sonderdistrikt städtischer Revitalisierung (*toshi saisei tokubetsu chiku*) war zwar in diesem Gebiet bis zur Niederschrift der Arbeit noch nicht ausgewiesen. Da es in dem Entwicklungsgebiet um Shinbashi, Akasaka und Roppongi in erster Linie um eine Verbesserung der verkehrlichen Infrastruktur im Verein mit funktionaler Diversifizierung zur Stärkung des Citycharakters gehen soll (vgl. Tōkyō-to Chiji Honbu Seisaku-bu 2002), dürfte jedoch vor allem das infolge komplexer Eigentumsverhältnisse höchst ambitionierte Projekt eines Straßendurchbruchs zum Ausbau der Ringstraße Nr. 2 (Distriktplangebiet Kanjō Dai 2-gosen in Abb. 4-8) aussichtsreicher Kandidat für eine solche Ausweisung sein. Neben der Straße selbst, die das Regierungsviertel besser an die *waterfront* der Stadtbezirke Chūō und Kōtō anbinden soll, sind entlang des fast schon absolutistisch anmutenden Magistralenverlaufs zahlreiche Bürohochhäuser, aber auch insgesamt etwa 350

Wohnungen geplant, was die Einwohnerzahl der angrenzenden Bereiche von derzeit 330 auf 740 Personen anheben soll.[12]

Die Zahl der über Wohnprojekte mit einem Umfang von 100 Einheiten und mehr zwischen 2002 und 2007 insgesamt zu errichtenden Wohnungen wird mit 15.427 angegeben. Hiervon ist die Mehrheit, und zwar 8.267 Wohnungen oder 53,6 %, als Eigentum-Apartments geplant, 5.333 Wohnungen (34,5 %) sollen vermietet und 537 Einheiten (3,5 %) den Rechtstiteltträgern (*kenrisha*), d. h. den vorherigen Grund- und Hausbesitzern, überlassen werden, während über die genaue Zweckbestimmung von 1.290 Wohnungen noch nicht entschieden ist.[13] Genauere Angaben über Größe oder Preis bzw. Miethöhe der einzelnen Wohnungen liegen zwar nicht vor, doch deutet die hohe Zahl geplanter Eigentums-Apartmentwohnungen darauf hin, dass die Wohnungen überwiegend einer wohlhabenden Klientel zugute kommen sollen. Zudem treten, anders als noch im Rahmen der Bebauung des Daiba-Distrikts, als rund 60 % der 1996 fertiggestellten Wohnungen als preiswerte öffentliche Wohnungen oder Wohnungen der präfekturalen Wohnversorgungsgesellschaft vermietet wurden (vgl. Sonobe 2001: 204), öffentliche Bauträger kaum mehr in Erscheinung. So hat sich infolge ihrer 2004 erfolgten Umwandlung in eine Gesellschaft zur Infrastrukturentwicklung auch die ehemalige Urban Development Corporation zumindest im Bezirk Minato aus dem Wohnungsbau zurückgezogen. Diese Entwicklung steht in Einklang mit der Strategie einer Stadtentwicklung durch private Erschließungsunternehmen (in Japan mit dem englischen Terminus „Private Finance Initiative" oder auch PFI bezeichnet), die im Rahmen der *toshi saisei*-Politik eingeführt wurde und bei der sich die öffentlichen Akteure auf Rahmenplanungen und indirekte Verwaltungsanleitungen beschränken (Yabe 2003: 93).

Inwieweit solch indirekte Steuerungsmöglichkeiten hinreichen, um Minato-*ku* auch in Zukunft als Wohnort auch unterer Einkommensgruppen zu erhalten und echte Gentrifizierung zu verhindern oder wenigstens abzuschwächen, bleibt abzuwarten. Mit der Abschaffung der Mietensubventionierung im Jahr 2003 hat der Bezirk ein bedeutendes Instrument zur Sicherung einer sozial gemischten Wohnbevölkerungsstruktur

---

[12] *Tōkyō-to Toshi Seibi-kyoku*, http://www.toshiseibi.metro.tokyo.jp/bosai/saikai_02-2.htm sowie http://www.toshiseibi.metro.tokyo.jp/saikaihatu_j/newpage7.htm; Entnahme 10.04.2005.

[13] Die Zahlen beruhen auf eigenen Berechnungen unter überwiegender Zugrundelegung der Rohdaten in Minato-ku (2001). Zusätzlich flossen neuere Informationen über Zahl und Art der Wohnungen bei den Projekten in Akasaka 9 und Shibaura Island ein.

bereits aus der Hand gegeben. Anhand meiner Gespräche in der Abteilung für Stadtbauförderung von Minato-*ku* (s. o.) lässt sich allerdings der Eindruck gewinnen, dass die soziale Komponente gegenüber einer rein an Quantität ausgerichteten Förderung von „Ansässigkeit" im Bezirk ohnehin nie eine große Rolle gespielt hat. Nachdenklich muss weiter stimmen, dass selbst im *waterfront*-Bereich, in dem bislang nicht zuletzt wegen des Vorhandenseins großer Flächen im öffentlichen Besitz immer auch zahlreiche preiswerte Mietwohnungen erstellt werden konnten, für die nähere Zukunft vorwiegend die Errichtung von Eigentumswohnungen geplant ist. So sollen durch ein Konsortium, dem unter anderem die Unternehmen Sumitomo Fudōsan und Seibu Tetsudō angehören, im bislang durch den öffentlichen Wohnungsbau dominierten Distrikt Kōnan 4 bis 2007 etwa 2000 Eigentum-Apartments entstehen (MINATO-KU 2001). Auf der Shibaura Island werden unter allgemeiner Leitung der Urban Renaissance Agency die knapp 4000 hier von insgesamt fünf privaten Unternehmen geplanten Wohnungen je zur Hälfte als Mietwohnungen und als Eigentumswohnungen auf den Markt kommen. Was die künftige Bewohnerschaft betrifft, so wird zwar offiziell eine Mischung verschiedener Haushaltsformen angestrebt; neben Familien mit Kindern sind als Hauptzielgruppe allerdings ausdrücklich auch kinderlose, doppelverdienende Ehepaare genannt. Weiterhin auffällig ist an diesem Projekt, dass auch der zuvor in Präfekturbesitz befindliche Nordteil der Insel, der in früheren Zeiten mit großer Wahrscheinlichkeit durch den öffentlichen Wohnungsbau belegt worden wäre, nun zu einem Drittel mit Eigentumswohnungen bebaut werden soll.[14]

Während *soziale* Durchmischung zumindest in Minato-*ku* nicht als das vorrangige Ziel der Stadterneuerungspolitik erscheint, wird dem durch Staat und Präfektur vorgegebenen Ziel einer *funktionalen* Durchmischung Genüge getan, was dann letztlich doch auch wieder auf das soziale Mischungsverhältnis zurückwirkt. Ein Beispiel stellt die Stadterneuerungsmaßnahme im Distriktplangebiet des an den Furukawa angrenzenden Distrikts Shirokane 1 dar. Hier war es das Ziel, den durch Anbindung an das U-Bahnnetz im Jahr 2000 als unvermeidlich angesehenen Tertiarisierungsdruck auf das Viertel mit der überkommenen Struktur von Shirokane 1 als Standort kleinerer Druckereien und Betriebe der Metallverarbeitung in Einklang zu bringen (TAKIGAWA 2001: 64–65; MINATO-KU MACHIZUKURI SUISHIN-BU 2002: 47–48). Neben einem Bürohochhaus und einem Wohnturm mit etwa 530, mehrheitlich als Eigentum-Apartments zum Verkauf angebotenen Wohnungen wurde daher bis zum Herbst 2005

---

[14] *Mitsui Fudōsan Online*, http://www.mitsuifudosan.co.jp/home/news/2005/0223/index.html; Entnahme 10.04.2005.

auch ein Gebäudekomplex errichtet, in dem nicht nur bereits zuvor in diesem Viertel angesiedelte Gewerbebetriebe ein neues Domizil fanden, sondern auch die Kleinunternehmer selbst mit ihren Familien wohnen, womit die für japanische Industrieviertel typische Mischung von Wohn- und Kleingewerbefunktionen reproduziert wird und die bei einem Stadt-erneuerungsprojekt erster Ordnung immer drohende Auflösung der so-zialen Bezüge in einem Viertel zumindest abgeschwächt werden konnte.

Funktionale Mischung, wenn auch auf weltläufigerem Niveau, kenn-zeichnet ebenso das bereits erwähnte Tokyo Midtown Project auf dem ehemaligen Gelände der Japan Defense Agency (Bōeichō) im Distrikt Akasaka 9. Ein Unternehmenskonsortium unter Führung von Mitsui Fudōsan hat hier ein Cluster aus fünf Hochhäusern errichtet, wobei das zentrale Gebäude mit 248 Metern Höhe das bislang höchste Bauwerk der japanischen Hauptstadt, den Nordturm der Präfekturverwaltung in Shinjuku, um fünf Meter überragt. Von den mit diesem Projekt erstellten insgesamt 566.000qm, die ab März 2007 bezogen worden sind, wurden 310.000qm als Bürofläche ausgewiesen. Weitere 116.000qm werden als Mietwohnfläche genutzt, während auf 43.000qm ein Fünf-Sterne-Hotel der Ritz Carlton-Gruppe mit 250 Gästezimmern entstanden ist und 73.000qm von Geschäften des exklusiven Einzelhandels eingenommen werden. Auf der übrigen Fläche wurden das New Suntory Museum of Art und eine Kongresshalle errichtet.[15] Die Planungsgenehmigung wur-de nach Räumung des Areals durch das Bōeichō im April 2000 bereits im März 2003 erteilt, nachdem das Konsortium auf die Hauptforderungen des Stadtbezirks eingegangen war. Diese bestanden zum einen in der Durchführung infrastruktureller Entwicklungsmaßnahmen wie die Ver-breiterung der das Areal begrenzenden Straßen und die Einbeziehung und Erweiterung des benachbarten Hinokimachi-Parks, zum anderen – über die Bestimmungen des *housing linkage*-Verfahrens noch hinausge-hend – in der Reservierung eines größeren Teils der Wohnfläche für Haushalte mit „hohem Ansässigkeitsgrad". Als Nebeneffekt konnte hier-durch erreicht werden, dass im Gegensatz zu den fast durchweg von begüterten Personen belegten Mietapartments des nahegelegenen Rop-pongi Hills-Areals in den Wohnungen des Tokyo Midtown Project vor-aussichtlich auch ein höherer Anteil von Haushalten mit mittlerem Ein-kommen wohnen wird.[16]

---

[15] *Mitsui Fudōsan Online*, http://www.mitsuifudosan.co.jp/home/news/040518. html; Entnahme 26.07.2004.

[16] Vgl. hierzu Minato-ku Machizukuri Suishin-bu (2002: 46) sowie *Nihon Keizai Shinbun* (22.04.2003): Tonai saidaikyū kōsō biru [Das höchste Hochhaus in der Präfektur], S. 3.

4.2 STADTBEZIRK SHINJUKU: ASIEN IN JAPAN

4.2.1 HISTORISCHE UND STRUKTURELLE SKIZZE DES BEZIRKS

Der heutige Stadtbezirk Shinjuku entstand im Jahr 1947 durch Zusammenlegung der drei älteren Bezirke Yotsuya, Ushigome und Yodobashi (vgl. Abb. 4-9, siehe Farbabbildung auf S. 405). Hierbei ist zu beachten, dass letzterer Bezirk erst 1932 aus der Fusion der bis dahin selbständigen Landgemeinden Yodobashi, Ōkubo, Totsuka und Ochiai hervorgegangen war. Das Territorium von Ushigome und Yotsuya (mit Ausnahme des erst 1918 eingemeindeten alten Rastortes Naitō Shinjuku) gehörte demgegenüber bereits seit der Edo-Zeit zum engeren Stadtgebiet des späteren Tōkyō. Ähnlich wie auch der westliche Teil von Minato-*ku* war dieser Bereich der japanischen Hauptstadt ganz wesentlich von Anwesen des Samuraistandes geprägt (vgl. die Karte im Anhang von MASAI 1987), hierunter das *kami yashiki* der mit dem Herrschergeschlecht der Tokugawa verwandten Owari-Familie, auf dessen Grund im heutigen Distrikt Ichigaya Honmurachō später ein Kasernengelände entstand, das mittlerweile die im Jahr 2000 von Akasaka 9 umgezogene Japan Defense Agency beherbergt. Da sich in der Meiji-Zeit das Regierungsviertel jedoch südlich und nicht westlich des Kaiserpalastes etablierte, konnten sich die im Westen liegenden Territorien von Yotsuya und Ushigome – anders als Azabu und Akasaka im Süden – nur in Teilen zu bevorzugten Wohngebieten entwickeln. Insbesondere Yotsuya, durch das die alte Kōshū Kaidō-Überlandstraße führte und das in Verbindung hiermit stets auch von zahlreichen Händler- und Handwerkerfamilien besiedelt war, verfügte zu Beginn des 20. Jahrhunderts vielmehr über einen für den Westen von Tōkyō erstaunlich hohen Anteil armer Bevölkerung (s. Tab. 3-1 in Kap. 3.1). Die erst seit den 1910er Jahren flächenhaft aufgesiedelten Gebiete im späteren Bezirk Yodobashi schließlich entwickelten sich vergleichsweise ungeregelt. Als Teil des innerstädtischen Mietholzhausgürtels entlang der Yamanote-Ringbahn zogen sie nach dem Zweiten Weltkrieg vor allem junge alleinstehende Personen und damit ebenfalls eine sozial nicht unbedingt hochstehende Wohnklientel an.

Die mit den vorgehenden Bemerkungen notwendig in aller Kürze skizzierte sozialräumliche Struktur von Shinjuku-*ku* seit der Meiji-Zeit lässt sich auch heute noch an der räumlichen Verteilung des Anteils von Erwerbspersonen in freien, technischen und Verwaltungsberufen gut nachvollziehen. Während in der östlichen, ehemals zum Stadtgebiet von Edo gehörenden Hälfte Distrikte mit hohem und geringem Sozialstatus zum Teil unmittelbar aneinander grenzen und damit eine mosaikartige Raumstruktur generieren, ist der Westen flächenhaft durch eher geringe Anteile an Erwerbspersonen in höheren Berufen gekennzeichnet, vom

Distrikt Shimo Ochiai 3, der in sozialräumlicher Hinsicht bereits einen Teil des nördlich daran anschließenden gehobenen Wohnbezirks um den Bahnhof Mejiro im Stadtbezirk Toshima darstellt, einmal abgesehen.

Die funktionale Entwicklung des Bezirks seit der späten Meiji-Zeit ist untrennbar mit dem Aufstieg der Quartiere um den Bahnhof Shinjuku zum größten kommerziellen und administrativen Zentrum von Tōkyō außerhalb des östlich des Kaiserpalastes gelegenen traditionellen City-Bereichs verbunden. Der Bahnhof selbst wurde 1885 eröffnet und gewann bald als Kreuzungspunkt der nach Westen führenden Kōbu-Linie (der heutigen Chūō-Linie zwischen Shinjuku und Tachikawa) sowie der Shinagawa-Linie (dem heutigen südwestlichen Teil der Yamanote-Ringbahnlinie) eine gewisse Bedeutung für den Güterverkehr, während er aufgrund seiner Lage knapp einen Kilometer westlich des Rastortes Naitō Shinjuku im Personenverkehr zunächst noch keine Rolle spielte (TOYODA, K. 1994: 1: 119). Die Situation begann sich erst zu verändern, als 1903/04 die Chūō-Linie im Westen bis nach Kōfu (in der Präfektur Yamanashi) und im Osten bis Ochanomizu (am Nordostrand des heutigen Bezirks Chiyoda) verlängert und dann im Jahr 1911 auf der noch nicht ganz vervollständigten Yamanote-Ringbahn der reguläre S-Bahnbetrieb aufgenommen wurde. 1915 schließlich errichtete die Keiō-Bahngesellschaft die erste private Vorortbahnlinie mit Endhaltepunkt in Shinjuku. Nach Fahrgastzahlen wurde Shinjuku hierdurch zwar noch zum Ausgang der Meiji-Zeit zum zweitwichtigsten Bahnhof von Tōkyō hinter Ueno; in seiner kommerziellen Bedeutung indes blieb die Gegend um den Bahnhof selbst innerhalb des späteren Bezirks noch deutlich hinter den innenstadtnäheren Zentren Yotsuya und Kagurazaka (im östlichen Teil von Ushigome) zurück (YAZAKI 1968: 452–453; TOYODA, K. 1994: 1: 120–121).

Erst im Gefolge des Großen Kantō-Erdbebens des Jahres 1923 wurden die geologisch stabileren und daher weitgehend unzerstört gebliebenen Terrassenflächen im Westen Tōkyōs endgültig zu beliebten Wohnvororten. Hierdurch stieg das Fahrgastaufkommen des Bahnhofs Shinjuku weiter beträchtlich an, so dass sich hier schließlich das kommerzielle Hauptzentrum des Yamanote-Gebiets entwickeln konnte. Dieses war räumlich zunächst im Wesentlichen auf den heutigen Distrikt Shinjuku 3 unmittelbar östlich des Bahnhofs beschränkt (TOYODA, K. 1994: 1: 123–125). Eine erste Erweiterung nach Norden erfuhr es unmittelbar nach dem Zweiten Weltkrieg, als auf Initiative des Vorstehers der Viertelsorganisation (*chōkai*) des zerstörten Wohn-Gewerbedistrikts Tsunohazu 1 der völlige Umbau dieses Quartiers zu einem Vergnügungsviertel betrieben wurde. Da ursprünglich auch der Bau eines schließlich nicht realisierten Kabuki-Theaters in den Planungen enthalten war, erhielt das Viertel 1947 den neuen Namen Kabukichō. Die Entwicklung des neuen Viertels verlief zunächst schleppend;

erst mit der Errichtung des Endbahnhofs der Seibu-Shinjuku-Vorortlinie am östlichen Rand von Kabukichō im Jahr 1952 begann sich der Betrieb der hier angesiedelten Theater und Kinos zu rentieren. Das ursprüngliche Konzept eines Ortes vornehmlich gehobener Unterhaltung ist dabei mit der Zeit immer mehr aufgeweicht worden. Seit den 1980er Jahren ist das Viertel durch ein heterogenes Nebeneinander aus Kinos, Restaurants und Karaoke-Bars, aber auch dubiosen Nachtbars und Strip-Lokalen unter Einschluss der in Japan eigentlich verbotenen Prostitution geprägt. Grund- und Hauseigentum befinden sich überwiegend in der Hand koreanischer oder chinesischer Staatsbürger; ebenso kommt ein Großteil der in den Bars arbeitenden Angestellten aus dem Ausland (TOYODA, K. 1994: 1: 126–128; MACHI KYOJŪ KENKYŪKAI 1994: 98–100).

Eine zweite Erweiterung des Zentrums Shinjuku vollzieht sich seit dem Beginn der 1970er Jahre im Bereich westlich des Bahnhofs. Bereits in den 1930er Jahren hatte es Pläne zum hochgradigen Ausbau dieses Terrains gegeben, doch erst nach Beschluss des Entwicklungsplans für die Hauptstadtregion im Jahr 1958, mit dem der Ausbau von Shinjuku, aber auch der Bahnhofsbereiche von Ikebukuro und Shibuya als Nebenzentren (*fukutoshin*) zur Entlastung der City festgelegt wurde, nahmen die Planungen konkrete Gestalt an. Insgesamt wurde ein Entwicklungsgebiet von 96ha Umfang festgelegt, das in etwa mit den Distrikten Nishi Shinjuku 1, 2, 3 und 6 identisch ist. Den Kern bildete das Areal der 1965 in das westliche Umland umgesiedelten Wasseraufbereitungsanlage Yodobashi. Hier wurde zwischen 1971 und 1991 auf elf großzügig geschnittenen Sonderblöcken ein Cluster aus insgesamt zwölf Bürohochhäusern fertiggestellt, von denen der Nordturm des 1991 bezogenen neuen Präfektur-Rathauses mit 243 Metern bis 2007 das höchste Bauwerk der Stadt überhaupt darstellte. Seit den 1990er Jahren hat sich der Schwerpunkt der Stadtumbauaktivitäten in den Distrikt Nishi Shinjuku 6 und daran angrenzende Areale verlagert, wo die Entwicklung jedoch aufgrund einer Vielzahl abzulösender Eigentumsrechte weit langsamer verläuft (TOYODA, K. 1994: 1: 134–137; HOHN 2000: 275–280).

Mit dem Umzug des Präfektur-Rathauses von Chiyoda nach Shinjuku und der damit induzierten weiteren kräftigen Erhöhung der Einpendlerzahlen verband sich zu Beginn der 1990er Jahre die Erwartung, dass sich Shinjuku von einem Nebenzentrum zum „neuen Zentrum" (*shin toshin*) Tōkyōs entwickeln werde (vgl. TOYODA, K. 1994: 1: 130, 138). Freilich sah selbst der zweite „Long-Term Plan for the Tōkyō Metropolis" aus dem Jahr 1987, in dem der Ausbau weiterer Zentren neben dem traditionellen Citybereich nochmals propagiert wurde, für Shinjuku „nur" die Entwicklung zu einem Standort von Hauptsitzen einheimischer Großunternehmen und nachgelagerter Bürotätigkeiten vor. Die jüngsten politischen

Leitlinien der Präfektur fordern seit dem Ende der 1990er Jahre nun wieder eine stärkere Konzentration auf den *global city*-tauglichen Um- und Ausbau des engeren Stadtzentrums (SAITO und THORNLEY 2003: 670, 677). Nicht zuletzt infolge der gesunkenen Bodenpreise wird diese Entwicklungsvorgabe auch beschritten. Während beispielsweise 1994 nur 30 % aller in Tōkyō neugeschaffenen Büroflächen auf die drei zentralen Stadtbezirke Chiyoda, Chūō und Minato entfielen, waren es im Jahr 2003 90 % (HOHN 2002b: 236). Obwohl auch der Zentrenbereich von Shinjuku im Jahr 2002 zu einem der insgesamt sieben Entwicklungsgebiete städtischer Revitalisierung in Tōkyō bestimmt worden ist, dürfte Shinjuku somit in absehbarer Zukunft über seine Funktion als kommerzielles und administratives Nebenzentrum der japanischen Hauptstadt nicht hinauswachsen.

Unmittelbar nördlich an den heutigen Distrikt Kabukichō und damit an das Zentrum von Shinjuku grenzt der Stadtteil Ōkubo, der in etwa mit dem Areal der Distrikte Hyakuninchō 1 und 2 sowie Ōkubo 1 und 2 gleichgesetzt werden kann. Während der Edo-Zeit waren in diesem am äußeren Stadtrand gelegenen Gebiet unter anderem Gruppen niederer Samurai angesiedelt, deren Aufgabe es war, Schießpulver herzustellen bzw. im Konfliktfall Musketen abzufeuern. Da es jedoch bis in die 1860er Jahre hinein nie zu kriegerischen Auseinandersetzungen kam, bildete bald der Gartenbau die Hauptbeschäftigung dieses Personenkreises. Hierzu bekam jede Familie, die entlang der heutigen Ōkubo-Straße (Ōkubo-dōri) siedelte, eine schmale Parzelle hinter ihrem Anwesen zugeteilt. Diese Parzellenstruktur wurde auch nach dem Sturz des Shōgunats im Wesentlichen beibehalten und bildete so den Ausgangspunkt für das in Hyakuninchō 1–2 und Ōkubo 1–2 noch heute existierende Straßennetz, das durch enge, in Nord-Süd-Richtung verlaufende Wege geprägt ist, von denen nur wenige durchgehende Querstraßen, aber zahlreiche Sackgassen abgehen. Unter anderem auf dieses unübersichtliche Wegenetz wird die Tatsache zurückgeführt, dass sich bereits seit der ausgehenden Meiji-Zeit auffällig viele Literaten, Sozialrevolutionäre, christliche Missionare und andere Personen ansiedelten, die den Kontakt mit der autoritären Staatsmacht eher scheuten (MACHI KYOJŪ KENKYŪKAI 1994: 83–96). Die schon damals ebenfalls relativ starke Präsenz von Ausländern war zum einen direkt mit der christlichen Missionstätigkeit verknüpft, lässt sich zum anderen aber auch auf die 1935 erfolgte Gründung des ursprünglich dem Außenministerium angegliederten Internationalen Studentenvereins (Kokusai Gakuyūkai) zurückführen, der seinen Standort zunächst im heutigen Kabukichō hatte und gegenwärtig im nahen Distrikt Kita Shinjuku 3 einen Gebäudekomplex mit Unterrichtsräumen und Wohnheim unterhält. Während des Krieges wurde diese als Japanischschule fungierende Einrichtung vornehmlich von Personen aus den von Japan okkupierten Gebieten Südostasiens und Ozeaniens besucht, während heute junge Chinesen die Hauptklientel bilden. Erst in den frühen 1950er Jahren gelangten dann, wie in Kapitel 3.4.2.1 geschildert, in Zusammenhang mit der Errichtung der „Lotte"-Süßwarenfabrik im Distrikt Hyakuninchō 2 vermehrt Personen koreanischer Herkunft in die Gegend (MACHI KYŌJŪ KENKYŪKAI 1994: 103, 105–106).

Die totale Zerstörung des Stadtteils im Zweiten Weltkrieg sowie die darauf folgende Verschlechterung des Wohnumfeldes durch die Nähe zum neuentstandenen Amüsierviertel Kabukichō führten nach dem Krieg zu einem fast vollständigen Austausch der Bevölkerung. Viele Grundstücke wurden geteilt und mit einfachst ausgestatteten Holzhäusern bebaut, in denen junge, alleinstehende Zuwanderer aus dem ländlichen Raum, die oft in Kabukichō arbeiteten, zur Miete wohnten, eine Rolle, die, wie bereits berichtet, seit den mittleren 1980er Jahren zunehmend von Ausländern aus China und Südkorea ausgefüllt wird. Während und unmittelbar nach der spekulativen Phase der *bubble economy* wurde ein Großteil dieser Holzhäuser durch aus Stahlbeton gefertigte Miet-Apartmenthäuser mit drei bis fünf Geschossen ersetzt (MACHI KYŌJŪ KENKYŪKAI 1994: 96, 102, 104). Anhand von Abbildung 4-10 lässt sich der noch heute hohe Besatz an Mietwohnungen in Ōkubo gut erkennen. Daneben tritt der unter anderem von Studierenden der renommierten Waseda-Universität präferierte Bereich im Umkreis und westlich des Bahnhofs Takadanobaba weiter nördlich als Raum mit einem hohen Anteil an Mietwohnungen hervor.

Während nach Westen hin der Stadtteil, der von den Distrikten Ōkubo 1–2 und Hyakuninchō 1–2 gebildet wird, in baulicher Hinsicht nahezu nahtlos in den Stadtteil Kita Shinjuku übergeht und zu dem südlich angrenzenden Kabukichō eine enge funktionale Beziehung besteht, da viele Bewohner von Ōkubo hier ihren Arbeitsplatz haben, ist nach Norden und Nordosten hin eine scharfe morphologische und zugleich soziale Grenze ausgebildet, die sich ebenso anhand von Abbildung 4-10 gut erkennen lässt. Bis zum Zweiten Weltkrieg vorwiegend als Truppenübungsfeld genutzt, wurden große Teile des Areals danach mit Gebäuden des öffentlichen Wohnungsbaus (vor allem in Toyama 2 und Hyakuninchō 4) und Werkswohnungen der bis 1986 staatlichen Japan Railways (in Ōkubo 3) bestockt, während sich im Distrikt Hyakuninchō 3 eine gemischtere bauliche Struktur bei allerdings ebenfalls starker Präsenz von öffentlichen und durch den Arbeitgeber gestellten Wohnungen herausbildete. Weitere Flächen wurden zu kleinen Parks umgestaltet oder als Standorte von Universitäten bzw. staatlichen Forschungsinstituten ausgewiesen (MACHI KYŌJŪ KENKYŪKAI 1994: 100–101).

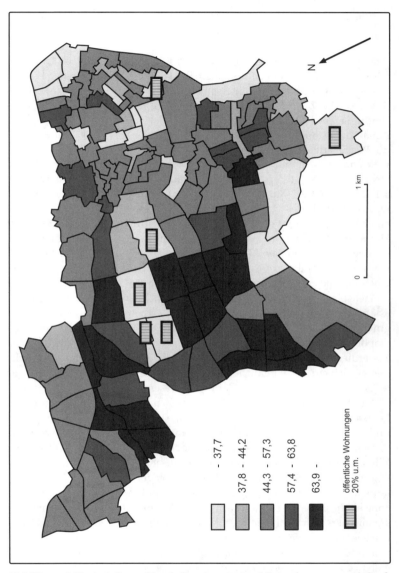

Abbildung 4-10: Anteil von Haushalten in privaten Mietwohnungen und Großstandorte öffentlicher Wohnungen nach Distrikten, Shinjuku-*ku*
2000

Quelle: Eigene Berechnungen nach SŌMUCHŌ TŌKEIKYOKU, *Kokusei chōsa
hōkoku* 2000.

4.2.2 Raum-zeitliche Entwicklung der Ausländerbevölkerung: Strukturen und Ursachen

Ähnlich wie in Minato-*ku* zeigt sich auch für Shinjuku-*ku* nach längerem Rückgang etwa seit der Mitte der 1990er Jahre ein Wiederanstieg bei den Bevölkerungsziffern. Im Unterschied zu erstgenanntem Bezirk ist in Shinjuku die Zahl der japanischen Staatsbürger bislang jedoch nur geringfügig angewachsen. So erhöhte sich deren Zahl in Minato-*ku* von ihrem Tiefststand im Jahr 1996 (149.716 Personen) bis zum 1. Januar 2005 um 21.255 auf 170.971 Personen, was einen Anstieg von 14,2 % bedeutet, während es in Shinjuku-*ku* zwischen 1997 und 2005 nur zu einem Nettogewinn von 11.414 Personen kam, woraus sich eine Wachstumsrate von 4,4 % (von 262.182 auf 273.596 Personen) berechnen lässt. Die Gesamtwachstumsrate des Bezirks von 7,3 % zwischen 1997 und 2005 – was einem Nettogewinn von 20.630 Personen entspricht – ist folglich fast zur Hälfte auf den Zustrom ausländischer Staatsbürger zurückzuführen.

Wie anhand von Abbildung 4-11 erkennbar, ist die ausländische Bevölkerung in Shinjuku in insgesamt zwei zeitlichen Schüben deutlich angewachsen. Die erste Wachstumsphase zwischen 1982 und 1989 stand dabei zunächst in Zusammenhang mit einer Zuwanderung vornehmlich südostasiatischer Migrantinnen zum Zwecke der Arbeitsaufnahme in den Vergnügungslokalen von Kabukichō. Seit 1984/86 stellte dann die Bildungswanderung von Koreanern und Chinesen nach der Erlaubnis von Zuverdienstmöglichkeiten für Auslandsstudenten durch die japanische Regierung und der Liberalisierung der Ausreisebestimmungen durch die Regierung der Volksrepublik China den wesentlichen Ursachenfaktor dar. Wie bereits verschiedentlich erwähnt, haben insbesondere die gute Verkehrsanbindung des Bezirks, das gute Angebot an billigen Mietwohnungen und Zuverdienstmöglichkeiten in Bars und Restaurants sowie die Nähe zu Sprach- und Fachschulen dazu geführt, dass Shinjuku-*ku* zum Zentrum der Zuwanderung von Personen aus dem asiatischen Festland in Tōkyō wurde (Tajima 1994: 92–93). Nach einer Phase der Stagnation während der 1990er Jahre, die in Zusammenhang mit verschärften Einreisebestimmungen für chinesische Bewerber eines Fachschüler-Visums und der Rezession der japanischen Wirtschaft steht, ist zwischen 1999 und 2004 ein erneuter Anstieg zu beobachten, der abermals hauptsächlich von asiatischen Bildungswanderern getragen wird, die allerdings im Unterschied zu den Trägern der ersten Zuwanderungswelle, von denen viele bereits eine Familie in ihren Heimatländern besaßen, meist unter 25 Jahre alt und ledig sowie zu einem höheren Prozentsatz weiblich sind (Suzuki 2003: 92, 102–103).

Die genannten Tendenzen lassen sich auch anhand der Entwicklung in der Zusammensetzung der ausländischen Bevölkerung nach den wichtigsten Nationen verfolgen (vgl. Abb. 4-12). Erkennbar ist ein fast kontinuierlicher Anstieg der koreanischen Bevölkerung, während die Zahl der Chinesen während der 1990er Jahre nahezu stagnierte und erst seit dem Jahr 2000 wieder deutlich gewachsen ist. Dieser Unterschied dürfte unter anderem darin begründet sein, dass die Zuzugsmotivationen von Koreanern gegenüber denjenigen der Chinesen insgesamt diversifizierter und daher weniger abhängig von konjunkturellen Schwankungen oder der Visapolitik der japanischen Behörden sind. Wie etwa Tabelle 4-4 zeigt, besaßen über 46 % der Ende 2002 in Shinjuku-*ku* ansässigen Chinesen ein Auslandsstudenten- oder Fachschülervisum, während dies nur auf rund 29 % der koreanischen Bevölkerung zutraf. Vergleichsweise häufiger waren bei dieser Gruppe demgegenüber Fachkräfte mit Spezialistenvisa und mitgereiste Familienangehörige; ungefähr 20 % besaßen ein Daueraufenthaltsrecht und kamen damit aus Familien, die bereits vor oder während des Zweiten Weltkriegs nach Japan eingewandert waren.

Andere Nationen spielen demgegenüber eine nur untergeordnete Rolle. Wie das Beispiel der Malaysier zeigt, von denen fast 90 % nur über ein

Tabelle 4-4: Ausländische Bevölkerung nach ausgewählter Staatsangehörigkeit und Visastatus, Shinjuku-*ku* 31.12.2002

Visastatus (in %)	Staatsangehörigkeit					
	Gesamt	Korea (Gesamt)	VR China/ Taiwan	Malaysia	Philippinen	Frankreich
Spezialisten	13,6	11,7	9,3	2,9	2,9	36,6
Entertainer	2,2	0,2	0,3	0,0	47,0	0,0
Studierende	14,4	15,1	21,9	4,7	0,9	1,8
Fachschüler	13,8	14,0	24,8	0,4	0,4	0,0
Praktikanten u. ä.	1,1	1,1	0,4	0,4	4,3	2,6
Familienangehörige	11,9	18,3	7,3	0,4	1,6	44,4
Ehepartner	8,8	6,3	11,1	0,8	19,2	3,9
Daueraufenthalt	11,9	19,9	8,4	0,7	10,8	4,7
Langfristaufenthalt	4,2	3,4	6,0	0,3	4,9	1,6
Sonstiges	18,1	10,0	10,5	89,4	8,0	4,4
Summe (absolut)	28.116	10.634	9.157	1.133	900	872

Anm.: Zur Zusammensetzung der einzelnen Visastatusgruppen vgl. die Angaben unter Tab. 2-24 in Kap. 2.2.2.2.

Quelle: Eigene Berechnungen nach Shinjuku-ku, *Heisei 14-nen 12-gatsu matsujitsu Shinjuku-ku gaikokujin tōroku koku-betsu, sei-betsu, nenrei-betsu, zairyū shikaku-betsu ninzū chōsahyō* 31.12.2002.

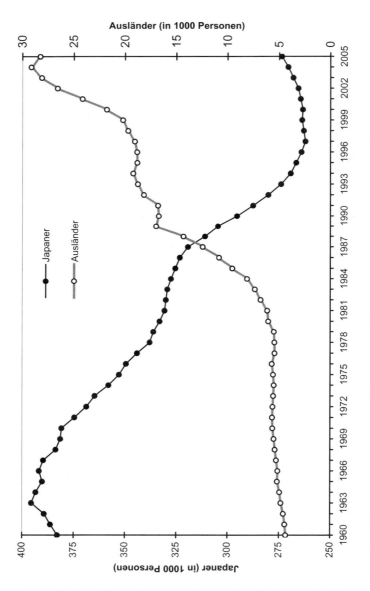

Abbildung 4-11: Entwicklung der japanischen und ausländischen Bevölkerung, Shinjuku-*ku* 1960–2005

Anm.: Stichtag war jeweils der 1. Januar.

Quelle: SHINJUKU-KU KUMIN-BU KUMIN-KA, *Shinjuku-ku no tōkei* (2002, 2005).

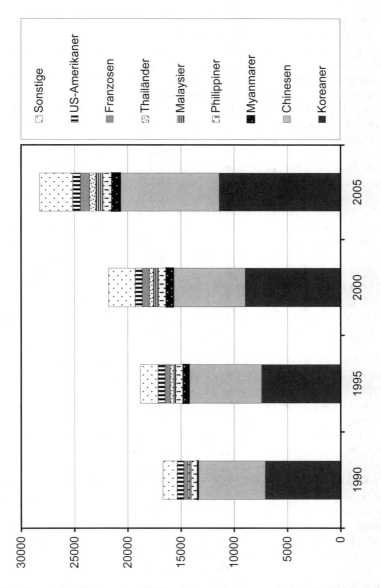

Abbildung 4-12: Nationenspezifische Zusammensetzung der ausländischen Bevölkerung, Shinjuku-*ku* 1990–2005

Anm.: Stichtag war jeweils der 1. Januar.

Quelle: SHINJUKU-KU KUMIN-BU KUMIN-KA, *Shinjuku-ku no tōkei* (1996, 2005).

Kurzaufenthaltsvisum (in der Kategorie „Sonstiges") verfügen, das nur zu einem Aufenthalt von maximal sechs Monaten und nicht zur Arbeitsaufnahme berechtigt, ist deren rechtlicher Status zudem oft als prekär, ihre Anwesenheit als temporär zu bewerten. Erwähnung verdient schließlich noch die Gruppe der Franzosen, die in Shinjuku-*ku* die personenstärkste westliche Nation darstellt. Deren Aufenthalt lässt sich in engem Zusammenhang mit den Standorten des L'Institut Franco-Japonaise im Distrikt Ichigaya Funagawaramachi bzw. der Französischen Schule in Chiyoda-*ku* nahe der Bezirksgrenze zu Shinjuku-*ku* sehen.

Nach Distrikten aufgeschlüsselte Daten über Umfang und Struktur der ausländischen Bevölkerung sind erst für den Zeitraum seit Januar 1991 in der Bürgerabteilung (Kumin-bu) der Bezirksverwaltung von Shinjuku und seit etwa zwei Jahren auch im Internet einsehbar. Eine Aufgliederung nach einzelnen Nationen wird aber auf dieser Ebene weiterhin nicht bereitgestellt, so dass sich eine räumliche Analyse auf die Gesamtpopulation der Ausländer beschränken muss. Betrachtet man nun die raum-zeitliche Entwicklung des ausländischen Bevölkerungsanteils im Bezirk Shinjuku (vgl. Abb. 4-13/14), so fällt zunächst auf, dass bereits zu Beginn des Jahres 1991 ein Verbreitungsschwerpunkt im Stadtteil Ōkubo zu erkennen ist, der sich sowohl nach Westen in den Stadtteil Kita Shinjuku als auch nach Süden in die Distrikte Kabukichō sowie Shinjuku 5 und 6 hinein verlängert. Ein zweiter Schwerpunkt ist im Ostteil des Bezirks im Distrikt Ichigaya Sadoharachō auszumachen. In Anbetracht des hohen Sozialstatus dieses Raumes und der Nähe zu den obengenannten zentralen Einrichtungen der französischen *community* in Tōkyō ist davon auszugehen, dass es sich hierbei um den Siedlungsschwerpunkt der französischen Gruppe, in jedem Fall aber um Ausländer westlicher Provenienz handelt.

Dreizehn Jahre später sind die Anteile der ausländischen Bevölkerung im Ōkubo-Gebiet weiter stark angestiegen, wobei nach wie vor der höchste Wert im Distrikt Ōkubo 1 mit nunmehr 44,7 % an der dortigen Gesamtpopulation verzeichnet wird. Gegenüber 1991 lässt sich eine klare räumliche Konzentration auf ein Kerngebiet feststellen, das von den Distrikten Hyakuninchō 1 und 2, Ōkubo 1 und 2 sowie Kabukichō gebildet wird. Nicht zuletzt dürfte diese Konzentration auf räumliche Barrieren zurückzuführen sein, die eine Diffusion von Ausländern in benachbarte Räume behindern. So ist eine Wohnsitznahme von Ausländern in den nördlich angrenzenden Distrikten Toyama 2, Ōkubo 3 sowie Hyakuninchō 3 und 4 infolge der dort das Wohnungsangebot bestimmenden öffentlichen Mietwohnungen und Firmenwohnungen nur in geringem Maße möglich. Nach Süden hin bildet der unmittelbare Bahnhofsbereich von Shinjuku, in dem ebenfalls nur wenige (bezahlbare) private Mietwohnungen zur Verfügung ste-

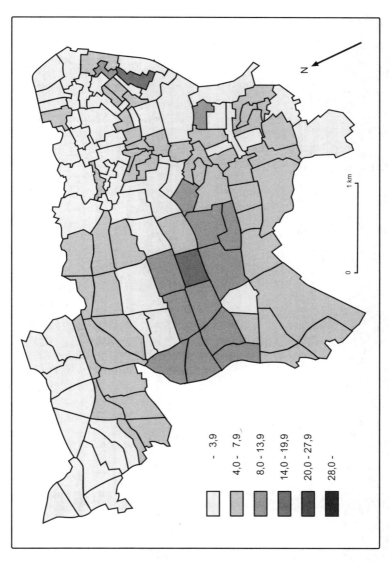

Abbildung 4-13: Ausländischer Bevölkerungsanteil nach Distrikten, Shinjuku-*ku* 01.01.1991

Quelle: Eigene Berechnungen nach SHINJUKU-KU, *Shinjuku-ku gaikokujin tōrokusha no chōchō-betsu setai-sū oyobi danjo-betsu jinkō* und *Shinjuku-ku jūmin kihon daichō no chōchō-betsu setai-sū oyobi danjo-betsu jinkō*, jeweils 01.01.1991.

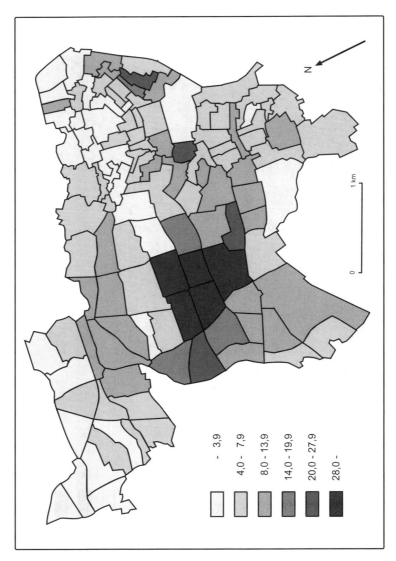

Abbildung 4-14: Ausländischer Bevölkerungsanteil nach Distrikten, Shinjuku-*ku* 01.01.2004

Quelle: Eigene Berechnungen nach SHINJUKU-KU, *Shinjuku-ku gaikokujin tōrokusha no chōchō-betsu setai-sū oyobi danjo-betsu jinkō* und *Shinjuku-ku jūmin kihon daichō no chōchō-betsu setai-sū oyobi danjo-betsu jinkō*, jeweils 01.01.2004.

Tabelle 4-5: Räumliche Segregation der ausländischen Bevölkerung, Shinjuku-*ku* 1991–2004

	Segregationsindex	Konzentrationsindex
1991	24,3	34,9
1996	23,8	33,9
2001	28,9	37,2
2004	30,5	38,6

Anm.: Stichtag war jeweils der 1. Januar.

Quelle: Eigene Berechnungen nach SHINJUKU-KU, *Shinjuku-ku gaikokujin tōrokusha no chōchō-betsu setai-sū oyobi danjo-betsu jinkō* und *Shinjuku-ku jūmin kihon daichō no chōchō-betsu setai-sū oyobi danjo-betsu jinkō*, jeweils 1991, 1996, 2001, 2004.

hen, ein gewisses Hindernis, während in den Distrikten Nishi Shinjuku 6 sowie Kita Shinjuku 2 im Südwesten entlang der Ōme Kaidō-Ausfallstraße wohl nicht zuletzt die dort begonnenen oder anstehenden Stadtumbaumaßnahmen mit dem Abriss billiger Miethäuser dafür sorgen, dass sich nur wenige Ausländer neu ansiedeln.

Eine gegenüber 1991 stärkere Ausprägung zeigt sich des Weiteren für den zweiten Siedlungsschwerpunkt von Ausländern im Osten des Bezirks. Darüber hinaus ist ein dritter Schwerpunkt im Distrikt Ichigaya Nakanochō entstanden, der in unmittelbarer Nähe zur Südkoreanischen Schule liegt. Als daher 1996 in diesem Distrikt ein großer Wohnblock aus vergleichsweise geräumigen Mietapartments bezugsfertig wurde, nutzten viele koreanische Familien die Gelegenheit und zogen dort ein.[17]

Es steht zu erwarten, dass sich die bereits durch bloßen Sichtvergleich erkennbare räumliche Konzentration der Ausländerbevölkerung seit 1991 auch in einem Anstieg des Segregationsindexes ausdrückt. Wie Tabelle 4-5 erkennen lässt, ist dies auch der Fall, wobei allerdings die erste Hälfte der 1990er Jahre noch von einer geringen räumlichen Nivellierungstendenz gekennzeichnet war. Da die Höhe des Segregationsindexes allerdings auch von der Größe der einzelnen Teilgebiete abhängt, war in Anbetracht der teilweise beträchtlichen Größenunterschiede zwischen den einzelnen Distrikten in Shinjuku-*ku* ergänzend noch der sogenannte Konzentrationsindex zu berechnen, bei dem der Anteil der betrachteten Bevölkerungsgruppe jeweils auf den Prozentsatz der Fläche eines Teilge-

---

[17] Information auf Basis eines persönlichen Gesprächs mit Herrn Watanabe Mitsuhisa, zuständig für das ausländische Melderegister in der Bürgerabteilung (Kumin-bu) der Bezirksverwaltung Shinjuku, vom 31.03.2003.

biets bezogen wird (vgl. zur Berechnung näher THIEME 1993: 169). Im Ergebnis zeigt sich jedoch eine weitgehende Übereinstimmung mit der Tendenz des Segregationsindexes (vgl. Tab. 4-5). Der hohe Korrelationskoeffizient von r=0,837 zwischen den räumlichen Mustern von 1991 und 2004 erhärtet zudem den schon aus dem Kartenbild gewonnenen Eindruck, dass der Anstieg der räumlichen Segregation im Wesentlichen mit einer weiteren Konzentration in den bereits zuvor schwerpunkthaft bewohnten Distrikten und nicht mit einer Ausdehnung in benachbarte Räume verbunden ist.

Die Betrachtung der räumlichen Entwicklung des Ausländeranteils leitet über zu der Frage, in welchen Distrikten ein Rückgang an japanischer Bevölkerung durch den Zuzug ausländischer Bevölkerung kompensiert werden konnte, es also im Sinne klassischer Invasion-Sukzession-Vorstellungen der sozialökologischen Forschungsrichtung zu einem Bevölkerungsaustausch kam. Auf die Ebene des gesamten Bezirks bezogen lässt sich zwischen dem 1.1.1991 und dem 1.1.2004 ein Nettoverlust von 17.078 Japanern verzeichnen, während zugleich die Zahl ausländischer Staatsbürger um 12.361 Personen anstieg. Im betrachteten Zeitraum konnten mithin die Verluste an japanischen Einwohnern durch den Zuzug von Ausländern zwar erheblich gemildert, aber nicht völlig kompensiert werden. Demgegenüber zeigt auf der Distriktebene ein Vergleich zwischen der Entwicklung der japanischen und der der Gesamtbevölkerung (vgl. Abb. 4-15 und 4-16), dass in insgesamt elf Distrikten japanische Bevölkerungsverluste durch ausländische Bevölkerungsgewinne voll ausgeglichen oder gar überkompensiert worden sind. Um ein Beispiel vom Umfang dieses Bevölkerungsaustauschs zu geben, sei abermals der Distrikt Ōkubo 1 angeführt, wo ein Nettoverlust von 862 Japanern einem Zuwachs an ausländischer Bevölkerung von 1242 Personen gegenübersteht. Inwieweit der Zuzug ausländischer Bevölkerung die Ursache oder vielmehr eine Folge des Fortzugs der japanischen Bevölkerung in den betreffenden Distrikten bildet, ist hier nicht abschließend zu beantworten. Da allerdings der Rückgang der japanischen Bevölkerung im Bereich Ōkubo infolge eines wachsenden, vom Bahnhofsbereich Shinjuku ausgehenden Tertiarisierungsdrucks bereits in den frühen 1980er Jahren einsetzte (TAJIMA 1994: 80–81), dürfte zumindest zu Beginn des Prozesses der Folgeeffekt deutlich überwogen haben. In diesem Zusammenhang passt auch der Befund, dass – ebenso wie in vielen Städten anderer Industriestaaten – in Ōkubo Ausländer verschiedentlich als Zwischennutzer von zum Abriss bestimmten Häusern fungierten (MACHI KYŌJŪ KENKYŪKAI 1994: 173).

Aus den zugänglichen statistischen Materialien lassen sich zwar keine direkten Hinweise auf die Zugehörigkeit zu einzelnen Nationengruppen gewinnen, es liegen aber räumlich aufgeschlüsselte Daten zu Geschlecht

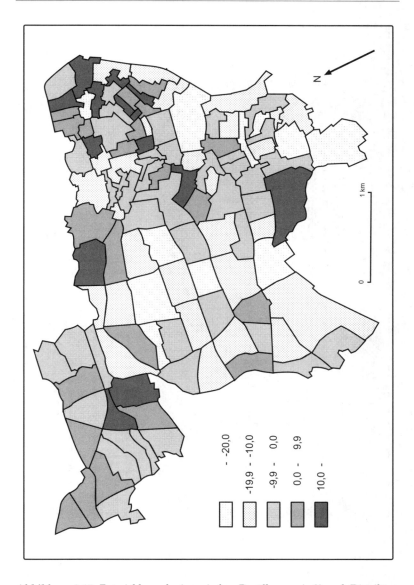

Abbildung 4-15: Entwicklung der japanischen Bevölkerung in % nach Distrikten, Shinjuku-*ku* 1991–2004

Quelle: Eigene Berechnungen nach SHINJUKU-KU, *Shinjuku-ku jūmin kihon daichō no chōchō-betsu setai-sū oyobi danjo-betsu jinkō*, 01.01.1991 und 01.01.2004.

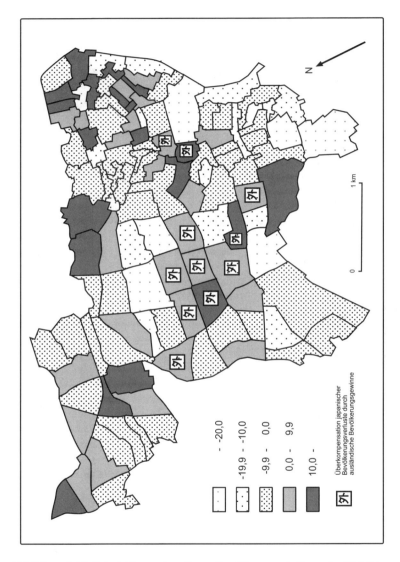

Abbildung 4-16: Entwicklung der Gesamtbevölkerung in % nach Distrikten, Shinjuku-*ku* 1991–2004

Quelle: Eigene Berechnungen nach S<small>HINJUKU</small>-<small>KU</small>, *Shinjuku-ku gaikokujin tōrokusha no chōchō-betsu setai-sū oyobi danjo-betsu jinkō* und *Shinjuku-ku jūmin kihon daichō no chōchō-betsu setai-sū oyobi danjo-betsu jinkō,* jeweils 01.01.1991 und 01.01.2004.

und durchschnittlicher Haushaltsgröße vor, über die zumindest indirekt auch auf die grobe nationenspezifische Zusammensetzung der Ausländerbevölkerung nach Distrikt geschlossen werden kann. Dieser Annahme liegt zum einen die Hypothese zugrunde, dass vor allem bildungsorientierte Zuwanderer aus China und Korea überwiegend als Einzelpersonen nach Japan kommen, während hochqualifizierte Spezialisten aus dem westlichen Ausland oft mit ihrer Familie zuwandern, was dann auch eine einigermaßen ausgeglichene Sexualproportion zur Folge haben dürfte. Zum anderen zeigt die nach Nationenzugehörigkeit und Geschlecht aufgegliederte Ausländerstatistik für den gesamten Bezirk Shinjuku ein Übergewicht weiblicher Zuwanderer bei Koreanern, Chinesen, Thailändern und vor allem philippinischen Staatsbürgern, während bei den übrigen stärker vertretenen Nationengruppen der männliche Anteil überwiegt (vgl. Shinjuku-ku, *Gaikokujin tōrokusha-sū kokuseki-betsu ichiranpyō* 01.01.2004). Um die Ausländerbevölkerung in den einzelnen Distrikten näher zu kennzeichnen, wurde daher unter Einschluss der beiden genannten Merkmale, aber auch des Ausländeranteils sowie der Veränderungen bei diesem Anteil seit 1991 eine Clusteranalyse durchgeführt, wobei zur Verringerung des Einflusses zufallsbedingter Schwankungen allerdings nur solche Distrikte Berücksichtigung fanden, in denen am 1. Januar 2004 wenigstens 100 Personen ausländischer Staatsangehörigkeit lebten. Das Vorgehen hat den Vorteil, dass die hierdurch erhaltenen Raumtypen durch die nachträgliche Zuordnung weiterer Variablen auch im Hinblick auf ihre allgemeine Sozialstruktur und die Struktur des Wohnungsangebots genauer charakterisiert werden können.

Aus Tabelle 4-6 kann nun anhand der arithmetischen Mittelwerte sowohl für die vier in die Clusteranalyse eingegangenen Variablen, die das Volumen und die Struktur der Ausländerbevölkerung abbilden, als auch für weitere Merkmale eine Vorstellung von den wesentlichen Kennzeichen der insgesamt fünf gebildeten Raumtypen gewonnen werden.[18] Die Zuordnung der einzelnen Distrikte auf die verschiedenen Raumtypen lässt sich der Abbildung 4-17 entnehmen. Die zusätzlich ermittelten Eta^2-Werte in der Tabelle geben wiederum für jedes Merkmal den Anteil der erklärten Varianz an. Hierbei zeigt sich allerdings, dass die räumlichen Muster der nicht in die Clusteranalyse einbezogenen Variablen mit Eta^2-Werten von meist unter 0,3 nur in begrenztem Maße von den Raumtypen repräsentiert werden. Besonders gering ist der Erklärungsanteil bei der Variable „Anteil von Wohnungen in Altbauten" (Var. 14), der darüber

---

[18] Die Clusterbildung erfolgte auf der Basis des nach dem Prinzip des minimalen Distanzzuwachses operierenden Wardschen Verfahrens. Als Ähnlichkeitsmaß fand die quadrierte euklidische Distanz Verwendung.

hinaus – entgegen der Erwartung – den geringsten Wert in dem durch besonders hohe Ausländeranteile geprägten Raumtyp 4 annimmt. Hierdurch erhärtet sich die schon in Kapitel 3.4.2.1 angesprochene Vermutung, dass im Unterschied zur Situation gegen Ende der 1980er Jahre Viertel mit heruntergekommenen, abbruchreifen Holzmiethäusern nicht mehr den typischen Wohnstandort von Ausländern aus dem asiatischen Raum darstellen. Stattdessen hat die ökonomische Rezession seit den frühen 1990er Jahren zahlreiche Eigentümer von besser ausgestatteten Mehrparteienhäusern in Stahlbetonbauweise (*manshon*), die zunächst asiatischen Migranten weitgehend verschlossen waren, dazu veranlasst, zur Rückzahlung ihrer Hypotheken auch ausländische Mieter zuzulassen. Die gegenüber den Holzhauswohnungen höheren Mieten gleichen die ausländischen Bewohner dabei oft über die Bildung von Wohngemeinschaften wieder aus (MACHI KYOJŪ KENKYŪKAI 1994: 175–176).

Tabelle 4-6: Clusteranalyse: Ausgewählte Strukturmerkmale der Ausländer-Raumtypen, Shinjuku-*ku* 01.01.2004

Merkmal	Raumtyp						Eta²
	1	2	3	4	5	Mittel	
1 Ausländeranteil in %	8,6	14,2	7,0	31,6	13,5	11,3	.746
2 %-Punktewandel Ausländer 1991–2004	3,6	6,1	2,3	18,7	7,6	5,2	.691
3 Sexualproportion Ausländer	143	73	101	82	100	102	.621
4 Mittlere Haushaltsgröße Ausländer	1,23	1,13	1,26	1,11	2,08	1,33	.808
5 % Einpersonenhaushalte <65 Jahre	48,5	51,3	45,1	57,5	41,7	47,1	.180
6 % freie und Verwaltungsberufe	24,6	22,7	25,0	19,7	32,9	25,2	.288
7 % Dienstleistungsberufe	13,5	17,0	13,8	24,8	10,7	14,7	.471
8 % Erwerbslose (erweitert)	9,0	8,8	9,0	10,4	6,3	8,7	.257
9 Wohnfläche pro Person (qm)	28,8	27,9	28,4	27,1	32,7	28,9	.184
10 Mittlere Wohnungsgröße in qm	53,4	48,9	54,1	43,2	69,4	54,4	.369
11 % Hsh. in privaten Mietwohnungen	55,8	59,8	52,4	70,9	41,7	54,1	.243
12 % Hsh. in Einfamilienhäusern	22,3	16,6	20,9	11,9	19,8	19,6	.140
13 % Hsh. in Mehrfamilienhäusern, 3–5 Geschosse	27,7	27,3	32,0	33,9	51,3	33,5	.333
14 % Wohnungen in Altbauten	43,7	42,8	41,9	34,1	39,2	41,2	.049

Anm.: Die Clusteranalyse wurde auf Basis der (hierzu z-transformierten) Variablen 1 bis 4 durchgeführt.

Quelle: Eigene Berechnungen nach SŌMUCHŌ TŌKEIKYOKU, *Kokusei chōsa hōkoku* 2000 (Var. 5–13); SHINJUKU-KU, *Shinjuku-ku gaikokujin tōrokusha no chōchō-betsu setai-sū oyobi danjo-betsu jinkō* 01.01.1991, 01.01.2004 (Var. 1–4); SHINJUKU-KU TOSHI KEIKAKU-BU (2003: 60–62) (Var. 14).

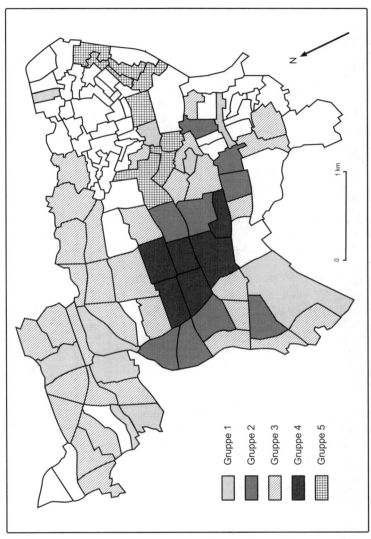

N

1 km

0

Gruppe 1
Gruppe 2
Gruppe 3
Gruppe 4
Gruppe 5

Abbildung 4-17: Clusteranalyse: Verteilung der Ausländer-Raumtypen, Shinju-ku-*ku*

Anm.: Distrikte mit einer Ausländerbevölkerung von weniger als 100 Personen (Stand 01.01.2004) wurden zur Minimierung des Einflusses zufallsbedingter Schwankungen nicht berücksichtigt (weiß gelassene Distrikte).

Quelle: s. Angaben unter Tab. 4-6.

Der mit Abstand höchste durchschnittliche Ausländeranteil bei zugleich stärkstem Anstieg seit 1991 zeigt sich für den Raumtyp 4, der – wenig überraschend – den Bereich um Kabukichō sowie den südlichen Teil von Ōkubo und Hyakuninchō umfasst. Des Weiteren ist hier die Ausländerbevölkerung durch einen deutlichen Frauenüberschuss und sehr kleine Haushalte geprägt. Es liegt daher nahe, in diesen Distrikten vor allem junge Zuwanderer aus Südkorea, China, evtl. auch aus Thailand oder von den Philippinen anzunehmen, von denen viele zumindest offiziell zum Zweck der Weiterbildung nach Tōkyō gekommen sind, die aber auch zu einem nicht unerheblichen Prozentsatz in den Bars und Restaurants von Kabukichō arbeiten dürften. Ähnliche Werte bei Sexualproportion und Haushaltsgröße weist Typ 2 auf, jedoch liegt hier der ausländische Bevölkerungsanteil nur knapp halb so hoch wie bei Raumtyp 4; zudem fiel der Anstieg dieses Anteils zwischen 1991 und 2004 wesentlich geringer aus. Verbreitet ist dieser Raumtyp im Wesentlichen in den an das Ōkubo-Gebiet östlich und westlich angrenzenden Distrikten, so dass man wohl von einem „Ōkubo-Randbereich" sprechen kann, während Typ 4 den Kernbereich repräsentiert. Ein numerisch ausgeglichenes Geschlechterverhältnis und im Durchschnitt recht große Haushalte sind für Raumtyp 5 kennzeichnend. Da hier besonders diejenigen Distrikte zusammengefasst sind, die in Nähe der französischen bzw. südkoreanischen Schule liegen, fällt es leicht, hierin vor allem die Wohngebiete hochqualifizierter westlicher und südkoreanischer Spezialisten zu sehen. Diese Aussage wird auch durch den relativ hohen Sozialstatus und die hohe durchschnittliche Wohnungsgröße in den in diesem Typ zusammengeschlossenen Distrikten (vgl. Var. 6, 8, 9 und 10 in Tab. 4-6) unterstützt. Das hervorstechende Merkmal von Raumtyp 1 schließlich ist ein ausgeprägter Männerüberschuss bei einem allerdings unterdurchschnittlichen Ausländeranteil. Das räumliche Muster dieses Typs zeigt eine gewisse Konzentration im Stadtteil Ochiai westlich des Bahnhofs Takadanobaba; verglichen mit den anderen Raumtypen ist die Verteilung jedoch als dispers zu bezeichnen.[19] Die inhaltliche Interpretation dieses Typs fällt schwer, da

---

[19] Bei den Gebieten westlich von Takadanobaba entlang der hier verlaufenden Seibu Shinjuku-Linie handelt es sich womöglich um bevorzugte Wohnorte von Auslandsstudenten der Waseda-Universität, die in den Distrikten Nishi Waseda 1 (Hauptgebäude) und Ōkubo 3 (Naturwissenschaftlich-Technische Fakultät) ihre Hauptstandorte hat, während andere Distrikte dieses Typs vor allem von männlichen Arbeitsmigranten aus diversen asiatischen Staaten dominiert sein könnten. Leider konnte ich hierzu auch von den Mitarbeitern der Bürgerabteilung in der Bezirksverwaltung Shinjuku keine genaueren Auskünfte erhalten.

mit Ausnahme eines relativ hohen Anteils an Haushalten in Einfamilienhäusern (Var. 12) keine strukturellen Besonderheiten zu verzeichnen sind.

Demgegenüber lassen sich aus einer Betrachtung der strukturellen Merkmale in Tabelle 4-6 einige Hinweise auf die Frage erhalten, weshalb die Ausländerbevölkerung in den Distrikten von Raumtyp 2 trotz struktureller Ähnlichkeiten nicht in dem Maße angewachsen ist wie in den Distrikten von Typ 4: Zum einen dürfte das Wohnungsangebot bei Typ 2 mit einem gegenüber Typ 4 geringeren Anteil an privat vermieteten Wohnungen, einem höheren Anteil an Einfamilienhäusern sowie im Durchschnitt größeren Wohnflächen den Anforderungen der meist allein und mit geringen finanziellen Mitteln nach Tōkyō kommenden asiatischen Zuwanderer weniger entsprechen. So liegt hier auch der Anteil von Einpersonenhaushalten (ohne Altenhaushalte; Var. 5), der die japanische Bevölkerung mit einschließt, unter dem für die Distrikte von Typ 4 gemessenen Wert. Zum anderen aber deutet der gegenüber Typ 4 signifikant geringere Anteil von Personen in Dienstleistungsberufen darauf hin, dass auch die etwas größere räumliche Entfernung von für Ausländer in Tōkyō typischen Zuverdienstmöglichkeiten eine Ursache für den geringeren Ausländeranteil bei Typ 2 bilden könnte.

Um diesen zugegebenermaßen zum Teil hochspekulativen Betrachtungen über die Ursachen der Ausländerverteilung in Shinjuku-*ku* eine objektivere Basis zu geben, habe ich mich abschließend zur Durchführung der multiplen Regressionsanalyse entschieden. Da auf die in der Literatur genannten möglichen Einflussfaktoren der räumlichen Verteilung von Ausländern in Tōkyō bereits in Kapitel 3.4.2 ausführlich hingewiesen worden ist, möchte ich an dieser Stelle direkt zu einer Betrachtung der in Tabelle 4-7 wiedergegebenen Ergebnisse überleiten. Es wird zunächst offenbar, dass das räumliche Wohnungsangebot, insbesondere ein hoher Anteil an Haushalten in privat vermieteten Wohnungen, am stärksten mit einem hohen Anteil an ausländischer Bevölkerung im Bezirk Shinjuku korrespondiert. Einen weiteren Erklärungsanteil liefert die Nähe zu Auslandsschulen und anderen Einrichtungen, die für das Gemeinschaftsleben einer bestimmten ausländischen *community* von zentraler Bedeutung sind. Als nur auf dem 5 %-Niveau statistisch signifikant und damit von untergeordneter Relevanz erscheint demgegenüber die Nähe zu Arbeitsplätzen im Handel und Gaststättengewerbe. Die statistische Gesamterklärungskraft des Modells ist aber mit 46,4 % in Anbetracht der hohen Fallzahl von 117 Raumeinheiten recht zufriedenstellend.

Tabelle 4-7: Verbreitungsmuster der ausländischen Bevölkerung in Shinjuku-*ku* (01.01.2001): Ergebnisse der Regressionsanalyse

Variable	Beta-Koeffizient
1 % Hsh. in privaten Mietwohnungen	0,478[+++]
2 % Hsh. in Einfamilienhäusern	–0,343[+++]
3 Standort Südkoreanische Schule[1]	0,233[++]
4 Standort Französische Schule / L'Institut Franco-Japonaise[1]	0,232[++]
5 % Beschäftigte im Bereich Handel/Gaststätten[2]	0,159[+]
Bestimmtheitsmaß R²	**46,4**

Anm.:   [1] Dummy-Variablen mit der Ausprägung 1 (betreffender Distrikt und unmittelbar an diesen angrenzende Distrikte) und 0 (übrige Distrikte); [2] Beschäftigte am Arbeitsort. Signifikanzniveaus der Koeffizienten: [+] 5%-Niveau; [++] 1%-Niveau; [+++] 0,1%-Niveau.

Quelle: Eigene Berechnungen nach SŌMUCHŌ TŌKEIKYOKU, *Kokusei chōsa hōkoku* 2000 (Var. 1 und 2); *Jigyōsho kigyō tōkei chōsa hōkoku* 2001 (Var. 5).

4.2.3 Der Stadtteil Ōkubo: auf dem Weg zur ethnischen Enklave?

Wie in Kapitel 3.4.2.2 diskutiert, lassen sich über die statistische Analyse der Segregationsmuster von minoritären Gruppen zwar Aussagen zu möglichen strukturellen Ursachenfaktoren wie die Verteilung der für Ausländer zugänglichen Arbeitsplätze und Wohngelegenheiten treffen. Hieraus auch Hinweise auf das Ausmaß sozialer Abschließung oder Integration in die Mehrheitsgesellschaft zu gewinnen, wie die sozialökologische Schule unter PARK (1925/67) postulierte, stellte sich jedoch in Anbetracht des intervenierenden Einflusses ebendieser strukturellen Faktoren, aber auch der Tatsache, dass die Bildung und Aufrechterhaltung sozialer Interaktion von Mitgliedern einer Minderheit nicht notwendig an räumliches Zusammenleben gebunden ist, als äußerst problematisches Vorgehen dar. Um die Stärke von Integration oder Nicht-Integration bewerten zu können, müsste daher ein mikroanalytisches Verfahren wie die Befragung von Mitgliedern einer Minderheit wie auch von solchen der Mehrheitsbevölkerung gewählt werden, was aber im Rahmen der vorliegenden Arbeit aus primär forschungsökonomischen Gründen nicht selbst geleistet werden konnte. Aus zahlreichen Umfragen, die von japanischen Soziologen insbesondere im Stadtteil Ōkubo während der letzten zehn bis fünfzehn Jahre durchgeführt wurden, lassen sich indes einige Anhaltspunkte zu diesem Themenkreis entnehmen. Eine weitere Möglichkeit, um den Grad der „institutionellen Vollständigkeit" (BRETON

1964) und damit das soziale Abschließungs*potenzial* einer ethnischen Minorität bestimmen zu können, besteht in der Kartierung von Geschäften und anderen Institutionen, die primär oder ausschließlich die Bedürfnisse einer bestimmten Minderheit befriedigen. Im April 2003 habe ich im Stadtteil Ōkubo eine solche Kartierung durchgeführt, deren Ergebnisse sich direkt mit einer Kartierung vergleichen lassen, die im Dezember 1993 im selben Quartier von Mitgliedern der Machi Kyojū Kenkyūkai (1994: 116–117) unternommen wurde. Mittels dieser Analysemethoden sollen in diesem Unterkapitel Hinweise zu der Frage gewonnen werden, inwieweit sich der Stadtteil Ōkubo womöglich auf dem Weg zu einer *ethnischen Enklave* befindet, d. h. nach Portes und Jensen (1987) sich zu einem Gebiet entwickelt, in dem die Angehörigen einer ethnischen Minorität nicht nur räumlich dicht beieinander wohnen, sondern sich über eigene wirtschaftliche Aktivitäten (sog. *ethnic business*) auch sozial gegenüber der Mehrheitsbevölkerung weitgehend abschließen.

Als Wohnort asiatischstämmiger Ausländer und Standort von diesem Personenkreis zuzuordnenden Geschäften und Institutionen umfasst das Stadtviertel Ōkubo im Wesentlichen die Distrikte Hyakuninchō 1 und 2 sowie Ōkubo 1 und 2 (vgl. Abb. 4-18, siehe Farbabbildung auf S. 406). Die Hauptgeschäftsstraße des Quartiers bildet die in Ost-West-Richtung verlaufende Ōkubo-Straße (Ōkubo-dōri), an der sich auch die Bahnhöfe der Yamanote-Ringbahn (Bf. Shin Ōkubo) und der Sōbu-Linie (Bf. Ōkubo) befinden. Ōkubo grenzt im Westen an den Stadtteil Kita Shinjuku, der zwar ebenso von zahlreichen Ausländern bewohnt wird, aber nur wenige ausländerorientierte Geschäfte und Institutionen aufweist. Der Übergang zum südlich angrenzenden Viertel Kabukichō mit einem gleichfalls hohen Ausländeranteil wird zum einen durch die Geschäftszone der Shokuan-Straße (Shokuan-dōri), zum anderen durch ein Gebiet im Grenzbereich der Distrikte Hyakuninchō 1 und Ōkubo 1 markiert, in dem sich zahlreiche sogenannte Love-Hotels befinden, typisch japanische Einrichtungen, deren Zimmer von meist unverheirateten Paaren ohne eigene Wohnung stundenweise bezogen werden können, vor allem zu Beginn der 1990er Jahre aber auch von ausländischen Prostituierten genutzt wurden (Machi Kyojū Kenkyūkai 1994: 112). Die Grenze zu den im Norden liegenden Distrikten Hyakuninchō 3 und Ōkubo 3 mit ihrer Mischung aus Häusern des öffentlichen Wohnungsbaus, Krankenhäusern, Universitätsgebäuden und Freizeitflächen ist hingegen markant ausgeprägt.

Eine Begehung der vier Kerndistrikte von Ōkubo (mit Ausnahme der nördlichen Randbereiche) durch Mitarbeiter der Machi Kyojū Kenkyūkai im Dezember 1993 ergab eine Zahl von insgesamt 43 Geschäften, die von asiatischen Ausländern bzw. für deren Bedürfnisse betrieben wurden.

Weiterhin wurden acht Kirchen vorwiegend koreanischer Provenienz sowie ein taiwanesischer Tempel mit synkretistischer Ausrichtung gezählt (MACHI KYOJŪ KENKYŪKAI 1994: 109–113, 116–117). Knapp zehn Jahre später ergab meine eigene Auszählung insgesamt 265 Geschäfte, vier Organisationen, die sich dem internationalen Austausch und der Begegnung von Japanern mit Nicht-Japanern widmen, und 23 religiöse Einrichtungen, hiervon 20 mit christlicher Ausrichtung (vgl. Tab. 4-8).[20] Die Zahl der Geschäfte hat sich somit während dieser Zeit versechsfacht, die der religiösen Einrichtungen mehr als verdoppelt. Insbesondere die Geschäfte der koreanischen Gemeinschaft, die mit einer Zahl von 179 fast 70 % des *ethnic business* im Stadtteil Ōkubo ausmachen, zeigen eine starke Branchendifferenzierung. So können Angehörige der koreanischen Minderheit in Ōkubo mittlerweile nicht mehr nur ihre Ernährungsvorlieben beibehalten, sondern selbst Produkte des längerfristigen Bedarfs wie Möbel oder Bekleidung von Landsleuten erwerben. Hinzu kommen zahlreiche Einrichtungen wie Reisebüros oder Internet-Cafés, mit denen der Kontakt zur Heimat aufrechterhalten werden kann, und Hotels, die sich auf kurzfristig sich in Tōkyō aufhaltende Koreaner spezialisiert haben. Die große Anzahl von religiösen Einrichtungen, bei denen es sich – wie schon bei der Zählung im Dezember 1993 – überwiegend um Kirchen koreanischer Gemeinden[21] handelt, weist schließlich darauf hin, dass der Stadtteil nicht nur in kommerzieller, sondern ebenso in sozialer Hinsicht einen zentralen Ort der koreanischen Gruppe in Tōkyō darstellt, der auch von Koreanern aus anderen Teilen Tōkyōs aufgesucht wird (SONOBE 2001:

---

[20] Die ermittelte Zahl der Einzelhandelsgeschäfte sollte allerdings nur als ungefähres Richtmaß verstanden werden. Eine Schwierigkeit ergab sich vor allem aus der Tatsache, dass viele chinesische und koreanische Restaurants in Japan bereits vor der Einwanderungswelle gegen Ende der 1980er Jahre bestanden und teilweise von japanischen Eigentümern für ein japanisches Publikum betrieben werden. Ich habe daher nur solche koreanischen Restaurants bei der Kartierung berücksichtigt, die deren Reklamehinweisen wenigstens zum Teil auch koreanische Schriftzeichen (*hangul*) Verwendung fanden. Schwieriger war infolge ähnlicher Schriftzeichen die Unterscheidung zwischen „echten" und japanischen China-Restaurants. So den Firmenschildern keine eindeutigen Hinweise zu entnehmen waren, half hier manchmal ein Blick auf die Kundschaft im Inneren der Räumlichkeiten. Ein weiteres Problem stellten meine mangelnden koreanischen Sprach- und Schriftkenntnisse dar, weshalb ich die Branchenzugehörigkeit einiger Geschäfte nicht eindeutig ermitteln konnte. Diese wurden daher in Tabelle 4-8 der Kategorie „Sonstiger Einzelhandel" zugeschlagen.

[21] Ein besonderes morphologisches Merkmal der meisten koreanischen Kirchen in Ōkubo ist, dass sie nicht über ein eigenes Gebäude verfügen, sondern sich in einer Büroetage befinden, auf deren Existenz durch Reklameleuchtschilder mit roten christlichen Kreuzen hingewiesen wird.

Tabelle 4-8: Ausländerorientierte Einzelhandelsgeschäfte und Einrichtungen im Stadtteil Ōkubo nach Art sowie Nationalität des Betreibers oder der Zielkundschaft, April 2003

	Koreanisch	Chinesisch	Sonstig	Gesamt	Vergleich: Dezember 1993
Restaurant	79	21	20	120	22
Lebensmittelgeschäft	10	4	6	20	9
Friseur, Massagesalon u. a. Körperpflegedienste	22	7	1	30	8
Bekleidungs-, Schmuck-, Kunst-, Möbelgeschäft	16	1	2	19	2
Buchladen, CD- u. Video-verleih, Internet-Café usw.	22	3	1	26	2
Reisebüro, Reiseagentur	5		2	7	
Hotel, Herberge	4	1		5	
Arzt, Apotheke	4	2	1	7	
Maklerbüro[1]	–	–	–	6	
Sonstiger Einzelhandel	17	5	3	25	
Religiöse Einrichtung[2]	–	–	–	23	9
Internat. Organisation[2]	–	–	–	4	
Gesamt	**179**	**44**	**36**	**292**	**52**

Anm.: [1] Bei den Maklerbüros handelt es sich ausschließlich um von japanischen Firmen betriebene Einrichtungen, die sich auf eine ausländische Klientel spezialisiert haben; [2] da die Zuordnung auf eine einzelne Nation nicht immer möglich war, sind für religiöse Einrichtungen und internationale Organisationen nur Gesamtzahlen wiedergegeben.

Quelle: Eigene Erhebung auf Basis einer Begehung im Zeitraum 8.–10. April 2003; MACHI KYOJŪ KENKYŪKAI (1994: 112–113, 116–117) (Vergleichsdaten 1993).

135). Somit erscheint das Ausmaß der institutionellen Vollständigkeit der koreanischen Gruppe in Ōkubo mittlerweile recht hoch, das Potenzial für eine soziale Abschließung gegeben. Demgegenüber verfügt die chinesische Gruppe über verhältnismäßig wenige Einrichtungen, was vor allem mit einer relativ geringen internen Integration dieser Gruppe in Verbindung stehen dürfte. So werden in Ōkubo die meisten chinesischen Geschäfte und Einrichtungen von Taiwanesen betrieben, und zumindest in einigen Fällen werden vom Kontinent stammende Chinesen von diesen nicht als Kundschaft akzeptiert (TAJIMA 2002[2]: 138–141).

Die räumliche Verteilung der ausländerorientierten Geschäfte und Einrichtungen in Ōkubo zeigt Konzentrationen entlang der Ōkubo-Straße sowie entlang eines Teilstücks der Shokuan-Straße an der Grenze zum Distrikt Kabukichō (vgl. Abb. 4-19, siehe Farbabbildung auf S. 407). Darüber hinaus findet sich eine Häufung von Geschäften entlang zweier in Nord-Süd-Richtung verlaufender Gassen unmittelbar westlich der Yamanote-Ringbahntrasse sowie in dem auch von „Love Hotels" geprägten Übergangsbereich der Distrikte Hyakuninchō 1 und Ōkubo 1. Bei genauerem Hinsehen ist zu erkennen, dass die Ōkubo-Straße in unmittelbarer Nähe des Ringbahn-Bahnhofs Shin Ōkubo kaum ausländerorientierte Einrichtungen aufweist. Zum einen kann dies auf die Planung einer zur Ringbahntrasse östlich parallel verlaufenden Durchfahrtsstraße zurückgeführt werden (vgl. Abb. 4-18), für deren Bau zum Zeitpunkt der Kartierung bereits die meisten Grundstücke freigeräumt waren. Zum anderen handelt es sich bei diesem bahnhofsnahen Abschnitt wohl um den attraktivsten Standort entlang der Ōkubo-Straße überhaupt, der von japanischen Geschäftsinhabern weit seltener aufgegeben werden dürfte als weiter entfernt liegende Orte. Womöglich deshalb konzentrieren sich hier die ausländischen Geschäfte in den von diesem Straßenabschnitt westlich der Ringbahnunterführung nach Norden und Süden abgehenden Nebenstraßen.

Interessante Unterschiede ergeben sich bei der räumlichen Verteilung im Hinblick auf die Nationalität der Betreiber (vgl. Tab. 4-9). So ist das Nationenspektrum der Einzelhandelsgeschäfte im Bereich westlich der Ringbahntrasse recht gemischt. Es tritt sogar ein leichtes Übergewicht chinesischer Geschäfte auf, was wohl nicht zuletzt mit der Tatsache korrespondiert, dass das westlich angrenzende Stadtviertel Kita Shinjuku

Tabelle 4-9: Ausländerorientierte Einzelhandelsgeschäfte im Stadtteil Ōkubo nach Nationalität des Betreibers oder der Zielkundschaft sowie räumlichem Standort, April 2003

	Koreanisch	Chinesisch	Sonstig	Gesamt
Bereich westlich der Yamanote-Ringbahn	20	24	19	63
Bereich entlang der Ōkubo-Straße und nördlich hiervon östlich der Ringbahn	61	12	9	82
Bereich entlang der Shokuan-Straße östlich der Ringbahn	98	8	8	114
Gesamt	179	44	36	259

Quelle: Eigene Erhebung auf Basis einer Begehung im Zeitraum 8.–10. April 2003.

den räumlichen Wohnschwerpunkt der chinesischen Migranten im Bezirk Shinjuku darstellt.[22] Entlang des östlich der Ringbahntrasse gelegenen Abschnitts der Ōkubo-dōri hingegen lässt sich bereits eine deutliche Dominanz koreanischer Geschäfte feststellen; dies trifft namentlich auf den mittleren und östlichen Teil des Straßenabschnitts zu. Der Geschäftsbereich entlang der Shokuan-dōri schließlich ist nahezu ausschließlich von koreanischen Geschäften geprägt, weshalb sich für diesen Bereich Tōkyōs mittlerweile der Begriff „Korean Town" eingebürgert hat, die allmählich auch von japanischen Kunden frequentiert wird, wenngleich sie im Gegensatz zu den *chinatowns* von Yokohama oder Kōbe noch weit von einer Funktion als Touristenziel entfernt ist (SHINJUKU JICHITAI SEISAKU KENKYŪKAI 2002: 14–15, 19). Im Wesentlichen ist diese Konzentration zwischen 1990 und 1998 entstanden, wobei, wie die Kartierung vom Dezember 1993 belegt, zunächst nur der östliche Abschnitt der Straße koreanische Geschäfte aufwies (MACHI KYOJŪ KENKYŪKAI 1994: 116–117).

Vom geographischen Standpunkt her wäre es nun interessant zu wissen, ob die hohe Konzentration ausländerorientierter Geschäfte und Einrichtungen in Ōkubo mittlerweile auch als eigener Ursachenfaktor für den weiterhin starken Zuzug von Ausländern in dieses Quartier angesehen werden kann, das ethnische Viertel Ōkubo sich somit gewissermaßen selbst reproduziert. Genaue Aussagen hierzu liegen in der japanischen Literatur leider nicht vor. Anhand von Tabelle 4-10, die das Ergebnis zweier Umfragen zeigt, bei denen asiatischstämmige Bewohner von Shinjuku nach den angenehmsten bzw. unangenehmsten Aspekten des Lebens in diesem Bezirk befragt wurden, lassen sich allerdings einige indirekte Hinweise zu diesem Punkt erhalten. Zunächst einmal ist zu erkennen, dass die allgemeine Verkehrsanbindung und vor allem die Wohnbedingungen in Shinjuku bei der Befragung in den Jahren 1997/98 gegenüber 1992 nicht mehr so stark als Gunstfaktoren hervorgehoben wurden. Eine wachsende Bedeutung kam 1997/98 hingegen der Nähe zu Schule und Arbeitsplatz zu. Für die hier im Vordergrund stehende Fragestellung ist jedoch interessanter, dass bei der zweiten Befragung die 1992 noch nicht genannte Anwesenheit von Ausländern und ausländerorientierten Geschäften von 24,3 % der Interviewten als wichtiger angenehmer Aspekt des Wohnens in Shinjuku angesprochen wurde. Selbst wenn man in Rechnung stellt, dass im Jahr 1992 dieser Aspekt womöglich bei einigen Antworten, die auf die „guten Versorgungsmöglichkeiten" in Shinjuku hinwiesen, mitgemeint war, so erhärtet sich dennoch in der Summe

---

[22] Information auf Basis eines persönlichen Gesprächs mit Herrn Watanabe Mitsuhisa, zuständig für das ausländische Melderegister in der Bürgerabteilung (Kumin-bu) der Bezirksverwaltung Shinjuku, vom 31.03.2003.

Tabelle 4-10: Bewertung des Wohnens im Stadtbezirk Shinjuku durch Ausländer asiatischer Herkunft, 1992 und 1997/98 (Antworten in %)

	1992	1997/98
Angenehme Aspekte		
Verkehrsgunst	36,1	30,8
Gute Versorgungsmöglichkeiten	38,6	27,5
Zahlreiche Landsleute/Ausländer und deren Geschäfte	0,0	24,3
Nähe zu Schule/Arbeitsplatz	8,7	13,5
Ruhiges und sicheres Wohnumfeld	13,3	3,2
Gute Wohnverhältnisse	8,2	2,2
Sonstiges/k. A.	36,8	37,2
Unangenehme Aspekte		
Unsicheres, übles Wohnumfeld	5,1	26,4
Teure bzw. schlechte Wohnverhältnisse	28,1	19,5
Hohe Umweltbelastung	8,9	17,8
Zu viele Landsleute/Ausländer	1,3	13,5
Hohe Preise	6,0	11,4
Sonstiges/k. A.	68,9	43,8

Anm.: 1992 wurden 158, 1997/98 185 Personen befragt, Mehrfachantworten waren möglich. Es wurden keine Antwortkategorien vorgegeben.

Quelle: OKUDA und TAJIMA (1993: 73–74); OKUDA und SUZUKI (2001: 157, 160); eigene Zusammenfassung einzelner Antwortkategorien.

die Vermutung, dass die Anwesenheit von Landsleuten oder anderen Ausländern in Shinjuku einen nicht unwichtigen Anreiz für die Zuwanderung weiterer Ausländer gebildet haben könnte und wohl auch weiter bildet.

Auf der anderen Seite wurde 1997/98 aber auch bereits von 13,5 % der Befragten eine zu hohe Zahl von Ausländern beklagt. Soweit sich dies auf Landsleute bezieht, steht insbesondere das Problem im Vordergrund, hierdurch nicht richtig Japanisch lernen oder mit Japanern Beziehungen knüpfen zu können, während Ausländer anderer Nationenzugehörigkeit oft als bedrohlich, laut oder schmutzig empfunden werden (OKUDA und SUZUKI 2001: 160–161). In diesen Kontext passt auch, dass immer mehr Ausländer ihr Wohnquartier in Shinjuku als unsicheres und übles Viertel ansehen. Damit vollziehen zahlreiche Ausländer Einschätzungen nach, wie sie gegen Ende der 1980er Jahre von weiten Teilen der altansässigen japanischen Bevölkerung getroffen wurden, als diese sich einer plötzlich wachsenden Zahl von ausländischen Migranten gegenübergestellt sah (vgl. SONOBE 2001: 139–140; SHINJUKU JICHITAI SEISAKU KENKYŪKAI 2002: 18). Man mag hierin erste Ansätze einer Identifikation mit dem Aufnahmeland und seinen Normen sehen, womöglich den Beginn eines tiefer gehenden Assimilationsprozesses bei zumindest einigen ausländischen Bewohnern.

Dies leitet über zu der Frage, ob mittlerweile von einer zumindest partiellen Integration der in Shinjuku ansässigen asiatischstämmigen Ausländergruppen in die japanische Mehrheitsgesellschaft gesprochen werden kann. Werden Normen und Wertvorstellungen der Mehrheit übernommen, so handelt es sich in der Terminologie von ESSER (1980, 1990) um eine Form der *kulturellen oder kognitiven Assimilation,* für die darüber hinaus auch die Aneignung sprachlicher Fertigkeiten ein wichtiges Indiz darstellt. Wie geschildert – und der häufige Besuch von Japanisch-Schulen kommt hier als weiteres Argument hinzu –, lässt sich dieser Aspekt von Assimilation zumindest bei einem Teil der ausländischen Bevölkerung vermuten. Auf der anderen Seite dürfte *strukturelle Assimilation,* die sich über den Erwerb von Rechten und die Möglichkeit des Zugangs in gehobene soziale Positionen definiert, noch kein relevantes Ausmaß angenommen haben. Der Visastatus der allermeisten Personen sieht nur einen begrenzten Aufenthalt mit bestenfalls begrenzter Arbeitserlaubnis vor, und selbst schon seit Jahrzehnten im Land ansässige Koreaner erfahren auf dem Arbeitsmarkt noch immer Diskriminierungen, was erklärt, dass viele von ihnen als selbständige Unternehmer in Nischenbranchen wie dem Unterhaltungsgewerbe tätig sind (KOMAI 1995: 237–238). Weniger klar indes ist das Ausmaß von zwei weiteren Dimensionen der Assimilation: zum einen der *sozialen Assimilation,* die etwa über Freundschaften oder andere soziale Beziehungen mit Angehörigen der Mehrheitsgesellschaft messbar ist, und zum anderen der *emotionalen Assimilation,* die unter anderem an der Häufigkeit der Nennung von Rückkehr- bzw. Bleibeabsichten abgelesen werden kann.

Aus dem umfangreichen Korpus verschiedener Umfrageergebnisse zur Situation der asiatischstämmigen Ausländer in den Nebenzentren Shinjuku und Ikebukuro, der von einer Forschergruppe der Rikkyō-Universität unter der Leitung des Stadtsoziologen Okuda Michihiro seit den frühen 1990er Jahren erstellt wurde, lassen sich einige Resultate extrahieren, die zur Klärung dieser Frage beitragen können. In Bezug auf die hier interessierenden Punkte liegen Umfragen aus den Jahren 1992 und 1997/98 vor. Damit sind die Ergebnisse zwar nicht mehr ganz aktuell, doch als Vorteil ist anzusehen, dass die 1990er Jahre eine relativ stabile Phase mit nur wenigen Neuzuwanderungsfällen darstellten, so dass man jeweils von einer in etwa ähnlich langen Aufenthaltsdauer der meisten

Befragten ausgehen kann, was bei einer Untersuchung von Assimilationsprozessen selbstverständlich nicht unwichtig ist. Da die Befragten von der Forschergruppe nicht nach repräsentativen Kriterien, sondern bei Stadtrundgängen relativ zufällig ausgewählt wurden, lassen sich die Ergebnisse allerdings nur als grobe Tendenzen interpretieren. Doch auch unter Berücksichtigung dieser Einschränkung vermittelt Tabelle 4-11 ein relativ klares Ergebnis. So hat sich zwar im Verlauf der 1990er Jahre der Anteil von Personen, die ausschließlich mit Japanern Freundschaften pflegen, etwas erhöht, doch Gleiches gilt umso mehr für diejenigen Personen, die engere soziale Beziehungen ausschließlich mit Landsleuten unterhalten. Der Anteil derjenigen, die in ihrem Freundeskreis wenigstens eine(n) Japaner(in) besaßen, sank sogar von 54,3 % auf 46,9 %. Anzeichen für zunehmende soziale Assimilation während der 1990er Jahre lassen sich somit zumindest anhand dieser Ergebnisse nicht herauslesen. Nicht weniger interessant ist aber auch, dass im Zeitraum 1997/98 immerhin 23,1 % der Interviewten angaben, in Tōkyō überhaupt keine Freunde zu besitzen (OKUDA und SUZUKI 2001: 206). Von einer starken sozialen Integration innerhalb der Minderheitengruppen kann also ebenfalls nicht unbedingt die Rede sein.

Ein eher geringes Ausmaß sozialer Beziehungen zwischen Ausländern und Japanern in Shinjuku spiegelt sich auch in den Ergebnissen einer Umfrage wider, die die Bezirksverwaltung im Jahr 2004 unter der japanischen Bevölkerung durchführte (SHINJUKU-KU KUCHŌ-SHITSU KUSEI JŌHŌ-KA 2004: 129–134). So gaben zwar 64,1 % der Befragten an, schon einmal Kontakte zu Ausländern gehabt zu haben, doch bezog sich dies überwiegend auf Urlaubsreisen (52,1 %) und Kontakte am Arbeitsplatz (48,8 %). Weitere 44,5 % gaben an, schon einmal von Ausländern auf der

Tabelle 4-11: Nationalität des Freundeskreises von Ausländern asiatischer Herkunft im Stadtbezirk Shinjuku, 1992 und 1997/98 (Antworten in %)

	1992	1997/98
Nur Landsleute	27,9	41,0
Landsleute und andere Ausländer	13,3	10,2
Landsleute und Japaner	38,5	19,9
Landsleute, andere Ausländer und Japaner	15,2	19,9
Nur Japaner	0,6	7,1
K. A.	4,5	1,9

Anm.: 1992 wurden 158, 1997/98 156 Personen befragt, die angaben, in Tōkyō Freunde zu haben.

Quelle: OKUDA und TAJIMA (1993: 114); OKUDA und SUZUKI (2001: 206).

Tabelle 4-12: Wohnabsichten von Ausländern asiatischer Herkunft im Stadtbezirk Shinjuku, 1992 und 1997/98 (Antworten in %)

	1992	1997/98
Möchte weiterhin in Japan leben	24,7	31,2
Möchte in meine Heimat zurückkehren	41,1	39,3
Möchte in ein Drittland migrieren	18,4	12,1
Noch unentschieden	14,5	11,7
K. A.	1,3	5,7

Anm.: 1992 wurden 158, 1997/98 247 Personen befragt.
Quelle: TAJIMA (1994: 107); OKUDA und SUZUKI (2001: 206).

Straße oder im Bahnhofsbereich nach dem Weg oder dem Fahrplan gefragt worden zu sein. Intensivere, selbstgewählte Kontakte etwa im Rahmen nachbarschaftlicher Beziehungen (21,0 %), bei Hobby- oder sportlichen Aktivitäten (14,6 % bzw. 8,0 %) oder auch im Rahmen eines *homestay* (6,0 %) wurden hingegen deutlich seltener genannt. Bemerkenswert ist auch das Ergebnis, dass der Anteil derjenigen, die Kontakterfahrungen mit Ausländern hatten, im Stadtteil Ōkubo bei nur 60,6 % und damit noch unter dem Bezirksdurchschnitt lag. Hierzu passt auch die Beobachtung von SONOBE (2001: 140), nach der die Haltung der meisten in Ōkubo ansässigen Japaner gegenüber ihren ausländischen Mitbürgern von weitgehender Indifferenz geprägt sei. Zum einen bewerte man sie als „verdächtig, rätselhaft" (*etai no shirenai*), zum anderen schätze man sie jedoch als Personen, die als Kunden und Wohnungsmieter das Viertel in kommerzieller Hinsicht am Leben erhielten. Sonobe spricht daher auch von einem „passiven Multikulturalismus" der japanischen Bevölkerung.

Trotz einer weiterhin eher geringen sozialen Integration in die japanische Gesellschaft hat sich im Verlauf der 1990er Jahre unter den asiatischstämmigen Ausländern in Shinjuku der Anteil derjenigen, die in Japan bleiben möchten, etwas erhöht (vgl. Tab. 4-12). Über eine ähnliche Tendenz bei den in Ikebukuro ansässigen Chinesen berichtet TAJIMA (2003: 74). Weiterhin sind jedoch rund 40 % der Befragten entschlossen, in ihr Heimatland zurückzukehren. Hier deutet sich einmal mehr eine Teilung der Ausländerpopulation in solche an, die eine allmähliche Identifikation mit dem Aufnahmeland vollziehen, und solche, für die der Japanaufenthalt nach wie vor nur ein Zwischenstadium darstellt, das dem Erwerb von Fachkenntnissen und finanziellen Mitteln dient.

In einer vielbeachteten Arbeit haben CASTLES und MILLER (1993) ein Phasenmodell der Einwanderung entwickelt, über das unter anderem auch Aussagen zur Dauerhaftigkeit des Ansiedlungsprozesses einer Minderheitengruppe getroffen werden können. Demnach stellt das erste Stadium die temporäre Migration junger Arbeitskräfte dar, die überschüssige Einkünfte in ihr Heimatland transferieren oder für eine spätere Existenzgründung in ihrem Land sparen. In einem zweiten Stadium beginnt sich die Aufenthaltsdauer der Migranten zu verlängern; zugleich bilden sich stärkere soziale Beziehungen zu Landsleuten aus. In einem dritten Schritt entwickelt sich eine stärkere Orientierung auf das Aufnahmeland. Damit zusammenhängend beginnen einige Migranten, ihre Familien nachzuholen, und es bilden sich ethnische Gemeinschaften mit eigenen Geschäften und anderen Institutionen heraus. Das letzte, vierte Stadium ist erreicht, wenn die Migranten sich dauerhaft im Aufnahmeland ansiedeln. Dies kann mit einer allmählichen Integration in die Mehrheitsgesellschaft verbunden sein, aber auch unter den Bedingungen einer fortdauernden sozialen Marginalisierung geschehen.

Die Überlagerung verschiedener Zuwanderungswellen und die Vielzahl der Ethnien macht es auf Basis des vorhandenen Datenmaterials nicht leicht, das Einwanderungsstadium zu bestimmen, in dem sich die meisten asiatischstämmigen Ausländer Shinjukus derzeit befinden. Wie sich aus der großen Zahl und Differenziertheit der Institutionen im Stadtteil Ōkubo ablesen lässt, scheint aber zumindest die koreanische Minderheit dort mittlerweile in der dritten Phase der Einwanderung nach Castles und Miller angekommen zu sein. Werden diese einmal das vierte Stadium der dauerhaften Ansiedlung erreicht haben, so dürfte dies unter den derzeitigen ausländerrechtlichen Bedingungen freilich eher mit einer Fortdauer von sozialer Randständigkeit als mit wachsender Integration verbunden sein. Allerdings weist die Situation der Koreaner in Shinjuku einige Spezifika auf, die die Anwendbarkeit des Phasenmodells relativieren. Hier sind zum einen die räumliche Nähe zum Heimatland und die enge zeitliche Befristung der meisten Visa hervorzuheben, die eine Tendenz zur Dauerhaftigkeit der Ansiedlung zumindest verzögern dürften. Zum anderen begründen viele koreanische Geschäftsleute selbst ihren Standort in Ōkubo mit dem pragmatischen Ziel der Gewinnmaximierung, insofern dieser Ort von zahlreichen Koreanern und damit potenziellen Kunden frequentiert wird, und nicht mit dem emotionalen Wunsch, unter Landsleuten zu leben. Vielmehr werden die anderen koreanischen genauso wie japanische Geschäftsinhaber primär als Konkurrenten gesehen. Ferner gaben etliche Befragte an, zu ihrem Heimatland weiterhin enge soziale Kontakte zu besitzen, die sie in absehbarer Zeit veranlassen könnten, ihr Geschäft zu schließen und zurückzukehren (SONOBE 2001: 131–132, 137). SONOBE (2001: 143) bewertet daher die anhand der Agglomeration koreanischer Geschäfte und Einrichtungen in Ōkubo zutage tretende hohe institutionelle Vollständigkeit als „unbeabsichtigtes Ergebnis individueller Handlungen". Eine solch schwache soziale Integration selbst unter den zahlreichen Mitgliedern der koreanischen Gruppe bedeutet aber, dass von der Existenz einer „ethnischen Enklave" in Shinjuku nicht gesprochen werden kann. Vielmehr erscheint noch immer die Möglichkeit einer weitgehenden Rückbildung des Ausländerviertels von Ōkubo denkbar. Freilich haben die oben präsentierten Daten auch den Hinweis auf ein Ausländersegment ergeben, das durchaus willens ist, sich auf Dauer in Japan anzusiedeln und sich in die Mehrheitsgesellschaft wenigstens partiell zu integrieren. Ob, in welcher Größenordnung und unter welchen Umständen dies geschehen wird, dürfte nicht zuletzt von der weiteren Entwicklung im japanischen Ausländerrecht abhängen.

4.3 Stadtbezirk Taitō: Alte soziale Probleme im Schatten des neueren Wandels

4.3.1 Historische und strukturelle Skizze des Bezirks

Der heutige Stadtbezirk Taitō entstand 1947 aus dem Zusammenschluss der beiden älteren Bezirke Shitaya und Asakusa. Der Name bedeutet „östlich des Plateaus" und bezieht sich damit auf die Lage des überwiegenden Teils des Bezirks im Schwemmland des Sumidagawa östlich des Abhangs, der die Grenze zur etwa 15 Meter höher gelegenen Yamanote-Terrassenfläche markiert. Vom Bahnhof Ueno an nordwärts folgt die gemeinsame Trassenführung der Yamanote-Ringbahnlinie und der Keihin-Tōhoku-Linie seinem Verlauf. Ein großer Teil der in Taitō-*ku* gelegenen Terrassenfläche ist heute als öffentliche Grünanlage genutzt; der Shinobazu-Teich wiederum lässt sich als Relikt eines sumpfigen Einschnitts in diese Fläche verstehen (vgl. Abb. 4-20, siehe Farbabbildung auf S. 408).

Im Großen und Ganzen gehörte das heutige Territorium von Taitō-*ku* bereits während der Edo-Zeit zum engeren Stadtgebiet des späteren Tōkyō. Wie bereits in Kapitel 3.1 geschildert, zeichnete sich der Raum vor allem durch eine Mischung aus zahlreichen Tempeln und Schreinen sowie den Siedlungen von Händlern und Handwerkern aus, die Ersteren teilweise unmittelbar zugeordnet waren, während zusammenhängende Flächen mit Samuraianwesen nur im südlichen Teil des heutigen Bezirks zu finden waren. Einen Einfluss auf die Entwicklung des Gebietes hatte zum einen die Lage an der aus Nordosten nach Edo führenden Nikkō- bzw. Ōshū-Überlandstraße, die sich im Rastort Senju (im heutigen Araka-wa-*ku*) in einen östlichen, durch San'ya und Asakusa führenden Zweig, und in einen westlichen, das heutige Gebiet um den Bahnhof Ueno berührenden Zweig teilte (vgl. die Karte im Anhang von MASAI 1987). Dies in Verbindung mit der Präsenz zahlreicher Tempel begünstigte die Entwicklung vor allem von Asakusa zu einem stark frequentierten Pilger- und Unterhaltungszentrum. Von Bedeutung war aber ebenso die Lage im aus geomantischer Sicht benachteiligten Nordosten der Hauptstadt. Zumindest der auf der Terrassenfläche im heutigen Ueno-Park gelegene Kan'ei-Tempel verdankte seine Entstehung der expliziten Absicht, hierdurch die Burg des Shōgun vor bösen Einflüssen aus Nordost symbolisch zu schützen (TOYODA, K. 1994: 1: 191). Inwieweit auch die Lage der übrigen Tempel und Schreine und darüber hinaus die Ansiedlung stigmatisierter Bevölkerungsgruppen wie die der diskriminierten *eta* am Sumidagawa nördlich von Asakusa oder der lizenzierten Prostituierten im umzäunten Stadtteil Yoshiwara unweit davon geomantischen Erwägungen entsprangen, ist hingegen nicht zweifelsfrei zu bestimmen.

Während der Meiji-Zeit und selbst noch nach dem Großen Kantō-Erdbeben von 1923, das das gesamte Gebiet weitgehend zerstörte, konnte die Gegend um den Asakusa-Tempel ihre Stellung als Hauptvergnügungszentrum von Tōkyō durch die Ansiedlung neuer Unterhaltungsformen wie westlichen Theatern, später auch von Kinos und einer Oper, behaupten. Im Jahr 1927 wurde zwischen Asakusa und Ueno die erste Untergrundbahnstrecke ganz Asiens eröffnet und 1931 ein Kopfbahnhof der Tōbu-Vorortbahngesellschaft errichtet (TOYODA, K. 1994: 1: 180–184). Dies änderte jedoch langfristig nichts daran, dass Asakusa insbesondere nach der Eröffnung des letzten Ringbahnabschnitts im Jahr 1924 gegenüber dem Gebiet um den Bahnhof Ueno und den anderen Zentren entlang der Ringbahn in eine randliche Lage geriet. Hinzu kam nach dem Zweiten Weltkrieg eine mentale Marginalisierung von Asakusa, das nun im Gegensatz zu den als westlich und modern empfundenen Nebenzentren der Yamanote-Fläche wie Shinjuku oder Shibuya als traditionell und überholt galt. Heute stellt die Gegend um den Asakusa-Tempel primär einen beliebten Ort für Touristen dar, die hier der Edo- und Meiji-Zeit nachempfundene Produkte kaufen können; als vollständig ausgebildetes Nebenzentrum hat sich der Distrikt jedoch nicht etablieren können (TOYODA, K. 1994: 1: 186; WALEY 2002: 1543).

Insgesamt günstiger verlief die Entwicklung im Westen des Bezirks. 1883 wurde der Bahnhof Ueno eröffnet, der zum wichtigsten Zugangstor für Reisende und Zuwanderer aus den nordöstlichen Landesteilen in die japanische Hauptstadt werden sollte. Zugleich wurde die Fläche des zerstörten Kan'ei-Tempels oberhalb der Terrassenkante in ein großzügiges Parkgelände umgewandelt, auf dem 1877 die erste Gewerbeausstellung Japans stattfand und das anschließend Standort zahlreicher Museen und des ersten Zoologischen Gartens in Japan wurde. Die Komplettierung der Yamanote-Ringbahnlinie im Jahr 1924 und die kurz danach erfolgte Eröffnung der U-Bahnlinie nach Asakusa, die in den 1930er Jahren in südlicher Richtung bis in das Ginza-Viertel und nach Shibuya verlängert wurde, stärkten die Zentralität von Ueno weiter. Dennoch steht Ueno heute sowohl in Bezug auf sein Fahrgastaufkommen als auch im Hinblick auf die kommerzielle Entwicklung des Bahnhofumfeldes hinter den meisten anderen großen Zentren entlang der Ringbahn zurück. Einen kurzen wirtschaftlichen Aufschwung gab es allerdings während der Zeit der *bubble economy* zwischen 1985 und 1991, als Ueno kurzzeitig den Endhaltepunkt der nach Norden führenden Shinkansen-Expresszüge bildete, was die Umsatzzahlen der umliegenden Kaufhäuser um etwa zehn Prozent anhob (TOYODA, K. 1994: 1: 205–206).

Aus großräumiger Sicht wird die wirtschaftliche Situation von Taitō-*ku* durch seine Lage zwischen der in den Bezirken Chiyoda und Chūō gelegenen City und der nordöstlichen Industriezone von Tōkyō bestimmt. Hierdurch haben sich zahlreiche, teilweise hoch spezialisierte Geschäftszweige entwickeln können, die entweder industrielle Rohprodukte weiterverarbeiten oder mit den Fertigprodukten handeln. Hierfür stehen unter anderem die Schmuckindustrie, die südöstlich des Bahnhofs Okachimachi südlich von Ueno einen Standortcluster bildet, oder die Geschäfte für Restaurantbedarf entlang der Kappabashi-Straße zwischen Ueno und Asakusa (vgl. HATTORI, K. 1997). Diese für die *shitamachi* von Tōkyō typische kleingewerbliche Struktur erscheint jedoch durch die Schließung zahlreicher Betriebe seit dem Ende der *bubble economy* in allmählicher Auflösung begriffen. Im Gegensatz dazu erfreut sich der Bezirk seit dem Jahr 2000 wieder zunehmender Beliebtheit als Wohnstandort. Zwar liegen die Zuwanderungszahlen deutlich unter den für Minato-*ku* gemessenen Werten, doch ist die Zahl der registrierten japanischen Bevölkerung von 1999 bis 2005 immerhin um rund 7.200 Personen auf 158.531 Einwohner gestiegen (TAITŌ-KU KIKAKU ZAISEI-BU KIKAKU-KA 2005: 1). Den Kern der Zuwanderer bilden auch in Taitō-*ku* jüngere Erwachsene im Alter von 25 bis 39 Jahren, die vor allem deswegen in den Bezirk kommen, weil hier citynahe Eigentumswohnungen zu verhältnismäßig niedrigen Preisen erworben werden können (TAITŌ-KU [2003]: 38).

Was die funktionsräumliche Gliederung von Taitō-*ku* betrifft, so kann der südliche Rand des Bezirks sowie das Gebiet entlang der Ringbahnstrecke bis etwa in den Bereich um den Bahnhof Ueno noch der City von Tōkyō zugerechnet werden. Dies belegt unter anderem die Bevölkerungsentwicklung zwischen 1985 und 1995, die in diesem Teil des Bezirks stark negative Werte aufwies, was auf einen erheblichen Tertiarisierungsdruck während dieser Zeit hindeutet. Im Nordwesten jenseits des Ueno-Parks findet sich eine teils aufgelockerte, teils dichte Bebauung mit einzelstehenden, meist ausschließlich Wohnzwecken dienenden Häusern. Der übrige Teil von Taitō-*ku* weist demgegenüber die für den Nordosten von Tōkyō typische Mischung aus Wohn- und Gewerbefunktionen auf, wobei größere Fabrikanlagen jedoch fehlen (vgl. TAITŌ-KU TOSHIZUKURI-BU 2003). Die sozialgeographische Struktur des Bezirks, gemessen anhand des Anteils von Erwerbspersonen in freien, technischen und Verwaltungsberufen, bildet demgegenüber im Wesentlichen den schon in Kapitel 3 für ganz Tōkyō behandelten Gegensatz zwischen einem statushöheren, auf den Yamanote-Terrassenflächen gelegenen Westen und einen statusniederen Osten ab. Eine leichte Modifizierung dieses Raummusters ergibt sich zum einen durch relativ hohe Werte von Personen in höheren Berufen entlang des Sumidagawa im Süden, was mit einer Konzentration von hochgeschossigen Eigentums-Apartmenthäusern in diesem Bereich (vgl. TAITŌ-KU TOSHIZUKURI-BU 2003: 78–79) in Verbindung stehen könnte. Zum anderen treten besonders geringe Anteile im äußersten Nordosten von Taitō-*ku* auf. Es handelt sich hier um einen besonders problematischen Raum, der daher etwas eingehender beleuchtet sei.

Neben einer sehr hohen Erwerbslosigkeit, die im folgenden Kapitel 4.3.2 einer näheren Analyse unterzogen wird, zeichnet sich der Nordosten vor allem durch sehr hohe Anteile alter Menschen ab 65 Jahre von zum Teil über 40 % und eine veraltete, im Allgemeinen nicht feuerresistente Bausubstanz auf kleinen, dicht überbauten Grundstücken aus (TAITŌ-KU TOSHIZUKURI-BU 2003: 25, 31, 67; TAITŌ-KU [2003]: 27–28). Es handelt sich jedoch nicht um eine monostrukturierte Mieterstadt im Sinne des *quartered city*-Konzepts nach MARCUSE (1993). So zeigt sich nach Haushalten eher eine Mischung aus Miet- und Eigentumswohnungen, und auch in den in Hashiba 2 und Kiyokawa 2 stärker vertretenen öffentlichen Wohngebäudekomplexen leben nur zwischen 20 und 30 % aller Haushalte dieser Distrikte. Charakteristisch für diesen Raum ist dagegen eine Häufung marginalisierter Gruppen, die zum Teil noch aus der Edo-Zeit herrührt. So hat sich das Viertel Yoshiwara (vgl. zur Lage Abb. 4-20 im Anhang) trotz erdbeben- und kriegsbedingter Zerstörungen sowie dem offiziellen Verbot der Prostitution im Jahr 1957 als Standort des Rotlichtgewerbes bis in die Gegenwart halten können. Ebenso findet sich entlang des Sumidagawa mit Schwerpunkt in den Distrikten Imado 1 und 2 eine starke Konzentration lederverarbeitender Betriebe (vgl. TŌKYŌ-TO TAITŌ-KU SŌMU-BU SŌMU-KA 2002: 38–43), was darauf hindeutet, dass hier viele Nachkommen der *eta*, die heute nicht weniger diskriminierten *burakumin*, weiterhin leben. Es handelt sich aber nicht um ein offiziell als *dōwa*-Distrikt[23] ausgewiesenes Gebiet; auch zeigt

---

[23] *Dōwa* bedeutet soviel wie „Harmonisierung" im Sinne des Ziels gesellschaftlicher Gleichstellung der *burakumin* mit den übrigen japanischen Staatsbürgern

die von mir errechnete erweiterte Erwerbslosenquote zumindest in Imado – anders als beispielsweise in den meisten westjapanischen *burakumin*-Wohnquartieren (vgl. Fielding 2004: 82) – keine erhöhten Werte (vgl. Kapitel 4.3.2). Vermutlich besteht die Bevölkerung des Quartiers nur zum Teil aus Personen mit *burakumin*-Hintergrund, wodurch die räumliche Dimension des Problems hier nicht allzu stark zutage tritt.

Die anhand zahlreicher Eckdaten sichtbar werdende höchst ungünstige soziale Situation im Nordosten des Bezirks und damit auch von Taitō-*ku* insgesamt (s. auch Kap. 3.4.3) hängt freilich zum überwiegenden Teil mit der Existenz des Tagelöhnerviertels San'ya zusammen (vgl. zur Lage Abb. 4-20). In seiner historischen Ausdehnung umfasste San'ya auch südliche Teile des nördlich angrenzenden Bezirks Arakawa; die große Mehrheit der insgesamt 176 auf Tagelöhner spezialisierten, privaten Billigherbergen (*doya*[24]; Stand 2003) befindet sich allerdings in den Distrikten Kiyokawa 2 sowie Nihon Zutsumi 1 und 2, was auch anhand der Verbreitung des Anteils „nicht-privater Einpersonenhaushalte" ablesbar ist (vgl. Abb. 4-21). An der Grenze zu Arakawa-*ku* am Kreuzungspunkt der Distrikte Kiyokawa 2 und Nihon Zutsumi 2 liegt ebenso der Platz, an dem an jedem Werktagmorgen Mittelspersonen von Bau- oder anderen Unternehmen aus der Menge der erschienenen Tagelöhner die ihnen geeignet erscheinenden Personen auswählen.[25] Auf Japanisch heißt ein

---

und wird offiziell wegen des besseren Klangs anstelle des Begriffs „*Burakumin*-Gebiet" benutzt. Die Ausweisung eines Gebietes als *dōwa*-Distrikt erfolgte in den 1960er Jahren mangels genauer Daten relativ willkürlich unter Rückgriff auf das ungefähre Wissen lokaler Administrationen um die Lage solcher Gebiete und hat im Allgemeinen bauliche Erneuerungsprojekte im Rahmen des Programms zur Sanierung von Kleinsiedlungsdistrikten zur Folge, die am Zustand der Diskriminierung jedoch meist nichts ändern (Hohn 2000: 247–253).

[24] Der offizielle japanische Terminus lautet *kan'i shukusho* [einfache Herberge] und bezeichnet alle kommerziellen Übernachtungseinrichtungen „mit gemeinschaftlich genutzter Struktur und Ausstattung", was im Wesentlichen das Schlafen in Mehrbettzimmern und die gemeinschaftliche Nutzung der Toiletten bedeutet. Des Weiteren wird kein Essen serviert, was die große Zahl kleiner Imbisslokale und Bars in San'ya erklärt (Toyoda, K. 1994: 2: 150, 152). Der Begriff *doya* ist – typisch für die japanische Slangsprache – aus einer Umkehrung der Silbenfolge von *yado* [Haus, Gasthaus, Herberge] entstanden.

[25] Die Straßenkreuzung trägt den inoffiziellen Namen Namidabashi [Tränenbrücke], da sich hier während der Edo- und frühen Meiji-Zeit die zum Tode verurteilten Personen von ihren Angehörigen verabschiedeten, bevor sie zur einige hundert Meter nördlich gelegenen Hinrichtungsstätte geführt wurden (Fowler 1996: 17).

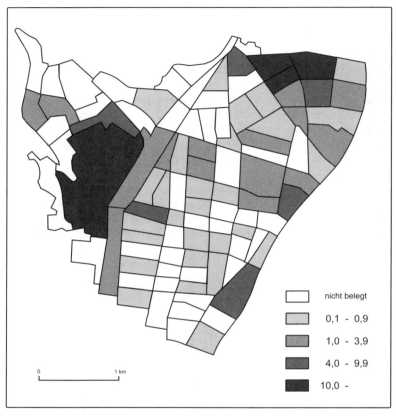

Abbildung 4-21: Anteil „nicht-privater Einpersonenhaushalte" an sämtlichen Haushalten nach Distrikten, Taitō-*ku* 2000
Quelle: Eigene Berechnungen nach SŌMUCHŌ TŌKEIKYOKU, *Kokusei chōsa hōkoku* 2000.

solcher Versammlungsort *yoseba*, wobei der Begriff mittlerweile auch für das Tagelöhnerviertel selbst steht. Die starke Stigmatisierung, die vor allem seit den Tagelöhner-Unruhen von 1960 mit dem Ortsnamen „San'ya" verbunden ist, führte 1966 zur Tilgung des Namens als administrative Bezeichnung für die in diesem Bereich liegenden Distrikte (TOYO-DA, K. 1994: 2: 150). Mittlerweile gibt es auf offiziellen Landkarten keinerlei Hinweise mehr auf die Existenz und Lage von San'ya, was von WALEY (2000: 149, 155) als das Ergebnis eines teils bewussten, teils unbewussten Verdrängungsprozesses im Rahmen des gesellschaftlichen Homogenitätsdiskurses in Japan interpretiert wird. Im westlichen Schrifttum ist der Topos San'ya indes öfter behandelt worden, besonders ausführlich durch die Arbeit von FOWLER (1996), weshalb an dieser Stelle auf eine umfassendere Beschreibung des Quartiers zugunsten einiger für die hier verfolgte Fragestellung wichtiger Bemerkungen verzichtet sei.

In ihrem Werk *The Global City* zitiert Saskia SASSEN (2001a[2]: 302–305) die Schicht der Tagelöhner als zentralen Beleg für eine wachsende Informalisierung des japanischen Arbeitsmarktes und damit für ihre These zunehmender sozialer Polarisierung in Tōkyō. Das Phänomen ist freilich weder neu, noch kann von einer wachsenden Zahl von Tagelöhnern die Rede sein – das Gegenteil ist richtig, wie sich am Beispiel San'ya zeigen lässt:

Bereits vor dem Krieg eines der im Nordosten Tōkyōs zahlreichen ärmlichen Viertel mit billigen Unterkünften für saisonale Arbeitsmigranten und einfache Reisende aus dem nördlichen Japan sowie illegaler Prostitution, wurde San'ya nach 1945 von durch den Krieg obdachlos gewordenen Personen, die die Präfekturverwaltung aus der Gegend um den Bahnhof Ueno hierhin abschob, rasch wiederbelebt. Zunächst wurden diese Menschen in großen Zelten aus Restbeständen der Armee untergebracht; erst 1952/53 ersetzte man diese dann endgültig durch schlafsaalartige Unterkünfte in Holzbauweise (sog. *beddo hausu* von engl. *bed house*). Daneben füllte sich der Distrikt aber auch mit Wohnhäusern anderer, jedoch ebenfalls meist der gesellschaftlichen Unterschicht zuzurechnender Bevölkerungsteile. Während der 1950er Jahre war San'ya somit ein zwar ärmliches, doch von einer durchaus heterogenen Klientel aus Alleinstehenden, Familien mit Kindern, Tagelöhnern, Prostituierten und selbst einzelnen Büroangestellten bewohntes Viertel (TOYODA, K. 1994: 2: 154–156; FOWLER 1996: 39–42). Diese Feststellung gilt selbst für die Bewohnerschaft der *doya*: So wird noch für das Jahr 1961 geschätzt, dass sich unter den damals rund 15.000 Herbergsdauernutzern etwa 500 Kinder im Alter von unter 15 Jahren befanden (TOYODA, K. 1994: 2: 162). Erst der durch das Wirtschaftswachstum der 1960er Jahre enorm gesteigerte Bedarf nach temporären Arbeitskräften für körperlich anstrengende Tätigkeiten einerseits und eine lokale Politik, die den Umzug armer Familienhaushalte in öffentliche Wohnungen förderte, andererseits führten zu einer zunehmenden sozialen Entmischung der *doya*-Bewohnerschaft. Mittlerweile besteht die Klientel der Herbergen zu nahezu 100 % aus alleinstehenden Männern. Anders als im noch größeren Tagelöhnerviertel Kamagasaki in Ōsaka setzt sich die Einwohnerschaft des Quartiers jedoch weiterhin auch aus anderen Personengruppen zusammen, insbesondere aus den Eigentümern und Mitarbeitern kleinerer Betriebe (einschließlich der Herbergen selbst) sowie aus meist ärmeren Personen ohne direkten Bezug zur Tagelöhnerproblematik (TŌKYŌ-TO FUKUSHI-KYOKU SAN'YA TAISAKU-SHITSU 2000: 4–5).

Infolge der lang anhaltenden Wirtschaftskrise und einer generell gesunkenen Nachfrage nach einfachen Arbeitskräften im Baugewerbe wurden Ende März 2003 nur noch rund 5.500 Herbergsdauergäste gezählt. Anders als von Sassen postuliert, zeigt sich somit, dass die wirtschaftsstrukturellen Veränderungen in Tōkyō nicht eine Ausweitung, sondern umgekehrt eine Schrumpfung der wenig qualifizierten Tagelöhnerschicht bewirken. Die „Professionalisierungsthese" von HAMNETT (1994) besitzt hier einen offensichtlich höheren Erklärungswert. Zugleich stieg das Durchschnittsalter der Tagelöhner von 44,4 im Jahr 1972 auf 59,7 im Jahr 1999 deutlich an. Das höhere Alter bringt es mit sich, dass viele Tagelöhner ihre Arbeit nicht mehr ausüben können und stattdessen entweder Sozialhilfe beziehen oder unter freiem Himmel übernachten müssen (JŌHOKU RŌDŌ FUKUSHI SENTĀ 2003: 42–43, 45). San'ya kann damit durchaus als Beispiel für die von MARCUSE (1993) in seinem Konzept der gevierte(i)lten Stadt genannte aufgegebene Stadt der aus dem Arbeitsmarkt weitgehend ausgeschlossenen und diskriminierten Bevölkerungsgruppen gelten.

Im Juni 2002 wurden in San'ya und den umliegenden Gebieten rund 1.500 Personen gezählt, die im Freien übernachteten, damit mehr als ein Viertel sämtlicher seinerzeit im Bereich der 23 Stadtbezirke registrierten Obdachlosen (JŌHOKU RŌDŌ FUKUSHI SENTĀ 2003: 43).[26] Neben dem engeren Bereich von San'ya treten insbesondere der Ueno-Park und die teilweise parkartig umgestaltete Uferpromenade des Sumidagawa als Schwerpunktgebiete der Obdachlosen hervor, die von der japanischen Volkszählungsstatistik ebenfalls als „nicht-private Einpersonenhaushalte" betrachtet werden (vgl. Abb. 4-21). Über die bereits angeführten wirtschaftlichen Gründe und die Alterung zahlreicher Tagelöhner hinaus wird als Ursache für die wachsende Zahl solcher *rough sleepers* in Taitō-*ku* auch auf die Verringerung preiswerten Wohnraums im Nordostteil des Bezirks hingewiesen, wofür neben der Beschränkung des Angebots an öffentlichen Wohnungen auch die Politik einer Ersetzung abbruchreifer Häuser durch feuerresistente Gebäude verantwortlich gemacht wird (FURUSATO NO KAI 1997: 10–11). Nicht zuletzt aber ist es die Sogwirkung des eigentlich nur für die Tagelöhner von San'ya eingerichteten „Jōhoku-Arbeits-

---

[26] Leider wird aus der Quelle nicht ganz klar, welche Distrikte als „umliegende Gebiete" von San'ya gemeint sind. Die Zahl von 1.500 Obdachlosen kommt allerdings der durch die Präfekturverwaltung für ganz Taitō-*ku* ermittelten Obdachlosenzahl recht nahe (vgl. TŌKYŌ-TO FUKUSHI HOKEN-KYOKU 2003), so dass sich die Angabe wahrscheinlich auf den gesamten Bezirk bezieht.

und Wohlfahrtszentrums" (Jōhoku[27] Rōdō Fukushi Sentā) im Distrikt Nihon Zutsumi 2. Diese im Jahr 1965 etablierte, ursprünglich präfekturale und seit 2003 zur Stiftung umgewandelte Institution ist unter anderem dazu verpflichtet, prinzipiell jedem Bedürftigen Nothilfe in Form von Essensgutscheinen, medizinischer Grundversorgung oder einer Unterkunftsvermittlung zu gewähren und wird daher von Obdachlosen aus allen Teilen der japanischen Hauptstadt frequentiert (Tōkyō-to Fukushi-kyoku San'ya Taisaku-shitsu 2000: 8; Jōhoku Rōdō Fukushi Sentā 2003: 44).

4.3.2 Räumliche Entwicklung der Erwerbslosigkeit: Strukturen und Ursachen

Geographische oder soziologische Analysen zur städtischen Armut konzentrieren sich neben der Einkommensvariable im Allgemeinen auf den Anteil an Sozialhilfeempfängern als Hauptindikator (vgl. u. a. Zajczyk 1996; Friedrichs und Blasius 2000: 12–16; Farwick 2001; McDonald 2004). In Bezug auf Japan sind einem solchen Unterfangen jedoch Grenzen gesetzt, und zwar zum einen durch die bereits beschriebene restriktive Bewilligungspraxis, bei der nicht so sehr die materielle Armut des beantragenden Individuums, sondern vor allem hohes Alter, Krankheit und fehlende familiäre Unterstützung wesentliche Bedingungen für den Bezug darstellen, zum anderen infolge des Fehlens von Sozialhilfebezugsdaten unterhalb der gemeindlichen bzw. bezirklichen Ebene. Anhand der Daten der Bezirksverwaltung von Taitō-*ku* lässt sich immerhin die Situation der in San'ya wohnenden bzw. ohne festen Wohnsitz lebenden Personen von der der übrigen Bevölkerung im Bezirk unterscheiden (vgl. Abb. 4-22). Demnach hat sich die Zahl der Haushalte, die Sozialhilfe erhalten, nach dem Ende der *bubble economy* im Jahr 1991 bis 2004 etwas mehr als verdoppelt. Insbesondere bis 1996 beruhte der Anstieg nahezu ausschließlich auf höheren Empfängerraten der im San'ya-Distrikt bzw. ohne festen Wohnsitz lebenden Personengruppe. Seitdem hat sich die Zahl der Sozialhilfeempfänger-Haushalte auch in den übrigen Quartieren erhöht, doch es bleibt der Gesamteindruck, dass ohne die zahlreiche Anwesenheit von Tagelöhnern und Obdachlosen Taitō-*ku* wohl kaum als der soziale Problembezirk von Tōkyō schlechthin gelten würde.

---

[27] Bei dem Terminus „Jōhoku" handelt es sich um einen Kunstbegriff, der „nördlich der Burg [von Edo]" bedeutet und auf die Lage des Zentrums im Norden von Tōkyō anspielt. Letztlich stellt diese Benennung ein weiteres Beispiel für die Strategie dar, den Namen „San'ya" im offiziellen Sprachgebrauch möglichst zu vermeiden.

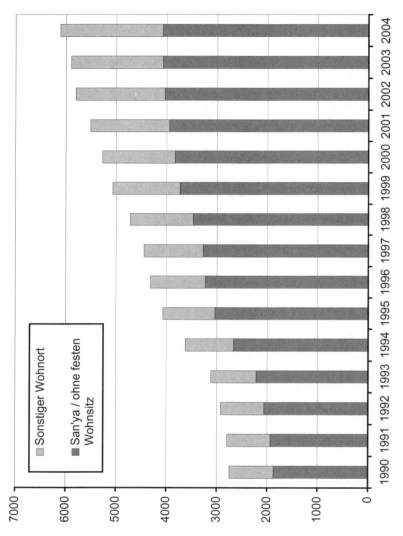

Abbildung 4-22: Zahl der Sozialhilfe empfangenden Haushalte nach Wohnort, Taitō-*ku* 1990–2004

Quelle: Furusato no Kai (1997: shiryō 6–7); Taitō-ku Kikaku-bu Kikaku-ka (1999: 61; 2005: 70).

Nach einzelnen Distrikten aufgeschlüsselte Informationen zum Ausmaß von Armut lassen sich in Japan hingegen anhand des Merkmals „Erwerbslosigkeit" gewinnen. Wie bereits in den vorangegangenen Kapiteln habe ich auch in diesem Fall eine „erweiterte Erwerbslosenrate" unter Einschluss der „sonstig nicht erwerbstätigen Bevölkerung" zwischen 15 und 65 Jahren berechnet. Für das Volkszählungsjahr 2000 kam dabei für Taitō-*ku* eine Zahl faktisch erwerbsloser Menschen von 9133 heraus, was einer Quote von 9,7 % entsprach – die offizielle Zahl lag hingegen nur bei 4945 Personen oder einer Rate von 5,5 %. Die räumliche Verteilung der erweiterten Erwerbslosenrate für die Jahre 1990 und 2000 zeigen die Abbildungen 4-23 und 4-24, wobei zu bemerken ist, dass zur anschaulicheren Darstellung jeweils nur drei Klassen gebildet wurden. In der untersten Klasse befinden sich dabei Distrikte mit einer Erwerbslosenrate unterhalb des für Tōkyō insgesamt geltenden Durchschnitts, während die oberste Klasse Distrikte enthält, deren Erwerbslosenrate oberhalb des höchsten für einen einzelnen Stadtbezirk gemessenen Wertes liegt und auf die sich im Folgenden meine Analyse konzentrieren wird.

Ein Vergleich der beiden Karten lässt deutlich werden, dass sich das Grundmuster der Erwerbslosigkeit mit hohen Raten um den Ueno-Park und im Nordostteil mit Schwerpunkt im San'ya-Distrikt während der 1990er Jahre trotz einer Verdopplung der Rate von ursprünglich 4,6 % nicht grundlegend verändert hat. Allerdings haben sich einige nordwestliche Distrikte aus ihrer ungünstigen Situation befreien können, während die Lage in der Nordosthälfte noch etwas verschlimmert erscheint. Der Korrelationskoeffizient beider Raummuster weist daher mit r=0,717 auch nur einen mäßig hohen Wert auf. Auffälliger ist dagegen ein Anstieg des modifizierten Segregationsindexes nach Timms von 33,9 im Jahr 1990 auf 38,4 im Jahr 2000. Zumindest für Taitō-*ku* lässt sich somit die Aussage treffen, dass die räumliche Segregation von Armut während der letzten Jahre merklich zugenommen hat.

Um beurteilen zu können, ob der Anstieg der Erwerbslosenrate in den Distrikten mit deutlich überdurchschnittlicher Erwerbslosigkeit eher auf einer Zunahme in der Zahl der erwerbslosen Bevölkerung beruht, was man als einen Prozess der aktiven Verarmung bezeichnen könnte, oder primär eine Abnahme in der Zahl der Erwerbsbevölkerung zur Ursache hat, was sich als passive Verarmung charakterisieren ließe, habe ich mich im Folgenden eines Berechnungsverfahrens bedient, das von FARWICK (2001: 81–86) in Anlehnung an die Shift-Analyse entwickelt und bei ihm auch näher beschrieben ist. Zur leichteren Interpretation der Werte in folgender Tabelle 4-13 mag hier der Hinweis genügen, dass jeweils die Differenz zwischen der tatsächlich gemessenen Zahl und einer Zahl, die zu erwarten wäre, wenn

Abbildung 4-23: Erweiterte Erwerbslosenrate nach Distrikten, Taitō-*ku* 1990
Quelle: Eigene Berechnungen nach Sōmuchō Tōkeikyoku, *Kokusei chōsa
                  hōkoku* 1990.

die Entwicklung im Teilgebiet derjenigen des Bezirks insgesamt entspräche, ermittelt wird. Ein gegenüber der Entwicklung im Gesamtbezirk
überproportionaler Anstieg der Erwerbslosenrate ergibt sich aus der Summe der beiden Teileffekte „Veränderung der Erwerbsbevölkerung" und
„Veränderung der Erwerbslosenzahl". Negative Werte verweisen auf einen unterproportionalen Anstieg oder sogar Rückgang der Erwerbslosenrate, eine unterproportionale Abnahme oder sogar Zunahme der Erwerbsbevölkerung bzw. eine unterproportionale Zunahme oder sogar Abnahme
der Erwerbslosenzahl. In Tabelle 4-13 sind die Ergebnisse dieser Berech-

Abbildung 4-24: Erweiterte Erwerbslosenrate nach Distrikten, Taitō-*ku* 2000
Anm.: Die Ziffern kennzeichnen die Zugehörigkeit zu den Gruppen in Tabelle 4-16.
Quelle: Eigene Berechnungen nach SŌMUCHŌ TŌKEIKYOKU, *Kokusei chōsa hōkoku* 2000.

nung für alle Distrikte, die im Jahr 2000 eine gegenüber Gesamt-Tōkyō deutlich erhöhte Erwerbslosenrate aufwiesen, wiedergegeben. Diese Distrikte ließen sich zudem – u. a. anhand der Ergebnisse in Tabelle 4-16 unten – recht einfach nach ihrer Wohngebietstruktur in drei Typen untergliedern, indem die dem historischen San'ya-Gebiet zugehörenden Raumeinheiten als Tagelöhnerdistrikte, die den Parkbereich westlich des Bahnhofs Ueno umfassenden Einheiten als Gebiete mit einer hohen Zahl an Obdachlosen (*rough sleeper*-Gebiete) und die übrigen Einheiten als Mietwohndistrikte bezeichnet werden können.

Tabelle 4-13: Dekomposition des Anstiegs der erweiterten Erwerbslosenrate in Distrikten mit deutlich überdurchschnittlicher Erwerbslosigkeit, Taitō-*ku* 1990–2000

Distrikt	Distrikttyp	Überpro-portionaler Anstieg	Veränderung der Erwerbs-bevölkerung	Veränderung der Erwerbs-losenzahl
Ueno 7, Shitaya 1	Mietwohndistrikt	5	25	–20
Shitaya 2	Mietwohndistrikt	30	14	16
Hanakawado 2	Mietwohndistrikt	8	–7	15
Senzoku 1	Mietwohndistrikt	5	8	–2
Senzoku 3	Mietwohndistrikt	18	18	0
Senzoku 4	Mietwohndistrikt	–41	0	–41
Hashiba 1	Mietwohndistrikt	69	–10	80
Hashiba 2	Tagelöhnerdistrikt	–19	22	–41
Kiyokawa 1	Tagelöhnerdistrikt	12	17	–5
Kiyokawa 2	Tagelöhnerdistrikt	638	161	477
Nihon Zutsumi 1	Tagelöhnerdistrikt	191	26	165
Nihon Zutsumi 2	Tagelöhnerdistrikt	43	30	13
Ueno 2, 4, Ueno Kōen	*rough sleeper*-Gebiet	157	–11	168
Ueno Sakuragi 1	*rough sleeper*-Gebiet	7	13	–6
Tagelöhnerdistrikte gesamt		865	256	609
Rough sleeper-Geb. gesamt		164	2	162
Mietwohndistrikte gesamt		94	48	46
Armutsdistrikte gesamt		1102	284	819
Übrige Distrikte gesamt		–1082	502	–1584
Stadtbezirk Taitō gesamt		0	765	–765

Anm.: Zur Berechnung der Werte in den Spalten 3 bis 5 siehe näher FARWICK (2001: 81–86) und die Anmerkungen im Text.

Quelle: Eigene Berechnungen nach SŌMUCHŌ TŌKEIKYOKU, *Kokusei chōsa hōkoku* 1990, 2000.

In der Summe offenbaren die in der Tabelle dargestellten Ergebnisse, dass der Anstieg der Erwerbslosenrate in den Armutsgebieten von Taitō-*ku* während der 1990er Jahre primär auf einer Zunahme der Erwerbslosen-zahl beruhte und nur sekundär mit Veränderungen bei der Erwerbsbe-völkerung zu tun hat. Im Einzelnen entsprechen freilich nur sechs Dis-trikte dieser Beschreibung, während in sechs weiteren Distrikten ein überproportionaler Rückgang der Erwerbsbevölkerung von entscheiden-derer Bedeutung war und zwei Distrikte mit einem negativen Wert in Spalte 3 sogar zeigen, dass sich hier die Situation gegenüber 1990 relativ

Tabelle 4-14: Verbreitungsmuster der erweiterten Erwerbslosenrate in Taitō-*ku* 1990 und 2000: Ergebnisse der Regressionsanalyse

Variable	Beta-Koeffizient	
	1990	**2000**
1 Anteil nicht-private Einpersonenhaushalte	.357[++]	.866[++]
2 Anteil Haushalte in privaten Mietwohnungen	.255[+]	.211[++]
3 Anteil Erwerbstätige im Handels- und Gaststättengewerbe	−.487[++]	
4 Anteil Erwerbstätige im Bau- und produzierenden Gewerbe	−.261[+]	
Bestimmtheitsmaß R^2 (in %)	49,6	78,4

Anm.: Signifikanzniveaus der Beta-Koeffizienten: [+] 1 %-Niveau; [++] 0,1 %-Niveau.

Quelle: Eigene Berechnungen nach Sōmuchō Tōkeikyoku, *Kokusei chōsa hōkoku* 1990, 2000.

verbessert hat, ohne dass dies bereits zu einer Befreiung aus der Kategorie der Gebiete mit deutlich überdurchschnittlicher Erwerbslosigkeit geführt hätte. Das Gesamtergebnis wird daher überwiegend von den Veränderungen in den Tagelöhner-Kerndistrikten Kiyokawa 2 und Nihon Zutsumi 1 sowie von der Zunahme der Obdachlosenzahl im Ueno-Park (Ueno 2, 4, Ueno Kōen) beeinflusst. In Kiyokawa 2 etwa hat sich die Erwerbspersonenzahl zwar deutlich reduziert, was man auf den demographischen Alterungsprozess unter der Tagelöhnerbevölkerung, aber auch auf Resignation und anschließende Abwanderung infolge der ungünstigen wirtschaftlichen Situation zurückführen könnte. In weit stärkerem Maße stieg jedoch die Erwerbslosigkeit unter der verbliebenen Bevölkerung: Diese lag nach meiner Berechnung zum Volkszählungstermin 1. Oktober 2000 im Distrikt bei nicht weniger als 41,6 %!

Um einen noch detaillierteren Aufschluss über Zusammenhänge des räumlichen Musters der Erwerbslosigkeit in Taitō-*ku* mit anderen Faktoren zu erhalten, gelangte im Folgenden erneut das Verfahren der multiplen Regressionsanalyse zum Einsatz (vgl. Tab. 4-14). Das Ergebnis für das Jahr 2000 ist recht eindeutig. Einmal mehr zeigt sich, dass die Verbreitung von Gebieten mit hoher Erwerbslosigkeit im Bezirk ganz wesentlich an die Präsenz von Tagelöhnern bzw. obdachlosen Menschen geknüpft ist (Var. 1). Daneben leistet nur noch ein hoher Anteil an Haushalten in privat vermieteten Wohnungen einen geringen statistischen Erklärungsbeitrag. Nicht ganz so gut lässt sich das Raummuster des Jahres 1990 deuten. Klar wird aber, dass zu dieser Zeit die branchenspezifische Komposition der Erwerbsbevölkerung in einem Distrikt noch von höherer

Tabelle 4-15: Räumliche Veränderung der erweiterten Erwerbslosenrate in Taitō-
ku 1990 und 2000: Ergebnisse der Regressionsanalyse

Variable (jeweils Wandel 1990–2000)	Beta-Koeffizient
1 Anteil nicht-private Einpersonenhaushalte	.625[++]
2 Durchschnittsalter der Bevölkerung	.409[++]
3 Anteil Haushalte in privaten Mietwohnungen	.189[+]
4 Geschlechterproportion	.151[+]
5 Anteil Erwerbstätige im Bau- und produzierenden Gewerbe	–.189[+]
Bestimmtheitsmaß R^2 (in %)	**59,3**

Anm.: Signifikanzniveaus der Beta-Koeffizienten: [+] 1 %-Niveau; [++] 0,1 %-Ni-
veau.

Quelle: Eigene Berechnungen nach SŌMUCHŌ TŌKEIKYOKU, *Kokusei chōsa hōkoku*
1990, 2000.

Bedeutung war. Dabei dürfte der negative Koeffizient bei Variable 4 auf
die damals günstige konjunkturelle Lage im Bau- und produzierenden
Gewerbe anspielen, die auch dafür sorgte, dass die meisten Tagelöhner
während dieser Zeit ein Auskommen hatten – daher wohl auch der
gegenüber dem Jahr 2000 geringere Erklärungsbeitrag von Variable 1.
Der signifikante Einfluss eines hohen Anteils von Erwerbstätigen im
Handels- und Gaststättengewerbe könnte hingegen außer auf konjunkturellen Ursachen auch auf der Tatsache beruhen, dass der Anteil an Selbständigen in dieser Branche sehr hoch ist.

Eine weitere Regressionsanalyse soll klären, welche Faktoren für den
Wandel des Verbreitungsmusters der Erwerbslosigkeit während der
1990er Jahre möglicherweise verantwortlich zeichnen. Wie zu erwarten,
lässt sich aus Tabelle 4-15 ersehen, dass eine Zunahme des Anteils nicht-
privater Einpersonenhaushalte, d. h. von Obdachlosen und in *doya* lebenden Tagelöhnern, hierbei den größten statistischen Erklärungsbeitrag liefert. Daneben zeigen weitere Variablen signifikante Erklärungsbeiträge,
die zumindest indirekt ebenfalls mit diesem Prozess verbunden sein
dürften. So stieg die Erwerbslosigkeit in Distrikten, in denen eine deutliche demographische Alterung bzw. „Vermännlichung" stattfand und/
oder die Zahl der Erwerbstätigen in der Bauwirtschaft und im produzierenden Gewerbe abnahm. Die Signifikanz von Variable 3 schließlich ist
insofern interessant, als der Anteil von Haushalten in privaten Mietwohnungen in den meisten Distrikten nordwestlich des Ueno-Parks signifikant *abgenommen* hat; vor Einbezug dieser Variable in das Modell zeigen
sich folgerichtig für dieses Gebiet noch recht hohe Residuen, die danach

weitgehend abgebaut werden. Die gegenüber 1990 relativ verbesserte Situation bei der Erwerbslosigkeit dort könnte somit vor allem mit diesem Faktum in Verbindung stehen.
Einen Einblick in die soziale Realität der anhand des Erwerbslosigkeitskriteriums bestimmten Armutsgebiete nach Distrikttyp vermittelt Tabelle 4-16. Die Auswahl der Variablen orientierte sich dabei unter anderem an dem bereits in der Einleitung der Arbeit vorgestellten Mehrdimensionenkonzept nach KELLER (1999: 88–101). Die höchste Erwerbslo-

Tabelle 4-16: Distrikte mit überdurchschnittlich hoher Erwerbslosigkeit nach Typ in Taitō-*ku* 2000: Charakterisierung nach strukturellen Merkmalen

Variable	Distrikttyp				Eta^2-Wert
	1	2	3	4	
1 Erweiterte Erwerbslosenrate 2000	7,3	30,9	11,3	20,6	.560
2 Erweiterte Erwerbslosenrate 1990	3,8	9,7	5,7	7,4	.416
3 Wandel der Erwerbslosenrate 1990–2000 in %	3,5	21,1	5,7	13,2	.469
4 Anteil nicht-private Einpersonenhaushalte	0,7	28,2	2,1	32,1	.583
5 Anteil Haushalte in privaten Mietwohnungen	41,2	33,1	50,7	32,5	.211
6 Anteil Haushalte in öffentlichen Mietwohnungen	1,2	0,0	3,1	13,6	.270
7 Durchschnittsalter der Bevölkerung	44,6	48,4	44,0	49,4	.196
8 Geschlechterproportion	96,2	153,7	105,3	180,3	.441
9 Anteil Erwerbspersonen in höheren Berufen	18,1	28,4	14,7	8,4	.296
10 Anteil Erwerbspers. im Handels- u. Gaststättengew.	24,2	16,7	21,8	17,3	.182
11 Anteil Erwerbspersonen im Baugewerbe	4,6	2,2	6,4	12,6	.497
12 Bevölkerungswandel 1990–2000 in %	–3,0	7,5	3,2	–15,0	.107
13 Anteil nicht-private Einpersonenhsh. 1990–2000	0,2	21,7	0,7	–5,1	.520
14 Anteil Hsh. in privaten Mietwohnungen 1990–2000	2,5	2,9	4,0	–3,4	.246
15 Anteil Alteingesessene (5 Jahre u. ä.) 1990–2000	–11,0	–19,0	–16,0	0,7	.218
16 Anteil Erwerbspers. Bau- u. produz. G. 1990–2000	–5,4	–0,7	–4,2	–10,6	.137
17 Erhöhung Durchschnittsalter 1990–2000	2,8	4,4	2,3	5,3	.420
18 Veränderung Sexualproportion 1990–2000	2,9	38,5	7,5	–3,5	.428

Anm.: Wiedergegeben sind einfache (unstandardisierte) Mittelwerte. Es wurden nur Variablen mit einem Eta^2-Wert von mindestens 0.1 aufgenommen. Aufschlüsselung der Distrikttypen: 1: Distrikte ohne deutlich erhöhte Erwerbslosigkeit; 2: *rough sleeper*-Gebiete; 3: Mietwohndistrikte; 4: Tagelöhnerdistrikte. Zur Lage der einzelnen Typen siehe Abbildung 4-24.

Quelle: Eigene Berechnungen nach SŌMUCHŌ TŌKEIKYOKU, *Kokusei chōsa hōkoku* 1990, 2000.

sigkeit und den zugleich stärksten Anstieg zeigt der allerdings nur aus zwei Raumeinheiten bestehende Typ 2. Ein hoher Anteil an nicht-privaten Einpersonenhaushalten in Kombination mit einer stark gestiegenen Einwohnerfluktuation (Var. 15) weist ihn als Raum mit vielen (männlichen) Obdachlosen aus, deren Zahl seit 1990 erheblich zugenommen hat, wie auch die drastische Erhöhung der Geschlechterproportion (Var. 18) andeutet. Die Obdachlosen leben in den Parkanlagen westlich von Ueno weitgehend ohne jeden Bezug zu ihrem Wohnumfeld; so ist der soziale Status der Distrikte anhand des Anteils von Erwerbspersonen in freien und Verwaltungsberufen eher als hoch anzusehen. Auch spielt das für Tagelöhner so bedeutende Baugewerbe hier keine Rolle. Alles in allem muss dieser Raum daher als ein eher temporäres „Quasi-Armutsgebiet" bezeichnet werden, für dessen Entstehen die Verfügbarkeit öffentlicher Grünflächen konstitutiv war. Eine – nicht wünschenswerte – Vertreibung oder Umsiedlung der Obdachlosen seitens der Gebietskörperschaften, im Bahnhofsbereich Shinjuku beispielsweise weitgehend vollzogen (vgl. Shinjuku Jichitai Seisaku Kenkyūkai 2002: 122–134), würde die soziale Situation hier schnell verändern, womit natürlich nur eine räumliche Verlagerung, jedoch keine Lösung des Problems erreicht wäre.

Ein weit einheitlicherer Charakter zeigt sich in Bezug auf die soziale Situation im Tagelöhnerdistrikt San'ya (Typ 4). Ein hoher Anteil an Erwerbslosen geht hier zugleich einher mit einem hohen Anteil an Haushalten in öffentlichen Wohnungen und einem sehr geringen Anteil an Erwerbspersonen in höheren Berufen. Die Tagelöhner von San'ya leben in einem sozialen Umfeld, das womöglich auch ohne sie als relativ depraviert zu bezeichnen wäre – so sind in *doya* lebende Tagelöhner in die normale Haushaltsstatistik (vgl. hieraus die Var. 5, 6, 14) gar nicht einbezogen und ihr statistischer Einfluss auf die Berufsstatistik infolge ihrer häufigen Erwerbslosigkeit ebenso begrenzt. Des Weiteren ist die materielle Ausstattung des Raumes verhältnismäßig schlecht. Dies betrifft nicht nur den häufig heruntergekommenen und auch ästhetisch wenig ansprechenden Charakter der Gebäude und Einkaufsstraßen; auch Banken, Oberschulen, Krankenhäuser oder Stätten gehobener Unterhaltung fehlen in San'ya (Fowler 1996: 20–21). Während der 1990er Jahre hat sich die soziale Lage in San'ya weiter verschärft. So verringerte sich zwar der Anteil nicht-privater Einpersonenhaushalte, was in Anbetracht der abnehmenden Bevölkerungszahl in diesem Distrikt weitgehend als Folge einer Abwanderung von Tagelöhnern interpretiert werden kann. Die Situation der verbliebenen Bevölkerung verschlechterte sich jedoch gravierend, was außer an der stark angestiegenen Erwerbslosigkeit auch anhand höherer Immobilität (Var. 15) und einem gegenüber 1990 deutlich gestiegenen Durchschnittsalter offenbar wird.

Eine weniger dramatische Situation zeigt sich für die meisten Distrikte des Typs 3, die sich vor allem durch einen überdurchschnittlichen Anteil an Haushalten in privat vermieteten Wohnungen charakterisieren lassen. Räumlich liegen diese Distrikte ebenfalls überwiegend im Nordosten, teilweise in unmittelbarer Nachbarschaft zum San'ya-Gebiet. Vermutlich haben hier besonders günstige Mieten eine Bewohnerschaft mit eher geringem Sozialstatus angezogen, deren Risiko, erwerbslos zu werden, entsprechend höher ist, ohne jedoch eine soziale Situation zu erzeugen, die dem des Tagelöhnergebiets auch nur annähernd ähnlich wäre.

Einen interessanten Nebenaspekt stellt die Frage dar, inwieweit die Situation in den Armutsgebieten von Taitō-*ku* offenen sozialen Konflikt oder auch Formen gesellschaftlicher Verweigerung hervorgerufen hat. Eine solche Annahme wird unter anderem von FRIEDRICHS (1998: 172–173, 183–187) im Rahmen seines Makro-Mikro-Modells der Segregation vertreten und am Beispiel Hamburger Armutsgebiete anhand hoher Wahlenthaltungen bzw. von Wählerstimmen für rechtsextreme Parteien einigermaßen bestätigt. In Bezug auf Japan ergibt sich das Problem, dass die Verteilung von Wählerstimmen auf einzelne Parteien oder Kandidaten unterhalb der Gemeinde- oder Bezirksebene nicht veröffentlicht wird. Einzelne Gebietskörperschaften wie unter anderem auch Taitō-*ku* (vgl. TAITŌ-KU SENKYO KANRI IINKAI 2002) schlüsseln allerdings zumindest die Höhe der Wahlbeteiligung nach Distrikten auf. Zwischen der Höhe der Erwerbslosenrate und der Wahlbeteiligung des Jahres 2001, gemittelt aus den Ergebnissen für die nationale Oberhauswahl und den Wahlen zur Präfekturversammlung, ergab sich jedoch nur der zwar statistisch signifikante, aber nicht besonders hohe Korrelationskoeffizient von r=-0,323. Obschon ein Großteil der Tagelöhner- und Obdachlosenbevölkerung nicht in Taitō-*ku* gemeldet und daher gar nicht wahlberechtigt ist, überrascht dieses Ergebnis, da Protest oder Desinteresse im Prinzip auch von der übrigen Bevölkerung ausgehen könnte, die sich entweder in einer ebenfalls schwierigen sozialen Lage befindet oder zumindest mit der sozialen Problematik tagtäglich konfrontiert ist. Dies ist jedoch anscheinend nicht bzw. in nur geringem Maße der Fall.[28]

Insgesamt dürften die vorangegangenen Ausführungen deutlich gemacht haben, dass wir es im Stadtbezirk Taitō primär mit einer deutlichen Verarmung von Gebieten zu tun haben, die bereits zu Zeiten der *bubble*

---

[28] Von der japanischen Wahlforschung werden stattdessen Faktoren wie niedriges Alter, geringer Bildungsstand und eine anonyme Wohnumgebung als wichtige soziodemographische Determinanten geringer Wahlbeteiligung genannt (KODAIRA und IWASAKI 1992).

economy im Jahr 1990 als relativ depraviert zu bezeichnen waren. Ein räumliches Ausgreifen von Armut auf weitere Teile des Bezirks ist hingegen nicht zu beobachten. Wie der Anstieg des Segregationsindexes, aber auch die Entwicklung bei einigen soziostrukturellen Indikatoren nahelegt, koppelt sich die Entwicklung in den bestehenden Armutsgebieten vielmehr immer weiter von der Situation im übrigen Bezirk ab. Eine neue Qualität von Armut, die sich von den im *inner city*-Diskurs der 1980er Jahre beschriebenen Problemlagen unterscheidet, ist in Taitō-*ku* nur anhand einer zwar wachsenden, aber insgesamt noch immer relativ geringen Zahl obdachloser Menschen erkennbar. Distrikte, die überwiegend von Menschen ohne Randgruppenstatus bewohnt werden, erscheinen dagegen bislang in nur sehr eingeschränktem Maße von Armut betroffen. Das Problem der Tagelöhner von San'ya schließlich muss vornehmlich als Reliktphänomen begriffen werden und nicht, wie SASSEN (2001a[2]) behauptet, als Anzeichen einer neuen Qualität sozialer Polarisierung in der japanischen Hauptstadt.

4.3.3 EXKURS: DISTRIKTE MIT HOHER ERWERBSLOSIGKEIT IN DEN BEZIRKEN MINATO UND SHINJUKU

Die vorangegangene Analyse hat sicher schon einige wichtige Einsichten in die Merkmale von Armutsgebieten in der japanischen Hauptstadt sowie deren mögliche Entstehungsfaktoren erbracht. Allerdings ist die Situation in Taitō-*ku* infolge eines sehr hohen Anteils an Tagelöhnern und Obdachlosen in gewissem Sinne als exzeptionell zu bezeichnen. Aus diesem Grund habe ich mich dafür entschieden, auch die entsprechende Situation in den Stadtbezirken Minato und Shinjuku einer zumindest abgekürzten Betrachtung zu unterziehen.

Kennzeichnend für die räumliche Lage von nach der Höhe der Erwerbslosigkeit definierten Armutsgebieten in Minato-*ku* ist ein weitgehend insuläres Verbreitungsmuster, das lediglich an der *waterfront* eine leichte Konzentration zeigt (vgl. Abb. 4-25). Ein Vergleich mit Abbildung 4-2 in Kapitel 4.1.1 macht rasch deutlich, dass es sich hierbei weitgehend um Distrikte mit Großstandorten des öffentlichen Wohnungsbaus handelt. In dieser Schärfe hat sich das Raummuster jedoch erst während der 1990er Jahre ausgebildet; so liegt die Korrelation mit dem Verteilungsmuster der Erwerbslosigkeit des Jahres 1990 „nur" bei r=0,621. Zudem verringerte sich der modifizierte Segregationsindex leicht von 26,8 auf 23,7. Man kann im Falle von Minato-*ku* somit nicht durchgängig von einer Verschlechterung der Situation in bereits zuvor benachteiligten Gebieten reden. Auf der anderen Seite ist es in Anbetracht des insulären Auftretens sozialer Problematik aber auch nicht angebracht, von einer

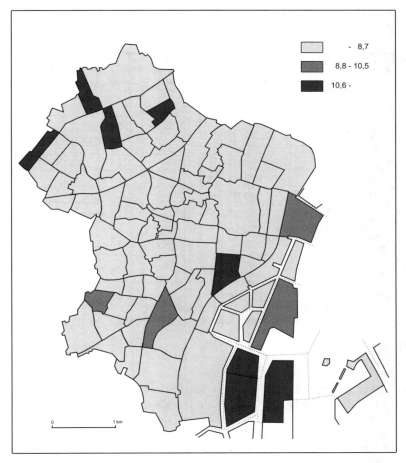

Abbildung 4-25: Erweiterte Erwerbslosenrate nach Distrikten, Minato-*ku* 2000
Quelle: Eigene Berechnungen nach SŌMUCHŌ TŌKEIKYOKU, *Kokusei chōsa hōkoku* 2000.

Ausdehnung von Armut auf benachbarte Räume zu sprechen. Die Erwerbslosigkeit ist vielmehr in den Distrikten des öffentlichen Wohnungsbaus weit deutlicher als im übrigen Bezirksgebiet angestiegen, was vermutlich in einem engem Zusammenhang mit der in den 1990er Jahren erfolgten weiteren Einschränkung des Berechtigtenkreises auf das einkommensschwächste Viertel der Bevölkerung steht (vgl. hierzu näher die Ausführungen in Kap. 3.3.1.2 und 3.3.2.2).

373

Tabelle 4-17: Dekomposition des Anstiegs der erweiterten Erwerbslosenrate in Distrikten mit deutlich überdurchschnittlicher Erwerbslosigkeit, Minato-*ku* 1990–2000

Distrikt	Distrikttyp	Überpro-portionaler Anstieg	Veränderung der Erwerbs-bevölkerung	Veränderung der Erwerbs-losenzahl
Shiba 5	Öff. Mietwohndistrikt	37	48	–11
Akasaka 5	Öff. Mietwohndistrikt	8	5	3
Minami Aoyama 1	Öff. Mietwohndistrikt	25	25	1
Kita Aoyama 1	Öff. Mietwohndistrikt	–20	–48	28
Kita Aoyama 3	Öff. Mietwohndistrikt	10	39	–29
Kōnan 3	Öff. Mietwohndistrikt	96	–32	128
Kōnan 4, 5	Öff. Mietwohndistrikt	40	31	9
Armutsdistrikte gesamt		178	49	129
Übrige Distrikte gesamt		–169	276	–445
Stadtbezirk Minato gesamt		0	315	–315

Anm.: Zur Berechnung der Werte in den Spalten 3 bis 5 siehe näher FARWICK (2001: 81–86) und die Anmerkungen im Text.

Quelle: Eigene Berechnungen nach SŌMUCHŌ TŌKEIKYOKU, *Kokusei chōsa hōkoku* 1990, 2000.

Spaltet man wiederum für die Distrikte mit deutlich erhöhter Erwerbslosigkeit den Anstieg seit 1990 in die beiden Effekte „Veränderung der Erwerbsbevölkerung" und „Veränderung der Erwerbslosenzahl" auf, so ergibt sich wie schon im Falle von Taitō-*ku* ein Überwiegen des letztgenannten Effekts (vgl. Tab. 4-17). Freilich sind die absoluten Veränderungen nicht dramatisch, sieht man einmal von der Situation im Distrikt Kōnan 3 ab. Der Distrikt Kita Aoyama 1 zeigt mit einem unterproportionalen Anstieg der Erwerbslosigkeit seit 1990 sogar eine relative Verbesserung der Situation. Dies dürfte mit dem Neubau der dortigen öffentlichen Wohnsiedlung in den Jahren 1993–1996 in Verbindung zu bringen sein, durch den auch einige für japanische Verhältnisse recht geräumige Mietwohnungen von bis zu 83qm entstanden sind.[29] Wie ebenfalls der Tabelle

---

[29] Hinweise zu Alter und durchschnittlichen Wohnungsgrößen in den öffentlichen Wohnbausiedlungen entstammen der Homepage des Büros für Stadtentwicklung (Toshi Seibi-kyoku) der Präfekturverwaltung Tōkyō (http://www. toshiseibi.metro.tokyo.jp/juutaku_keiei/264-00toeidanchi.htm; Entnahme 21.05.2005).

Tabelle 4-18: Verbreitungsmuster der erweiterten Erwerbslosenrate in Minato-*ku* 2000: Ergebnisse der Regressionsanalyse

Variable	Beta-Koeffizient
1 Anteil Haushalte in öffentlichen Wohnungen	.712[++]
2 Anteil Erwerbstätige in Fertigungsberufen	.318[++]
3 Anteil Erwerbstätige in Sicherheitsberufen	−.176[+]
Bestimmtheitsmaß R^2 (in %)	70,9

Anm.: Signifikanzniveaus der Koeffizienten: [+] 1 %-Niveau; [++] 0,1 %-Niveau.
Quelle: Eigene Berechnungen nach SŌMUCHŌ TŌKEIKYOKU, *Kokusei chōsa hōkoku* 2000.

zu entnehmen, hat der Neubau offenbar zu einer Stabilisierung bei der Zahl der Erwerbsbevölkerung im Distrikt geführt, durch den eine überproportional zunehmende Zahl erwerbsloser Menschen in ihrer Wirkung überkompensiert werden konnte. Bei der im Jahr 1995 ebenfalls teilweise neu errichteten Wohnsiedlung im Distrikt Kōnan 3 war dies jedoch nicht der Fall. Auf welche genauen Ursachen die sehr starke Zunahme der erwerbslosen Bevölkerung, die hier die Wirkung einer relativ ansteigenden Erwerbstätigenzahl weit mehr als neutralisierte, zurückzuführen ist, lässt sich nicht genau bestimmen. Möglicherweise hat die Lage im *waterfront*-Bereich eine andere, stärker auf Tätigkeiten im Bau- und produzierenden Gewerbe fokussierte Wohnklientel angezogen. Auch sind hier die Wohnungen im Durchschnitt etwas kleiner und damit noch preiswerter als in Kita Aoyama 1, was besonders sozial schwache Haushalte angezogen haben mag.

Die Regressionsanalyse bestätigt im Wesentlichen die bereits gemachten Annahmen (vgl. Tab. 4-18). Neben einem hohen Anteil an Haushalten in öffentlichen Wohnungen spielt in begrenztem Umfang noch die berufliche Zusammensetzung der Bevölkerung eine Rolle. Dabei wirkt sich ein hoher Anteil an Erwerbspersonen in den während der 1990er Jahre zunehmend weniger nachgefragten industriellen Berufen erhöhend, ein solcher in den in Tōkyō meist dem öffentlichen Dienst angehörenden und daher kündigungssicheren Sicherheitsberufen senkend auf die Höhe der Erwerbslosenrate aus.

Aus der folgenden Tabelle 4-19 wird ersichtlich, dass die Armutsgebiete in Minato-*ku* – augenscheinlich in Zusammenhang mit ihrem Status als Schwerpunktgebiete des öffentlichen Wohnungsbaus – auch über hohe Anteile an alten Menschen und an Mutter-Kind-Haushalten verfügen. Die berufliche Struktur der Erwerbsbevölkerung weist mit einem relativ hohen Anteil an Personen in Fertigungsberufen ebenfalls einen in

Tabelle 4-19: Distrikte mit überdurchschnittlich hoher Erwerbslosigkeit nach Typ in Minato-*ku* 2000: Charakterisierung nach strukturellen Merkmalen

Variable	Distrikttyp		Eta²- Wert
	1	2	
1 Erweiterte Erwerbslosenrate 2000	6,2	11,9	.597
2 Erweiterte Erwerbslosenrate 1990	3,8	6,7	.266
3 Wandel der Erwerbslosenrate 1990–2000 in %	2,4	5,1	.226
4 Anteil Haushalte in öffentlichen Mietwohnungen	1,9	51,0	.760
5 Anteil Haushalte in Eigentums-Apartmentwohnungen	25,4	7,3	.160
6 Anteil Mutter-Kind-Haushalte	5,8	12,6	.655
7 Anteil Personen 25–54 Jahre	48,7	39,2	.194
8 Anteil Personen 65 Jahre und älter	18,0	26,3	.166
9 Anteil Erwerbspersonen in höheren Berufen	27,6	16,6	.159
10 Anteil Erwerbspersonen in Fertigungsberufen	9,9	17,4	.224

Anm.: Wiedergegeben sind einfache (unstandardisierte) Mittelwerte. Es wurden nur Variablen mit einem Eta²-Wert von mindestens 0.1 aufgenommen. Aufschlüsselung der Distrikttypen: 1: Distrikte ohne deutlich erhöhte Erwerbslosigkeit; 2: Distrikte mit deutlich erhöhter Erwerbslosigkeit.

Quelle: Eigene Berechnungen nach Sōmuchō Tōkeikyoku, *Kokusei chōsa hōkoku* 1990, 2000.

Anbetracht der gegenwärtigen wirtschaftlichen Schwierigkeiten recht problematischen Aufbau auf. Ingesamt überlagern sich somit verschiedene soziale Problemlagen in diesen Distrikten, die wie Inseln der Armut aus einer ansonsten eher statushohen Umgebung hervorragen. Hätte es nicht so viele Flächen in kommunalem Besitz gegeben und wäre es nicht möglich gewesen, vor der Küste Neulandflächen zu gewinnen, die man unter vergleichsweise geringen Kosten mit öffentlichen Wohnungen bebauen konnte, so würde die soziale Exklusivität des Stadtbezirks Minato bei den statistischen Durchschnittsziffern deutlicher hervortreten. So läge etwa die erweiterte Erwerbslosenrate für Minato-*ku* abzüglich der sieben Distrikte des Typs 2 nicht bei 7,0 %, sondern 6,2 % (vgl. Tab. 4-19) und damit noch markanter unter dem Mittelwert für ganz Tōkyō von 8,7 %.

Als komplexer stellt sich die Situation im Stadtbezirk Shinjuku dar. Wie zu erwarten, konzentrieren sich Distrikte mit deutlich erhöhter Erwerbslosigkeit insbesondere auf den statusniederen Westteil des Bezirks, doch auch im Osten existieren insulär einige offensichtlich benachteiligte

Räume (vgl. Abb. 4-26). Bei genauerer Analyse erkennt man, dass zum einen wiederum Distrikte mit einem hohen Anteil an öffentlichen Wohnungen von erhöhter Erwerbslosigkeit betroffen sind (Typ 2). Des Weiteren ist es der größte Teil der von vielen asiatischstämmigen Personen bewohnten Stadtteile Ōkubo und Kita Shinjuku, die sich darüber hinaus vor allem durch einen überdurchschnittlichen Anteil von Haushalten in privat vermieteten Wohnungen charakterisieren lassen (Typ 3). Auch finden sich unter den im Kartenbild dunkelgrau erscheinenden Raumeinheiten im Bahnhofsbereich noch immer zwei Distrikte mit einem relativ hohen Anteil obdachloser Menschen (Typ 4). Bei vier Distrikten schließlich ist ein *ad hoc*-Zusammenhang mit der Wohn- oder Bevölkerungsstruktur nicht erkennbar (Typ 5). Diese habe ich daher „Mischgebiete" genannt (vgl. auch Tab. 4-20 und 4-22). Das Raummuster des Jahres 1990 gleicht zwar in etwa dem des Jahres 2000, wie sich aus einem Korrelationskoeffizienten von r=0,746 ergibt, doch sank der modifizierte Segregationsindex während dieser Zeitspanne von 25,4 auf 18,9 recht deutlich. Es ist damit insgesamt zu einer gewissen Angleichung der Situation in den Distrikten mit hoher Erwerbslosigkeit zu der im gesamten Bezirk gekommen, ohne dass dies jedoch zu einem markant anderen Raummuster geführt hätte.

Anhand von Tabelle 4-20 lässt sich ersehen, dass diese Angleichung namentlich in den Mietwohndistrikten stattgefunden hat. In den meisten Fällen zeigt sich hier ein leicht unterdurchschnittlicher Anstieg, der ausschließlich auf einer relativen Absenkung bei der Zahl der Erwerbslosen beruht. Eine Erklärung hierfür könnte in der teilweisen Ersetzung von einheimischer Bevölkerung durch Ausländer in diesen Distrikten liegen. Wie bereits in Kapitel 2.2.2.2 angeführt, liegt die Erwerbslosenrate des ausländischen Bevölkerungsteils in Tōkyō kaum über der der Gesamtbevölkerung, und gerade unter den in den Quartieren Ōkubo und Kita Shinjuku lebenden relativ „neuen" Ausländern, deren Bindung an Japan im Allgemeinen noch gering ist, dürfte ein Arbeitsplatzverlust häufig die Rückwanderung in das jeweilige Heimatland nach sich ziehen, was zur Folge hat, dass die japanische Erwerbslosenstatistik nicht „belastet" wird. Ein Überwiegen des Effekts „Veränderung der Erwerbsbevölkerung" zeigt sich allerdings auch insgesamt sowie für die anderen Distrikttypen mit Ausnahme der schwer zu interpretierenden „Mischgebiete". Die Entwicklung in den Distrikten mit deutlich überdurchschnittlicher Erwerbslosigkeit während der 1990er Jahre war im Stadtbezirk Shinjuku somit – anders als in den beiden anderen betrachteten Bezirken – vor allem durch „passive Verarmung" infolge des Fortzugs oder altersbedingten Ausscheidens von Erwerbsbevölkerung gekennzeichnet. Eine erhebliche Verschlechterung der Situation tritt auch in Shinjuku-*ku* nur bei einer Raum-

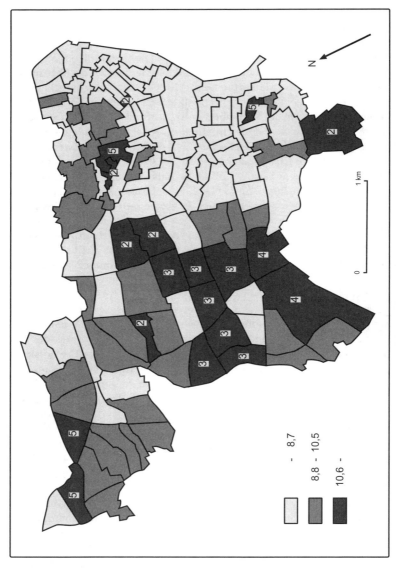

Abbildung 4-26: Erweiterte Erwerbslosenrate nach Distrikten, Shinjuku-*ku* 2000
Anm.:   Die Ziffern kennzeichnen die Zugehörigkeit zu den Gruppen in
               Tabelle 4-22.
Quelle: Eigene Berechnungen nach SŌMUCHŌ TŌKEIKYOKU, *Kokusei chōsa*
               hōkoku 2000.

Tabelle 4-20: Dekomposition des Anstiegs der erweiterten Erwerbslosenrate in Distrikten mit deutlich überdurchschnittlicher Erwerbslosigkeit, Shinjuku-*ku* 1990–2000

Distrikt	Distrikttyp	Überpro-portionaler Anstieg	Veränderung der Erwerbs-bevölkerung	Veränderung der Erwerbs-losenzahl
Kasumigaokamachi	Öff. Mietwohndistrikt	4	14	–10
Saikumachi	Öff. Mietwohndistrikt	10	–2	12
Waseda Minamichō	Öff. Mietwohndistrikt	5	2	3
Toyama 2	Öff. Mietwohndistrikt	197	82	114
Toyama 3	Öff. Mietwohndistrikt	15	0	15
Hyakuninchō 4	Öff. Mietwohndistrikt	15	78	–64
Kabukichō 1, 2	Mietwohndistrikt	–10	27	–36
Hyakuninchō 1	Mietwohndistrikt	50	42	8
Ōkubo 1	Mietwohndistrikt	4	26	–22
Ōkubo 2	Mietwohndistrikt	–20	34	–54
Kita Shinjuku 1	Mietwohndistrikt	–5	39	–44
Kita Shinjuku 2	Mietwohndistrikt	–7	37	–44
Kita Shinjuku 3	Mietwohndistrikt	81	25	56
Shinjuku 3, 4	*Rough sleeper*-Gebiet	6	28	–22
Nishi Shinjuku 1, 2, 3	*Rough sleeper*-Gebiet	59	12	46
Wakaba 2	Mischgebiet	18	13	5
Bentenchō	Mischgebiet	34	19	15
Naka Ochiai 3	Mischgebiet	37	1	36
Nishi Ochiai 3	Mischgebiet	25	4	21
Öff. Mietwohn-distrikte gesamt		246	174	71
Mietwohndistrikte gesamt		93	230	–136
Rough sleeper-Gebiete gesamt		65	40	24
Mischgebiete gesamt		114	37	77
Armutsdistrikte gesamt		486	451	35
Übrige Distrikte gesamt		–461	565	–1026
Stadtbezirk Shinjuku gesamt		0	991	–991

Anm.: Zur Berechnung der Werte in den Spalten 3 bis 5 siehe näher FARWICK (2001: 81–86) und die Anmerkungen im Text.

Quelle: Eigene Berechnungen nach SŌMUCHŌ TŌKEIKYOKU, *Kokusei chōsa hōkoku* 1990, 2000.

einheit auf. Es handelt sich um den ausschließlich mit öffentlichen Wohnhäusern bebauten Distrikt Toyama 2. Die geringe Größe der hier zur Verfügung stehenden Mietwohnungen – keine verfügt über mehr als 45qm Wohnfläche – mag eine Konzentration sozial besonders schwacher Haushalte begünstigt haben, was dann diese Entwicklung hervorgerufen haben könnte.

Die Ergebnisse der Regressionsanalyse bestätigen auch im Falle von Shinjuku-*ku* im Großen und Ganzen die bereits oben gemachten Bemerkungen (vgl. Tab. 4-21). Wie in Anbetracht der insgesamt komplexeren Situation zu erwarten, zeigt der Beta-Koeffizient für die Variable „Anteil an Haushalten in öffentlichen Wohnungen" einen etwas geringeren Wert als im Stadtbezirk Minato. Gleichwohl stellt die Variable auch in Shinjuku den bedeutendsten statistischen Erklärungsfaktor für die räumliche Verbreitung der Erwerbslosenrate dar. Die übrigen Variablen deuten ebenso auf bereits an anderer Stelle erörterte Zusammenhänge hin: die Anwesenheit von Obdachlosen, ein hoher Anteil von Haushalten in privat vermieteten Wohnungen und eine bestimmte berufliche Gliederung der Erwerbsbevölkerung.

Die Charakterisierung der Distrikttypen anhand einzelner Strukturmerkmale (vgl. Tab. 4-22) ergibt für die Gebiete mit einer Dominanz des öffentlichen Wohnungsbaus (Typ 2) wie schon in Minato-*ku* einen hohen Altenanteil (aber nicht von alleinstehenden alten Menschen), einen hohen Anteil an alleinerziehenden Müttern sowie eine ungünstige Berufsstruktur. Für den „Mietwohndistrikttyp" 3 ist demgegenüber neben dem sehr hohen Ausländeranteil insbesondere ein hoher Anteil an Einpersonenhaushalten kennzeichnend. Insgesamt erscheint hier die soziostrukturelle Situation als nicht übermäßig problematisch, was sich auch an einer

Tabelle 4-21: Verbreitungsmuster der erweiterten Erwerbslosenrate in Shinjuku-*ku* 2000: Ergebnisse der Regressionsanalyse

Variable	Beta-Koeffizient
1 Anteil Haushalte in öffentlichen Wohnungen	.527[++]
2 Anteil nicht-private Einpersonenhaushalte	.317[++]
3 Anteil Erwerbstätige in Fertigungsberufen	.281[++]
4 Anteil Haushalte in privaten Mietwohnungen	.258[++]
5 Anteil Erwerbstätige in Sicherheitsberufen	−.186[+]
Bestimmtheitsmaß R^2 (in %)	73,4

Anm.: Signifikanzniveaus der Koeffizienten: [+] 1 %-Niveau; [++] 0,1 %-Niveau.
Quelle: Eigene Berechnungen nach Sōmuchō Tōkeikyoku, *Kokusei chōsa hōkoku* 2000.

Tabelle 4-22: Distrikte mit überdurchschnittlich hoher Erwerbslosigkeit nach Typ in Shinjuku-*ku* 2000: Charakterisierung nach strukturellen Merkmalen

Variable	Distrikttyp					Eta²-Wert
	1	2	3	4	5	
1 Erweiterte Erwerbslosenrate 2000	7,9	14,8	11,4	15,0	11,0	.591
2 Erweiterte Erwerbslosenrate 1990	4,5	8,4	7,2	8,0	5,0	.383
3 Wandel der Erwerbslosenrate 1990–2000 in %	3,3	6,4	4,3	7,0	6,0	.325
4 Anteil nicht-private Einpersonenhaushalte	0,9	0,0	0,3	9,2	0,0	.590
5 Anteil Haushalte in privaten Mietwohnungen	50,4	24,4	68,2	41,3	48,2	.263
6 Anteil Haushalte in öffentlichen Mietwohnungen	2,1	54,8	1,1	0,0	1,5	.571
7 Anteil Personen 65 Jahre und älter	17,1	28,7	16,0	21,8	19,7	.272
8 Anteil Einpersonenhaushalte 65 Jahre und älter	26,6	31,7	35,3	34,2	24,9	.171
9 Anteil Einpersonenhaushalte 15–65 Jahre	45,6	27,4	55,8	52,2	39,9	.224
10 Anteil Mutter-Kind-Haushalte	5,2	10,9	4,5	4,2	6,2	.357
11 Anteil Erwerbspersonen in höheren Berufen	27,2	16,7	19,1	25,9	24,3	.157
12 Anteil Erwerbspersonen in Fertigungsberufen	13,0	20,1	15,0	15,8	15,2	.127
13 Anteil ausländische Wohnbevölkerung	6,6	2,7	23,0	9,4	3,1	.468
14 Anteil feuerresistenter Häuser	66,5	80,5	66,5	88,4	41,6	.136

Anm.: Wiedergegeben sind einfache (unstandardisierte) Mittelwerte. Es wurden nur Variablen mit einem Eta²-Wert von mindestens 0.1 aufgenommen. Aufschlüsselung der Distrikttypen: 1: Distrikte ohne deutlich erhöhte Erwerbslosigkeit; 2: Öffentliche Mietwohndistrikte; 3: Mietwohndistrikte; 4: *rough sleeper*-Gebiete; 5: Mischgebiete. Zur Lage der einzelnen Typen siehe Abbildung 4-26.

Quelle: Eigene Berechnungen nach Sōmuchō Tōkeikyoku, *Kokusei chōsa hōkoku* 1990, 2000 (Var. 1–12); Shinjuku-ku, *Shinjuku-ku gaikokujin tōrokusha no chōchō-betsu setaisū oyobi danjo-betsu jinkō* 01.01.2001 (Var. 13); Shinjuku-ku Toshi Keikaku-bu (2003: 60–62) (Var. 14).

gegenüber den Typen 2 und 4 signifikant geringeren Erwerbslosenrate zeigt. Bei Typ 4 handelt es sich wie schon im Falle des Gebietes um den Ueno-Park im Bezirk Taitō um ein temporäres „Quasi-Armutsgebiet", bei dem allein ein hoher Anteil an *rough sleepers* die Ungunstsituation bewirkt. Die möglichen Ursachen der hohen Erwerbslosigkeit in den Distrikten von Typ 5 schließlich lassen sich auch unter Zuhilfenahme der Daten von Tabelle 4-22 kaum erahnen.

Insgesamt hat die Analyse dieses und des vorangegangenen Unterkapitels gezeigt, dass innerhalb von Tōkyō insbesondere bei drei Gebietstypen deutlich erhöhte Erwerbslosenraten auftreten: erstens in Gebieten, die durch einen sehr hohen Anteil an Tagelöhnern oder Obdachlosen gekennzeichnet sind; zweitens in Distrikten mit Siedlungen des öffentlichen Wohnungsbaus; drittens schließlich in Distrikten mit einem hohen Anteil an Haushalten, die in privat vermieteten Wohnungen leben. Die Situation bei letzterem Gebietstyp stellt sich allerdings im Allgemeinen als weniger gravierend dar. Auch treten nicht in jedem Distrikt mit einer Dominanz privater Mietwohnungen hohe Erwerbslosenraten auf, wie für Shinjuku etwa ein Vergleich der Abbildung 4-10 in Kapitel 4.2.1 mit Abbildung 4-26 belegt. Distrikte mit einem hohen Anteil an Tagelöhnern oder in öffentlichen Wohnungen lebenden Haushalten lassen sich hingegen – soweit es die drei untersuchten Bezirke betrifft – fast durchweg als Armutsgebiete im hier gebrauchten Sinne bezeichnen. Dabei dürfte das Phänomen einer Benachteiligung öffentlicher Wohnsiedlungen – auch unter Berücksichtigung der Ergebnisse in Kapitel 3.3.2.2 – eine noch vergleichsweise junge Erscheinung darstellen, zu der bislang im stadtgeographischen bzw. stadtsoziologischen Schrifttum meines Wissens neben der Arbeit von YUI (1998) nur der jüngst erschienene Aufsatz von GOISHI (2006) vorliegt, dessen Ergebnisse für diese Arbeit allerdings nicht mehr berücksichtigt werden konnten.

4.3.4 STRATEGIEN ZUR FÖRDERUNG BENACHTEILIGTER QUARTIERE

Es stellt sich nunmehr abschließend die Frage, ob und inwieweit die öffentlichen Akteure in Gestalt der Gebietskörperschaften in Tōkyō Maßnahmen entwickelt haben, die geeignet erscheinen, um die räumliche Konzentration von Armut in den genannten Gebietstypen zu vermindern. Prinzipiell sind hierbei zwei, sich nicht notwendig ausschließende Strategien denkbar. Wenn räumliche Segregation als primär soziales Problem begriffen wird, dann dürfte sich die Politik vor allem darum bemühen, die Situation der betreffenden Problemgruppe in ihrem Quartier zu verbessern, um über eine Angleichung der Lebensbedingungen die Virulenz des Segregationsproblems zu entschärfen.[30] Wird Segregation hingegen als räumliches Problem *per se* definiert, dann muss es vorrangiges Ziel sein, durch Zuzugsbeschränkungen oder eine Mischung des Woh-

---

[30] Diese Strategie tritt in Japan etwa anhand der öffentlichen Förderpolitik gegenüber den offiziellen *dōwa*-Gebieten zutage. Folgerichtig wird kritisiert, dass es hierdurch zwar oft zu einer deutlichen Verbesserung der Wohn- und Wohnumfeldbedingungen komme, die räumliche Segregation der diskriminierten *burakumin* als solche jedoch nicht verringert, sondern vielmehr zementiert werde (vgl. HOHN 2000: 358–359).

nungsangebots die räumliche Konzentration der jeweiligen Problemgruppe aufzulösen (vgl. MUSTERD und DE WINTER 1998).

Hinsichtlich der Standorte des öffentlichen Wohnungsbaus setzt die Präfektur Tōkyō seit einigen Jahren ihren Schwerpunkt wenigstens in einigen Fällen auf die Strategie einer sozialen Mischung. So sollen noch während des laufenden Jahrzehnts die öffentlichen Wohnsiedlungen in den auch anhand von Abbildung 4-25 als Gebiete mit deutlich überdurchschnittlicher Erwerbslosigkeit aufscheinenden Distrikten Minami Aoyama 1 und Kōnan 4 in Minato-*ku* durch private Entwicklungsträger abgebrochen und neuerrichtet werden. Gleichzeitig ist eine Integration von Einrichtungen wie Ladenpassagen, eine Kindertagesstätte und die zentrale Bibliothek des Bezirks in die Neubauten geplant. Die Entwicklungsträger haben dafür im Gegenzug unter Anwendung des in Kapitel 3.3.1.2 beschriebenen Systems des zeitlich begrenzten Pachtrechts an Land (*teiki shakuchiken seido*) die Erlaubnis erhalten, im Falle des ersteren Distrikts einen Wohnturm mit 390 Mietwohnungen und im letzteren Distrikt Eigentums-Apartmentwohnungen für Familien mit mittlerem Einkommen zu errichten. Ausdrücklich wird die Schaffung einer sozial und altersstrukturell gemischten Wohnumgebung (*mikusuto komyuniti*) als Hauptziel der Projekte genannt. Es gibt jedoch keine Anzeichen dafür, dass die hohe Erwerbslosigkeit in diesen Gebieten für diese Politik den Ausschlag gab. Vielmehr stehen die Projekte in direktem Zusammenhang mit der seit 2002 auf nationaler Ebene verfolgten Stadtrevitalisierungspolitik und sollen daher vor allem zur höheren Wohnattraktivität des Stadtzentrums beitragen (TŌKYŌ-TO JŪTAKU-KYOKU 2002: 30; TŌKYŌ-TO JŪTAKU-KYOKU SŌMU-BU JŪTAKU SEISAKU-SHITSU 2004: 55–56). Insoweit ist es nicht verwunderlich, dass beide Maßnahmen im prestigereichen Stadtbezirk Minato angesiedelt sind und nicht im Norden oder Osten, wo sich die meisten öffentlichen Wohnanlagen Tōkyōs befinden. Erneut zeigt sich, dass die Wiederbelebung der zentralen Stadtteile von Tōkyō als solche und nicht gesellschaftspolitische Zielsetzungen im Vordergrund der derzeitigen Stadtentwicklungspolitik Japans stehen.

Langfristig soll jedoch auch eine stärkere Gleichverteilung öffentlicher Wohnungen auf der Ebene der Gemeinden und Bezirke erreicht werden, indem der veraltete Gebäudebestand in Bezirken mit einem hohen Anteil an öffentlichen Wohnungen durch Neubauten in Bezirken mit bislang geringem Anteil ersetzt wird. Freilich dient auch diese Strategie in erster Linie nicht der Vermeidung großflächiger sozialer Problemräume, sondern soll in Anbetracht der hohen Anteile von alten, oft pflegebedürftigen und auf Sozialhilfe angewiesenen alten Menschen in öffentlichen Wohnanlagen in erster Linie zu einer gerechteren Verteilung sozialer

Lasten zwischen den Gebietskörperschaften führen (TŌKYŌ-TO JŪTAKU-KYOKU SŌMU-BU JŪTAKU SEISAKU-SHITSU 2000: 105–106).

Können die bisher genannten Maßnahmen – wenngleich weitgehend unbeabsichtigt – auch dazu führen, die Armutssegregation in der japanischen Hauptstadt auf der Meso- und Makroebene zu vermindern, so gibt es andererseits infolge der 1996 noch einmal enger gefassten Beschränkung des Berechtigtenkreises klare Anzeichen für eine zunehmende Konzentration einkommensschwacher Schichten auf das Segment öffentlicher Wohnungen, wie auch die Analysen in Kapitel 3.3.2.2 belegt haben. Da die Nachfrage nach günstigen öffentlichen Wohnungen nach wie vor das Angebot bei weitem übersteigt, eine Vermehrung des Wohnungsbestandes aber aus fiskalischen und langfristig demographischen Erwägungen heraus nicht in Betracht gezogen wird, setzt die Präfektur zudem auf eine Reduzierung der Fehlbelegung durch einkommensstärkere Mietparteien (TŌKYŌ-TO JŪTAKU-KYOKU SŌMU-BU JŪTAKU SEISAKU-SHITSU 2000: 111). Letztlich dürfte diese Politik zum Ergebnis haben, dass selbst bei stärkerer sozialer Durchmischung einer gesamten Siedlung die darin eingelagerten Blocks des öffentlichen Wohnungsbaus dann umso schärfer als Orte sozial schwacher Menschen hervorstechen werden. Ob dies dann aber auch in das Bewusstsein der Öffentlichkeit dringen und den Ruf öffentlicher Wohnsiedlungen womöglich beeinträchtigen wird, bleibt abzuwarten. Bislang gibt es – wenn nicht zusätzlich eine weitere Problematik wie die der *burakumin*-Diskriminierung vorliegt – meines Wissens keinerlei Beispiele für eine Stigmatisierung öffentlicher Wohnanlagen in Japan, die vielmehr als preisgünstige Alternative zu den oft überteuerten privat vermieteten Wohnungen sehr beliebt sind. Zudem weisen japanische Sozialwohnsiedlungen im Gegensatz zu ihren europäischen Pendants nur in seltenen Ausnahmefällen Spuren von Verwahrlosung oder gar mutwilliger Zerstörung auf (vgl. auch HOHN 2000: 348). Wenn man daher mit KELLER (1999: 89–92) darin übereinstimmt, dass Wohngebiete, die ihre Bewohner benachteiligen, in sozialer, materieller und symbolischer Hinsicht Defizite aufweisen, dann lassen sich öffentliche Wohnanlagen in Japan infolge einer weitgehend fehlenden Defizitstruktur auf der symbolischen Ebene nur bedingt als benachteiligend einstufen. Letztlich stellen diese Gebiete wohl in den meisten Fällen nicht mehr als bloße räumliche Ballungen sozial schwacher Menschen dar, deren Problematik sich nur dem über die entsprechenden Daten verfügenden Wissenschaftler, NPO-Aktivisten oder Politiker erschließt.

Ganz im Gegensatz dazu handelt es sich bei dem Tagelöhnerviertel San'ya um einen in hohem Maße stigmatisierten Raum. Dennoch haben sich, wie das zuständige Büro der Präfekturverwaltung in seinem im Jahr 2000 publizierten Bericht über die zukünftigen Richtlinien der San'ya-

Politik einräumt, Maßnahmen zur Verbesserung der Quartiersbedingungen bislang nahezu ausschließlich darauf beschränkt, in reaktiver Weise Sicherheit und Sauberkeit in den Straßen zu garantieren, während Leitbilder über die künftige Gestalt des Gebietes nicht entwickelt wurden. Die Behörde führt dies vor allem darauf zurück, dass sich die Bezirksverwaltungen nicht hinreichend zuständig gefühlt haben, da sich zum einen das Gebiet über zwei Stadtbezirke erstreckt und zum anderen die Mehrzahl der Tagelöhner nicht am Ort gemeldet ist und daher nicht als vollwertiger Teil der Bürgerschaft anerkannt wird (Tōkyō-to Fukushi-kyoku San'ya Taisaku-shitsu 2000: 6–7). Zwar wurde während der 1990er Jahre von einigen Beamten der Präfekturverwaltung die radikale Lösung einer vollständigen Umsiedlung der Tagelöhner in den Hafenbereich von Tōkyō vorgebracht – um damit die Existenz der Problematik noch effektiver zu kaschieren –, doch ist eine Realisierung vor allem am Widerstand der davon potenziell betroffenen Stadtbezirke, die eine Verschlechterung ihres Außenimages befürchteten, gescheitert (Fowler 1996: 42–43).

Im oben erwähnten Bericht wird stattdessen eine Strategie vorgeschlagen, die letztlich einer behutsamen Auflösung der Überkonzentration von Tagelöhnern im San'ya-Distrikt gleichkäme. So soll die Lebenssituation der Tagelöhner durch Bereitstellung von Wohneinrichtungen auch außerhalb von San'ya verbessert und der Distrikt durch den Bau von Apartmenthäusern zugleich zum Wohnort für alle Schichten werden. Im Einzelnen wird vorgeschlagen, anstelle des Wohnens in schlecht ausgestatteten Herbergen das betreute Wohnen (*gurūpu hōmu*) kleinerer Gruppen von Tagelöhnern durch finanzielle Unterstützung der sich hierfür engagierenden NPOs auszubauen. Zweitens ist der Bau von Pflegeheimen für alte und kranke Tagelöhner geplant, gegebenenfalls durch eine entsprechende Umwandlung bisheriger *doya*.[31] Schließlich soll die Zahl freiwerdender öffentlicher Wohnungen, die für bislang in *doya* lebende Tagelöhner reserviert ist, von derzeit 50 Wohnungen pro Jahr deutlich angehoben werden. Um auch die älteren Tagelöhner an den bei diesen Maßnahmen anfallenden Kosten zu beteiligen, wird unter anderem erwogen, diese in Dienstleistungstätigkeiten vor allem des Wohlfahrtsbereichs zu vermitteln (Tōkyō-to Fukushi-kyoku San'ya Taisaku-shitsu 2000: 8–11).

Um das Viertel auch für andere Schichten attraktiv zu machen, sind Umfeldverbesserungen geplant oder bereits durchgeführt worden, die

---

[31] Diese Information einer möglichen Umwandlung von *doya*-Herbergen habe ich in einem persönlichen Gespräch am 25.03.2003 von Herrn Himeya Kaoru, zuständig für den Bereich soziale Unterstützung in der Abteilung für Gesundheit und Wohlfahrt (Hoken Fukushi-bu) der Bezirksverwaltung Taitō, erhalten.

von kleineren Stadtbildverschönerungen über die Belebung der Ein-kaufsstraßen durch die Ansiedlung neuer Geschäfte bis hin zu wohnbau-lichen Maßnahmen reichen. So soll ein ehemaliges, etwa 1,3ha großes Grundstück der Post im Norden von Kiyokawa 2 mit Wohnhäusern bebaut werden. Eine konkrete Planung hat jedoch bis zum Frühjahr 2003 noch nicht vorgelegen; auch haben Diskussionen über eine noch umfas-sendere Stadterneuerungsmaßnahme (*shigaichi saikaihatsu jigyō*) in den Distrikten Kiyokawa und Hashiba noch keine planungsreifen Ergebnisse erbracht.[32] Konkretere Gestalt haben hingegen Maßnahmen angenom-men, die auf eine Verringerung des Brandrisikos im Falle eines schweren Erdbebens abzielen. Hierzu wurden in Taitō-*ku* insgesamt zwei Program-me aufgelegt, mit denen im gesamten Nordostteil des Bezirks der Bau brandgeschützter Gebäude finanziell gefördert wird. Das präfekturale Programm zur Förderung katastrophengeschützter Lebenskreise (*bōsai seikatsuken sokushin jigyō*) soll dabei die Errichtung brandgeschützter Häuser, winziger *pocket parks* oder auch von stabilen Wasseranschlüssen schwerpunkthaft im Umkreis solcher Orte stimulieren, die im Katastro-phenfall als erste Sammelpunkte für die zu evakuierende Bevölkerung bestimmt sind. Darüber hinaus verspricht man sich von solchen Maßnah-men Impulse zur Sanierung auch der umliegenden Häuserblocks (vgl. HOHN 2000: 497). Das gesamtstaatliche Programm zur Förderung des feuersicheren Bauens im Rahmen des städtischen Katastrophenschutzes (*toshi bōsai funenka sokushin jigyō*) wiederum kommt in Taitō-*ku* unter anderem entlang der durch den Nordostteil führenden Durchgangsstra-ßen wie etwa der quer durch San'ya führenden Yoshino-dōri zur Anwen-dung. Ziel ist die Herrichtung dieser Straßen zu Brandschutzschneisen, die im Katastrophenfall nicht nur mögliche Flächenbrände aufhalten, sondern auch als geschützte Fluchtwege dienen sollen. Zu diesem Zweck wird entlang der Straßen der Bau brandresistenter Häuser gefördert, die eine Mindesthöhe von sieben Metern haben, mindestens zwei Oberge-schosse aufweisen und wenigstens eine Grundfläche von 50qm besitzen. Bei einer Grundfläche bis 140qm fließt eine pauschale Unterstützungs-summe von 2,4 Mio. Yen (etwa 18.000 Euro); liegt die Grundfläche darü-ber, orientiert sich die Subventionshöhe an der exakten Flächengröße. In den Fiskaljahren 1985–2001 ist auf diese Weise der Neubau von insgesamt

---

[32] Information auf Basis eines persönlichen Gesprächs mit Herrn Ōno Nobuaki, zuständig für den Bereich Stadtentwicklungsförderung in der Abteilung Stadt-entwicklung (Toshizukuri-bu) der Bezirksverwaltung Taitō, vom 25.03.2003. Herr Ōno deutete hierbei an, dass es in Anbetracht des nach wie vor bestehen-den Tagelöhnerproblems Schwierigkeiten gebe, einen Investor für Bauprojekte in diesem Gebiet zu finden.

143 Gebäuden gefördert worden; die Zahl der nach dem bis 2004 laufenden ersten Programm geförderten Gebäude betrug bis zum März 2002 38
Objekte (TŌKYŌ-TO TAITŌ-KU TOSHIZUKURI-BU 2002: 28–31). Angesichts dieser
doch eher moderaten Zahlen, die sich zudem auf den gesamten Nordosten von Taitō-*ku* und außerdem nicht allein auf Wohngebäude beziehen,
ist somit die in Kapitel 4.3.1 angeführte Behauptung einiger Beobachter,
nach der die Brandschutzmaßnahmen zur Verdrängung von armer Bevölkerung geführt haben sollen, zu relativieren.

Von weit höherer Bedeutung im Hinblick auf eine Veränderung der
Bevölkerungsstruktur des San'ya-Gebiets erscheinen Entwicklungen,
die ohne administrative Eingriffe als rein wirtschaftlich motivierte Prozesse ablaufen. Von einer Reduzierung der Tagelöhnerzahl auf ein Drittel des in den frühen 1960er Jahren registrierten Umfangs infolge einer
immer geringer werdenden Nachfrage nach solchen Arbeitskräften war
bereits die Rede. Hinzu kommt bereits seit den späten 1980er Jahren eine
allmähliche Umwandlung der ursprünglich aus Achtbett-Zimmern bestehenden *doya*-Herbergen zu sogenannten *business hotels*[33], die zwar
rund fünf Quadratmeter große Einzelzimmer mit kombinierter Heiz-
Klimaanlage und Fernsehgerät bieten, deren Übernachtungspreise jedoch von den meisten Tagelöhnern – seit dem Beginn der Rezession in
den 1990er Jahren zumal – nicht bezahlt werden können (FOWLER 1996:
43, 47; FURUSATO NO KAI 1997: 123–125). Schließlich ist zu bedenken, dass
der Distrikt nur wenige Kilometer vom Citybereich Tōkyōs entfernt
liegt, mit dem Bahnhof Minami Senju im Süden von Arakawa-*ku* über
einen nahen S- und U-Bahnanschluss verfügt und – in der Nähe des
Sumidagawa gelegen – eine im Prinzip nicht unattraktive Umgebung
aufweist. Es erscheint somit auf längere Sicht nicht undenkbar, dass sich
im Rahmen der Neubewertung innerstädtischen Wohnens durch den
Zuzug einkommensstärkerer Schichten San'ya als benachteiligtes, hoch
stigmatisiertes Quartier allmählich auflösen wird.

---

[33] Die Verwendung des Begriffs *business hotel* durch die Besitzer der Herbergen ist
allerdings eher als Euphemismus zu verstehen, denn anders als die in Japan
recht häufigen eigentlichen *business hotels*, die vor allem auf die Bedürfnisse
von Geschäftsreisenden zugeschnitten sind, verfügen die Zimmer der „Hotels" in San'ya weder über Toilette und Dusche, noch gibt es die Möglichkeit,
ein Frühstück einzunehmen (vgl. FURUSATO NO KAI 1997: 123).

5 SCHLUSSBETRACHTUNGEN

Bis in die 1990er Jahre hinein ist die japanische Gesellschaft von den meisten westlichen Beobachtern, aber auch von vielen japanischen Sozialwissenschaftlern als im besonderen Maße homogen und egalitär beschrieben worden. Zwar hat sich etwa seit Veröffentlichung der epochalen Studie von MOUER und SUGIMOTO über *Images of Japanese Society* (1986) auch im westlichsprachigen Schrifttum die Erkenntnis stärker verbreitet, dass Japan nicht weniger als jede andere hoch entwickelte Industriegesellschaft Aspekte von Heterogenität und Ungleichheit aufweist, und in Japan selbst hat sich seit den späten 1990er Jahren eine Debatte über zunehmende gesellschaftliche Ungleichheit entwickelt, die das bislang vorherrschende Bewusstsein, in einer homogenen Gesellschaft zu leben, signifikant erschüttert hat. Bezogen auf das Phänomen Stadt überwiegen jedoch zumindest in den Publikationen, die auch dem des Japanischen unkundigen Leser zugänglich sind, weiterhin Thesen und Behauptungen, die ein homogenes und weitgehend konfliktfreies Japanbild transportieren. In direkter Entgegnung der Thesen von Saskia SASSEN (2001a[2]) und einigen anderen Autoren, die in der gegenwärtigen Entwicklung aller großen Städte – und damit auch der *global city* Tōkyō – eine Tendenz zu zunehmender gesellschaftlicher Ungleichheit und sozialräumlicher Spaltung erkennen wollen, argumentieren etwa WHITE (1998a) oder HILL und KIM (2000) in Anlehnung an die Thesen von Chalmers JOHNSON (1995), dass Japan als *developmental state* eine vollkommen andere Form des Kapitalismus aufweise, bei der Politiker und vor allem die Staatsbürokratie durch Wirtschaftslenkung und andere administrative Eingriffe die Ausprägung von gesellschaftlicher Ungleichheit zugunsten einer homogenen Entwicklung des gesamten Landes weitgehend verhinderten. Demzufolge weise auch die *global city* Tōkyō im Gegensatz zu den großen Städten der westlichen Welt nahezu keinerlei Anzeichen von sozialer Polarisierung auf, und auch residenzielle Segregation, soweit sie als problematisch zu bewerten sei, könne in japanischen Städten nicht festgestellt werden. Ziel der vorliegenden Arbeit war es daher, anhand einer Analyse der jüngeren sozialräumlichen Wandlungsprozesse in Tōkyō die Frage zu beantworten, ob die japanische Hauptstadt unter allen größeren Städten der industrialisierten Welt tatsächlich einen Sonderfall darstellt oder ob nicht umgekehrt auch an diesem Fall belegt werden kann, dass das überkommene Bild eines einzigartig homogenen und egalitären Japan zu verwerfen ist.

Nach einleitenden Bemerkungen zu bisherigen Theoriekonzepten über urbane soziale Polarisierung und residenzielle Segregation sowie zu den bisherigen Ergebnissen der japanbezogenen Stadtforschung in Kapitel 1, ging es in Kapitel 2 zunächst darum, das Ausmaß gesellschaftlicher Ungleichheit in Japan insgesamt zu bestimmen. Sollte die japanische Gesellschaft tatsächlich in hohem Maße egalitäre Züge aufweisen, so würde das die Möglichkeit von sozialer Polarisierung in der Hauptstadt Tōkyō selbstverständlich stark einschränken. Insbesondere die Analyse der Einkommensverteilung ergab jedoch, dass Japan keineswegs ein besonders egalitäres Land darstellt, sondern vielmehr eine Mittelposition zwischen den von stärkerer gesellschaftlicher Gleichheit geprägten nord- und mitteleuropäischen Ländern auf der einen und den stark einkommensungleichen angelsächsischen Gesellschaften auf der anderen Seite einnimmt. Wie bei den ersteren Ländern und anders als bei der letzteren Staatengruppe hat sich allerdings in Japan das Ausmaß der Ungleichheit seit den 1980er Jahren nur wenig erhöht. Auffällig ist weiterhin, dass anders als im Falle der Megastädte New York und London die *global city* Tōkyō gegenüber dem übrigen Japan keine wesentlich stärkere Ungleichheit oder Heterogenität aufweist. Dies kann als Ergebnis der Tatsache angesehen werden, dass die Entwicklung der japanischen Hauptstadt nicht allein dem freien Spiel internationaler Wirtschaftskräfte überlassen wird. Vielmehr versuchen der japanische Zentralstaat und die untergeordneten Gebietskörperschaften selbst, durch verschiedene Programme eine geordnete Globalisierung Tōkyōs zu fördern, um damit auch die Wirtschaft des gesamten Landes voranzubringen. Hier zeigen sich durchaus Züge eines *developmental state*, der auch noch in einem anderen Punkt soziale Polarisierung in Tōkyō entscheidend eindämmt. So ergab die Analyse, dass der weitaus stärkere Polarisierungsgrad in New York, erkennbar etwa an einer sehr hohen Einkommensungleichheit, praktisch ausschließlich auf das Konto eines extrem hohen Minderheitenanteils geht. Ein allein von – durchaus nicht immer wohlhabenden – „Weißen" bevölkertes New York wäre hingegen in Bezug auf die Einkommensverteilung sogar egalitärer als Tōkyō. Umgekehrt ließe sich formulieren, dass die japanische Hauptstadt bei vielen Indikatoren eine bedeutend höhere Ungleichheit als derzeit aufweisen würde, falls der japanische Staat seine restriktive Einwanderungspolitik, die ungelernten Arbeitsmigranten eine Immigration weitgehend verwehrt, revidieren sollte. Damit soll nicht gesagt sein, dass eine zahlreiche Anwesenheit von Ausländern oder anderen Minderheiten automatisch zu mehr Inegalität führt. In Japan wäre dies jedoch wahrscheinlich, da das dortige sozialstaatliche System Ausländer und generell Personen im erwerbsfähigen Alter bislang nicht hinreichend absichert und auch weite Teile des Wohnungs-

und Arbeitsmarktes Ausländern faktisch verschlossen bleiben, wie die Situation der schon lange in Japan lebenden Koreaner belegt.

Insgesamt lässt sich das Ausmaß gesellschaftlicher Ungleichheit in Tōkyō wohl am besten mit dem in kontinentaleuropäischen Städten vergleichen. Somit stellt weniger die japanische Hauptstadt einen Sonderfall dar, sondern es müssen vielmehr die US-amerikanischen Städte, gegebenenfalls noch um London erweitert, deren Situation im Wesentlichen der *global city*-These von Sassen, aber auch den Vorstellungen etwa von Neil Smith (1996) oder Peter Marcuse (1989, 1993) zugrunde lagen, als Sonderfälle bezeichnet werden. Anders als in den wirtschaftsliberalen und von einer langen Einwanderungtradition geprägten Vereinigten Staaten hat sich sowohl in den meisten europäischen Ländern als auch in Japan der Staat wirtschafts- und sozialpolitisch stets in hohem Maße engagiert und damit zumindest bislang das Ausmaß gesellschaftlicher Ungleichheit auf einem moderaten Niveau halten können. Die These von der Wirksamkeit eines *developmental state* in Bezug auf Japan ist somit nicht völlig aus der Luft gegriffen. Da die Adepten dieser Lehrmeinung jedoch nicht weniger als die Anhänger der *global city*-These eine sehr amerikazentrische Position einnehmen, wird von ihnen die Tatsache übersehen, dass zahlreiche Länder Europas über ähnliche Strukturen wie Japan verfügen, wodurch sie die unwissenschaftliche Vorstellung eines einzigartigen Japan letztlich weiter befördert haben.

Nachdem grundsätzlich geklärt war, dass Japan im Allgemeinen und Tōkyō im Besonderen zwar keine extrem ungleiche, aber ebenso wenig eine einzigartig egalitäre Gesellschaftsstruktur aufweisen, wurden in den anschließenden Kapiteln 3 (Stadtbezirksebene) und 4 (Distriktebene innerhalb ausgewählter Stadtbezirke) Analysen über den Wandel der sozialräumlichen Strukturen innerhalb von Tōkyō durchgeführt. Allgemein ließ sich hieraus entnehmen, dass zumindest bis zum Jahr 2000, dem zeitlichen Endpunkt der meisten Analysen, auf der Ebene der 23 Stadtbezirke wesentliche Abweichungen von hergebrachten Raummustern kaum aufgetreten sind – die Verbreitungsmuster der verschiedenen, erst seit den späten 1980er Jahren stärker angewachsenen Ausländerpopulationen stellen die Ausnahme dar, die diese Regel bestätigt. In zahlreichen Fällen lassen sich statt stärkerer Segregation vielmehr Tendenzen einer stärkeren räumlichen Gleichverteilung konstatieren; diese Beobachtung gilt namentlich für sozioökonomische Indikatoren, trifft aber auch auf einige Haushaltsformen oder die Verbreitung älterer Menschen zu. Da sich auch das Segregationsniveau der meisten Wohnungsmarktindikatoren seit den späten 1980er Jahren vermindert hat, liegt es nahe, hier einen unmittelbaren Zusammenhang anzunehmen. Im Gegensatz zu Oslo, wo von Wessel (2000) ebenfalls verminderte Segregationsniveaus festgestellt werden konnten, bildet hier jedoch nicht der Wandel von einer Strategie der Errichtung ausgedehnter Wohnsiedlungen hin zu einem stärker kleinteiligen, „postmodernen" Wohnungsbau den Hintergrund der Entwicklung, da die räumliche Wohnungsstruktur Tōkyōs – von Teilen des Stadtzentrums und den wenigen sogenannten *new towns* am Stadtrand einmal abgesehen – schon spätestens seit der hektischen Wiederaufbauphase in den 1950er Jahren durch mosaikartige Kleinteiligkeit gekennzeichnet ist. Es gab aber zumindest auf der Bezirksebene auch keine dezidierte Strategie öffentlicher Akteure, über den Neubau öffentlicher Wohnungen oder gar über Zuzugssteuerungen eine (noch) stärkere soziale Mischung in einzelnen Stadtsektoren herzustellen. Überwiegend verantwortlich war vielmehr eine Schwerpunktverlagerung von Wohnbauaktivitäten an die sogenannte *waterfront* von Tōkyō, d. h. den Hafenbereich und die Uferzonen der in die Bucht von Tōkyō mündenden Flüsse, wofür wiederum zum einen eine nostalgische Neubewertung der in weiten Strecken sozial benachteiligten „Unterstadt" (*shitamachi*) Tōkyōs sowie zum anderen die Entscheidung des Zentralstaats und der Präfektur, den Hafenbereich als funktionalen Entlastungsraum des Stadtzentrums von Tōkyō zu nutzen, eine entscheidende Rolle spielten.

Entsprechend sind es vornehmlich die östlichen an der *waterfront* gelegenen Bezirke Edogawa und vor allem Kōtō, für die Anzeichen zunehmender sozialer Polarisierung festgestellt werden können, da hier seit den 1980er Jahren Personen der sozialen Mittelschicht verstärkt in ein traditionell von Menschen mit eher geringem Sozialstatus bewohntes Gebiet gezogen sind. Demgegenüber zeigt neben dem Bezirk Bunkyō speziell der zentrale Bezirk Chūō, der ebenfalls an die *waterfront* grenzt, soziale Aufwertungstendenzen, die man in Übertragung der anhand europäischer Städte entwickelten These von Hamnett (1994, 1996b) auch als Anzeichen von „Professionalisierung" interpretieren könnte. Da der Bezirk bis etwa 1995 infolge extrem hoher Bodenpreise und zunehmender Tertiarisierung von der Abwanderung eines hohen Prozentsatzes der alteingesessenen Bewohner betroffen war, kam es hier eher zu einem Bevölkerungsaustausch als zu einem Nebeneinander von statushöherer, neuer und statusniederer, alter Bevölkerung. Soziale Abwertung schließlich lässt sich in signifikantem Maße für die Bezirke Shinjuku und Taitō diagnostizieren, wofür vermutlich die wachsende Zahl von Ausländern aus anderen asiatischen Staaten, aber auch die verschlechterte Situation der japanischen Tagelöhner verantwortlich zeichnen. Es darf aber nicht verschwiegen werden, dass die meisten übrigen Bezirke bis zur Jahrhundertwende entweder keine wesentlichen Veränderungen oder sogar Tendenzen sozialer Nivellierung zeigten. Die anhand der Situation der 1980er Jahre von Waley (2000) getroffene Feststellung, nach der Tōkyō in geringerem Maße als die anderen großen *global cities* von sozialräumlicher Spaltung betroffen sei, kann somit auch noch für die 1990er Jahre im Großen und Ganzen als korrekt angesehen werden.

Seit den späten 1990er Jahren hat jedoch eine neue Entwicklung eingesetzt, die die seit Jahrzehnten nahezu konstanten sozialräumlichen Strukturen schon bald markant verändern könnte. So füllen sich, begünstigt durch gesunkene Bodenpreise und ein erhöhtes Immobilienangebot, die zentralen Stadtbezirke wieder mit Menschen. Handelt es sich dabei auch an Standorten im Bereich der *waterfront* mehrheitlich um Kernfamilienhaushalte und andere Personenkreise, die früher wohl in den suburbanen Raum gezogen wären, so lässt sich für weiter im Binnenland liegende Standorte belegen, dass der Zuzug hauptsächlich von alleinstehenden Personen sowie kinderlosen Ehepaarhaushalten jüngeren und mittleren Alters getragen wird, die in freien und technischen Berufen oder in höheren Verwaltungspositionen tätig sind und bei deren Wohnentscheidung vor allem die Nähe zum Arbeitsplatz eine Rolle spielt. Von Gentrification im engeren Sinne lässt sich dennoch bislang nicht sprechen, da der überwiegende Teil der von dieser Klientel präferierten Quartiere bereits zuvor von Personen der (oberen) Mittelschicht dominiert war. Stattdessen gibt es in einzelnen Fällen Anzeichen marginaler Gentrification, bei der namentlich berufstätige ledige Frauen die Funktion von Gentrification-Pionieren einnehmen, wobei jedoch offen bleiben muss, ob diese Form der Viertelsaufwertung mit dem Zuzug eines statushöheren Personenkreises letztlich in echte Gentrification einmünden wird, wie es in den klassischen Phasenmodellen zu Gentrification postuliert wird.

Die öffentlichen Akteure begleiten diesen Prozess der Innenstadtaufwertung aktiv durch die Ausweisung von zahlreichen Stadterneuerungsgebieten und anderen Sonderdistrikten im Rahmen der japanischen Stadtplanungsgesetzgebung. Es entstehen hierdurch überwiegend auf Konversionsflächen große multifunktionale Hochhauskomplexe, die das Leitbild einer vertikalen und funktional durchmischten, dabei aber geordneten Stadt verwirklichen sollen. Eine Verdrängung altansässiger Bevölkerung wird so weitgehend vermieden; Tōkyō ist keine *revanchist city* im Sinne der Definition von Neil SMITH (1996). Umgekehrt habe ich aber im Gegensatz zu Uta HOHN (2000: 533–534) die Schaffung einer auch in sozialer Hinsicht gemischten Stadt, um der Gefahr einer exklusiven Gentrification des Zentrums entgegenzuwirken, als explizites Ziel zumindest im Fallstudiengebiet Minato-*ku* (Kapitel 4.1) ebenfalls nicht entdecken können. Vielmehr haben einige zentrale Bezirke damit begonnen, ihre ohnehin nur bescheidenen Mietsubventionsprogramme, aber auch ihre recht leistungsfähigen *housing linkage*-Programme wieder abzuschaffen. Außer mit Sparzwängen wird dies vor allem mit den wieder ansteigenden Bevölkerungsziffern begründet, die eine Weiterführung der Programme unnötig machten. Auch hieran zeigt sich, dass es den Gebietskörperschaften in erster Linie darauf ankommt, Bevölkerung anzuziehen, die – unabhängig von ihrer sozialen Schichtzugehörigkeit – einen hohen Grad an Ansässigkeit aufweist. Sozialpolitische Motive stehen nicht im Vordergrund; man möchte aber auch keine Personen, die innerstädtische Eigentums-Apartmentwohnungen nur als Zweitwohnsitze oder Vermögensobjekte ansehen und somit zum sozialen Leben im Quartier nicht beitragen. Dies und das Leitbild der funktionalen Durchmischung begünstigen indirekt dann doch die Ansiedlung einer sozial relativ gemischten Klientel und dämmen Gentrification womöglich ein, wenngleich angesichts der schieren Masse der derzeit in Bau befindlichen oder konkret geplanten Stadterneuerungsvorhaben eine signifikante Veränderung der sozialen Zusammensetzung im Stadtzentrum von Tōkyō unvermeidlich erscheint.

Ein noch recht neues sozialräumliches Phänomen stellt auch die Herausbildung hoher Konzentrationen von Ausländern überwiegend chinesischer und südkoreanischer Provenienz in einigen Stadtteilen des *inner city*-Gebietes von Tōkyō dar. Es handelt sich hierbei freilich nicht oder zumindest nicht in erster Linie um Personen, die in die japanische Hauptstadt gekommen sind, um untergeordnete Tätigkeiten im Dienstleistungsgewerbe oder in Kleinunternehmen des produzierenden Gewerbes zu verrichten, wie SASSEN (2001a[2]: 314–321) in ihrer Arbeit suggeriert. Zwar sind viele Migranten durchaus in solchen Tätigkeitsfeldern beschäftigt; sie tun dies jedoch meist als Teilzeit- und Aushilfsangestellte zur Finanzierung ihres Studiums oder des Besuchs anderer Bildungseinrichtungen. Für die Ökonomie der *global city* Tōkyō haben sie demnach eine nur sehr untergeordnete Bedeutung.

Die hohe räumliche Konzentration der asiatischstämmigen Neubürger von Tōkyō erklärt sich weitgehend mit recht handfesten Faktoren wie der Nähe zur besuchten Bildungseinrichtung oder dem Arbeitsplatz sowie dem Vorhandensein privat vermieteter Wohnungen, die für Ausländer zugänglich und erschwinglich sind. In Bezug auf den Stadtteil Ōkubo unmittelbar nördlich des Nebenzentrums Shinjuku (Kapitel 4.2) gibt es mittlerweile Anzeichen, dass auch die Konzentration selbst ein Zuzugsmotiv darstellt. So besteht die Einwohnerschaft dieses Quartiers in Teilen bereits fast zur Hälfte aus Ausländern, und auch die Anwesenheit von mehr als 250 Geschäften und etlichen religiösen Einrichtungen, die vorwiegend durch Ausländer betrieben werden und den Bedürfnissen der ethnischen Minderheiten dienen, deutet auf eine hohe institutionelle Vollständigkeit im Sinne von BRETON (1964) und damit auf die Etablierung einer ethnischen Enklave (PORTES und JENSEN 1987) mit einer starken internen Integration hin. Ein genauerer Blick belegt jedoch, dass die Binnenstruktur insbesondere der südkoreanischen Gruppe, die das Quartier dominiert, nicht sehr ausgeprägt ist. Eine Rolle spielen hierbei unterschiedliche Zuwanderungsmotive, doch auch die räumliche Nähe zur Heimat, die sich durch billige Flugpreise und die modernen Formen der Kommunikation wie das Internet noch erhöht hat, verhindert anscheinend eine stärkere Auseinandersetzung sowohl mit der Aufnahmegesellschaft als auch mit den eigenen Landsleuten. Bisher zeigen sich nur bei einer kleinen Minderheit der asiatischstämmigen Ausländer Ansätze für eine Assimilation an die japanische Gesellschaft, was aber ebenso an der indifferenten Haltung vieler Japaner und der strikten Einwanderungsgesetzgebung liegen dürfte. Unter diesen Umständen erscheint es noch nicht gesichert, dass sich die Ausländerkonzentration in Ōkubo als dauerhaftes Phänomen im sozialräumlichen Gefüge von Tōkyō etablieren wird.

Armutssegregation wurde in der vorliegenden Arbeit mangels geeigneterer Daten überwiegend mittels einer Analyse des Raummusters der Erwerbslosenquote erfasst, wobei den offiziell als erwerbslos registrierten Menschen noch diejenigen nichterwerbstätigen Personen zwischen 15 und 65 Jahre hinzugefügt wurden, die weder als Hausfrauen/Hausmänner tätig waren noch in Ausbildung standen. Hierdurch kam in Kapitel 4.3 zum Vorschein, dass die Erwerbslosigkeit seit dem Ende der *bubble economy*-Phase im Jahr 1991 zum einen in stark durch den sekundären Wirtschaftssektor bestimmten Distrikten und zum anderen in Gebieten mit einer Dominanz des kommunalen öffentlichen Wohnungsbaus überproportional stark angestiegen ist. Während sich der erstere Zusammenhang vor allem mit strukturellen Veränderungen in diesem Sektor erklären lässt, der namentlich zu einer Reduzierung körperlich anstrengender Tätigkeiten im Baugewerbe geführt hat, durch die insbesondere die japanischen Tagelöhner in eine noch prekärere Lage geraten sind, beruht die zunehmende Ungunst in den Siedlungen des öffentlichen Wohnungsbaus hauptsächlich auf der 1996 gesetzlich verfügten weiteren Einschränkung des Berechtigtenkreises für solche Wohnungen auf das unterste Viertel der japanischen Einkommensbezieher.

Das Problem der Erwerbslosigkeit hat sich vor allem in solchen Quartieren verschärft, die schon immer als vergleichsweise benachteiligt anzusehen waren; eine stärkere räumliche Ausdehnung des Problems ist hingegen nicht erkennbar. Zwar weisen auch einige Distrikte mit einem hohen Anteil billiger Privatmietwohnungen erhöhte Erwerbslosenquoten auf, doch zeigt sich hier gegenüber dem Gesamttrend in Tōkyō keine Verschärfung der Situation, sondern eher eine relative Milderung. Somit verfügt Tōkyō zwar über inselhaft in der Stadt verteilte hoch benachteiligte Distrikte, von denen speziell das Tagelöhnerviertel San'ya im Sinne der MARCUSEschen Terminologie (1989, 1993) durchaus als „aufgegebene Stadt" bezeichnet werden kann. Eine große, räumlich zusammenhängende „Mieterstadt" als Wohnort der durch die oberen Klassen ausgebeuteten unteren Angestellten und Arbeiter existiert jedoch nicht. Vielmehr wohnen im industriellen Osten und Norden der japanischen Hauptstadt, aber ebenso im westlichen *inner city*-Bereich neben Arbeitern und Angestellten viele Angehörige des sogenannten alten Mittelstands, die einen Familienbetrieb im eigenen Haus führen, weshalb wenigstens anhand der klassischen Armutsindikatoren Sozialhilfebezug und Erwerbslosigkeit eine besondere soziale Problematik abseits der Tagelöhnerviertel und öffentlichen Wohnsiedlungen nur sporadisch zu Tage tritt.

Die Existenz schwerwiegender sozialer Probleme in einigen Quartieren der japanischen Hauptstadt ist in der Öffentlichkeit noch immer mit einem starken Tabu behaftet. Der Standort des Tagelöhnerviertels San'ya wird Außenstehenden oft nur verschämt genannt, und die sozial problematische Situation in manchen Siedlungen des kommunalen öffentlichen Wohnungsbaus ist vielen Japanern überhaupt nicht geläufig. Dennoch sind seitens der Gebietskörperschaften Versuche erkennbar, das Erscheinungsbild der Problemdistrikte zu verbessern und die räumliche Konzentration der Problemgruppen durch Einbezug anderer Bevölkerungsschichten abzumildern. Hiervon profitieren allerdings vorwiegend innerstädtische Quartiere, denn Hauptmotivation dieser Maßnahmen ist es, zum Ziel eines morphologisch geordneten und attraktiven Stadtzentrums, das der *global city*-Funktion von Tōkyō gerecht wird, beizutragen. Anscheinend überwiegt hier die Sorge um das Außenimage der Stadt sozialpolitische Anliegen.

In Kapitel 1.2.2 habe ich darauf hingewiesen, dass die konkreten Mechanismen, über die aus sozialer Polarisierung auf der gesellschaftlichen Ebene residenzielle Segregation auf der räumlichen Ebene einer Stadt entsteht, weder von Saskia Sassen, noch von Peter Marcuse oder anderen Autoren, die für die jüngere Zeit eine Zunahme bei beiden Phänomenen postulieren, genau benannt worden sind. Wahrscheinlich ist dies aber auch gar nicht möglich. Wie die Studien von WESSEL (2000) zu Oslo und von VAATTOVAARA und KORTTEINEN (2003) zu Helsinki, aber nicht zuletzt auch die vorliegende Arbeit wohl in ausreichendem Maße gezeigt haben, schlagen globale Polarisierungsprozesse im ökonomischen oder allgemeingesellschaftlichen Bereich nicht direkt auf die räumliche Ebene durch, sondern werden von einer Reihe nationaler oder auch lokaler Faktoren modifiziert, so dass im Ergebnis höchst unterschiedliche sozialräumliche Prozesse denkbar sind, die von zunehmender Konzentration bestimmter Gruppen über die Persistenz von Raumphänomenen bis zu räumlicher Homogenisierung reichen können.

Auf der anderen Seite dürfen die politischen oder historisch-kulturellen Spezifika eines Landes oder einer Stadt aber auch nicht als Sperr-Riegel gegenüber äußeren Einflüssen überinterpretiert werden, wie dies augenscheinlich von den Anhängern der *developmental state*-These getan wird. Wie sich aus dem von mir angefertigten Modellentwurf zur Erklärung residenzieller Segregation in Abbildung 1-1 (vgl. Kap. 1.4) ergibt, erscheint die Annahme einer Filterfunktion der Realität weit mehr zu entsprechen. So haben die weltweiten ökonomischen Restrukturierungsprozesse zweifelsohne (noch?) nicht zu einer Liberalisierung des japanischen wirtschaftlichen Systems nach US-amerikanischem Muster geführt. Die öffentlichen Akteure wurden jedoch zu Reaktionen bewegt, die zumindest eine teilweise Abkehr von der bisherigen Politik bedeuten. Das relative Zurückfallen Tōkyōs gegenüber den beiden anderen großen *global cities* New York und London, aber auch die zunehmende Konkurrenz in der eigenen Region durch Hongkong und Singapur etwa führten nicht nur zu Deregulierungsanstrengungen im Finanzsektor, sondern hatten auch entscheidenden Anteil an der Formulierung des neuen städtebaulichen Leitbildes für die japanische Hauptstadt: geordnet, vertikal, funktional durchmischt und damit auch nach internationalen Maßstäben attraktiv. Zwar ist dies keine Strategie, die notwendig zur Gentrifizierung des gesamten Stadtzentrums führen wird; hier setzt schon die überkommene mosaikartige Bodennutzungs- und Bodeneigentumsstruktur enge Grenzen. Doch dürften Stadterneuerungsprojekte, die überwiegend den Bau von Eigentums-Apartmentwohnungen beinhalten, zumindest die Sozialstruktur einzelner Quartiere entscheidend verändern.

In Abbildung 1-1 wurde des Weiteren postuliert, dass das Ausmaß residenzieller Segregation unmittelbar durch Aushandlungsprozesse der anbietenden und nachfragenden Seite auf dem Wohnungsmarkt bestimmt wird, wobei gilt, dass eine wachsende Ausdifferenzierung der Wohnbevölkerung eine Verstärkung segregativer Erscheinungen begünstigt. Nun ist die in Tōkyō lebende Bevölkerung tatsächlich während der letzten fünfzehn Jahre merklich heterogener geworden: es gibt deutlich mehr Erwerbslose, es haben sich neue Lebensformen wie die der unverheirateten und alleinlebenden erwerbstätigen Frauen etabliert, und auch die Zahl ausländischer Bürger ist trotz einer relativ restriktiven Immigrationspolitik signifikant angestiegen. Wenn in dieser Arbeit dennoch insgesamt keine wesentliche Zunahme residenzieller Segregation festgestellt werden konnte, dann lässt sich dies zum einen damit begründen, dass der erreichte Differenzierungsgrad im Vergleich mit dem in den meisten westlichen Metropolen herrschenden Niveau noch immer recht gering ist – dies gilt, wie schon mehrfach erwähnt, namentlich für den Anteil an Ausländern oder anderen Minoritäten. Zum anderen aber konnte die zunehmende Differenzierung der Bevölkerung bislang noch weitgehend durch gegenläufige Prozesse, die die Angebotseite des Wohnungsmarktes betreffen, neutralisiert werden. Hier ist allerdings weniger eine bewusste Strategie zur Vermeidung von Segregation angesprochen, sondern insbesondere die schon oben erwähnte, seit den 1980er Jahren erkennbare Tendenz, größere Wohnprojekte im Bereich der vormals fast ausschließlich von statusniederen Gruppen bewohnten *waterfront* anzusiedeln.

Einige Leser mögen nun fragen, ob neben den Faktoren, die globale Einflüsse auf die Stadtentwicklung filtern, nicht auch bei den Segregationserscheinungen selbst wenigstens einige Japan- bzw. Tōkyō-Spezifika hervortreten. In der Tat sehe ich zumindest zwei Aspekte, die mir eigentümlich erscheinen. Ein erster Gesichtspunkt betrifft die bereits genannte Tatsache, dass unter dem Einfluss des Autostereotyps einer im besonderen Maße homogenen und egalitären Gesellschaft benachteiligte und hoch stigmatisierte Räume wie beispielsweise das Tagelöhnerviertel San'ya in der Öffentlichkeit nahezu kein Thema darstellen. Eng hiermit verbunden ist eine zweite Eigentümlichkeit. So treten als Träger von Segregationsphänomenen in Tōkyō nur selten reale Gruppen oder Milieus in Erscheinung, die ein interner Kommunikationsprozess auszeichnet und die ein Gefühl der Zusammengehörigkeit entwickeln oder sich wenigstens bewusst einem bestimmten gemeinsamen Lebensstil verpflichtet fühlen, der sich mit dem bewohnten Quartier verbindet. Die japanischen Tagelöhner können sicher als eine solche Gruppe betrachtet werden, doch ist mir auf der anderen Seite nicht bekannt, dass sich die Bewohner öffentlicher Wohnsiedlungen als benachteiligte Gruppe mit hieraus sich ergebenden gemeinsamen Interessen empfinden. Auch bei den neu zugewanderten Koreanern von Ōkubo zeigte sich, dass über nüchterne Geschäftsbeziehungen hinaus Interaktionen und Zusammengehörigkeitsgefühl eher gering ausgeprägt sind. Schließlich lässt sich ebenso für die begonnene Aufwertung von Teilen des Stadtzentrums von Tōkyō – im Gegensatz zu den „Yuppies" westlicher Großstädte während der 1980er Jahre – keine fest umrissene Gruppe mit distinktem Lebensstil benennen, die diesen Prozess wesentlich dominiert; die Schicht der alleinlebenden erwerbstätigen Frauen, auf die dies allenfalls zuträfe, tritt nur in einigen Distrikten als Träger in Erscheinung. Segregation in Tōkyō stellt daher bislang ein oft nur statistisch erfassbares Phänomen dar, weit außerhalb des Bewusstseins der meisten Einwohner. Die Bedeutung des Wohnortes für die Ausbildung sozialer Diskriminierung erscheint entsprechend geringer als in vielen Großstädten westlicher Industrienationen (oder auch in manchen westjapanischen Städten mit ihren klar umgrenzten *burakumin*-Vierteln).

Die in Kapitel 2.1 kurz skizzierte neue Ungleichheitsdiskussion in Japan könnte mittelfristig den Blick auch für räumliche Ungleichheit schärfen, damit aber ebenso die symbolische Dimension von Segregation verstärken, was nicht in jedem Fall zu begrüßen wäre, denn eine stärkere Diskussion etwa über die Situation in öffentlichen Wohnanlagen würde zwangsläufig zu einer stärkeren Stigmatisierung des Ortes und damit vielleicht auch seiner Bewohner führen. Residenzielle Segregation könnte aber auch deshalb in Zukunft eine stärkere Beachtung finden, da es zumindest in Tōkyō eine hohe Wahrscheinlichkeit für ihre Verstärkung gibt. Dies bezieht sich vor allem auf den Umbau des Stadtzentrums, der zwar nicht ausschließlich, aber doch überwiegend eine relativ wohlhabende und soziodemographisch von der suburbanen Bevölkerung deutlich verschiedene Klientel anlockt. Die Kehrseite dieses Prozesses zeigt sich in einer relativen Minderbewertung und Vernachlässigung der nördlichen und nordöstlichen Randbezirke von Tōkyō. Doch auch die Bildung von Ausländervierteln könnte sich verstärken, wenn es sich im Zuge einer wieder stärker wachsenden Wirtschaft bei zugleich schrumpfender Gesamtbevölkerung als notwendig erweisen sollte, die Einwanderungsbestimmungen zu lockern und vermehrt ausländische Arbeitskräfte zuzulassen. Womöglich hat diese Arbeit daher weniger den Beginn einer neuen Entwicklung, sondern vor allem den Endpunkt eines alten sozialräumlichen Zustandes beschrieben.

FARBABBILDUNGEN

Abbildung 2-4: „Dringliche Entwicklungsgebiete städtischer Revitalisierung"
im Stadtzentrum von Tōkyō
Quelle: KOKUDO KŌTSŪSHŌ (2003a: 32).

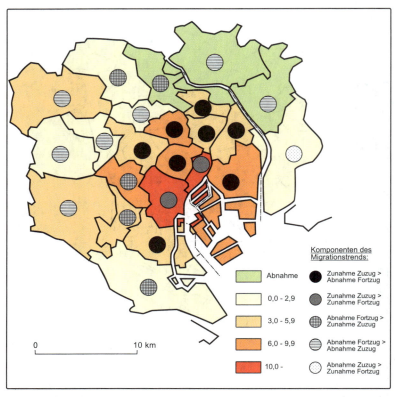

Abbildung 3-7: Migrationsentwicklung[1] nach Stadtbezirken, 1996–2004[2]

Anm.: [1] Berechnet wurde die Bevölkerungsentwicklung in den einzelnen Stadtbezirken seit 1996 unter Ausschluss des natürlichen Saldos und der Kategorie „Sonstiges"; [2] Stichtag war jeweils der 1. Januar.

Quelle: Eigene Berechnungen nach Tōkyō-to Tōkei Kyōkai, *Tōkyō-to tōkei nenkan* (diverse Jahrgänge).

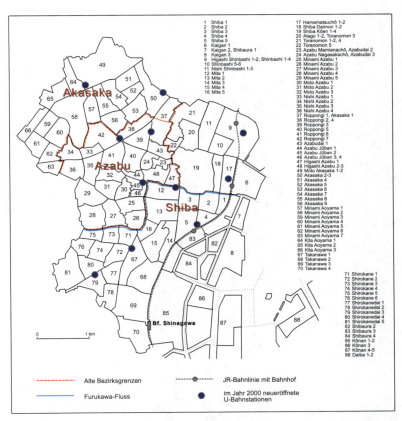

1 Shiba 1	17 Hamamatsuchō 1-2
2 Shiba 2	18 Shiba Daimon 1-2
3 Shiba Kōen 1-4	19 Shiba Kōen 1-4
4 Shiba 4	20 Atago 1-2, Toranomon 3
5 Shiba 5	21 Toranomon 1-2, 4
6 Kaigan 1	22 Toranomon 5
7 Kaigan 2, Shibaura 1	23 Azabu Mamianachō, Azabudai 2
8 Kaigan 3	24 Azabu Nagasakachō, Azabudai 3
9 Higashi Shinbashi 1-2, Shinbashi 1-4	25 Minami Azabu 1
10 Shinbashi 5-6	26 Minami Azabu 2
11 Nishi Shinbashi 1-3	27 Minami Azabu 3
12 Mita 1	28 Minami Azabu 4
13 Mita 2	29 Minami Azabu 5
14 Mita 3	30 Moto Azabu 1
15 Mita 4	31 Moto Azabu 2
16 Mita 5	32 Moto Azabu 3
	33 Nishi Azabu 1
	34 Nishi Azabu 2
	35 Nishi Azabu 3
	36 Nishi Azabu 4
	37 Roppongi 1, Akasaka 1
	38 Roppongi 2, 4
	39 Roppongi 3
	40 Roppongi 5
	41 Roppongi 6
	42 Roppongi 7
	43 Azabudai 1
	44 Azabu Jūban 1
	45 Azabu Jūban 2
	46 Azabu Jūban 3, 4
	47 Higashi Azabu 1
	48 Higashi Azabu 2-3
	49 Moto Akasaka 1-2
	50 Akasaka 2-3
	51 Akasaka 4
	52 Akasaka 5
	53 Akasaka 6
	54 Akasaka 7
	55 Akasaka 8
	56 Akasaka 9
	57 Minami Aoyama 1
	58 Minami Aoyama 2
	59 Minami Aoyama 3
	60 Minami Aoyama 4
	61 Minami Aoyama 5
	62 Minami Aoyama 6
	63 Minami Aoyama 7
	64 Kita Aoyama 1
	65 Kita Aoyama 2
	66 Kita Aoyama 3
	67 Takanawa 1
	68 Takanawa 2
	69 Takanawa 3
	70 Takanawa 4
	71 Shirokane 1
	72 Shirokane 2
	73 Shirokane 3
	74 Shirokane 4
	75 Shirokane 5
	76 Shirokane 6
	77 Shirokanedai 1
	78 Shirokanedai 2
	79 Shirokanedai 3
	80 Shirokanedai 4
	81 Shirokanedai 5
	82 Shibaura 2
	83 Shibaura 3
	84 Shibaura 4
	85 Kōnan 1-2
	86 Kōnan 3
	87 Kōnan 4-5
	88 Daiba 1-2

- - - Alte Bezirksgrenzen
— Furukawa-Fluss
······●······ JR-Bahnlinie mit Bahnhof
● Im Jahr 2000 neueröffnete U-Bahnstationen

Abbildung 4-1: Stadtbezirk Minato: Administrative Gliederung und wichtige Verkehrsinfrastruktur

403

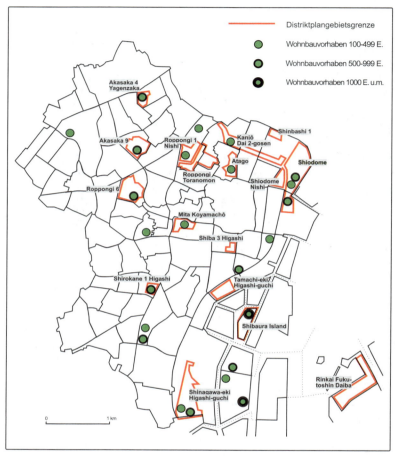

Abbildung 4-8: Distriktplangebiete und größere Wohnbauvorhaben (mit geplanter Realisierung 2002–2007), Minato-*ku*

Anm.: Die Darstellung entspricht weitgehend dem Stand von Januar
2002. Zwischenzeitliche Änderungen (bis Ende 2005) wurden,
soweit bekannt, eingearbeitet.

Quelle: MINATO-KU (2001); MINATO-KU MACHIZUKURI SUISHIN-BU (2003: 10–
15).

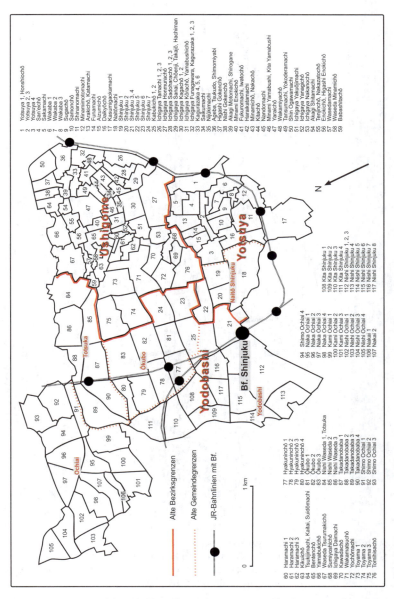

Abbildung 4-9: Stadtbezirk Shinjuku: Administrative Gliederung und wichtige Verkehrsinfrastruktur

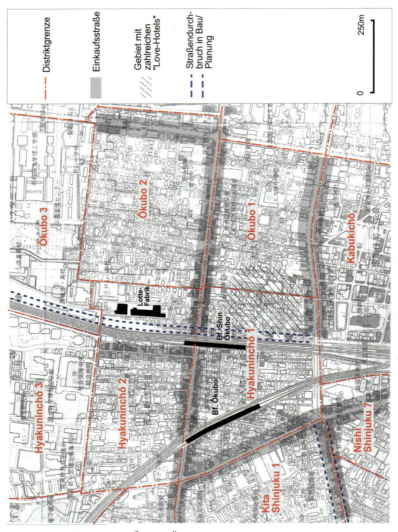

Abbildung 4-18: Stadtteil Ōkubo: Übersichtskarte
Quelle: KOKUDO CHIRIIN (01.07.1994): *Tōkyō 6-2-2 1-manbun no 1 chikeizu Shinjuku* (Kartengrundlage); eigene Erhebung auf Basis einer Begehung im Zeitraum 8.–10. April 2003.

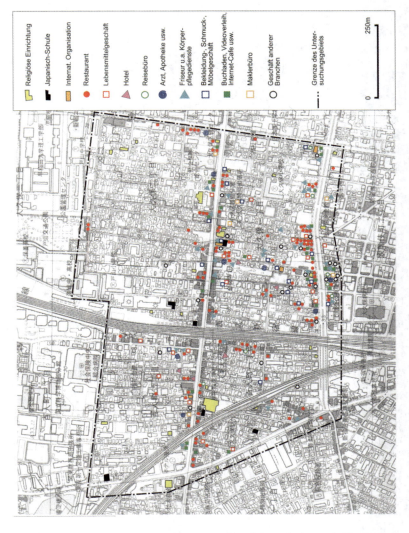

Abbildung 4-19: Ausländerorientierte Einzelhandelsgeschäfte und Einrichtungen im Stadtteil Ōkubo nach Art der Unternehmung, April 2003: Räumliche Verteilung

Quelle: KOKUDO CHIRIIN (01.07.1994): *Tōkyō 6-2-2 1-manbun no 1 chikeizu Shinjuku* (Kartengrundlage); eigene Erhebung auf Basis einer Begehung im Zeitraum 8.–10. April 2003.

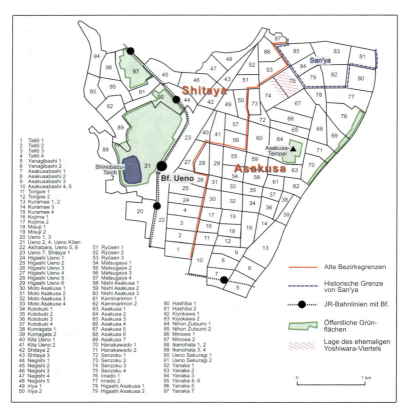

Abbildung 4-20: Stadtbezirk Taitō: Administrative und historische Gliederung sowie wichtige Infrastrukturflächen

ENGLISH SUMMARY

INEQUALITY IN THE "GLOBAL CITY" TŌKYŌ.
NEW SOCIO-SPATIAL DEVELOPMENTS UNDER THE INFLUENCES OF
GLOBALIZATION AND LOCAL CONDITIONS

Until the 1990s, among both Western and many Japanese social scientists, the view prevailed that Japanese society is much more homogeneous and egalitarian than Western societies. It is true that from around the publication of the epoch-making study by MOUER and SUGIMOTO on *Images of Japanese Society* in 1986, Western scholars gradually came to be aware of the fact that in Japan no less than in any other highly developed industrial society patterns of heterogeneity and inequality can be found. In Japan itself, a public debate pointing to growing social inequality and inequity has begun shattering the previously dominant conviction of living in a just and meritocratic society. Yet Western language publications on the Japanese city still offer theses and contentions which deny the existence of social conflicts or socio-spatial segregation in Japan. In direct response to Saskia SASSEN (2001a[2]) and others, who claim that all larger cities of today – including Tōkyō – are characterized by growing social inequality and spatial disparities, WHITE (1998a) or HILL and KIM (2000) argue – by heavily borrowing from the developmental state paradigm evolved by Chalmers JOHNSON (1995) – that Japan is characterized by a different form of capitalism. It is held that Japanese politicians or the state bureaucracy directly intervene in the economy to mitigate or even rule out the emergence of social or regional disparities. Accordingly, contrary to the metropoles of the West, social polarization as well as residential segregation (at least of a dimension that constitutes social problems) are virtually non-existent in all cities of the archipelago, including the global city Tōkyō. The main aim of this study is therefore to analyze recent changes in the socio-geographical structure of Tōkyō and whether the Japanese capital is indeed lacking signs of increasing social polarization and segregation. The existence of such signs would once again indicate that the conventional image of a uniquely homogeneous and egalitarian Japanese society is far from reality.

Following introductory discussions on current urban polarization theories and existing research results on the internal structure of Japanese cities in chapter 1, chapter 2 is dedicated to the analysis of the extent of social inequality in Japan as a whole. This is done under the assumption that the more Japanese society can be regarded as egalitarian and homogeneous, the less likely it is for social polarization to evolve to substantial proportions in Tōkyō. However, the analysis of income distribution in particular reveals that Japan is by no means a uniquely egalitarian society, but rather situated in a midfield position between a more egalitarian group of North and Central European countries on the one side and Anglo-Saxon countries with higher income distribution disparities on the other. Yet, just as in continental Europe and unlike Anglo-Saxon countries, the level of inequality as measured by income distribution did only marginally rise in Japan since the 1980s. It is further remarkable that, in stark contrast to London and New York City regarding their respective hinterlands, the residential population of Tōkyō is no more polarized than the population in the remainder of the country. This is partly contributable to policy measures both at the national and the municipal level aimed at a planned and less market-driven development of Tōkyō into a global city for the advancement of Japan rather than international business. Based on this, one could label Japan a developmental state indeed. The same goes in respect to Japan's immigration policies. It can be argued that most of the difference in income polarization levels between Tōkyō (low) and New York City (high) is due to a much higher proportion of minority population in the American metropole. An imagined New York City populated by "whites" only (naturally not all of them wealthy, of course) would even result in lower income inequality than in the Japanese capital. In other words it might be argued, that Tōkyō would most probably show much higher levels of social polarization than is the case now, if the Japanese national government would loosen its restrictive stance towards the immigration of unskilled foreign migrants. This is not to say that the presence of large numbers of foreigners or other minority groups leads *automatically* to high overall social disparities. However, this is what would most probably occur in Japan, because the social security system does not provide sufficient coverage for foreigners or people of employable age in general. Secondly, large parts of the housing market as well as the labor market are virtually closed even to long-term foreign residents, as can be learned from the experience of the oldcomer Korean population in Japan.

In sum, with regard to the level of societal inequality, it might be most appropriate to put Tōkyō into one line with the major cities of continental Europe. From this it follows that it is less the Japanese capital but rather the U.S.-American cities – probably joined by London – which have to be considered as special cases. Unfortunately, widely read contributions on urban social polarization such as written by SASSEN (2001[2]), Neil SMITH (1996), or Peter MARCUSE (1989, 1993) are mainly based on developments in just these cities, thus exaggerating the scope of the problem. In clear distinction from the economically liberal tradition of the United States, both in Japan and in most countries on the European continent the state is a key actor in the shaping of the economy and in conciliating divergent social interests, thus keeping social inequality at a moderate level. This way of state-acting is very close to what has been described as a characteristic of the "developmental state" with regard to Japan. But because the adepts of the developmental state paradigm seem to be no less U.S.-centristic than the supporters of the global city theory, they completely overlook the fact that most European countries show social and political structures resembling those of Japan. This reinforces the false image of a "unique Japan".

Based on the results from chapter 2 that Japan as a whole as well as its capital show a social composition that is neither extremely egalitarian nor non-egalitarian, chapters 3 (inter-ward level) and 4 (district level of selected wards) deal with changes in the socio-*spatial* pattern of Tōkyō. A general finding at the inter-ward level is that at least up to the year 2000 there were almost no major deviations from the spatial patterns already existing during the postwar years. The only exception is the distribution of foreign ethnic groups who have significantly increased in number since the late 1980s. Furthermore, in many cases – especially with regard to socio-economic attributes – a tendency towards a more even distribution rather than higher segregation is discernible. It is suggested that this is due to a corresponding decrease in regional disparities of the housing market. In contrast to Oslo, however, where WESSEL (2000) has also found a general reduction in spatial segregation levels, this cannot be interpreted as the result of a paradigm change away from the construction of large uniform housing complexes towards a more small-scale, "postmodern" way of housing development. This is because, apart from a few "new towns" in the suburban zone, postwar housing construction in Tōkyō has always been dominated by small-scale projects. Strategies by public actors at the inter-ward level to promote a spatially more balanced supply of different housing in order to ensure or create a certain degree of social mixing are not present either. Instead, there is a gradual shift in the regional focus of new middle-class housing developments towards the so-called waterfront of Tōkyō, i. e. the harbor area and the areas along the rivers flowing into Tōkyō Bay, which triggered the decrease in segregation patterns. The reconstruction of the waterfront area in its turn has been furthered both by a nostalgic revaluation of the so-called low city (*shitamachi*) of eastern inner Tōkyō, a mixed commercial and residential zone of traditional common-people flavor, and by the decision of the national and prefectural governments to transform the harbor area into

411

an attractive, sometimes even futuristic urban subcenter in close proximity to the Tōkyō central business district.

Accordingly, signs of increasing social polarization are currently most apparent in the eastern waterfront wards of Edogawa and Kōtō (the latter in particular), since during the 1980s and 1990s, many middle-class families have moved into this area and taken residence alongside long-term working class residents. On the other hand, Bunkyō ward and – above all – Chūō ward are recently undergoing a trend towards social upgrading, which might be interpreted as a sign of "professionalization", to use the term coined by HAMNETT (1994, 1996b) in his studies on European metropoles. Since Chūō ward had been affected by high outmigration rates due to sky-rocketing land prices and the transformation of residential neighborhoods into business districts during the bubble economy period, the recent remigration trend rather had the effect of a population exchange than of a pattern of coexistence between higher-status new and lower-status old residents. By contrast, social downgrading is perceptible in Shinjuku and Taitō ward, probably the result of growing numbers of low-status Asian migrants and deteriorating social and economic conditions of Japanese day laborers. Yet the fact, that the social make-up of all other wards either did not significantly change or shows a tendency of evening out, is of even greater importance. Hence the remark by WALEY (2000), that Tōkyō in the 1980s was less affected by socio-spatial segregation than the other large global cities, still holds true for the 1990s as well.

From the late 1990s onward, however, a new phase has set in which in the near future might overturn the existing socio-spatial pattern. Supported by plummeted land prices and an increased supply of new high-rise housing estates, population is now reconcentrating in the central wards. While at locations close to the waterfront the majority of the new resident households is made up of nuclear families who under earlier circumstances would have moved to suburban areas, new housing estates further inland are mostly being occupied by single households or double income couple-households whose members work as professionals, technicians, or managers in the vicinity. What becomes apparent from a case study on Minato ward (chapter 4.1), however, is that from a geographical viewpoint this process has to be interpreted as a form of upgrading rather than full-scale gentrification, since the larger parts of the restructured central neighborhoods had already been inhabited by middle-class or even upper middle-class residents. On the other hand, there is scattered evidence of so-called marginal gentrification, i.e. the occupation of a previously run-down neighborhood by a new class of non-wealthy residents (gentrification pioneers). In the case of Minato ward, the pioneer group seems to be single full-time working women who occupy relatively small condominiums. It is, however, not clear whether this group will eventually be replaced by a wealthier gentrifier class, as classical gentrification theory suggests.

The process of downtown residential upgrading is actively promoted by city planners of the local governments, who have designated dozens of urban renewal projects and special planning districts. As a result, central Tōkyō is gradually being transformed into a city of high-rise office/condominium building clusters which are in accordance with the official urban vision of a vertically stretched, functionally mixed, and morphologically well-ordered city. Since these clusters are mostly erected on disused or newly reclaimed lands, displacement of former residents has hardly occurred yet. Tōkyō is therefore no *revanchist city* as defined by Neil SMITH (1996). On the other hand, contrary to the findings by Uta HOHN (2000: 533–534) in her exhaustive study on urban planning in Japan, social mixing strategies by public actors in order to prevent full-scale gentrification of the central wards are also no longer visible. Instead, some central wards have begun to curtail or even abolish their modest rent subsidy schemes (if there were any) or housing linkage schemes which had been quite effective in the past. Apart from fiscal considerations, this has been mainly justified by the recent recovery of population figures. Obviously, the above schemes were never meant to act as social policy measures in order to help less wealthy people to find a home in central Tōkyō, but were conceived as a tool to keep or attract any people who would qualify as permanent residents. Students staying away from their tiny one-room apartments most of the time or wealthy inhabitants, who use their condominiums only as property asset or second home, do not qualify and are thus not welcomed by local governments. In the end, this strategy, in combination with the vision of a functionally mixed city, might prevent extreme forms of gentrification. Nevertheless, some sort of major change in the social composition of central Tōkyō seems unavoidable, taking into account the sheer mass of renewal projects, which were just completed recently or are still under construction.

Another quite recent spatial phenomenon is the emergence of inner city neighborhoods which are characterized by high concentrations of newly immigrated Chinese or South Korean nationals. Contrary to the contention made by SASSEN (2001a[2]: 314–321), however, these people are not the typical immigrant workforce being employed under bad conditions in lower sections of the service industry or in small-scale manufacturing enterprises. It is true that many migrants actually work in sweat shops, bars, or restaurants, but they mainly do so part-time in order to finance their study in Tōkyō. Regarding the functioning of Tōkyō's economy, foreign workers are not very important yet.

The high spatial segregation of Asian foreigners in Tōkyō is largely the result of rational house-hunting considerations, such as close proximity to educational facilities or part-time work places, or the availability of cheap rental housing owned by landlords, who accept foreigners as tenants. With regard to the Ōkubo neighborhood just north of the Shinjuku commercial district (chapter 4.2), there are also indications that the presence of foreigners itself is an important motive for further moving-in of foreigners. Almost one half of the Ōkubo residential population is already non-Japanese. Currently, about 250 shops and several religious institutions, run mostly by South Koreans or Chinese, cater to the needs of a predominantly foreign clientele and seem to prove the existence of a self-sufficient ethnic community (thus showing "institutional completeness", as BRETON (1964) has termed it), as well as the formation of an internally integrated so-called ethnic enclave (PORTES and JENSEN 1987). A closer look reveals, however, that the internal social cohesion of the dominating South Korean group in particular is not very pronounced. In part, this can be explained by differing immigration motives, but the closeness of the native country must also be taken into account, since new developments such as cheap air fares and the internet allow for frequent contact with relatives and friends back home and reduce the need to integrate into the host society as well as the compatriot community of Ōkubo. So far, only a small number of Asian migrants shows a certain readiness to integrate or assimilate into Japanese society, although attitudes of indifference towards foreigners, which are prevalent among Japanese neighbors, or the restrictive immigration stance of the Japanese government might also have played a part in producing this outcome. Under these circumstances, it seems not yet certain whether the foreign migrant community of Ōkubo will become a permanent spatial feature of Tōkyō.

Due to a lack of more suitable data at the district level, the segregation of poverty in this study has been documented for the most part by refering to unemployment statistics. An "extended unemployment rate" was calculated by adding the group of people between the ages of 15 and 65, who were neither employed nor in education or working as homemakers, to those who were officially registered as unemployed. As a result it becomes apparent that since the burst of the bubble economy in 1991, unemployment rose the most in districts which are a) characterized by an employment structure based on construction and manufacturing, or b) dominated by public housing complexes which are run by local governments (chapter 4.3). The first relationship is most likely due to structural changes on the job market which led to a reduction of physically demanding work in the construction sector lessening the demand for day laborers in particular. Public housing districts, on the other hand, have been gradually transformed into a reception area for disadvantaged households of all sorts, following a further limitation of admission to households of the lowest income quartile in 1996. However, this is not a totally new feature in the social geography of Tōkyō, since these districts had already shown higher-than-average unemployment rates before. An expansion of poverty (as measured by unemployment) into areas previously unaffected has not happened in Tōkyō. There are some other districts suffering from high unemployment rates (often dominated by cheap private rental housing), but in those cases the problem has not worsened, but rather relaxed in comparison to the overall development in Tōkyō. In sum it can be concluded, that while there are in fact some isolated neighborhoods in the Japanese capital which show a high concentration of disadvantaged people – the day laborer district of San'ya even comes close to what MARCUSE (1989, 1993) has called the "abandoned city" –, a large contiguous "tenement city" inhabited by lower-paid workers does not exist. At first sight, the industrial northeast of Tōkyō as well as some parts of the western section of the inner city belt do resemble Marcuse's description, but these areas are also home to many small family businesses, generally keeping unemployment or social assistance rates at an inconspicuous level.

The existence of grave social problems in some neighborhoods of Tōkyō is still rarely discussed by the mainstream media or local politicians. The place name of "San'ya" has been erased from the city map – making the area hard to find for the occasional visitor – and is also no longer in use for welfare or other institutions which directly deal with the problem. Furthermore, the high concentration of disadvantaged people in some public housing complexes is not at all known to the general public. Nonetheless, there are cases where local governments are active in improving the physical infrastructure of "problem districts" or in lowering segregation levels by attracting other groups of residents to new housing projects inside the districts. So far, however, such strategies are restricted to centrally located neighborhoods, because the main motivation behind is to contribute to a morphologically ordered, attractive city center which meets the requirements of a fully-fletched and competitive global city. Obviously, the international image of Tōkyō is what matters here, not social concern.

In chapter 1.2.2, I argue that neither Saskia Sassen, nor Peter Marcuse or other commentators on urban polarization have sufficiently explicated universally applicable mechanisms translating social polarization into spatial segregation. A probable reason might be that such universal mechanisms simply do not exist. As demonstrated by the analyses by WESSEL (2000) on Oslo, or VAATTOVAARA and KORTTEINEN (2003) on Helsinki,

415

as well as by this study, global economic restructuring pressures or more or less universal value change, e. g. towards a higher appreciation of individualism, do not have a direct impact on the spatial structure of cities, but are modified by the influence of several national or local conditions. Depending on the nature of these conditions, neighborhood segregation levels might rise, stay the same, or even decrease.

On the other hand, specific political or historical conditions prevalent in a country or a city should not be overemphasized as barriers totally blocking the impact of global factors. Supporters of the developmental state thesis sometimes tend to take such a view. Instead, in chapter 1.4 I suggest that local conditions have the quality of a filter. Thus, while it is true that global economic restructuring has not (yet?) succeeded in transforming Japanese economy along the lines of American neoliberalism, it has nevertheless urged political actors to reconsider long-established patterns of action. The relative falling behind of Tōkyō in comparison with the top global cities of New York City and London, as well as with the "neighboring" metropoles of Hong Kong and Singapore, did not only lead to efforts of deregulation in the Japanese finance sector, but also contributed to the creation of a new paradigm in the physical restructuring of the Japanese capital: creating a city that is orderly designed, vertically extended, functionally mixed and thus attractive for international investors and expatriates. This vision might not necessarily lead to the eventual gentrification of all of central Tōkyō, for land use patterns and the spatial distribution of property rights are too fragmented to allow for contiguous urban restructuring. However, it is predictable that the new condominium towers, which have become fashionable since around the turn of the century, will at least completely reverse the social structure of specific neighborhoods.

I have further implicated, that the extent of residential segregation is directly determined by the outcome of bargaining processes between suppliers (e. g. real estate firms) and customers (residents) in the housing market. It is assumed that an increasing pluralization of the residential population, with regard to income or life-styles, will lead to an increasing pluralization of housing preferences and hence to a higher level of residential segregation. Considering this, it is interesting to note that during the past ten to twenty years, the population of Tōkyō has in fact become more pluralized: the numbers of unemployed and foreign residents have significantly increased, and former social outsider groups, such as non-married, full-time working women beyond the age of 30, are now a common sight. The fact that this study has nonetheless found no clear trend towards a more segregated residential pattern in Tōkyō, might thus appear as a falsification of the above assumption. On the other hand, it should be kept in mind, that first, compared to many Western metropoles and notwithstanding the above-mentioned changes, the population structure of the Japanese capital is still quite homogeneous with the proportion of foreign residents in particular still on a very low level. Secondly, it is probable that a higher segregation *potential* due to an increase in the diversification of housing preferences has been completely neutralized by the spatially more even distribution of different housing types already noted above.

Apart from local conditions, which filter the impact of global factors on the geographical structure of Tōkyō, residential segregation itself shows at least two features to be considered as peculiar. First, due to the long-standing auto-stereotype of a highly homogeneous and egalitarian Japanese society, the topic of highly segregated and socially disadvantaged urban neighborhoods, such as the day laborer district of San'ya, is almost taboo in public discourse. Second, with the exception of the day laborer neighborhoods, residential segregation in Tōkyō does not seem to be constituted by the spatial concentration of "real" social groups, i. e. of people, who are bound together by constant internal communication, and who share a feeling of solidarity, a common life-style, or activities, which are connected to the area they live in. Residents of local government-run housing complexes, for instance, do not consider themselves as a socially disadvantaged group with shared interests. Likewise, among the newly arrived South Koreans of Ōkubo, sober business relations predominate over feelings of solidarity. Furthermore, the recent social upgrading of central Tōkyō is not dominated by a distinct life-style group in the way the "yuppies" dominated gentrification in many Western metropoles during the 1980s, although it has to be admitted that there is a tendency of single, full-time working women to concentrate at least in some central neighborhoods. Thus, strong residential segregation in Tōkyō can often only be grasped by looking at statistics; it is not an element in ordinary people's mental maps. Accordingly, apart from the day laborer neighborhoods, the significance of space/residence as a source of social discrimination appears to be far less pronounced in Tōkyō than in many Western cities.

It is possible that the new discourse on social inequality in Japan, which is summarized in short in chapter 2.1, will eventually also sharpen the view on aspects of socio-spatial inequality. This might not necessarily be a good thing, because it could lead to increased stigmatization of poor neighborhoods, such as run-down public housing complexes which had formerly escaped public attention. Stigmatization of neighborhoods in turn tends to increase social discrimination of its inhabitants. Apart from discourse considerations, increases in the actual degree of residential

417

segregation might also contribute to a higher visibility of the phenomenon in the future. This has already become apparent in the central part of Tōkyō, where clusters of luxury high-rise apartment buildings tell even the cursory observer, that something basically new has happened. The other side of downtown renewal is the relative downgrading of the northern and northeastern residential districts. The needs of a thriving economy in the age of population shrinking, furthermore, could eventually enforce a relaxation of immigration laws, which in turn would support the enlargement or new development of urban neighborhoods dominated by foreign migrants. In view of these developments yet to come, it might very well be that this study has described the last days of a long-standing spatial pattern rather than the constitution of a new social geography of Tōkyō.

LITERATURVERZEICHNIS

Vorbemerkungen

In das folgende Literaturverzeichnis habe ich nur solche Werke aufgenommen, bei denen die Autoren- oder Herausgeberschaft sowie das Publikationsjahr klar erkennbar waren. Namentlich bei Artikeln oder Aufsätzen aus Tageszeitungen, Publikumszeitschriften oder Internet-Seiten fehlen solche Kennzeichnungen häufig. In diesem Falle erfolgte die Nennung der verfügbaren Angaben zur Identifizierung der Zitatstelle innerhalb des laufenden Textes, und zwar entweder als vollständige Quellenangabe unter einer Tabelle bzw. Abbildung oder in einer Fußnote.

Bei in regelmäßigem Abstand erscheinenden, mehrbändigen statistischen Reihen wie z. B. den Ergebnisbänden der japanischen Volkszählung bezieht sich die Jahresangabe auf den Termin der Zählung und nicht auf das Herausgabejahr.

Im Unterschied zum Vorgehen im laufenden Text habe ich der Vereinheitlichung halber im folgenden Literaturverzeichnis die Namen japanischer Autoren in der international üblichen Reihenfolge, d. h. Vorname vor Familienname, aufgeführt.

Die Übersetzung eines japanischen Titels in eckigen Klammern stammt von mir. Übersetzungen in runden Klammern entstammen dem Original und beziehen sich im Allgemeinen auf den Titel eines englischen Abstracts. Letztere wurden unverändert übernommen, woraus sich das in einigen Fällen recht eigenwillige Englisch erklärt.

ABE, Kazutoshi (2003): *20-seiki no Nihon no toshi chirigaku* [Stadtgeographie in Japan im 20. Jahrhundert]. Tōkyō: Kokon Shoin.

ABE, Yasuhisa (1999): 1920-nendai no Tōkyō-fu ni okeru Chūgoku-jin rōdōsha no shūgyō kōzō to kyojū bunka (The occupational structure and residential differentiation of Chinese workers in Tokyo Prefecture during the 1920s). In: *Jinbun Chiri* 51, 1, S. 23–48.

ABE, Yasuhisa (2000): Shōwa shoki no Tōkyō to sono shūhen chiiki ni okeru Chūgoku-jin rōdōsha no haijo to shūjū chiku no suitai (The exclusion of Chinese workers and the decline of their residential segregation during the early Shōwa era in and around Tōkyō). In: *Chirigaku Hyōron* 73, 9, S. 694–714.

ALDEN, Jeremy D., Moriaki HIROHARA und Hirofumi ABE (1994): The Impact of Recent Urbanisation on Inner City Development in Japan. In: Shapira, Philip, Ian Masser und David W. Edgington (Hg.): *Planning for Cities and Regions in Japan*. Liverpool: Liverpool University Press, S. 33–58.

ALISCH, Monika (1993): *Frauen und Gentrification. Der Einfluss von Frauen auf die Konkurrenz um den innerstädtischen Wohnraum.* Wiesbaden: Deutscher Universitätsverlag.

ALISCH, Monika und Jens S. DANGSCHAT (1996): Die Akteure der Gentrifizierung und ihre „Karrieren". In: Friedrichs, Jürgen und Robert Kecskes (Hg.): *Gentrification: Theorie und Forschungsergebnisse.* Opladen: Leske+Budrich, S. 95–129.

ALONSO, William (1964): *Location and Land Use.* Cambridge, MA: Harvard University Press.

AOKI, Hideo (2000): *Gendai Nihon no toshi kasō – yoseba to nojukusha to gaikokujin rōdōsha* [Städtische Unterschichten der gegenwärtigen japanischen Stadt – Tagelöhnerviertel, Obdachlose und ausländische Arbeiter]. Tōkyō: Meiseki Shoten.

AOKI, Hideo (2003): Homelessness in Osaka: Globalisation, *Yoseba* and Disemployment. In: *Urban Studies* 40, 2, S. 361–378.

ASSOCIATION OF JAPANESE GEOGRAPHERS (Hg.) (1970): *Japanese Cities: A Geographical Approach.* Tōkyō: Association of Japanese Geographers (= Special Publication; 2).

AVILA-TAPIES, Rosalia (1995): Zainichi gaikokujin to nihonjin no jinkō idō patān no hikaku bunseki – Ōsaka-shi Ikuno-ku o jirei toshite (Comparative analysis of migration patterns between the Koreans living in Japan and the Japanese – The case of Ikuno ward in Osaka). In: *Jinbun Chiri* 47, 2, S. 174–188.

BAHRENBERG, Gerhard, Ernst GIESE und Josef NIPPER (1985): *Statistische Methoden in der Geographie, Band 1: Univariate und bivariate Statistik.* Stuttgart: Teubner.

BAHRENBERG, Gerhard, Ernst GIESE und Josef NIPPER (1992): *Statistische Methoden in der Geographie, Band 2: Multivariate Statistik.* Stuttgart: Teubner.

BATHELT, Harald und Wolf-Dieter ERB (1991): Zur Interpretation von Hauptkomponenten und Faktoren: eine Wiederaufnahme der kritischen Diskussion faktorenanalytischer Verfahren. In: *Erdkunde* 45, 4, S. 241–254.

BAUM, Scott (1999): Social Transformations in the Global City: Singapore. In: *Urban Studies* 36, 7, S. 1095–1117.

BEAUREGARD, Robert A. (1986): The Chaos and Complexity of Gentrification. In: Smith, Neil und Peter Williams (Hg.): *Gentrification of the City.* Boston: Allen & Unwin, S. 35–55.

BECK, Ulrich, Anthony GIDDENS und Scott LASH (1996): *Reflexive Modernisierung. Eine Kontroverse.* Frankfurt am Main: Suhrkamp (= edition suhrkamp; 1705).

BESTOR, Theodore C. (1989): *Neighborhood Tokyo.* Stanford: Stanford University Press.

BLASIUS, Jörg (1990): Gentrification und Lebensstile. In: Blasius, Jörg und Jens S. Dangschat (Hg.): *Gentrification. Die Aufwertung innenstadtnaher Wohnviertel.* Frankfurt am Main und New York: Campus, S. 354–375.

BLASIUS, Jörg (1993): *Gentrification und Lebensstile: Eine empirische Untersuchung.* Wiesbaden: Deutscher Universitätsverlag.

BLOTEVOGEL, Hans Heinrich (1997): *Einführung in die Wissenschaftstheorie: Konzepte der Wissenschaft und ihre Bedeutung für die Geographie.* Duisburg: Geographisches Institut der Universität Duisburg (= Diskussionspapier; 1/1997).

BLOTEVOGEL, Hans Heinrich (2003): „Neue Kulturgeographie" – Entwicklung, Dimensionen, Potenziale und Risiken einer kulturalistischen Humangeographie. In: *Berichte zur deutschen Landeskunde* 77, 1, S. 7–34.

BOAL, Frederick W. (1987): Segregation. In: Pacione, Michael (Hg.): *Social Geography: Progress and Prospect.* London, New York und Sydney: Croom Helm, S. 90–128.

BOAL, Frederick W. (1996): Immigration and Ethnicity in the Urban Milieu. In: Roseman, Curtis C., Hans Dieter Laux und Günter Thieme (Hg.): *EthniCity. Geographic Perspectives on Ethnic Change in Modern Cities.* Lanham, Maryland und London: Rowman & Littlefield, S. 283–303.

BORK, Henrik (2004): Die Verlorenen von Kamagasaki – Vergessen, verzweifelt und von Seuchen heimgesucht: Obdachlose in Japan. In: *Süddeutsche Zeitung* 21.04.2004, S. 3.

BOURDIEU, Pierre (1982): *Die feinen Unterschiede. Kritik der gesellschaftlichen Urteilskraft.* Frankfurt am Main: Suhrkamp [franz. Originalausgabe 1979].

BRANDES, Frank, Josef KREINER, Ralph LÜTZELER und Hans Dieter ÖLSCHLEGER (2004): Minorities in Japanese Society. In: Kreiner, Josef, Ulrich Möhwald und Hans Dieter Ölschleger (Hg.): *Modern Japanese Society.* Leiden und Boston: Brill (= Handbuch der Orientalistik, Section five, Japan; 9), S. 219–256.

BRETON, Raymond (1964): Institutional Completeness of Ethnic Communities and the Personal Relations of Immigrants. In: *American Journal of Sociology* 70, S. 193–205.

BRÜLL, Lydia (1993²): *Die japanische Philosophie. Eine Einführung.* Darmstadt: Wissenschaftliche Buchgesellschaft.

BURGERS, Jack (1996): No Polarisation in Dutch Cities? Inequality in a Corporatist Country. In: *Urban Studies* 33, 1, S. 99–105.

BURGERS, Jack und Sako MUSTERD (2002): Understanding Urban Inequality: A Model Based on Existing Theories and an Empirical Illustration. In: *International Journal of Urban and Regional Research* 26, 2, S. 403–413.

BURGESS, Ernest W. (1925/67): The Growth of the City. An Introduction to a Research Project. In: Park, Robert E., Ernest W. Burgess und Roderick

D. McKenzie: *The City. With an Introduction by Morris Janowitz*. Chicago und London: The University of Chicago Press, S. 47–62 [Reprint 1984].

BURNIAUX, Jean-Marc, Thai-Thanh DANG, Douglas FORE, Michael FÖRSTER, Marco MIRA D'ERCOLE und Howard OXLEY (1998): *Income Distribution and Poverty in Selected OECD Countries*. Paris: OECD (= Economics Department Working Papers; 189).

CASTLES, Stephen und Mark J. MILLER (1993): *The Age of Migration. International Population Movements in the Modern World*. Houndmills *et al.*: Macmillan.

CENSUS OF POPULATION OFFICE, SINGAPORE DEPARTMENT OF STATISTICS (2001): *Household Income Growth and Distribution*. Singapore: Census of Population Office, Singapore Department of Statistics (= Singapore Census of Population, 2000 – Advance Data Release; 7).

CHEN, Hsiang-shui (1992): *Chinatown no More: Taiwan Immigrants in Contemporary New York*. Ithaca, NY: Cornell University Press.

CHIAVACCI, David (2002): Die japanische Mittelschicht vor dem Kollaps – die Kontroverse zur sozialen Schichtung und Mobilität im gegenwärtigen Japan. In: *JAPAN aktuell*, Juni 2002, S. 236–253.

CLAMMER, John (1995): *Difference and Modernity. Social Theory and Contemporary Japanese Society*. London und New York: Kegan Paul International.

CLARK, David (1996): *Urban World/Global City*. London und New York: Routledge.

CONRAD, Harald (2002): Old Age Security in Japan: The Implications of Recent Public and Occupational Pension Reforms. In: Conrad, Harald und Ralph Lützeler (Hg.): *Aging and Social Policy. A German-Japanese Comparison*. München: iudicium (= Monographien aus dem Deutschen Institut für Japanstudien; 26), S. 189–220.

CONRAD, Harald und Ralph LÜTZELER (2002): German and Japanese Social Policy in Comparative Perspective: An Overview. In: Conrad, Harald und Ralph Lützeler (Hg.): *Aging and Social Policy. A German-Japanese Comparison*. München: iudicium (= Monographien aus dem Deutschen Institut für Japanstudien; 26), S. 11–34.

DANGSCHAT, Jens (1998): Segregation. In: Häußermann, Hartmut (Hg.): *Großstadt. Soziologische Stichworte*. Opladen: Leske+Budrich, S. 207–220.

DE VOS, George und Hiroshi WAGATSUMA (1972[2]): *Japan's Invisible Race. Caste in Culture and Personality*. Berkeley, Los Angeles und London: University of California Press.

DEMES, Helmut (1998): Arbeitsmarkt und Beschäftigung. In: Deutsches Institut für Japanstudien (Hg.): *Die Wirtschaft Japans. Strukturen zwi-*

schen Kontinuität und Wandel. Berlin, Heidelberg und New York: Springer, S. 135–164.

DEUTSCHES INSTITUT FÜR JAPANSTUDIEN (Hg.) (1998): *Die Wirtschaft Japans. Strukturen zwischen Kontinuität und Wandel.* Berlin, Heidelberg und New York: Springer.

DIRKS, Daniel (1999): Gegenwärtige Strategien in der Personalpolitik. In: Legewie, Jochen und Hendrik Meyer-Ohle (Hg.): *Japans Wirtschaft im Umbruch. Schlaglichter aus dem Deutschen Institut für Japanstudien.* München: iudicium, S. 93–96.

DIXON, Ruth B. (1978): Late Marriage and Non-Marriage as Demographic Responses. Are they Similar? In: *Population Studies* 32, 3, S. 449–466.

DORE, Ronald P. (1999²): *City Life in Japan. A Study of a Tokyo Ward.* Richmond, Surrey: Japan Library [erste Auflage 1958 durch University of California Press, Routledge und Kegan Paul].

EISENSTADT, Samuel N. (2000): *Die Vielfalt der Moderne.* Weilerswist: Velbrück Wissenschaft.

ENDRUWEIT, Günter (2000): *Milieu und Lebensstilgruppe – Nachfolger des Schichtenkonzepts?* München und Mering: Rainer Hampp Verlag (= Profession; 19).

ERNST, Angelika (1986): Beschäftigungspolitik. In: Pohl, Manfred (Hg.): *Japan: Geographie – Geschichte – Kultur – Religion – Staat – Gesellschaft – Bildungswesen – Politik – Wirtschaft.* Stuttgart und Wien: Thienemann, S. 322–335.

ESPING-ANDERSEN, Gøsta (1990): *The Three Worlds of Welfare Capitalism.* Princeton: Princeton University Press.

ESPING-ANDERSEN, Gøsta (Hg.) (1993): *Changing Classes: Stratification and Mobility in Post-industrial Societies.* London, Thousand Oaks und New Delhi: Sage Publications.

ESPING-ANDERSEN, Gøsta (Hg.) (1996): *Welfare States in Transition. National Adaptations in Global Economies.* London, Thousand Oaks und New Delhi: Sage Publications.

ESPING-ANDERSEN, Gøsta (1999): *Social Foundations of Postindustrial Economies.* Oxford und New York: Oxford University Press.

ESSER, Hartmut (1980): *Aspekte der Wanderungssoziologie. Assimilation und Integration von Wanderern, ethnischen Gruppen und Minderheiten – eine handlungstheoretische Analyse.* Darmstadt: Luchterhand.

ESSER, Hartmut (1990): Interethnische Freundschaften. In: Esser, Hartmut und Jürgen Friedrichs (Hg.): *Generation und Identität.* Opladen: Westdeutscher Verlag, S. 185–205.

ESU SŌGŌ KENKYŪSHO (Hg.) (2003): *Tōkyō daitoshi-ken Keihanshin-ken ekibetsu jōkōsha-sū sōran 2003* [Übersicht über die Fahrgastzahlen in den

Verdichtungsräumen Tōkyō und Ōsaka nach Bahnhöfen, Ausgabe 2003]. Tōkyō: Ēsu Sōgō Kenkyūsho.

EZAWA, Aya (2002): Japan's "New Homeless". In: *Journal of Social Distress and the Homeless* 11, 4, S. 279–291.

FAINSTEIN, Susan S. (2001): Inequality in Global City-Regions. In: Scott, Allen J. (Hg.): *Global City-Regions. Trends, Theory, Policy*. Oxford und New York: Oxford University Press, S. 285–298.

FAINSTEIN, Susan S., Ian GORDON und Michael HARLOE (Hg.) (1992): *Divided Cities. New York & London in the Contemporary World*. Oxford und Cambridge, MA: Blackwell.

FAINSTEIN, Susan S. und Michael HARLOE (1992): Introduction: London and New York in the Contemporary World. In: Fainstein, Susan S., Ian Gordon und Michael Harloe (Hg.): *Divided Cities. New York & London in the Contemporary World*. Oxford und Cambridge, MA: Blackwell, S. 1–28.

FARWICK, Andreas (2001): *Segregierte Armut in der Stadt. Ursachen und soziale Folgen der räumlichen Konzentration von Sozialhilfeempfängern*. Opladen: Leske+Budrich.

FELDHOFF, Thomas (2002): Flughäfen in Ost- und Südostasien. Infrastrukturpolitische Strategien und Perspektiven Japans im transnationalen Standortwettbewerb. In: *Zeitschrift für Wirtschaftsgeographie* 46, 3/4, S. 146–162.

FIELDING, Anthony J. (2004): Class and Space: Social Segregation in Japanese Cities. In: *Transactions of the Institute of British Geographers* NS 29, S. 64–84.

FLÜCHTER, Winfried (1990): *Hochschulstandorte und Bildungsverhalten unter Aspekten der Raumordnung in Japan*. Paderborn: Schöningh (= Bochumer Geographische Arbeiten; 52).

FLÜCHTER, Winfried und Philip J. WIJERS (1990): Bodenpreisprobleme im Ballungsraum Tōkyō. Raumstrukturen, Ursachen, Wirkungen, Strategien. In: *Geographische Rundschau* 42, 4, S. 196–206.

FOWLER, Edward (1996): *San'ya Blues. Laboring Life in Contemporary Tokyo*. Ithaca, NY und London: Cornell University Press.

FRIEDMANN, John (1995): Where we Stand: A Decade of World City Research. In: Knox, Paul L. und Peter J. Taylor (Hg.): *World Cities in a World System*. Cambridge: Cambridge University Press, S. 21–47.

FRIEDMANN, John (2001): World Cities Revisited: A Comment. In: *Urban Studies* 38, 13, S. 2535–2536.

FRIEDMANN, John und Goetz WOLFF (1982): World City Formation: An Agenda for Research and Action. In: *International Journal of Urban and Regional Research* 6, 3, S. 309–344.

FRIEDRICHS, Jürgen (1995): *Stadtsoziologie*. Opladen: Leske+Budrich.

FRIEDRICHS, Jürgen (1996): Gentrification: Forschungsstand und methodologische Probleme. In: Friedrichs, Jürgen und Robert Kecskes (Hg.): *Gentrification: Theorie und Forschungsergebnisse.* Opladen: Leske+Budrich, S. 13–40.

FRIEDRICHS, Jürgen (1998): Social Inequality, Segregation and Urban Conflict. In: Musterd, Sako und Wim Ostendorf (Hg.): *Urban Segregation and the Welfare State. Inequality and Exclusion in Western Cities.* London und New York: Routledge, S. 168–190.

FRIEDRICHS, Jürgen und Jörg BLASIUS (2000): *Leben in benachteiligten Wohngebieten.* Opladen: Leske+Budrich.

FUJIMOTO, Tateo (1992): *Tōkyō ikkyoku shūchū no mentaritī* [Die Mentalität der Einpunkt-Konzentration auf Tōkyō]. Kyōto: Mineruba Shobō.

FUJITA, Naoharu (2001): Tōkyō no kyodai toshi-ka to kūkan-teki tokusei [Die Megalopolisierung Tōkyōs und räumliche Besonderheiten]. In: Fujita, Naoharu (Hg.): *Tōkyō: Kyodai kūkan no shosō* [Tōkyō: Verschiedene Aspekte einer Megalopolis]. Tōkyō: Taimeidō, S. 18–39.

FUJITA, Kuniko (2003): Neo-industrial Tokyo: Urban Development and Globalisation in Japan's State-centred Developmental Capitalism. In: *Urban Studies* 40, 2, S. 249–281.

FUJITA, Kuniko und Richard Child HILL (1997): Together and Equal: Place Stratification in Osaka. In: Karan, P. P. und Kristin Stapleton (Hg.): *The Japanese City.* Lexington: The University Press of Kentucky, S. 106–133.

FUJITSUKA, Yoshihiro (1992): Kyōto-shi Nishijin chiku ni okeru jentorifikēshon no chōkō (Burgeon of gentrification in Nishijin, Kyoto). In: *Jinbun Chiri* 44, 4, S. 495–506.

FUJITSUKA, Yoshihiro (1994): Jentorifikēshon: kaigai shokoku no kenkyū dōkō to Nihon ni okeru kenkyū no kanōsei (Gentrification: A review of research in Western countries and future research on Japanese cities). In: *Jinbun Chiri* 46, 5, S. 496–514.

FUJIU, Akira (2002): Kōsō-ka de umarekawaru neo-Tōkyō [Das durch Hochhäuser neuentstehende Tōkyō]. In: *Asahi Shimbun Weekly AERA* 2002.01.14, S. 32–37.

FUKUTAKE, Tadashi (1989[2]): *The Japanese Social Structure. Its Evolution in the Modern Century* (translated and with a Foreword by Ronald P. Dore). Tōkyō: University of Tokyo Press.

FURUSATO NO KAI (1997): *Kōrei rojō seikatsusha – San'ya, Asakusa, Ueno, Sumida-gawa shūhen sono jittai to shien no hōkoku* [Ältere Obdachlose – Tatsachen- und Hilfsbericht über die Viertel San'ya, Asakusa, Ueno und die Umgebung des Sumida-Flusses]. Tōkyō: Higashimine Shobō.

GESTRING, Norbert und Andrea JANSSEN (2002): Sozialraumanalysen aus stadtsoziologischer Sicht. In: Riege, Marlo und Herbert Schubert

(Hg.): *Sozialraumanalyse. Grundlagen – Methoden – Praxis.* Opladen: Leske+Budrich, S. 147–160.

GLASS, Ruth (1964): *Introduction to London: Aspects of Change.* London: Centre for Urban Studies [Wiederabdruck in: Glass, Ruth (Hg.) (1989): Clichés of Urban Doom. Oxford: Blackwell, S. 132–158].

GLEBE, Günther (1984): Tendenzen ethnischer Segregation und Konzentration von Gastarbeiterminoritäten in Düsseldorf 1974–1982. In: *Zeitschrift für Wirtschaftsgeographie* 28, 2, S. 91–111.

GOISHI, Norimichi (2006): Daitoshi ni okeru sangyō kōzō tenkan to teishotokusō no seikatsu e no eikyō [Der wirtschaftsstrukturelle Wandel in der Großstadt und sein Einfluss auf das Leben der unteren Einkommensschicht]. In: Shindō, Muneyuki und Norimichi Goishi (Hg.): *Higashi Ajia daitoshi no gurōbaru-ka to nikyoku bunka* (Globalization and polarization of the East Asian big cities). Tōkyō: Kokusai Shoin, S. 45–70.

GORDON, Ian und Michael HARLOE (1991): A Dual to New York? London in the 1980s. In: Mollenkopf, John H. und Manuel Castells (Hg.): *Dual City: Restructuring New York.* New York: Russell Sage Foundation, S. 377–396.

GORDON, Milton M. (1964): *Assimilation in American Life: The Role of Race, Religion, and National Origin.* New York: Oxford University Press.

GREATER LONDON AUTHORITY, DATA MANAGEMENT AND ANALYSIS GROUP (2003): *Unemployment in London. An Analysis of 2001 Census Data.* By Lorna Spence. London: Greater London Authority (= DMAG Briefing; 2003/26).

GUTSCHOW, Niels (1976): *Die japanische Burgstadt.* Paderborn: Schöningh (= Bochumer Geographische Arbeiten; 24).

HAAS, Michael (2004): *Unternehmensfusionen und -akquisitionen in Japan. Rigiditäten und Perspektiven des japanischen Marktes für Unternehmensressourcen.* Bonn: Bier'sche Verlagsanstalt (= Bonner Japanforschungen; 23).

HACKWORTH, Jason und Neil SMITH (2001): The Changing State of Gentrification. In: *Tijdschrift voor Economische en Sociale Geografie* 92, 4, S. 464–477.

HAHN, Barbara (2003): Armut in New York. In: *Geographische Rundschau* 55, 10, S. 50–54.

HAMNETT, Chris (1994): Social Polarisation in Global Cities: Theory and Evidence. In: *Urban Studies* 31, 3, S. 401–424.

HAMNETT, Chris (1996a): Why Sassen is Wrong: A Response to Burgers. In: *Urban Studies* 33, 1, S. 107–110.

HAMNETT, Chris (1996b): Social Polarisation, Economic Restructuring and Welfare State Regimes. In: *Urban Studies* 33, 8, S. 1407–1430.

HAMNETT, Chris (2003a): *Unequal City. London in the Global Arena.* London und New York: Routledge.

HAMNETT, Chris (2003b): Gentrification and the Middle-class Remaking of Inner London, 1961–2001. In: *Urban Studies* 40, 12, S. 2401–2426.

HANAI, Kiroku (22.01.2001): Fairness for Foreign Workers. In: *The Japan Times Online*, http://www.japantimes.co.jp; Entnahme 06.01.2002.

HARDT, Carola (1996): Gentrification im Kölner Friesenviertel. Ein Beispiel für konzerngesteuerte Stadtplanung. In: Friedrichs, Jürgen und Robert Kecskes (Hg.): *Gentrification: Theorie und Forschungsergebnisse.* Opladen: Leske+Budrich, S. 283–311.

HARRIS, Chauncy und Edward ULLMAN (1945): The Nature of Cities. In: *Annals of the American Academy of Political and Social Science* 242, S. 7–17.

HARTH, Annette, Gitta SCHELLER und Wulf TESSIN (2000): Soziale Ungleichheit als stadtsoziologisches Thema – ein Überblick. In: Harth, Annette, Gitta Scheller und Wulf Tessin (Hg.): *Stadt und soziale Ungleichheit.* Opladen: Leske+Budrich, S. 16–38.

HASHIMOTO, Kazutaka (2002): New Urban Sociology in Japan: The Changing Debates. In: *International Journal of Urban and Regional Studies* 26, 4, S. 726–736.

HATTORI, Keijirō (1997): Sangyō chiiki shakai Taitō to sono sangyō rīdātachi (1) [Die Wirtschaftsraumgesellschaft Taitō und ihre wirtschaftlichen Führungspersönlichkeiten (1)]. In: *Toshi Mondai* 88, 11, S. 103–118.

HATTORI, Mineki (2002): Toshin ni sumu imi [Was es bedeutet, im Stadtzentrum zu wohnen]. In: *Sumairon* 62, S. 4–6.

HÄUSSERMANN, Hartmut (1998): Armut und städtische Gesellschaft. In: *Geographische Rundschau* 50, 3, S. 136–138.

HÄUSSERMANN, Hartmut und Walter SIEBEL (1995): *Dienstleistungsgesellschaften.* Frankfurt am Main: Suhrkamp (= edition suhrkamp; 1964).

HÄUSSERMANN, Hartmut und Andreas KAPPHAN (2000): *Berlin: von der geteilten zur gespaltenen Stadt? Sozialräumlicher Wandel seit 1990.* Opladen: Leske+Budrich.

HÄUSSERMANN, Hartmut, Martin KRONAUER und Walter SIEBEL (2004): Stadt am Rand: Armut und Ausgrenzung. In: Häußermann, Hartmut, Martin Kronauer und Walter Siebel (Hg.): *An den Rändern der Städte. Armut und Ausgrenzung.* Frankfurt am Main: Suhrkamp (= edition suhrkamp; 2252), S. 7–40.

HEALEY, Patsy (1997): *Collaborative Planning. Shaping Places in Fragmented Societies.* Basingstoke und New York: Palgrave.

HEINEBERG, Heinz (2000): *Grundriß Allgemeine Geographie: Stadtgeographie.* Paderborn *et al.*: Schöningh (= utb; 2166).

HEITMEYER, Wilhelm, Rainer DOLLASE und Otto BACKES (Hg.) (1998): *Die Krise der Städte. Analysen zu den Folgen desintegrativer Stadtentwicklung für das ethnisch-kulturelle Zusammenleben*. Frankfurt am Main: Suhrkamp (= edition suhrkamp; 2036).

HIBATA, Yasuo (1990): Chika kōtō to toshin kyojū [Die Erhöhung der Bodenpreise und innerstädtisches Wohnen]. In: *Toshi Mondai* 81, 7, S. 39–52.

HILL, Richard Child (2004): Comment on Fielding's "Class and Space: Social Segregation in Japanese Cities". In: *Transactions of the Institute of British Geographers* NS 29, S. 86–87.

HILL, Richard Child und Kuniko FUJITA (2000): State Restructuring and Local Power in Japan. In: *Urban Studies* 37, 4, S. 673–690.

HILL, Richard Child und June Woo KIM (2000): Global Cities and Developmental States: New York, Tokyo and Seoul. In: *Urban Studies* 37, 12, S. 2167–2195.

HILL, Richard Child und June Woo KIM (2001): Reply to Friedmann and Sassen. In: *Urban Studies* 38, 13, S. 2541–2542.

HIRAYAMA, Yōsuke (2002): Kōei jūtaku seido no ichi to seishitsu ni tsuite [Situation und Eigenschaften des Systems öffentlicher Wohnungen]. In: *Toshi Seisaku* 109, S. 37–48.

HMSO (1977): *Policy for the Inner Cities. Presented to Parliament by the Secretary of State for Scotland and the Secretary of State for Wales by Command of Her Majesty*. London: HMSO.

HOHN, Uta (2000): *Stadtplanung in Japan. Geschichte – Recht – Praxis – Theorie*. Dortmund: Dortmunder Vertrieb für Bau- und Planungsliteratur.

HOHN, Uta (2002a): Renaissance innerstädtischen Wohnens in Tōkyō. Trend zur Reurbanisierung. In: *Geographische Rundschau* 54, 6, S. 4–11.

HOHN, Uta (2002b): Ökonomischer und stadtstruktureller Wandel in der Global City Tōkyō. In: *Zeitschrift für Wirtschaftsgeographie* 46, 3/4, S. 228–245.

HOSHI, Tanji, Yoshinori FUJIWARA, Rikio TANIGUCHI, Tsukiko WATANABE, Chie UENO und Kōji TAKABAYASHI (1998): Tōkyō-to tokubetsu kubetsu heikin jūmyō to jinkō, shakai keizai yōin to no kanren (The relationship between health indices and population socioeconomic factors in the municipalities of Tokyo). In: *Sōgō Toshi Kenkyū* 66, S. 31–46.

HOYANO, Makoto, Ayako NAKAYAMA und Hiroshi MATSUBARA (2002): Tōkyō toshin shūhenbu ni okeru ofisu kūkan no sōshutsu (The office space developments in the surrounding areas of central Tokyo). In: *Tōkyō Daigaku Jinbun Chirigaku Kenkyū – Komaba Studies in Human Geography* 15, S. 75–117.

HOYT, Homer (1939): *The Structure and Growth of Residential Neighborhoods in American Cities*. Washington D. C.: Federal Housing Association.

IBARRA, C. Mateo (1999): *Oritatami isu no kyōdotai* [Klappstuhlgemeinschaft]. Tōkyō: Furīpuresu [aus dem Englischen übersetzt von Kitamura Masayuki].

IMADA, Takatoshi (1989): *Shakai kaisō to seiji* [Soziale Schicht und Politik]. Tōkyō: Tōkyō Daigaku Shuppankai.

INSEE (= Institut National de la Statistique et des Etudes Economiques) (2002): *Les revenus des Franciliens: plus élevés mais plus dispersés qu'en province*. Paris: INSEE (= Île-de-France à la page; 213).

ISHIDA, Hiroshi (1993): *Social Mobility in Contemporary Japan. Educational Credentials, Class and the Labour Market in a Cross-National Perspective* (Foreword by John H. Goldthorpe). Houndmills und London: Macmillan.

ISHIKAWA, Yoshitaka (1999): Keihin, Keihanshin no ni-daitoshi-ken ni okeru tandoku setai [Einpersonenhaushalte in den beiden Metropolitangebieten Tōkyō und Ōsaka]. In: Narita, Kōzō (Hg.): *Daitoshi-ken kenkyū (jō)* [Stadtregionenforschung, Bd. 1]. Tōkyō: Taimeidō, S. 204–223.

ISHIKAWA, Yoshitaka und Anthony J. FIELDING (1998): Explaining the Recent Migration Trends of the Tokyo Metropolitan Area. In: *Environment and Planning A* 30, S. 1797–1814.

ITO, Takatoshi (1994): Public Policy and Housing in Japan. In: Noguchi, Yukio und James M. Poterba (Hg.): *Housing Markets in the United States and Japan*. Chicago und London: University of Chicago Press, S. 215–237.

IWASAWA, Miho (1995): Shussan, ikuji-go no shūgyō kōdō [Das Erwerbsverhalten nach Geburten und Kindererziehung]. In: Ōbuchi, Hiroshi (Hg.): *Josei no raifu saikuru to shūgyō kōdō* [Lebensverläufe und Erwerbsverhalten von Frauen]. Tōkyō: Ōkurashō Insatsukyoku, S. 89–111.

JINNAI, Hidenobu (1985): *Tōkyō no kūkan jinruigaku* [Raumanthropologie Tōkyōs]. Tōkyō: Chikuma Shobō.

JOHNSON, Chalmers (1995): *Japan: Who Governs? The Rise of the Developmental State*. New York und London: Norton.

JŌHOKU RŌDŌ FUKUSHI SENTĀ (2003): *Jigyō gaiyō, Heisei 15-nendo-ban* [Projektübersicht des Jōhoku-Arbeits- und Wohlfahrtszentrums für das Fiskaljahr 2003]. Tōkyō: Jōhoku Rōdō Fukushi Sentā.

KAMIYAMA, Tomoyuki (1994): Tōkyō toshinbu no kūdōka taisaku [Maßnahmen gegen die demographische Aushöhlung des Stadtzentrums von Tōkyō]. In: *Toshi Mondai* 85, 12, S. 87–101.

KAMO, Toshio (2000): An Aftermath of Globalisation? East Asian Economic Turmoil and Japanese Cities Adrift. In: *Urban Studies* 37, 12, S. 2145–2165.

KANAMITSU, Takashi (2001): Saikaihatsu de kawaru Tōkyō [Tōkyō: Wandel durch Stadterneuerung]. In: *Asahi Shimbun Weekly AERA* 2001.06.11, S. 12–15.

KEIZAI KIKAKUCHŌ KEIZAI KENKYŪSHO (Hg.) (1998): *Nihon no shotoku kakusa – kokusai hikaku no shiten kara* [Einkommensunterschiede Japans – unter dem Blickwinkel des internationalen Vergleichs]. Tōkyō: Ōkurashō Insatsukyoku.

KELLER, Carsten (1999): *Armut in der Stadt. Zur Segregation benachteiligter Gruppen in Deutschland.* Opladen und Wiesbaden: Westdeutscher Verlag.

KEMPER, Franz-Josef (1985): Die Bedeutung des Lebenszyklus-Konzepts für die Analyse intraregionaler Wanderungen. In: Kemper, Franz-Josef, Hans-Dieter Laux und Günter Thieme (Hg.): *Geographie als Sozialwissenschaft. Beiträge zu ausgewählten Problemen kulturgeographischer Forschung. Wolfgang Kuls zum 65. Geburtstag.* Bonn: Dümmlers (= Colloquium Geographicum; 18), S. 180–212.

KEMPER, Franz-Josef (1993): Geschlechterproportion und Altersstruktur. In: Börsch, Dieter (Hg.): *Handbuch des Geographieunterrichts, Band 2: Bevölkerung und Raum.* Köln: Aulis Verlag Deubner, S. 119–134.

KENNETT, Patricia und Masami IWATA (2003): Precariousness in Everyday Life: Homelessness in Japan. In: *International Journal of Urban and Regional Research* 27, 1, S. 62–74.

KERSTEIN, Robert (1990): Stage Models of Gentrification. An Examination. In: *Urban Affairs Quarterly* 25, S. 620–639.

KESTELOOT, Christian (1987): The Residential Location of Immigrant Workers in Belgian Cities: An Ethnic or a Socio-economic Phenomenon? In: Glebe, Günther und John O'Loughlin (Hg.): *Foreign Minorities in Continental European Cities.* Stuttgart: Steiner (= Erdkundliches Wissen; 84), S. 223–239.

KEVENHÖRSTER, Paul (2002): Japan: Politische Entscheidungsstrukturen im Spiegel politikwissenschaftlicher Deutungen. In: *Japanstudien. Jahrbuch des Deutschen Instituts für Japanstudien* 14, S. 139–164.

KINOSHITA, Reiko, Itsuki NAKABAYASHI und Hidenori TAMAGAWA (1999): Tōkyō-ken ni okeru toshi-gata shokugyō ni jūji-suru chūnen shinguru josei no kyojūchi sentaku (A study of residential choice among middle-aged single women who follow urban profession[s] in Tokyo area). In: *Nihon Toshi Keikaku Gakkai Gakujutsu Kenkyū Ronbunshū* 34, S. 733–738.

KLAGGE, Britta (1998): Armut in westdeutschen Städten. Ursachen und Hintergründe für die Disparitäten städtischer Armutsraten. In: *Geographische Rundschau* 50, 3, S. 139–145.

KOBAYASHI, Shigeru (2001): Tōkyō no kyōiku, bunka to fukushi [Bildung, Kultur und Soziales in Tōkyō]. In: Fujita, Naoharu (Hg.): *Tōkyō: Kyodai kūkan no shosō* [Tōkyō: Verschiedene Aspekte einer Megalopolis]. Tōkyō: Taimeidō, S. 166–240.

KODAIRA, Osamu und Kiyoko IWASAKI (1992): Haiken o kitei-suru shoyōin (1): Zenkoku chōsa dēta ni yoru bunseki [Faktoren, die das Ausmaß der Wahlenthaltung beeinflussen (1): Analyse auf Basis der Daten einer landesweiten Untersuchung]. In: Nihon Senkyo Gakkai (Hg.): *Haiken no jisshō-teki kenkyū* [Empirische Forschungen zur Wahlenthaltung]. Tōkyō: Kitagi Shuppan (= Senkyo Kenkyū Shirīzu; 10), S. 12–25.

KOKUDO CHIRIIN (01.07.1994): *Tōkyō 6–2–2 1-manbun no 1 chikeizu Shinjuku* [Topographische Karte im Maßstab 1:10000: Tōkyō 6–2–2 (Shinjuku)]. Tōkyō: Kokudo Chiriin.

KOKUDO KŌTSŪSHŌ (Hg.) (2002): *Heisei 14-nenban tochi hakusho* [Bodenweißbuch 2002]. Tōkyō: Zaimushō Insatsukyoku.

KOKUDO KŌTSŪSHŌ (Hg.) (2003a): *Heisei 15-nenban shutoken hakusho* [Weißbuch Hauptstadtregion 2003]. Tōkyō: Kokuritsu Insatsukyoku.

KOKUDO KŌTSŪSHŌ (Hg.) (2003b): *Heisei 15-nenban tochi hakusho* [Bodenweißbuch 2003]. Tōkyō: Kokuritsu Insatsukyoku.

KOKUDO KŌTSŪSHŌ (Hg.) (2004): *Heisei 16-nenban tochi hakusho* [Bodenweißbuch 2004]. http://wwwwp.mlit.go.jp/hakusyo; Entnahme 21.02.2005.

KOKUDOCHŌ (Hg.) (1996): *Kokudo repōto '96* [Report '96 der Nationalen Landbehörde]. Tōkyō: Ōkurashō Insatsukyoku.

KOKURITSU SHAKAI HOSHŌ JINKŌ MONDAI KENKYŪJO (Hg.) (2003, 2006): *Jinkō no dōkō – Nihon to sekai. Jinkō tōkei shiryōshū* [Bevölkerungstrends – Japan und die Welt. Bevölkerungsstatistische Materialsammlung]. Tōkyō: Kōsei Tōkei Kyōkai.

KOMAI, Hiroshi (1995): *Migrant Workers in Japan* (translated by Jens Wilkinson). London und New York: Kegan Paul International.

KŌSEISHŌ JINKŌ MONDAI KENKYŪJO (1996): *Kōreisha no setai jōtai no shōrai suikei 1990–2010-nen* (Projection of living arrangements of the elderly in Japan 1990–2010). Tōkyō: Kōsei Tōkei Kyōkai.

KOSUGE, Sumiko (1996): Gaikokujin jūmin no sumai – jūkankyō no genjō to kadai [Das Wohnen ausländischer Einwohner – gegenwärtiger Stand der Wohnverhältnisse und Aufgaben]. In: *Toshi Mondai* 87, 2, S. 63–77.

KRÄTKE, Stefan (1995): *Stadt – Raum – Ökonomie. Einführung in aktuelle Problemfelder der Stadtökonomie und Wirtschaftsgeographie.* Basel, Boston und Berlin: Birkhäuser (= Stadtforschung aktuell; 53).

431

KRÄTKE, Stefan und Renate BORST (2000): *Berlin: Metropole zwischen Boom und Krise*. Opladen: Leske+Budrich.

KREINER, Josef (1996): *Deutsche Spaziergänge in Tōkyō*. München: iudicium.

KREINER, Josef, Ulrich MÖHWALD und Hans Dieter ÖLSCHLEGER (Hg.) (2004): *Modern Japanese Society*. Leiden und Boston: Brill (= Handbuch der Orientalistik, Section five, Japan; 9).

KÜPPERS, Rolf (1996): Gentrification in der Kölner Südstadt. In: Friedrichs, Jürgen und Robert Kecskes (Hg.): *Gentrification: Theorie und Forschungsergebnisse*. Opladen: Leske+Budrich, S. 133–165.

KURASAWA, Susumu (Hg.) (1986): *Tōkyō no shakai chizu* (Social atlas of Tokyo). Tōkyō: University of Tokyo Press.

LAUMEYER, Hans-Dieter (1974): *Begriff und Strukturen der „Kinsei-Jōkamachi" als repräsentativer Typus der vorindustriellen Städte Japans – dargestellt am Beispiel Sendai* (Phil. Diss.). Bonn: Universität Bonn.

LEES, Loretta (2003): Super-gentrification: The Case of Brooklyn Heights, New York City. In: *Urban Studies* 40, 12, S. 2487–2509.

LEGATES, Richard und Chester HARTMAN (1986): The Anatomy of Displacement in the United States. In: Smith, Neil und Peter Williams (Hg.): *Gentrification of the City*. Boston: Allen & Unwin, S. 178–204.

LEGEWIE, Jochen (1998): Außenwirtschaftliche Verflechtungen. In: Deutsches Institut für Japanstudien (Hg.): *Die Wirtschaft Japans. Strukturen zwischen Kontinuität und Wandel*. Berlin, Heidelberg und New York: Springer, S. 293–316.

LESTHAEGHE, Ron und Guy MOORS (2000): Recent Trends in Fertility and Household Formation in the Industrialized World. In: *Review of Population and Social Policy* (Tōkyō) 9, S. 121–170.

LEWIS MUMFORD CENTER FOR COMPARATIVE URBAN AND REGIONAL RESEARCH (2002): *Metropolitan Racial and Ethnic Change – Census 2000. Separate and Unequal, New York City*. http://mumford1.dyndns.org/cen2000/SepUneq/CitySepDataPages/3651000CitySep.htm; Entnahme 30.09.2004.

LICHTENBERGER, Elisabeth (1998[3]): *Stadtgeographie. Band 1: Begriffe, Konzepte, Modelle, Prozesse*. Stuttgart und Leipzig: Teubner.

LINHART, Sepp (1985): Die japanische Gesellschaft. Sozialstruktur, Familie, Arbeit und Freizeit. In: Landeszentrale für politische Bildung Baden-Württemberg (Hg.): *Japan*. Stuttgart *et al.*: Kohlhammer, S. 60–79.

LÜTZELER, Ralph (1994a): Zur regionalen Dimension sozialer Probleme in Japan. In: *Japanstudien. Jahrbuch des Deutschen Instituts für Japanstudien der Philipp-Franz-von-Siebold-Stiftung* 5, 1993, S. 229–280.

LÜTZELER, Ralph (1994b): *Räumliche Unterschiede der Sterblichkeit in Japan – Sterblichkeit als Indikator regionaler Lebensbedingungen*. Bonn: Dümmlers (= Bonner Geographische Abhandlungen; 89).

LÜTZELER, Ralph (1995): Die räumliche Verteilung der Ausländerbevölkerung in Japan. Strukturen und Erklärungsansätze. In: *Japanstudien. Jahrbuch des Deutschen Instituts für Japanstudien der Philipp-Franz-von-Siebold-Stiftung* 6, 1994, S. 119–163.

LÜTZELER, Ralph (1996): *Die japanische Familie der Gegenwart – Wandel und Beharrung aus demographischer Sicht*. Duisburg: Institut für Ostasienwissenschaften (= Duisburger Arbeitspapiere Ostasienwissenschaften; 7).

LÜTZELER, Ralph (1998): Regionale Wirtschaftsstruktur und Raumordnungspolitik. In: Deutsches Institut für Japanstudien (Hg.): *Die Wirtschaft Japans. Strukturen zwischen Kontinuität und Wandel*. Berlin, Heidelberg und New York: Springer, S. 269–292.

LÜTZELER, Ralph (2002a): Ausländische Zuwanderer in Japan. Multikultur in einer „homogenen" Gesellschaft. In: *Geographische Rundschau* 54, 6, S. 12–17.

LÜTZELER, Ralph (2002b): The "Second Fertility Transition" in Comparative Perspective: The Impact of Female Employment, Care Services, and Familism. In: Klein, Axel, Ralph Lützeler und Hans Dieter Ölschleger (Hg.): *Modernization in Progress. Demographic Development and Value Change in Contemporary Europe and East Asia*. Bonn: Bier'sche Verlagsanstalt (= JapanArchiv; 4), S. 47–80.

MACHI KYOJŪ KENKYŪKAI (1994): *Gaikokujin kyojū to henbō-suru machi. Machizukuri no arata-na kadai* [Das Wohnen von Ausländern und Stadtviertel im Wandel. Eine neue Aufgabe der behutsamen Quartiersentwicklung]. Tōkyō: Gakugei Shuppansha.

MACHIMURA, Takashi (1994): *„Sekai toshi" Tōkyō no kōzō tenkan. Toshi risutorakucharingu no shakaigaku* [Der strukturelle Wandel der „Weltstadt" Tōkyō. Soziologie der Städte-Restrukturierung]. Tōkyō: Tōkyō Daigaku Shuppankai.

MACHIMURA, Takashi (1998): Symbolic Use of Globalization in Urban Politics in Tokyo. In: *International Journal of Urban and Regional Research* 22, 2, S. 183–194.

MARCUSE, Peter (1989): "Dual City": A Muddy Metaphor for a Quartered City. In: *International Journal of Urban and Regional Research* 13, 4, S. 697–708.

MARCUSE, Peter (1993): What's so New about Divided Cities? In: *International Journal of Urban and Regional Research* 17, 2, S. 355–365.

MARCUSE, Peter und Ronald VAN KEMPEN (Hg.) (2000): *Globalizing Cities. A New Spatial Order?* Oxford: Blackwell.

MARUKO, Shinji (2001): Toshin ga hito o hikitsukeru [Das Stadtzentrum lockt die Menschen an]. In: *Asahi Shimbun Weekly AERA* 2001.06.11, S. 16–17.

MASAI, Yasuo (1987): *Jōkamachi Tōkyō – Edo to Tōkyō to no taiwa* [Die Burgstadt Tōkyō – Ein Dialog zwischen Edo und Tōkyō]. Tōkyō: Hara Shobō.

MATSUBARA, Hiroshi (1995): Shihon no kokusai idō to sekai toshi Tōkyō (International flow of capital and world city Tokyo). In: *Keizai Chirigaku Nenpō* 41, 4, S. 13–27.

MATSUBARA, Hiroshi (07.04.2000): Training Scheme Exploits Foreigners. Status Merely a Façade. In: *The Japan Times Online*, http://www.japantimes.co.jp; Entnahme 06.01.2002.

MAYOR OF LONDON (2002): *London Divided. Income Inequality and Poverty in the Capital*. London: Greater London Authority.

MCDONALD, John F. (2004): The Deconcentration of Poverty in Chicago: 1990–2000. In: *Urban Studies* 41, 11, S. 2119–2137.

MENKHAUS, Heinrich (1998): Die rechtliche Bewältigung von Marktzugangsproblemen. In: Riesenhuber, Heinz und Josef Kreiner (Hg.): *Japan ist offen. Chancen für deutsche Unternehmen*. Berlin *et al.*: Springer, S. 121–135.

MINATO-KU (2001): *Minato-kunai no omo-na jūtaku keikaku no gaiyō* [Übersicht über wichtige Wohnungsbauprojekte im Stadtbezirk Minato]. [Tōkyō]: Minato-ku [unveröffentlichtes Material des Minato-ku Machizukuri Suishin-bu].

MINATO-KU MACHIZUKURI SUISHIN-BU (Hg.) (2002): *Minato-ku no machizukuri – Heisei 14-nendo jigyō gaiyō* [Stadtentwicklung im Stadtbezirk Minato – Übersicht über die Maßnahmen im Fiskaljahr 2002]. Tōkyō: Minato-ku Machizukuri Suishin-bu.

MINATO-KU MACHIZUKURI SUISHIN-BU (Hg.) (2003): *Minato-ku toshi keikaku gaiyō shiryō* [Übersichtsmaterial zur Stadtplanung in Minato-ku]. Tōkyō: Minato-ku Machizukuri Suishin-bu.

MINATO-KU MACHIZUKURI SUISHIN-BU TOSHI KEIKAKU-KA (Hg.) (1996): *Minato-ku machizukuri masutāpuran* [Stadtentwicklungs-Masterplan des Stadtbezirks Minato]. Tōkyō: Minato-ku Machizukuri Suishin-bu Toshi Keikaku-ka.

MINATO-KU MACHIZUKURI SUISHIN-BU TOSHI KEIKAKU-KA, JŪTAKU-KA (Hg.) (2002): *Dai 2-ji Minato-ku jūtaku kihon keikaku* [Zweiter Wohnungsbasisplan für den Stadtbezirk Minato]. Tōkyō: Minato-ku Machizukuri Suishin-bu Toshi Keikaku-ka, Jūtaku-ka.

MIZUUCHI, Toshio (1984): Senzen daitoshi ni okeru hinkon kaisō no kamitsu kyojū chiku to sono kyojū kankyō seibi jigyō – Shōwa 2-nen no furyō jūtaku chiku kairyō-hō o megutte (Densely inhabited districts of poorer people and renewal projects in six big cities in pre-war Japan – through an analysis of the "Renewal of Poor Housing Districts Act" of 1927). In: *Jinbun Chiri* 36, 4, S. 289–311.

Mollenkopf, John H. und Manuel Castells (Hg.) (1991): *Dual City: Restructuring New York*. New York: Russell Sage Foundation.

Morikawa, Hiroshi (1976): Hiroshima, Fukuoka ryōshi ni okeru inshi seitai (Factorial Ecology) no hikaku kenkyū (A comparative study of factorial ecologies in Hiroshima and Fukuoka). In: *Chirigaku Hyōron* 49, 5, S. 300–313.

Morimoto, Nobuaki (1999): Mochiie ichiba to shakuya ichiba [Der Eigentumswohnungsmarkt und der Mietwohnungsmarkt]. In: *Toshi Mondai Kenkyū* 51, 7, S. 33–46.

Mouer, Ross und Yoshio Sugimoto (1986): *Images of Japanese Society. A Study in the Structure of Social Reality*. London *et al.*: Kegan Paul International.

Mun, Chong-Sil (1994): „Zai-Nichi" komyunitī no kanōsei [Die Möglichkeit einer koreanischen *community* in Japan]. In: Okuda, Michihiro, Yasuo Hirota und Junko Tajima (Hg.): *Gaikokujin kyojūsha to Nihon no chiiki shakai* [Ausländische Mitbürger und japanische Lokalgesellschaft]. Tōkyō: Meiseki Shoten, S. 129–191.

Murakami, Haruki (1988/2002): *Tanz mit dem Schafsmann. Roman* (aus dem Japanischen von Sabine Mangold). Köln: DuMont [jap. Originaltitel: *Dansu, dansu, dansu*].

Murakami, Yasusuke (1984): *Shin-chūkan taishū no jidai – sengo Nihon no kaibōgaku* [Das Zeitalter der neuen Massen-Mittelschicht – Anatomie des nachkriegszeitlichen Japan]. Tōkyō: Chūō Kōronsha.

Musterd, Sako und Mariëlle de Winter (1998): Conditions for Spatial Segregation: Some European Perspectives. In: *International Journal of Urban and Regional Research* 22, 4, S. 665–673.

Musterd, Sako und Wim Ostendorf (Hg.) (1998): *Urban Segregation and the Welfare State. Inequality and Exclusion in Western Cities*. London und New York: Routledge.

Naganuma, Sae (2003): Innā eria chiku ni okeru jūtaku kōshin to jinkō kōreika ni kansuru ikkōsatsu – Tōkyō-to Arakawa-ku o jirei ni (Aging of population and housing renewal in the inner areas of Tōkyō). In: *Chirigaku Hyōron* 76, 7, S. 522–536.

Nakabayashi, Itsuki (1987): Socio-economic and Living Conditions of Tokyo's Inner-City. In: *Geographical Reports of Tokyo Metropolitan University* 22, S. 111–128.

Nakagawa, Kiyoshi (1985): *Nihon no toshi kasō* [Die städtischen Unterschichten Japans]. Tōkyō: Keisō Shobō.

Nakagawa, Satoshi (1990): Changing Patterns by Age Group in the Tokyo Metropolitan Area – From the Viewpoint of Migration with Cohort Analysis. In: *Geographical Review of Japan* 63 (Ser. B), 1, S. 34–47.

435

NAKAGAWA, Satoshi (1992): Residential Segregation by Age in Tokyo (from a Cohort-by-Cohort Viewpoint). In: Taylor, Zbigniew (Hg.): *Geographical Issues of Social and Economic Transformation of Contemporary Japan and Poland*. Proceedings of the Second Japanese-Polish Geographical Seminar Mądralin, Poland, September 1991. Warszawa: Institute of Geography and Spatial Organization, Polish Academy of Sciences (= Conference Papers; 16), S. 65–76.

NAKAGAWA, Satoshi (1998): Population Development and Social Problems in the Inner City and Suburbs of the Tokyo Metropolitan Area. In: The Organizing Committee of the 8th Japanese-German Geographical Conference (Hg.): *Sustainability as an Approach for National, Regional and Local Development in Japan and Germany*. Machida: The Organizing Committee of the 8th Japanese-German Geographical Conference, S. 183–193.

NAKANE, Chie (1970): *Japanese Society*. London: Weidenfeld & Nicolson.

NANBA, Takashi (2000a): Jentorifikēshon [Gentrification]. In: Tomita, Hidenori und Takeshi Moriya (Hg.): *Shakaigaku fōramu – ochitsukanai „watakushi" to „shakai"* [Soziologisches Forum – „Selbst" und „Gesellschaft" im Spannungsverhältnis]. Tōkyō: Fukumura Shuppan, S. 87–102.

NANBA, Takashi (2000b): Innā shiti no rōkyū misshū jūtaku chiku ni okeru jentorifikēshon [Gentrification in einem *inner city*-Distrikt mit veralteter dichter Wohnbebauung]. In: *Nagoya Tanki Daigaku Kenkyū Kiyō 38*, S. 109–123.

NARITA, Kōzō (1987): *Daitoshi suitai chiku no saisei. Jūmin to kinō no tayō-ka to fukugō-ka o mezashite* [Die Revitalisierung verfallener Großstadtdistrikte. Für Vielfalt und Komplexität ihrer Bewohner und Funktionen]. Tōkyō: Taimeidō.

NARITA, Kōzō (1999): Daitoshi suitai chiku no saisei – jiba toshite no daitoshi innā eria [Die Revitalisierung verfallener Großstadtdistrikte – großstädtische *inner areas* als Magnetfelder]. In: Okuda, Michihiro (Hg.): *Kōza shakaigaku 4: toshi* [Reihe Soziologie, Bd. 4: Städte]. Tōkyō: Tōkyō Daigaku Shuppankai, S. 65–104.

NIHON MĀKETINGU KYŌIKU SENTĀ (Hg.) (1987–2002): *Kojin shotoku shihyō* [Privateinkommensindizes]. Tōkyō: Nihon Māketingu Kyōiku Sentā [erscheint jährlich].

NIKKEI SANGYŌ SHŌHI KENKYŪSHO (Hg.) (1999): *Toshin manshon-zoku – Tōkyō 23kunai manshon kōnyūsha no ishiki to kōdō* [Die innerstädtische Schicht der Käufer von Apartmentwohnungen – Einstellungen und Verhalten der Käufer von Eigentumswohnungen im Bereich der 23 Stadtbezirke Tōkyōs]. Tōkyō: Nikkei Sangyō Shōhi Kenkyūsho.

NISHI, Ritsuko (2005): Daitoshi ni okeru tanshin kōreisha no eijingu to kyojū keizoku ni kansuru ikkōsatsu – Tōkyō-to Bunkyō-ku shirubāpia nyūkyosha no jirei (Research on aging and residential continuity of single elderly people in the Tokyo Metropolis: A case study of residents of the Silver Peer housing facilities in Bunkyo ward). In: *Chirigaku Hyōron* 78, 1, S. 48–63.

NISHIZAWA, Akihiko (1992): „Innā shiti mondai" to chiiki shakai no jūsōka [Die Überlagerung von „*inner city*-Problem" und lokaler Gesellschaft]. In: Takahashi, Yūetsu (Hg.): *Daitoshi shakai no risutorakucharingu: Tōkyō no innā shiti mondai* [Die Restrukturierung einer Großstadtgesellschaft. Tōkyōs *inner city*-Problem]. Tōkyō: Nihon Hyōronsha, S. 153–179.

NISHIZAWA, Akihiko und Yūetsu TAKAHASHI (1990): Jūtaku kaisō to chiiki mondai no ninshiki katei. Tōkyō Sumida-ku ni okeru (Housing classes and the cognitive process of inner city problems). In: *Sōgō Toshi Kenkyū* 40, S. 85–98.

NIWA, Hirokazu (1992): „Yoseba" Kamagasaki to „nojukusha" (An urban social geography of the homeless in Osaka, Japan). In: *Jinbun Chiri* 44, 5, S. 1–20.

NOGUCHI, Yukio (1994): Land Prices and House Prices in Japan. In: Noguchi, Yukio und James M. Poterba (Hg.): *Housing Markets in the United States and Japan*. Chicago und London: University of Chicago Press, S. 11–28.

NYC DEPARTMENT OF HOMELESS SERVICES (2004): *Historic Data*. http:// www.nyc.gov/html/dhs/downloads/pdf/histdata.pdf; Entnahme 06.10.2004. S. 4.

NYŪKAN KYŌKAI (Hg.) (1993–2006): *Zairyū gaikokujin tōkei* (Statistics on the foreigners registered in Japan). Tōkyō: Nyūkan Kyōkai [erscheint jährlich].

OBERLÄNDER, Christian (1998): Sozialpolitik und Sozialsysteme. In: Deutsches Institut für Japanstudien (Hg.): *Die Wirtschaft Japans. Strukturen zwischen Kontinuität und Wandel*. Berlin, Heidelberg und New York: Springer, S. 55–77.

ŌBUCHI, Hiroshi (1995): Josei no raifu saikuru to M-jigata shūgyō [Lebensverläufe von Frauen und der M-kurvenförmige Erwerbsverlauf]. In: Ōbuchi, Hiroshi (Hg.): *Josei no raifu saikuru to shūgyō kōdō* [Lebensverläufe und Erwerbsverhalten von Frauen]. Tōkyō: Ōkurashō Insatsukyoku, S. 13–35.

OCHIAI, Emiko (1994): *21-seiki kazoku e – kazoku no sengo taisei no mikata, koekata* [Auf dem Weg zur Familie des 21. Jahrhunderts – Standpunkte und Überwindung des nachkriegszeitlichen Familiensystems]. Tōkyō: Yūhikaku.

OCHIAI, Emiko (1997): *The Japanese Family System in Transition: A Sociological Analysis of Family Change in Postwar Japan*. Tōkyō: LTCB International Library Foundation.

OGAWA, Naohiro und Robert D. RETHERFORD (1993): The Resumption of Fertility Decline in Japan; 1973–92. In: *Population and Development Review* 19, 4, S. 703–741.

OKAMOTO, Hideo (1998): Shokugyō, rōdō mondai to daitoshi [Fragen zu Beruf und Arbeit und die Großstadt]. In: Kurasawa Susumu Sensei Taikan Kinen Ronshū Kankōkai (Hg.): *Toshi no shakai-teki sekai* [Die soziale Welt der Städte]. Tōkyō: UTP Seisaku Sentā, S. 315–324.

OKUDA, Michihiro und Junko TAJIMA (1991): *Ikebukuro no Ajia-kei gaikokujin. Shakaigaku-teki jittai hōkoku* [Die asiatischen Ausländer von Ikebukuro. Ein soziologischer Tatsachenbericht]. Tōkyō: Mekon.

OKUDA, Michihiro und Junko TAJIMA (1993): *Shinjuku no Ajia-kei gaikokujin. Shakaigaku-teki jittai hōkoku* [Die asiatischen Ausländer von Shinjuku. Ein soziologischer Tatsachenbericht]. Tōkyō: Mekon.

OKUDA, Michihiro, Yasuo HIROTA und Junko TAJIMA (Hg.) (1994): *Gaikokujin kyojūsha to Nihon no chiiki shakai* [Ausländische Mitbürger und japanische Lokalgesellschaft]. Tōkyō: Meiseki Shoten.

OKUDA, Michihiro und Kumiko SUZUKI (Hg.) (2001): *Esunoporisu Shinjuku, Ikebukuro – Rainichi jūnenme no Ajia-kei gaikokujin chōsa kiroku* [Ethnopolis Shinjuku und Ikebukuro – Chronik der Untersuchungen über asiatische Ausländer seit ihrer Ankunft zehn Jahre zuvor]. Tōkyō: Hābesuto-sha.

ÖLSCHLEGER, Hans Dieter (2004): Japanese Minorities in the Americas. In: Kreiner, Josef, Ulrich Möhwald und Hans Dieter Ölschleger (Hg.): *Modern Japanese Society*. Leiden und Boston: Brill (= Handbuch der Orientalistik, Section five, Japan; 9), S. 525–548.

ŌNO, Hiroshi (20.09.2003): Tetsudō ga toshin o minami ni ken'in [Die Eisenbahn zieht das Stadtzentrum nach Süden]. In: *Asahi Shinbun* 20.09.2003 (Morgenausgabe), S. be3.

ŌTA, Kiyoshi (2002): Shotoku nado no kakusa to jinkō no kōreika [Einkommensunterschiede und Alterung der Bevölkerung]. In: Miyajima, Hiroshi und Rengō Sōgō Seikatsu Kaihatsu Kenkyūsho (Hg.): *Nihon no shotoku bunpai to kakusa* [Verteilung und Unterschiede des Einkommens in Japan]. Tōkyō: Tōyō Keizai Shinpōsha, S. 101–118.

ŌTA, Takayasu (2002): Kōei jūtaku to minkan jūtaku no yakuwari buntan ni kansuru kadai, hōkōsei [Aufgaben und Richtung hinsichtlich der Rollenverteilung zwischen öffentlichem und privatem Wohnungswesen]. In: *Toshi Seisaku* 109, S. 14–26.

ŌTSUKA, Eiji (2003): Toshi saisei purojekuto [Das Stadtrevitalisierungsprojekt]. In: *Toshi Seisaku* 111, S. 25–35.

PARK, Robert E. (1925/67): The City: Suggestions for the Investigation of Human Behavior in the Urban Environment. In: Park, Robert E., Ernest W. Burgess und Roderick D. McKenzie: *The City. With an Introduc-*

tion by Morris Janowitz. Chicago und London: The University of Chicago Press, S. 1–46 [Reprint 1984].

PASCHA, Werner (1998): Japans Stellung in Ost- und Südostasien: Ist Japan für Deutschland noch ein attraktiver Markt und Wirtschaftspartner in der Region? In: Riesenhuber, Heinz und Josef Kreiner (Hg.): *Japan ist offen. Chancen für deutsche Unternehmen*. Berlin *et al.*: Springer, S. 57–70.

PIORE, Michael J. (1979): *Birds of Passage. Migrant Labor and Industrial Societies*. Cambridge: Cambridge University Press.

PORTES, Alejandro und Leif JENSEN (1987): What's an Ethnic Enclave? The Case for Conceptual Clarity. In: *American Sociological Review* 52, S. 768–771.

PRIES, Ludger (1999): New Migration in Transnational Spaces. In: Pries, Ludger (Hg.): *Migration and Transnational Social Spaces*. Aldershot: Ashgate, S. 1–35.

REISCHAUER, Edwin O. (1977): *The Japanese*. Cambridge, MA: Belknap Press of Harvard University Press.

ROBERTSON, Jennifer (1991): *Native and Newcomer. Making and Remaking a Japanese City*. Berkeley, Los Angeles und London: University of California Press.

RODENSTEIN, Marianne (1998): Frauen. In: Häußermann, Hartmut (Hg.): *Großstadt. Soziologische Stichworte*. Opladen: Leske+Budrich, S. 47–57.

RŌDŌ KŌSEISHŌ DAIJIN KANBŌ TŌKEI JŌHŌ-BU (Hg.) (2004): *Heisei 12-nen shikuchōson-betsu seimeihyō no gaikyō* [Zusammenfassung der Sterbetafeln für das Jahr 2000 nach Kommunen]. http://www.mhlw.go.jp/toukei/saikin/hw/life/ckts00/6.html; Entnahme 29.11.2004.

ROSEMAN, Curtis C., Hans Dieter LAUX und Günter THIEME (Hg.) (1996): *EthniCity. Geographic Perspectives on Ethnic Change in Modern Cities*. Lanham, Maryland und London: Rowman & Littlefield.

ROSSI, Peter H. (1980²): *Why Families Move*. Beverly Hills, CA: Sage Publications.

SAITO, Asato (2003): Global City Formation in a Capitalist Developmental State: Tokyo and the Waterfront Sub-centre Project. In: *Urban Studies* 40, 2, S. 283–308.

SAITO, Asato und Andy THORNLEY (2003): Shifts in Tokyo's World City Status and the Urban Planning Response. In: *Urban Studies* 40, 4, S. 665–685.

SAITŌ, Kazuya (1982): Tōkyō daitoshi-ken no shakai-, keizai-teki chiiki kōzō [Die soziale und ökonomische Regionalstruktur der Metropolitanregion Tōkyō]. In: *Jinbun Chiri* 34, 4, S. 75–89.

SASSEN, Saskia (1998): Swirling that Old Wine around in the Wrong Bottle. A Comment on White. In: *Urban Affairs Review* 33, 4, S. 478–481.

SASSEN, Saskia (2001a²): *The Global City – New York, London, Tokyo*. Princeton und Oxford: Princeton University Press [erste Auflage 1991].

SASSEN, Saskia (2001b): Global Cities and Developmentalist States: How to Derail What Could Be an Interesting Debate: A Response to Hill and Kim. In: *Urban Studies* 38, 13, S. 2537–2540.

SAVAGE, Michael und Alan WARDE (1993): *Urban Sociology: Capitalism and Modernity*. Basingstoke und New York: Macmillan.

SCHELSKY, Helmut (1965): *Auf der Suche nach Wirklichkeit. Gesammelte Aufsätze*. Düsseldorf und Köln: Diederichs.

SCHÖLLER, Peter (1969): Ein Jahrhundert Stadtentwicklung in Japan. In: Lauer, Wilhelm (Hg.): *Beiträge zur geographischen Japanforschung. Vorträge aus Anlaß des 50. Todestages von Johannes Justus Rein (1835–1918)*. Bonn: Dümmlers (= Colloquium Geographicum; 10), S. 13–57.

SCHÖLLER, Peter (1976): Tokyo: Entwicklung und Probleme wachsender Hauptstadt-Konzentration. In: Leupold, Werner und Werner Rutz (Hg.): *Der Staat und sein Territorium. Beiträge zur raumwirksamen Tätigkeit des Staates*. Wiesbaden: Steiner, S. 86–105.

SCHWARZ, Gabriele (1989⁴): *Allgemeine Siedlungsgeographie. Teil 2: Die Städte*. Berlin und New York: Walter de Gruyter.

SEELEIB-KAISER, Martin (2001): *Globalisierung und Sozialpolitik – Ein Vergleich der Diskurse und Wohlfahrtssysteme in Deutschland, Japan und den USA*. Frankfurt und New York: Campus.

SEKO, Miki (1994): Housing Finance in Japan. In: Noguchi, Yukio und James M. Poterba (Hg.): *Housing Markets in the United States and Japan*. Chicago und London: University of Chicago Press, S. 49–64.

SELLEK, Yoko (1997): Nikkeijin. The Phenomenon of Return Migration. In: Weiner, Michael (Hg.): *Japan's Minorities. The Illusion of Homogeneity*. London und New York: Routledge, S. 178–210.

SHEVKY, Eshref und Wendell BELL (1955): *Social Area Analysis: Theory, Illustrative Application, and Computational Procedures*. Stanford: Stanford University Press.

SHIMIZU, Masato (1994): Tōkyō daitoshi chiiki ni okeru gaikokujin shūgakusei no jūkyo idō (Residential mobility of foreign pre-college students in the Tokyo Metropolitan Area). In: *Chirigaku Hyōron* 67A, 6, S. 383–392.

SHIMIZU, Masato (1995): Residential Relocation and Friendship Association of Overstay Foreign Workers in Tokyo. In: *Geographical Review of Japan* 68B, 2, S. 166–184.

SHIMIZU, Masato (2004): An Analysis of Recent Migration Trends in the Tokyo City Core 3 Wards. In: *The Japanese Journal of Population* 2, 1, S. 1–16.

SHINJUKU JICHITAI SEISAKU KENKYŪKAI (Hg.) (2002): *Shinjuku – jichitai seisaku e no chōsen. Jibun no atama de kangaeru jichitai o mezashite* [Shinjuku – Herausforderung Gemeindepolitik. Für eine Gemeinde, die mit ihrem eigenen Kopf denkt]. Tōkyō: Gyōsei.

SHINJUKU-KU (1991–2004): *Shinjuku-ku gaikokujin tōrokusha no chōchō-betsu setai-sū oyobi danjo-betsu jinkō* [Bevölkerung der im Ausländerregister des Stadtbezirks Shinjuku erfassten Personen nach Wohndistrikt, Zahl der Haushalte und Geschlecht]. Tōkyō: Shinjuku-ku [unveröff. Tabellenmaterial, erscheint viermal pro Jahr].

SHINJUKU-KU (1991–2004): *Shinjuku-ku jūmin kihon daichō no chōchō-betsu setai-sū oyobi danjo-betsu jinkō* [Bevölkerung der im Einwohnermelderegister des Stadtbezirks Shinjuku erfassten Personen nach Wohndistrikt, Zahl der Haushalte und Geschlecht]. Tōkyō: Shinjuku-ku [unveröff. Tabellenmaterial, erscheint viermal pro Jahr].

SHINJUKU-KU (2002): *Shinjuku-ku gaikokujin tōroku kuni-betsu, sei-betsu, nenrei-betsu, zairyū shikaku-betsu ninzū chōsahyō* [Tabelle zur Zahl der im Ausländerregister des Stadtbezirks Shinjuku erfassten Personen nach Nationalität, Geschlecht, Alter und Aufenthaltsstatus]. Tōkyō: Shinjuku-ku [unveröff. Tabellenmaterial, erscheint viermal pro Jahr].

SHINJUKU-KU (2004): *Gaikokujin tōrokusha-sū kokuseki-betsu ichiranpyō* [Liste zur Zahl der registrierten Ausländer nach Nationalität]. Tōkyō: Shinjuku-ku [unveröff. Tabellenmaterial, erscheint viermal pro Jahr].

SHINJUKU-KU KUCHŌ-SHITSU KUSEI JŌHŌ-KA (2004): *Heisei 16-nendo Shinjuku-ku kumin ishiki chōsa* [Meinungsumfrage Stadtbezirk Shinjuku, Fiskaljahr 2004]. Tōkyō: Shinjuku-ku Kuchō-shitsu Kusei Jōhō-ka.

SHINJUKU-KU KUMIN-BU KUMIN-KA (Hg.) (2002, 2005): *Shinjuku-ku no tōkei* [Statistik des Stadtbezirks Shinjuku]. Tōkyō: Shinjuku-ku Kumin-bu Kumin-ka [erscheint jährlich].

SHINJUKU-KU TOSHI KEIKAKU-BU (2003): *Shinjuku-ku no tochi riyō 2003* [Bodennutzung im Stadtbezirk Shinjuku 2003]. Tōkyō: Shinjuku-ku Toshi Keikaku-bu.

SHIRAHASE, Sawako (2001): *Japanese Income Inequality by Household Types in Comparative Perspective.* Syracuse: Maxwell School of Citizenship and Public Affairs, Syracuse University (= Luxembourg Income Study Working Paper; 268).

SMITH, Michael Peter (1998): The Global City – Whose Social Construct is it Anyway? A Comment on White. In: *Urban Affairs Review* 33, 4, S. 482–488.

SMITH, Neil (1987): Of Yuppies and Housing: Gentrification, Social Restructuring and the Urban Dream. In: *Society and Space* 5, S. 151–172.

SMITH, Neil (1996): *The New Urban Frontier. Gentrification and the Revanchist City.* London und New York: Routledge.

441

SMITH, Neil und Peter WILLIAMS (Hg.) (1986): *Gentrification of the City*. Boston: Allen & Unwin.

SMITH II, Henry D. (1986): The Edo-Tokyo Transition: In Search of Common Ground. In: Jansen, Marius B. und Gilbert Rozman (Hg.): *Japan in Transition. From Tokugawa to Meiji*. Princeton: Princeton University Press, S. 347–374.

SŌMUCHŌ TŌKEIKYOKU (Hg.) (1980–2005): *Kokusei chōsa hōkoku* (Population census of Japan). Tōkyō: Nihon Tōkei Kyōkai [erscheint jeweils in mehreren Bänden].

SŌMUCHŌ TŌKEIKYOKU (Hg.) (1983–2003): *Jūtaku tochi tōkei chōsa hōkoku* (Housing and land survey of Japan). Tōkyō: Nihon Tōkei Kyōkai [erscheint jeweils in mehreren Bänden, bis 1993 unter dem kürzeren Titel *Jūtaku tōkei chōsa hōkoku*].

SŌMUCHŌ TŌKEIKYOKU (Hg.) (1989–2004): *Zenkoku shōhi jittai chōsa hōkoku* (National survey of family income and expenditure). Tōkyō: Nihon Tōkei Kyōkai [erscheint jeweils in mehreren Bänden].

SŌMUCHŌ TŌKEIKYOKU (Hg.) (1991–2001): *Jigyōsho kigyō tōkei chōsa hōkoku* (Establishment and enterprise census of Japan). Tōkyō: Nihon Tōkei Kyōkai [erscheint jeweils in mehreren Bänden].

SŌMUCHŌ TŌKEIKYOKU (Hg.) (1992–2002): *Shūgyō kōzō kihon chōsa hōkoku* (Employment status survey). Tōkyō: Nihon Tōkei Kyōkai [erscheint jeweils in mehreren Bänden].

SŌMUCHŌ TŌKEIKYOKU (Hg.) (1999): *Sābisugyō kihon chōsa hōkoku* (Survey on service industries). Tōkyō: Nihon Tōkei Kyōkai [erscheint jeweils in mehreren Bänden].

SŌMUCHŌ TŌKEIKYOKU (Hg.) (2005a): *Jūmin kihon daichō jinkō idō hōkoku nenpō* (Annual report on the internal migration in Japan derived from the basic resident registers). Tōkyō: Nihon Tōkei Kyōkai.

SŌMUCHŌ TŌKEIKYOKU (Hg.) (2005b): *Nihon tōkei nenkan* (Japan statistical yearbook). Tōkyō: Nihon Tōkei Kyōkai.

SŌMUCHŌ TŌKEIKYOKU (Hg.) (2006): *Shakai seikatsu tōkei shihyō – todōfuken no shihyō* (Social indicators by prefecture). Tōkyō: Nihon Tōkei Kyōkai.

SŌMUSHŌ TŌKEIKYOKU (Hg.): siehe unter SŌMUCHŌ TŌKEIKYOKU.

SONOBE, Masahisa (2001): *Gendai daitoshi shakai-ron. Bunkyokuka-suru toshi?* (Contemporary metropolitan society: dual society?). Tōkyō: Tōshindō.

STATISTISCHES BUNDESAMT (Hg.) (2006): *Datenreport 2006. Zahlen und Fakten über die Bundesrepublik Deutschland*. Bonn: Bundeszentrale für Politische Bildung.

SUGIMOTO, Yoshio (1997): *An Introduction to Japanese Society*. Cambridge: Cambridge University Press.

Literaturverzeichnis

SUZUKI, Kumiko (2003): Ikebukuro, Shinjuku no Ajia-kei gaikokujin chō-sa. 1988–2001 no zen-shigoto [Untersuchungen zu asiatischstämmigen Ausländern in Ikebukuro und Shinjuku. Das Gesamt-Œuvre der Jahre 1988–2001]. In: Watado, Ichirō, Yasuo Hirota und Junko Tajima (Hg.): *Toshi-teki sekai, komyuniti, esunishiti* [Urbane Welt, Community, Ethnicity]. Tōkyō: Meiseki Shoten, S. 82–106.

TAIRA, Atsushi (1990): Tōkyō-to Chiyoda-ku Kanda chiku ni okeru jinkō genshō ni tomonau komyuniti no hen'yō (La transformation des communautés et la dépopulation dans le quartier de Kanda, Tokyo). In: *Chirigaku Hyōron* 63A, 11, S. 701–721.

TAITŌ-KU ([2003]): *Taitō-ku no shōraizō no tame no kiso chōsa* [Grundlagenuntersuchung zu einem Zukunftsbild des Stadtbezirks Taitō]. Tōkyō: Taitō-ku [unveröff. Materialsammlung].

TAITŌ-KU KIKAKU-BU KIKAKU-KA (Hg.) (1999, 2002, 2004, 2005): *Taitō-ku gyōsei shiryōshū* [Materialsammlung zur Verwaltung des Stadtbezirks Taitō]. [Tōkyō]: Taitō-ku Kikaku-bu Kikaku-ka [erscheint jährlich].

TAITŌ-KU KIKAKU ZAISEI-BU KIKAKU-KA (Hg.): siehe unter TAITŌ-KU KIKAKU-BU KIKAKU-KA.

TAITŌ-KU SENKYO KANRI IINKAI (Hg.) (2001): *Senkyo no kiroku. Heisei 13-nen 6-gatsu 24-nichi shikkō Tōkyō-to gikai giin senkyo – Heisei 13-nen 7-gatsu 29-nichi shikkō sangiin giin senkyo* [Wahlreport zur Wahl der Präfekturversammlung Tōkyō vom 24.06.2001 und zur Oberhauswahl vom 29.07.2001]. Tōkyō: Taitō-ku Senkyo Kanri Iinkai.

TAITŌ-KU TOSHIZUKURI-BU (2002): *Taitō-ku toshi keikaku-zu* [Flächennutzungsplan Stadtbezirk Taitō]. Tōkyō: Taitō-ku Toshizukuri-bu [beidseitig bedruckte Karte].

TAITŌ-KU TOSHIZUKURI-BU (2003): *Tochi riyō no genkyō* [Gegenwärtiger Zustand der Bodennutzung]. Tōkyō: Taitō-ku Toshizukuri-bu.

TAJIMA, Junko (1994): Daitoshi innā eria ni okeru gaikokujin kyojū – Tōkyō Ikebukuro, Shinjuku chōsa no arata-na tenkai [Das Wohnen von Ausländern in einer großstädtischen *inner area* – neue Aufschlüsse aus der Untersuchung über Ikebukuro und Shinjuku in Tōkyō]. In: Okuda, Michihiro, Yasuo Hirota und Junko Tajima (Hg.): *Gaikokujin kyojūsha to Nihon no chiiki shakai* [Ausländische Mitbürger und japanische Lokalgesellschaft]. Tōkyō: Meiseki Shoten, S. 36–128.

TAJIMA, Junko (2002²): *Sekai toshi Tōkyō no Ajia-kei ijūsha* [Die asiatischen Migranten der Weltstadt Tōkyō]. Tōkyō: Gakumonsha.

TAJIMA, Junko (2003): Chinese Newcomers in the Global City Tōkyō: Social Networks and Settlement Tendencies. In: *International Journal of Japanese Sociology* 12, S. 68–78.

TAKAGI, Kōichi (1996): Toshin saikaihatsu chiku ni okeru kyojūsha no hen'yō [Wandel der Wohnbevölkerung in einem innerstädtischen Stadterneuerungsgebiet]. In: *Toshi Mondai* 87, 6, S. 99–109.

TAKAHASHI, Yūetsu und Masahisa SONOBE (1988): Innā shiti mondai no kōzō bunseki [Strukturanalyse der *inner city*-Probleme]. In: *Sōgō Toshi Kenkyū* 34, S. 5–17.

TAKANO, Takehiko (1979): Tōkyō-to kubu ni okeru inshi seitai kenkyū (The factorial ecology of Tokyo special district). In: *Tōhoku Chiri* 31, 4, S. 250–259.

TAKAYAMA, Masaki (1982): Ōsaka toshi-ken ni okeru innā shiti no jūtaku mondai (Inner city housing problems in the Osaka Metropolitan Region). In: *Jinbun Chiri* 34, 1, S. 53–68.

TAKENAKA, Hideki und Yūetsu TAKAHASHI (1988): Daitoshi innā eria ni okeru shakai idō to chiiki keisei. Tōkyō Sumida-ku K-chiku chōsa (1987) yori [Soziale Mobilität und Viertelsbildung in einer großstädtischen *inner area*. Aus der Untersuchung über den K-Distrikt im Tōkyō-ter Stadtbezirk Sumida (1987)]. In: *Sōgō Toshi Kenkyū* 34, S. 35–49.

TAKENAKA, Hideki und Yūetsu TAKAHASHI (1990): Tōkyō innā eria ni okeru chiiki mondai to machizukuri ishiki. Sumida-ku jūmin ishiki chōsa (1989) yori (Citizen's attitude on the changing social structure of inner Tokyo. 1989 sample survey of Sumida ward). In: *Sōgō Toshi Kenkyū* 40, S. 99–115.

TAKIGAWA, Toyomi (2001): Tōkyō toshin (Minato-ku) no fukugō saikai-hatsu [Komplexer Stadtumbau im Zentrum von Tōkyō (Stadtbezirk Minato)]. In: *Chiiki Kaihatsu* 436, S. 63–65.

TALCOTT, Paul (2002): The Politics of Japan's Long-term Care Insurance System. In: Conrad, Harald und Ralph Lützeler (Hg.): *Aging and Social Policy. A German-Japanese Comparison.* München: iudicium (= Monographien aus dem Deutschen Institut für Japanstudien; 26), S. 89–121.

TANABE, Ken'ichi (1970): Intra-regional Structure of Japanese Cities. In: Association of Japanese Geographers (Hg.): *Japanese Cities: A Geographical Approach.* Tōkyō: Association of Japanese Geographers (= Special Publication; 2), S. 109–119.

TAYLOR, Peter J. und D. R. F. WALKER (2001): World Cities: A First Multivariate Analysis of their Service Complexes. In: *Urban Studies* 38, 1, S. 23–47.

TAYLOR, Peter J., G. CATALANO und D. R. F. WALKER (2002a): Measurement of the World City Network. In: *Urban Studies* 39, 13, S. 2367–2376.

TAYLOR, Peter J., G. CATALANO und D. R. F. WALKER (2002b): Exploratory Analysis of the World City Network. In: *Urban Studies* 39, 13, S. 2377–2394.

THIEME, Günter (1993): Sozialstruktur. In: Börsch, Dieter (Hg.): *Handbuch des Geographieunterrichts, Band 2: Bevölkerung und Raum*. Köln: Aulis Verlag Deubner, S. 158–171.

THRÄNHARDT, Anna Maria (1995): Sozialstaat als Sparmodell: Staatsentlastung durch Delegation. In: Foljanty-Jost, Gesine und Anna-Maria Thränhardt (Hg.): *Der schlanke japanische Staat*. Opladen: Leske+Budrich, S. 69–87.

TŌKYŌ-TO (1986–2006): *Gaikokujin tōroku kokuseki-betsu jin'in chōsahyō* [Tabelle zur Zahl der im Ausländerregister erfassten Personen nach Nationalität]. Tōkyō: Tōkyō-to [unveröff. Tabellenmaterial, erscheint viermal pro Jahr].

TŌKYŌ-TO CHIJI HONBU SEISAKU-BU (2002): *Toshi saisei kinkyū seibi chiiki oyobi chiiki seibi hōshin no Tōkyō-to an* [Vorschlag der Präfektur Tōkyō für Entwicklungsgebiete mit dringendem Bedarf an städtischer Revitalisierung und zu Entwicklungsgrundsätzen für diese Gebiete]. http://www.metro.tokyo.jp/INET/CHOUSA/2002/06/60C6C500.htm; Entnahme 07.06.2004.

TŌKYŌ-TO FUKUSHI HOKEN-KYOKU (2003): *15-nen kaki rojō seikatsusha gaisū chōsa no kekka ni tsuite* [Zu den Ergebnissen der Schätzung obdachloser Personen im Sommer 2003]. http://www.fukushihoken.metro.tokyo.jp/press_reles/2003/pr1014.htm; Entnahme 06.10.2004.

TŌKYŌ-TO FUKUSHI-KYOKU SAN'YA TAISAKU-SHITSU (Hg.) (2000): *San'ya taisaku no kongo no arikata ni tsuite* [Zukünftige Richtlinien der San'ya-Politik]. Tōkyō: Tōkyō-to Fukushi-kyoku San'ya Taisaku-shitsu.

TŌKYŌ-TO JŪTAKU-KYOKU (Hg.) (2002): *2001–2015 Tōkyō-to jūtaku masutāpuran* [Wohnungs-Masterplan der Präfektur Tōkyō 2001–2015]. Tōkyō: Tōkyō-to Seikatsu Bunka-kyoku Kōhō Kōchō-bu Jōhō Kōkaika.

TŌKYŌ-TO JŪTAKU-KYOKU SŌMU-BU JŪTAKU SEISAKU-SHITSU (Hg.) (2000): *Heisei 11-nendo Tōkyō-to jūtaku hakusho – jūtaku seisaku o tenken-suru* [Wohnweißbuch der Präfektur Tōkyō für das Fiskaljahr 1999 – Inspektion der Wohnungspolitik]. Tōkyō: Tōkyō-to Seisaku Hōdō-shitsu.

TŌKYŌ-TO JŪTAKU-KYOKU SŌMU-BU JŪTAKU SEISAKU-SHITSU (Hg.) (2004): *Heisei 15-nendo Tōkyō-to jūtaku hakusho – toshin kyojū no dai-nimaku* [Wohnweißbuch der Präfektur Tōkyō für das Fiskaljahr 2003 – Der zweite Akt innerstädtischen Wohnens]. Tōkyō: Tōkyō-to Jūtaku-kyoku Sōmu-bu Jūtaku Seisaku-shitsu.

TŌKYŌ-TO SŌMU-KYOKU TŌKEI-BU JINKŌ TŌKEI-KA (2005): *Jinkō no ugoki 2005* [Bevölkerungsbewegung 2005]. http://www.toukei.metro.tokyo.jp/jugoki/2005/ju05q10000.htm; Entnahme 23.10.2006.

TŌKYŌ-TO SŌMU-KYOKU TŌKEI-BU TŌKEI CHŌSEI-KA (1989): *Heisei gan-nendo Tōkyō-to shakai shihyō – ko-betsu shihyō* [Sozialindikatoren zur Präfektur Tōkyō 1989 – Einzelindikatoren]. Tōkyō: Tōkyō-to Sōmu-kyoku Tōkei-bu Tōkei Chōsei-ka.

TŌKYŌ-TO TAITŌ-KU SŌMU-BU SŌMU-KA (Hg.) (2002): *Heisei 11-nen kōgyō tōkei chōsa hōkoku* [Ergebnisband Industriezählung 1999]. Tōkyō: Tōkyō-to Taitō-ku Sōmu-bu Sōmu-ka.

TŌKYŌ-TO TAITŌ-KU TOSHIZUKURI-BU (Hg.) (2002): *Heisei 13-nendo jigyō gaiyō* [Projektübersicht für das Fiskaljahr 2001]. Tōkyō: Tōkyō-to Taitō-ku.

TŌKYŌ-TO TŌKEI KYŌKAI (Hg.) (1987–2004): *Tōkyō-to tōkei nenkan* (Tokyo statistical yearbook). Tōkyō: Tōkyō-to Tōkei Kyōkai.

TŌKYŌ-TO TOSHI KEIKAKU-KYOKU SŌMU-BU SŌDAN JŌHŌ-KA (Hg.) (1989): *Tōkyō no toshi keikaku hyakunen* [Ein Jahrhundert Stadtplanung von Tōkyō]. Tōkyō: Tōkyō-to Jōhō Renraku-shitsu.

TŌKYŌ-TO TOSHI KEIKAKU-KYOKU SŌMU-BU SŌDAN JŌHŌ-KA (Hg.) (1992): *Tōkyō no toshi-zukuri 1992 – Planning of Tokyo 1992.* Tōkyō: Tōkyō-to Jōhō Renraku-shitsu.

TŌKYŌ-TO TOSHI KEIKAKU-KYOKU SŌMU-BU TOCHI CHŌSA-KA (Hg.) (2004): *Tōkyō no tochi 2003 (tochi kankei shiryōshū)* [Der Boden von Tōkyō 2003 (Sammlung von Materialien mit Bezug auf Boden)]. Tōkyō: Tōkyō-to Toshi Keikaku-kyoku Sōmu-bu Tochi Chōsa-ka.

TŌKYŌ-TO TOSHI KEIKAKU-KYOKU TOSHI-ZUKURI SEISAKU-BU KŌIKI CHŌSEI-KA (Hg.) (2002): *Tōkyō toshi hakusho 2002* [Weißbuch der Stadt Tōkyō 2002]. Tōkyō: Tōkyō-to Seikatsu Bunka-kyoku Kōhō Kōchō-bu Jōhō Kōkai-ka.

TOMINAGA, Ken'ichi (1990): Modernisierung und der Wandel der Werte in Japan. In: Scheuringer, Brunhilde (Hg.): *Wertorientierung und Zweckrationalität. Soziologische Gegenwartsbestimmungen. Friedrich Fürstenberg zum 60. Geburtstag.* Opladen: Leske+Budrich, S. 39–56.

TOMOTSUNE, Tsutomu (2003): Toshi ni okeru buraku mondai no keisei ni tsuite – Tōkyō, Arakawa-ku (Mikawashima) no hikaku sangyō no baai [Zur Enstehung des *buraku*-Problems in den Städten – der Fall der Lederindustrie im Bezirk Arakawa (Mikawashima-Distrikt) in Tōkyō]. In: Kobayashi, Takehiro (Hg.): *Toshi kasō no shakaishi* [Sozialgeschichte der städtischen Unterschichten]. Ōsaka: Buraku Kaihō Jinken Kenkyūsho, S. 100–143.

TOYODA, Kaoru (1994): *Tōkyō no chiri saihakken. Dare ga machi o tsukutta ka* [Die geographische Wiederentdeckung Tōkyōs. Wer baute die Stadt?]. 2 Bde. Tōkyō: Chirekisha.

TOYODA, Tetsuya (1999): Shakai kaisō bunkyokuka-ron to toshi no kūkan kōzō – Tōkyō tokubetsu-ku no jirei [Die Debatte über soziale Schichtenpolarisierung und die räumliche Struktur der Städte – das Beispiel der Stadtbezirke von Tōkyō]. In: Narita, Kōzō (Hg.): *Daitoshi-ken kenkyū (jō)* [Stadtregionenforschung, Bd. 1]. Tōkyō: Taimeidō, S. 224–247.

VAATTOVAARA, Mari und Matti KORTTEINEN (2003): Beyond Polarisation versus Professionalisation? A Case Study of the Development of the Helsinki Region, Finland. In: *Urban Studies* 40, 11, S. 2127–2145.

VAN CRIEKINGEN, Mathieu und Jean-Michel DECROLY (2003): Revisiting the Diversity of Gentrification: Neighbourhood Renewal Processes in Brussels and Montreal. In: *Urban Studies* 40, 12, S. 2451–2468.

VAN DER WUSTEN, Herman und Sako MUSTERD (1998): Welfare State Effects on Inequality and Segregation: Concluding Remarks. In: Musterd, Sako und Wim Ostendorf (Hg.): *Urban Segregation and the Welfare State. Inequality and Exclusion in Western Cities.* London und New York: Routledge, S. 238–247.

VOGEL, Ezra F. (1979): *Japan as Number One. Lessons for America.* Cambridge, MA: Harvard University Press.

VOGT, Silke (2001): *Neue Wege der Stadtplanung in Japan. Partizipationsansätze auf der Mikroebene, dargestellt anhand ausgewählter* machizukuri-*Projekte in Tōkyō.* München: iudicium (= Monographien aus dem Deutschen Institut für Japanstudien der Philipp Franz von Siebold Stiftung; 30).

WAGNER, Peter (1994): *A Sociology of Modernity. Liberty and Discipline.* London und New York: Routledge.

WAKABAYASHI, Yoshiki, Hiroo KAMIYA, Yoshimichi YUI, Reiko KINOSHITA und Honami KAGEYAMA (2002): Tōkyō daitoshi-ken ni okeru 30-saidai shinguru josei no kyojūchi sentaku – ankēto chōsa to gurūpu intabyū ni yoru bunseki [Die Wohnortwahl von alleinstehenden Frauen im Alter zwischen 30 und 39 Jahren im Metropolitangebiet Tōkyō – Analyse anhand eines Fragebogens und Gruppeninterviews]. In: Wakabayashi, Yoshiki, Hiroo Kamiya, Reiko Kinoshita, Yoshimichi Yui und Keiji Yano (Hg.): *Shinguru josei no toshi kūkan* [Stadträume alleinstehender Frauen]. Tōkyō: Taimeidō, S. 79–114.

WALDENBERGER, Franz (1998a): Wirtschaftspolitik. In: Deutsches Institut für Japanstudien (Hg.): *Die Wirtschaft Japans. Strukturen zwischen Kontinuität und Wandel.* Berlin, Heidelberg und New York: Springer, S. 19–54.

WALDENBERGER, Franz (1998b): Finanzsystem. In: Deutsches Institut für Japanstudien (Hg.): *Die Wirtschaft Japans. Strukturen zwischen Kontinuität und Wandel.* Berlin, Heidelberg und New York: Springer, S. 107–133.

WALEY, Paul (2000): Tokyo: Patterns of Familiarity and Partitions of Difference. In: Marcuse, Peter und Ronald van Kempen (Hg.): *Globalizing Cities. A New Spatial Order?* Oxford: Blackwell, S. 127–157.

WALEY, Paul (2002): Moving the Margins of Tokyo. In: *Urban Studies* 39, 9, S. 1533–1550.

WARDE, Alan (1991): Gentrification as Consumption: Issues of Class and Gender. In: *Environment and Planning D: Society and Space* 9, S. 223–232.

WEHRHEIM, Jan (2002): *Die überwachte Stadt. Sicherheit, Segregation und Ausgrenzung.* Opladen: Leske+Budrich.

WERLEN, Benno (1993): Gibt es eine Geographie ohne Raum? Zum Verhältnis von traditioneller Geographie und zeitgenössischen Gesellschaften. In: *Erdkunde* 47, 4, S. 241–255.

WERLEN, Benno (2000): *Sozialgeographie. Eine Einführung.* Bern, Stuttgart und Wien: Haupt (= utb; 1911).

WESSEL, Terje (2000): Social Polarisation and Socioeconomic Segregation in a Welfare State: The Case of Oslo. In: *Urban Studies* 37, 11, S. 1947–1967.

WESSEL, Terje (2001): Losing Control? Inequality and Social Divisions in Oslo. In: *European Planning Studies* 9, 7, S. 889–906.

WHITE, James W. (1998a): Old Wine, Cracked Bottle? Tokyo, Paris, and the Global City Hypothesis. In: *Urban Affairs Review* 33, 4, S. 451–477.

WHITE, James W. (1998b): Half-empty Bottle or no Bottle at all? A Rejoinder to Sassen and Smith. In: *Urban Affairs Review* 33, 4, S. 489–491.

WILSON, William J. (1987): *The Truly Disadvantaged: the Inner City, the Underclass, and Public Policy.* Chicago und London: The University of Chicago Press.

WILTSHIRE, Richard (2004): Comment on Fielding's "Class and Space: Social Segregation in Japanese Cities". In: *Transactions of the Institute of British Geographers* NS 29, S. 85–86.

WORLD BANK (2000): *World Development Report 2000/2001: Attacking Poverty.* Oxford: Oxford University Press.

YABE, Naoto (2003): 1990 nendai kōhan no Tōkyō toshin ni okeru jinkō kaiki genshō – Minato-ku ni okeru jūmin ankēto chōsa no bunseki o chūshin ni shite (Population recovery in inner Tōkyō in the late 1990s: A questionnaire survey in Minato ward). In: *Jinbun Chiri* 55, 3, S. 277–292.

YAMADA, Masahiro (1999): *Kazoku no risutorakucharingu. 21-seiki no fūfu, oyako wa dō ikinokoru ka* [Restrukturierung der Familie. Wie können Ehepartner- und Eltern-Kind-Beziehungen des 21. Jahrhunderts überleben?]. Tōkyō: Shin'yōsha.

YAMADA, Masahiro (2002): Parasite Singles as a Symbol of the Japanese Family System – A Personal View. In: Klein, Axel, Ralph Lützeler und Hans Dieter Ölschleger (Hg.): *Modernization in Progress. Demographic Development and Value Change in Contemporary Europe and East Asia.* Bonn: Bier'sche Verlagsanstalt (= JapanArchiv; 4), S. 105–121.

YAMADA, Shigeru (2002): 2000-nen kokusei chōsa kekka no seido ni tsuite [Zur Korrektheit der Volkszählungsergebnisse des Jahres 2000]. In: *Jinkōgaku Kenkyū* 31, S. 80–84.

YAMAGUCHI, Takashi (1976): Sapporo-shi no shakai chiiki bunseki – inshi seitaigaku-teki kenkyū [Sozialraumanalyse der Stadt Sapporo – eine faktorialökologische Untersuchung]. In: *Tōkyō Daigaku Kyōyō Gakubu Jinbun Kagakuka Kiyō* 62, S. 83–105.

YAMASHITA, Jun (2002): Fukushi seisaku, komyuniti seisaku to no renkei to iu kōei jūtaku no yakuwari henka no kanōsei [Möglichkeiten einer veränderten Rolle öffentlicher Wohnungen im Sinne einer Verbindung von Sozialpolitik und Quartiersmanagement]. In: *Toshi Seisaku* 109, S. 49–62.

YANO, Keiji, Reiko KINOSHITA, Yoshimichi YUI, Hiroo KAMIYA, Takashi NA-KAZATO und Yoshiki WAKABAYASHI (2002): Shudai-betsu jendā mappu [Thematische Gender-Karten]. In: Wakabayashi, Yoshiki, Hiroo Kamiya, Reiko Kinoshita, Yoshimichi Yui und Keiji Yano (Hg.): *Shinguru josei no toshi kūkan* [Stadträume alleinstehender Frauen]. Tōkyō: Taimeidō, S. 40–77.

YAZAKI, Takeo (1968): *Social Change and the City in Japan. From Earliest Times through the Industrial Revolution*. Tōkyō: Japan Publications [Übersetzung des 1962 als *Nihon toshi no hatten katei* publizierten Werkes durch David L. Swain].

YUI, Yoshimichi (1998): Ōsaka-shi ni okeru kōei jūtaku kyojūsha no nenrei-betsu jinkō kōsei no henka (Changing characteristics of residents in public housing: a case study of Osaka City). In: *Jinbun Chiri* 50, 1, S. 43–60.

YUI, Yoshimichi (2002): Toshin kyojū – shinguru josei-muke manshon no kyōkyū [Innerstädtisches Wohnen – das Angebot an Eigentumswohnungen für alleinstehende Frauen]. In: Wakabayashi, Yoshiki, Hiroo Kamiya, Reiko Kinoshita, Yoshimichi Yui und Keiji Yano (Hg.): *Shinguru josei no toshi kūkan* [Stadträume alleinstehender Frauen]. Tōkyō: Taimeidō, S. 151–169.

YUI, Yoshimichi und Keiji YANO (2002): Shinguru agein no jūtaku mondai – Tōkyō 23ku no hitorioya setai [Wohnungsprobleme der Wieder-Singles – Eineltternhaushalte im Bereich der 23 Stadtbezirke Tōkyōs]. In: Wakabayashi, Yoshiki, Hiroo Kamiya, Reiko Kinoshita, Yoshimichi Yui und Keiji Yano (Hg.): *Shinguru josei no toshi kūkan* [Stadträume alleinstehender Frauen]. Tōkyō: Taimeidō, S. 190–221.

ZAIDAN HŌJIN KOYŌ JŌHŌ SENTĀ (2004): *Shokushū-betsu gekkan yūkō kyūjin bairitsu no suii (zenkoku, todōfuken-betsu)* [Wandel des monatlichen effektiven Stellenangebotsverhältnisses nach Berufsgruppe (für das gesamte Land und nach Präfekturen)]. http://www.eicenter.or.jp/suii.html; Entnahme 17.03.2005.

449

ZAJCZYK, Francesca (1996): The Social Morphology of the New Urban Poor in a Wealthy Italian City: the Case of Milan. In: Mingione, Enzo (Hg.): *Urban Poverty and the Underclass. A Reader.* Oxford: Blackwell, S. 299–324.

ZEHNER, Klaus (2004): Die Sozialraumanalyse in der Krise? Denkanstöße für eine Modernisierung der sozialgeographischen Stadtforschung. In: *Erdkunde* 58, 1, S. 53–61.

INDEX

A

abandoned city → siehe Aufgegebene Stadt

Agglomerationsvorteile 93, 143, 152

Ainu 104, 105

Akasaka 289–291, 293, 296, 301–304, 310, 313, 316, 317, 319, 320

Akasaka Residential Hotel 303

Akihabara 146, 147

Akteure
auf dem Wohnungsmarkt 38, 39, 41, 197
institutionelle 57
öffentliche 39, 57, 67, 143–147, 229, 248, 307–319, 382, 391, 392, 396
staatliche → siehe Akteure, öffentliche

Akteursgruppen 37, 147

Akteurskoalition → siehe Akteursgruppen

Alte (Menschen) 57, 79, 81, 89, 151, 184, 185, 206, 207, 276, 278, 356, 375, 380, 383
Wohnungen für → siehe auch System zur Schaffung empfehlenswerter Mietwohnungen für alte Menschen; Silver Peer-Wohnungsprogramm 209, 210, 212, 214, 215, 245

Alterung, demographische 87, 118, 171, 184, 185, 368

Amerikaner → siehe US-Amerikaner

Amerikazentrismus 28, 147, 390

Anleitungsprogramm zur Förderung der Ansässigkeit (*teijū sokushin shidō yōkō*) → siehe *housing linkage*-Programm

Ansässigkeit (als städtebauliches Leitbild) 308, 309, 318, 319, 393

Arakawa(-Fluss) 162, 165, 168, 199

Arakawa-*ku* 159, 166, 167, 171, 185, 220, 238, 241, 252, 258, 273, 353, 357, 387

Arbeitslose → siehe Erwerbslose

Arbeitslosenrate → siehe Erwerbslosenrate

Arbeitslosigkeit → siehe Erwerbslosigkeit

Arbeitsmigranten 58, 84, 88, 89, 141, 150, 258, 261, 262, 340, 359, 389

ARK-Hills 296, 312, 314

Armutsgrenze 80, 81

Armutssegregation 39–41, 67, 68, 384, 394

Asakusa 158, 161, 167, 171, 353–355

ashigaru (Samurai niederen Ranges) 155

Assimilation 141, 268, 349, 350, 394

Aufgegebene Stadt (*abandoned city*, nach Marcuse) 31, 281, 360, 395

Aufwertung von Wohnvierteln (*upgrading*) 25, 44–46, 56, 57, 67, 194, 211, 248–252, 277, 282–287, 299–306, 313, 391, 392, 397

Ausländer
asiatischer Herkunft (in Japan) 58, 66, 84, 87, 105, 127, 171, 232, 238, 255, 259, 260, 273, 324, 326, 338, 340, 353, 377, 391, 393, 394
illegale 140, 141, 268
westlicher Herkunft (in Japan) 261–264, 291, 330, 337

Ausländeranteil 49, 83, 89, 129, 152, 252–254, 277, 281, 286, 326–334, 337, 338, 340, 341, 343, 380, 397

Ausländermelderegister 72–74

Ausländerstatistik (in Japan) 72–74, 268, 334, 337

Außenmigrationskontrollgesetz (*Shutsunyūkoku kanri-hō, Nyūkan-hō*) 140, 141

Außenseiterbevölkerung 29, 82

Außenseiterindex 82, 83

B

Bank of Japan 108

Bankenkrise, japanische 52, 109

451

cultural turn (in den Sozialwissenschaften) 68, 69

D

Daiba 240, 246, 289, 317
daimyō (Lehnsfürst) 154–160, 162, 288, 290, 293
 -Residenz 155–158, 288, 290, 293
Daueraufenthaltsrecht 212, 257, 258, 327
Dauererwerbslosigkeit 59, 75, 82, 125, 276
Deindustrialisierung 38, 41, 50, 95, 97, 171
Den'en Chōfu 170, 172, 218
Deregulierung 56, 64, 107, 108, 112, 139, 143, 145, 201, 207, 316, 396
developmental state(-These) 23, 53, 54, 60, 90, 93, 122, 138, 144, 147–149, 151–153, 388–390, 396
Dienstleistungen 26, 28, 45, 55, 83, 90, 92, 95, 100, 103, 107, 112–119, 137, 149, 152, 264, 275, 300, 303, 341, 385, 393
 öffentliche 79, 118, 300
 persönliche 26, 31, 32, 45, 97, 114, 117
 unternehmensorientierte 26, 31, 44, 90, 97, 112, 115, 118, 119, 147
Dienstleistungsberufe → siehe Dienstleistungen
Differenzgesellschaft (*kakusa shakai*) 18, 79
Differenzierungsgrad (der Bevölkerung) 61, 63, 64, 396
Diskriminanzanalyse 278
Distrikt
 hochgradiger Flächennutzung (*kōdo riyō chiku*) 200, 202
 mit festgeschriebener Wohnnutzung in den mittleren und oberen Geschossen von Gebäuden (*chūkō sōkai jūkyo sen'yō chiku*) 200, 308, 309, 312
 zur Förderung des Stadtumbaus und Ähnlichem (*saikaihatsu-tō sokushin-ku*) 201

 zur Steuerung hochgeschossigen Wohnens (*kōsō jūkyo yūdō chiku*) 201, 312, 313
Distriktplan (*chiku keikaku*) 201, 312
 mit nach Nutzung differenzierter Geschossflächenausweisung (*yōtobetsu yōsekigata chiku keikaku*) 311
 zum Stadtumbau (*saikaihatsu chiku keikaku*) 201, 312, 313
 zur hochgradigen Nutzung von Wohnbauland (*jūtakuchi kōdo riyō chiku keikaku*) 201
 zur Steuerung des Stadtbildes (*machinami yūdōgata chiku keikaku*) 314
Distriktplangebiet 200, 202, 312, 314, 316, 318, 404
Distriktplanung 198
doughnut-Phänomen 173
dōwa-Distrikt 105, 356, 357, 382
doya (Tagelöhnerherberge) 126, 164, 357, 359, 368, 370, 385, 387
Dreigenerationenhaushalt → siehe Haushalt, erweiterter
Dringliches Entwicklungsgebiet städtischer Revitalisierung (*toshi saisei kinkyū seibi chiiki*) 145–147, 205, 316, 323, 401
Durchschnittsgehälter 97, 99, 106

E

Economic Planning Agency (Keizai Kikakuchō; bis 2001) 88
Edo 92, 154–160, 164, 288, 320, 353, 361
 -Zeit (1603–1868) 49, 154–161, 164, 221, 288, 293, 320, 323, 353, 354, 356, 357
Ehepaarhaushalt 89, 105, 183, 186, 187, 245, 246, 250, 284, 285, 392
Eigentums-Apartmentwohnung (*bunjō manshon*) 232, 239, 240, 245, 247, 249, 282, 292, 293, 295, 296, 300, 306, 308, 317, 318, 356, 383, 393, 396
Eigentumswohnung 187, 208, 209, 224, 225, 232, 240, 246, 264, 296, 301, 318, 355, 356
Einkommensdezil 102, 118–121, 132

MONOGRAPHIEN AUS DEM
DEUTSCHEN INSTITUT FÜR JAPANSTUDIEN

Bd. 1: Harumi Befu, Josef Kreiner (Eds.): *Othernesses of Japan. Historical and Cultural Influences on Japanese Studies in Ten Countries.* 1992, ²1995 ISBN 978-3-89129-481-9 342 S., kt.

Bd. 2: Erich Pauer (Hg.): *Technologietransfer Deutschland – Japan von 1850 bis zur Gegenwart.* 1992 ISBN 978-3-89129-482-6 330 S., geb.

Bd. 3: Shigeyoshi Tokunaga, Norbert Altmann, Helmut Demes (Eds.): *New Impacts on Industrial Relations – Internationalization and Changing Production Strategies.* 1992 ISBN 978-3-89129-483-3 492 S., geb.

Bd. 4: Roy Andrew Miller: *Die japanische Sprache. Geschichte und Struktur.* Aus dem überarbeiteten englischen Original übersetzt von Jürgen Stalph *et al.* 1993 ISBN 978-3-89129-484-0 XXVI, 497 S., 24 Tafeln, geb.

Bd. 5: Heinrich Menkhaus (Hg.): *Das Japanische im japanischen Recht.* 1994 ISBN 978-3-89129-485-7 XVI, 575 S., geb.

Bd. 6: Josef Kreiner (Ed.): *European Studies on Ainu Language and Culture.* 1993 ISBN 978-3-89129-486-4 324 S., geb.

Bd. 7: Hans Dieter Ölschleger, Helmut Demes, Heinrich Menkhaus, Ulrich Möhwald, Annelie Ortmanns, Bettina Post-Kobayashi: *Individualität und Egalität im gegenwärtigen Japan. Untersuchungen zu Wertemustern in bezug auf Familie und Arbeitswelt.* 1994 ISBN 978-3-89129-487-1 472 S., geb.

Bd. 8: Gerhard Krebs, Bernd Martin (Hg.): *Formierung und Fall der Achse Berlin-Tōkyō.* 1994 ISBN 978-3-89129-488-8 256 S., geb.

Bd. 9: Helmut Demes, Walter Georg (Hg.): *Gelernte Karriere. Bildung und Berufsverlauf in Japan.* 1994 ISBN 978-3-89129-489-5 521 S., geb.

Bd. 10: Josef Kreiner (Ed.): *Japan in Global Context. Papers presented on the Occasion of the Fifth Anniversary of the German Institute for Japanese Studies, Tōkyō.* 1994 ISBN 978-3-89129-490-1 123 S., geb.

Bd. 11: Josef Kreiner (Ed.): *The Impact of Traditional Thought on Present-Day Japan.* 1996 ISBN 978-3-89129-491-8 236 S., geb.

Bd. 12: Josef Kreiner, Hans Dieter Ölschleger (Eds.): *Japanese Culture and Society. Models of Interpretation.*
1996 ISBN 978-3-89129-492-5 361 S., geb.

Bd. 13: Josef Kreiner (Ed.): *Sources of Ryūkyūan History and Culture in European Collections.*
1996 ISBN 978-3-89129-493-2 396 S., geb.

Bd. 14: Aoki Tamotsu: *Der Japandiskurs im historischen Wandel. Zur Kultur und Identität einer Nation.* Aus dem japanischen Original übersetzt von Stephan Biedermann, Robert Horres, Marc Löhr, Annette Schad-Seifert.
1996 ISBN 978-3-89129-494-9 140 S., geb.

Bd. 15: Edzard Janssen, Ulrich Möhwald, Hans Dieter Ölschleger (Hg.): *Gesellschaften im Umbruch? Aspekte des Wertewandels in Deutschland, Japan und Osteuropa.*
1996 ISBN 978-3-89129-495-6 272 S., geb.

Bd. 16: Robert Horres: *Raumfahrtmanagement in Japan. Spitzentechnologie zwischen Markt und Politik.*
1996 ISBN 978-3-89129-496-3 267 S., geb.

Bd. 17/1: Shūzō Kure: *Philipp Franz von Siebold. Leben und Werk.* Deutsche, wesentlich vermehrte und ergänzte Ausgabe, bearbeitet von Friedrich M. Trautz. Herausgegeben von Hartmut Walravens.
1996 ISBN 978-3-89129-497-0 LXVI, 800 S., geb.

Bd. 17/2: Shūzō Kure: *Philipp Franz von Siebold. Leben und Werk.* Deutsche, wesentlich vermehrte und ergänzte Ausgabe, bearbeitet von Friedrich M. Trautz. Herausgegeben von Hartmut Walravens.
1996 ISBN 978-3-89129-497-0 XXX, 899 S., geb.

Bd. 18: Günther Distelrath: *Die japanische Produktionsweise. Zur wissenschaftlichen Genese einer stereotypen Sicht der japanischen Wirtschaft.*
1996 ISBN 978-3-89129-498-7 253 S., geb.

Bd. 19: Gerhard Krebs, Christian Oberländer (Eds.): *1945 in Europe and Asia – Reconsidering the End of World War II and the Change of the World Order.*
1997 ISBN 978-3-89129-499-4 410 S., geb.

Bd. 20: Hilaria Gössmann (Hg.): *Das Bild der Familie in den japanischen Medien.*
1998 ISBN 978-3-89129-500-7 338 S., geb.

Bd. 21: Franz Waldenberger: *Organisation und Evolution arbeitsteiliger Systeme – Erkenntnisse aus der japanischen Wirtschaftsentwicklung.*
1999 ISBN 978-3-89129-501-4 226 S., geb.

Bd. 22: Harald Fuess (Ed.): *The Japanese Empire in East Asia and Its Postwar Legacy.*
1998 ISBN 978-3-89129-502-1 253 S., geb.

Bd. 23: Matthias Koch: *Rüstungskonversion in Japan nach dem Zweiten Weltkrieg. Von der Kriegswirtschaft zu einer Weltwirtschaftsmacht.*
1998 ISBN 978-3-89129-503-8 449 S., geb.

Bd. 24: Verena Blechinger, Jochen Legewie (Eds.): *Facing Asia – Japan's Role in the Political and Economical Dynamism of Regional Cooperation.* 2000 ISBN 978-3-89129-506-9 328 S., geb.

Bd. 25: Irmela Hijiya-Kirschnereit (Hg.): *Forschen und Fördern im Zeichen des Ginkgo. Zehn Jahre Deutsches Institut für Japanstudien.* 1999 ISBN 978-3-89129-505-2 270 S., geb.

Bd. 26: Harald Conrad, Ralph Lützeler (Eds.): *Aging and Social Policy. A German-Japanese Comparison* 2002 ISBN 978-3-89129-840-4 353 S., geb.

Bd. 27: Junko Ando: *Die Entstehung der Meiji-Verfassung. Zur Rolle des deutschen Konstitutionalismus im modernen japanischen Staatswesen.* 2000 ISBN 978-3-89129-508-3 273 S., geb.

Bd. 28: Irmela Hijiya-Kirschnereit (Hg.): *Eine gewisse Farbe der Fremdheit. Aspekte des Übersetzens Japanisch-Deutsch-Japanisch.* 2001 ISBN 978-3-89129-509-0 316 S., geb.

Bd. 29: Peter J. Hartmann: *Konsumgenossenschaften in Japan: Alternative oder Spiegelbild der Gesellschaft?* 2003 ISBN 978-3-89129-507-6 628 S., geb.

Bd. 30: Silke Vogt: *Neue Wege der Stadtplanung in Japan. Partizipationsansätze auf der Mikroebene, dargestellt anhand ausgewählter* machizukuri-*Projekte in Tōkyō.* 2001 ISBN 978-3-89129-841-1 312 S., geb.

Bd. 31: Birgit Poniatowski: *Infrastrukturpolitik in Japan. Politische Entscheidungsfindung zwischen regionalen, sektoralen und gesamtstaatlichen Interessen.* 2001 ISBN 978-3-89129-842-8 417 S., geb.

Bd. 32: Gerhard Krebs (Hg.): *Japan und Preußen.* 2002 ISBN 978-3-89129-843-5 356 S., geb.

Bd. 33: René Haak, Hanns Günther Hilpert (Eds.): *Focus China – The New Challenge for Japanese Management.* 2003 ISBN 978-3-89129-844-2 223 S., geb.

Bd. 34: Iwo Amelung, Matthias Koch, Joachim Kurtz, Eun-Jung Lee, Sven Saaler (Hg.): *Selbstbehauptungsdiskurse in Asien: China – Japan – Korea.* 2003 ISBN 978-3-89129-845-9 438 S., geb.

Bd. 35: Andrea Germer: *Historische Frauenforschung in Japan. Die Rekonstruktion der Vergangenheit in Takamure Itsues „Geschichte der Frau"* (Josei no rekishi). 2003 ISBN 978-3-89129-504-5 425 S., geb.

Bd. 36: Isa Ducke, Sven Saaler (Hg.): *Japan und Korea auf dem Weg in eine gemeinsame Zukunft: Aufgaben und Perspektiven.* 2003 ISBN 978-3-89129-846-6 232 S., geb.

Bd. 38: René Haak, Dennis S. Tachiki (Eds.): *Regional Strategies in a Global Economy. Multinational Corporations in East Asia.*
2004 ISBN 978-3-89129-848-0 294 S., geb.

Bd. 39: Sven Saaler: *Politics, Memory and Public Opinion. The History Textbook Controversy and Japanese Society.*
2005, ²2006 ISBN 978-3-89129-850-3 202 S., kt.

Bd. 40: Matthias Koch, Sebastian Conrad (Hg.): *Johannes Justus Rein. Briefe eines deutschen Geographen aus Japan 1873–1875.*
2006 ISBN 978-3-89129-851-0 423 S., geb.

Bd. 41: Anja Osiander: *Der Fall Minamata – Bürgerrechte und Obrigkeit in Japan nach 1945.*
2007 ISBN 978-3-89129-852-7 388 S., geb.

Bd. 42: Ralph Lützeler: *Ungleichheit in der* global city *Tōkyō. Aktuelle sozialräumliche Entwicklungen im Spannungsfeld von Globalisierung und lokalen Sonderbedingungen.*
2008 ISBN 978-3-89129-853-4 467 S., geb.